DINHEIRO

TONY ROBBINS

DINHEIRO
DOMINE ESSE JOGO

7 PASSOS PARA
A LIBERDADE FINANCEIRA

Tradução
Eduardo Rieche

10ª edição

BestSeller

Rio de Janeiro | 2025

CIP-BRASIL. CATALOGAÇÃO NA PUBLICAÇÃO
SINDICATO NACIONAL DOS EDITORES DE LIVROS, RJ

Robbins, Tony
R545d Dinheiro — Domine esse jogo: 7 passos para a liberdade financeira / Tony Robbins; tradução
10ª ed. Eduardo Rieche. – 10. ed. - Rio de Janeiro: Best*Seller*, 2025.
:il.
Tradução de: Money: Master The Game
ISBN 978-85-4650-040-6

1. Finanças pessoais. 2. Educação financeira. 3. Sucesso. I. Rieche, Eduardo. II. Título.

17-45207
CDD: 332.024
CDU: 330.567.2

Texto revisado segundo o novo Acordo Ortográfico da Língua Portuguesa.

Tìtulo original:
MONEY

Design de capa: OPORTO Design

Este livro foi planejado para fornecer informações que o autor acredita serem precisas sobre o assunto abordado, mas é comercializado sob o entendimento de que nem o autor nem o editor oferecem aconselhamento individualizado voltado para qualquer portfólio específico ou para necessidades pessoais de cada indivíduo, ou prestam consultoria de investimentos ou de outros serviços profissionais, tais como consultoria jurídica ou contábil. Os serviços de um profissional capacitado devem ser procurados caso alguém precise de assistência especializada nas áreas de investimentos, jurídica e de consultoria contábil. Esta publicação faz referência a dados de desempenho coletados ao longo de vários períodos. Os resultados anteriores não garantem o desempenho futuro. Além disso, os dados de desempenho, além de leis e regulamentos, mudam ao longo do tempo, o que pode alterar o status das informações contidas neste livro.Este livro fornece dados históricos exclusivamente para discutir e ilustrar os princípios subjacentes. Além disso, o livro não pretende servir como base para qualquer decisão financeira; como recomendação de um conselheiro de investimento específico; ou como oferta para venda ou compra de qualquer título financeiro. Apenas um prospecto pode ser usado para oferecer a venda ou compra de títulos, e um prospecto deve ser lido e considerado cuidadosamente antes de se realizar o investimento ou se gastar dinheiro. Nenhuma garantia é assegurada com relação à exatidão ou à integridade das informações aqui contidas, e tanto o autor quanto o editor se eximem expressamente de qualquer responsabilidade por qualquer dívida, perda ou risco, pessoal ou não, que venham a ser assumidos como consequência, direta ou indireta, do uso e da aplicação de quaisquer dos conteúdos deste livro. No momento desta publicação, o autor está em discussão com o Stronghold Wealth Management quanto a dar início a algum tipo de parceria comercial. No entanto, neste momento o autor não é proprietário do Stronghold, nem tem qualquer tipo de encaminhamento para uma relação remunerada. No texto que segue, muitos nomes de pessoas e características de identificação foram alterados.

Direitos exclusivos de publicação em língua portuguesa para o Brasil
adquiridos pela
Editora Best Seller Ltda.
Rua Argentina, 171, parte, São Cristóvão
Rio de Janeiro, RJ – 20921-380
que se reserva a propriedade literária desta tradução

Impresso no Brasil

ISBN 978-85-465-0040-6

Seja um leitor preferencial Record.
Cadastre-se e receba informações sobre nossos lançamentos e nossas promoções.

Atendimento e venda direta ao leitor
sac@record.com.br

Para aqueles que nunca se contentarão com menos do que podem ser, fazer, compartilhar e dar.

SUMÁRIO

SEÇÃO 3
QUAL É O PREÇO DOS SEUS SONHOS? GANHE ESSE JOGO

SEÇÃO 4
TOME A DECISÃO DE *INVESTIMENTOS* MAIS IMPORTANTE DA SUA VIDA

SEÇÃO 5
VANTAGENS SEM DESVANTAGENS: CRIE UM PLANO DE RENDA VITALÍCIA

SEÇÃO 6
INVISTA SEGUNDO A CARTILHA DO 0,001% DE BILIONÁRIOS

SEÇÃO 7
SIMPLESMENTE AJA, APRECIE E COMPARTILHE!

O futuro tem muitos nomes.
Para os fracos, é o inalcançável.
Para os temerosos, o desconhecido.
Para os valentes, a oportunidade.

— VICTOR HUGO

Para evitar críticas, não diga nada,
não faça nada, não seja nada.

— ARISTÓTELES

PREFÁCIO DA EDIÇÃO BRASILEIRA

Tony Robbins é uma figura única. Uma rápida consulta prévia ao Google nos dá uma ideia de sua popularidade face aos seus anos de atuação em palestras e seminários motivacionais com abrangência e aceitação em todos os níveis socioeconômicos com o objetivo explícito de alimentar mentes e corpos, voltados, basicamente, para a comunidade americana. Seus preceitos e ações já mudaram a vida de milhões de pessoas, donde é inegável sua influência e importância ao repassá-los aos participantes de seus programas motivacionais, bem como aos seus fiéis seguidores em todo o mundo.

É fundamental destacar que todos os conceitos e opiniões que divulga são sempre fruto de sua experiência pessoal, colhidos desde a difícil infância até os mais variados exemplos vivenciados na interatividade com seus importantes clientes de *coaching*. Esses testemunhos pessoais, em minha opinião, são os segredos que lhe dão a fama e a credibilidade de que desfruta: é um vencedor e uma figura humana adorada e reverenciada!

As características socioculturais e econômicas da comunidade americana pautam sua atividade profissional primariamente baseada em conceitos de seus programas de neurolinguística, os quais levam ao condicionamento indutor das decisões necessárias para quem está disposto a melhorar sua qualidade de vida, além de conquistar, como ele diz, a liberdade financeira e garantir uma aposentadoria tranquila. Ele não vende sonhos: ele alerta que os sonhos têm seu preço, e nosso futuro está nas decisões que tomamos para ganhar esse jogo.

Vamos ao livro: *Dinheiro: Domine esse jogo — 7 passos para a liberdade financeira* é um importante instrumento para complementar o propósito principal de Tony Robbins de ajudar as pessoas a alcançarem uma qualidade de vida e uma aposentadoria sem sobressaltos no futuro.

Sem dúvida, o livro tem as premissas básicas do mercado americano, com suas regras, sua grandeza compatível com a maior economia do mundo e os ensinamentos para navegar naqueles mares, muitas vezes revoltos, que respingam em todos os países... exceto naqueles que "se acham". Porém, como sempre, com dinheiro não se brinca, e há um preço a se pagar adiante, como temos visto. A cultura americana sobrevaloriza a prática de doações de todos aqueles que têm o que dar, conforme se pode ver em diversos relatos ao longo do livro. É um comportamento digno das pessoas que praticam a oração de São Francisco, com a crença de que é dando que se recebe, e vamos ler muitos testemunhos, parecendo até ritos religiosos...

Na nossa cultura existe um pudor que revela um preconceito dos "intelectuais" quanto à publicação de livros de autoajuda, enquanto eles nada fazem objetivamente além de se manifestar utopicamente, iludidos e protegidos por seus *status* de quem "se acha"... No entanto, apesar disso, e por causa disso, muitas vidas têm sido mudadas para melhor por quem decide tomar decisões aprendidas em eventos e livros motivacionais, conseguindo melhor qualidade de vida e um caminho mais curto para a felicidade.

Ao reconhecer a importância da estabilidade financeira para atingir os objetivos pretendidos, sem medo de expor seu conhecimento no assunto que o levou a uma vida de inquestionável bonança, Tony marca sua incursão no mercado financeiro mostrando que toda atenção é necessária para identificar as armadilhas criadas por seus agentes e, ao ensejo, derruba o que chama de os 9 mitos financeiros que enganam os investidores desavisados. Ou seja, dinheiro não aceita desaforo e deve ser poupado e capitalizado atentamente. É explicitada a necessidade de um comportamento adequado, com sacrifícios e determinação ao sistematizar a poupança de hoje para garantir um futuro com recompensas.

Assim sendo, devemos estar preparados para aceitar e avaliar as primeiras instruções de Tony Robbins; como sempre, fruto de suas experiências pessoais, e que vão em seguida dar substância às suas corajosas e agressivas posturas financeiras. No entanto, muitas das instruções indicadas para a consecução dos objetivos financeiros mais rentáveis não são alcançáveis pelos simples mortais brasileiros, por serem operados no mercado acionário americano, que tem uma grandeza invejável, enquanto o nosso ainda é incipiente há anos. Esse fato não impede que o comportamento das instituições financeiras no Brasil também tenha que ser acompanhado de perto de modo a objetivar o lucro dos investidores, além daqueles resultados que são sempre bons para os intermediários. Consta que no mercado americano somente 4% dos fundos ganham acima do que os respectivos índices do mercado de ações, aliás, como acontece no Brasil, sendo o referencial a nossa taxa Selic! Vai daí a importância do indispensável acompanhamento da rentabilidade do nosso rico dinheirinho aplicado nos fundos de investimentos, tanto lá, como aqui, para evitar taxas e operações desnecessárias. Essas condições são explicitadas com rigor no livro, importantes para a preservação de uma boa rentabilidade.

O ponto alto e inédito do livro é fruto do incontestável prestígio de Tony Robbins, que foi atendido pelos mais importantes e ricos investidores dos Estados Unidos para uma entrevista exclusiva dando dicas memoráveis e de extraordinário valor para quem aceitar seguir seus conselhos. Foram mais de 50 dos mais ricos, brilhantes e influentes representantes do mundo do dinheiro; alguns, seus amigos há anos; e desse grupo foram selecionados testemunhos inéditos para estimular os leitores.

Ao longo da nossa edição brasileira introduzimos notas de rodapé para aproveitar e identificar alguns conceitos próprios do mercado americano, as quais podem ajudar na compreensão do texto.

Ao final é apresentado com muito orgulho o último capítulo:

"7 passos simples: sua lista para o sucesso:"

Leia o livro com muita atenção, muita anotação e aproveite o acaso que fez este livro chegar às suas mãos, no que pode ser a oportunidade de sua vida!

LUIS CARLOS EWALD

DINHEIRO

DOMINE ESSE JOGO

7 PASSOS PARA A LIBERDADE FINANCEIRA

PREFÁCIO

Tendo atuado como advogado, com anos de experiência trabalhando para empresas de Wall Street, é justo dizer que alguns mentirosos, trapaceiros e impostores cruzaram meu caminho. Considerando que tanto o campo jurídico quanto o financeiro têm sua cota de vigaristas profissionais, aprendi rapidamente a separar os bons atores dos maus.

Também sou cético por natureza. Então, quando Tony Robbins me sondou para este projeto por causa da empresa que fundei em 2007, a HighTower, eu fiquei curioso, mas cauteloso. *Existe realmente algo de novo a dizer sobre finanças e investimentos pessoais? Tony Robbins é o homem indicado para fazer isso?*

Naturalmente, eu estava ciente da enorme reputação de Tony como o maior estrategista na vida e nos negócios dos Estados Unidos. Assim como muitos, eu sabia que ele havia trabalhado com todo mundo, desde presidentes do país até empresários bilionários, transformando suas vidas pessoais e profissionais ao longo do caminho.

O que eu não sabia até nos conhecermos era que Tony Robbins *é* real. O *homem* está à altura da exposição da *marca*. Sua autenticidade era evidente, e sua paixão, contagiante. Em vez de revisitar os pecados do setor financeiro, Tony se dedicou a este projeto com o objetivo de democratizar os serviços nessa área e oferecer táticas e soluções que haviam sido previamente apreciadas e utilizadas apenas pelos investidores mais abastados.

Tony e eu nos entendemos imediatamente, porque partilhamos da missão de ajudar a capacitar as pessoas a tomar decisões financeiras melhores e mais embasadas. Esse é o cerne da minha empresa, e é o que me impulsiona pessoalmente. Ao mesmo tempo em que a crise financeira de 2008 evidenciou os conflitos e as injustiças inerentes ao sistema financeiro, poucas pessoas conseguiriam surgir com soluções práticas e concretas que realmente fizessem a diferença para indivíduos e famílias.

Por quê? Porque há um conflito inerente ao sistema. **As maiores instituições financeiras existem para produzir lucro para si mesmas, e não para seus clientes.** Os investidores podem acreditar que pagam taxas em troca de uma consultoria imparcial e de alta qualidade. Mas, em vez disso, frequentemente pagam pelo privilégio de receber uma pequena amostra de produtos e serviços de investimento "adequados", que entram em constante conflito com a melhoria dos resultados da empresa.

A HighTower é uma solução para esses problemas, e foi por isso que, no início, Tony me entrevistou para este livro. Nós oferecemos apenas consultoria de investimentos, e contamos com uma plataforma de tecnologia, produtos e soluções de ponta que atendem às necessidades de consultores e investidores. Não nos envolvemos em muitas atividades nocivas que criam conflitos de interesses dentro dos grandes bancos. Reunimos alguns dos melhores assessores financeiros da nação. Em poucas palavras, construímos um modelo melhor para a transparência na consultoria financeira.

A missão de Tony é organizar e levar às massas as soluções financeiras mais honestas e práticas — algumas delas chegam a ser "segredos". Ele entende que as pessoas precisam mais do que de conhecimento — elas precisam de um roteiro claro para um futuro financeiramente seguro.

A orientação fornecida nestas páginas é o resultado do acesso inédito às mentes mais importantes do mundo financeiro. Não conheço ninguém além de Tony que pudesse realizar tal façanha. Somente ele, com sua ampla rede de relacionamentos com clientes, seu entusiasmo contagiante e sua paixão implacável, poderia ter convencido esses indivíduos — dentre os melhores da indústria financeira — a compartilhar seus conhecimentos e experiências.

Assim como eu, essas pessoas confiam em Tony para capturar seu pensamento e simplificá-lo para um público mais amplo. Pelo fato de a paixão de Tony residir em capacitar as pessoas, ele consegue levar essas conversas da teoria à prática, oferecendo ferramentas que quase ninguém consegue usar para melhorar sua situação financeira.

Tony me desafiou a analisar as soluções que nós criamos para os investidores ricos e descobrir uma maneira de torná-las disponíveis e aplicáveis ao público em geral. Tenho orgulho de dizer que estamos profundamente empenhados em muitos projetos, e estamos entusiasmados com o impacto positivo que causaremos, juntos, em tantas pessoas.

Fiel à sua vocação, Tony tem usado este livro para capacitar investidores individuais, ao mesmo tempo que ajuda aqueles que ficaram pelo caminho ou foram deixados para trás pela sociedade. Enquanto dois terços dos norte-americanos se preocupam por não ter o suficiente para se aposentar, dois milhões de pessoas perderam o acesso a vales-alimentação no ano passado. Muitas dessas pessoas não sabem de onde sairá sua próxima refeição.

Tony apareceu para ajudar a preencher essa lacuna. Ele falou abertamente sobre sua própria experiência com a falta de moradia e a fome, e está empenhado em melhorar a vida dessas populações, muitas vezes esquecidas. Tony está pessoalmente comprometido em alimentar 50 milhões de pessoas este ano e vem trabalhando para dobrar esse esforço no próximo ano e nos próximos anos — alimentar 100 milhões de indivíduos — por meio da angariação de donativos.

Tony também estabeleceu uma parceria com a Simon & Schuster para doar exemplares de seu guia campeão de vendas *Mensagens de um amigo: Um guia rápido e simples para você assumir o comando da sua vida* para aqueles que estão em necessidade, e apenas começando a embarcar em um novo caminho de capacitação. Seu objetivo é alimentar mentes *e* corpos.

Sinto-me honrado, emocionado e grato por fazer parte deste projeto, e ansioso para ver a mudança que podemos fazer juntos. Estou animado por você, leitor. Você está prestes a conhecer a força da natureza que é Tony Robbins e iniciar uma jornada que será realmente decisiva.

— ELLIOT WEISSBLUTH,
fundador e diretor-executivo da HighTower

INTRODUÇÃO

Conheci Tony Robbins há 25 anos, por meio de uma fita cassete. Depois de assistir a um comercial na TV, tarde da noite, mergulhei de cabeça e comprei seu programa de autoaprimoramento *Personal Power*, com duração de 30 dias. Eu ouvia suas fitas todos os dias durante meu deslocamento de uma hora de e para a Oracle Corporation, indo e voltando de minha casa em San Francisco até nosso escritório em Redwood Shores. Fiquei tão comovido com as palavras de Tony que em um fim de semana permaneci em casa e não fiz mais nada a não ser ouvir novamente, todos os 30 dias, em apenas dois dias. Rapidamente compreendi que Tony era mesmo uma pessoa incrível, e suas ideias eram diferentes de qualquer coisa que eu já havia experimentado antes. *Tony me transformou.*

Aos 25 anos de idade, como o vice-presidente mais jovem da Oracle, eu era incrivelmente bem-sucedido — ou, pelo menos, eu pensava que era. Eu ganhava mais de um milhão de dólares por ano e dirigia uma Ferrari novinha. Sim, eu tinha o que achava que era o sucesso: uma mansão, um carro incrível e uma vida social intensa. Mesmo assim, eu sabia que faltava alguma coisa; só não sabia o quê. Tony me ajudou a me conscientizar sobre o lugar onde eu estava, e me ajudou a começar a definir aonde eu realmente queria ir, e o significado mais profundo que eu pretendia atribuir à minha vida. Não demorou muito para que eu me inscrevesse no seu programa especial intensivo de fim de semana, chamado *Desperte o seu poder interior.* Foi aí que eu realmente aumentei o foco e me comprometi com um novo nível de ação intensiva. Com isso, mergulhei mais fundo no trabalho de Tony Robbins e empreguei todas as forças em minha jornada para criar e construir a Salesforce.com.

Apliquei as ideias e as estratégias de Tony e construí uma ferramenta impressionante, chamada V2MOM, que significa visão, valores, métodos, obstáculos e medição. Eu a utilizei para direcionar meu trabalho e, em última instância, minha vida para aquilo que eu realmente queria. O programa V2MOM usava cinco das perguntas de Tony:

1. O que eu quero realmente? (Visão)
2. O que é mais importante nisso? (Valores)
3. Como vou conseguir? (Métodos)
4. O que está me impedindo de conseguir? (Obstáculos)
5. Como vou saber se estou sendo bem-sucedido? (Medições)

Tony me disse que a qualidade da minha vida era a qualidade das minhas perguntas. Logo comecei a modelar tudo em minha esfera pessoal, meu trabalho e meu futuro simplesmente fazendo essas perguntas básicas e anotando as respostas. O que aconteceu foi incrível.

Em 8 de março de 1999, no primeiro dia da Salesforce.com, lançamos um V2MOM, e hoje todos os nossos 15 mil funcionários são orientados a fazer a mesma coisa. Isso estabelece sintonia, consciência e comunicação, e tudo se baseia no que Tony vem me ensinando nas últimas duas décadas. Tony afirma que a repetição é a mãe da habilidade — e é daí que vem o domínio —, e assim nós continuamos a lançar e melhorar nossos V2MOMs. É uma das razões pelas quais a revista *Forbes* acaba de nomear a Salesforce.com "a empresa mais inovadora do mundo" pelo quarto ano consecutivo, e a revista *Fortune* declara que somos a empresa de software "Mais admirada do mundo", bem como o sétimo "Melhor lugar para trabalhar" em 2014. Hoje, produzimos cinco bilhões de dólares por ano em receitas, e continuamos a crescer.

Posso afirmar, realmente, que a Salesforce.com não existiria sem Tony Robbins e seus ensinamentos.

Este livro que você está prestes a ler, com seus 7 passos simples para a liberdade financeira, tem o potencial de fazer a mesma coisa por você que o programa de áudio *Personal Power*, de Tony Robbins, fez por mim. Ele levará a sabedoria de Tony para a sua vida (juntamente com a sabedoria de 50 das mentes financeiras mais brilhantes do mundo!) e dará as ferramentas de que você precisa para melhorar ainda mais. Ao ler *Dinheiro*, tenho certeza de que você traduzirá o que Tony está dizendo para sua própria vida, e criará seus próprios métodos para alcançar o sucesso e conquistar a liberdade.

Quando Tony me revelou o título deste livro, a primeira coisa que eu disse foi: "Tony, você não tem nada a ver com ganhar dinheiro! Você tem a ver com ajudar as pessoas a criar uma extraordinária qualidade de vida!"

Logo descobri que este livro, de fato, não é sobre dinheiro. Trata-se de criar a vida que você quer, e parte disso é decidir qual o papel que você quer que o dinheiro desempenhe nisso. Todos temos dinheiro em nossas vidas; o que importa é que você domine o dinheiro e não que ele o domine. E aí você estará livre para viver dentro de seus próprios padrões.

Um de meus mentores mais próximos, o general Colin Powell, ex-secretário de Estado e presidente do Estado-maior Conjunto dos Estados Unidos, fez a seguinte afirmação sobre dinheiro: "Procure algo que você adore fazer e que você faça bem. Vá em frente. Isso lhe trará satisfação na vida. Poderia significar dinheiro, mas talvez não signifique. Poderia significar um monte de títulos, mas talvez não signifique. Mas lhe trará satisfação". O general Powell e Tony Robbins estão dizendo a mesma coisa. A verdadeira alegria na vida surge quando você encontra seu verdadeiro propósito e o alinha com o que você faz todos os dias.

O general Powell também me recomendou ponderar sobre o papel do dinheiro à medida que eu tentava levar adiante a meta de criar uma empresa de software capaz de mudar o mundo. Ele me disse que o negócio dos negócios não tinha a ver apenas com produzir lucro, mas também com produzir o bem — fazer o bem ao fazer bem. O foco de Tony Robbins na contribuição, 25 anos atrás, também causou forte impressão em mim e influenciou meu pensamento. Quando lancei a Salesforce.com, eu pretendia fazer três coisas: (1) criar um novo modelo de computação para as empresas, agora denominado "computação nas nuvens"; (2) criar um novo modelo de negócios para softwares empresariais com base em assinaturas e (3) criar um novo modelo filantrópico que integrasse firmemente o sucesso de uma empresa com sua capacidade de retribuir.

O resultado dos últimos 15 anos é uma empresa que, hoje, transformou completamente a indústria de software e alcançou uma capitalização de mercado de mais de 35 bilhões de dólares. No entanto, a melhor decisão que já tomei foi empregar 1% do nosso patrimônio, 1% do nosso lucro e 1% do tempo de nossos funcionários em um empreendimento filantrópico chamado Salesforce Foundation. Isso resultou em mais de 60 milhões de dólares em subsídios para organizações sem fins lucrativos em todo o mundo, mais de 20 mil organizações sem fins lucrativos usando nosso produto gratuitamente, e nossos funcionários contribuindo com mais de 500 mil horas de voluntariado para suas comunidades. Tudo isso aconteceu quando Tony me ajudou a construir as ferramentas para ganhar clareza sobre o que eu realmente queria construir, oferecer e me tornar. E nada me fez mais feliz ou trouxe mais satisfação e alegria à minha vida.

Foi também por esse motivo que me associei a Tony em sua missão com o programa sem fins lucrativos Swipeout, para fornecer refeições a mais de 100 milhões de pessoas por ano; fornecer água limpa e livre de doenças a mais de 3 milhões de famílias por dia e trabalhar para libertar crianças e adultos da escravidão.

Enviei meus pais, meus amigos mais próximos e meus executivos mais importantes para os seminários de Tony a fim de estudar seu trabalho, e todos disseram a mesma coisa: "Tony Robbins é único, e temos sorte de tê-lo em nossas vidas." Agora, com *Dinheiro: Domine esse jogo — 7 passos para a liberdade financeira*, Tony abrirá para você a mesma porta que abriu para mim. Estou confiante que, tendo Robbins como seu treinador, você também transformará sua vida e encontrará um caminho para conquistar tudo o que realmente quer!

— MARC BENIOFF,
fundador e diretor-executivo da Salesforce.com

SEÇÃO 1

BEM-VINDO À SELVA: A JORNADA COMEÇA COM O PRIMEIRO PASSO

CAPÍTULO 1.1

É O SEU DINHEIRO! É A SUA VIDA! ASSUMA O CONTROLE

O dinheiro é um bom criado, mas um mau senhor.

– SIR FRANCIS BACON

Dinheiro.

Poucas palavras têm o poder de provocar emoções humanas tão extremas.

Muitos de nós nos recusamos até a falar de dinheiro! Da mesma forma que a religião, o sexo ou a política, o tema é tabu na mesa de jantar e, muitas vezes, fora dos limites do local de trabalho. Podemos discutir a *riqueza* no círculo mais próximo, mas o *dinheiro* é explícito demais. É rude. É espalhafatoso. É profundamente pessoal e altamente carregado. Pode fazer as pessoas se sentirem culpadas quando o têm — ou se sentirem envergonhadas quando não o têm.

Mas o que isso significa realmente?

Para alguns de nós, o dinheiro é vital e crucial, mas não primordial. É simplesmente uma ferramenta, uma fonte de poder usada a serviço dos outros e em uma vida bem vivida. Outros se deixam consumir por uma fome tão grande de dinheiro que isso destrói não apenas a si mesmos como todos os que estão a seu redor. Alguns até se mostram dispostos a abrir mão de coisas muito mais valiosas para obtê-lo: sua saúde, seu tempo, sua família, sua autoestima e, em alguns casos, até mesmo sua integridade.

No fundo, dinheiro é poder.

Todos nós já vimos como o dinheiro é capaz de ter o poder de criar ou o poder de destruir. Ele pode financiar um sonho ou iniciar uma guerra. Pode-se fornecer dinheiro como presente ou usá-lo como arma. Ele pode ser usado como uma expressão de seu espírito, sua criatividade, suas ideias — ou de sua frustração, sua raiva, seu ódio. Ele pode ser usado para influenciar governos e indivíduos. Alguns se casam com ele — e depois descobrem seu verdadeiro preço.

Mas todos nós sabemos que, em certa medida, ele é uma ilusão. O dinheiro nem sequer é de ouro ou de papel hoje em dia; são 0s e 1s em computadores bancários. O que é o dinheiro? É como um alterador de formatos ou uma tela, assumindo qualquer significado ou emoção que projetamos nele.

Ao fim, o dinheiro não é o que estamos procurando... é? O que estamos procurando realmente são os sentimentos e as emoções que *acreditamos* que o dinheiro possa criar:

aquele sentimento de capacitação,
de liberdade,
de segurança,
de ajudar aqueles que amamos e os necessitados,
de ter uma escolha e
de sentir-se vivo.

O dinheiro, certamente, é uma das maneiras pelas quais podemos transformar os sonhos que temos na realidade em que vivemos.

Mesmo que o dinheiro seja apenas uma percepção — um conceito abstrato —, não é essa a sensação que se experimenta quando não se tem dinheiro suficiente! E uma coisa é certa: **ou você o usa, ou ele usa você. Ou você domina o dinheiro, ou, em algum nível, o dinheiro domina você!**

O modo como você lida com o dinheiro reflete o modo como você lida com o poder. É uma aflição ou uma bênção? Um jogo ou um fardo?

Quando eu estava escolhendo o título deste livro, algumas pessoas se sentiram bastante indignadas com a sugestão de que o dinheiro poderia ser um *jogo*. Como eu poderia usar um termo tão frívolo para um assunto tão sério? Mas, ei, sejamos realistas. Como você vai ver nas próximas páginas, a melhor maneira de mudar sua vida é encontrar pessoas que já conseguiram o que você quer e, então, usar o comportamento delas como exemplo. Você quer controlar suas finanças? Encontre um guru financeiro e imite a forma como ele, ou ela, lida com o dinheiro, e você terá encontrado um caminho para o poder.

Posso lhe afirmar que entrevistei muitas das pessoas mais ricas do mundo, e a maioria delas pensa no dinheiro como um jogo. Por que outro motivo alguém trabalharia dez ou 12 horas por dia depois de ter feito bilhões de dólares? Lembre-se: nem todos os jogos são frívolos. Os jogos são um reflexo da vida. Algumas pessoas se colocam à margem, e algumas jogam para vencer. Como você joga? Quero lembrá-lo de que este é um jogo que você e sua família não podem se dar o luxo de perder.

Prometo o seguinte: se ficarem comigo e seguirem os 7 passos simples deste livro — os passos que foram inspirados nos agentes financeiros mais bem-sucedidos do mundo —, você e sua família ganharão esse jogo. E você pode ter uma grande vitória!

Para ganhar você precisa conhecer as regras e aprender as melhores estratégias para o sucesso com aqueles que já dominaram o jogo. A boa notícia é que você pode economizar anos — em poucos minutos — simplesmente aprendendo as armadilhas a serem evitadas e os atalhos a serem trilhados para experimentar um sucesso duradouro. Muitas vezes, a indústria financeira trabalha para fazer este tema parecer incrivelmente complexo. Porém, na realidade, uma vez ultrapassada a barreira do linguajar técnico, tudo é relativamente simples. Este livro é a sua oportunidade de deixar de ser a peça de xadrez e se tornar o jogador. Acho que você ficará bastante surpreso com a maneira como, com a compreensão de um iniciado, você poderá facilmente transformar sua vida financeira e desfrutar da liberdade que merece.

Então, vamos lá. Imagine como seria a vida se você já tivesse dominado esse jogo.

E se o dinheiro não tivesse importância?

Como você se sentiria se não tivesse que se preocupar em ir a um escritório todas as manhãs, ou pagar as contas, ou financiar sua aposentadoria? Como seria viver de acordo com suas próprias condições? O que significaria saber que você teria a oportunidade de iniciar seu próprio negócio, ou que poderia se dar o luxo de comprar uma casa para seus pais e pagar a faculdade de seus filhos, ou ter a liberdade de viajar pelo mundo?

Como você viveria se pudesse acordar todos os dias sabendo que haveria dinheiro suficiente para cobrir não apenas suas necessidades básicas, mas também seus objetivos e sonhos?

A verdade é que muitos de nós continuaríamos trabalhando, porque estamos programados para isso. Mas faríamos isso com muita alegria e prosperidade. Nosso trabalho continuaria, mas a correria acabaria. Trabalharíamos movidos pela vontade, não pela necessidade.

Isso é liberdade financeira.

Mas é um sonho irrealizável? É realmente possível que a pessoa comum — e o mais importante: que *você* — realize esse sonho?

Se você quiser viver como o 1% ou apenas ter a paz de espírito de saber que não vai viver mais do que suas economias, a verdade é que você sempre poderá encontrar uma maneira de gerar o dinheiro de que precisa. Como? O segredo da riqueza é simples: encontre uma maneira de fazer mais pelos outros do que qualquer outra pessoa. Torne-se mais valioso. Faça mais. Dê mais. Seja mais. Sirva mais. E você terá a oportunidade de ganhar mais — quer você possua o melhor *food truck* de Austin, no Texas, quer seja o melhor vendedor de sua empresa ou, até mesmo, o fundador do Instagram.

Mas este livro não fala apenas de agregar valor — ele trata, na verdade, de sair de onde você está, hoje, e chegar aonde você realmente quer estar, uma posição de segurança, independência ou liberdade financeiras. Trata-se de aumentar a qualidade de sua vida hoje, desenvolvendo uma habilidade fundamental que a grande maioria dos norte-americanos nunca desenvolveu: o domínio do dinheiro. De fato, 77% dos norte-americanos — três em cada quatro pessoas — dizem ter problemas financeiros, mas apenas 40% afirmam ter algum tipo de plano de despesas ou de investimentos. Uma em cada três pessoas da geração do baby boom tem menos de 1.000 dólares guardados! As pesquisas mostram que menos de um em cada quatro confia no sistema financeiro — com boas razões! E a compra de ações tem atingido níveis recordes, particularmente entre os jovens. Mas a verdade é que você não *ganha* seu caminho para a liberdade. Como você verá mais adiante neste livro, até mesmo pessoas que embolsam milhões de dólares, como o diretor de *O poderoso chefão*, Francis Ford Coppola, o boxeador Mike Tyson e a atriz Kim Basinger, perderam tudo porque não aplicaram os fundamentos que você aprenderá em breve. Você precisa ser capaz não apenas de guardar para sua família uma parte do que ganha, mas, acima de tudo, de multiplicar o que ganha — acumular dinheiro enquanto dorme. **Na economia, você precisa deixar de ser consumidor para se tornar proprietário — e isso você faz tornando-se um investidor.**

Na verdade, muitos de nós já somos investidores. Talvez você tenha entrado nesse jogo quando sua avó lhe presenteou com algumas ações de seu estoque favorito apenas pelo fato de você ter nascido, ou talvez o seu patrão tenha inscrito você, automaticamente, no plano de aposentadoria 401 (k) da empresa, ou talvez você tenha se tornado um investidor quando um amigo lhe disse para esquecer o Kindle e, em vez disso, comprar ações da Amazon.

Mas é o suficiente? Se você está lendo isto agora, suponho que saiba a resposta: de jeito nenhum! Eu não tenho que lhe dizer que não se trata do mundo de investimentos de seus pais e avós. O plano costumava ser muito simples: entrar na faculdade, arranjar um emprego, dar tudo de si e, em seguida, talvez conseguir um emprego melhor em uma empresa maior. Depois disso, o segredo era encontrar uma maneira de agregar valor, subir alguns degraus, investir em ações da empresa e se aposentar com um bom rendimento. Lembra da aposentadoria? Uma promessa de renda eterna, para a vida toda? Ela se tornou uma relíquia.

Você e eu sabemos que o mundo acabou. Nós vivemos mais agora com menos dinheiro. As novas tecnologias continuam a surgir, alimentando um sistema que muitas vezes parece desenhado para nos separar do nosso dinheiro em vez de nos ajudar a cultivá-lo. Enquanto escrevo estas palavras, as taxas de juros em nossas poupanças estão perto de 0, enquanto os mercados sobem e descem como rolhas no mar. Enquanto isso, estamos diante de um sistema financeiro de escolhas ilimitadas e de uma complexidade incompreensível. **Hoje há mais de 10 mil fundos mútuos, 1.400 fundos diferentes cotados em bolsa e centenas de bolsas de valores mundiais para escolher.** Parece que todos os dias lançamos "instrumentos" cada vez mais complexos de investimento, com um festival de siglas: CDOs [obrigações de dívidas com garantia], REITs [fundos de investimento imobiliário], MBSs [títulos hipotecários], MLPs [sociedades limitadas], CDSs [swaps de risco de incumprimento], CETFs [Fundos de Tecnologia Emergente da Califórnia]...

O que é tudo isso?!

E que tal o HFT? Essa é a abreviatura em inglês de *investimento de alta frequência*, em que de 50 a 70% das dezenas de milhões de negócios efetuados pelo mercado a cada dia são gerados, agora, por máquinas de alta velocidade. O que isso significa para você? Um clique no mouse para concluir seu pedido no comércio eletrônico demora apenas meio segundo, ou cerca de 500 milissegundos. Nesse curto espaço de tempo, os poderosos donos dos supercomputadores terão comprado e vendido milhares de ações do mesmo estoque centenas de vezes, gerando microlucros a cada transação. Michael Lewis, autor do best-seller que revela os bastidores do HFT, *Flash Boys: A Wall Street Revolt*, revelou ao *60 Minutes*: "O mercado de ações dos Estados Unidos, o mercado mais icônico do capitalismo global, é manipulado (...) por uma combinação entre as bolsas de valores, os grandes bancos de Wall Street e os investidores de alta frequência (...). Eles são capazes de identificar seu desejo de comprar ações da Microsoft e comprá-las antes de você, vendendo-as de volta para você por um preço mais alto!" Dá para imaginar a rapidez desses caras? Uma empresa de HFT gastou cerca de 250 milhões de dólares para colocar em ordem os cabos de fibra ótica entre Chicago e Nova York, reconstruindo a paisagem e, literalmente, transformando o terreno para economizar 1,4 milissegundo em seu tempo de transmissão! Mas nem mesmo isso é suficientemente rápido. Alguns negócios acontecem em microssegundos — isto é, *milionésimos* de segundo. Logo a tecnologia HFT permitirá que esses negócios ocorram em nanossegundos — *bilionésimos* de segundo. Enquanto isso, cabos estão sendo implantados no fundo do mar, e se fala até mesmo em drones movidos à energia solar atuando como estações retransmissoras de micro-ondas para conectar trocas em Nova York e Londres.

Se tudo isso faz você cambalear, eu estou ao seu lado. Quais são as suas chances de competir com robôs voadores que negociam na velocidade da luz? **Onde você vai se apoiar para encontrar um caminho em meio a esse labirinto de escolhas de alta tecnologia e de alto risco?**

> Um especialista é um homem comum
> que dá conselhos fora de casa.
>
> — OSCAR WILDE

O problema é que, quando se trata de dinheiro (e de investimentos), todo mundo tem uma opinião. Todo mundo tem uma dica. Todo mundo tem uma resposta. Mas eu vou lhe dar uma pista: eles raramente têm alguma que possa ajudar você de verdade. Já notou que as crenças sobre o dinheiro são como religião e política? As conversas podem ser intensas e passionais. Especialmente na internet, onde pessoas sem qualquer conhecimento real ou domínio do assunto promovem suas próprias teorias e criticam as estratégias dos outros com bastante veemência, mesmo sem ter nenhuma experiência comprovada. É como um psicólogo que lhe receita Prozac dizendo que sua vida pode ser completa. Ou uma pessoa obesa mandando você ficar magro e em forma. Eu tendo a separar os especialistas entre aqueles que sabem do que estão falando, em *termos teóricos*, e aqueles que demostram isso em *termos práticos*. Não sei quanto a você, mas eu estou cansado de ouvir conselhos de todos esses "especialistas" que nos dizem o que fazer, mas não produzem resultados em suas próprias vidas.

Se você pensou que ouviria mais um guru do investimento fazendo promessas malucas, veio ao lugar errado. Vou deixar isso para os showman das finanças, que o alertam, aos berros, para comprar as ações mais quentes, ou imploram que você economize e coloque seu dinheiro em algum fundo mútuo fantasioso. Você sabe qual é. Aquele em que as pessoas prometem que você vai compor continuamente o seu dinheiro com 12% de crescimento anual. **Eles distribuem conselhos que muitas vezes não têm base alguma na realidade, e muitas vezes sequer investem nos produtos que nos empurram.** Alguns deles podem sinceramente pensar que estão ajudando, mas as pessoas podem ser sinceras e estar sinceramente erradas.

Quero que você saiba que não sou um daqueles "pensadores positivos" que o bombardeiam com uma visão falsa do mundo. Eu acredito em inteligência. Você precisa ver as coisas como elas realmente são, mas não piores do que elas são — essa visão da vida lhe dá apenas uma desculpa para não fazer nada. Você pode me conhecer como o "cara sorridente de dentes grandes" da TV, mas não estou aqui para sobrecarregá-lo com um monte de afirmações — eu sou o cara cujo foco é ajudá-lo a ir fundo, resolver problemas reais e levar sua vida para o próximo patamar.

Por 38 anos, tenho me dedicado obsessivamente a encontrar estratégias e ferramentas que possam mudar imediatamente a qualidade da vida das pessoas. Testei sua eficácia produzindo resultados mensuráveis onde outras pessoas falharam. Até agora, alcancei mais de 50 milhões de pessoas de 100 países diferentes por meio de meus livros, vídeos e programas de áudio, e mais de 4 milhões em eventos ao vivo.

O que eu aprendi desde o primeiro momento é que o sucesso deixa marcas. As pessoas que são bem-sucedidas no mais alto nível não contaram apenas com a sorte; elas estão fazendo algo diferente de todo mundo. Eu me interesso por essas pessoas: aquelas que têm um apetite implacável para aprender, crescer e conquistar. Não me interpretem mal. Eu não me iludo. Estou ciente de que há pouquíssimos indivíduos no mundo que estejam em forma e sejam saudáveis, e ainda conseguem manter essa condição. A maioria não pode contar histórias de décadas de amor e paixão contínuos em seus relacionamentos íntimos, nem experimentam a gratidão e a alegria permanentes. Há poucas pessoas que maximizam suas oportunidades de negócios. E há ainda menos pessoas que começam com pouco ou nada e se libertam financeiramente.

Mas algumas o fazem! Algumas *têm* grandes relacionamentos, enorme alegria, muita riqueza e infinita gratidão. Estudei *os poucos que fazem contra os muitos que falam*. Se você estiver interessado em obstáculos, o que está *errado* sempre está disponível. Mas o que é *certo* também está! Sou um caçador da excelência humana. Procuro aqueles indivíduos que quebram as normas e demonstram a todos nós o que é realmente possível. Capto o que esses poucos indivíduos extraordinários fazem de modo diferente de todos os outros, e, depois, passo a imitá-los. Descubro o que funciona, e então esclareço, simplifico e sistematizo esse ensinamento de uma forma que ajude as pessoas a avançar.

Desde os dias sombrios de 2008, quando o sistema financeiro global quase entrou em colapso, tenho estado obcecado pela ideia de encontrar uma maneira de ajudar as pessoas comuns a assumir o controle de seu dinheiro e a enfrentar um sistema que muitas vezes foi manipulado contra elas. Os reparos foram feitos há anos, e as coisas não ficaram nem um pouco melhores com todas as chamadas reformas em Washington. Em algumas áreas, a situação piorou. Para encontrar respostas, entrevistei 50 dos mais brilhantes e influentes agentes do mundo do dinheiro. Neste livro, você não vai encontrar locutores de telejornal, e também não vai encontrar as minhas opiniões. Você vai ouvir a própria voz daqueles que dominam o jogo: bilionários autodidatas, prêmios Nobel e gigantes financeiros. Eis aqui uma amostra de alguns dos mestres do dinheiro que você encontrará nas páginas seguintes:

- John C. Bogle, o sábio de 85 anos de idade, com 64 anos de história no mercado de ações e fundador do Vanguard Group, a maior empresa de fundos mútuos do mundo;

- Ray Dalio, criador do maior fundo de cobertura do planeta, com 160 bilhões de dólares em ativos;
- David Swensen, um dos maiores investidores institucionais de todos os tempos, que fez crescer as doações à Universidade de Yale de 1 bilhão para mais de 23,9 bilhões de dólares em menos de duas décadas;
- Kyle Bass, que em dois anos transformou 30 milhões de dólares em investimentos em 2 bilhões durante a crise do subprime;
- Carl Icahn, que superou Warren Buffett, o mercado e praticamente todos os outros nos últimos ciclos de um, cinco e dez anos;
- Mary Callahan Erdoes, que muitos consideram a mulher mais poderosa em finanças. Ela supervisiona mais de 2,5 trilhões de dólares como diretora-executiva da J. P. Morgan Asset Management; e
- Charles Schwab, que liderou uma revolução para abrir Wall Street a investidores individuais, e cuja icônica empresa tem, agora, 2,38 trilhões de dólares sob gestão.

Vou colocar você no mesmo ambiente dessas e de muitas outras superestrelas que vêm conquistando resultados consistentes, década após década, em mercados em ascensão e em queda, em ciclos de altas e baixas. Juntos, vamos descobrir os principais segredos de seu sucesso nos investimentos e aprender a aplicá-los, ainda que tenhamos a menor quantidade de dinheiro disponível.

E aqui está a chave: escrevi este livro com base na sabedoria atemporal dos investidores mais bem-sucedidos do mundo. Afinal, nenhum de nós sabe para que lado a economia estará soprando quando você estiver lendo este livro. Haverá inflação ou deflação? Um mercado com tendência de alta ou com tendência de baixa? **A ideia é saber sobreviver e prosperar em qualquer condição de mercado. Esses *verdadeiros* especialistas explicam como.** Além disso, eles abrirão seus portfólios para mostrar a composição de investimentos na qual confiam para enfrentar cada tempestade. E eles vão responder a esta pergunta: se você não conseguisse passar nem 1 centavo de sua riqueza financeira para seus filhos, mas apenas um conjunto de princípios, qual seria? Talvez seja a maior herança de todas, e você não precisa ser filho de nenhum deles para ter direito a ela!

O segredo de progredir é começar.

— MARK TWAIN

Prepare-se. Estamos prestes a fazer uma viagem através de 7 passos simples até a segurança financeira, a independência e a liberdade! Se você é alguém da geração Y que está começando, um representante da geração do baby boom prestes a se aposentar ou um investidor sofisticado tentando manter sua vantagem competitiva, este livro vai lhe oferecer um plano pragmático para definir e alcançar seus objetivos financeiros, ajudando-o a se libertar de quaisquer comportamentos limitantes que podem estar impedindo você de alcançar a verdadeira abundância. Vamos explorar a psicologia da riqueza, algo que venho estudando e ensinando há quase quatro décadas. Vamos abordar os erros que as pessoas cometem quando se trata de dinheiro, focando no que as impede de seguir seus planos mais bem-elaborados. Para garantir os resultados desejados, procurei os melhores economistas comportamentais do mundo para encontrar soluções que realmente funcionem — pequenos e simples ajustes que automaticamente vão estimular você a fazer o que os outros só fazem se mantiverem uma disciplina rígida; estratégias que podem fazer a diferença entre se aposentar confortavelmente e morrer na miséria.

Vamos encarar a questão de frente: muitos indivíduos inteligentes e realizados deixaram de lado essa área do dinheiro porque ela parece muito complicada e desgastante. Uma das primeiras pessoas para quem eu entreguei este original para revisão é uma amiga brilhante chamada Angela, que atingiu a excelência em muitas áreas de sua vida — mas nunca na área do dinheiro. Ela me revelou que as pessoas a consideravam incrível, porque ela havia navegado 20 mil milhas a bordo de pequenos veleiros em vários oceanos, em alguns dos mares mais agitados do mundo. Mas Angela sabia que negligenciava suas finanças, e isso a constrangia. "Parecia muito confuso, e eu não conseguia ser competente. Eu já me sentia derrotada, então desistia, mesmo que isso não fosse da minha natureza." Mas ela descobriu que, se seguisse os 7 passos simples deste livro, poderia finalmente controlar suas finanças de um jeito fácil e indolor! "Meu Deus, eu poderia economizar para o futuro cortando apenas algumas coisas que não me davam satisfação", Angela me contou. Quando começou a pensar em economizar, ela conseguiu criar uma conta de investimento automático. No Capítulo 2.8 sua vida já havia sido transformada.

Alguns dias depois, ela veio me ver e anunciou: "Comprei meu primeiro carro zero."

Eu perguntei: "Como você fez isso?"

E ela respondeu: "Comecei a perceber que estava gastando mais com consertos e combustível com o meu antigo carro do que gastaria para financiar um novo!" Você precisava ter visto o olhar de Angela quando estacionou seu brilhante Jeep Wrangler branco perolizado na porta da minha casa.

Eu gostaria, então, que você soubesse que este livro não fala apenas de conquistar uma aposentadoria confortável, mas também de obter a qualidade de vida que você deseja e merece atualmente. Você pode viver de acordo com seus próprios critérios e ao mesmo tempo garantir, simultaneamente, a qualidade de sua vida no futuro! O sentimento de empoderamento, força interior e certeza que você experimenta quando domina essa área de sua vida vai se espalhar para todo o restante: carreira, saúde, emoções e relacionamentos! Quando lhe falta confiança para lidar com o dinheiro, isso também afeta, inconscientemente, sua segurança em outras áreas Se você assume o controle de suas finanças, isso o capacita e o estimula a enfrentar outros desafios!

O que nos impede de começar a trilhar o caminho da liberdade financeira? Para muitos de nós, como a minha amiga Angela, é a sensação de que lidar com isso está aquém das nossas capacidades. Fomos ensinados a pensar: "Isso é muito complicado" ou "Essa não é a minha praia". Francamente, o sistema é *projetado* para ser confuso, a fim de que você delegue o controle para "profissionais" que cobram enormes comissões para mantê-lo desinformado. Nos próximos capítulos, você aprenderá a evitar que isso aconteça, e, o mais importante, vou lhe mostrar que investir em seu próprio caminho para a liberdade não é tão complexo assim.

Uma das razões pelas quais as pessoas são bem-sucedidas é o fato de de que elas possuem conhecimentos que as outras pessoas não têm. Você paga seu advogado ou seu médico pelos conhecimentos e habilidades que você não detém. Ambos têm sua própria linguagem especial, que, às vezes, pode mantê-los isolados do restante de nós.

Por exemplo, no mundo médico, talvez você ouça que 225 mil pessoas foram vítimas de "mortes iatrogênicas" no ano passado. Segundo o *Journal of the American Medical Association* (*Jama*), essa é a terceira maior causa de morte nos Estados Unidos. *Iatrogênico*. Que tal uma palavra de 100 dólares como essa? Parece importante, mas o que ela significa? É uma doença tropical rara? Uma mutação genética? Não. *Iatrogênico* se refere, na verdade, à morte causada por um médico, pela equipe de um hospital ou provocada por um procedimento médico incorreto ou desnecessário.

Por que eles simplesmente não vêm a público dizer isso? Porque se expressar em uma linguagem simples, de modo que um leigo possa entender, contraria os interesses das instituições médicas. O mundo financeiro também tem seu próprio jargão, com palavras especiais para coisas que, na verdade, são comissões adicionais disfarçadas para impossibilitar que você perceba que isso está consumindo muito mais do seu dinheiro do que você jamais imaginaria.

Espero que você me permita ser o seu tradutor, e também o seu guia nessa viagem. Juntos, vamos decifrar o segredo e superar a complexidade que faz quase todos nós nos sentirmos estrangeiros no mundo das finanças.

Hoje há tanta informação que até mesmo os investidores mais sofisticados podem se sentir sobrecarregados. Especialmente quando percebemos que aquilo que nos está sendo empurrado, muitas vezes, não tem nada a ver com nossas necessidades. Digamos que, sentindo uma leve dor no peito, você pesquise no Google a palavra *coração*. O que você vê? Talvez haja algum aspecto de ataque cardíaco com o qual você não queira lidar agora. Em vez disso, você escolhe o Heart, uma banda pop que não fez sucesso algum em 20 anos. Como isso o ajudaria?

Meu plano é atendê-lo, me tornando o seu site de busca particular para assuntos financeiros — um mecanismo de busca *inteligente*, que filtrará todas as informações supérfluas e até mesmo prejudiciais, de modo a oferecer soluções simples e claras.

Antes que você perceba, vai ter se transformado em um iniciado. Vai aprender por que se concentrar nos ganhos nunca funciona, por que ninguém consegue superar o mercado por muito tempo[1] e por que a grande maioria dos especialistas financeiros não tem a responsabilidade legal de satisfazer os seus interesses. Maluquice, não? Você vai saber por que os retornos anunciados pelos fundos mútuos não são os que você realmente obtém. Vai encontrar soluções que podem acrescentar, literalmente, milhões de dólares aos ganhos obtidos durante toda uma vida de investimentos — estatísticas mostram que você pode economizar entre 150 mil e 450 mil dólares apenas pela leitura e aplicação dos princípios da Seção 2 deste livro! Você vai colocar dinheiro de volta no próprio bolso, e não nas "fábricas de comissões". Você também vai aprender uma forma comprovada de fazer seu dinheiro crescer, com 100% de proteção ao capital, e saber o que fazer para pagar menos impostos na hora de alavancar um negócio (aprovado pela Receita Federal). Esse instrumento, finalmente, vai estar disponível para investidores individuais como você.

Eis aqui o que realmente diferencia este livro: não falo apenas das estratégias de investimento dos super-ricos, às quais você não terá acesso; encontrei maneiras de disponibilizá-las para você! Por que apenas uns poucos privilegiados deveriam ser os únicos a aproveitar oportunidades extraordinárias? Não é hora de trabalharmos em condições iguais?

Lembre-se: É o *seu dinheiro*, e é hora de você *assumir o controle*.

Um momento de inspiração vale a experiência de uma vida.

— OLIVER WENDELL HOLMES PAI

---

[1] À exceção de alguns "unicórnios", um grupo minúsculo e exclusivo de "feiticeiros financeiros" ao qual a população em geral não tem acesso, mas eu vou apresentá-los nos próximos capítulos.

Antes de prosseguir, preciso revelar o que me levou a escrever este livro. Se você acompanhou meu trabalho ao longo dos anos, ou se leu algum de meus livros anteriores, provavelmente conhece meu histórico de criar mudanças significativas e mensuráveis — ajudando as pessoas a perder de 13 a 130 quilos, recuperando relacionamentos que pareciam estar no fim, ajudando os empresários a fazer suas empresas crescerem de 30 a 130% em um ano. Eu também ajudo as pessoas a superarem enormes tragédias — de casais que perderam um filho a soldados que voltaram do Afeganistão com estresse pós-traumático. **Minha paixão é ajudar os indivíduos a promover avanços reais em seus relacionamentos, suas emoções, sua saúde, suas carreiras e suas finanças.**

Por quase quatro décadas, tive o privilégio de treinar homens e mulheres de todas as esferas da vida, incluindo algumas das pessoas mais poderosas do planeta. Trabalhei com presidentes dos Estados Unidos e com presidentes de pequenas empresas. Treinei e ajudei a transformar o desempenho de estrelas do esporte, desde os primórdios, com o grande jogador de hóquei Wayne Gretzky, até a superestrela da atualidade Serena Williams. Tive o privilégio de trabalhar com atores premiados, tão tranquilos quanto Leonardo DiCaprio e tão afetuosos quanto Hugh Jackman. Meu trabalho tem tocado as vidas e os desempenhos de artistas de destaque, desde o Aerosmith até o Green Day, de Usher a Pitbull, passando por LL Cool J. E também os líderes empresariais bilionários, como o magnata dos cassinos Steve Wynn e o mago da internet Marc Benioff. De fato, Marc deixou seu emprego na Oracle e começou a montar a Salesforce.com depois de assistir a um de meus seminários *Desperte o seu poder interior*, em 1999. Hoje, a empresa de cinco bilhões de dólares foi nomeada a "Mais inovadora do mundo" pela revista *Forbes* pelos quatro últimos anos consecutivos. Então, obviamente, os **meus clientes não me procuram para ganhar motivação. Isso eles já têm de sobra.** O que eu disponibilizo a eles são estratégias que os ajudam a passar para a próxima fase e manter seu alto nível de rendimento.

Na área financeira, tenho a honra de treinar, desde 1993, Paul Tudor Jones, um dos dez maiores operadores financeiros da história. Paul previu a crise da Segunda-feira Negra, em outubro de 1987 — até hoje tida como a maior queda no mercado de ações em um único dia nos Estados Unidos (em termos percentuais). Enquanto os mercados despencavam ao redor do planeta e pessoas perdiam tudo o que tinham, Paul conseguiu dobrar o dinheiro de seus investidores em 1987. Ele fez isso novamente em 2008, obtendo um retorno de quase 30% para seus investidores, enquanto o mercado despencava 50%! Meu trabalho com Paul é capturar os princípios que guiam todas as suas decisões. Então, eu os organizo em um sistema que ele usa diariamente e, o mais importante, em momentos críticos. Não sou um especialista em pensamento positivo. Muito pelo contrário: sou um coach para qualquer coisa. Estive em contato com Paul, acompanhando suas negociações todos os dias, enfrentando condições de mercado bastante divergentes entre si. Da bolha tecnológica do fim dos anos 1990 ao 11 de Setembro. Do crescimento do setor imobiliário e do colapso do mercado de crédito de risco subprime até a derrocada financeira de 2008. Fui testemunha da subsequente crise da dívida da Europa e também da maior queda diária em três décadas nos percentuais dos preços de ouro, em 2013.

Apesar da diversidade desses desafios financeiros, em 28 anos consecutivos Paul nunca teve um único ano de perda. Tenho trabalhado com ele nos últimos 21 anos. Ele é verdadeiramente inigualável na capacidade de encontrar o caminho até a vitória. Tive o privilégio de estar ombro a ombro com Paul enquanto ele ganhava dinheiro consistentemente, não importando qual fosse a volatilidade do mercado. Com ele, aprendi mais sobre o mundo real dos investimentos e sobre a maneira como as decisões são tomadas em tempos difíceis do que eu conseguiria aprender em uma centena de cursos de MBA.

Também sou incrivelmente abençoado não só por trabalhar com Paul durante esse tempo, mas também por considerá-lo um de meus mais queridos amigos. O que eu amo e respeito em Paul é que ele não apenas cria resultados financeiros para si mesmo como é um dos mais extraordinários filantropos do mundo. Ao longo dos anos, eu o vi desenvolver a Robin Hood Foundation, baseada na ideia simples de aproveitar o poder dos mercados livres para reduzir a pobreza em Nova York, o que levou a revista *Fortune* a considerá-la "uma das mais inovadoras e influentes organizações filantrópicas de nosso tempo". Até agora, a Robin Hood distribuiu mais de 1,45 bilhão de dólares em subsídios e aportes iniciais, mudando milhões de vidas nesse processo.

Também aprendi minhas próprias lições ao longo do caminho, algumas pelas dores das tentativas e erros — e este livro é projetado para ajudar você a evitá-las o máximo possível. Adquiri minhas próprias feridas em

Wall Street. Abri o capital de uma empresa quando eu tinha 39 anos, e vi meu patrimônio líquido pessoal subir para mais de 400 milhões de dólares em poucas semanas — e, depois, afundar novamente, com a crise do ponto.com de 2000!

Mas essa "correção" do mercado de ações não foi nada se comparada ao que todos nós passamos nos últimos anos. O colapso de 2008-2009 foi a pior crise econômica desde a Grande Depressão. **Lembra qual era a sensação quando parecia que nosso mundo financeiro estava chegando ao fim?** O índice Dow Jones despencou 50% arrastando consigo o seu plano 401 (k). A queda mais acentuada foi nos imóveis, e o preço de sua casa pode ter despencado 40% ou mais. Milhões de pessoas perderam os ganhos de toda uma vida de trabalho árduo, e outros tantos milhões perderam seus empregos. Durante aqueles meses terríveis, recebi mais telefonemas do que nunca, vindos de uma enorme variedade de pessoas que precisavam de ajuda. Ouvi desde cabeleireiros até bilionários. As pessoas me diziam que estavam perdendo suas casas, que suas economias tinham sumido, que seus filhos não podiam ir para a faculdade. Isso me consumia, porque eu sei exatamente quais são as sensações despertadas por esse tipo de situação.

Trabalhei arduamente e fui abençoado com o sucesso financeiro, mas nem sempre foi assim. Tive quatro pais diferentes durante minha juventude, no poeirento vale de San Gabriel, na Califórnia. Lembro vivamente de, quando criança, não atender o telefone ou a porta por saber quem estava lá — era o cobrador, e nós não tínhamos dinheiro para pagar as dívidas. Na adolescência, eu ficava envergonhado de ter de usar, para ir à escola, roupas que comprávamos por 25 centavos em lojas populares. E as crianças podem ser muito cruéis quando você não está "na última moda". Hoje, uma loja popular seria um indício positivo — imagine só! Quando finalmente comprei meu primeiro carro, um Fusca fabricado em 1960, a ré não funcionava, então eu estacionava em uma colina, e nunca tinha dinheiro para a gasolina. **Felizmente, não acreditei na teoria de que a vida é assim mesmo e pronto. Encontrei uma maneira de superar as circunstâncias.** Devido às minhas próprias experiências, não suporto ver alguém sofrer. Isso me deixa louco. E 2008 trouxe mais sofrimento econômico desnecessário do que eu jamais tinha visto na vida.

Logo após a crise do mercado de ações, todos concordaram que algo tinha de ser feito para consertar o sistema. Fiquei esperando que aquelas mudanças prometidas acontecessem, mas, anos mais tarde, os negócios ainda estavam sendo feitos da maneira habitual. Quanto mais eu aprendia sobre as raízes da crise financeira, mais irritado ficava. Meu *turning point* pessoal veio depois de assistir a um documentário premiado pela Academia, chamado *Trabalho interno*, narrado por Matt Damon, sobre os bandidos de Wall Street que assumiram riscos inimagináveis com o nosso dinheiro e quase derrubaram a economia. E qual foi a punição? Nós, os contribuintes, os resgatamos e, de alguma forma, o mesmo elenco de personagens foi encarregado de fazer a recuperação. Ao final do filme, me senti consumido pela frustração, mas converti a raiva em uma pergunta: "O que eu posso fazer?"

Este livro foi a resposta.

Não há amigo tão leal quanto um livro.

— ERNEST HEMINGWAY

Não foi uma decisão fácil. Eu não escrevia um livro importante havia quase 20 anos. No ano passado, eu viajava de avião uma vez a cada quatro dias mais ou menos, passando por mais de 15 países. Administro mais de dez empresas e uma organização sem fins lucrativos. Tenho quatro filhos, uma esposa incrível e uma missão que amo e pela qual procuro viver. Dizer que minha vida é intensa seria um eufemismo. Tanto *Poder sem limites* quanto *Desperte seu gigante interior* foram campeões de vendas internacionais, e isso foi extremamente gratificante, mas eu não me sentia compelido a escrever novamente até então. Por quê? Porque eu adoro eventos ao vivo! Amo a experiência da imersão total, o imediatismo e a flexibilidade de me comunicar com 5 mil a 10 mil pessoas ao mesmo tempo, me aprofundando e mantendo sua atenção focada por 50 horas em um fim de semana. Isso em uma época em que a maioria das pessoas não consegue ver um filme de três horas de duração, que alguém gastou 300 milhões de dólares para fazer. Eu me lembro claramente de Oprah me contando que ela não ficava parada por mais de duas horas — e, 12 horas depois, ela subiria em uma cadeira e gritaria para a câmera: "Foi uma das maiores experiências da minha vida!" Usher disse que amava o meu trabalho, mas certamente não aguentaria um fim de semana inteiro. Assim como Oprah, ele acabou vivenciando um momento maravilhoso. Cinquenta horas depois, ele me revelou: "Foi como ter assistido a um dos melhores shows da minha vida! Eu fiz anotações o tempo todo, e você me matou de rir!"

Minha experiência com eventos ao vivo é repleta de emoção, música, empolgação e a percepção profunda de que as pessoas se sentem estimuladas a agir de modo significativo. Elas não apenas pensam, elas não apenas sentem; *elas mudam, elas transformam*. E a linguagem corporal e a voz são essenciais para o meu estilo de ensino. Então, devo confessar: quando me sento para escrever algumas palavras, sinto como se houvesse uma mordaça sobre a minha boca e eu tivesse uma das mãos amarrada nas costas! Caramba, descobri que podia alcançar mais de 10 milhões de pessoas através de uma única Conferência TED.

Então, o que me fez mudar de ideia?

A crise financeira causou uma dor enorme, mas também nos fez reavaliar o que é mais importante — coisas que nada têm a ver com o dinheiro. **Foi o momento de voltar ao básico, aos valores que nos sustentavam antes dos tempos difíceis.** Isso me fez recordar os dias em que eu dormia no carro por não ter onde pernoitar, e procurava uma maneira de mudar minha vida. Como eu fiz isso? Com os livros! Eles ajudaram a me colocar de pé. Sempre fui um leitor voraz: na juventude, decidi que eu leria um livro por dia. Me dei conta de que os líderes são leitores. Fiz um curso de leitura dinâmica. Não consegui ler um livro por dia, mas, ao longo de sete anos, li mais de 700 obras, a fim de encontrar respostas para me ajudar e aos outros. Livros sobre psicologia, gestão do tempo, história, filosofia, fisiologia. Eu queria absorver todo conhecimento que pudesse mudar imediatamente a qualidade da minha vida e a de qualquer outra pessoa.

Mas os livros que li quando era criança me marcaram mais profundamente. Eles representaram meu bilhete de saída daquele mundo de sofrimento: um mundo em que não havia um futuro atraente. Eles me transportaram para um reino de possibilidades ilimitadas. Eu me lembro do ensaio de Ralph Waldo Emerson sobre autoconfiança e das suas palavras: "Há um tempo na aprendizagem de cada homem em que este chega à convicção de que a inveja é ignorância; que a imitação é suicídio; que ele tem de contar consigo mesmo para o bem e para o mal." Outro foi um livro do filósofo James Allen, *O homem é aquilo que ele pensa*, ecoando o provérbio bíblico "Como imaginou em seu coração, assim é o homem"

(Provérbios 23:7). Esse livro me veio em um momento em que minha mente era um campo de batalha repleto de medo. *Ele me ensinou que tudo o que criamos em nossas vidas começa com o pensamento.*

Devorei biografias de grandes líderes, grandes pensadores, grandes *realizadores*, como Abraham Lincoln, Andrew Carnegie, John F. Kennedy e Viktor Frankl. Percebi que os grandes homens e mulheres do mundo tinham passado por dores e sofrimentos muito maiores do que os meus. Eles não tiveram apenas sorte, nem mesmo foram privilegiados; de alguma forma, havia algo neles, uma força invisível que não os deixaria se contentar com menos do que conseguiriam realizar, ou ser, ou dar. **Percebi que a biografia não é um destino; que meu passado não era igual ao meu futuro.**

Outro favorito meu era um clássico norte-americano de 1937, *Pense e enriqueça*, de Napoleon Hill. No início do século XX, Hill passou duas décadas entrevistando 500 dos indivíduos mais bem-sucedidos do mundo, de Andrew Carnegie a Henry Ford, de Theodore Roosevelt a Thomas Edison, pesquisando sobre o que os motivava. Ele descobriu que todos eles compartilhavam um foco implacável em seus objetivos, e uma combinação de desejo ardente, fé e persistência para alcançá-los. A mensagem de Hill de que as pessoas comuns poderiam superar qualquer obstáculo para chegar ao sucesso deu esperanças a uma geração de leitores que enfrentavam a Grande Depressão. *Pense e enriqueça* se tornou um dos livros mais vendidos de todos os tempos.

A busca de Napoleon Hill serviu de inspiração para mim. Assim como o clássico que ele escreveu, este livro também quer procurar o melhor do melhor do mundo, de Warren Buffett a Sir Richard Branson — incluindo o homem que os especialistas chamaram de o Thomas Edison de nossos dias: Ray Kurzweil, que inventou os primeiros sintetizadores de música digital, o primeiro software a transformar texto em fala; ele é o homem por trás da Siri do seu iPhone. Kurzweil desenvolveu um dispositivo que permite que os cegos andem pelas ruas, leiam placas de trânsito e escolham pratos em qualquer cardápio. Hoje, Ray é o chefe de desenvolvimento de engenharia do Google. Mas eu queria escrever um livro que fosse além da psicologia e da ciência dos resultados, apresentando um plano real, com ferramentas reais, que você pudesse usar para construir um futuro melhor para si e sua família. Seria um guia, um modelo, um manual do proprietário para a nova economia.

Quando comecei a me reconectar com o poder de um livro, pensei: "Preciso colocar essas respostas em um formato que esteja disponível a qualquer pessoa." Com a tecnologia de hoje, este livro tem algumas grandes vantagens para ajudar a conduzir você ao longo do caminho. Ele tem seções eletrônicas, por meio das quais você pode entrar na internet para conhecer alguns dos homens e mulheres que entrevistei e ouvir suas palavras. Temos um aplicativo que foi projetado para estimulá-lo a percorrer os 7 passos simples, para que você não apenas aprenda as ideias como as acompanhe e obtenha a liberdade financeira que você realmente merece.

A propósito, **quando comecei esta aventura, as pessoas me disseram que eu era louco.** Muitos dos chamados especialistas — e até mesmo amigos! — me alertaram que eu estava perdendo a razão ao tentar levar o complexo mundo das finanças a um público amplo. Até meu editor me implorou para escrever sobre outro assunto qualquer.

Mas eu sabia que conseguiria vencer o desafio se encontrasse as melhores vozes para apontar o caminho. A maioria das pessoas que entrevistei não costuma dar entrevistas, ou, se o faz, são extremamente raras. É possível que elas se manifestem em Davos, na Suíça, no Fórum Econômico Mundial, ou no Conselho de Relações Exteriores, mas levar seus conhecimentos para a população em geral, na primeira pessoa, nunca foi feito antes. Compartilhar suas percepções críticas de uma maneira que qualquer um possa colocar em prática se tornou a missão deste livro.

Tenho a honra de manter excelentes relações com algumas das pessoas mais influentes do mundo: amigos em posições de prestígio que se dispuseram a dar alguns telefonemas em meu nome. Em pouco tempo, as portas se abriram para mim, e eu estava conseguindo ter acesso aos donos do jogo.

Bem-vindo à selva...

— GUNS N' ROSES

Por onde eu começo, então? Decidi começar com uma pessoa de quem quase ninguém ouviu falar, mesmo que tenha sido chamada de o Steve Jobs dos investimentos. Porém, pergunte a qualquer um dos líderes financeiros do mundo, seja o presidente do Federal Reserve, o gerente de um banco de investimentos ou o presidente dos Estados Unidos, e todos saberão quem é Ray Dalio. Eles leem seu resumo semanal de atividades. Por quê? Porque os governos lhe telefonam para perguntar o que fazer, e ele é o responsável por investir o dinheiro dos governos. Idem para os fundos de pensão e as companhias de seguros. Ele é o fundador da Bridgewater Associates, o maior fundo de cobertura do mundo, com 160 bilhões de dólares em *ativos sob gestão* (*AUM*, na sigla em inglês) em um momento em que um grande fundo de cobertura talvez consiga administrar 15 bilhões de dólares. Em geral, era necessário um patrimônio líquido de 5 bilhões e um investimento inicial de 100 milhões de dólares apenas para ser admitido no fundo. Mas nem se preocupe em tentar, ele não vai pegar o seu dinheiro — ou o de qualquer outra pessoa — neste momento.

A origem de Ray Dalio é a mais improvável: nascido no Queens, em Nova York, filho de um pai músico de jazz e de uma mãe dona de casa, ele começou como carregador, pegando suas primeiras dicas sobre o mercado de ações no campo de golfe da região. Hoje em dia ele vale cerca de 14 bilhões de dólares e é o 31º homem mais rico dos Estados Unidos. Como conseguiu isso? Eu precisava descobrir! Eis aqui um homem cujo fundo Pure Alpha, de acordo com a *Barron's*, perdeu dinheiro apenas três vezes em 20 anos; em 2010, ele conseguiu 40% de ganhos para seus clientes mais importantes. Ao longo da existência do fundo (desde o lançamento, em 1991), Dalio conquistou um retorno anual composto de 21% (sem descontar os impostos). Se havia alguém para quem eu quisesse perguntar: "O investidor médio ainda consegue ganhar dinheiro nesse mercado louco e volátil?", esse alguém era Ray Dalio. Então, quando ele me disse "Não há dúvida de que você ainda consegue ganhar", eu ouvi atentamente! E quanto a você?

Não é tão fácil ter acesso a Ray Dalio. Mas o fato é que Ray já sabia quem eu era, e ele era fã do meu trabalho. Uma tarde, me sentei com ele em sua casa surpreendentemente modesta, em uma ilha arborizada ao largo da costa de Connecticut. Ele foi direto ao ponto, dizendo que investidores individuais como você podem ganhar — mas somente se não tentarem derrotar os profissionais dentro de seu próprio jogo.

"O que eles precisam saber, Tony, é que eles *podem* ganhar", Ray disse. "Mas você não vai conseguir se tentar ir contra o sistema. Nem tente fazer isso. Eu tenho 1.500 funcionários e 40 anos de experiência, e para *mim* é um jogo difícil. **É um jogo de pôquer com os melhores jogadores do mundo.**"

Ray tem 65 anos, um leve sotaque nova-iorquino e usa as mãos como um maestro ao falar. Ele me lembrou que o pôquer, assim como jogar com os mercados, é um jogo de soma zero. Para cada vencedor, tem de haver um perdedor. "Quando você entra nesse jogo, não está jogando pôquer apenas contra os adversários que estão na mesa. É um jogo mundial, e somente uma pequena porcentagem de pessoas ganha algum dinheiro real com ele. Elas ganham muito. Elas ganham dinheiro em cima daqueles que não são tão bons no jogo", ele disse. "Portanto, eu diria aos seus investidores, ao cara comum: você não vai querer entrar nesse jogo."

Perguntei a Ray: "Se você está dizendo às pessoas que elas não conseguem competir nesse jogo, elas devem pensar duas vezes antes de deixar alguém jogar *em nome* delas? E quanto aos corretores e aos gestores de fundos mútuos que afirmam que conseguem obter melhores retornos?"

"Você acha que está indo ao médico, mas eles não são médicos", ele me disse. Nós somos treinados para depositar integralmente a nossa fé nos médicos e fazer o que eles mandam, sem pensar, esperando que tenham todas as respostas. Mas Ray Dalio afirma que os típicos gestores de capital não o ajudarão a ganhar porque eles também não possuem as habilidades nem os recursos para jogar o grande jogo. "Se tivessem, você não teria acesso a eles."

"A Olimpíada é uma coisa muito simples em comparação com o que fazemos", Ray continuou. "Nosso meio é mais competitivo. Você pode procurar o seu corretor e achar que precisa saber: 'Esse cara é inteligente?' Ele pode ser inteligente. Ele pode se preocupar com você. **Mas o que você precisa perguntar é: 'Quantas medalhas de ouro ele ganhou?'** Você precisa ser muito, muito cuidadoso, porque inúmeras pessoas vão lhe dar conselhos, mas elas têm de ser boas o suficiente para conseguir se afastar daqueles que são melhores no jogo."

Então, qual é a resposta?

"Em vez de tentar competir, você precisa aprender que **há uma maneira passiva de ganhar**. Há uma maneira de *não* arriscar tudo em uma única medida. É um meio de se **proteger contra todas as desvantagens**, porque os melhores investidores sabem que vão se enganar, não importa quão inteligentes sejam."

Espere um segundo! Ray Dalio, que consegue um retorno composto de 21%, ainda pode se enganar?

"Isso mesmo, Tony, eu vou me enganar", ele admitiu. "Todos nós vamos errar. Por isso, temos que criar um sistema que nos proteja disso."

Assim, depois de quase três horas juntos, era hora de fazer a grande pergunta: "Ray, que sistema é esse?" E ele respondeu: "Tony, a última vez que peguei dinheiro dos outros, era preciso ter um patrimônio líquido de 5 bilhões de dólares para ter acesso aos meus conhecimentos, e o investimento mínimo era de 100 milhões. Isso é realmente complexo, e muda muito."

Eu disse: "Vamos lá, Ray. Você acabou de me dizer que, de qualquer maneira, ninguém que esteja começando vai conseguir ter acesso a você. Eu sei o quanto você se importa com as pessoas. Se você não pudesse transferir seu dinheiro para seus filhos, e pudesse transmitir a eles apenas um conjunto de princípios ou um portfólio — um sistema que lhes permita ganhar dinheiro em tempos bons e ruins, assim como aconteceu com você —, qual seria o aspecto disso para o investidor médio?"

Demos voltas e mais voltas, e, no fim, adivinhe. Ele me mostrou o exemplo de um portfólio ideal, o conjunto exato de investimentos que o ajudaria a maximizar os ganhos com a menor quantidade de desvantagens e de volatilidade em qualquer mercado.

O que é um portfólio? Se você não estiver familiarizado com o termo, é apenas uma coleção de investimentos diversos que se monta para tentar maximizar os retornos financeiros. Ray revelou um sistema simples com orientações sobre o que investir e em que percentagens e quantidades. Analisando retrospectivamente, descobrimos que usando sua estratégia, você teria ganhado dinheiro em 85% do tempo ao longo dos últimos 30 anos (de 1984 a 2013)! Isso significa apenas quatro anos de perdas nos últimos 30 anos (de 1984 a 2013) — com uma perda máxima de 3,93% em um ano (e um ano negativo médio de apenas 1,9%). E um daqueles quatro anos de perdas foi de apenas 0,03%, o que, de modo geral, acabaria equivalendo a uma situação de equilíbrio. Em 2008, sua queda teria sido de apenas 3,93%, quando o resto do mercado perdia 51% (de alto a baixo) — tudo isso fazendo apenas o que Ray compartilhou conosco. Esse plano aqui compartilhado conquistou, em média, um retorno de pouco menos de 10% ao ano (descontados os impostos), e é um plano de investimentos que você pode configurar facilmente para si mesmo! E é apenas *um* dos sistemas dos maiores investidores do mundo, que você vai aprender quando chegar à Seção 6, "Invista segundo a cartilha dos 0,001% de bilionários."

Agora eu sei que você quer queimar etapas imediatamente e consultar o portfólio, mas eu gostaria de lembrá-lo de que há 7 passos simples que você precisa seguir para fazer isso funcionar. Se você ainda não descobriu onde vai conseguir o dinheiro para investir, é porque ainda não descobriu quais são os seus objetivos e desconhece as regras do jogo. Assim, acessar o melhor portfólio do mundo resultará inútil. Então, fique comigo, e vamos seguir em frente. Há um método em minha loucura!

Qual é o valor dessa informação de Ray Dalio? Se os outros precisam ter 5 bilhões de dólares para ter acesso a ele, e isso custou a você apenas o preço deste livro, então não se trata de um mau retorno sobre o investimento!

Tão emocionante quanto conhecer seu sistema de investimentos, o que eu achei mais interessante sobre Ray é sua forma de ver o mundo. Ele o considera uma selva, e encara a vida como uma batalha constante e revigorante.

"Essa é a maneira como eu enxergo a vida, Tony: todos nós temos algo que queremos, algo que representa uma qualidade de vida melhor. Para chegar lá, você precisa passar por uma selva repleta de desafios. Se conseguir atravessá-la, você vai chegar à vida que deseja. É como se eu estivesse de um dos lados da selva", ele me contou. E você pode ter um emprego incrível, uma vida incrível se puder atravessar essa selva. Mas há uma série de coisas perigosas, e todas elas podem matá-lo. Então, você fica do lado de fora e se satisfaz com uma vida segura, ou entra na selva? Como você enfrenta esse problema?

Ray penetra na selva com amigos bastante inteligentes e confiáveis ao seu lado, se perguntando sempre: "*O que eu não sei*?" "Isso é fundamental", ele revelou. "Ao longo de toda a minha vida, o que tem funcionado muito é não ser arrogante em relação ao conhecimento, mas aceitar o fato de que eu tenho fraquezas; que há muitas coisas que eu não sei sobre isso, aquilo e aquilo outro. Quanto mais você aprende, mais percebe que não sabe."

E a verdade é sempre essa! E eu fui um exemplo vivo. Comecei este livro achando que sabia o que estava fazendo. Afinal, eu tinha décadas de experiência. Mas, durante a busca de quatro anos para encontrar os melhores investidores do planeta, precisei me curvar diversas vezes diante daquilo que eu não sabia. E descobri que, ao contrário dos locutores que afirmam ter todas as respostas, os mais bem-sucedidos são essencialmente humildes. Assim como Ray Dalio, eles lhe dirão o que pensam e depois admitirão que podem estar enganados.

> A riqueza não é o objetivo da vida,
> mas apenas um instrumento.
>
> — HENRY WARD BEECHER

À medida que minha jornada prosseguia, eu percebia que minha missão estava evoluindo. Em cada parada ao longo do caminho, eu descobria ferramentas, oportunidades e produtos de investimento disponíveis para as pessoas super-ricas que a pessoa comum nunca chegaria a conhecer. Ironicamente, alguns dos mais bem-sucedidos correm poucos riscos, ou enfrentam um risco limitado com o que chamam de *risco/recompensa assimétricos* — o que significa que os investidores contam com um grande potencial de ganho e uma reduzida exposição à perda. É por isso que as "apostas" existem.

Foi emocionante descobrir essas oportunidades e tirar proveito de algumas delas, porque, nesta fase da minha vida, já tenho idade suficiente, privilégios suficientes e estou suficientemente bem, do ponto de vista financeiro, para poder fazer tais escolhas. Mas meus filhos e minha filha ainda não estão, e alguns dos meus amigos mais queridos também não, e, o mais importante, provavelmente você também não está (a menos que tenha dezenas de milhões escondidos e esteja lendo isto só para descobrir onde Ray Dalio coloca o dinheiro dele).

Então, decidi deixar de ser apenas um receptador passivo de informações do mundo dos investimentos para me tornar um defensor apaixonado dos meus amigos e leitores. **Eu não falaria apenas sobre algo que as pessoas ricas costumam fazer; eu queria que essas oportunidades se abrissem para todos.** Assim, busquei as empresas que se concentraram exclusivamente nos super-ricos e, em seguida, me esforcei para convencê-las a criar novas oportunidades para os investidores de qualquer nível econômico e de qualquer faixa etária. Trabalhei para dar destaque aos seus serviços e, em alguns casos, mergulhei de cabeça e firmei parceria com elas para ajudar a criar novos produtos que serão oferecidos a você pela primeira vez. Mas o que mais me deixa orgulhoso é que eu consegui persuadir muitas delas a disponibilizar seus serviços para pessoas que não são ricas — e de graça! Nas páginas seguintes você vai conhecer um empreendimento estratégico revolucionário entre a Stronghold Wealth Management e a HighTower, a quinta maior empresa de consultoria de investimentos dos Estados Unidos, que costuma oferecer informação transparente e não litigiosa para os mais abastados. Agora, ela vai fornecer a você alguns dos mesmos extraordinários serviços de planejamento, sem custo algum, independentemente do quanto você tenha para investir. Você vai aprender a acessar uma plataforma on-line gratuita que lhe permitirá testar seu corretor e verificar se, na verdade, você está pagando demais por um desempenho insatisfatório. Espero que isso possa ser o começo de uma mudança radical no mundo das finanças pessoais, estabelecendo, pela primeira vez, condições verdadeiramente equitativas.

Mas por que eles fazem isso? Primeiro, porque é a coisa certa a fazer. As pessoas precisam saber pelo que realmente estão pagando. Segundo, eles sabem que as pessoas com muito dinheiro nem sempre começaram com muito dinheiro. É o segredo da riqueza, lembra? Faça mais pelos outros do que qualquer outra pessoa faz. Se a HighTower está fazendo isso por você nessa fase da sua vida, é porque está apostando que você não vai esquecer deles no futuro. Você vai se tornar um fã ardoroso e um cliente fiel para sempre.

Você recebe de graça a ajuda de que necessita hoje e a HighTower ganha um cliente. Isso é sinergia financeira. Uma oportunidade para criar a fugidia situação vantajosa para ambas as partes, e que raramente surge no mundo de Wall Street.

A bondade em palavras cria confiança.
A bondade em pensamento cria profundidade.
A bondade em dádiva cria amor.

— LAO-TZU

Uma das grandes vantagens de "dominar o jogo" é não apenas ser capaz de ganhar, mas ter o suficiente para fazer a diferença para os outros. Independentemente do grau de dificuldade da nossa situação, sempre haverá pessoas que estão sofrendo mais. Quando alguém cria riqueza, é um privilégio e, creio eu, uma responsabilidade retribuir aos que estão apenas começando a jornada ou àqueles que passaram por tragédias que os expulsaram do caminho. Como compartilharei com você mais adiante, minha família foi a beneficiária de um ato de bondade quando, literalmente, não tinha o que comer, e isso mudou toda a minha perspectiva sobre as pessoas e a vida. Ajudou a moldar quem eu sou hoje.

Assim, há décadas venho trabalhando para retribuir tudo o que ganhei, alimentando mais de dois milhões de pessoas por ano por intermédio da Anthony Robbins Foundation, e, nos últimos anos, minha esposa e eu, pessoalmente, temos realizado doações equivalentes.

Hoje, tenho orgulho de dizer que um menino que começou a vida sem comida em casa ajuda pessoalmente quatro milhões de pessoas por ano a se sentirem cuidadas e alimentadas. Ao todo, ao longo de mais de 38 anos, tive a honra de alimentar 42 milhões de pessoas.

Quero usar este livro como um instrumento para ajudar você a desenvolver riqueza suficiente — tanto física quanto emocional —, de modo que você possa ser uma força do bem por meio de suas contribuições econômicas e também do seu tempo. Sou obrigado a dizer, porém, que, se você não doar 1 centavo de dólar, também não vai doar 1 milhão de dólares quando tiver 10 milhões. O tempo de doar é agora! Comecei esse processo quando não tinha nada. A recompensa é que, quando você doa, até mesmo nos momentos em que acha que tem muito pouco, você faz o seu cérebro compreender que já possui mais do que suficiente. Você pode deixar a escassez para trás e se mover na direção de um mundo de abundância.

Portanto, eu gostaria de apresentá-lo a esse caminho. Ao ler este livro, saiba que você não está apenas ajudando a si mesmo a criar um novo futuro financeiro, mas também está ajudando os 17 milhões de famílias norte-americanas que têm de lidar com a fome todos os dias[2].

Como? Decidi fazer mais em um ano do que fiz em toda a minha vida. Em nome de meus leitores, no momento desta publicação estou doando 50 milhões de refeições para homens, mulheres e crianças deste país que sofrem porque não têm onde morar. Você ficaria surpreso ao saber quem são essas pessoas. Sim, algumas estão marcadas pelas lembranças de terem servido na guerra, e algumas têm uma deficiência física ou mental. Mas

---

[2] Feedingamerica.com.

milhões delas são pessoas como você e eu, que tinham uma vida normal e, logo depois, perderam o emprego, tiveram um problema de saúde ou uma perda familiar que as empurrou até o limite máximo, a partir do qual elas não conseguiram mais cumprir suas obrigações financeiras. A maioria dos norte-americanos está a apenas alguns passos de distância da falência. Então, vamos nos unir para ajudá-los.

Enquanto eu escrevia este livro, o Congresso cortou 8,7 bilhões de dólares do Orçamento dos vales-refeição. Testemunhei, em primeira mão, o impacto devastador que isso teve sobre os voluntários e as organizações sem fins lucrativos que trabalham para combater a fome. Foi por isso que eu absorvi 50 milhões de refeições, e tenho usado minha influência para obter um financiamento equivalente, a fim de que possamos fornecer 100 milhões de refeições para alimentar aqueles que passam fome. Você será bem-vindo na participação e no auxílio, mas saiba de uma coisa: pelo fato de ter comprado este livro que está segurando agora ou lendo no iPad, você, pessoalmente, está alimentando 50 pessoas. Minha esperança é que, até o fim deste livro, você também se sinta inspirado a fazer uma pequena doação direta por conta própria. No último capítulo, há informações de como você pode usar os seus "trocados para ajudar a mudar o mundo". Há várias maneiras simples e agradáveis de doar e criar um legado do qual você possa se sentir verdadeiramente orgulhoso.

Nossa, este capítulo foi bem abrangente! Eu sei que foi extenso, mas espero que não tenha parecido exaustivo! Será que consegui fazer você vislumbrar as reais possibilidades para a sua vida neste momento? Você consegue imaginar como se sentirá saindo de onde está hoje e chegando aonde realmente quer chegar? Como seria se a sua experiência com o dinheiro deixasse de ser uma fonte de estresse e se convertesse em um sentimento de emoção e orgulho? Eu lhe prometo que os sentimentos que você terá quando dominar essa área de sua vida ganharão um novo impulso não apenas com o sucesso financeiro, mas também com assuntos ainda mais importantes! Está pronto?

Uma observação final: se você leu até aqui, gostaria de cumprimentá-lo, porque, infelizmente, você pertence à margem superior de 10% das pessoas que compram livros de não ficção. Isso mesmo: as estatísticas mostram que menos de 10% das pessoas que compram um livro nunca leem além do primeiro capítulo. Não é insano? Eu escrevi este livro de uma forma simples, mas também para oferecer a você oportunidade de se aprofundar — de dominar o jogo, de instrumentalizá-lo com as habilidades para dominar o seu mundo financeiro de uma vez por todas. Ele não pretende ser um "pequeno livro vermelho sobre investimentos". Então, eu gostaria de convidar você agora, e de desafiá-lo, a se comprometer a fazer a viagem completa comigo ao longo destas páginas. Prometo que as recompensas que você colherá durarão por décadas e décadas.

Portanto, vire a página e me permita, inicialmente, lhe dar uma visão geral do que você precisa para ter uma renda para a vida toda — um salário que lhe permita ter a vida que você tem (ou o estilo de vida que você deseja) sem precisar trabalhar. Conseguindo isso, você vai trabalhar apenas se quiser. Vamos dar uma olhada geral na estrada à frente e descobrir os *7 passos simples para a liberdade financeira.*

CAPÍTULO 1.2

OS 7 PASSOS SIMPLES PARA A LIBERDADE FINANCEIRA: CRIE UMA RENDA PARA A VIDA TODA

Uma viagem de mil milhas deve começar
com o primeiro passo.

— LAO-TZU

Conte-me uma coisa: você já teve aquela experiência, sabe? A experiência completamente humilhante de jogar vídeo game com uma criança? Quem é que ganha sempre? A criança, é claro! Mas como ela faz isso? Ela é mais inteligente, mais rápida, mais forte?

Eis aqui como funciona. Você está visitando sua sobrinha, ou sobrinho, e ele, ou ela, diz: "Venha brincar comigo, tio Tony!"

Você imediatamente protesta: "Não, não. Eu não conheço esse jogo. Jogue você."

E a criança diz: "Vamos, é fácil! Eu te ensino." Então, ela atira em alguns sujeitos malvados que aparecem na tela. Você ainda resiste, e aí ela começa a implorar. "Vamos! Vamos! Por favor, por favor, por favor!" Você adora essa criança, então você cede. E ela diz as palavras que o colocam no lugar de um iniciante: "Você começa."

Então você decide que vai fazer isso valer a pena! Você vai mostrar para essa criança como é que se faz. E depois? *Bam! Bam! Bam!* Em 3,4 segundos, você está morto. Um tiro na lateral da cabeça. Aniquilado.

Aí a criança pega a arma, e de repente é *bam-bam-bam-bam-bam!* Os bandidos caem do céu e zumbem por todos os lados, em uma velocidade cada vez maior. A criança antecipa cada movimento e elimina um por um. Cerca de 45 minutos depois, é a sua vez novamente.

Agora você está irritado, e ainda mais empenhado. Nesta rodada você dura cinco segundos completos. E a criança brinca por mais 45 minutos. Você já sabe como funciona.

Ora, por que eles sempre ganham? Porque têm reflexos melhores? Porque são mais rápidos? Não! **É porque já jogaram antes.**

As crianças já conhecem um dos maiores segredos para a riqueza e o sucesso na vida: elas conseguem antecipar o caminho à sua frente.

Lembre-se: a antecipação é o poder supremo. Os perdedores reagem; os líderes se antecipam. E nas próximas páginas você vai aprender a se antecipar com os melhores dos melhores: Ray Dalio, Paul Tudor Jones e o exército de 50 outros extraordinários líderes financeiros que conhecem o caminho à sua frente. Eles estão aqui para ajudá-lo a antecipar os problemas e desafios no caminho até a liberdade financeira, para que você não se machuque ao longo do percurso. Como diz Ray Dalio, lá fora existe uma selva repleta de coisas que podem matá-lo financeiramente, e você precisa de guias confiáveis que o ajudem a atravessá-la. Com auxílio desses guias, vamos apresentar um plano que o ajudará a antecipar os obstáculos, evitar o estresse desnecessário e chegar ao seu destino financeiro ideal.

Eu gostaria de dar uma rápida visão geral da direção que estamos adotando e da maneira como este livro está configurado, para que você possa fazer melhor uso dele. Antes de fazermos isso, sejamos claros sobre o nosso verdadeiro propósito. **Este livro está comprometido com um resultado principal: prepará-lo para que você tenha uma renda para a vida toda, sem precisar trabalhar novamente. A verdadeira liberdade financeira!** E a boa notícia é que ela pode ser alcançada por qualquer um. Mesmo que você esteja começando com dívidas, no fundo do poço — sem exagero —, com pouquíssimo tempo, sem foco consistente e as estratégias corretas aplicadas, você pode alcançar a segurança financeira ou até mesmo a independência em poucos anos.

Antes de avaliarmos os passos, vamos observar por que estar financeiramente seguro parecia tão simples antigamente. O que mudou? E o que precisamos fazer? Vamos começar com uma pequena lição de história.*

É possível ser jovem sem ter dinheiro,
mas não se pode ser velho sem ele.

—TENNESSEE WILLIAMS

Tudo o que se refere à sua vida financeira parece muito mais difícil nos tempos atuais, não é? Tenho certeza de que você já se perguntou por que é tão difícil economizar dinheiro e se aposentar confortavelmente. Nos acostumamos a tratar a aposentadoria como um dado predeterminado em nossa sociedade, um estágio sacrossanto da vida. Mas não nos esqueçamos de que a aposentadoria é um conceito relativamente novo. De fato, a ideia serviu apenas a uma geração ou duas — para a maioria de nós, nossos pais e avós. Antes deles, as pessoas geralmente trabalhavam até não poder mais.

Até morrer.

Você se lembra da história desse benefício? Quando surgiu a Seguridade Social? Ela foi criada sob o governo de Franklin Delano Roosevelt, durante a Grande Depressão, quando não havia rede de Seguridade Social para as pessoas idosas e doentes. "Idoso" era um conceito diferente naquela época. A expectativa média de vida nos Estados Unidos era de 62 anos. Só isso! E os benefícios da aposentadoria pela Seguridade Social deveriam começar a valer a partir dos 65 anos, de modo que não se esperava que todos usufruíssem dela, pelo menos não por muito tempo. Na verdade, o próprio Roosevelt não viveu o suficiente para receber seus benefícios (não que ele precisasse deles). Ele morreu aos 63 anos.

A Lei de Seguridade Social aliviou o sofrimento de milhões de norte-americanos durante um período de crise, mas nunca pretendeu substituir a poupança destinada à aposentadoria — apenas servir como

* Vale a pena ler sobre os problemas da Aposentadoria Oficial do governo norte-americano para ver que nos Estados Unidos acontece a mesma coisa que no Brasil, isto é, o sistema vai quebrar se não houver alguma reforma! (*N. do R.*)

complemento para cobrir as necessidades mais básicas. E o sistema não foi projetado para o mundo em que vivemos hoje.

Eis aqui a nova realidade:

Há uma possibilidade de 50% de que, entre os casais casados, pelo menos um dos cônjuges viverá até os 92 anos, e uma possibilidade de 25% de que um deles viverá até os 97 anos.

Uau! Vamos alcançar uma expectativa de vida de 100 anos muito rapidamente.

Com vidas mais longas, esperamos por anos mais longos — muito mais longos — para nossa aposentadoria. Há 50 anos, o tempo médio de aposentadoria era de 12 anos. Espera-se que alguém que se aposente hoje aos 65 anos viva até os 85 ou mais. Isso significa mais de 20 anos de aposentadoria. E essa é a média. Muitos viverão mais e terão 30 anos de aposentadoria!

> Não é realista financiar uma aposentadoria de 30 anos de duração com 30 anos de trabalho. Não se deve imaginar que é possível reservar 10% de sua renda para financiar uma aposentadoria tão longa.
>
> — JOHN SHOVEN, professor de economia da Universidade de Stanford

Quanto tempo *você* espera viver? Todos os avanços que estamos vendo na tecnologia médica podem acrescentar anos à sua vida — ou décadas. Das células-tronco até a impressão tridimensional de órgãos e a regeneração celular, as tecnologias estão surgindo em todos os lugares. Você ficará sabendo sobre elas no Capítulo 7.1: "O futuro é mais brilhante do que você pensa". É uma dádiva, mas você está preparado?

Muitos de nós não estamos.

Uma pesquisa recente realizada pela Mass Mutual pediu aos nascidos na geração do baby boom que citassem o seu maior medo.

Qual você acha que era? A morte? O terrorismo? A peste?

Não. O medo número 1 dos pertencentes à geração do baby boom era viver mais do que os recursos financeiros que haviam poupado.

(A morte, a propósito, ficou em um distante segundo lugar.)

Os nascidos na geração do baby boom têm o direito de ficar assustados, assim como os da geração Y. De acordo com um estudo da Ernst and Young,

75% dos norte-americanos podem esperar que seus ativos vão desaparecer antes de sua morte. E a rede de segurança da Seguridade Social — caso ela sobreviva à próxima geração — não vai propiciar um padrão de vida razoável por si só. O benefício médio atual é de 1.294 dólares por mês. Até onde você acha que isso se estenderá se você morar em Nova York, Los Angeles, Chicago ou Miami? Ou quanto tempo o sistema equivalente vai funcionar no seu país se você mora em Londres, Sydney, Roma, Tóquio, Hong Kong ou Nova Délhi? **Independentemente de onde você mora, se você não tiver outra fonte de renda, pode acabar como o recepcionista mais bem-vestido do Walmart.**

É óbvio que, mais do que nunca, precisaremos esticar nossa renda da aposentadoria — no meio de uma economia estagnada, em um momento em que muitos estão lutando para recuperar terreno.

Como reagimos a essa emergência crescente? Muitos de nós consideramos o problema tão doloroso e tão perturbador que simplesmente o bloqueamos e esperamos que ele desapareça. Segundo o EBRI, o Employee Benefit Research Institute (Instituto de Pesquisas de Benefícios aos Empregados, em tradução livre), 48% de todos os norte-americanos que trabalham ainda não calcularam de quanto dinheiro precisarão para se aposentar. Sim, 48%! É um número surpreendente: quase metade de nós ainda precisa de um dos primeiros passos no sentido de planejar o futuro financeiro — e a hora do ajuste de contas está chegando.

Então, qual é a solução? Começa pelo Passo 1: tomar a decisão financeira mais importante de sua vida. **No momento em que você terminar este livro, não apenas terá um plano automatizado para poupar e investir como saberá criar renda sem ter de trabalhar.**

Espere um segundo! Isso é bom demais para ser verdade, você deve estar pensando. E tudo o que parece bom demais para ser verdade provavelmente é, certo?

No entanto, tenho certeza de que você sabe que há algumas exceções à regra. Como você reagiria se eu lhe dissesse que hoje em dia existem instrumentos financeiros que permitem que você ganhe dinheiro quando os mercados sobem e não perca 1 centavo quando eles caem? Vinte anos atrás, teria sido impossível que os investidores comuns imaginassem uma coisa como essa. Mas os investidores que usaram essas ferramentas, em 2008, não perderam dinheiro e nem noites de sono. Tenho esse tipo de segurança e de liberdade com a minha família. É uma sensação incrível saber que nunca lhe faltará o sustento. E eu quero assegurar que você também consiga isso para você e sua família. Neste livro, vou ensinar você a criar uma fonte de renda vitalícia e garantida.

Um salário para a vida toda, sem nunca ter de trabalhar novamente.

Não seria ótimo abrir o seu e-mail no fim do mês e, em vez de encontrar um extrato com um saldo que você torceria para não ter diminuído, aparecesse um cheque em seu lugar? Imagine isso acontecendo todos os meses. Isso é renda para a vida toda, e há uma maneira de consegui-la.

Na Seção 2 você vai aprender a compor seus investimentos em um considerável pecúlio — que eu chamo de *limiar crítico* —, permitindo que você ganhe dinheiro até mesmo enquanto está dormindo! Com algumas estratégias simples, você vai ser capaz de criar uma fonte de renda garantida, possibilitando que construa, gerencie e desfrute de sua própria "pensão" pessoal, sob suas próprias condições.

Provavelmente, você vai ter dificuldade para imaginar que já existe uma estrutura disponível, capaz de lhe propiciar:

- 100% de proteção ao capital, o que significa que você não perderá seu investimento.
- Os retornos em sua conta estão diretamente ligados aos resultados positivos do mercado de ações (por exemplo, o S&P 500).* Então, se o mercado de ações subir, você vai começar a ter participação nos ganhos. Mas, se ele cair, você não vai perder!
- Você também pode converter o saldo de sua conta em uma renda garantida, cujo fim você não vai ver!

Pode parar de imaginar — essa estrutura está bem aqui! É uma das oportunidades que estão disponíveis para investidores como você. (E você vai ler sobre isso no Capítulo 5.3.)

---

* S&P 500 é o índice da Bolsa de Valores norte-americana que registra, diariamente, a evolução dos preços das ações das 500 empresas mais negociadas. Decisões estratégicas para aplicações financeiras são tomadas comparando sua rentabilidade anual com a de outros ativos. No mercado brasileiro, a comparação é feita com a taxa Selic (de renda fixa), e/ou com o CDI (Certificado de Depósito Interbancário), visto que os índices das bolsas de valores não são representativos e são pouco usados para comparação. (*N. do R.*)

Quero que fique bem claro que não estou sugerindo aqui que, mesmo com uma renda garantida para o resto da vida, você pretenda parar de trabalhar quando atingir a idade usual para se aposentar. Provavelmente, você não vai parar. Estudos mostram que, quanto mais dinheiro você ganha, mais chances tem de continuar trabalhando. Antigamente, o objetivo era ficar rico e se aposentar aos 40 anos. Agora, o objetivo é ficar rico e trabalhar até os 90. Quase a metade dos indivíduos que ganham 750 mil dólares por ano ou mais afirma que nunca vai se aposentar. Se isso por acaso acontecer, a idade mínima cogitada é 70 anos.

E quanto aos Rolling Stones e ao Mick Jagger, com 73 anos e ainda sacudindo o mundo?

Pense, ainda, em magnatas de negócios, como Steve Wynn, com 75 anos.

Warren Buffett, com 86 anos.

Rupert Murdoch, com 85 anos.

Sumner Redstone, com 93 anos.

Nessas idades, todos eles ainda estavam administrando seus negócios e arrasando. (Provavelmente, ainda estão.) Talvez você também esteja.

Mas o que acontece se não pudermos trabalhar, ou não quisermos trabalhar mais? A Seguridade Social por si só não será muito reconfortante em nossa aposentadoria. Com 10 mil representantes da geração do baby boom completando 65 anos todos os dias, e a proporção entre idosos e jovens ficando cada vez mais desequilibrada, talvez a Seguridade nem exista mais, pelo menos na forma como a conhecemos hoje. Em 1950 havia 16,5 trabalhadores contribuindo com o sistema de Seguridade Social para sustentar uma pessoa que receberia os benefícios. Agora, existem 2,9 trabalhadores por destinatário.

Essa proporção lhe parece sustentável?

Em um artigo intitulado "It's a 401(k) World" [É um mundo de 401 (k)], Thomas Friedman, colunista do *New York Times* e autor campeão de vendas, escreveu: "Se você for automotivado, uau!, este mundo é perfeito para você. Todos os limites já desapareceram. Mas, se você não for, este mundo será um desafio, porque as paredes, os tetos e os pisos que protegiam as pessoas também estão desaparecendo. (...) Haverá menos limites, mas também menos garantias. Cada vez mais sua contribuição específica definirá seus benefícios específicos. O mero fato de participar não será mais suficiente."

Quanto às doces pensões empregatícias com as quais os nossos pais e avós contavam na aposentadoria, elas também estão seguindo o caminho dos ferreiros e das telefonistas. Apenas cerca de metade da força de trabalho do setor privado nos Estados Unidos está coberta por algum tipo de plano de aposentadoria, e a maioria, hoje em dia, pertence ao modelo faça-você-mesmo ou assuma-todos-os-riscos.

Se você for funcionário municipal, estadual ou federal, ainda pode desfrutar de uma pensão patrocinada pelo governo, mas a cada dia que passa surgem mais pessoas, como aquelas de Detroit e San Bernardino, se perguntando se esse dinheiro ainda estará disponível quando chegar sua hora de recebê-lo.

Qual é, então, o seu plano de aposentadoria? Você tem uma pensão? Um plano 401 (k)? Uma IRA (conta de aposentadoria individual, na sigla em inglês)? Hoje, cerca de 60 milhões de norte-americanos fazem parte de planos 401 (k), totalizando mais de 3,5 trilhões de dólares. Mas eles podem ser um negócio ruim, e até mesmo desastroso, se você estiver em um daqueles planos com comissões elevadas que dominam o mercado. É por isso que, se estiver participando de um plano 401 (k), você precisa ler o Capítulo 2.5: "Mito 5: 'Sua aposentadoria está a apenas um 401 (k) de distância'". O que você vai aprender e as mudanças simples que é capaz de fazer podem transformar sua vida — lhe trazendo a paz de espírito e a certeza que você necessita hoje —, significando a diferença entre se aposentar cedo e não conseguir se aposentar de forma alguma.

MORTE E IMPOSTOS: AS ÚNICAS CERTEZAS

Para não sermos surpreendidos pelos mercados voláteis (que se movem mais rápido do que a velocidade da luz, literalmente), impostos exorbitantes (e ocultos) e um sistema de pensões ultrapassado, não nos esqueçamos do nosso bom e velho amigo, o homem do imposto. Ah, o homem do imposto. Ele vai levar até 50% (ou mais!), muito obrigado, de tudo o que você ganhar. Se você achava que os impostos ocultos eram o único empecilho para o acúmulo de riqueza, esqueceu o maior culpado de todos.

Até certo ponto, todos nós sabemos que os impostos podem ser um obstáculo, mas poucos percebem o quanto eles roubam de nossa capacidade de alcançar a liberdade financeira. Os investidores sofisticados sempre souberam disso: o que importa não é o que você ganha, mas o que você consegue guardar.

Os maiores investidores do mundo compreendem a importância da eficiência fiscal. Qual é o poder de destruição dos impostos quando compostos ao longo do tempo?

Vamos tentar uma metáfora: digamos que você tenha 1 dólar e, de alguma forma, consiga dobrá-lo a cada ano durante 20 anos. Todos nós conhecemos esse jogo. Ele se chama capitalização composta, certo?

Depois do primeiro ano, você duplicou seu dólar para 2 dólares.
Ano dois: 4 dólares.
Ano três: 8 dólares.
Ano quatro: 16 dólares.
Ano cinco: 32 dólares.

Se você tivesse de adivinhar, quanto você acha que o seu dólar teria se valorizado no ano 20?

Não trapaceie nem tente colar. Faça uma pausa e adivinhe.

Por meio da magia da capitalização composta, em apenas duas décadas o seu dólar se transforma em (rufem os tambores, por favor): 1.048.576 dólares! Esse é o incrível poder da capitalização composta!

Na qualidade de investidores, nós queremos acessar esse poder. Mas, claro, o jogo não é tão simples assim. No mundo real, a César o que é de César. O homem do imposto quer a sua fatia. Então, qual será o impacto dos impostos sobre essa mesma situação? Mais uma vez, adivinhe. Se você tiver a sorte de pagar apenas 33% de impostos por ano, a que patamar você acha que o seu dólar terá crescido ao fim de 20 anos, após a incidência dos impostos?

Novamente, faça uma pausa e adivinhe de verdade.

Bem, se o número antes dos impostos era de 1.048.576 dólares... hmmm. Com um imposto de 33%, o valor estaria em torno de 750 mil? Ou mesmo 500 mil dólares? Pense novamente, Kemosabe.

Agora vamos observar a coluna seguinte e constatar o incrível poder da fuga dos dólares quando retiramos um valor para pagar os impostos todos os anos, antes da composição composta — dobrando a conta. Assumindo uma taxa anual de 33%, ao fim desses mesmos 20 anos, o montante líquido real com o qual você ficará é de pouco mais de 28 mil dólares!

Isso mesmo, 28 mil dólares! Uma diferença de mais de 1 milhão de dólares — e isso porque ainda nem levamos em conta os impostos estaduais! Em alguns estados, como Califórnia, Nova York e Nova Jersey, é bem provável que o valor final ainda seja significativamente menor.

Certamente esse cenário de duplicação e fuga de dólares é baseado em ganhos que você nunca verá no mundo real — mas ilustra o que pode acontecer quando negligenciamos o impacto dos impostos em nosso planejamento financeiro.

Considerando o modo como as coisas estão acontecendo em Washington, você acha que os impostos vão aumentar ou diminuir nos próximos anos?

(Nem precisa responder!)

Na Seção 5 vou lhe dar a dica que, até agora, estava disponível apenas para investidores sofisticados ou indivíduos com um patrimônio líquido extremamente elevado. Vou mostrar o que os investidores mais inteligentes já fazem — como retirar os impostos da equação, usando o que o *New York Times* chama de "segredo dos iniciados para os abastados". É um método aprovado pela Receita Federal (IRS, na sigla em inglês) que aumenta seu dinheiro livre de impostos, e você não precisa ser rico nem famoso para tirar proveito dele. Ele poderia, literalmente, ajudá-lo a alcançar a independência financeira com 25% a 50% mais rapidez, dependendo da sua faixa de tributação.

> Ninguém é livre não sendo
> senhor de si mesmo.
>
> — EPITETO

Com plano ou sem plano, o fato é que o futuro está chegando rápido. De acordo com o Center for Retirement Research (Centro de Pesquisas sobre a Aposentadoria, em tradução livre), 53% dos agregados familiares norte-americanos estão "sob risco" de não ter dinheiro suficiente na aposentadoria para manter seus padrões de vida. Isso representa mais da metade! E lembre-se: mais de um terço dos trabalhadores têm menos de

1.000 dólares poupados para a aposentadoria (não se excetuando as pensões e o preço da moradia), enquanto 60% têm menos de 25 mil dólares.

Como isso pode acontecer? Não podemos colocar toda a culpa na economia. A crise da poupança começou muito antes do recente colapso financeiro. Em 2005, a taxa de poupança pessoal era de 1,5% nos Estados Unidos. Em 2013, ela chegou a 2,2% (após superar 5,5% no auge da crise). O que há de errado nesse panorama? Não vivemos isolados. **Sabemos que precisamos economizar mais e investir. Então, por que não fazemos isso? O que está nos impedindo?**

Vamos começar admitindo que nem sempre os seres humanos agem racionalmente. Alguns de nós gastamos com bilhetes de loteria, mesmo sabendo que as chances de ganhar o prêmio máximo do Powerball* são de 1 em 175 milhões, e que há 251 mais probabilidades de sermos atingidos por um raio. Na verdade, eis aqui uma estatística que vai surpreender você: os lares norte-americanos gastam em média 1.000 dólares por ano em loterias. Minha primeira reação quando ouvi isso de meu amigo Shlomo Benartzi, célebre professor de finanças comportamentais da UCLA, foi: "Não é possível!" De fato, participei recentemente de um seminário e perguntei ao público quantos já haviam comprado um bilhete de loteria. Em uma sala de cinco pessoas, menos de 50 levantaram as mãos. Se apenas 50 pessoas de um total de cinco estão fazendo isso, e a média é de dólares, então há inúmeras pessoas comprando *ainda mais* do que isso. A propósito, o recorde pertence a Cingapura, onde os lares médios gastam 4 dólares por ano. Você tem alguma ideia do que 1, 2, 3 e 4 dólares reservados e compostos ao longo do tempo poderiam significar para você? No próximo capítulo você vai descobrir que é necessário muito pouco dinheiro para garantir de meio milhão a 1 milhão de dólares ou mais em sua aposentadoria sem exigir quase nenhum tempo de gerenciamento.

Vamos voltar à economia comportamental e verificar se não podemos encontrar alguns pequenos truques que poderiam fazer a diferença entre a pobreza e a riqueza. Os economistas comportamentais tentam descobrir por que nós cometemos os erros financeiros que cometemos e como corrigi-los, mesmo sem estarmos plenamente conscientes deles. Muito legal, não?

Dan Ariely, renomado professor de economia comportamental da Universidade de Duke, estuda as formas como os nossos cérebros nos enganam regularmente. Os seres humanos evoluíram para depender da visão, e grande

---

* A chance de haver apenas um ganhador na Megassena, por exemplo, é de 1 para 53 milhões. (*N. do R.*)

parte do nosso cérebro é dedicada à visão. Mas com que frequência os nossos olhos nos enganam? Dê uma olhada nas duas mesas abaixo.

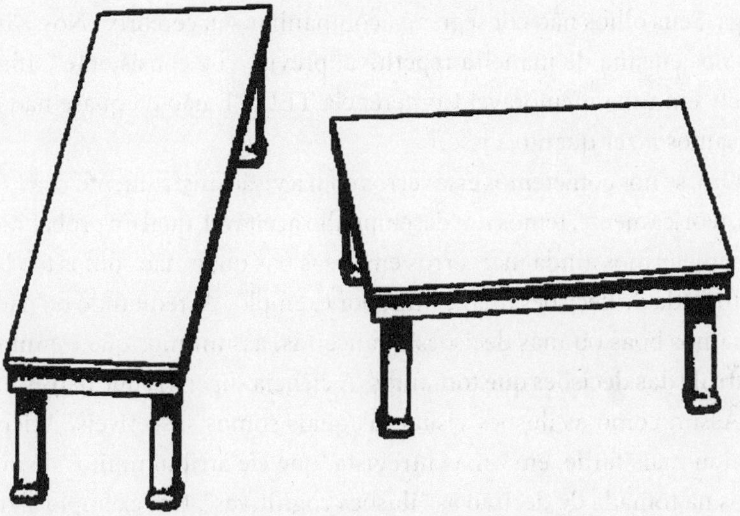

Se eu perguntasse qual é a mais longa, a estreita, à esquerda, ou a larga, à direita, a maioria das pessoas escolheria naturalmente a mesa da esquerda. Se você fosse uma dessas pessoas, estaria errado. Os comprimentos de ambas as mesas são exatamente os mesmos (pode medir se não acredita em mim). Ok. Vamos tentar de novo.

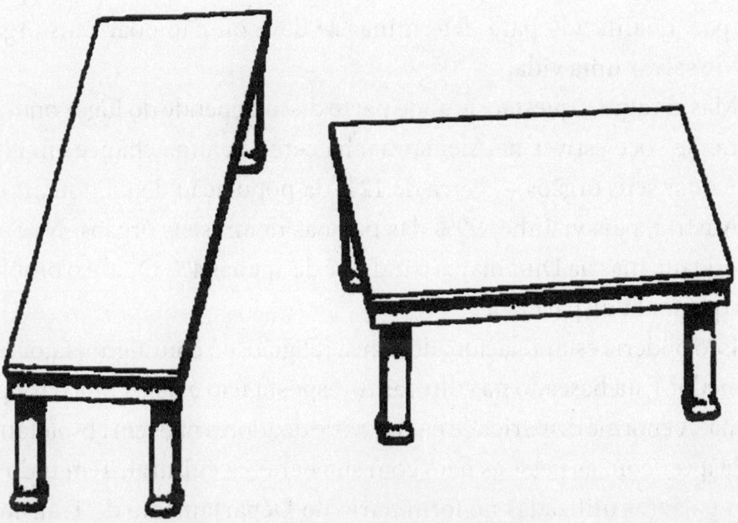

Qual mesa é mais longa desta vez? Você não apostaria tudo que a da esquerda continua sendo a mais longa? Você conhece a resposta, e mesmo assim o seu cérebro continua a enganá-lo. A da esquerda ainda parece mais longa. Seus olhos não conseguem acompanhar seu cérebro. "Nossa intuição nos engana de maneira repetitiva, previsível e consistente", afirmou Ariely em uma memorável Conferência TED. "E não há quase nada que possamos fazer quanto a isso."

Ora, se nós cometemos esses erros com a visão, instrumento com o qual nós, teoricamente, temos um desempenho aceitável, qual é a probabilidade de cometermos ainda mais erros em áreas nas quais não somos tão bons? Na tomada de decisões financeiras, por exemplo? Acreditando ou não que tomamos boas ou más decisões financeiras, assumimos que estamos no controle das decisões que tomamos. A ciência sugeriria que não estamos.

Assim como as ilusões visuais às quais somos suscetíveis, Ariely me revelou mais tarde, em uma entrevista, que ele atribui muitos de nossos erros na tomada de decisão às "ilusões cognitivas". Um exemplo claro: se você entrasse no Departamento de Trânsito local amanhã e lhe perguntassem: "Você tem vontade de doar os seus órgãos?", como você acha que responderia? Alguns de nós diriam imediatamente que sim, e nos consideraríamos abnegados e nobres. Outros talvez fiquem sem reação, chocados pela morbidez da pergunta e declinem. Quem sabe você arrisque e diga que precisa de tempo para pensar. De qualquer maneira, você imaginaria que sua decisão estaria baseada no livre-arbítrio. Você é um adulto competente e capaz, qualificado para determinar se deve ou não doar seus órgãos a fim de salvar uma vida.

Mas eis aqui a questão: grande parte disso depende do lugar onde você mora. Se você estiver na Alemanha, há cerca de uma chance em oito de você doar seus órgãos — cerca de 12% da população doa. Enquanto isso, na Áustria, país vizinho, 99% das pessoas doam seus órgãos. Na Suécia, 89% doam, mas na Dinamarca o índice é de apenas 4%. Qual é o problema? Por que tanta disparidade?

Isso poderia estar relacionado com a religião, ou com algum fator ligado ao medo? Está baseado na cultura? A resposta não é nenhuma das opções acima. A enorme disparidade nas taxas de doadores não tem absolutamente nada a ver com as pessoas nem com sua herança cultural. Tem tudo a ver com palavras utilizadas no formulário do Departamento de Trânsito.

Em países com os índices mais baixos de doadores, como a Dinamarca, há um quadradinho com a mensagem: "Assinale aqui se você quiser participar do programa de doadores de órgãos." Nos países com os índices mais altos, como a Suécia, a mensagem é: "Assinale aqui se você *não* quiser participar do programa de doadores de órgãos."

Esse é o segredo! Ninguém gosta de assinalar quadradinhos. Não é que a gente não queira doar os órgãos. Essa pequena quantidade de inércia faz toda a diferença no mundo!

Se um problema for muito avassalador, tendemos a simplesmente congelar e não fazer nada. Ou a fazer o que alguém decidiu por nós. Não é culpa nossa. É a maneira como estamos programados a agir. Quanto à doação de órgãos, não é que as pessoas não se importem. Na verdade, elas se importam demais. A decisão é difícil e complicada, e muitos não sabem o que fazer. **"Porque não temos ideia do que fazer, simplesmente concordamos com tudo o que é escolhido para nós", diz Ariely.**

Esse mesmo senso de inércia, ou de escolher o que alguém escolheu por nós, ajuda a explicar por que apenas um terço dos trabalhadores norte-americanos se beneficia dos planos de aposentadoria disponíveis. Isso explica por que tão poucos de nós fizeram um plano financeiro para o futuro. Parece complexo. Não temos certeza do que fazer, e então apostamos ou não fazemos nada.

Ariely me disse que, no mundo físico, nós entendemos as nossas limitações e vamos construindo soluções em torno delas. Usamos degraus, rampas e elevadores. "Por alguma razão, porém, quando projetamos coisas como saúde, aposentadoria e mercado de ações, de alguma forma nos esquecemos da ideia de que somos limitados", ele disse. "Acho que, se nós entendêssemos nossas limitações cognitivas da mesma forma que entendemos nossas limitações físicas, mesmo que elas não sejam igualmente óbvias, poderíamos projetar um mundo melhor."

Lembre-se do que Ray Dalio afirmou sobre ir para a selva, e que a primeira coisa que ele perguntou a si mesmo foi: "*O que eu não sei?*" Se você conhece suas limitações, pode se adaptar e ser bem-sucedido. Se não as conhece, vai se machucar.

Meu objetivo neste livro é despertar as pessoas e dar a elas o conhecimento e as ferramentas para assumir o controle imediato de suas vidas financeiras. Para isso criei um plano que não vai levá-lo a cometer enganos devido ao seu grau de complexidade ou dificuldade, nem vai tomar muito do seu tempo. Por quê? Porque, como vimos com os formulários do Departamento de Trânsito, **a complexidade é inimiga da boa execução.** Foi por isso que dividi este plano em 7 passos simples e criei um poderoso e novo aplicativo para smartphone, totalmente gratuito, para orientá-lo por meio desses passos. É possível baixá-lo agora mesmo, acessando www.tonyrobbins.com/masterthegame [em inglês]. Você pode verificar seu progresso à medida que avança, e comemorar suas vitórias ao longo do caminho. O aplicativo vai lhe dar assistência, responder suas perguntas e dar até mesmo um empurrãozinho quando você precisar. Você vai se empolgar e ter boa vontade, mas algumas distrações ou um surto de inércia podem desviá-lo de seu objetivo. Esse sistema automatizado é projetado para evitar essa situação. E adivinhe: **Quando você terminar, tudo estará terminado. Depois que seu plano estiver em prática, você vai precisar de uma hora mais ou menos, uma ou duas vezes por ano, para checar se está fazendo progressos.** Portanto, não há desculpa para não permanecer no caminho da segurança financeira, independência e liberdade por toda a vida — e ter bastante tempo para desfrutar das coisas que realmente importam para você!

Se tudo tiver corrido bem, neste momento sua mente está fervilhando. Eu sei que você deve estar pensando nas inúmeras coisas que já lhe apresentei até o momento, mas estou empenhado em garantir conquistas permanentes em sua vida financeira, e quero que você tenha uma visão clara do percurso que está à sua frente. Então, vamos dar uma olhada rápida nos 7 passos simples para a liberdade financeira.

Se você pertence a uma geração criada entre blogs e tweets, provavelmente está dizendo: "Por que você simplesmente não resume esses 7 passos — aliás, o livro todo! — em um parágrafo, ou até mesmo em um infográfico?" Eu poderia fazer isso. Mas *conhecer* informações não é a mesma coisa que *tê-las* e seguir adiante. A informação sem a execução é pobre. Lembre-se: estamos nos afogando em informações, mas temos sede de conhecimento.

Eu gostaria de preparar sua mente para cada um dos próximos passos. Com isso, você vai estar pronto para adotar as medidas necessárias para garantir que seu caminho até a liberdade financeira se torne uma realidade.

Este livro foi pensado para que você domine um assunto que atormenta a maioria das pessoas, pelo fato de elas nunca terem se preocupado em dominar os fundamentos que seriam capazes de libertá-las. E dominar significa se aprofundar. Qualquer pessoa pode ler uma coisa, lembrar-se daquilo e sentir que aprendeu alguma coisa. **Mas o verdadeiro domínio pressupõe três etapas.**

A primeira é a compreensão cognitiva. É a sua capacidade de entender o conceito. Todos nós somos capazes de entendê-lo. E muitos de nós já temos uma compreensão *cognitiva* de finanças pessoais e investimentos. Mas isso e 3 dólares quase seriam suficientes para comprar um café no Starbucks! O que eu quero dizer é que a informação por si só não vale nada. Ela é só o primeiro passo.

Você começa a obter um valor verdadeiro quando atinge o segundo passo: o domínio emocional. É aquele momento em que você já ouviu alguma coisa várias e várias vezes, e isso já provocou sentimentos suficientes dentro de você — desejos, anseios, medos, preocupações —, dos quais, agora, você se torna consciente, sendo capaz de usar consistentemente o que aprendeu.

Mas o domínio supremo é o físico. Isso significa que você não precisa pensar no que faz; suas ações são praticamente inatas. **E a única maneira de chegar a isso é a repetição consistente.** Meu grande professor, Jim Rohn, me ensinou que **a repetição é a mãe da habilidade.**

Vou lhe dar um exemplo perfeito de como fiquei aquém nesse aspecto. Com vinte e poucos anos, decidi que desejava ser faixa-preta em artes marciais, e tive o privilégio de conhecer e me tornar amigo do grande mestre Jhoon Rhee. Foi ele quem trouxe o taekwondo para este país e quem treinou Bruce Lee e Muhammad Ali nessa arte. Eu disse a ele que queria passar para a faixa-preta no prazo mais curto da história, e que estava disposto a fazer o que fosse necessário em termos de prática, comprometimento e disciplina para quebrar o recorde. Ele concordou em assumir o meu treinamento. Foi radical! Muitas vezes eu apresentava um seminário e chegava à 1 hora da manhã para treinar, e, então, trabalhava com o mestre por mais três ou quatro horas. Eu me contentava com quatro horas de sono, no máximo.

Uma noite, após um período particularmente longo praticando o mesmíssimo movimento pelo menos 300 vezes, finalmente me virei para o professor e perguntei: "Mestre, *quando* nós podemos passar para o próximo movimento?" Ele me encarou severamente e disse: "Ah, gafanhoto, este *é* o próximo movimento. O fato de você não conseguir apontar a diferença entre o movimento que acabou de fazer e o que fez antes mostra que você ainda é um aprendiz. As distinções finas são a diferença entre um mestre e um amador. E o domínio requer esse nível de repetição. Em cada repetição, você deve aprender mais", ele respondeu, com um sorriso.

Você entende o que eu quero dizer? Este livro não foi projetado para que você o percorra em uma única tarde.

À medida que você ler, vai notar que este livro é diferente de qualquer outra coisa que já encontrou antes, porque ele reflete o meu estilo único de ensinar. Você vai ser questionado com frequência, e eventualmente vai observar fatos e frases que já leu antes. Haverá muitos pontos de exclamação! E não se trata de um erro de revisão! É uma técnica cujo objetivo é destacar ideias-chave e elaborar o conhecimento em sua mente, corpo e espírito, de modo que a ação se torne automática. Nesse momento, você vai começar a ver resultados e colher as recompensas que deseja e merece. Está pronto para o desafio?

E lembre-se: isto não é apenas um livro, é um modelo. Cada uma das seções foi projetada para ajudá-lo a entender exatamente qual é a sua situação em termos financeiros e ajudá-lo a reduzir a distância entre onde você está agora e onde realmente quer estar. Este trabalho foi pensado para instrumentalizar você não apenas para hoje, mas para o restante de sua vida. Eu sei que, nos estágios seguintes, você vai preferir dar um passo atrás a fim de poder avançar até a próxima etapa.

SEÇÃO 1: BEM-VINDO À SELVA: A JORNADA COMEÇA COM O PRIMEIRO PASSO

Como todos os grandes aventureiros, vamos começar pelas orientações básicas sobre a viagem. No Capítulo 1.4 você vai aprender um pouco mais sobre a psicologia da riqueza, o que nos impede de alcançá-la e algumas medidas simples para superar esse problema. Você vai descobrir no que realmente está investindo, e vai acessar o poder das melhores estratégias de inovação financeira. Então, no capítulo seguinte, nós vamos levantar voo. Aqui, você vai dar o primeiro dos 7 passos simples e tomar a decisão financeira mais importante de sua vida. A leitura deste capítulo é obrigatória. Você vai aprender que, mesmo com uma pequena quantidade de dinheiro, combinada com o milagroso poder da capitalização composta, é possível se tornar financeiramente independente sem nunca precisar fazer uma fortuna de renda anual. Você vai ativar esse sistema decidindo poupar uma parcela de sua renda e investir esse dinheiro com juros compostos. No panorama geral da economia, você vai se tornar não apenas um consumidor, mas também um proprietário — um investidor com uma participação no futuro. Você vai aprender a construir sua própria "máquina de dinheiro" automatizada, um sistema que vai gerar renda durante toda a sua vida, enquanto você dorme.

SEÇÃO 2:
SEJA UM INICIADO:
CONHEÇA AS REGRAS ANTES DE ENTRAR NO JOGO

Talvez você já tenha ouvido este velho ditado: "Quando um homem com dinheiro encontra um homem com experiência, o homem com experiência fica com o dinheiro e o homem com dinheiro fica com a experiência." Agora que você decidiu se tornar um investidor, esta seção explica as regras básicas do jogo, para que você não se torne vítima dos jogadores que acumulam experiência. Este roteiro mostra o caminho para enfrentar a selva de investimentos sobre a qual Ray Dalio falava, com as zonas mais perigosas marcadas com grandes *X* vermelhos. São os mitos do marketing — algumas pessoas os chamam de "mentiras dos investimentos" —, projetados, muitas vezes, para sistematicamente separar você do seu dinheiro. Você vai ficar sabendo por que os ganhos prometidos pelos fundos mútuos não são aqueles que você de fato recebe. Sei que parece loucura, mas a comissão de 1% que você acredita ser o custo total a ser pago na verdade é apenas uma das mais de dez taxas potenciais, e o seu fundo mútuo médio pode abocanhar até 60% dos seus ganhos potenciais ao longo do tempo! Lembre-se: só nesta pequena seção você vai economizar entre **250 mil e 450 mil dólares no mínimo**, que vão voltar para o seu bolso sem conseguir obter nenhum ganho superior sobre os seus investimentos ao longo de toda uma vida! E você vai ver que essa quantidade está toda documentada — ela é baseada em estudos, não na minha opinião ou em uma matemática divertida. Também vamos discutir as decepções que podem fazer parte dos *fundos ciclo de vida* e dos *fundos sem encargos*, e eu vou apresentar a você uma compreensão real sobre como se proteger das empresas que costumam adaptar esses produtos e estratégias para que *elas mesmas* obtenham o lucro máximo — e não você! No fim desta seção você vai ter dado o segundo passo, e, mesmo que possua somente uma pequena soma de dinheiro, vai saber investi-lo como um iniciado.

SEÇÃO 3: QUAL É O PREÇO DOS SEUS SONHOS? GANHE ESSE JOGO

Juntos, vamos explorar os seus sonhos financeiros e definir algumas metas realistas que permitirão que o jogo seja verdadeiramente vencido. A maioria das pessoas não tem ideia de quanto dinheiro elas precisam para alcançar a segurança, a independência e a liberdade financeiras. Ou, então, os números monstruosos que elas têm em suas mentes são tão intimidadores que elas sequer estabelecem um plano para chegar lá. No entanto, no Capítulo 3.1 você vai descobrir o que *realmente* quer, e vai ser empolgante — especialmente quando você perceber que os seus sonhos podem estar mais perto do que você pensa. Você não vai apenas sonhar, mas transformar esses sonhos em realidade — em um plano — no Capítulo 3.2. Funciona de um jeito diferente para cada pessoa, e nós temos o software para personalizar o seu plano. Você pode fazer isso na internet ou no seu aplicativo, onde poderá salvá-lo e alterá-lo quantas vezes quiser, até encontrar um plano realista e viável. Caso você não esteja realizando seus sonhos com a rapidez suficiente, vamos mostrar cinco maneiras de acelerar esse ritmo na Seção 3. Quando você tiver dado o passo 3, não apenas saberá construir riqueza para sua aposentadoria futura, mas também apreciá-la ao longo do caminho.

SEÇÃO 4:
TOME A DECISÃO DE *INVESTIMENTO* MAIS IMPORTANTE DA SUA VIDA

Agora que você está raciocinando como um iniciado, que conhece as regras do jogo e aprendeu que pode vencer esse jogo, é hora de tomar a decisão de *investimentos* mais importante da sua vida: onde você coloca o seu dinheiro e em que proporções? A *alocação de ativos* é o que todo vencedor do Prêmio Nobel, todo gestor de fundos de cobertura, todo grande investidor institucional, sem exceções, me revelaram ser a chave para realizar investimentos bem-sucedidos — mas quase 99% dos norte-americanos pouco ou nada sabem sobre isso. Por quê? Talvez pareça muito complexo. Mas no Capítulo 4.1 eu vou simplificar tudo e também lhe mostrar onde encontrar um especialista para ajudá-lo via internet. Alocação adequada de ativos significa dividir o que está sendo investido em compartimentos seguros, de modo a ter paz de espírito, em oposição a compartimentos mais arriscados, mas que podem apresentar maior potencial de crescimento. É a lista dos seus últimos desejos! Quando você concluir o Passo 4, não apenas saberá como *se tornar* rico, mas como *permanecer* rico.

SEÇÃO 5:
VANTAGENS SEM DESVANTAGENS: CRIE UM PLANO DE RENDA VITALÍCIA

De que vale investir se você não tem nenhum dinheiro para gastar? A maioria das pessoas tem sido tão condicionada a se concentrar em colocar mais dinheiro em um plano 401 (k) ou em reforçar sua conta de aposentadoria que se esquece de que, algum dia, vai precisar usar esses recursos como fonte de renda. Pelo fato de os saldos das contas oscilarem (lembre-se: o movimento não é apenas ascendente!), devemos criar e proteger nosso plano de renda. Lembra-se de 2008? Como você se protege da próxima crise? Como você cria um portfólio capaz de evitar a alta volatilidade nos preços? Como você sabe que não vai durar mais que o seu dinheiro, que é o maior medo de várias pessoas? Você pode ser abençoado com uma vida longa, mas talvez isso não seja exatamente uma bênção se você ficar sem dinheiro. Nesta seção vamos ter acesso a informações específicas sobre um dos segredos mais bem-guardados da comunidade financeira, e eu vou ajudar você a desenvolver um plano de renda vitalícia e garantida — um fluxo de receita específico que pode ser a base para sua verdadeira paz de espírito financeira. **Exploraremos formas criativas de deter ou limitar drasticamente as perdas e aumentar seus ganhos** — usando os veículos de investimento prediletos dos bancos, grandes corporações e alguns dos indivíduos mais ricos do mundo. O que eles sabem que você não sabe? É como ter a vantagem sem a desvantagem, e garantir que seus ganhos não sejam consumidos pelos impostos.

SEÇÃO 6: INVISTA SEGUNDO A CARTILHA DO 0,001% DE BILIONÁRIOS

Vamos ouvir o que é bom e o que é desafiador no panorama da economia global — como chegamos aqui e o que pode vir pela frente — sob o ponto de vista de alguns dos pensadores mais objetivos e influentes do mundo financeiro. **E aí você conhecerá os mestres do jogo, 12 das mentes mais ricas e brilhantes em finanças, e ficará sabendo o que os orientou em cada situação econômica.** Vamos perguntar a **Paul Tudor Jones** como ele conseguiu ter um ganho mensal de 60% em 1987 ao prever a crise da Segunda-feira Negra, quando o mercado estava pegando fogo ao seu redor. E como, 21 anos depois, ele foi capaz de conseguir quase 30% de ganhos enquanto o mercado perdia quase 50%, e o mundo parecia estar caindo aos pedaços novamente. Além disso, vamos analisar como ele evitou perdas e conseguiu ter 28 anos rentáveis consecutivos em cada mercado imaginável, sem nunca perder 1 centavo. Algumas das pessoas que você encontrará em nossa "Cartilha dos Bilionários", como **Charles Schwab, Carl Icahn, T. Boone Pickens, Ray Dalio e Jack Bogle**, enfrentaram dificuldades para chegar aonde chegaram — esses indivíduos não herdaram nenhuma fortuna. Então, como eles chegaram ao topo? Vamos perguntar o que o dinheiro significa para eles, e dar uma olhada em seus verdadeiros portfólios. Quando você tiver terminado o Passo 6, vai saber como esse 0,001% investe.

SEÇÃO 7:
SIMPLESMENTE FAÇA, APRECIE E COMPARTILHE!

Aqui, nós vamos chegar a um plano de ação para ajudar você a viver melhor, mais completo, mais rico, mais alegre. E vamos falar sobre o que fazer para permanecer focado. Eu garanto que vamos inundar sua mente com algumas das novas e fascinantes tecnologias que farão até mesmo o futuro *próximo* ser melhor do que você pensa. Isso é o oposto do que a maioria das pessoas acredita. De acordo com uma pesquisa da NBC e do *Wall Street Journal*, 76% dos norte-americanos — o maior recorde de todos os tempos — acham que as vidas de seus filhos vão ser piores que as deles! Mas você vai ter uma visão privilegiada sobre o que algumas das mentes mais brilhantes do nosso tempo estão pensando. Vamos ouvir meus amigos Ray Kurzweil, o Edison da nossa época, e Peter Diamandis, criador do Prêmio X, a respeito das novas tecnologias que estão sendo disponibilizadas na internet: impressoras 3-D que transformam seu computador pessoal em uma fábrica, automóveis automáticos, exoesqueletos que permitem aos paraplégicos andar, membros artificiais criados a partir de células únicas — inovações que vão mudar dramaticamente nossas vidas para melhor em um futuro muito próximo. Espero que isso possa inspirar você, e também lhe mostrar que, mesmo que de alguma forma você se dê mal e não conquiste sua independência financeira, ainda assim terá mais qualidade de vida. Aqueles que dispõem de recursos estão olhando para um futuro com possibilidades ilimitadas.

Vamos terminar com o simples fato de que o segredo da vida é doar: compartilhar com os outros não apenas lhe proporciona mais qualidade de vida, mas também vai lhe trazer uma experiência mais alegre. E você vai aprender sobre novas tecnologias que fazem o ato de doar se tornar indolor e divertido. Enquanto você alimenta sua mente e constrói sua própria riqueza, minha esperança é a de que você vai fazer bem o suficiente para ajudar os outros. E lembre-se: agora você é o meu parceiro nos gestos de generosidade. Enquanto você está lendo, algum necessitado está sendo alimentado.

> Eu não acredito que as pessoas estejam interessadas no significado da vida tanto quanto estão interessadas na experiência de estar vivas.
>
> — JOSEPH CAMPBELL

Minha intenção foi tornar estes 7 passos simples para a liberdade financeira tão claros e descomplicados quanto possível para você. Agora cabe a você agir e seguir cada um dos 7 passos, um de cada vez, e fazer o que deve ser feito.

O que você precisa para ir até o fim? O que funciona melhor para você? Agora vamos criar juntos um plano simples. Alguns podem se sentar e ler o livro inteiro em um fim de semana prolongado — se fizerem isso, serão tão loucos e obcecados quanto eu, um irmão ou uma irmã trilhando o mesmo caminho! Se você não tiver um fim de semana sobrando, considere ler um capítulo por dia ou uma seção por semana. Mergulhe aos poucos durante algumas semanas e você chegará lá. Custe o que custar.

Essa é uma jornada para a vida toda, uma jornada que vale a pena dominar! Se você quiser vir comigo, vamos dar início à viagem!

CAPÍTULO 1.3

ACESSE O PODER: TOME A DECISÃO FINANCEIRA MAIS IMPORTANTE DA SUA VIDA

Minha riqueza vem de uma combinação de
vida nos Estados Unidos, alguns genes
de sorte e juros compostos.

— WARREN BUFFETT

Vamos entrar em ação agora. É hora de começar nossa jornada, acessando o poder capaz de criar uma verdadeira riqueza para qualquer pessoa. Não se trata de um esquema fique-rico-rapidamente, e não é o que a maioria das pessoas imagina que as libertará financeiramente ou as deixará milionárias. A maioria das pessoas está mais interessada em fazer uma "alta pontuação" — um inesperado lucro financeiro — para acreditar, então, que sua vida está resolvida.

Mas é preciso encarar de frente: nós não vamos *ganhar* o nosso caminho para a riqueza. Esse é um erro que milhões de norte-americanos cometem. Nós achamos que, se trabalharmos mais, com mais inteligência, por mais tempo, vamos alcançar nossos sonhos financeiros, mas o nosso salário, isoladamente — não importa quão alto seja —, não é a resposta.

Lembrei-me dessa verdade fundamental em um recente encontro com o notável economista Burton Malkiel, autor de um livro clássico sobre finanças.

A Random Walk Down Wall Street. Fui visitar Malkiel em seu gabinete na Universidade de Princeton porque eu admirava não apenas sua trajetória, mas também seu estilo pragmático. Em seus livros e entrevistas, ele parece um franco-atirador — e no dia em que o conheci não foi diferente. Eu queria ouvir sua percepção sobre algumas armadilhas que as pessoas enfrentam em *todas* as fases de sua atuação como investidoras. Afinal, aquele era o cara que ajudara a criar e desenvolver o conceito dos fundos de índice — uma maneira de o investidor médio se equiparar aos mercados ou imitá-los; uma maneira pela qual qualquer um, mesmo com uma pequena quantia, pode possuir uma parcela do amplo mercado de ações, e ter uma autêntica diversidade no portfólio, em vez de ficar preso à possibilidade de comprar um pequeno número de ações de uma ou duas empresas. Hoje, essa categoria de investimentos representa mais de **7 trilhões de dólares** em ativos! De todas as pessoas que eu tinha planejado entrevistar para este livro, ele era um dos mais qualificados para me ajudar a desfazer a confusão e tanto falar sobre Wall Street quanto avaliar o atual panorama de investimentos.

Qual é o passo mais errado que a maioria de nós dá desde o início? Malkiel nem hesitou quando lhe fiz esta pergunta. Ele respondeu que a maioria dos investidores não consegue aproveitar ao máximo o incrível poder da capitalização composta — o poder multiplicador do crescimento vezes crescimento.

Os juros compostos são uma ferramenta tão poderosa que, certa vez, Albert Einstein a considerou a invenção mais importante em toda a história da humanidade. Mas eu me perguntava: se ela é tão incrível, por que tão poucas pessoas aproveitam plenamente? Para ilustrar o poder exponencial da capitalização composta, Malkiel compartilhou comigo a história dos irmãos gêmeos William e James, com estratégias de investimento que não poderiam ser mais diferentes entre si. Esse exemplo é dado em um de seus livros, de modo que eu já estava familiarizado com ele, mas ouvi-lo contar ao vivo foi uma experiência incrível — um pouco como ouvir um Bruce Springsteen de 81 anos tocar uma versão acústica de "Born To Run" em sua sala de estar. Na história, William e James acabam de completar 65 anos — a idade usual da aposentadoria. William leva uma vantagem sobre seu irmão, tendo aberto uma conta de aposentadoria aos 20 anos e investido 4 mil dólares por ano nas duas décadas seguintes. Aos 40, ele parou de fazer depósitos naquela conta, mas deixou o dinheiro crescer em um ambiente livre de impostos, à taxa de 10% ao ano.

James só começou a poupar para a aposentadoria após ter atingido a maturidade, com 40 anos, na mesma época em que seu irmão William deixou de fazer suas contribuições. A exemplo do irmão, James investiu 4 mil dólares por ano, também com um retorno de 10%, isento de impostos, mas manteve o investimento até completar 65 anos — 25 anos ao todo.

Em suma, William, o irmão que começou primeiro, investiu um total de 80 mil dólares (4 mil por ano × 20 anos, a 10%), enquanto James, o novato, investiu 100 mil dólares (4 mil por ano × 25 anos, a 10%).

Qual irmão tinha mais dinheiro em sua conta na hora da aposentadoria?

Eu sabia aonde Malkiel queria chegar com isso, mas ele contou a história com tanta alegria e entusiasmo que era como se eu a estivesse ouvindo pela primeira vez. A resposta, naturalmente, era **o irmão que tinha começado mais cedo e investido menos dinheiro.** Quanto a mais ele tinha na conta? Acredite se quiser: *600% a mais!*

Agora, dê alguns passos atrás e coloque esses números no contexto. Se você pertence à geração Y, ou à geração X, ou é até mesmo fruto da geração do baby boom, preste muita atenção a essa mensagem — e saiba que o conselho se aplica a você, independentemente de onde você estiver em sua linha do tempo. Se tiver 35 anos de idade e captar subitamente o poder da capitalização composta, vai desejar ter começado a fazer isso aos 25 anos. Se tiver 45 anos, vai desejar ter começado aos 35. Se estiver com 60 ou 70 anos, vai pensar na montanha de dinheiro que poderia ter construído e economizado se tivesse começado a construí-la e economizar quando tinha 50 ou 60. E assim por diante.

No exemplo de Malkiel, foi William, **aquele que tinha começado cedo e parado de economizar antes mesmo de seu irmão começar a fazê-lo, quem acabou terminando com quase 2,5 milhões de dólares. E foi James, que tinha economizado até os 65 anos, quem acabou com menos de 400 mil dólares. É uma diferença de mais de 2 milhões!** Tudo porque William conseguiu acessar o incrível poder da capitalização composta por mais de 20 anos, o que lhe deu uma vantagem insuperável — premiando-o com cheques para os jantares de família pelo resto de sua vida.

> O homem que está no topo da montanha
> não caiu lá de paraquedas.
>
> — VINCE LOMBARDI

Você ainda não está convencido de que os juros compostos, ao longo do tempo, são a única maneira segura de alimentar sua *semente de dinheiro* e transformá-la em uma *abundante safra de segurança financeira* para satisfazer suas necessidades futuras? Malkiel compartilhou outra de suas histórias favoritas para reforçar seu argumento — e essa faz parte dos nossos livros de história. Quando Benjamin Franklin morreu, em 1790, deixou cerca de 1.000 dólares para cada uma das cidades de Boston e Filadélfia. Seu legado estava condicionado a algumas cláusulas: especificamente, o dinheiro deveria ficar investido, e não poderia ser tocado por 100 anos. Depois daquele prazo, cada cidade poderia sacar até 500 mil dólares para projetos específicos de obras públicas. Todo e qualquer dinheiro que restasse na conta deveria ficar intocado por mais 100 anos. Finalmente, 200 anos após a morte de Franklin, **um período que testemunharia as ações crescerem a uma taxa composta média de 8%**, cada cidade estaria autorizada a receber o saldo — o que, **em 1990, correspondia aproximadamente a 6,5 milhões de dólares**. Imagine 1.000 dólares se transformando em 6,5 milhões, sem adicionar nenhum dinheiro ao longo de todos esses anos.

Como foi que esse aumento aconteceu? Pelo poder da capitalização composta!

Sim, 200 anos é um tempo muito, muito longo — **mas pode valer a pena** esperar uma **taxa de retorno de 3.000%**.

Os exemplos de Malkiel nos mostram o que, no fundo, já sabemos: para a maioria de nós, **nossa renda jamais preencherá a lacuna entre onde estamos e onde realmente queremos estar.** Porque a nossa renda jamais poderá ser comparada com o poder da capitalização composta!

O dinheiro é melhor do que a pobreza, ainda
que apenas por razões financeiras.

— WOODY ALLEN

Você ainda acha que consegue obter sua liberdade financeira? Vamos dar uma olhada rápida em como isso funcionou para algumas das pessoas mais bem-pagas do mundo.

O lendário arremessador de beisebol Curt Schilling ganhou mais de 100 milhões de dólares em uma incrível carreira que incluiu não apenas um, mas dois campeonatos da World Series defendendo o Boston Red

Sox. Depois, porém, ele apostou suas economias em uma startup de vídeo game que foi à falência — e levou Schilling com ela. "Nunca acreditei que poderia ser vencido", ele disse à ESPN. "Eu perdi."

Agora ele acumula 50 milhões de dólares em dívidas.

Kim Basinger foi uma das atrizes mais requisitadas de sua geração, incendiando as telas de cinema com papéis inesquecíveis em produções como *9½ semanas de amor*, *Batman* e *Los Angeles — Cidade proibida*, que lhe rendeu um Oscar de melhor atriz coadjuvante. No auge de sua popularidade, ela ganhava mais de 10 milhões de dólares por filme — o suficiente para gastar 20 milhões de dólares e comprar uma cidade inteira na Geórgia.

Basinger acabou indo à falência.

Marvin Gaye, Willie Nelson, M. C. Hammer, Meat Loaf — eles venderam milhões de álbuns e encheram estádios com fãs apaixonados. Francis Ford Coppola? Lotou salas de cinema como o diretor de *O poderoso chefão*, um dos maiores filmes norte-americanos, que — ao menos por um período — deteve o recorde de bilheteria de todos os tempos, com vendas brutas de ingressos na casa dos 129 milhões de dólares.

Todos eles estiveram bem perto da falência — Coppola, por três vezes!

Até mesmo Michael Jackson, o "Rei do Pop", que teria assinado um contrato de quase 1 bilhão de dólares e vendido mais de 750 milhões de discos, esteve à beira da falência em 2007, quando não conseguiu pagar um empréstimo de 25 milhões de dólares para o seu rancho, chamado Neverland. *Michael gastou como se o dinheiro nunca fosse acabar — até que finalmente ele acabou.* Dois anos mais tarde, ao morrer, ele devia, supostamente, mais de 300 milhões de dólares.

Você acha que alguma dessas megaestrelas imaginou, algum dia, que o dinheiro deixaria de entrar? Você acha que elas pensaram em se preparar para esse dia?

Você já notou que, independentemente de quanto você ganha, encontra uma maneira de gastar o que tem? Pelos exemplos acima fica claro que você e eu não estamos sozinhos. Todos nós parecemos ter descoberto uma maneira de viver de acordo com as nossas condições financeiras — e eu desconfio que alguns de nós descobrem uma maneira de viver *além* de nossas condições financeiras. Observamos isso, principalmente, nas grandes estrelas que levam os maiores tombos — como os boxeadores que enriqueceram mais do que sonhavam, e que vão à lona com um baque. Basta observar a carreira de altos e baixos, e de posterior ostracismo, do ex-campeão dos pesos pesados Mike

Tyson, que ganhou mais dinheiro em sua época do que qualquer outro boxeador na história — quase 500 milhões de dólares —, e acabou perdendo tudo.

Mas o campeão mundial em cinco categorias, Floyd "Dinheiro" Mayweather Jr. está prestes a bater o recorde de ganhos de Iron Mike. Assim como Tyson, Mayweather enfrentou as maiores dificuldades para lutar e chegar aonde chegou. Em setembro de 2013, ele conquistou um prêmio de 41,5 milhões de dólares pela luta contra Saúl "Canelo" Álvarez — um valor recorde que aumentou para mais de 80 milhões de dólares, considerando os acréscimos dos canais de pay-per-view. E isso tudo com apenas uma luta! Antes desse gigantesco cachê, ele já havia chegado ao topo da lista dos "50 mais bem pagos" da *Sports Illustrated*, que classifica os atletas mais ricos dos Estados Unidos. Adoro Mayweather como pessoa. Ele é um atleta extraordinariamente talentoso — com uma ética profissional que poucos possuem. Também é incrivelmente generoso com seus amigos. Há muita coisa para apreciar nesse homem! Mas antes disso Mayweather já havia ocupado o topo dessa lista, e perdeu sua fortuna com gastos descabidos e péssimos investimentos. Dizem que ele gasta de forma muito imprudente, sendo conhecido por andar para cima e para baixo com uma mochila repleta de 1 milhão de dólares em dinheiro vivo — só para o caso de precisar fazer uma doação de emergência para a Louis Vuitton.

Assim como muitos vencedores, o campeão é muito inteligente, e minha esperança é a de que, hoje, ele esteja adotando práticas mais sábias de investimento. Porém, de acordo com uma autoridade financeira não menos importante, 50 Cent, antigo parceiro de negócios de Mayweather, o campeão não possui renda alguma fora das lutas. O *rapper* resumiu a estratégia financeira do boxeador em termos claros: "É lutar, ganhar o dinheiro, gastar o dinheiro, lutar. Lutar, ganhar o dinheiro, gastar o dinheiro, lutar."

Parece uma estratégia ridícula? Infelizmente, todos nós podemos nos identificar com isso em algum nível. *Trabalhe, ganhe dinheiro, gaste dinheiro, trabalhe* — é o costume norte-americano!

> Antes de falar, ouça. Antes de escrever, pense. Antes de gastar, ganhe. Antes de investir, investigue. Antes de criticar, espere. Antes de orar, perdoe. Antes de desistir, tente. Antes de se aposentar, poupe. Antes de morrer, doe.
>
> — WILLIAM A. WARD

Aqui está a pergunta de 41,5 milhões de dólares: se esses indivíduos não conseguiram se apoiar em seus talentos e dons para *ganhar sua própria liberdade financeira*, como é que *você* pode esperar ganhar?

Você não pode.

O que você *pode* é mudar discretamente a estratégia e adotar uma nova mentalidade. Você precisa assumir o controle e aproveitar o poder exponencial da capitalização composta. Isso vai mudar sua vida! Você precisa parar de trabalhar só para ter dinheiro e entrar no mundo onde o dinheiro trabalha para você.

É hora de sair da margem e entrar no jogo — porque, de qualquer forma, todos nós devemos nos tornar investidores se quisermos ser financeiramente livres.

Você já é um negociador financeiro. Talvez apenas não pense nisso nesses termos, mas, se você trabalha para se manter, você está negociando seu tempo em troca de dinheiro. Sendo bem honesto, essa é simplesmente *a pior troca que você pode fazer*. Por quê? Porque sempre é possível conseguir mais dinheiro, mas não se pode conseguir mais tempo.

Não quero falar como um daqueles comerciais dramáticos da MasterCard, mas todos nós sabemos que a vida é composta de momentos que não têm preço. Momentos que você vai perder se estiver negociando seu tempo por dinheiro.

Claro, de vez em quando todos nós precisamos perder um espetáculo de dança ou uma noite de namoro quando o dever chama, mas nossas mais preciosas lembranças nem sempre vão estar disponíveis quando bem entendermos.

Perca um número considerável de tais eventos e você vai começar a se perguntar por que motivo, afinal, você está *realmente* trabalhando.

O ÚLTIMO CAIXA ELETRÔNICO

Então, aonde você vai se precisa de dinheiro e não é um lutador campeão do mundo que tem uma mochila cheia de dinheiro? Que tipo de caixa eletrônico você precisa para concluir *essa* transação?

Neste exato momento, aposto que a principal "máquina de dinheiro" da sua vida é *você*. Talvez você tenha alguns investimentos, mas vamos dizer que não os tenha organizado com os rendimentos em mente. Se você parar de trabalhar, a máquina para, o fluxo de caixa para, sua renda estaciona — basicamente, seu mundo financeiro fica seriamente comprometido. É um jogo de soma zero, o que significa que você recebe de volta apenas o que investe.

Encare isso da seguinte forma: você é uma espécie de caixa eletrônico — com a ressalva de que, no seu caso, a analogia pode fazê-lo se lembrar daquela péssima negociação do "tempo por dinheiro". Você se tornou uma **Máquina Antitempo.** Talvez isso pareça ficção científica, mas para muitos de nós é a realidade. Você organizou as coisas de modo a acabar dando o que mais *valoriza* (o tempo) em troca do que mais *precisa* (a renda) — se você se reconhecer nessa descrição, confie em mim, você ficou com a pior parte do acordo.

Ficou claro? **Se você parar de trabalhar, vai parar de ganhar dinheiro.** Então, vamos tirar *você* da equação e buscar uma abordagem alternativa. Vamos construir **uma máquina de dinheiro para ocupar o seu lugar — e vamos configurá-la de tal forma que ela produza dinheiro enquanto você dorme.** Pense nisso como um negócio paralelo, sem empregados, sem folha de pagamento, sem custos indiretos. Seu único "estoque" é o dinheiro que você investiu nisso. Seu único produto? **Um fluxo de renda vitalícia que nunca se extinguirá** — mesmo que você viva até os 100 anos de idade. Sua missão? Propiciar uma vida de liberdade financeira para você e sua família — ou futura família, se você ainda não tiver uma.

Parece muito bom, não é? Se você montar essa *máquina metafórica* e a mantiver funcionando corretamente, ela vai ter o poder de mil geradores. Ela vai funcionar 24 horas por dia, 365 dias por ano, com um dia extra durante os anos bissextos — e nos feriados também.

Dê uma olhada no gráfico "máquina de dinheiro", para ter uma ideia melhor de como ela funciona.

Como você pode observar, a "máquina" não vai começar a trabalhar até que você tome a **decisão financeira mais importante da sua vida. E qual é a decisão? Qual proporção do seu salário você vai conseguir separar. Quanto você vai pagar a si mesmo —** ***no máximo*** **— antes de gastar um único dólar em suas despesas diárias?** Quanto do seu salário você poderá (ou, mais importante do que isso, você vai) deixar *intocado*, independentemente do que estiver acontecendo em sua vida? **Eu realmente quero que você pense nesse número, porque o restante da sua vida será determinado pela sua decisão de preservar uma porcentagem da sua renda hoje, a fim de sempre ter dinheiro para si mesmo no futuro.** O objetivo aqui é permitir que você escape da esteira rolante das 9h às 5h e trilhe o caminho até a liberdade financeira. A maneira de dar os primeiros passos é tomar essa decisão simples e começar a explorar o poder inigualável da capitalização composta. E a grande sacada sobre essa decisão é que depende de *você* começar a fazê-lo. De *você*! De mais ninguém!

Não posso perder tempo ganhando dinheiro.

— JEAN LOUIS AGASSIZ

Vamos gastar algum tempo com essa ideia, porque o dinheiro que você reservou para sua poupança vai se tornar o ponto central de todo o seu plano financeiro. Nem pense nele como uma poupança! Eu o considero o seu **Fundo de Liberdade**, porque é ela que vai ser comprada, agora e no futuro. Entenda: esse dinheiro representa apenas uma parte do que você ganha. É para você e sua família. Poupe uma porcentagem fixa a cada pagamento e, em seguida, invista essa porcentagem de forma inteligente. Com o tempo, você vai começar a viver uma vida na qual o seu dinheiro trabalha para você, em vez de você trabalhar para o seu dinheiro. E você não precisa esperar pelo processo para começar a ver a mágica.

Você pode dizer: "Mas, Tony, onde é que vou arrumar dinheiro para economizar? Já estou gastando tudo o que tenho." Vamos falar sobre uma técnica simples, porém extraordinária, para fazer a economia se tornar uma coisa indolor. Enquanto isso, quero lembrá-lo da minha amiga Angela, aquela que percebeu que poderia dirigir um carro novo pela metade do valor que estava gastando com o carro antigo. Bem, adivinhe o que ela fez com 50% do dinheiro que estava gastando? Ela o aplicou no seu Fundo de Liberdade — seu investimento para a vida toda. Quando começamos, ela achava que não conseguiria economizar nada; logo depois, estava economizando 10%. Em seguida, acrescentou mais 8% de suas economias no custo do carro, correspondentes a metas de curto prazo! Mas ela nunca mexe nos 10% de sua renda que estão reservados para o futuro!

MÁQUINA DE DINHEIRO

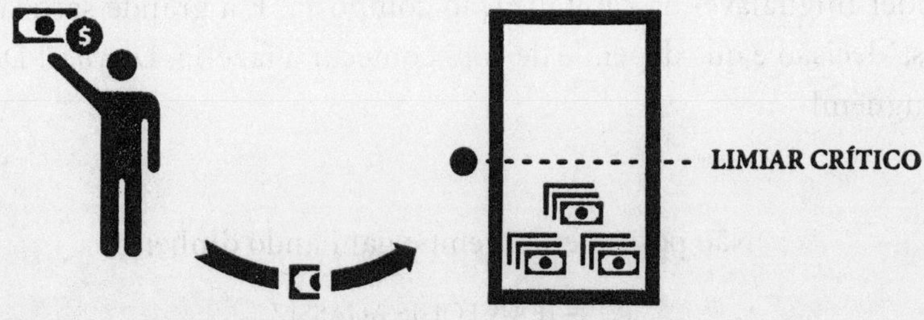

Economize uma porcentagem dos ganhos

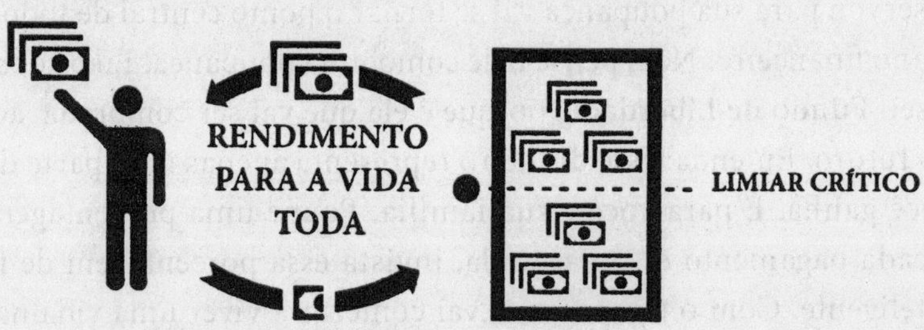

Economize uma porcentagem dos ganhos

No fim, não importa quanto você ganha. Como vimos, se você não reservar uma parte dele, é capaz de perder tudo. Nesse caso, você não vai separá-lo se simplesmente escondê-lo debaixo do seu colchão. Você vai acumulá-lo em um ambiente reconhecidamente seguro, mas que ainda assim ofereça oportunidade de crescimento. Você vai investi-lo — e, se seguir os Princípios do Poder do Dinheiro abordados nestas páginas, vai vê-lo crescer até uma espécie de auge, onde ele poderá começar a gerar o suficiente em termos de juros para propiciar a renda da qual você precisa para o resto da vida.

"Eu gostaria de fazer um depósito."

Talvez você tenha ouvido alguns consultores financeiros apelidarem essa pilha de dinheiro de *pecúlio*. É um pecúlio, mas eu a chamo de sua máquina de dinheiro, porque, se você continuar a alimentá-la e controlá-la com cuidado, ela vai se transformar em um limiar crítico: uma pilha segura e garantida de recursos investidos em um ambiente protegido de riscos e com gestão tributária eficiente, que gere dinheiro suficiente para atender suas despesas diárias, suas necessidades emergenciais e seus derradeiros gastos na aposentadoria.

Parece complicado? Na verdade é muito simples. Eis aqui uma maneira fácil de entender: imagine uma caixa sendo preenchida com as poupanças dos seus investimentos. Você vai colocar dinheiro dentro dela após cada período de pagamento — uma porcentagem definida que *você* mesmo vai determinar. **Qualquer que seja esse número, você vai precisar cumpri-lo. Em tempos bons e maus. Não importa o que for. Por quê? Porque as leis da capitalização composta punem até mesmo uma contribuição não realizada.** Não pense nisso em termos do que você pode se permitir reservar — essa é uma maneira líquida e certa de se vender por menos. E não se coloque em uma posição na qual você possa suspender (ou até mesmo invadir) suas economias se a sua renda encolher durante alguns meses e o dinheiro ficar apertado.

Qual porcentagem funciona para você? 10%? Ou 15%? Talvez 20%? Não existe resposta certa aqui — só existe a *sua* resposta. O que diz o seu instinto? E o seu coração?

Se você estiver procurando orientação nesse tópico, os especialistas recomendam planejar poupar pelo menos 10% de sua renda, embora na economia de hoje muitos concordem que 15% é um número muito melhor, especialmente se você tiver mais de 40 anos de idade. (Você vai descobrir o motivo na Seção 3!)

> Alguém se lembra de quando os tempos não eram duros e o dinheiro não era escasso?
>
> — RALPH WALDO EMERSON

Talvez agora você esteja dizendo: "Tudo isso parece ótimo na teoria, Tony, mas eu já estou superapertado! Todo centavo entra na conta." E você não estaria sozinho nisso. A maioria das pessoas não se acha capaz de economizar. Mas, francamente, não podemos nos dar o luxo de não economizar. Acredite em mim: todos nós podemos encontrar esse dinheiro extra se *realmente* precisarmos dele agora para uma emergência real! O problema está em fazer surgir o dinheiro para os nossos *futuros* eus, pois os nossos futuros eus simplesmente não parecem reais. É por isso que ainda parece muito difícil economizar, mesmo quando sabemos que economizar pode fazer a diferença entre se aposentar confortavelmente, vivendo em nossas casas próprias, ou morrer falidos, com um pequeno apoio financeiro do governo.

Já sabemos que os economistas comportamentais estudaram o modo como nos enganamos em relação ao dinheiro, e mais adiante neste capítulo eu vou compartilhar algumas das maneiras pelas quais podemos nos enganar e, automaticamente, fazer a coisa certa! Mas eis aqui o segredo do sucesso: **você precisa fazer o ato de economizar se tornar automático.** Como Burton Malkiel me disse durante o nosso encontro: "A melhor maneira de economizar é quando você nem chega a ver o dinheiro." É verdade. Pelo fato de nem ver esse dinheiro entrando, você vai se surpreender com os meios que existem para equilibrar o seu orçamento.

Em certos momentos, vou mostrar algumas maneiras excelentes e fáceis de automatizar suas economias, de modo que o dinheiro seja redirecionado antes mesmo de chegar à sua carteira ou à sua conta-corrente. Mas primeiro vamos ver alguns exemplos verídicos de pessoas que vivem dos seus salários e que conseguiram economizar e construir uma verdadeira riqueza, mesmo quando as probabilidades estavam contra elas.

DISTRIBUINDO MILHÕES

Theodore Johnson, cujo primeiro emprego foi na recém-formada United Parcel Service, em 1924, trabalhou arduamente e foi ganhando espaço na empresa. **Ele jamais ganhou mais de 14 mil dólares por ano, mas eis aqui a fórmula mágica: ele poupou 20% de cada salário que recebeu *e* todos os bônus de Natal, e aplicou esse montante em ações da empresa.** Ele tinha um número em mente, uma porcentagem de sua renda que acreditava ser preciso economizar para sua família — assim como você vai fazer ao fim deste capítulo —, e se comprometeu com isso.

Por meio de desdobramentos de ações e de boa dose de paciência à moda antiga, **no fim, Theodore Johnson viu o valor de suas ações da UPS subir para mais de 70 milhões de dólares, ao completar 90 anos de idade.**

É quase inacreditável, não é? E a parte mais incrível é que ele não era um atleta talentoso como Mike Tyson nem um diretor brilhante como Francis Ford Coppola — ou um alto executivo. Ele era chefe de departamento pessoal. Mas Johnson compreendeu o poder da capitalização composta desde muito jovem, e isso causou enorme impacto em sua vida — e, como se pôde constatar, na vida de muitas outras pessoas. Ele tinha uma família para sustentar, e despesas mensais para cumprir, mas para Theodore Johnson nenhuma conta em sua caixa postal era mais importante do que um futuro promissor. Ele sempre pagou o seu Fundo de Liberdade primeiro.

No fim da vida, Johnson conseguiu fazer algumas belas e significativas coisas com aquele dinheiro todo. Ele doou mais de 36 milhões de dólares para uma variedade de causas educacionais, incluindo 3,6 milhões para duas escolas para surdos, porque ele tinha problemas de audição desde a década de 1940. Ele também criou um fundo para bolsas de ensino superior para os filhos dos funcionários da UPS.

Você já ouviu a história de Oseola McCarty, de Hattiesburg, no Mississippi — uma mulher que só estudou até a sexta série e que trabalhou durante 75 anos lavando e passando roupas? Ela levava uma vida simples e sempre teve o cuidado de separar parte de seus ganhos. "Eu colocava na poupança", explicou Oseola sobre a sua filosofia de investimento. "Nunca retirei nada dali. O dinheiro foi simplesmente acumulando."

E, sim, o dinheiro dessa senhora se acumulou de verdade. **Aos 87 anos de idade, McCarty virou notícia nacional quando doou 150 mil dólares para a Universidade do Sul do Mississippi com o objetivo de criar um fundo para bolsas de estudo.** Essa mulher não tinha a presença cinematográfica sedutora de uma Kim Basinger ou o talento musical diferenciado de um Willie Nelson, mas trabalhou muito, e sua intenção era garantir que seu dinheiro também trabalhasse duro.

"Quero ajudar o filho de alguém a entrar na faculdade", ela disse — e foi exatamente isso que conseguiu fazer, graças à sua boa vontade. Sobrou até um pouco para um pequeno item de luxo: ela comprou um aparelho de ar-condicionado para sua casa.

No lado totalmente oposto do espectro, temos o estimulante exemplo de Sir John Templeton, uma das minhas inspirações e um dos maiores investidores de todos os tempos. Tive o privilégio de me encontrar com John e entrevistá-lo várias vezes ao longo dos anos, e incluo nossa última entrevista na "Cartilha de Bilionários". Eis aqui um pouco de sua história. Ele não começou como "Sir John". Teve uma origem humilde, no Tennessee. John precisou abandonar a faculdade porque não podia pagar a mensalidade, mas desde jovem reconhecia o poder incremental da poupança. *Ele se comprometeu a reservar 50% do que ganhava*, pegou suas economias e as colocou para trabalhar em alto estilo. Analisou a história e constatou a recorrência de um padrão nítido. **"Tony, quando o pessimismo chega ao ponto máximo, nós encontramos os bons negócios"**, ele me contou. "Não existe nada, *nada*, que faça baixar mais o preço de uma ação do que a pressão de vender." Pense nisso. Quando as coisas estão indo bem na economia, é possível que você receba várias ofertas em casa e fique esperando pelo preço mais alto. Nos mercados com tendência de alta, é difícil os investidores fecharem um bom negócio. Por quê? Quando tudo vai bem, é da natureza humana pensar que vai continuar bem para sempre! Se há um colapso, as pessoas debandam. Eles vendem a casa, suas ações e seus negócios por quase nada. Ao nadar contra a maré, John, um homem que começou com praticamente nada, tornou-se multibilionário.

Como ele fez isso? Quando a Alemanha invadiu a Polônia, em 1939, mergulhando a Europa na Segunda Guerra Mundial e paralisando o mundo com medo e desespero, ele juntou 10 mil dólares para investir no mercado de ações de Nova York. Comprou 100 ações de cada empresa que estavam sendo negociadas a menos de 1 dólar, incluindo as consideradas praticamente falidas. Mas ele sabia o que tantas pessoas esquecem: que a noite não dura para sempre. O inverno financeiro é uma estação, e depois dele vem a primavera.

Após o término da Segunda Guerra Mundial, em 1945, a economia dos Estados Unidos voltou a crescer, e as ações da Templeton explodiram, tornando-se um portfólio multibilionário! **Vimos o mesmo tipo de crescimento acontecer à medida que o mercado de ações foi se recompondo desde suas maiores baixas, em março de 2009, para mais de 142% de crescimento até o fim de 2013. Mas a maioria das pessoas deixou essa chance passar. Por quê? Quando as coisas começam a ir mal, achamos que elas vão continuar indo mal para sempre — o pessimismo toma conta.** No Capítulo 4.4, "*Timing* é tudo?", eu vou mostrar a você um sistema que pode ajudá-lo a manter a cabeça no lugar e continuar a investir quando todo mundo está com medo. É nesses períodos curtos e voláteis que os retornos astronômicos se tornam realmente disponíveis.

Apresentei essas ideias ao Platinum Partners, um grupo exclusivo de discussão que criei para embasar minha fundação, e compartilhei com seus membros algumas das oportunidades potenciais que estavam à nossa frente. **Por exemplo, a Las Vegas Sands Corp., listada na Bolsa de Valores de Nova York. Em 9 de março de 2009, o preço de sua ação caiu para 2,28 dólares. Hoje, está em 67,41 dólares — um ganho de 3.000% sobre o seu dinheiro!**

Esse é o poder de aprender a investir quando todos estão com medo.

Então, o que podemos aprender com Sir John Templeton? É incrível o que a pesquisa, a fé e a ação podem fazer se você conseguir impedir que os medos dos outros o paralisem. Essa é uma boa lição para ter em mente se, durante a leitura destas páginas, passarmos novamente por momentos financeiros complicados. A história prova que os "tempos difíceis e assustadores" são os momentos com mais oportunidades para investir e ganhar.

Ele sabia que, se conseguisse separar metade de seus escassos lucros, conquistaria uma posição na qual seria capaz de aproveitar todas as oportunidades de investimento. Porém, mais importante ainda, ele se tornou um dos maiores filantropos do mundo. Depois de ter se tornado cidadão britânico, a rainha da Inglaterra o condecorou como cavaleiro pelos serviços prestados. Até mesmo na morte, seu legado de doações permanece: a cada ano que passa, a Fundação John Templeton distribui mais dinheiro em bolsas "para impulsionar o progresso humano por meio de descobertas inovadoras" — cerca de 70 milhões de dólares — do que os prêmios da Comissão do Prêmio Nobel oferecem em uma década inteira.

Qual é a grande lição da história de Theodore Johnson? Você não precisa ser um gênio financeiro para ser financeiramente livre.

E qual é a lição de vida de Oseola McCarty? Até mesmo uma diarista pode separar centavos capazes de fazer uma diferença significativa.

A lição desses três sábios investidores? **Ao comprometer-se com um código de poupança simples, porém estável, separando um pouco de sua renda a cada pagamento e *pagando a si mesmo em primeiro lugar*, existe uma maneira de acessar o poder da composição em suas economias, permitindo que isso o conduza a alturas inimagináveis.**

A coisa mais difícil é tomar a decisão de agir;
o resto é apenas persistência.

— AMELIA EARHART

Quanto você vai se comprometer a reservar? Para Theodore Johnson, o número era 20%. Para John Templeton, era 50%. Para Oseola McCarty, era simplesmente um caso de *sabedoria dos centavos*: depositar esses centavos em uma conta remunerada e deixá-los render.

E você? Tem um número em mente? Ótimo! É hora de decidir, é hora de se comprometer. **É hora de dar o primeiro dos 7 passos simples para a sua liberdade financeira! A decisão financeira mais importante da sua**

vida precisa ser tomada agora! É hora de decidir se tornar um investidor, e não apenas um consumidor. Para fazer isso, você precisa decidir qual a porcentagem de sua renda que vai reservar para você e sua família, e ninguém mais.

Repito mais uma vez: esse dinheiro é para você. Para a sua família. Para o seu futuro. Ele não vai ser gasto na Gap ou na Kate Spade. Não vai ser desperdiçado em restaurantes caros ou em um carro novo, afinal o seu ainda tem 80 mil quilômetros no velocímetro para percorrer. Tente não pensar nas compras que você não pode fazer hoje. De preferência, concentre-se nos ganhos que vai colher amanhã. Em vez de sair para jantar com os amigos — ao custo, digamos, de 50 dólares —, por que não pedir duas pizzas e algumas cervejas e dividir a despesa com o seu grupo? Troque um bom momento por outro, economize cerca de 40 dólares a cada vez, e você vai avançar bastante nesse jogo.

Mas o que significa esse valor?, você me pergunta. **Quarenta dólares não parece tanto assim.** Bem, você está certo, mas faça isso uma vez por semana. Coloque essa economia para funcionar e você vai conseguir diminuir alguns anos do tempo que falta para a sua aposentadoria. **Faça as contas: você não está economizando só 40 dólares por semana. Ao fazer essa pequena mudança em seus gastos, você pode poupar aproximadamente 2 mil dólares por ano** — e, com o que você sabe agora, **esses 2 mil dólares podem ajudar a aprimorar o poder da composição, ajudando você a conquistar grandes, imensos ganhos ao longo do tempo. Que tipo de ganho? Que tal meio milhão de dólares? Isso mesmo: *meio milhão de dólares*!** Como assim? Se você tivesse os mesmos conselheiros de Benjamin Franklin, eles lhe mandariam aplicar no mercado, e se você também conseguisse gerar um retorno composto de 8% ao longo de 40 anos, aquela economia semanal de 40 dólares (2.080 por ano) renderia 581.944 dólares! Mais do que o suficiente para pedir uma pizza extra — com tudo o que você tem direito!

Está começando a perceber como o poder de composição pode trabalhar a seu favor, mesmo que sejam apenas algumas ações pequenas e consistentes? **E se você conseguisse fazer algumas economias mais agressivas do que os meros 40 dólares por semana? Até mesmo 100 dólares poderiam significar uma diferença de 1 milhão no momento em que você mais vai precisar!**

Lembre-se: você não vai conseguir começar a explorar o incrível poder da composição até se comprometer com essa parcela extremamente importante a ser poupada. Afinal, você não pode se tornar um investidor a não ser que tenha algo para investir! É essencial: essa é a base para a criação da riqueza, a diferença entre ser um assalariado e um investidor, e começa reservando parte da sua renda, a ser automaticamente isolada e guardada para si e para sua família.

Então, qual vai ser o valor? 10%? 12%? 15%? 20%?

Defina o seu limite e faça um círculo em volta dele.

Sublinhe o número.

Clique nele.

Comprometa-se com ele.

Faça-o acontecer.

Automatize esse número!

Como você faz para automatizá-lo? Você pode começar baixando nosso aplicativo gratuito em www.tonyrobbins.com/masterthegame [em inglês]. É uma ótima maneira de começar sua jornada, criando lembretes automáticos para reforçar seus compromissos e garantir que o seu novo plano vai ser colocado em prática! Se você ainda não fez isso, faça agora! O aplicativo vai ajudá-lo a se orientar ao longo dos seguintes passos simples:

- Se você recebe um salário regular, provavelmente vai conseguir formatar um plano automatizado telefonando para o departamento de recursos humanos, e instruindo-o a depositar uma porcentagem específica do seu salário — que você e somente você vai escolher — diretamente na sua conta de aposentadoria.
- Se você já tiver deduções automáticas encaminhadas para seu plano 401 (k), é possível aumentar o valor até a porcentagem escolhida por você. (Nas próximas seções deste livro vou lhe ensinar a se certificar de que o seu plano de aposentadoria está configurado de tal forma que você possa realmente "ganhar" esse jogo, garantindo que você não esteja pagando taxas ocultas e que seu dinheiro esteja livre para crescer em um ambiente composto — idealmente, com impostos diferidos ou isento de impostos, para possibilitar o máximo de crescimento).

Alguém está cuidando de você? Excepcional!

- Mas e se você for autônomo, ou se tiver seu próprio negócio ou um trabalho comissionado? Sem problemas. Basta configurar uma transferência automática a partir da sua conta-corrente.

E se você não tiver uma conta de aposentadoria — um lugar para colocar suas economias específicas? Simples: pare imediatamente, entre na internet e abra uma conta de poupança ou de aposentadoria em um banco ou instituição financeira. Você pode acessar o link seguinte, com diversas opções para ajudá-lo a localizar a melhor opção para o seu caso (www.tdameritrade.com ou www.schwab.com [em inglês]), ou pode encontrar uma instituição no nosso aplicativo. Se você se sentir pouco familiarizado com a tecnologia e disposto a pôr a mão na massa, basta caminhar pela rua e fazer uma visita ao seu banco.

Qual é o melhor momento para começar? *Agora* seria um bom momento? Vá em frente. Eu espero...

Se você não quer trabalhar, tem que trabalhar para ganhar dinheiro suficiente para não ter que trabalhar.

— OGDEN NASH

Ótimo, você voltou. Você conseguiu. Parabéns! Você acabou de tomar **a decisão financeira mais importante da sua vida** — o primeiro dos 7 passos simples para a liberdade financeira. Agora você está começando a converter os seus sonhos em realidade.

Nas páginas seguintes, vou compartilhar com você algumas das estratégias mais seguras e mais precisas para fazer o seu dinheiro crescer — e com benefício fiscal! Por enquanto, vamos fixar essa parte básica a ser poupada, **pois o seu futuro financeiro vai depender da sua capacidade de economizar sistematicamente.** A maioria das pessoas, de uma forma ou de outra, provavelmente já sabe disso. Mas, se você sabe e *ainda* não está fazendo nada a respeito... bem, então você simplesmente não sabe. **Ao contrário da sabedoria popular, conhecer não é poder — é um poder *potencial*. Conhecer não é dominar. *Executar* é dominar. A execução vai superar o conhecimento todos os dias da semana.**

Eu odeio perder, ainda mais do que eu quero ganhar.

— BRAD PITT, como Billy Beane, gerente-geral da Oakland A,
em *O homem que mudou o jogo*

Mas e se, depois de tudo que acabou de aprender, você ainda não tiver dado esse primeiro passo para separar uma porcentagem de seus ganhos e economizá-la com juros compostos? Há alguma coisa que está detendo você? O que está acontecendo de verdade? Será que você não está economizando sistematicamente porque isso lhe parece um sacrifício — uma perda —, em vez de um presente para si mesmo, hoje e no futuro? Em minha busca por respostas, eu me encontrei com Shlomo Benartzi, da Escola de Administração Anderson, da UCLA. Ele disse: "Tony, o problema é que as pessoas acham que o futuro não é real. Então, é difícil economizar para o futuro." Benartzi e seu colega, o vencedor do Prêmio Nobel Richard Thaler, da Universidade de Chicago, criaram uma solução incrível chamada Poupe Mais Amanhã (SMarT, na sigla em inglês), baseada em uma premissa simples, mas poderosa: se for muito doloroso economizar mais dinheiro agora, espere até o próximo aumento de salário.

Como eles chegaram a isso? Primeiro, Shlomo me disse que eles precisavam enfrentar o desafio da gratificação imediata, ou o que os cientistas chamam de "viés do presente". Ele me deu um exemplo: quando perguntou a alguns alunos se eles queriam uma banana ou um chocolate para o lanche quando se encontrassem novamente, dali a duas semanas, um total de 75% disseram que queriam uma banana. No entanto, duas semanas mais tarde, mesmo com as escolhas anteriores diante deles, 80% escolheram o chocolate! "O autocontrole no futuro não é um problema", afirmou Shlomo. O mesmo acontece com a poupança, segundo ele. "Nós sabemos que deveríamos estar economizando. Sabemos que vamos fazer isso no ano que vem. Hoje nós estamos gastando tudo."

A nossa espécie não só está programada para escolher hoje em vez de amanhã, como odeia sentir que está perdendo alguma coisa. Para ilustrar esse ponto de vista, Shlomo me falou sobre um estudo no qual macacos — nossos primos não tão distantes — receberam uma maçã, enquanto os cientistas mediam suas respostas fisiológicas. Uma empolgação enorme! Em seguida, outro grupo de macacos recebeu duas maçãs. Eles também ficaram bastante empolgados. E, então, fez-se uma mudança: os macacos que haviam recebido duas maçãs tiveram uma das maçãs retirada. Eles ainda ficaram com uma maçã, mas o que você acha que aconteceu? Adivinhou. Eles ficaram irritadíssimos (cientificamente falando)! Você acha que isso também acontece com as pessoas? Na verdade, com que frequência isso acontece com a pessoa comum? Nós esquecemos o que já temos, não é? Lembre-se desse estudo quando eu contar a história de um bilionário chamado Adolf Merckle, no próximo capítulo. Você vai ter um *insight* de entendimento.

O resultado é que, se nós sentirmos que estamos perdendo algo, vamos evitar a situação; nós não vamos nos envolver. É por isso que tantas pessoas não economizam e não investem. Parece que, ao poupar, você está abrindo mão de algo, está perdendo alguma coisa hoje. Mas não está. Você está se presenteando hoje com paz de espírito, certezas e com uma grande fortuna para o futuro.

Então, como foi que Benartzi e Thaler superaram esses desafios? Eles criaram um sistema simples para fazer a poupança parecer indolor. Esse sistema se afina com a nossa natureza. Como disse Shlomo em uma Conferência TED, o "Poupe mais amanhã" convida os funcionários a economizar mais, talvez no ano seguinte — em algum momento no futuro, quando pudermos nos imaginar comendo bananas, fazendo mais trabalhos voluntários na comunidade, nos exercitando mais e fazendo todas as coisas certas no planeta.

Funciona assim: você concorda em economizar automaticamente uma pequena quantia do seu salário — 10%, 5% ou até mesmo 3%. (É uma quantia tão pequena que você nem vai notar a diferença!) Então, você se compromete a economizar mais no futuro — mas só quando receber um aumento de salário. A cada aumento na remuneração, a porcentagem economizada seria automaticamente um pouco maior, mas você não sentiria isso como uma perda, porque, antes de mais nada, você não estava contando com esse dinheiro!

Benartzi e Thaler testaram pela primeira vez o plano Poupe Mais Amanhã há quase 20 anos, em uma empresa do Centro-Oeste dos Estados

Unidos, onde os operários afirmaram que não podiam se dar o luxo de dispensar mais 1 centavo sequer de seus salários. Mas os pesquisadores os convenceram a permitir que o empregador transferisse automaticamente 3% de seus salários para uma conta de aposentadoria, e que adicionasse 3% a mais todas as vezes que eles obtivessem um aumento salarial. Os resultados foram incríveis! Depois de apenas cinco anos e três aumentos salariais, os empregados que pensavam que não poderiam se dar o luxo de economizar reservavam uma quantia ligeiramente inferior a impressionantes 14% dos seus salários! E 65% deles estavam economizando uma média de 19% dos seus salários.

Quando você chegar aos 19%, estará perto dos números que tornaram Theodore Johnson, o homem da UPS, incrivelmente rico. É indolor e funciona. Isso já foi comprovado mais de uma vez.

Vou mostrar o gráfico que Shlomo usa para ilustrar o impacto que cada aumento nas economias vai causar no estilo de vida de um funcionário.

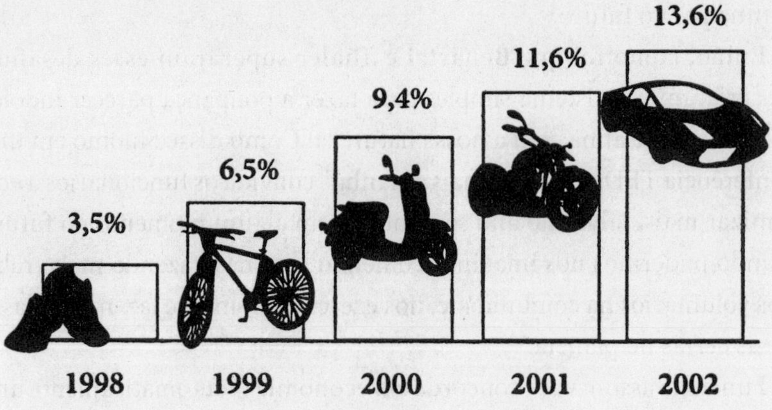

Em 3%, há a imagem de um par de tênis — porque isso é tudo o que você vai conseguir comprar se economizar apenas 3%! Em 6,5%, há uma bicicleta. Ele sobe até 13,6%, onde há um carro de luxo e a mensagem clara de que a vida é ótima! Uma grande diferença!

Hoje em dia, 60% das grandes empresas oferecem planos como o Poupe Mais Amanhã. Descubra se a sua está entre elas, e se não estiver, mostre este livro para o departamento de recursos humanos e tente convencê-los a implementar um.

Naturalmente, você ainda vai precisar batalhar para, de fato, "ganhar" o seu aumento — é pouco provável que o patrão lhe conceda isso só porque você pediu muito delicadamente. Mas, se conseguir, você vai estar livre para separar o montante total do aumento ou apenas uma parte, dependendo das suas circunstâncias. Em alguns casos, se você trabalhar em uma empresa similar, seu empregador vai ajudá-lo a dobrar sua contribuição de um jeito muito eficiente — e você logo vai estar no caminho certo. Neste link você vai encontrar uma calculadora on-line do Poupe Mais Amanhã. Ela vai ajudá-lo a avaliar o impacto no seu futuro financeiro: www.nytimes.com/interactive/2010/03/24/your-money/one-pct-more-calculator.html [em inglês].

Se o seu empregador não oferecer o plano, você pode configurar um com a America's Best 401k, e muitos outros sistemas 401 (k). Você pode começar depositando 5% (embora eu recomende começar com um mínimo de 10%, se for possível), automaticamente, em seu fundo de liberdade, e depois se comprometer com 3% a mais todas as vezes que receber um aumento. Entre na internet ou dê um telefonema, e tudo isso vai estar à sua disposição. Você pode fazer isso hoje e garantir o seu futuro da maneira menos dolorosa possível. Não há desculpas para não fazer isso! Você pode, inclusive, acessar nosso aplicativo, onde encontrará um modelo de e-mail que pode ser enviado para o seu chefe ou o gerente de recursos humanos, a fim de que esse processo seja colocado em ação imediatamente. É fácil! Faça *agora mesmo*!

Mas e se você for autônomo? E se você for dono do seu próprio negócio, e tiver a sensação de que é preciso investir todos os centavos nele? Acredite em mim, você vai encontrar um caminho. E se aparecesse um imposto novo, e você tivesse que pagar 10% a mais, ou até 15% a mais para o governo? Você odiaria! Você gritaria "explorador maldito"! Mas você encontraria uma maneira de pagar. Então, pense nessa porcentagem como um imposto que você "é obrigado a pagar" — porque o dinheiro não vai para o governo, mas para a sua família e o seu futuro eu! Ou pense em si mesmo como um vendedor que precisa ser pago antes de todo mundo. Se isso tiver de ser feito, você o fará. Nesse caso, estamos falando de algo que está sendo reservado para você e para sua família, e que você vai manter para sempre, certo? Lembre-se: você deseja automatizar o processo. Esse é o segredo: ganhe mais, gaste menos e automatize o processo.

COMO LETRAS DE FOGO ILUMINANDO O CÉU

Na minha juventude, deparei com *O homem mais rico da Babilônia*, o clássico livro de 1921, de George Samuel Clason, que oferecia sensatos conselhos financeiros contados por meio de parábolas antigas. Recomendo a todos. Ao longo dos anos, uma passagem me marcou: "'Uma parte de tudo o que eu ganhar pertence a mim.' Diga isso de manhã, assim que acordar. Diga isso ao meio-dia. Diga à noite. Diga a cada hora do dia, todos os dias. Diga isso a si mesmo até que as palavras se transformem em letras de fogo gravadas no céu. Torne-se impregnado com essa ideia. Ocupe toda a sua alma com esse pensamento. E assimile tudo que lhe pareça sábio. Separe não menos de um décimo e economize. Cubra todas as despesas necessárias, mas poupe primeiro essa pequena cota."

> Ninguém se lembraria do Bom Samaritano se ele tivesse somente boas intenções. Ele também tinha dinheiro.
>
> — MARGARET THATCHER

Separe essa parte primeiro, meu amigo. E depois *aja com base nisso*! Não importa qual seja o número, comece de uma vez. Idealmente, esse número não deve ser inferior a 10%. Mas, com o passar do tempo, faça-o significar alguma coisa.

O PRÓXIMO PASSO

Agora que você criou um plano de investimento automatizado — seu Fundo de Liberdade, sua nova máquina de dinheiro —, talvez duas perguntas estejam permeando sua mente: primeiro, onde eu coloco esse dinheiro? Em segundo lugar, de quanto vou precisar para conquistar minha segurança financeira ou minha liberdade? Vamos responder a ambas as perguntas com clareza. E as respostas virão dos melhores empreendedores financeiros do mundo.

Mas, primeiro, precisamos entender no que você está de fato investindo. O que está por trás do seu desejo pessoal de liberdade financeira? E o que a riqueza realmente significa *para você*? O que, de fato, você está procurando? Então vamos reservar um rápido momento — apenas algumas páginas — para observar como *você* vai dominar o dinheiro.

CAPÍTULO 1.4

DOMINANDO O DINHEIRO: É HORA DE ABRIR CAMINHO

A gratidão é a virtude das almas nobres.

— ESOPO

O dinheiro é uma das maneiras pelas quais podemos transformar os sonhos que temos na realidade em que vivemos. Sem dinheiro suficiente, ou com uma verdadeira escassez dele, a vida pode parecer sofrível. Mas quando você tem dinheiro no bolso, tudo fica automaticamente melhor? Acho que todos nós sabemos a resposta.

O dinheiro não pode mudar quem somos. Tudo o que ele faz é ampliar nossa verdadeira natureza. Se você é mesquinho e egoísta, terá mais recursos para se mostrar mesquinho e egoísta. Se é grato e amoroso, terá mais meios de agradecer e se doar.

Faça uma pausa e pense novamente no colapso financeiro de 2008. Trilhões de dólares aplicados em ações e valores tradicionais viraram poeira. Milhões de empregos se perderam em questão de meses. Qual foi a sua experiência? Como isso atingiu você? Como isso afetou sua família? E seus amigos? Alguns de nós reagiram com medo, alguns com raiva, alguns com resignação, outros com determinação. Todas essas respostas não tinham a ver com dinheiro, mas *conosco*. Esses eventos lançaram luz sobre o que o dinheiro realmente significa para nós. O poder que lhe conferimos. Se permitimos que o dinheiro nos controle, ou se nós é que o controlamos.

SEU DINHEIRO OU SUA VIDA

Um dos exemplos mais poderosos que conheço daquela época é o de um cavalheiro chamado Adolf Merckle. Em 2007, ele era o 94º homem mais rico do mundo, e o mais rico da Alemanha, com um patrimônio líquido de 12 bilhões de dólares. Possuía a maior empresa farmacêutica da Europa, e depois expandiu seu império para a manufatura e a construção. Tinha orgulho do que havia conquistado. Ele também era uma espécie de especulador.

Em 2008, ele decidiu fazer uma aposta no mercado de ações. Estava tão certo de que a Volkswagen estava afundando que decidiu vender a empresa a descoberto. Mas havia um problema: a Porsche fez um movimento para comprar a Volkswagen, e o preço das ações disparou em vez de despencar. Quase da noite para o dia, Merckle perdeu cerca de três quartos de bilhão de dólares naquela única aposta.

Para piorar as coisas, ele precisava desesperadamente de certa quantia em dinheiro para pagar um vultoso empréstimo. Mas em 2008 os bancos não estavam emprestando dinheiro a ninguém: nem para você, nem para mim, nem para os bilionários — nem mesmo para outros bancos.

Então, o que Merckle fez? Procurou novos financiamentos? Reduziu suas despesas? Vendeu algumas empresas, mesmo com prejuízo? Não. Quando percebeu que tinha perdido um total de 3 bilhões de dólares e não era mais o homem mais rico da Alemanha, que tinha falhado com sua família, ele redigiu um bilhete de despedida e entrou na frente de um trem em alta velocidade.

Isso mesmo. Ele se matou.

Em uma trágica ironia, sua família descobriu, apenas alguns dias depois, que os empréstimos que ele solicitou haviam sido aprovados, e suas empresas foram salvas.

Adolf Merckle morreu por causa do dinheiro? Ou morreu por causa do que o dinheiro *significava* para ele? Para Merckle, o dinheiro era uma identidade. Era uma fonte de sentido. A perda de seu status como o homem mais rico da Alemanha era demais para suportar, e ele se sentiu um fracassado — embora ainda restassem 9 bilhões de dólares em seu bolso!

Você pode estar pensando: "*Que desperdício.*" Mas talvez seja um pouco fácil demais para nós julgar esse homem. Quantas vezes, em algum nível, atrelamos nossa identidade — ou nossas perspectivas futuras — ao dinheiro? Provavelmente, mais do que todos gostaríamos de admitir.

O BILIONÁRIO QUE DESEJA MORRER NA FALÊNCIA

Por outro lado, há pessoas como Chuck Feeney, irlandês-americano de Elizabeth, Nova Jersey, e bilionário autodidata. Alguma vez você já tentou atravessar um aeroporto, em qualquer lugar do mundo, e se sentiu atraído a entrar em uma sala repleta de garrafas brilhantes de licores, perfumes e outros itens de luxo livres de impostos? É o Duty Free Shopping (DFS), uma ideia de Chuck Feeney. Ele começou do zero em 1960 e terminou com um império de vendas no valor de 7,5 bilhões de dólares.

Em determinado momento, a *Forbes* o apontou, assim como a Merckle, como um dos homens mais ricos no mundo. Mas Feeney era tão humilde que você nunca teria sabido disso. Durante a maior parte de sua vida, ele não teve carro nem casa própria. Ele viajava de ônibus e usava um relógio de plástico. Assim como Merckle, sua conta bancária vinha diminuindo — agora, está com oitenta e poucos anos, Feeney tem pouco mais de 1 milhão em seu nome. Mas a grande diferença entre ele e Merckle é que, em vez de tentar se ater a cada centavo, Chuck Feeney *doou* todo o seu dinheiro.

Nos últimos 30 anos, esse cara assumiu como missão pegar esse veículo chamado dinheiro e usá-lo para mudar a vida das pessoas em todos os lugares. Sua filantropia atinge o mundo todo, desde ajudar a estabelecer a paz na Irlanda do Norte até combater a Aids na África do Sul e educar crianças em Chicago.

A coisa mais surpreendente a respeito de Feeney é que ele fez tudo isso de forma anônima. Feeney não queria nenhum crédito. Na verdade, apenas recentemente se divulgou que ele estava por trás de todos esses incríveis projetos. E ele ainda continua atuando! Chuck Feeney diz que seu objetivo é ter seu último cheque devolvido.

Obviamente, dinheiro significava coisas bastante diferentes para Adolf Merckle e Chuck Feeney. O que o dinheiro realmente significa para você? Você usa o dinheiro, ou o dinheiro usa você? Como eu disse desde o início: se você não dominar o dinheiro, em algum nível ele vai dominá-lo.

O MAIOR OBJETIVO: RETRIBUIR

Quando eu era criança, o dinheiro sempre esteve fora do meu alcance. Ele sempre foi uma fonte de estresse, porque nunca havia o suficiente. Lembro de precisar bater à porta do vizinho pedindo comida para meu irmão, minha irmã e para mim.

Então, no Dia de Ação de Graças, quando eu tinha 11 anos, aconteceu uma coisa que mudou minha vida para sempre. Como de costume, não havia comida em casa, e meus pais estavam brigando. Então, ouvi alguém batendo na porta da frente. Abri uma fresta e vi um homem de pé nos degraus, com sacos de supermercado repletos de comida suficiente para um grande jantar. Eu mal pude acreditar.

Meu pai sempre dizia que ninguém se importava com ninguém. Mas, de repente, alguém que eu não conhecia, que não estava pedindo nada em troca, estava se importando conosco. Aquilo me fez pensar: "Isso significa que os estranhos se importam?" E eu decidi que, se os estranhos se preocupavam comigo e com minha família, eu me importaria com eles! "O que eu vou fazer?" Naquele dia, prometi a mim mesmo que encontraria uma maneira, de alguma forma, algum dia, de retribuir e formar uma corrente do bem. Então, quando estava com 17 anos, economizei meu salário de zelador noturno e saí no Dia de Ação de Graças para alimentar duas famílias. Foi uma das experiências mais emocionantes da minha vida. Animou meu espírito ver aquelas expressões mudando do desespero para a alegria. Verdadeiramente, foi um presente tanto para mim quanto para eles. Eu não contei a ninguém o que estava fazendo, mas no ano seguinte alimentei quatro famílias. Depois, oito. Eu não estava fazendo aquilo para receber agradecimentos, mas, depois dessas oito famílias, pensei: "Cara, eu poderia conseguir ajuda." Então, reuni alguns amigos, e eles também contribuíram. A coisa foi ganhando proporção. Agora, minha fundação alimenta 2 milhões de pessoas todos os anos em 36 países, por intermédio das nossas brigadas internacionais de cesta básica. Será que eu teria conhecido a alegria de doar se não fosse por aquele terrível Dia de Ação de Graças quando eu tinha 11 anos? Quem sabe? Alguns chamariam isso de sorte ou destino, ou, simplesmente, da velha e boa sina. Eu vejo a mão de Deus nisso; costumo chamar de graça.

Eis aqui o que eu sei: aprendi a alegria de doar, e isso não tinha nada a ver com o dinheiro. O dinheiro é simplesmente um veículo para tentar suprir nossas necessidades, e não apenas as necessidades financeiras. Grande parte da nossa vida é guiada pelas crenças que desenvolvemos ao longo do tempo; a história que criamos sobre o que é a vida, sobre como devemos ser, sobre o que devemos fazer ou doar. Em última análise, o que vai nos fazer feliz ou realizados. Todos têm um conceito diferente de "feliz". Algumas pessoas encontram a felicidade agradando os demais, enquanto outros encontram a felicidade no poder e na dominação. Outros definem sua felicidade como 1 bilhão de dólares. Alguns pensam que o caminho para a felicidade e uma vida significativa é aproximar-se de Deus e desistir de tudo o que é material. Outros, ainda, pensam que a principal ideia da felicidade é a liberdade.

Qualquer que seja a sua emoção, seja qual for o veículo que busca — construir um negócio, casar-se, formar uma família, viajar pelo mundo —, o que você achar que é o seu nirvana, descobri que é apenas uma tentativa do seu cérebro de satisfazer uma ou mais das seis necessidades humanas.

Essas seis necessidades básicas nos movem. Elas definem todos os comportamentos humanos e são universais. Elas são a força por trás das coisas malucas que as pessoas fazem e das coisas excelentes que fazemos. Todos nós temos as mesmas seis necessidades, mas o modo como valorizamos essas necessidades e em qual ordem determinam a direção da nossa vida.

Por que é tão importante entender as seis necessidades humanas? Bem, se você pretende acumular riqueza, precisa saber o que está realmente almejando — para que você está construindo aquilo. Você está buscando a riqueza para se sentir confiante e seguro? Está perseguindo a riqueza para se sentir especial e exclusivo? Ou quer ter a sensação de estar contribuindo — você quer fazer coisas para as outras pessoas de uma forma como nunca foi capaz de fazer antes? Ou, talvez, todas as alternativas acima?

Se você valoriza a certeza como a necessidade mais importante da sua vida, vai adotar uma direção bastante específica, vai agir de forma diferente nos relacionamentos, nos negócios e nas finanças em comparação com alguém cuja necessidade é o amor. Se analisarmos detidamente aquilo que você realmente está buscando, vamos passar longe do dinheiro. **O que você realmente está buscando é o que acha que o dinheiro vai lhe proporcionar.** Em última análise, é um conjunto de sentimentos. E sob esses sentimentos estão as necessidades.

NECESSIDADE 1:
CERTEZA / CONFORTO

A primeira necessidade humana é a necessidade de Certeza. É a nossa necessidade de nos sentirmos no controle e de saber o que virá a seguir para que possamos nos sentir seguros. É a necessidade de conforto básico, de evitar o sofrimento e o estresse, e, também, de criar prazer. Isso faz sentido? Nossa necessidade de certeza é um mecanismo de sobrevivência. Ela afeta a quantidade de riscos que estamos dispostos a assumir na vida — em nossos empregos, em nossos investimentos e em nossos relacionamentos. **Quanto maior a necessidade de certeza, menos riscos você estará disposto a correr ou suportar do ponto de vista emocional.** Por sinal, esse é o lugar de onde brota sua verdadeira "tolerância ao risco".

Mas e se você tivesse certeza de tudo, o tempo todo? **Se você soubesse o que iria acontecer, quando iria acontecer, como iria acontecer.** Se você soubesse o que as pessoas iriam dizer antes de elas dizerem. Como você se sentiria? No início, você se sentiria extraordinário, mas, no fim, como ficaria? Completamente entediado!

NECESSIDADE 2:
INCERTEZA / VARIEDADE

Então, Deus, em Sua infinita sabedoria, nos deu uma segunda necessidade humana, que é a **Incerteza**. Precisamos de variedade. Precisamos de surpresas.

Me deixe fazer uma pergunta: você gosta de surpresas?

Se respondeu "sim", você está se enganando! **Você gosta das surpresas que deseja ter. Aquelas que você não quer ter, chama de problemas!** Mas você ainda precisa delas para conferir alguma força à sua vida. E é impossível desenvolver a força — ou o caráter — se você não tiver algo para resistir.

NECESSIDADE 3: SENTIDO

A terceira é o **Sentido**, a necessidade humana básica que guiava Adolf Merckle. Todos nós precisamos nos sentir importantes, especiais, únicos ou necessários. Assim, como é que alguns de nós alcançam o sentido? Você pode obtê-lo ganhando bilhões de dólares ou acumulando títulos acadêmicos — distinguindo-se com um mestrado ou um doutorado. Você pode ter inúmeros seguidores no Twitter. Pode aparecer no programa *The Bachelor* ou se tornar uma das próximas *Real Housewives of Orange County*. Alguns fazem isso fazendo tatuagens e colocando piercings em todas as partes do corpo e em lugares que nem queremos saber. Você pode encontrar sentido tendo mais ou maiores problemas do que qualquer outra pessoa. "*Você acha que* o seu *marido é um canalha? Fique com o meu por um dia*!" Claro que você também pode chegar ao sentido sendo mais espiritual (ou pretendendo ser). Infelizmente, uma das maneiras mais rápidas de obter sentido — que não custa nenhum dinheiro e não requer nenhuma formação — é a violência. Se alguém colocar uma arma em sua cabeça, naquele instante ela se torna a coisa mais significativa da sua vida, certo?

Gastar muito dinheiro pode fazer você se sentir importante, e gastar pouco, também. Todos nós conhecemos pessoas que constantemente se vangloriaram de suas barganhas, ou que se sentem especiais porque aquecem suas casas com esterco de vaca e luz solar. Algumas pessoas muito ricas encontram sentido escondendo sua riqueza. Como o falecido Sam Walton, fundador do Wal-Mart e, por algum tempo, o homem mais rico dos Estados Unidos, que passeava por Bentonville, no Arkansas, em sua velha caminhonete, demonstrando que não precisava de um Bentley — mas, é claro, sua própria frota particular de jatos estava sempre ao seu alcance.

O sentido também gera dinheiro — e foi aí que meu querido amigo Steve Wynn construiu sua fortuna. O homem que fez de Las Vegas o que ela é hoje sabe que as pessoas pagam por qualquer coisa que acreditem ser "o melhor" — qualquer coisa que as faça se sentir especiais, únicas ou importantes; qualquer coisa que as faça se destacar da multidão. Ele oferece as experiências mais exclusivas e luxuosas imagináveis em seus cassinos e hotéis — elas são verdadeiramente magníficas e inigualáveis no mundo. Wynn tem uma boate chamada XS (e poderia ser diferente?) que é o ponto mais agitado de Las Vegas. Até mesmo nos dias úteis há fila na porta. Quando você entra no estabelecimento, tem o privilégio de comprar uma garrafa comum de champanhe por 700 dólares, mas, se quiser se impor e mostrar a todos que é um jogador, pode gastar 10 mil dólares em "um coquetel Ono" especial, com um raro e antigo conhaque e suco de laranja, acompanhado de um colar de ouro branco. Ah, e ele chega à sua mesa com uma vela faiscante, apenas para que todos saibam que você é importante (e totalmente maluco).

NECESSIDADE 4: AMOR E CONEXÃO

A quarta necessidade básica é **Amor e Conexão**. O amor é o oxigênio da vida; é o que todos nós queremos e do que mais precisamos. Quando amamos completamente, nós nos sentimos vivos, mas, quando perdemos o amor, a dor é tão grande que a maioria das pessoas se conforta com a conexão, as migalhas do amor. Você pode obter essa sensação de conexão ou amor por meio da intimidade, da amizade, da oração ou andando em meio à natureza. Se nada mais funcionar, você pode adotar um cachorro.

Essas quatro primeiras necessidades são o que eu chamo de necessidades da personalidade. Todos nós encontramos maneiras de satisfazê-las: seja trabalhando mais, inventando um problema ainda maior ou criando histórias para racionalizá-las. As duas últimas são as necessidades do espírito. Elas são mais raras — nem todos conseguem satisfazê-las. Quando essas necessidades são satisfeitas, nós nos sentimos verdadeiramente preenchidos.

NECESSIDADE 5: CRESCIMENTO

A número 5 é o **Crescimento.** Quando não está crescendo, você está o quê? Morrendo. Se um relacionamento não está crescendo, se uma empresa não está crescendo, se você não está crescendo, não importa quanto dinheiro tenha no banco, quantos amigos possua, quantas pessoas o amem — você nunca vai experimentar a verdadeira realização. E a razão pela qual nós crescemos, eu acredito, é termos algo de valor a dar.

NECESSIDADE 6: CONTRIBUIÇÃO

Isso porque a sexta necessidade é a **Contribuição.** Por mais piegas que possa parecer, o segredo da vida é doar. A vida não gira em torno de *mim*; ela gira em torno de *nós*. Pense nisso: qual é a primeira coisa que você faz quando recebe notícias boas ou emocionantes? Você liga para alguém que ama e compartilha. O compartilhamento melhora tudo o que você vivencia.

A vida tem tudo a ver com criar sentido. E o sentido não vem daquilo que você recebe; ele vem do que você dá. Em última análise, o que você recebe nunca vai fazer você feliz a longo prazo. Mas a pessoa que você se torna e aquilo com que contribui, sim.

Considerando que este livro fala sobre o seu dinheiro, pense nas maneiras como ele pode satisfazer as seis necessidades humanas. O dinheiro pode nos trazer certeza? Claro que sim. Variedade? Também. Obviamente, ele pode nos fazer sentir importantes ou significativos. Mas e quanto à conexão e ao amor? Nas palavras imortais dos Beatles, o dinheiro não pode comprar o amor. Mas pode comprar aquele cachorro para você! E pode, infelizmente, lhe dar uma falsa sensação de conexão, porque atrai relacionamentos, embora nem sempre do tipo mais gratificante. E quanto ao crescimento? O dinheiro pode suprir o crescimento nos negócios e na aprendizagem. Quanto mais dinheiro você tem, mais você pode contribuir financeiramente.

Mas eis aqui no que eu realmente acredito: se você valorizar o sentido acima de todas as outras coisas, o dinheiro sempre vai deixá-lo exaurido, a menos que ele venha de uma contribuição feita por você. Se você estiver procurando o sentido no dinheiro, o preço vai ser alto. Você está procurando grandes números, mas é improvável que encontre uma grande realização.

O maior sentido da vida não provém de algo externo, mas de algo interno. Ele nasce de um senso de estima por nós mesmos, e isso nós não conseguimos obter de ninguém mais. As pessoas podem dizer que você é lindo, inteligente, esperto, o melhor, ou elas podem dizer que você é o ser humano mais horrível da face da Terra. O que importa é o que *você* pensa sobre si mesmo. Quer você acredite nisso ou não, no fundo continua a crescer e a se desafiar, a fazer e a dar mais do que lhe pareceria confortável ou que você nem sequer pensava ser possível.

Não há nada mais significativo do que crescer e doar. Assim, apesar de o dinheiro ser um veículo extraordinário para atender muitas das nossas seis necessidades, ele não é o único. Quando você estiver em busca de dinheiro, não se esqueça de pensar no motivo pelo qual está buscando isso. Você está tentando atender alguns desejos emocionais e psicológicos. Por trás dessas emoções estão as necessidades que devem ser satisfeitas para que sua vida seja extraordinária.

Quando os astronautas caminharam na Lua, imagine a jornada na qual embarcaram. Desde o momento em que eram pequenos, sonhando em voar para o espaço, até o dia em que Buzz Aldrin e Neil Armstrong pisaram na Lua, olhando para trás e tendo a extraordinária visão do planeta Terra que todos nós conhecemos da TV. Eles foram os primeiros seres humanos a fazer isso em toda a história da nossa espécie — e isso é incrivelmente significativo.

O que aconteceu depois? Desfiles com chuvas de papel picado. Apertos de mão do presidente. Eles viraram heróis. E depois? O que você faz depois de caminhar na Lua, quando você só tem 39 anos de idade? Se você já estudou a história dos astronautas, ou leu suas biografias, vai saber que muitos deles caíram em profunda depressão. Por quê? Porque a única maneira de eles conseguirem se aventurar seria viajando ao espaço ou à Lua o tempo todo. Eles esqueceram como se faz para encontrar a aventura em um simples sorriso.

Não pretendo dar mais nenhum sermão, mas eu queria aproveitar este tempo para dizer que, embora seja a hora de dominar o seu dinheiro, não perca tempo para se dominar. A maneira mais rápida de sentir conexão,

a sensação de ter uma vida significativa, um profundo senso de certeza e variedade, e se colocar em um estado em que você pode se doar aos outros, é encontrar uma maneira, todos os dias, de apreciar mais e esperar menos. A pessoa mais rica da Terra é aquela que aprecia.

Entrevistei Sir John Templeton pela primeira vez quando eu tinha 33 anos. Ele era o multibilionário que começou com nada e acumulou dinheiro quando todos os outros estavam com medo, durante os piores momentos da história: a Segunda Guerra Mundial, o Japão do pós-guerra e o fim dos anos 1980 e início dos anos 1990, quando uma inflação estratosférica atingiu algumas partes da América do Sul. Quando os outros estavam com medo, ele investiu. Eu lhe perguntei: **"Qual é o segredo da riqueza?"** E ele respondeu: **"Tony, você sabe, e sabe muito bem. Você ensina isso a todo mundo. É a gratidão."** Quando você é grato, não existe medo; quando você é grato, não existe raiva. Sir John foi um dos seres humanos mais felizes e mais bem-sucedidos que já conheci. Mesmo depois de seu falecimento, em 2008, sua vida continua a inspirar as outras pessoas depois de todos esses anos.

Se você quiser ser rico, comece sendo generoso. O que é que merece a sua gratidão hoje? Quem merece a sua gratidão hoje? Você poderia ser grato até mesmo a alguns dos problemas e ao sofrimento por que passou em sua vida? E se você assumisse a nova crença de que tudo na vida acontece por uma razão e um propósito, e que isso é útil? E se, lá no fundo, você acreditasse que a vida não acontece para você, mas por você? Que cada passo ao longo do caminho lhe ajuda a se fortalecer, para que você possa crescer mais, desfrutar mais e doar mais? Se você vai partir desse ponto, o dinheiro não vai ser a fonte do seu prazer nem do seu sofrimento. Ganhar dinheiro vai ser apenas uma divertida viagem de domínio, e a riqueza vai ser um grande veículo para alcançar o que mais importa na vida.

Mas, considerando que o dinheiro é uma parte tão importante em nossas vidas, vamos voltar imediatamente à trilha do dinheiro. Por mais sincero que este capítulo tenha sido, nem todas as pessoas que você encontrar ao longo do caminho financeiro vão estar funcionando no lugar benevolente do Crescimento e da Contribuição! Você está entrando em um mundo cheio de pessoas e empresas que, muitas vezes, estarão interessadas em tirar proveito de sua falta de experiência e compreensão. Então, eu quero prepará-lo para o que está à sua frente. **Antes de discutirmos onde colocar seu dinheiro e o que procurar, tenho de lhe mostrar no que você deve *prestar atenção*.**

Há uma razão pela qual a maioria dos investidores não ganha dinheiro com o passar do tempo. Eu quero munir você do conhecimento que não apenas vai protegê-lo como também lhe permitir maximizar o crescimento de seus investimentos, **de modo que você possa alcançar a verdadeira liberdade financeira mais rápido do que imagina.** A paz de espírito que você merece em breve será sua. Vire a página...

SEÇÃO 2

SEJA UM INICIADO: CONHEÇA AS REGRAS ANTES DE ENTRAR NO JOGO

CAPÍTULO 2.0

LIBERTE-SE: DERRUBE OS 9 MITOS FINANCEIROS

Lembre-se da regra de ouro: quem tem o ouro faz a regra.

— ANÔNIMO

Você precisa aprender as regras do jogo, e, depois, deve jogar melhor do que todo mundo.

— ALBERT EINSTEIN

Eu sei que você quer mergulhar logo e aprender onde deve colocar seu dinheiro para obter a liberdade financeira. E eu quero mergulhar e lhe mostrar! Fico muito animado quando vejo alguém que realmente entende, começa a compreender as coisas e aceitar o fato de que é verdadeiramente possível vencer o jogo. Mas não basta apenas economizar, conseguir um ótimo retorno e reduzir o risco. Você precisa saber que há muitas pessoas querendo pegar um pedaço da sua riqueza. **O sistema está cheio de lacunas — o que eu chamaria de minas terrestres — que podem acabar com seu futuro financeiro.** Portanto, nesta seção, vamos analisar 9 mitos — você pode chamá-los de mentiras —, que foram pregados para você ao longo dos anos. Se você não estiver ciente deles — se você não os observar se aproximando —, eles vão destruir sistematicamente seu futuro financeiro.

Este livro começa a dar frutos na próxima seção! De fato, se você receber um salário médio norte-americano de 50 mil dólares por ano e, atualmente, economizar 10% de sua renda e investir esse dinheiro ao longo do tempo, vai economizar 250 mil dólares ao longo de sua vida de investimentos por apenas uma parte do que vai aprender nesta seção. Isso representa cinco anos do seu atual estilo de vida, em sua renda atual, sem ter de trabalhar um único dia! É estatisticamente provado; não é um número que estou tirando da cartola. Se você ganhar apenas 30 mil dólares por ano e poupar 5% de sua renda a cada ano, ainda vai ter economizado 150 mil dólares ao longo de sua vida como investidor. Isso significa um valor equivalente a meia década de sua renda atual sem ter de trabalhar para isso. Se você estiver na categoria de 100 mil dólares ou mais, esta seção poderia colocar de 500 mil a 1 milhão de dólares de volta no seu bolso ao longo da vida. Parece uma promessa mirabolante, não é!? Vou deixar que os números falem por si mesmos.

É uma seção curta, então preste atenção, pois você vai querer agir de imediato. Ao destruir esses mitos, você vai ser capaz de "deter a sangria" imediatamente, em áreas onde nunca achou que precisaria. Conhecer esses 9 mitos vai proteger você e garantir que alcance o nível de liberdade financeira com o qual deve estar realmente comprometido. Vamos começar!

BEM-VINDO À SELVA

Seja você um investidor experiente ou esteja apenas começando a se ver como um investidor, a selva que Ray Dalio descreveu tão vivamente guarda os mesmos perigos para todos nós. Mas a maior parte do perigo reside no seguinte fato: o que você não sabe *poderá* prejudicá-lo.

A OFERTA

Quero que você imagine que alguém lhe propõe a seguinte oportunidade de investimento: ele quer que você invista 100% do capital e assuma 100% do risco. Se isso render dinheiro, ele quer ficar com 60% ou mais dos resultados positivos, sob a forma de taxas. Ah, se por acaso houver perda de dinheiro, você perde, e ele ainda recebe por isso!

Está entendendo?

Tenho certeza de que você não precisa de tempo para refletir sobre isso. É muito fácil. Sua resposta instintiva tem de ser: "Não há possibilidade de eu fazer isso. Que absurdo!" O único problema é que, se você for como 90% dos investidores norte-americanos, já investiu em um típico fundo mútuo e, acredite ou não, concordou com todos esses termos.

É verdade. Há 13 trilhões de dólares em fundos mútuos gerenciados ativamente[3], com 265 milhões de titulares de contas em todo o mundo.

Como é que você convence 92 milhões de norte-americanos a participar de uma estratégia na qual eles abrem mão voluntariamente de 60% ou mais dos potenciais resultados positivos dos investimentos de toda a sua vida, sem nenhum retorno garantido? Para resolver esse enigma, encontrei-me com o guru de investimentos Jack Bogle, de 85 anos, fundador do Vanguard, cujos 64 anos vividos em Wall Street o fizeram especialmente qualificado para lançar luz sobre esse fenômeno financeiro. Qual foi a resposta dele?

"Marketing! Tony, é simples. A maioria das pessoas não faz as contas, e as comissões estão escondidas. Tente isto: se você fizesse um investimento único de 10 mil dólares aos 20 anos, assumindo 7% de crescimento anual ao longo do tempo, você teria 574.464 dólares no momento em que estivesse praticamente na minha idade [80]. *Mas*, se você pagasse 2,5% no total de taxas de administração e outras despesas, o saldo final de sua conta seria de apenas **140.274 dólares durante o mesmo período.**"

"Vamos ver se entendemos direito: você forneceu todo o capital, você assumiu todos os riscos, você ficou com 140.274 dólares, mas teve de abrir mão de 439.190 em nome de um gestor ativo!? Eles ficam com 77% de seus retornos potenciais? Para quê?"

"Exatamente."

Princípio do Poder do Dinheiro 1. Não entre no jogo a menos que conheça as regras! Milhões de investidores em todo o mundo são sistematicamente convencidos da existência de um conjunto de mitos — mentiras do

[3] De acordo com o site Investopedia: "Gestores ativos dependem de pesquisa analítica, de previsões e de seu próprio julgamento e experiência em tomar decisões de investimento a respeito de quais títulos comprar, manter e vender. O oposto da gestão ativa é chamado de gestão passiva, mais conhecido como "indexação".

investimento — que orientam suas tomadas de decisão. Essa "sabedoria convencional" geralmente é projetada para mantê-lo na escuridão. Quando se trata do seu dinheiro, o que você não sabe *pode* — e provavelmente vai — machucá-lo. A ignorância não é sinônimo de bem-aventurança. A ignorância é sofrimento, a ignorância é luta, a ignorância significa oferecer sua fortuna para alguém que ainda não ganhou nada.

UM EXPERIMENTO MALSUCEDIDO

O problema não são apenas os fundos mútuos com custos elevados. O exemplo acima é apenas um exemplo de sistema projetado para afastá-lo de seu dinheiro.

Sem exceção, todos os especialistas que entrevistei para este livro (dos maiores gestores de fundo de cobertura aos vencedores de Prêmio Nobel) concordam que o jogo mudou. Nossos pais não enfrentavam nem uma fração da complexidade ou dos perigos com os quais temos de lidar hoje em dia. Por quê? Eles recebiam uma pensão — uma renda garantida para a vida toda! Eles tinham certificados de depósitos que rendiam taxas moderadas, mas razoáveis — não o 0,22% que você estaria recebendo no momento da redação deste artigo, que nem sequer são corrigidos de acordo com a inflação. E alguns tinham o privilégio de fazer pequenos investimentos nas ações de primeira linha, que rendiam dividendos constantes.

Aquela oportunidade passou.

O novo sistema, que começou a entrar em ação de fato no início dos anos 1980, com a introdução do 401 (k), é um experimento conduzido agora, em sua maior parte, pela geração mais importante da história dos Estados Unidos: os baby boomers. Como essa experiência vem funcionando?

"O sistema de aposentadoria faça-você-mesmo falhou", afirma Teresa Ghilarducci, nacionalmente reconhecida especialista em seguridade de aposentadoria, da Nova Escola de Pesquisa Social e crítica fervorosa do sistema como o conhecemos. "Falhou porque espera que indivíduos sem experiência em investimentos obtenham os mesmos resultados que investidores profissionais e gestores de dinheiro. Que resultados você esperaria se fosse solicitado a extrair seus próprios dentes ou a instalar sua própria fiação elétrica?"

O que mudou? Trocamos nossas aposentadorias garantidas por um sistema intencionalmente complexo e, muitas vezes, extremamente perigoso, cheio de taxas ocultas, que nos deu a "liberdade de escolha". De alguma forma, além de ter de trabalhar como um condenado, sustentar sua família, manter-se em forma e cuidar das relações importantes de sua vida, querem que você se torne um profissional dos investimentos? Querem que você seja capaz de navegar nesse labirinto de produtos, serviços e intermináveis riscos para o seu suado dinheiro? É quase impossível. É por isso que a maioria das pessoas delega o seu dinheiro para um "profissional", geralmente um corretor. Um corretor que, por definição, trabalha para uma empresa que *não* é obrigada por lei a fazer o que é melhor para você (mais sobre esse conceito desconcertante em Mito 4). Um corretor que é pago para canalizar seu dinheiro para os produtos que podem ser os mais rentáveis para ele e/ou para a empresa dele.

Agora, permita-me ser claro: este *não* é outro livro-que-detona-Wall-Street. Muitas das grandes instituições financeiras foram pioneiras em alguns produtos extraordinários que exploraremos e defenderemos ao longo deste livro. E a grande maioria das pessoas na indústria de serviços financeiros cuida intensamente de seus clientes, e, de modo geral, faz o que acredita ser o melhor possível. Infelizmente, muitos também não entendem como a "casa" colhe os lucros independentemente de o cliente ganhar ou não. Eles estão fazendo o melhor que podem para seus clientes com o conhecimento (treinamento) e as ferramentas (produtos) dos quais dispõem. **Mas o sistema não está configurado para que o seu corretor tenha opções infinitas e completa autonomia para encontrar o que é melhor para você. E isso pode sair caro.**

Desistir de uma quantidade desproporcional de seus retornos potenciais em nome das comissões é apenas uma das armadilhas que você deve evitar se planeja ganhar o jogo. E a seguir vem a melhor notícia de todas.

VOCÊ AINDA PODE GANHAR O JOGO!

Na verdade, é mais do que possível ganhar — e é incrivelmente emocionante! Sim, existem grandes desafios e outras armadilhas que você deve evitar, mas considere o quanto já caminhamos. Hoje, com o clique do mouse e um encargo mínimo, você pode investir em praticamente qualquer coisa que quiser, em qualquer lugar do mundo. "É mais fácil do que nunca se dar muito bem", disse James Cloonan em um artigo recente no *Wall Street Journal*. Cloonan é fundador da Associação Norte-americana de Investidores Individuais, uma organização sem fins lucrativos. "Você precisa apenas decidir fazer a coisa certa."

Caramba, 35 anos atrás "você tinha de passar horas em uma biblioteca pública ou escrever para uma empresa apenas para ter acesso às suas demonstrações financeiras. Os custos de corretagem e os honorários de fundos mútuos eram bizarros; as alíquotas tributárias eram escorchantes", escreveu Jason Zweig em um artigo no *Wall Street Journal*, intitulado "Even When Stocks Make You Nervous, Count Your Blessings" [Mesmo quando as ações o deixam louco, conte suas bênçãos].

Além de negociantes com alta frequência, a tecnologia tornou o mundo dos investimentos um espaço muito mais eficiente para todos nós. E isso se encaixa perfeitamente na geração Y, que não aceitaria nada menos do que isso. "Para nós, tudo tem de ser conveniente!", exclamou Emily, minha assistente pessoal, uma representante típica da geração Y. "Não existe tolerância para os lentos ou os ineficientes. Nós realmente queremos que tudo esteja ao toque de um botão. Nós pedimos tudo na Amazon; levantamos um dedo, e está pronto. Eu posso ver um filme em streaming no Netflix. Posso fazer registrar um automóvel na internet. Posso comprar ações na internet. Posso fazer minhas apresentações na internet. Esta manhã, tirei uma foto de um cheque e às 6 horas da tarde ele já estava na minha conta — e eu nem precisei tirar o pijama."

A CASA LEVA VANTAGEM

Steve Wynn, o bilionário magnata dos jogos de aposta a quem se credita a transformação de Las Vegas na capital do entretenimento do mundo, é um dos meus amigos mais queridos. Os cassinos que ele construiu são considerados os mais magníficos centros de diversão do mundo. Apesar de tudo, ele fez sua fortuna com base em uma verdade simples: a casa leva vantagem. Mas de nenhuma maneira a vitória estava garantida para ele! Em uma noite qualquer, um apostador de alto nível pode retirar milhões do bolso do Steve. E o público pode ir embora se a sua "casa" não o agradar inteiramente. Por outro lado, quase todas as empresas de fundos mútuos são um jogo de cartas marcadas. Elas são a versão mais moderna dos cassinos. Elas capturaram você, que não tem como fugir; e elas representam uma receita garantida, quer você ganhe ou não.

DUPLAMENTE QUEIMADO

Depois de 2008, quando o mercado de ações dos Estados Unidos perdeu mais de 37%, o mundo financeiro se alterou completamente para a maioria dos norte-americanos. Mesmo depois de transcorridos cinco anos, uma pesquisa da Prudential Financial mostrou que 44% dos investidores norte-americanos ainda afirmam que nunca mais voltariam a colocar seu dinheiro no mercado de ações, enquanto 58% dizem que perderam a confiança no mercado. Mas os iniciados ainda estão no jogo. Por quê? Porque eles o conhecem melhor. Eles conhecem a maneira "certa" de jogar o jogo. Eles sabem que hoje existem poderosas ferramentas e estratégias que não existiam antes. Considere o seguinte.

Hoje você pode usar uma ferramenta, emitida e apoiada por um dos maiores bancos do mundo, que dará 100% de proteção ao seu capital, garantida pelo seu balanço patrimonial *e* permissão para que você tenha uma participação de 75% a 90% nos resultados positivos do mercado (o S&P 500) sem um limite máximo! Não é um erro de revisão. Você pode participar em até 90% nos resultados positivos, mas, se o mercado desmoronar, você continua recebendo de volta 100% do seu dinheiro! Parece bom demais para ser verdade? Se um produto como esse existisse, você já teria ouvido falar dele, certo? Errado. O motivo? No passado, *até mesmo para ouvir falar* sobre isso, você teria de pertencer à elite do 1% mais privilegiado. Não se trata de soluções de "varejo", de acesso amplo e irrestrito. São exclusivas para aqueles que têm dinheiro suficiente para participar.

Esse é apenas um exemplo do fato de que, sendo um iniciado, você logo vai conhecer as novas regras sobre como alcançar riqueza com um risco mínimo.

> O risco vem de não saber o que você está fazendo.
>
> — WARREN BUFFETT

A ESTRADA MENOS PERCORRIDA

CONQUISTAR A MONTANHA DA LIBERDADE

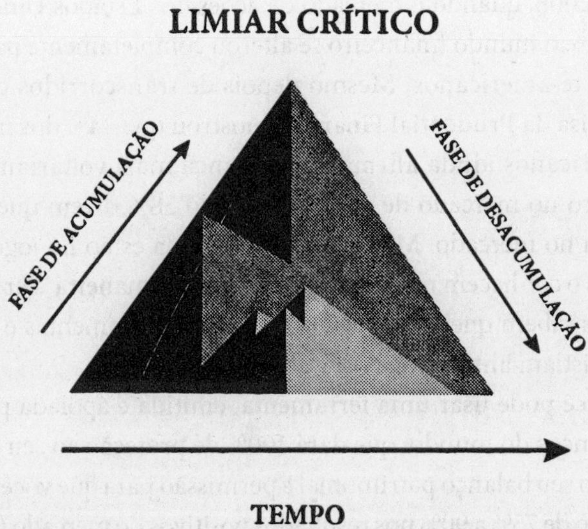

A jornada à sua frente exige sua plena participação. Juntos, vamos escalar essa montanha chamada liberdade financeira. É o seu monte Everest pessoal. Não vai ser fácil, e vai requerer preparação. Você não parte para escalar o Everest sem uma compreensão muito clara dos perigos que o aguardam. Alguns são conhecidos, e alguns podem surgir inesperadamente diante de você, como uma tempestade violenta. Assim, antes de pisarmos na montanha, devemos compreender plenamente o que existe nesse caminho diante de nós. Um passo em falso poderia significar a diferença entre saber como você vai pagar hipoteca do próximo mês e uma vida abundante, livre de estresse financeiro. Não podemos pedir a ninguém para escalá-lo para nós, mas também não podemos fazê-lo sozinho. Precisamos de um guia que deseje o melhor para nós, do fundo de seu coração.

O ÁPICE

O conceito central de investimento bem-sucedido é simples: aumentar suas economias até um ponto em que os juros de seus investimentos gerem renda suficiente para sustentar seu estilo de vida sem que você precise trabalhar. No fim, você atinge um "ponto de virada", no qual suas economias chegam a um limiar crítico. Isso significa simplesmente que você não precisa mais trabalhar — a menos que você queira —, porque os juros e o crescimento gerados pela sua conta vão lhe dar a renda de que você necessita para sua vida. Esse é o ápice que temos como meta em nossa escalada. A grande notícia é que, se você se tornar um iniciado, atualmente existem soluções e estratégias novas e únicas que vão acelerar sua subida e até mesmo protegê-lo contra a regressão. Mas, antes de explorar essas soluções profundamente, vamos mapear nossa jornada com mais clareza.

Há duas fases no seu jogo de investimento: a fase de *acumulação*, na qual você reserva dinheiro para fazê-lo crescer, e a de *desacumulação*, durante a qual você retira dinheiro. A escalada da montanha vai representar nossa fase de acumulação com o objetivo de atingir o ápice, ou limiar crítico. O objetivo é permanecer no topo da montanha enquanto pudermos. Apreciar a vista e respirar o ar fresco de liberdade e realização. Haverá muitos empecilhos, obstáculos, e se você não estiver alerta, até mesmo mentiras, que vão impedi-lo de alcançar o pico. Para garantir nossa melhor chance de sucesso, vamos descartar essas ameaças nas páginas seguintes.

Quando entrarmos no segundo ato de nossa vida, quando for a hora de desfrutar o que fizemos, teremos a liberdade de trabalhar somente se quisermos. Nessa fase, vamos esquiar na montanha e nos divertir. Passar algum tempo com aqueles que amamos, construindo nosso legado e fazendo a diferença. É durante essa fase que vamos eliminar o medo número 1 dos que pertencem à geração do baby boom: o medo de durar mais que o nosso dinheiro. Essa segunda fase raramente é discutida pela indústria de gestão de ativos, focada em manter o dinheiro investido.

"Não se trata de ter alguma quantia arbitrária de dinheiro em sua conta algum dia", exclamou o Dr. Jeffrey Brown, professor de finanças da Universidade de Illinois e consultor do Tesouro dos Estados Unidos e do Banco Mundial. "Acho que muitas pessoas vão se aposentar e de repente acordar e perceber: 'Sabe de uma coisa? Fiz um bom trabalho. Tenho todo este dinheiro guardado aqui, mas não sei quanto tempo vou viver, e não sei qual vai ser o retorno dos meus investimentos, nem qual vai ser o índice de inflação. O que eu faço?'"

Depois de ler uma das suas recentes colunas na *Forbes*, liguei para o Dr. Brown, a fim de saber se ele estaria disposto a se encontrar comigo e compartilhar soluções específicas para investidores de todas as formas e tamanhos. (Vamos ouvir o Dr. Brown a respeito da criação de uma renda vitalícia e até mesmo de como torná-la isenta de impostos em sua entrevista na Seção 5: "Vantagens sem desvantagens: Crie um plano de renda vitalício".) E quem melhor para esboçar a solução do que o homem que não apenas é um dos maiores especialistas acadêmicos, mas também foi uma das únicas sete pessoas nomeadas pelo presidente dos Estados Unidos para o Conselho Consultivo de Seguridade Social?

QUEBRE AS CORRENTES

Nas palavras de David Swensen, um dos mais bem-sucedidos investidores institucionais do nosso tempo, para ter um sucesso não convencional, você não pode ser guiado pela sabedoria convencional. Vamos quebrar os nove principais mitos financeiros que desorientam as massas, e, acima de tudo, descobrir as novas regras do dinheiro, as verdades que deixarão você financeiramente livre.

Vamos começar com o maior mito de todos...

CAPÍTULO 2.1

MITO 1: A MENTIRA DE 13 TRILHÕES DE DÓLARES: "INVISTA CONOSCO. VAMOS SUPERAR O MERCADO!"

O objetivo do não profissional não deve ser o de escolher ativos vencedores — nem ele nem seus "ajudantes" podem fazer isso —, mas sim o de ser dono de uma variedade de negócios que, no agregado, tenda a ter um bom desempenho. Um fundo de índice S&P 500 de baixo custo atende esse objetivo.

— WARREN BUFFETT, carta aos acionistas, 2013

Observando os resultados em uma base pós-taxas e pós-impostos depois de períodos razoavelmente longos de tempo, não há quase nenhuma chance de superar o fundo de índice.

— DAVID SWENSEN, autor de *Unconventional Success* e gerente da dotação da Universidade de Yale, avaliada em mais de 23,9 bilhões de dólares

ENTRETENIMENTO FINANCEIRO

Quando prestamos atenção às atuais notícias financeiras, é fácil perceber que elas são menos "notícias" e mais sensacionalismo. Os locutores debatem com empenho. Os selecionadores de ações alardeiam suas melhores escolhas do dia, enquanto os oradores são atravessados por efeitos sonoros que arrebentam, espatifam e "estouram!" em nosso ambiente. Repórteres gravam "ao vivo no local dos acontecimentos", diretamente das trincheiras do pregão. O sistema, financiado pelos anunciantes, gera a sensação de que talvez estejamos perdendo! Se tivéssemos uma dica quente! Se ao menos soubéssemos qual é o próximo fundo mútuo "imperdível" que certamente vai ser o cometa "cinco estrelas"! (os fundos mútuos são classificados entre 1 e 5 estrelas pela autoridade de classificação Morningstar).

Buscar os melhores retornos é um grande negócio. Jane Bryant Quinn, que escreve sobre finanças pessoais, certa vez se referiu a essa sensacional propaganda como "pornografia financeira", seduzindo-nos com páginas brilhantes, em que os encartes centrais são substituídos por classificações de cinco estrelas e promessas de relaxantes passeios na praia e uma pescaria no cais com nossos netos. O resultado é que os publicitários estão lutando para conquistar nosso dinheiro. A guerra pelos seus ativos continua!

Então, onde você *coloca* seu dinheiro? Em quem você *pode* confiar? Quem o protegerá ou obterá o melhor retorno para o seu investimento?

Estas são as perguntas imediatas que certamente virão à mente agora que você se comprometeu a se tornar um investidor — agora que você se comprometeu a reservar uma porcentagem de sua renda. Então, onde a maioria das pessoas coloca seu dinheiro a longo prazo? Normalmente, no mercado de ações.

E o mercado de ações, de fato, tem sido o melhor investimento no longo prazo nos últimos 100 anos. Como Steve Forbes apontou em um de meus eventos financeiros no vale do Sol, Idaho, em 2014, "Um milhão de dólares investidos em ações em 1935 vale 2,4 bilhões hoje (se você tiver aguentado esperar)".

Porém, no momento em que você abrir uma IRA* ou começar a fazer parte de seu plano 401 (k) no trabalho, haverá um alegre vendedor (ou procedimento de vendas) lhe mandando deixar o seu dinheiro parado em um fundo mútuo. E, ao comprar um fundo mútuo gerenciado ativamente, o que exatamente você está comprando? Você está confiando no gestor do fundo, na esperança de que ele tenha habilidades de escolha de ações melhores do que as suas. Uma suposição completamente natural, já que

---

* Para compreender melhor as normas e regulamentações dos Planos de Aposentadorias dos Estados Unidos com benefícios fiscais, geralmente oferecidos por empresas para seus empregados, consultar os livros citados na *Bibliografia*. Existem, ao longo do livro, referências aos produtos 401(k), IRA e Roth IRA, que são muito importantes para as aplicações financeiras naquele país. (*N. do R.*)

levamos vidas insanamente ocupadas, e o nosso método de escolher ações seria o equivalente a jogar dardos!

Por isso, entregamos nosso dinheiro para um gestor de fundos mútuos de "cinco estrelas" *ativamente gerenciado* que, por definição, está "ativamente" tentando superar o mercado, procurando ser melhor selecionador de ações do que o seu concorrente. Mas poucas empresas vão discutir o que algumas vezes se chama de mentira de 13 trilhões de dólares. (Essa é a quantidade de dinheiro que está em fundos mútuos.) Você está preparado para isso?

Um incrível percentual de 96% dos fundos mútuos ativamente gerenciados *não consegue superar o mercado* em qualquer período de tempo sustentado!

Portanto, vamos ser claros. Quando dizemos "superar o mercado" como um todo, geralmente estamos nos referindo a um *índice* de ações. E o que é um índice, você pergunta. Alguns de vocês podem saber, mas eu não quero arriscar deixar ninguém desinformado, então vamos esclarecer as coisas. Um índice é simplesmente uma cesta ou lista de ações. O S&P 500 é um índice. É uma lista das principais empresas (por capitalização de mercado) nos Estados Unidos, conforme selecionadas pela Standard & Poor's. Empresas como Apple, Exxon e Amazon compõem a lista. A cada dia, elas medem a forma como todas as 500 ações se comportaram, como um agregado, e, quando você vê o noticiário, à noite, fica sabendo se o mercado (todas as ações na lista coletivamente) subiu ou desceu.

Então, em vez de comprar todas as ações individualmente, ou tentar escolher a próxima bem-sucedida, você pode diversificar e possuir uma parte de todas as melhores 500 ações, investindo simplesmente em um fundo de índice de baixo custo que acompanha ou copia o índice. Um único investimento significa comprar parte da força do "capitalismo norte-americano". De certa forma, você está comprando o fato de que, nos últimos 100 anos, as principais empresas sempre demonstraram uma incrível resiliência. Enfrentando depressões, recessões e guerras mundiais, elas continuaram a encontrar formas de agregar valor, crescer e aumentar a receita. Se uma empresa não consegue manter a classificação, ela sai da lista e é substituída por outra, com excelente desempenho.

A questão aqui é que, investindo no índice, você não precisa pagar um profissional para tentar escolher quais ações pertencentes ao índice você deve possuir. Isso tem sido feito com eficácia para você, porque a Standard & Poor's já fez uma seleção prévia das 500 melhores empresas. Aliás, há vários índices diferentes por aí. Muitos de nós já ouvimos falar do índice Dow Jones, por exemplo, e vamos explorar outros em breve.

DEZ MIL OPÇÕES

Existem 7.707 fundos mútuos diferentes nos Estados Unidos (mas apenas 4.900 ações individuais), todos competindo por uma chance de ajudá-lo a superar o mercado. Mas vale a pena repetir a estatística: 96% deles não conseguirão se igualar ou superar o mercado em qualquer período prolongado. Isso é uma novidade? Não para os iniciados. Não para o dinheiro inteligente. Como Ray Dalio me disse, enfaticamente: "Você não vai superar o mercado. Ninguém supera, com exceção de apenas alguns medalhistas de ouro." Por acaso, ele vem a ser um daqueles medalhistas honestos o suficiente para dar o aviso: "Não tentem fazer isso em casa."

Até mesmo Warren Buffett, conhecido por sua habilidade incrível para encontrar ações subvalorizadas, afirma que o investidor médio nunca deve tentar escolher ações ou se antecipar ao mercado. Em sua famosa carta de 2014 aos seus acionistas, ele explicou que, quando falecer, o dinheiro que está em um truste para sua esposa deve ser investido apenas em índices, de modo que ela minimize seu custo e maximize seus resultados positivos.

Buffett está tão convicto de que os selecionadores profissionais de ações não conseguem superar o mercado ao longo do tempo que ficou muito feliz quando começou a agir, mais do que falar. Em janeiro de 2008, Buffett apostou 1 milhão de dólares contra a Protégé Partners, com sede em Nova York, e todos os ganhos iriam para a caridade. A aposta?

A Protégé seria capaz de escolher cinco gestores de fundos de cobertura que conseguiriam superar, coletivamente, o índice S&P 500 durante um período de dez anos? Em fevereiro de 2014, o S&P 500 subiu 43,8%, enquanto os cinco fundos de cobertura subiram 12,5%. Ainda faltam alguns anos, mas o líder parece o homem mais rápido do mundo, Usain Bolt, correndo contra um grupo de escoteiros. (Observação: para aqueles que não estão familiarizados com o que é um fundo de cobertura, é essencialmente um fundo privado "fechado", apenas para os investidores com patrimônio elevado. Os gestores podem ter total flexibilidade para apostar "a favor" do mercado e ganhar dinheiro quando ele sobe, ou "contra" o mercado, e ganhar dinheiro quando ele desce.)

OS FATOS SÃO OS FATOS, SÃO OS FATOS

O especialista da indústria Robert Arnott, fundador da Research Affiliates, passou duas décadas estudando os 200 principais fundos mútuos que contavam com pelo menos 100 milhões de dólares sob gestão. Os resultados são surpreendentes.

De 1984 a 1998, um total de 15 anos, apenas oito dos 200 gestores de fundos superaram o Índice Vanguard 500. *(O Vanguard 500, estabelecido pelo fundador Jack Bogle, é uma imagem espelhada do índice S&P 500.)*

Isso é menos de 4% de probabilidade de você escolher um vencedor. Se você já jogou 21, sabe que o objetivo é chegar o mais perto possível de 21, sem exceder ou "estourar". De acordo com Dan e Chip Heath em seu artigo na *Fast Company*, intitulado "Made to Stick: The Myth of Mutual Funds" [Feito para emperrar: o mito dos fundos mútuos], "a título de comparação, se você receber duas cartas altas no 21 (cada carta alta vale 10, então, agora, o seu total é 20), e seu idiota interior gritar 'Me dê uma carta!', você tem cerca de 8% de chances de ganhar!"

Qual é o grau de prejuízo que buscar um bom desempenho pode nos causar? Durante um período de 20 anos, de 31 de dezembro de 1993 a 31 de dezembro de 2013, o S&P 500 obteve retorno médio anual de 9,28%. Mas o investidor médio do fundo mútuo conseguiu pouco mais de 2,54%, de acordo com Dalbar, uma das principais empresas de pesquisa do setor. Uau! Uma diferença de quase 80%.

Na vida real, isso pode significar a diferença entre liberdade financeira e desespero financeiro. Dito de outra maneira, se você fosse a pessoa que simplesmente possuísse o S&P 500, teria transformado seus 10 mil dólares em 55.916, enquanto o investidor do fundo mútuo, que foi convencido pela ilusão de que poderia superar o mercado, acabou com apenas 16.386 dólares.

Qual o motivo da enorme diferença de desempenho?

Porque compramos alto e vendemos baixo. Seguimos nossas emoções (ou as recomendações do corretor) e pulamos de um fundo para outro. Sempre à procura de uma vantagem competitiva. Quando o mercado cai, quando não conseguimos mais suportar o sofrimento emocional, vendemos. E, quando o mercado sobe, nós compramos mais. **Como um famoso gestor financeiro Barton Biggs observou: "Um mercado em alta é como o sexo. Parece melhor um pouco antes de terminar."**

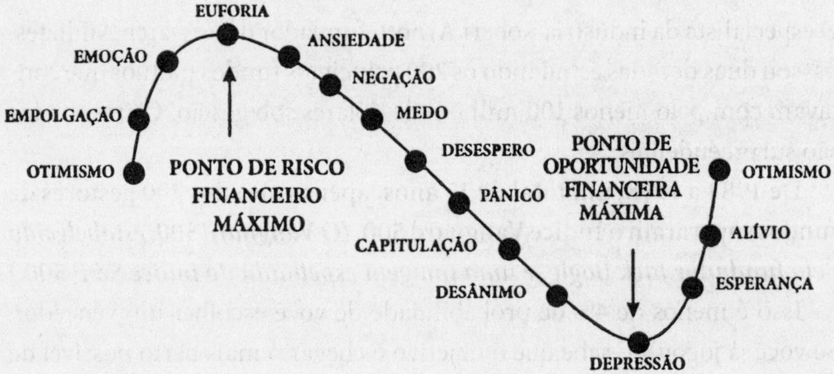

SABEDORIA DAS IDADES

Aos 82 anos de idade, Burt Malkiel viveu todos os ciclos de mercado concebíveis e as novas modas do marketing. Quando escreveu *A Random Walk Down Wall Street*, em 1973, ele não tinha ideia de que se tornaria um dos livros clássicos sobre investimento na história. A tese central de sua obra é que a cronometragem do mercado é um jogo para perdedores. Na Seção 4 vou mostrar nossa conversa, e você vai ouvir as declarações de Burt, mas, por enquanto, o que você precisa saber é que ele foi o primeiro cara a sugerir a lógica de um fundo de índice, que, novamente, não tenta superar o mercado, mas simplesmente "copia" ou acompanha o mercado.

Entre os investidores, essa estratégia é chamada de *indexação* ou de *investimento passivo*, estilo contrário ao investimento ativo, em que você paga um gestor de fundo mútuo para fazer escolhas ativamente, em relação a quais ações comprar ou vender. O gestor negocia ações — trabalha "ativamente", com esperança de superar o mercado. Posteriormente, Jack Bogle, fundador do colossal Vanguard, apostou a futura direção de sua empresa nessa ideia, criando o primeiro fundo de índice.

Quando me encontrei com Jack em função deste livro, ele deixou escapar por que o Vanguard se tornou o maior gestor de índices de fundos mútuos do mundo. Seu melhor discurso: "Diversificação máxima, custo mínimo e máxima eficiência tributária, baixo volume de vendas [transação], baixo custo de rotatividade e nenhuma comissão de vendas." Que tal isso como um breve discurso persuasivo e informal?

ATALHO

Agora talvez você esteja pensando que devem existir algumas pessoas que conseguem superar o mercado. Por que outra razão haveria 13 trilhões de dólares em fundos mútuos ativamente gerenciados? Gestores de fundos mútuos certamente têm faixas onde, efetivamente, superam o mercado. A questão é saber se eles conseguem ou não sustentar essa vantagem ao longo do tempo. Mas, como afirmou Jack Bogle, tudo se resume a "marketing!". É da natureza humana se esforçar para ser mais rápido, melhor, mais inteligente do que os nossos concorrentes. Assim, vender um fundo deslumbrante não é tão difícil. Ele se vende por si mesmo. E, quando inevitavelmente ele decepciona, haverá outro futuro deslumbrante pronto para ser servido.

Quanto aos 4% que conseguem superar o mercado, eles não serão os mesmos 4% na vez seguinte. Jack compartilhou comigo o que afirma ser a maneira mais engraçada de entender esse ponto. "Tony, se você enfiar 1.024 gorilas em um ginásio e ensinar cada um deles a jogar uma moeda para cima, um deles vai virar cara dez vezes seguidas. A maioria chamaria isso de sorte, mas quando isso acontece no negócio dos fundos nós o chamamos de gênio!" E qual é a probabilidade de ser o mesmo gorila após as dez viradas seguintes?

Citando um estudo do Dimensional Fund Advisors, executado pelo economista Eugene Fama, vencedor do Prêmio Nobel de 2013: "*Então, quem ainda acredita que os mercados não funcionam? Aparentemente, são apenas os norte-coreanos, os cubanos e os gestores ativos.*"[4]

Nesta parte do livro os leitores que trabalham na indústria de serviços financeiros vão concordar acenando com a cabeça, ou descobrir qual porta vão escancarar depois destas 600 páginas! Alguns até vão mobilizar as tropas para preparar um ataque. É uma questão polêmica, sem dúvida. Todos nós queremos acreditar que, contratando o mais inteligente e mais talentoso gestor de fundos mútuos, vamos conseguir liberdade financeira mais rapidamente. Afinal, quem não quer um atalho para chegar ao topo da montanha? E eis aqui a coisa mais maluca.

Tanto quanto todos têm direito à sua própria opinião, ninguém tem direito aos seus próprios fatos!

Claro, alguns gestores de fundos mútuos dirão: "Talvez não consigamos superar os resultados positivos, mas, quando o mercado cai, podemos tomar medidas ativas para protegê-lo, de modo que você não perca tanto."

Isso poderia ser reconfortante se fosse verdade.

O objetivo ao investir é obter o máximo retorno líquido para determinada quantidade de risco (e, idealmente, o menor custo). Então, vamos ver o que os gestores de fundos fizeram quando o mercado estava em baixa. E 2008 é um lugar tão bom para começar quanto qualquer outro.

Entre 2008 e o início de 2009, o mercado deu sua pior escorregada em um ano desde a Grande Depressão (51% de alto a baixo, para ser exato). Os gestores tinham tempo de sobra para fazer movimentos "defensivos". Talvez quando o mercado estivesse com 15%, 25% ou 35% de queda, eles tivessem tomado "medidas apropriadas". Mais uma vez, os fatos falam por si.

Quer o gestor do fundo estivesse tentando superar o Índice de Crescimento S&P, formado por empresas como Microsoft, Qualcomm e Google, ou tentando superar o Índice Small Cap S&P, composto por empresas

[4] Os gestores ativos dependem do seu próprio julgamento e experiência na tomada de decisões de investimento em relação a que ações ou títulos comprar, manter e vender. Eles acreditam que é possível superar o mercado com essa abordagem.

menores, como a Yelp, mais uma vez os selecionadores de ações teriam tido um desempenho insatisfatório. De acordo com um relatório de 2012 intitulado *Quadro de resultados índices S&P vs fundos ativos — Spiva*, na abreviação em inglês —, o Índice de Crescimento S&P 500 superou 89,9% dos fundos mútuos de crescimento de alta capitalização, enquanto o Índice de Crescimento Small Cap 600 do S&P 500 superou 95,5% dos gestores de crescimento de small cap.

OS UNICÓRNIOS

Agora, tendo deixado claro que quase ninguém supera o mercado ao longo do tempo, vou fazer uma advertência. Há um pequeno grupo de gestores de fundos de cobertura que fazem o aparentemente impossível, superando o mercado consistentemente. Mas eles são os "unicórnios", os mais raros dentre os raros. Os "mágicos". Os "magos do mercado". Como David Einhorn, da Greenlight Capital, que cresceu 2.287% (não, isso não é um erro de digitação!) desde o lançamento de seu fundo em 1996, e teve apenas um ano negativo em seu histórico. Mas, infelizmente, não faz bem algum ao investidor médio saber que eles estão por aí, pois suas portas estão fechadas para novos investidores. O fundo de Ray Dalio, o Bridgewater, não aceitou novos investidores por mais de dez anos, mas, quando o fez, exigiu um investimento mínimo de 100 milhões de dólares e 5 bilhões em ativos investidos. Puxa!

Paul Tudor Jones, que não perdeu dinheiro em mais de 28 anos, ligou para seus investidores recentemente e devolveu 2 bilhões de dólares. Quando um fundo de cobertura fica muito grande, é mais difícil entrar e sair do mercado — mais difícil comprar e vender seus investimentos de forma rápida e fácil. E ser lento significa menor retorno.

Antes que você comece a pensar que este é um brilhante relatório sobre fundos de cobertura, vou esclarecer uma coisa. Pelo quinto ano consecutivo, com término em 2012, a grande maioria dos gestores de fundos de cobertura apresentou desempenho inferior ao do S&P 500. De acordo com o site de notícias financeiras Zero Hedge, em 2012 o fundo médio apresentou um retorno de 8%, contra 16% do S&P 500. Em 2013, os fundos de cobertura tiveram um retorno médio de 7,4%, enquanto o S&P 500 subiu

29,6%, seu melhor ano desde 1997. Estou certo de que seus clientes ricos não ficaram muito satisfeitos. Para agravar ainda mais a situação, eles geralmente cobram 2% ao ano pela gestão, retire 20% dos lucros globais, e os ganhos que você efetivamente recebe serão, muitas vezes, tributados com as mais altas taxas médias de tributação. Doloroso.

O MAIOR BANCO DO MUNDO

Não importa qual seja o aspecto da vida, estou sempre procurando a exceção à regra, já que é aí que os notáveis tendem a viver. Mary Callahan Erdoes se encaixa nessa descrição. Em uma indústria dominada por homens, ela subiu ao topo do mundo financeiro. Wall Street é um lugar onde o desempenho fala mais alto do que as palavras, e o desempenho de Erdoes tem sido extraordinário. Seus consistentes resultados inovadores a levaram a se tornar a diretora-executiva da J.P. Morgan Asset Management, e ela agora supervisiona portfólios que totalizam mais de 2,5 trilhões de dólares — sim, trilhões, com um *t*!

Tivemos um fantástico encontro para este livro, e ela compartilhou uma profunda sabedoria, que vamos abordar na Seção 6. Mas, quando mencionei os estudos que afirmam que nenhum gestor supera o mercado ao longo do tempo, ela foi rápida em apontar que muitos dos gestores de fundos da J.P. Morgan superaram o mercado (em suas respectivas classes) nos últimos dez anos. Por quê? Os exemplos que ela forneceu não perderam tanto quanto o mercado quando este veio abaixo. A diferença, diz ela, foi o que propiciou a vantagem competitiva de que eles precisavam para ficar à frente. Erdoes e muitos especialistas do setor concordam que certos mercados menos desenvolvidos ou emergentes oferecem oportunidades para que os gestores ativos obtenham "uma vantagem". Eles têm a oportunidade de ganhar uma vantagem ainda maior nos *mercados fronteiriços* — lugares como o Quênia e o Vietnã —, onde a informação não é tão transparente e não viaja tão rápido. Erdoes diz que é nos Estados Unidos que uma empresa como a J.P. Morgan tem enorme alcance e recursos, e pode usar seus contatos concretos na comunidade para lhes oferecer percepções valiosas em tempo real.

De acordo com Jack Bogle, não há base empírica para provar que a gestão ativa é mais eficaz para todas as principais classes de ativos: crescimento de alta capitalização, valor, núcleo, crescimento de capital médio e assim por diante. Mas parece que esses mercados fronteiriços apresentam oportunidades para que a gestão ativa, às vezes, supere o mercado. Eles vão continuar a superá-lo se continuarem em frente? Só o tempo dirá. Nós sabemos que todo gestor ativo, segundo Ray Dalio e a J.P. Morgan, vai estar errado em algum momento em sua tentativa de superar. Portanto, o desenvolvimento de um sistema e uma alocação apropriada de ativos é crucial. Vamos tratar disso na Seção 4. Dependerá de você avaliá-los por si mesmo, e não se esqueça de levar em conta as taxas e os impostos (que vamos discutir no próximo capítulo).

TODAS AS CONDIÇÕES METEOROLÓGICAS

Talvez você esteja lendo este livro quando o mercado está em alta, quando está em baixa, ou em ziguezague. Quem sabe? O importante é que você precisa ter seus investimentos estabelecidos para suportar o teste do tempo. Um portfólio "para todas as condições meteorológicas". As pessoas que entrevistei se saíram bem tanto em momentos bons quanto maus. E todos nós podemos contar com altos e baixos no futuro. A vida não tem a ver com esperar a tempestade passar; ela tem a ver com aprender a dançar na chuva. Tem a ver com remover o medo nesta área de sua vida para que você possa se concentrar no que mais importa.

QUANDO, ONDE E COMO?

Então, como é o portfólio para todas as condições meteorológicas? "Onde eu coloco o meu dinheiro, Tony?!"

Em primeiro lugar, você não precisa desperdiçar seu tempo tentando escolher ações por si mesmo, ou escolhendo o melhor fundo mútuo. Um portfólio de fundos de índice de baixo custo é a melhor abordagem para uma porcentagem de seus investimentos, porque não sabemos quais ações serão "melhores" no futuro. E como é legal saber que, ao possuir "passivamente" o mercado, você está superando 96% dos gestores de fundos mútuos "especialistas" no mundo, e quase o mesmo número de gestores de fundos de cobertura. É hora de se libertar do fardo de tentar escolher o vencedor da corrida. Como

Jack Bogle me disse, nos investimentos tudo parece ser contraintuitivo. O segredo: "Não faça nada, fique parado!" Ao se tornar o mercado e não tentar superá-lo, você está do lado do progresso, do crescimento e da expansão.

Até agora nos referimos muitas vezes ao "mercado" ou ao S&P 500. Mas lembre-se que o S&P 500 é apenas um dentre os muitos índices ou mercados. A maioria já ouviu falar do Índice de Média Industrial Dow Jones. Existem outros, como um índice de insumos, um índice imobiliário, um índice de títulos de curto prazo, um índice de títulos de longo prazo, um índice de ouro e assim por diante. *A quantidade de cada um que é importante comprar é algo que vamos avaliar na Seção 4.* Na verdade, o que você gostaria que Ray Dalio tivesse lhe contado sobre sua alocação ideal? A estratégia que ele compartilha nas páginas seguintes rendeu pouco menos de 10% ao ano e rendeu dinheiro em mais de 85% das vezes nos últimos 30 anos (entre 1984 e 2013)! De fato, quando o mercado caiu 37%, em 2008, seu modelo de portfólio caiu apenas 3,93%! Eu, com certeza, gostaria de ter sabido isso naquela época!

E que tal David Swensen, o homem que levou a doação da Yale de 1 bilhão de dólares para mais de 23,9 bilhões, enquanto atingia uma média de 14% ao ano? Ele também compartilhou sua alocação ideal para você nas páginas seguintes. Informações que não têm preço, todas elas agrupadas na Seção 6: "Invista segundo a cartilha do 0,001% de bilionários".

Portanto, se você olhar para esses modelos de especialistas sem entender totalmente a alocação de ativos, é como construir uma casa sobre alicerces fracos. Ou, se você se concentrar na alocação de ativos antes de conhecer seus objetivos, será uma completa perda de tempo. E, talvez, o mais importante: se nós não o protegermos das pessoas que procuram ficar com um bom pedaço de sua riqueza, tudo estará perdido. É por isso que estamos revelando os 9 mitos — Passo 2 — em nossos 7 passos simples para a liberdade financeira, para que você se torne um "iniciado". Para que você conheça a verdade. E a verdade vos libertará.

VALE A PENA SER UMA ESTRELA

Mesmo depois de tudo o que já mostramos sobre os fundos de investimento ativamente gerenciados, há, sem dúvida, aqueles que vão dizer: "Tony, fiz minhas pesquisas, e não há motivos para me preocupar. Eu só invisto em fundos de cinco estrelas, nada menos do que isso." Ah, é?

De acordo com a Morningstar, durante a década que terminou em dezembro de 2009, cerca de 72% de todos os depósitos em fundos (cerca de 2 trilhões de dólares) foram destinados a quatro ou cinco fundos. Para aqueles que não estão familiarizados, a Morningstar é o serviço mais popular e completo para avaliação de fundos mútuos, e aplica um sistema de classificação de cinco estrelas para seu desempenho passado. Os corretores são otimistas ao compartilhar com você o próximo fundo do momento.

David Swensen me disse que "as estrelas são tão importantes que as empresas de fundos mútuos são rápidas em eliminar os fundos que ficam abaixo do limiar de quatro estrelas. No período de cinco anos que terminou em 2012, 27% dos fundos de capitais nacionais e 23% dos fundos de ações internacionais sofreram fusão ou foram liquidados; uma prática comum para eliminar um histórico ruim de uma família de fundos".

É normal que as empresas de fundos mútuos criem vários fundos novos, para ver qual deles exerce mais atração, de modo a realizar uma eutanásia nos outros. Como explica Jack Bogle: "Uma empresa vai lançar cinco fundos de incubação, tentando sobressair em todos os cinco. E, claro, eles não farão isso com quatro deles, mas com um. Então, eles abandonam os outros quatro e escolhem aquele que atraiu bastante público com um ótimo histórico e vendem esse histórico."

Imagine se pudéssemos adotar essa prática em nossa própria vida de investidores. Se você pudesse escolher cinco ações, quatro delas caíssem e somente uma subisse, você poderia fingir que todas as suas perdas não aconteceram? E depois ainda comenta com os seus amigos que você é o melhor selecionador de ações desde Warren Buffett.

Além disso, o modesto desempenho dessas supernovas de quatro e cinco estrelas (estrelas moribundas) é bem analisado em um artigo do *Wall Street Journal* intitulado "Investors Caught with Stars in Their Eyes" [Investidores pegos com brilho nos olhos]. Os pesquisadores voltaram a 1999 e estudaram o desempenho *subsequente* nos seguintes dez anos daqueles que compraram fundos de cinco estrelas. Suas descobertas? "Dos 248 fundos mútuos de ações com classificações de cinco estrelas no início do período, apenas quatro ainda mantinham essa classificação após dez anos."

Quantas vezes você escolheu uma estrela cadente apenas para vê-la se desintegrando? Todos nós já fizemos escolhas assim em algum momento. E aqui vemos que é porque havia menos de 2% de probabilidades de que a estrela cadente não se extinguisse na escuridão. Todos nós queremos o cara com a mão mais quente, mas a história nos diz que é a mão quente que, inevitavelmente, vai ficar fria. Não é por isso que Vegas sempre ganha?

Um "iniciado" sabe que perseguir a pessoa bem-sucedida é perseguir o vento. Mas é da natureza humana perseguir o desempenho. É quase irresistível. No entanto, a mentalidade de "rebanho", literalmente, resulta em destruição financeira para milhões de famílias, e eu sei que, se você está lendo este livro, não está disposto a ser vítima por mais tempo. Você está se tornando um iniciado agora! E que outras estratégias legais os "iniciados" usam? Vamos descobrir.

RESULTADOS POSITIVOS E PROTEGIDOS

Nos últimos 100 anos, o mercado subiu em aproximadamente 70% do tempo. Mas isso significa que em 30% dele o mercado estava em queda. Assim, ao mesmo tempo em que investir nos índices é uma ótima solução para uma parte do seu dinheiro, *não deveria ser para todo o seu dinheiro.* Às vezes, os mercados são voláteis, e por isso só faz sentido que você queira proteger uma parcela de seu portfólio se — ou quando — os mercados derem outro mergulho profundo. Caramba, houve duas quebras de 50% desde 2000.

Uma estratégia interessante que vamos apresentar nos permite ganhar dinheiro quando o mercado (índice) sobe, mas, simultaneamente, garante que não percamos nosso investimento original se o mercado cair. O problema? Você não capta nem participa de *todos* os ganhos.

A maioria das pessoas não acredita quando eu explico que algumas ferramentas podem garantir que você não perca, ao mesmo tempo em que lhe dão a capacidade de participar das "vitórias" no mercado. Por que você nunca ouviu falar delas? Porque são normalmente reservadas para clientes com alto poder aquisitivo. Vou lhe mostrar um dos únicos lugares onde o investidor médio pode acessá-las. Imagine seus amigos com olhares perplexos e até mesmo desconfiados quando você contar que ganha dinheiro quando o mercado sobe, mas não perde quando ele cai. Sozinha, essa estratégia pode mudar completamente a maneira como você encara os investimentos. É a sua corda de segurança na hora de escalar a montanha, quando todas as outras pessoas estão "suportando o desafio" munidas apenas de esperança. Imagine a sensação de certeza, de paz de espírito, sabendo que você não está correndo risco. Como isso mudaria sua vida? Como você se sentiria quando abrisse seus extratos mensais? Você estaria rangendo os dentes ou permaneceria calmo e sossegado?

Nós apenas tocamos superficialmente nas incríveis percepções e ferramentas que temos à nossa frente, então, você deve ficar atento. Por enquanto, podemos nos lembrar do seguinte:

- As ações têm sido, de longe, o melhor local para crescimento de longo prazo ao longo do tempo.
- As ações são voláteis. Nas páginas seguintes, você vai aprender com os "mestres do mercado" a "suavizar o passeio", investindo e diversificando em vários índices diferentes.
- Não acredite na história de que alguém vai superar o mercado. Em vez disso, alinhe-se com ele! Depois de colocar o seu plano de indexação em ação (o que vamos fazer passo a passo), você não terá de gastar seu tempo tentando escolher qual ação comprar, porque o índice vai ter feito isso para você. Isso vai lhe poupar uma enorme quantidade de tempo e angústia tentando escolher um vencedor.
- Comece a pensar como um iniciado! Você nunca mais vai tolerar a mentalidade de "rebanho" em sua vida.

TAXAS SOBRE TAXAS

Ao explorar o poder da indexação, possuindo passivamente o mercado, você também está combatendo nosso segundo mito. Quase todas as pessoas a quem eu pergunto não sabem *exatamente* quanto pagam em taxas. Vou admitir: eu também não sabia em uma fase da minha vida. Os fabricantes de taxas se tornaram magistrais em escondê-las ou fazê-las parecer insignificantes. "Nada de mais." Nada poderia estar mais longe da verdade. Ao escalar a montanha da liberdade financeira, você vai precisar de cada porção de progresso para ser bem-sucedido. Você não pode se dar o luxo de dar dois passos para a frente e um para trás, permitindo que taxas excessivas drenem sua conta. Então, a *verdadeira* questão é: você está financiando *a sua* aposentadoria ou *a de outra pessoa*? Vire a página agora e descubra!

CAPÍTULO 2.2

MITO 2: "NOSSAS TAXAS? SÃO BEM BAIXAS!"

"A indústria de fundos mútuos é, atualmente, a maior operação de roubo do mundo, um canal de 7 trilhões de dólares no qual os gestores de fundos, corretores e outros iniciados drenam uma parte excessiva da poupança destinada à aposentadoria, aos estudos universitários e às famílias da nação."

— SENADOR PETER FITZGERALD, copatrocinador da Lei de Reforma do Fundo Mútuo, de 2004 (arquivada pelo Comitê Bancário do Senado)

PIORANDO AS COISAS

Nada é mais irritante do que ser informado a respeito de um preço e depois perceber que está pagando outro. Você concorda com o preço de um carro novo, mas, quando vai assinar os documentos, mais alguns milhares de dólares de taxas aparecem magicamente. Ou você fecha a conta em um hotel e descobre uma taxa adicional de resort, um imposto de turismo, uma taxa de internet sem fio, as taxas para uso de toalhas... Você entendeu.

É frustrante. A sensação é a de que caímos em uma arapuca. Nos sentimos decepcionados, coagidos ou simplesmente enganados, obrigados a pagar mais do que deveríamos. Com a ajuda das letras miúdas, a indústria de fundos mútuos de 13 trilhões de dólares é, declaradamente, a mais engenhosa no ofício de esconder taxas.

Em um artigo da *Forbes* intitulado "The Real Cost of Owning a Mutual Fund" [O verdadeiro custo de possuir um fundo mútuo], Ty Bernicke remove as camadas para dissecar o custo *real* e chega a um total impressionante:

O custo médio de possuir um fundo mútuo é de 3,17% ao ano!

Se 3,17% não parece um número importante para você, pense nisso à luz do que acabamos de aprender sobre como se tornar ou possuir o mercado. Por exemplo, você pode "possuir" todo o mercado (digamos, todas as 500 ações no S&P 500) por apenas 0,14% — ou como o mundo dos investimentos o chama, 14 pontos-base (bps, na sigla em inglês). Isso significa apenas 14 centavos para cada 100 dólares que você investir. (Apenas um lembrete rápido para os iniciados: há 100 pontos-base em 1%, então, 50 pontos-base correspondem a 0,5% e assim por diante).

Consegue-se possuir todo o mercado por meio de um fundo de índice de baixo custo, como os oferecidos pelo Vanguard ou o Dimensional Fund Advisors. E já sabemos que possuir o mercado supera 96% de todos os "selecionadores de ações" de fundos mútuos durante um período sustentado. Claro, você pode estar disposto a pagar 3% para um extraordinário gestor de fundo de cobertura como Ray Dalio, que tem um retorno anualizado de 21% (antes da incidência de impostos) desde o lançamento de seu fundo! **Mas, no caso da maioria dos fundos mútuos, estamos pagando quase 30 vezes mais, ou 3.000%, em taxas, e para quê? Por um desempenho inferior!!!** Você pode se imaginar pagando 30 vezes mais pelo mesmo tipo de carro que o seu vizinho possui, e ele chegar a apenas 40 km/h de arranque!

É exatamente o que está acontecendo hoje. Dois vizinhos estão investindo no mercado, mas um desembolsa um punhado de dinheiro a cada ano, enquanto o outro paga moedas de 1 centavo.

RETORNOS IDÊNTICOS, RESULTADOS DIFERENTES — O CUSTO DA IGNORÂNCIA

Três amigos de infância, Jason, Matthew e Taylor, têm 35 anos, e todos possuem 100 mil dólares para investir. Cada um seleciona um fundo mútuo diferente, e os três têm sorte suficiente para ter um desempenho equivalente no mercado, de 7% anual. Aos 65 anos, eles se reúnem para comparar os saldos das contas. **Em uma inspeção mais profunda, percebem que as taxas**

que vieram pagando são drasticamente diferentes umas das outras. Eles estão pagando taxas anuais de 1%, 2% e 3%, respectivamente.

Abaixo vemos o impacto das taxas sobre o saldo final da conta.

Jason: 100 mil dólares crescendo a 7% (menos 3% em taxas anuais) = **324.340 dólares;**

Mateus: 100 mil dólares crescendo a 7% (menos 2% em taxas anuais) = **432.194 dólares;** e

Taylor: 100 mil dólares crescendo a 7% (menos 1% em taxas anuais) = **574.349 dólares.**

O mesmo montante de investimento, os mesmos retornos, e Taylor tem quase o dobro de dinheiro que seu amigo Jason. Em qual cavalo você aposta? Aquele com o jóquei de 45 quilos ou o jóquei de 135 quilos?

"Apenas" 1% aqui, 1% lá. Não parece muito, mas composto ao longo do tempo poderia ser a diferença entre o seu dinheiro durar a sua vida inteira ou sobreviver com a ajuda do governo ou da assistência familiar. É a diferença entre os dentes trincando de ansiedade em relação às suas contas ou a paz mental de viver como você deseja e apreciar a vida. Praticamente, pode significar, muitas vezes, trabalhar uma década inteira a mais, antes que você possa ter a liberdade de parar de trabalhar, se assim quiser. Como Jack Bogle nos mostrou, pagando taxas excessivas, você está abrindo mão de 50% a 70% de seu futuro pecúlio.

IMPACTO DAS TAXAS

1 milhão de dólares investido

8% de retorno anualizado previsto ao longo de 30 anos

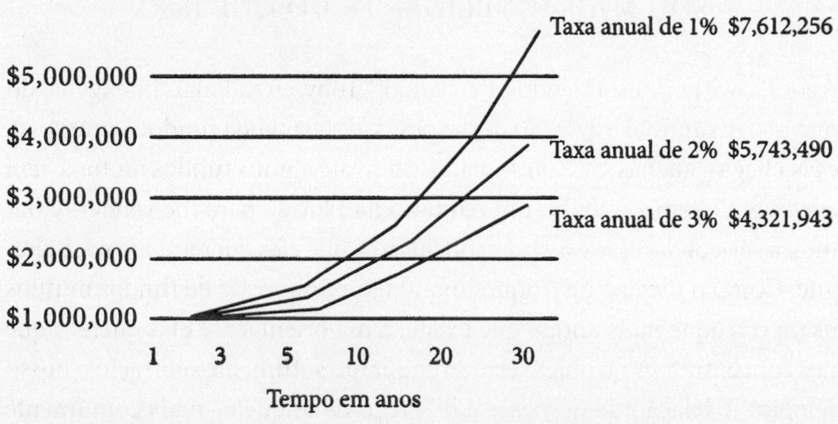

Ora, o exemplo acima é hipotético, então vamos nos aproximar um pouco mais da realidade. Entre 1º de janeiro de 2000 e 31 de dezembro de 2012, o S&P 500 permaneceu *inalterado*. Sem retornos. Esse período inclui o que geralmente se chama de "década perdida", porque a maioria das pessoas não fez nenhum progresso, e, mais do que isso, sofreu a volatilidade maciça com a disparada de 2007, a queda livre em 2008 e a ascensão do mercado em alta, que começou em 2009. Então vamos dizer que você investiu suas economias da vida, no valor de 100 mil dólares. Se você simplesmente possuía, ou "copiava", o mercado durante esse período de 12 anos, sua conta estava neutralizada e suas taxas eram mínimas. Mas se você pagasse os 3,1% em taxas anuais médias, e supondo que o seu gestor de fundo mútuo pudesse até mesmo acompanhar o mercado, teria pagado mais de 30 mil dólares em taxas!!! Assim, a sua conta caiu em 40% (sobraram apenas 60 mil dólares), mas o mercado permaneceu estagnado. **Você colocou o capital, você assumiu todos os riscos, e eles ganharam dinheiro, independentemente do que aconteceu.**

SOU MAIS INTELIGENTE DO QUE ISSO

Agora, você pode estar lendo e pensando: "Tony, eu sou mais inteligente do que isso. Examinei a 'relação de despesas' do(s) meu(s) fundo(s) mútuo(s), e ela chega a apenas 1%. Caramba, existem até alguns fundos mútuos '*sem encargos*'!" Bem, eu tenho um pântano na Flórida para lhe vender! Com toda a seriedade, essa é a exata conclusão a que eles querem que você chegue. Como o mágico de truques manuais, as empresas de fundos mútuos usam o truque mais antigo que existe: a má orientação. Elas querem que nos concentremos no objeto errado enquanto sutilmente subtraem o nosso relógio! A relação de despesas é o "preço de etiqueta" mais comumente relatado nos materiais de marketing. Mas ela, certamente, não conta a história toda...

Me deixe ser o primeiro a confessar que, em uma fase da minha vida, eu achei que estivesse investindo de forma inteligente, e detinha a minha parcela dos "principais" fundos mútuos de cinco estrelas ativamente geridos. Eu fiz minha lição de casa. Observei as relações de despesas. Consultei um corretor. Mas, assim como você, estou ocupado ganhando a vida e cuidando da minha família. Não tive tempo para sentar e ler 50 páginas de anúncios. A lista de taxas está escondida dentro das letras miúdas. É preciso um doutorado em economia para descobrir isso.

DOUTORADO EM TAXAS

Logo após o acidente de 2008, Robert Hiltonsmith formou-se com Ph.D. em economia, e decidiu aceitar um emprego no principal grupo de reflexão sobre políticas britânico, o Demos. Como todos nós, nada do que aprendeu na faculdade o prepararia para criar uma estratégia de investimento bem-sucedida.

Assim, como a maioria das pessoas, ele começou a fazer diligentes contribuições ao seu 401 (k). Apesar de o mercado estar crescendo, sua conta raramente acompanhava esse aumento. Ele sabia que algo estava errado, e então decidiu levar isso adiante como um projeto de pesquisa para fins de estudo. Começou pela leitura do prospecto de mais de 50 páginas de cada um dos 20 fundos em que investiu. Uma linguagem incrivelmente chata e inexpressiva, cheia de jargões jurídicos, projetada para ser, nas palavras de Hiltonsmith, "muito opaca".[5] Havia expressões que ele não conseguia decifrar, acrônimos que ele não tinha ideia do que representavam e, mais importante, um rol de 17 taxas diferentes que estavam sendo cobradas. Havia, também, custos adicionais que não eram as taxas diretas *per se*, mas que, ainda assim, estavam sendo repassadas adiante e pagas pelos investidores.

---

[5] Robert Hiltonsmith e sua pesquisa apareceram em um incrível documentário do *Frontline* chamado *The Retirement Gamble*, que foi ao ar pela primeira vez na PBS, em 23 de abril de 2013.

Para melhor acobertar as taxas, Wall Street e a grande maioria dos provedores de planos 401 (k) inventam alguma terminologia bastante diversa e confusa. Taxas de administração de ativos, taxas de 12b-1/taxas de comercialização, custos de negociação (comissões de corretagem, custos de spread, custos de impacto de mercado), custos de soft-dólar, taxas de resgate, taxas da conta, taxas de compra e assim por diante. Dê o nome que quiser. Todas custam dinheiro! Todas puxam você para baixo.

Depois de um mês de consistente pesquisa, Hiltonsmith chegou à conclusão de que não havia a menor chance de que sua conta 401 (k) pudesse prosperar com essas taxas excessivas e ocultas agindo como um buraco no casco de seu barco. Em seu relatório, intitulado *Drenando as economias para a aposentadoria: os custos ocultos e excessivos da 401 (k)s*, ele calculou que o trabalhador médio vai perder 154.794 dólares para as taxas da 401 (k) ao longo de sua vida (com base no rendimento anual de aproximadamente 30 mil dólares por ano, e poupando 5% de sua renda a cada ano). Um trabalhador de renda mais alta, que chega a aproximadamente 90 mil dólares por ano, vai perder mais de 277 mil em taxas em sua vida! Hiltonsmith e o Demos fizeram um grande bem para a sociedade ao expor a tirania dos custos compostos.

MORTE POR MIL PUNHALADAS

Na China antiga, a morte por mil punhaladas era a forma mais cruel de tortura, por causa do tempo que o processo levava para matar a vítima. Hoje, a vítima é o investidor norte-americano, e a proverbial lâmina são as taxas excessivas que lenta mas seguramente fazem o investidor sangrar até o fim.

David Swensen é diretor de investimentos da dotação de Yale. Ele fez o fundo aumentar de 1 bilhão para mais de 23,9 bilhões de dólares, e é considerado o Warren Buffett do investimento institucional. Quando me encontrei com ele em seu gabinete em Yale, fui esclarecido, mas fiquei um tanto irritado quando ele compartilhou a *real* verdade sobre as "fábricas de taxas" que massacram os norte-americanos. David me confidenciou: "Majoritariamente, os fundos mútuos extraem enormes somas de investidores em troca de um chocante desserviço." Mais tarde, ao longo do livro, vamos observar as recomendações do portfólio de David, mas pouco importa o quanto a sua estratégia esteja bem-elaborada se taxas excessivas estiverem desfazendo o caminho sob seus pés.

O complexo de "acúmulo de ativos" e os fundos mútuos ativamente gerenciados que eles apregoam são, em sua maior parte, um desastroso experimento social que começou com o advento do 401 (k) no início dos anos 1980. O 401 (k) não era um conceito "ruim". Era uma boa ideia para aqueles que queriam separar um dinheiro extra. Mas ele pretendia ser apenas um complemento de um plano de pensão tradicional. Hoje, há mais de 13 trilhões de dólares em fundos mútuos gerenciados, grande parte deles mantida em contas de aposentadoria, como 401 (k) e IRAs. Elas deveriam nos fazer atingir nossos objetivos para a aposentadoria. Elas deveriam superar o mercado. Mas elas não apenas raramente superam o mercado como uma maioria significativa vem cobrando taxas astronômicas por sua mediocridade. Essas taxas, tomadas em conjunto, acabarão por custar a qualidade de vida de dezenas de milhões de pessoas, e poder muito bem ser o perigo número 1 e destruidor da liberdade financeira que você está construindo. Parece um exagero?

Jack Bogle, fundador do Vanguard, diz: "Penso que os altos custos [que já corroem os retornos menores] representam um risco para os investidores tanto quanto a [situação econômica] na Europa ou na China."

AS COISAS VÃO PIORAR

Então, vamos recapitular. Não apenas a vasta maioria (96%) dos fundos de investimento ativamente gerenciados *não* vai superar o mercado, como eles vão nos cobrar um braço e uma perna, e extrair até dois terços de nosso potencial pecúlio em taxas. Mas eis aqui o detalhe mais curioso: eles vão precisar ter a coragem de olhar você nos olhos e dizer que realmente estão pensando no que é melhor para você, enquanto fazem um lobby simultâneo no Congresso para se certificar de que isso nunca aconteça.

A VERDADE / SOLUÇÃO

Primeiro, você precisa saber quanto está pagando! Recomendo visitar o site de software de investimentos Personal Fund (www.PersonalFund.com [em inglês]) e consultar sua calculadora de custos, que analisa cada um dos seus fundos e enxerga além da relação de despesas, isto é, para os custos adicionais também.

Tenha em mente que essas calculadoras só conseguem estimar as taxas. Elas não conseguem levar em conta outros custos, como impostos, porque a faixa tributária de cada pessoa varia. Você também pode possuir o fundo mútuo dentro do seu 401 (k), no qual você não estará pagando impostos sobre o aumento, mas, em vez disso, pagará um "administrador do plano". Alguns planos 401 (k) são de baixo custo, enquanto outros são robustos em termos de despesas. O administrador médio do plano cobra de 1,3% a 1,5% ao ano (de acordo com a Government Accountability Office, ou Escritório de Prestação de Contas do Governo dos Estados Unidos). Isso significa 1.300 dólares para cada 100 mil, apenas para participar do 401 (k). Então, quando você adiciona esse 1,3% para a administração do plano aos custos totais do fundo mútuo de 3,17%, na verdade pode ser *mais* caro possuir um fundo em uma conta isenta de impostos quando o comparamos com uma conta tributável (um impressionante total de 4,47% a 4,67% ao ano)!!!

Pense nisso: você está economizando 10%, mas metade disso está sendo pago em taxas. Não é insano? Como você vai aprender aqui, não precisa ser pego nessa armadilha. Ao se tornar um iniciado, você pode, imediatamente colocar um fim nesse roubo. Taxas altas dessa forma são o equivalente a escalar o Everest de chinelos e camiseta regata. Você já estaria morto antes de começar.

ADICIONE

Conta não tributável	**Conta não tributável**
Relação de despesas, 0,90%	Relação de despesas, 0,90%
Custos de transação, 1,44%	Custos de transação, 1,44%
Escoamento de dinheiro, 0,83%	Escoamento de dinheiro, 0,83%
—	Custo fiscal, 1,00%
Custos totais, **3,17%**	Custos totais, **4,17%**

"The Real Cost of Owning a Mutual Fund" [O custo real de possuir um fundo mútuo], *Forbes*, 4 de abril de 2011.

CUSTO REAL DOS FUNDOS MÚTUOS:
EXEMPLO DO "PORTFÓLIO DE AÇÕES DA CALVERT"

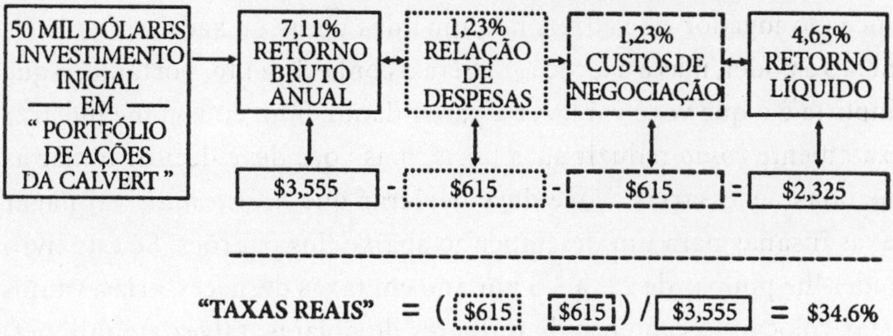

FUGINDO

Para fugir das fábricas de taxas, você precisa baixar suas **taxas anuais totais** e custos de investimento associados para 1,25% ou menos, em média. Isso significa que o custo da consultoria (um *consultor de investimentos registrado* para ajudá-lo a alocar adequadamente, reequilibrar seu portfólio periodicamente e assim por diante) *mais* o custo dos investimentos deveriam ser, idealmente, de 1,25% ou menos. Por exemplo, você pode estar pagando 1% ou menos para o consultor de investimentos registrado e 0,20% para os fundos de índice de baixo custo, como os oferecidos pelo Vanguard (em um total de 1,2%). E o 1% pago ao consultor como taxa pode ser dedutível fiscalmente, o que significa que o seu custo "líquido" direto está perto da metade, dependendo da sua faixa tributária. A maioria dos norte-americanos usa um corretor típico, em que as comissões não são dedutíveis, e também não são aquelas taxas tão caras cobradas pelo fundo mútuo. (Vamos discutir em breve a diferença entre um corretor e um consultor de investimentos registrado. Você não vai querer perder!)

Na Seção 3 vamos mostrar, passo a passo, como reduzir drasticamente suas taxas e reduzir legalmente seus impostos. E todo o dinheiro que você economiza vai acelerar seu caminho para a liberdade financeira.

NUNCA MAIS

Agora que você sabe como se joga o jogo, agora que você já deu uma espiada atrás da cortina, tome a decisão de que nunca mais alguém vai se aproveitar de você novamente. **Resolva agora que você nunca mais vai ser um dos muitos. Agora, você está se tornando um iniciado.** Você é o jogador de xadrez, não uma das peças de xadrez. Conhecimento é poder, mas a execução supera o conhecimento, portanto, o que importa é o que você vai fazer a partir daqui. Sim, eu vou lhe mostrar exatamente *como* reduzir suas taxas, mas você deve decidir tomar as medidas necessárias. Você deve declarar que *nunca mais* vai pagar taxas insanas para um desempenho abaixo dos padrões. Se este livro puder lhe poupar de 2% a 3% por ano em taxas desnecessárias, vamos estar colocando centenas de milhares de dólares, talvez até milhões, de volta no seu bolso. **Dito de outra maneira, isso poderia levar você ao seu objetivo muito mais rapidamente e lhe poupar de cinco a 15 anos de tempo de acumulação, de modo que você possa se aposentar mais cedo se assim desejar.**

Ao simplesmente remover os dispendiosos fundos mútuos de sua vida e substituí-los pelos fundos de índice de baixo custo, você terá dado um grande passo para recuperar até 70% do seu futuro pecúlio potencial! Excitante! O que isso significa para você e sua família? O Vanguard tem um conjunto completo de fundos de índice de baixo custo (dentre vários tipos diferentes de classes de ativos) que variam entre 0,05% e 0,25% ao ano em custos "totais". O Dimensional Funds é outro grande provedor de fundos de índice de baixo custo. Se você não tiver acesso a esses provedores de baixo custo no seu 401 (k), vamos mostrar como fazer isso acontecer. Ao mesmo tempo em que os fundos de índice de baixo custo são cruciais, determinar quanto comprar de cada fundo de índice e como gerenciar todo o portfólio ao longo do tempo é o segredo para o sucesso. Vamos abordar isso nas páginas seguintes.

Agora que decidiu agir, para quem você se volta? Em quem você confia como seu guia? Voltar ao seu corretor para ajudá-lo a economizar em taxas é como pedir ao farmacêutico para ajudá-lo a deixar de usar remédios. Como encontrar uma consultoria livre de conflitos? E como você sabe que a orientação que você está recebendo não está querendo o melhor apenas para a pessoa que está do outro lado da mesa? Vire a página para descobrir o Mito 3, e vamos obter respostas para essas perguntas urgentes...

EXAMINE O PROBLEMA

Se você realmente quer saber o quanto está sendo lesado pelas taxas ocultas, faça uma pausa e revise a lista abaixo, com exemplos de algumas das taxas e custos principais que afetam seus investimentos nos fundos mútuos:

A DISCUSSÃO DAS TAXAS

1. **Relação de despesas.** Essa despesa é a principal "etiqueta de preço" — o número no qual eles querem que nos concentremos. Mas, certamente, ele não dá conta de toda a história. De acordo com a Morningstar, os fundos de ações dos Estados Unidos pagam uma média de 1,31% dos ativos a cada ano para a empresa de fundos para a gestão de portfólios e despesas operacionais, como marketing (taxas de 12b-1), distribuição e administração. Muitos dos maiores fundos perceberam que uma estimativa de relação de despesas de 1% é onde eles pretendem chegar, de modo que os investidores não hesitem e os corretores tenham uma boa história para vender — quero dizer, *contar.*
2. **Custos de transação.** Os custos de transação são uma categoria ampla e abrangente e podem ser divididos em categorias como comissões de corretagem, custos de impacto de mercado (o custo de movimentação do mercado, à medida que os fundos mútuos negociam posições maciças que se movimentam ao sabor do mercado) e custos de spread (a diferença entre o preço de compra e venda de uma ação). Um estudo realizado em 2006 pelos professores de escolas de negócios Roger Edelen, Richard Evans e Gregory Kadlec descobriu que os fundos mútuos norte-americanos de ações apresentavam uma média de 1,44% nos custos de transação por ano. Isso significa que esses custos de transação talvez sejam o componente mais caro ao se possuir um fundo mútuo, mas a indústria tem considerado muito difícil quantificá-lo, portanto, ele não é mencionado nos folhetos.

3. **Custos fiscais (ou custos de 401 [k]).** Muitas pessoas ficam entusiasmadas com o tratamento de "deferimento de taxas" de seus planos 401 (k), mas, para a maioria dos empregados, os custos fiscais foram substituídos pelas taxas de "procedimento administrativo". Elas são cobradas *para além* das taxas pagas aos fundos de investimento subjacentes, e, de acordo com a apartidária GAO (Government Accountability Office), o administrador do plano médio cobra 1,13% ao ano! Se você possuir um fundo mútuo em uma conta tributável, o custo fiscal médio ficará entre 1% e 1,2% anualmente, de acordo com a Morningstar.
4. **Custos de soft-dólar.** A negociação de soft-dólar é um arranjo de compensação em que os gestores de fundos mútuos optam por pagar os custos de negociação inflacionados para que a empresa externa que está executando suas negociações possa, em seguida, descontar de novo o custo adicional para o gestor do fundo. Trata-se de um programa de recompensas para a utilização de um fornecedor específico, as milhas do viajante frequente de Wall Street. O gestor do fundo pode utilizar esses fundos para pagar determinadas despesas, tais como pesquisas e relatórios. São custos que o gestor de fundos teria de pagar de qualquer forma, de modo que o resultado líquido é o que você e eu pagamos! São, simplesmente, aumentos bem disfarçados na gestão de receitas, que incidem sobre os resultados. Eles não são reportados e são quase impossíveis de quantificar, então não somos capazes de incluí-los na equação nossa abaixo, mas não se engane: trata-se de um custo.
5. **Escoamento de dinheiro.** Os gestores de fundos mútuos devem manter uma posição de caixa capaz de fornecer liquidez diária e satisfazer quaisquer resgates (venda). Uma vez que o dinheiro não é investido, ele não gera um retorno e, portanto, prejudica o desempenho. De acordo com um estudo intitulado "Dealing With The Active" [Lidando com o ativo], de autoria dos analistas financeiros certificados William O'Rielly e Michael Preisano, o custo médio do escoamento do dinheiro em fundos de ações de alta capitalização em um horizonte de tempo de dez anos foi de 0,83% por ano. Pode não ser uma taxa direta, mas é um custo que enfraquece seu desempenho.

6. **Taxa de resgate.** Se quiser vender sua posição no fundo, você pode pagar uma taxa de resgate. Essa taxa é paga diretamente à companhia de fundos, e a Comissão de Valores Mobiliários (SEC, na sigla em inglês) dos Estados Unidos limita a taxa de resgate a 2%. Assim como o caixa eletrônico mais caro do mundo, talvez lhe custe 2 mil dólares para recuperar *seus* 100 mil!
7. **Taxa de câmbio.** Alguns fundos cobram uma taxa para transferir ou trocar de um fundo para outro dentro da mesma família de fundos.
8. **Taxa de conta.** Alguns fundos cobram uma taxa de manutenção apenas para ter uma conta.
9. **Taxa de compra.** Uma taxa de compra, que não deve ser confundida com um encargo de vendas antecipado (comissão), é uma cobrança para a compra do fundo, que vai diretamente para a empresa proprietária do fundo.
10. **Encargo de vendas (encargo) ou encargo de vendas diferido.** Essa taxa, normalmente paga a um corretor, é emitida quando você compra o fundo (portanto, uma quantidade menor de seu depósito inicial é usada para comprar ações no fundo) *ou* você paga o encargo quando sai do fundo e resgata suas ações.

CAPÍTULO 2.3

MITO 3: "NOSSOS RENDIMENTOS? O QUE VOCÊ VÊ É O QUE VOCÊ OBTÉM"

Surpresa: os retornos reportados pelos fundos mútuos não são de fato aqueles repassados aos investidores.

— JACK BOGLE, fundador do Vanguard

A maioria das pessoas está familiarizada com a habitual afirmação de que o desempenho passado não é garantia alguma de resultados futuros. Mas muito poucas estão cientes de como os próprios números de desempenho passado podem ser enganosos.

— "COMO OS FUNDOS MASSAGEIAM OS NÚMEROS, LEGALMENTE", *Wall Street Journal*, 31 de março de 2013

BATOM EM UM PORCO

Em 2002, Charles Schwab dirigiu um sábio anúncio de TV em que um típico gerente de vendas de Wall Street está fazendo a preleção matinal em sua sala da "panela de pressão". "Diga aos seus clientes que a cor é vermelha, incandescente! *En fuego!* Mas não mencione os fundamentos... Pega mal." Ele termina seu sermão matinal pendurando junto à quadra ingressos para assistir aos Knicks, destinados ao vendedor e fazendo sua despedida: "Vamos colocar um pouco de batom nesse porco!"

FIQUE COM O MEU LADO BOM

Em 1954, Darrell Huff escreveu um livro intitulado *Como mentir com estatística.* Ele destaca o "incontável número de desvios usados para enganar em vez de informar". Hoje, a indústria de fundos mútuos tem sido capaz de usar um método complicado para calcular e publicar retornos que não são, como Jack Bogle diz, "efetivamente recebidos pelos investidores". Mas antes de explicar essa engenhosa mágica do "truque do lápis", vamos primeiro entender a ilusão dos retornos médios.

Abaixo está um gráfico mostrando um mercado hipotético que sobe e desce como se fosse uma montanha-russa. Sobe 50%, desce 50%, sobe 50%, desce 50%. Isso produz um retorno *médio* de 0%. Assim como você, eu esperaria que um retorno de 0% significasse que eu não perdi nenhum dinheiro. E nós dois estaríamos errados!

Como você pode ver pelo gráfico, se começar com uma quantia real de dólares (vamos usar 100 mil), no fim do período de quatro anos, na verdade terá caído para 43.750 dólares, ou 43,75%! Você pensou que estivesse equilibrado, mas em vez disso caiu para 43,75%! Você teria adivinhado isso? Agora que é um iniciado, cuidado! Os retornos médios têm uma ilusão incorporada, alardeando um aprimoramento de desempenho que não existe.

DESEMPENHO DO MERCADO

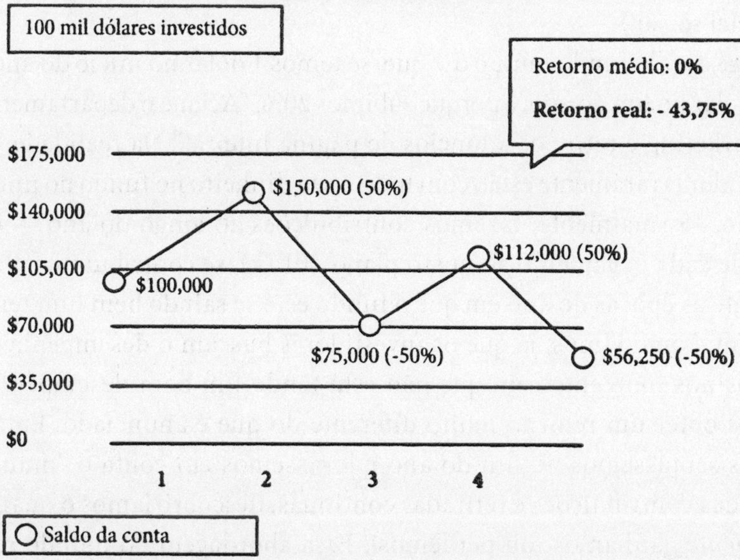

Em um artigo da rede de TV, Fox Business Network, intitulado "Solving the Myth of Rate of Return" [Solucionando o mito da taxa de retorno], Erik Krom explica como essa discrepância se aplica ao mundo real: "Outra maneira de olhar para ela é revisar o Dow Jones desde 1930. **Se você adicionar todos os números e dividi-los por 81 anos, o retorno chega à 'média' de 6,31%**; porém, se você fizer as contas, **obtém um retorno 'real' de 4,31%**. Por que isso é tão importante? Se você tivesse investido 1.000 dólares em 1930 a 6,31%, você teria 142 mil dólares, a 4.31%, você **só teria 30 mil**".

AS ESCALAS SÃO PESADAS

Agora que sabemos que os retornos médios não são uma representação verdadeira do que ganhamos, sente-se e relaxe, porque a grande ilusão ainda não acabou. Os magos da matemática de Wall Street conseguiram calcular seus retornos para parecer ainda melhores. Como assim?

Em suma, quando o fundo de investimento anuncia um retorno específico, não é, como diz Jack Bogle, "o retorno que você realmente recebe". Por quê? Porque os retornos que você vê no prospecto são conhecidos como *retornos ponderados pelo tempo*. Parece complicado, mas não é. (Entretanto, sinta-se livre para usar isso e parecer brilhante no seu próximo coquetel social!)

O gestor do fundo mútuo diz que, se temos 1 dólar no início do ano e 1,20 dólar no fim do ano, é porque subimos 20%. "Acione o departamento de marketing e retire os anúncios de página inteira!" Na realidade, os investidores raramente estão com todo o seu dinheiro no fundo no início do ano. Normalmente, fazemos contribuições ao longo do ano — ou seja, de cada pagamento ao nosso plano 401 (k), se contribuímos mais durante as épocas do ano em que o fundo está se saindo bem (um tema comum, como vimos, já que os investidores buscam o desempenho) e menos nos momentos em que não está tendo um bom desempenho, vamos obter um retorno muito diferente do que é anunciado. Então, se nos sentássemos no fim do ano e levássemos em conta o "mundo real" das contribuições e retiradas contínuas, descobriríamos o quanto *realmente* ganhamos (ou perdemos). Essa abordagem do mundo real é chamada de *retorno ponderado pelo dólar*. Os retornos ponderados pelos dólares são o que realmente conseguimos manter, enquanto os retornos ponderados pelo tempo são o que os gestores de fundos usam para alimentar a publicidade.

Jack Bogle tem proposto constantemente a mudança dessa regra. Ele acredita que os investidores devem ficar sabendo o quanto realmente ganharam (ou perderam) com base em sua própria situação pessoal (contribuições e retiradas incluídas). Parece sensato, não? Mas não é de espantar que os fundos mútuos sejam tão resistentes. Bogle diz: "Nós comparamos os retornos obtidos pelos investidores de fundos mútuos — retornos ponderados pelo dólar — com os retornos ganhos pelo próprio fundo, ou retornos ponderados pelo tempo, e os investidores parecem ficar atrás do fundo em cerca de 3% por ano." Uau! **Portanto, se o fundo anuncia um retorno de 6%, é porque seus investidores alcançaram cerca de 3%.**

A VERDADE E A SOLUÇÃO

Os retornos médios são como fotos de perfil para encontros na internet. Eles pintam um retrato melhor que a realidade! Se você sabe o montante com que começou seu investimento e sabe o quanto tem agora, você pode ir até um site como o Moneychimp (www.moneychimp.com/calculator/discount_rate_calculator.htm [em inglês]) e ele vai lhe mostrar exatamente qual é o retorno real sobre o seu dinheiro durante aquele período de tempo.

Você também deve se lembrar de que os retornos reportados por fundos mútuos se baseiam em uma pessoa hipotética que investiu todo o seu dinheiro no dia 1º. Isso não é verdade para a maioria, então, não podemos nos iludir acreditando que os retornos descritos no brilhante prospecto são os mesmos que recebemos em nossa conta.

O CAMINHO ESTÁ CLARO

Ninguém disse que escalar uma montanha é fácil. Mas fica muito mais fácil quando você tem um facão chamado "verdade" para podar as mentiras e possibilitar uma visão clara do caminho à sua frente. Como iniciado, você não está mais fazendo um voo cego.

Agora você sabe que os fundos mútuos de seleção de ações não superam o mercado durante nenhum período sustentado de tempo (especialmente depois de contabilizadas as taxas e os impostos).

Você também sabe que as taxas *são* importantes. E que, reduzindo suas taxas, você pode ter de volta de 60% a 70% do seu potencial pecúlio futuro. Como essa incrível verdade vai afetar o seu futuro?

Finalmente, você sabe que os retornos médios não pintam a imagem real. Os retornos reais é que importam. E agora você tem as ferramentas simples para calculá-los.

Sua jornada para a liberdade financeira já começou há algum tempo. Você está acertando o passo, e as verdades que aprendeu até agora o impedirão de ser uma das "pessoas que se comportam como ovelhas de um rebanho".

VOO SOLO

Quando ensino essas ferramentas, muitas vezes percebo que as pessoas sentem como se não pudessem mais confiar em ninguém. Em certo sentido, elas se sentem traídas, pois ficam esclarecidas e começam a entender as *verdadeiras* regras do jogo. Elas pensam que agora devem cuidar de tudo sozinhas e se tornar uma ilha em si mesmas, porque "ninguém merece confiança". Isso simplesmente não é verdade. Há uma série de profissionais financeiros incríveis, cheios de integridade e comprometidos com o futuro de seus clientes. Tenho um consultor incrível em quem confio absolutamente para agir em nome dos meus melhores interesses, e juntos nós revisamos e controlamos meus investimentos. Da mesma forma que você, vivo insanamente ocupado e não tenho tempo nem desejo de passar os dias gerenciando os detalhes do meu portfólio. Na realidade, se tudo for feito corretamente, uma breve revisão trimestral ou duas vezes por ano é o suficiente para rever seus objetivos e reequilibrar o portfólio.

Então, como você sabe a diferença entre um vendedor e um consultor de confiança? Entre um corretor e um guia? O Mito 4 vai nos ajudar a determinar rapidamente se a pessoa do outro lado da mesa está trabalhando para você ou para o nome que aparece no papel timbrado da empresa. Como disse o "Garganta Profunda", do escândalo Watergate:

"Siga o dinheiro. Sempre siga o dinheiro."

CAPÍTULO 2.4

MITO 4: "EU SOU SEU CORRETOR, E ESTOU AQUI PARA AJUDAR"

"É difícil ensinar um homem a compreender algo quando seu salário depende de que ele não compreenda."

— UPTON SINCLAIR

VAMOS VER SE EU ENTENDI

Recapitulando:

Os fundos mútuos que me venderam estão me cobrando taxas astronômicas que podem me obrigar a abrir mão de até 70% do meu futuro pecúlio.

Em qualquer período de tempo sustentado, 96% dos fundos de investimento gerenciados ativamente apresentam um desempenho inferior ao do mercado (ou dos seus parâmetros de referência).

Estou sendo cobrado de dez a 30 vezes a mais daquilo que me custaria possuir um fundo de índice de baixo custo e "me tornar", ou copiar, o mercado.

Os retornos que os fundos mútuos anunciam são tipicamente melhores do que os retornos que eu realmente recebo, uma vez que são comercializados como retornos ponderados pelo tempo, e *não* retornos ponderados pelo dólar. Retornos ponderados pelo dólar são o que realmente conseguimos manter/gastar, enquanto os retornos ponderados pelo tempo são o que os gestores de fundos usam para alimentar a publicidade.

Como grande final, seu corretor vai olhar nos seus olhos e lhe dizer que está trabalhando para obter o que é melhor para você. Muito provavelmente, ele acredita de verdade que está ajudando você. Ele não entende, nem foi informado sobre o impacto do que acabamos de descrever. Poxa, ele provavelmente está seguindo em suas próprias finanças pessoais o mesmo conselho que está lhe dando.

CHOMP! CHOMP!

Como é possível que a grande maioria dos norte-americanos esteja morrendo a morte das mil punhaladas mas não se manifestar, votar com suas carteiras e levar seu suado dinheiro para outro lugar? A resposta é: eles foram mantidos desinformados por décadas. A maioria das pessoas com quem converso suspeita profundamente da indústria de serviços financeiros como um todo e de seu desejo de "ajudar" você a ser bem-sucedido. Elas já se queimaram antes. No entanto, em face de uma constante barreira de informações conflitantes e ao exagero do marketing, elas rapidamente se sentiram sobrecarregadas. Isso para não mencionar as exigências da vida diária. Muitas colocaram suas vidas financeiras no piloto automático e aceitaram ser parte do rebanho. A "esperança" tornou-se sua estratégia.

Existe um conforto social em saber que você não está sozinho. Isso me lembra de assistir ao Discovery Channel e aos gnus se aproximando cautelosamente da água infestada de crocodilos para tomar um gole d'água apenas alguns minutos depois de os maxilares de um crocodilo terem agarrado um amigo deles! O animal é estúpido? Não! O animal sabe que, sem água, vai morrer no infernal sol africano, de modo que assume um risco calculado. A maioria de nós sente as coisas da mesma forma. Sabemos que não podemos nos sentar no acostamento, à beira da margem do rio, porque a inflação vai nos destruir se nos sentarmos sobre nosso dinheiro. Assim, secundados por nossos vizinhos e colegas, percorremos o caminho até a água tremendo de medo, e, quando menos esperamos: *chomp!*

Uma Segunda-feira Negra. Uma bolha pontocom. Outro 2008.

Enquanto isso, a corretora na qual confiamos a qualidade de vida de nossa família não está assumindo nenhum risco e recebendo remunerações recordes ano após ano.

Enquanto escrevo isto, no início de 2014, os preços de mercado continuam a crescer. De 2009 até o fim de 2013, o mercado subiu 131% (incluindo o reinvestimento de dividendos). É o quinto maior mercado em alta na história. As pessoas estão vendo seus saldos de conta subirem e estão se sentindo confortáveis novamente. Os gestores e executivos de fundos mútuos estão fazendo a limpa. Mas os crocodilos ainda estão se alimentando.

PROTEÇÃO DE QUEM?

No fim de 2009, os deputados Barney Frank e Chris Dodd apresentaram uma proposta de regulamentação chamada "Reforma de Wall Street Dodd-Frank e Lei de proteção ao consumidor". Um ano depois, após um intenso lobby da comunidade de serviços financeiros, uma versão do projeto de lei foi aprovada com muito menos vigor do que a original. Mas ninguém parou para fazer a pergunta óbvia: *de quem ou de que exatamente precisamos nos proteger?*

Das pessoas em quem confiamos para gerenciar nosso futuro financeiro? Dos corretores, que nos vendem dispendiosos fundos mútuos? Dos próprios gestores, que recorrem a jogos legais, porém obscuros, para encher seus bolsos? Dos investidores de alta frequência, que estão "correndo na frente" do mercado e conquistando milhões, 1 centavo de cada vez? Apenas nos últimos dois anos, temos visto comerciantes desonestos causando bilhões de perdas para os bancos; grandes empresas como a MF Global, se apropriando indevidamente de fundos de clientes e, em última instância, declaram falência; iniciados expondo as crenças de um dos maiores fundos de cobertura do mundo; e os comerciantes bancários processados criminalmente por manipulação do Libor (London Interbank Offered Rates), o parâmetro de referência mais utilizado no mundo para as taxas de juros de curto prazo.

"COM O MEU CÉREBRO E O SEU DINHEIRO, NÃO TEMOS NADA A PERDER A NÃO SER O SEU DINHEIRO."

O COZINHEIRO NÃO PROVA DE SUA PRÓPRIA COMIDA

Continuamente, aqueles do tipo "façam o que eu digo, não façam o que eu faço" nos empurram coisas e nos influenciam. Em um sério estudo de 2009 divulgado pela Morningstar, no rastreamento de mais de 4.300 fundos mútuos ativamente gerenciados, **constatou-se que 49% dos gestores não possuíam ações do fundo que administravam.** É isso mesmo. O cozinheiro não prova de sua própria comida.

Dos 51% restantes, a maioria possui um montante simbólico de seus fundos quando comparado com sua remuneração e patrimônio líquido total. Lembre-se, esses caras ganham milhões, às vezes dezenas de milhões, por suas habilidades:

- 2.126 não possuem ações do fundo que administram.
- 159 gestores investiram entre 1 e 10 mil dólares em seu próprio fundo.
- 393 gestores investiram entre 10.001 e 50 mil dólares.
- 285 gestores investiram entre 50.001 e 100 mil dólares.

- 679 gestores investiram entre 100.001 e 500 mil dólares.
- 197 gestores investiram entre 500.001 e 999.999 dólares.
- 413 gestores investiram mais de 1 milhão de dólares.

Então, a pergunta óbvia é: se as pessoas que gerenciam o fundo não estão investindo no fundo que elas mesmas administram, por que eu faria isso? Boa pergunta!!!

O cozinheiro não prova de sua própria comida se os ingredientes forem ruins ou se ele souber *realmente* qual é o aspecto e o cheiro da cozinha. Esses gestores de fundos são inteligentes — eles trabalham por baixo dos panos.

ONDE ESTÃO OS IATES DOS CLIENTES?

Fred Schwed Jr. era um operador profissional que deixou Wall Street depois de perder muito dinheiro, na crise de 1929. Em 1940, ele escreveu o livro clássico sobre investimento *Where Are The Costumers' Yachts?*. A piada implícita no título foi repetida de muitas maneiras diferentes ao longo dos anos, mas, na versão de Schwed, um bem-sucedido corretor de Wall Street chamado William Travers está admirando os muitos e belos iates em suas férias em Newport, Rhode Island. Cada iate sobre o qual ele pergunta pertence a um corretor, banqueiro ou operador.

Ele pergunta: "Onde estão os iates dos clientes?"

Quase 75 anos se passaram desde que essa história foi publicada pela primeira vez, mas poderia ter sido escrita ontem!

EM QUEM CONFIAR

Todos nós vimos numerosas variações do mesmo comercial. O marido e a esposa, parecendo preocupados, sentam-se à mesa diante de seu consultor financeiro. Com a sabedoria de um avô e o aspecto de um homem que vem resistindo a muitas tempestades, o ator contratado garante que, com a ajuda dele, o casal vai ficar bem. "Não se preocupem. Nós damos cobertura. Vamos colocar os seus filhos na faculdade. Vamos conseguir aquele veleiro para vocês. Vamos conseguir aquela casa de temporada."

A insinuação é alta e clara: "Seus objetivos são nossos objetivos. Estamos aqui para ajudar." Mas a verdadeira questão é:

Os seus interesses estão *realmente* alinhados?

A pessoa em quem você confia para planejar o seu futuro e o de sua família tem todos os incentivos para trabalhar inteiramente a seu favor? A maioria pensaria "sim" — e a maioria estaria errada. A resposta a essa pergunta pode ser a diferença entre fracassar ou ter êxito em sua jornada para a liberdade financeira. Ao subir a montanha, como você se sentiria se seu guia estivesse mais preocupado com a própria sobrevivência do que com a sua? Como me lembrou David Swensen: "seu corretor não é seu amigo."

O PADRÃO DE ADEQUAÇÃO

Aqui está a verdade: a indústria de serviços financeiros conta com muitas pessoas cuidadosas, da maior integridade, que realmente querem fazer o melhor para os seus clientes. Infelizmente, muitas operam em um ambiente de "circuito fechado", no qual as ferramentas à sua disposição são pré-moldadas para atender, antes, aos interesses da "casa". O sistema é projetado para recompensá-los por vender, não por fornecer consultoria livre de conflitos. E o produto ou fundo que eles vendem não necessariamente precisa ser o melhor disponível, nem mesmo ser o melhor para você. **Por definição legal, tudo o que eles têm a fazer é lhe fornecer um produto que seja "adequado".**

Que tipo de padrão é "adequado"? Você quer um parceiro adequado para a vida? "Querida, como foi essa noite para você?", "Ah... o sexo foi adequado". Você vai ser promovido por fazer um trabalho adequado? Você voa com a companhia aérea que tem um histórico de segurança "adequado"? Ou, melhor ainda: "Vamos almoçar aqui; ouvi dizer que a comida é adequada."

No entanto, de acordo com David Karp, consultor de investimentos registrado, o padrão de adequação diz essencialmente: "Não importa quem se beneficia mais: o cliente ou o consultor. Desde que um investimento seja adequado [atenda à direção geral de seus objetivos e metas], no momento em que foi oferecido para o cliente, o consultor se mantém isento de responsabilidade."

O PADRÃO OURO

Para receber consultoria livre de conflitos, devemos nos alinhar com um *fiduciário.** Um fiduciário é um padrão legal adotado por um segmento relativamente pequeno, mas crescente, de profissionais financeiros independentes que abandonaram suas firmas de grande porte, renunciaram ao status de corretores e tomaram a decisão de se tornar consultores de investimentos registrados. Esses profissionais são pagos para prestar consultoria financeira e, por lei, devem remover quaisquer conflitos potenciais de interesse (ou, no mínimo, sinalizá-los) e colocar as necessidades do cliente acima das suas.

A título de exemplo: se um consultor de investimentos registrado disser a um cliente para comprar a IBM, e mais tarde naquele dia ele anexar a IBM à sua própria conta pessoal por um preço melhor, ele *deve* fornecer suas ações ao menor preço de mercado para o cliente.

Imagine receber uma consultoria de investimentos em que você soubesse que a lei o protegeria caso seu consultor quisesse desviá-lo para uma direção específica ou para um fundo específico para fazer mais dinheiro à sua custa.

Uma enorme vantagem adicional? A taxa que você paga a um fiduciário para consultoria pode ser dedutível, dependendo da sua faixa tributária. Assim, uma taxa de consultoria de 1% poderia realmente estar mais perto de 0,5% quando se levasse em conta a dedução. Compare isso com os 2% ou mais que você paga a um gestor de fundos mútuos, sendo que *nenhum* deles é dedutível.

ENCONTRANDO UM FIDUCIÁRIO

Se há um único passo que você pode dar hoje para solidificar sua posição como iniciado, é alinhar-se com um fiduciário — um consultor de investimentos registrado independente (RIA, na abreviação em inglês).

A maioria das pessoas para quem eu pergunto não sabe se "o cara/a moça do investimento" é corretor ou fiduciário jurídico, mas quase todo mundo acredita que a pessoa que cuida de seus investimentos deve agir

* O fiduciário não existe por aqui, mas uma figura parecida pode ser o nosso *agente autônomo*, com sua atuação sujeita a outras regulamentações legais. (*N. do R.*)

pensando no que é melhor para o cliente. Como eu já mencionei, eles, normalmente, agem pensando nos melhores interesses de seus clientes, mas operam dentro de uma estrutura que os recompensa pela venda. A propósito, você nunca vai ouvir alguém chamá-los de "corretores". Eles são chamados de representantes registrados, consultores financeiros, consultores de riqueza, vice-presidente disso, daquilo ou daquilo outro. De fato, o *Wall Street Journal* informou ter descoberto mais de duzentas denominações profissionais diferentes para consultores financeiros — e mais da metade delas não são controladas pela Financial Industry Regulatory Authority (FINRA), que supervisiona como os investimentos são anunciados para os investidores. Muitas dessas "credenciais" de serviços financeiros são pura vitrine e não conferem uma obrigação fiduciária.

NEM TODOS OS CONSELHOS SÃO BONS CONSELHOS

Alinhar-se com um fiduciário é, segundo consta, um ótimo lugar para começar. Mas isso não significa, necessariamente, que o profissional que você selecionar vai fornecer conselhos bons ou, até mesmo, a preços razoáveis. Como em qualquer indústria, nem todos os profissionais têm a mesma habilidade ou experiência. De fato, 46% dos planejadores financeiros não têm plano de aposentadoria! É isso mesmo. O filho do sapateiro não tem sapatos! Mais de 2.400 planejadores financeiros foram alvo de uma pesquisa anônima, em um estudo de 2013, pela Financial Planning Association, e quase metade não pratica o que prega. Droga, não consigo acreditar que eles admitiram!!! A verdade é que estamos vivendo em um território inexplorado. Com infinita complexidade, Bancos Centrais imprimindo dinheiro como loucos e até mesmo alguns governos deixando de pagar suas próprias dívidas, somente os consultores de elite da indústria de planejamento sabem navegar nessas águas.

O AÇOUGUEIRO E O NUTRICIONISTA

Um bom amigo recentemente me enviou um vídeo do YouTube intitulado *The Butcher vs. the Dietitian* [O açougueiro *versus* o nutricionista], uma animação de dois minutos que, de forma eficaz e sucinta, destaca a grande diferença entre um corretor e um fiduciário jurídico. O vídeo defende o argumento extremamente óbvio de que, quando você entra em um açougue, *sempre* é incentivado a comprar carne. Pergunte a um açougueiro o que haverá para o jantar e a resposta será sempre "*Carne!*". Mas um nutricionista, por outro lado, aconselhará você a comer o que for melhor para a sua saúde. Ele não tem interesse em vender carne se o peixe for melhor para você. Os corretores são açougueiros, enquanto os fiduciários são nutricionistas. Eles não têm nenhum "interesse em jogo" para querer lhe vender um produto ou fundo específicos. Essa simples distinção vai lhe dar uma posição de poder! Os iniciados sabem a diferença.

Pesquisei um pouco, e o homem por trás do vídeo era Elliot Weissbluth um antigo litigante que há 15 anos ficou irritado com os conflitos de interesses na indústria de investimentos e fez de sua missão fornecer uma alternativa para os consultores mais brilhantes e mais bem-sucedidos e para as empresas independentes. Em outras palavras, escolher a independência não deve significar um sacrifício da sofisticação e do acesso às melhores soluções. Sua grande ideia pegou fogo, e a HighTower é, atualmente, um dos maiores consultores independentes de investimento registrado nos Estados Unidos, com quase 30 bilhões de dólares em ativos e ocupando a 13ª posição na lista da revista *Inc.* de empresas de crescimento mais rápido. O crescimento explosivo da HighTower mostra que os clientes querem um nutricionista. Eles estão cansados de ouvir sugestões sobre carne e, em seguida, perceber que sua saúde está em perigo.

Entrevistei Elliot para este livro, e desde então desenvolvemos uma grande amizade. Não precisei pressionar Elliot para que ele deixasse a fria Chicago e viesse me ver em minha casa, em Palm Beach, em um dia com uma temperatura de 26 graus.

UMA PROPOSTA AUDACIOSA

Nós nos sentamos no quintal dos fundos da minha casa, com vista para o mar, e tivemos uma longa conversa sobre os mitos que são comercializados e as injustiças que são cometidas contra o investidor médio. Elliot tem uma paixão única, um fervor, por servir os investidores, eliminando o próprio interesse e os conflitos inerentes que se tornaram a norma em grandes empresas. Desde o Primeiro Dia ele assumiu o compromisso de divulgar integralmente, com transparência total e consultoria livre de conflitos em todos os aspectos do negócio. Por não aceitar pagamentos ou subornos por vender um produto ou serviço, sua empresa está em uma posição de verdadeiro poder e integridade. As empresas competem para trabalhar com a HighTower, e todos os benefícios são repassados para o cliente. O que é realmente poderoso é a maneira como Elliot fez o negócio crescer. Primeiro, ele construiu uma plataforma única que ninguém pensava ser possível. Depois, recrutou os melhores consultores entre os "diretores-executivos" das maiores empresas e lhes ofereceu o caminho para o alto nível moral — a oportunidade de deixar de trabalhar para a casa e trabalhar *apenas* para o cliente. Tendo a liberdade de não precisar servir a dois senhores, eles poderiam fazer o que fosse melhor para o cliente, em todos os momentos, em todas as transações.

Havia apenas um problema.

A HighTower foi construída para atender apenas aos norte-americanos mais ricos.

Na verdade, *todos* os principais consultores da indústria estão focados nos ricos. Faz sentido, certo? Se você gerencia dinheiro, quer gerenciar menos clientes que tenham mais dinheiro. Esse arranjo maximiza sua própria rentabilidade. Várias contas pequenas significam muita sobrecarga e muito custo. Simplesmente, não é uma maneira eficiente de fazer negócios.

Apesar de tudo isso, decidi lançar um desafio para Elliot...

VAMOS INOVAR

"Elliot, quero que você descubra uma maneira de oferecer a mesma consultoria totalmente transparente e livre de conflitos para qualquer um que quiser o serviço, e não apenas os ricos. Tem de haver uma maneira, Elliot", eu disse, inclinando-me para a frente na cadeira. "Você se importa tão apaixonadamente com a justiça e com a equidade que a sua própria missão exige que você faça isso em benefício de todos." Elliot se recostou na cadeira. Ele esperava uma entrevista simples e agora estava sendo solicitado a implementar alguns recursos complexos! E talvez, mais importante do que isso, eu o tenha desafiado a descobrir como disponibilizar algumas das soluções que normalmente são reservadas para pessoas com alto poder aquisitivo. Era um grande desafio. Democratizar os melhores conselhos de investimento com as melhores soluções disponíveis. "Ah, mais uma coisa, Elliot: acho que você deve propor um serviço de avaliação que seja inteiramente gratuito! As pessoas precisam saber como estão sendo tratadas!" Elliot respirou fundo algumas vezes. "Nossa, Tony! Eu sei que você pensa grande, mas acelerar o ritmo e disponibilizar isso para todos, sem nenhum custo? Peraí!" Eu sorri e disse: "Sim. É louco, não é? Ninguém mais vai fazer isso. Ninguém está mostrando como as pessoas estão pagando demais para um desempenho aquém das expectativas. Meu palpite é que poderíamos mostrar isso a elas usando tecnologia! Você tem os recursos e a vontade de fazer isso acontecer, se se comprometer!" Deixei a conversa terminar, simplesmente lhe pedindo para usar o tempo que fosse necessário para refletir sobre o impacto que isso poderia significar na vida das pessoas, e voltar a me procurar quando tivesse pensado profundamente no assunto.

É POSSÍVEL

Elliot voltou a Chicago e reuniu suas tropas. Depois de muita deliberação, e com profunda determinação para encontrar um caminho, ele me ligou de volta. Depois de sua equipe ter revisado algumas tecnologias patenteadas que poderíamos utilizar, Elliot se convenceu de que isso poderia ser um divisor de águas. Mas ele tinha um pedido a fazer: gostaria de fechar uma parceria com um diretor de investimentos extraordinário, que tivesse décadas de experiência e valores similares. O capitão do navio não tem medo de águas desconhecidas. Eu escolhera o homem certo...

Ajay Gupta é fundador e diretor de investimentos da Stronghold Wealth Management, uma empresa que fornece serviços "diferenciados" para quem possui altíssimo patrimônio líquido. Ele também é meu consultor de investimentos registrado e vem administrando o dinheiro da minha família há mais de sete anos. Ajay passou quase duas décadas dentro das maiores empresas de corretagem do mundo com a clássica história de sucesso como diretor-executivo, e chegou à conhecida encruzilhada na estrada. Sua escolha? Deixar o mundo da corretagem para trás e levantar a bandeira fiduciária, ou continuar tentando ser um nutricionista nos limites de um açougue. Perguntei a Ajay qual tinha sido o momento crucial daquela decisão. "Foi o resultado da frustração total", confessou. "Havia investimentos que eu sabia que eram melhores para o meu cliente, mas a empresa não me permitia acessá-los porque eles não eram 'aprovados'. Eu não queria orientar meu cliente a adotar um investimento inferior só para que eu pudesse ganhar mais. Trato meus clientes como minha família, e percebi que não poderia mais fazer escolhas pelas restrições impostas por alguém em uma distante torre de marfim." O compromisso de Ajay não era apenas retórico. Ele desistiu de um bônus de sete dígitos para sair e lançar sua própria empresa. De modo não surpreendente, toda a sua equipe e base de clientes o seguiram. Depois de anos de desempenho e serviços extraordinários, a saída de Ajay do mundo da corretagem chamou a atenção de Charles Schwab (um grande provedor de serviços para consultores de investimento independentes). Ele recebeu um telefonema inesperado do escritório central de Charles Schwab informando-o que Chuck o havia selecionado para representar o rosto dos mais de 10 mil RIAs independentes na campanha nacional de mídia da Schwab. Posteriormente, Ajay arranjou para que Chuck e eu nos encontrássemos, quando ele concordou em ser um dos 50 magnatas financeiros entrevistados para este livro.

Quando apresentei Ajay e sua equipe da Stronghold para Elliot, surgiu um alinhamento incrível de valores. O que mais surpreendeu foi o fato de a soma do todo ser drasticamente maior do que suas partes. Eles começaram a estabelecer um monumental esforço colaborativo. Por quase um ano, Ajay e Elliot trabalharam em conjunto com um objetivo comum: democratizar os melhores conselhos de investimentos e ajudar os norte-americanos a exigir o seu direito de, em primeiro lugar, saber o que lhe venderam e, em seguida, fazer uma mudança, passando a receber conselhos transparentes. E assim a Stronghold Financial (uma nova divisão da Stronghold Wealth Management) nasceu. Assim, além de servir àqueles de alto poder aquisitivo, a Stronghold agora serve a todos, independentemente de quanto tenham para investir.

OLHE POR DEBAIXO DOS PANOS — É DE GRAÇA!

Meu maior "pedido" para Ajay e Elliot foi tornar possível para qualquer pessoa, e não apenas para os ricos, conseguir acessar consultoria, pesquisa e planejamento de primeiro nível. Mas eu queria que eles fizessem isso de graça!!!!

A maioria dos planejadores financeiros cobra 1.000 dólares ou mais para analisar seus atuais ativos de investimento, avaliar o risco que você está correndo, quantificar suas *verdadeiras* taxas e montar uma nova alocação de ativos. O sistema patenteado do Stronghold realiza isso em apenas cinco minutos — e é totalmente gratuito! Eis aqui um pouco mais sobre o seu funcionamento.

Quando você visita o site www.StrongholdFinancial.com [em inglês], o sistema permite que você "conjugue" todas as suas contas (mesmo o seu plano 401 [k] e contas que você possui espalhadas em várias empresas). Em seguida, analisa cada título que possui, cada taxa que está pagando, cada risco que está correndo. Ele faz uma análise abrangente e sugere uma nova alocação de ativos. Também revela algumas das estratégias únicas que vamos analisar na Seção 5 e as compara com sua abordagem atual. Você pode usar essa informação gratuita e implementá-la por sua própria conta (e a empresa não cobra nenhum centavo por isso). Ou, se decidir ir adiante, com o clique de mouse, pode transferir suas contas e fazer a Stronghold gerenciar suas posses, contanto que você atenda ao tamanho mínimo da conta. Para aqueles que se tornam clientes, há uma equipe de consultores fiduciários disponíveis por telefone para orientá-los em sua jornada e responder a quaisquer perguntas. Não existem comissões, apenas uma taxa, que é baseada no valor total do seu portfólio. Portanto, não importa se você tem 2.500 ou 25 milhões de dólares. Os conselhos que antes estavam reservados para aqueles com alto poder aquisitivo agora estão na ponta dos dedos! Se você estiver nos Estados Unidos e preferir trabalhar com alguém em sua própria localidade, o Stronghold tem uma rede de consultores independentes em todos os 50 estados alinhados com os mesmos princípios, e com acesso a algumas das soluções únicas que vamos abordar nas páginas seguintes.

Estou extremamente orgulhoso do que Elliot, Ajay e eu criamos a partir de nosso trabalho conjunto: um serviço gratuito que pode causar impacto em toda a população! Francamente, ele existe apenas porque estávamos muito frustrados com um sistema que, muitas vezes, usa a dissimulação e a manipulação como armas contra os investidores. É hora de promover uma renovação. Então, embora eu não seja atualmente proprietário do Stronghold, no momento desta publicação estamos em negociações sobre como eu posso me tornar um parceiro e me alinhar ainda mais com sua missão de servir os investidores com extraordinários conselhos e soluções de investimento.

ENCONTRANDO UM FIDUCIÁRIO

Não quero que você tenha a impressão de que o Stronghold é o único fiduciário. Existem milhares por aí, e muitos deles são excelentes, então eu gostaria de lhe dar cinco critérios fundamentais para encontrar o seu próprio fiduciário. Abaixo você também vai encontrar um link para a National Association of Personal Financial Advisors (Associação Nacional dos Consultores de Finanças Pessoais, ou NAPFA, na sigla em inglês). Isso vai permitir que você procure em todo o país o consultor que escolher, que lhe cobrará apenas com base em taxas. Uma advertência: o mero fato de eles estarem na lista não significa que sejam qualificados. Como em qualquer profissão, seja um médico ou um professor, há uma gama de competências. Além disso, no mundo dos fiduciários independentes, o tamanho importa, de modo que muitas empresas menores podem não ter o mesmo nível de acesso a determinados investimentos e/ou preços competitivos.

DIRETÓRIO DE CONSULTORES COM BASE EM TAXAS

http://findanadvisor.napfa.org/home.aspx [em inglês]

Portanto, se você optar por encontrar seu próprio fiduciário, a seguir estão cinco critérios iniciais básicos que você pode querer considerar ao selecionar um consultor:

1. Certifique-se de que o consultor esteja registrado no estado ou na SEC como um consultor de investimentos registrado ou que ele seja um *representante do consultor de investimentos* (IAR, na sigla em inglês) de um consultor de investimentos registrado (RIA, na sigla em inglês).
2. Certifique-se de que o consultor de investimentos registrado seja remunerado em função de uma porcentagem de seus ativos sob gestão, e não pela compra de fundos mútuos. Certifique-se de que essa taxa seja a *única* taxa, e que seja completamente transparente. Certifique-se de que não existem taxas de 12b-1 ou taxas de "pagamento para jogar", a título de compensação.
3. Certifique-se de que o consultor de investimentos registrado *não* receba remuneração por negociar ações ou títulos.
4. Certifique-se de que o consultor de investimentos registrado *não* tenha nenhuma ligação com uma corretora de valores. Isso, às vezes, é a pior ofensa, quando um fiduciário *também* vende produtos e ainda recebe comissão pelos investimentos!
5. Com um consultor, você não quer apenas lhe dar o seu dinheiro diretamente. Você quer ter certeza de que seu dinheiro vai estar guardado com um depositário respeitável, como Fidelity, Schwab ou TD Ameritrade, que oferecem acesso on-line ininterrupto à conta e envia as declarações mensais diretamente para você.

Para aqueles que se mostrarem dispostos, tenham tempo e estejam atualizados sobre a alocação adequada de ativos (mais sobre isso na Seção 4), investir por sua própria conta (sem um fiduciário) pode ser uma opção viável, que também poderia resultar em economia de custos adicionais. O custo adicional de um fiduciário só seria justificável se ele estiver agregando valor, como gestão tributária eficiente, planejamento de renda de aposentadoria e maior acesso a investimentos alternativos, além dos fundos de índice.

COMPRE A ENRON!

Um fiduciário extremamente competente em sua vida fará mais do que fornecer soluções transparentes de consultoria e investimento. Ele deveria protegê-lo dos "ruídos" do marketing, porque a história nos mostra que os ruídos de um corretor confuso ou da empresa para a qual ele trabalha podem ser extremamente perigosos. Eu gostaria de compartilhar um exemplo da história recente.

Lembra da Enron? A gigante da energia, com 101 bilhões de dólares em receita anual (em 2000), que decidiu manipular as contas na esperança de manter os acionistas felizes. Os grandes corretores e os fundos mútuos que possuíam a maioria das ações da Enron eram grandes fãs da gigante da energia. O meu querido amigo e mestre de negócios Keith Cunningham é um franco-atirador, com uma forma lenta de falar, típica do Texas. Quando se apresenta no meu evento *Dominando os negócios*, ele mostra sem rodeios que os corretores, sem nenhum interesse direto em como os seus clientes vão se sair, não vão hesitar em dar maus conselhos, mesmo quando a situação for desastrosa. Quando ele compartilhou comigo os detalhes de como os corretores promoveram a Enron durante seu colapso, fiquei espantado!

Em março de 2001, apenas nove meses antes de declarar falência, a Enron sinalizou que estava tendo problemas. "Qualquer um que estivesse disposto a olhar para a declaração de fluxo de caixa poderia ver que eles estavam tendo uma hemorragia de dinheiro, apesar do que afirmavam em relação aos seus lucros!" Keith aumentou o tom de voz para o meu público de quase 1.000 pessoas. "Mas isso não impediu as grandes firmas de Wall Street de recomendarem as ações." A seguir vem um gráfico mostrando as recomendações das grandes e renomadas empresas nos nove meses anteriores ao Capítulo 11 da Enron. **Observe que a recomendação de comprar ou manter foi feita até que não houvesse, literalmente, nada para manter — porque as ações não tinham valor algum; a empresa estava falida!**

21 de março de 2001	*"Compra a curto prazo"*	55,89	Merrill Lynch
29 de março de 2001	*"Lista de recomendados"*	55,31	Goldman Sachs
8 de junho de 2001	*"Compra"*	47,26	J.P. Morgan
15 de agosto de 2001	*"Forte poder de compra"*	40,25	Bank of America
4 de outubro de 2001	*"Compra"*	33,10	AG Edwards

24 de outubro de 2001	*"Forte poder de compra = atraente"*	16,41	Lehman Bros
12 de novembro de 2001	*"Manter"*	9,24	Prudential
21 de novembro de 2001	*"Desempenho do mercado"*	5,01	Goldman Sachs
29 de novembro de 2001	*"Manter"*	0,36	Credit Suisse First Boston
2 de dezembro de 2001	*"Oops = eles foram à falência"*	0,00	

Não será preciso dizer que, se estiver recebendo conselhos de um corretor, você pode esperar que os conflitos inerentes aparecerão, de uma forma ou de outra.

FAZENDO LOBBY PARA LUCRAR

Colocar os interesses dos clientes em primeiro lugar pode parecer um conceito simples, mas isso vem causando alvoroço em Wall Street.

— *WALL STREET JOURNAL*

Então, por que o *status quo* não mudou? Segundo Dodd-Frank, a SEC foi obrigada a realizar um estudo sobre um "padrão fiduciário universal" em todas as empresas de investimento. **Você ouviu bem. Os políticos queriam realizar um *estudo* para determinar se agir em prol dos interesses do cliente é uma boa ideia.** É uma tragicomédia encenada em Washington. Em minha entrevista com o Dr. Jeffrey Brown, perguntei sua opinião a respeito dos padrões fiduciários. Quem melhor para responder do que o cara que não apenas prestou consultoria ao gabinete executivo do presidente, mas também foi convocado pela China para assessorar o seu programa de Seguridade Social. "Acho que para qualquer pessoa que administre dinheiro para outra é muito, muito, importante ter uma responsabilidade legal e ética para fazer a coisa certa e cuidar do dinheiro de outras pessoas. Quer dizer, no fim das contas, é da vida das pessoas que estamos falando aqui, certo?"

A reação adversa da indústria tem sido nada menos do que intensa. Você pode ouvir as engrenagens das máquinas de lobby girando na velocidade máxima, enquanto lembram a Washington as generosas contribuições de campanha.

A VERDADE E A SOLUÇÃO

Então, agora que você sabe as regras do jogo, o que um investidor deve fazer?

Anteriormente, você ficou conhecendo os cinco passos sobre como avaliar e encontrar um fiduciário por conta própria. Como eu mencionei, você pode visitar o Stronghold (www.StrongholdFinancial.com [em inglês]), com seu sistema on-line patenteado que em cinco minutos vai lhe fornecer o seguinte:

- Em poucos segundos o sistema vai conseguir avaliar os atuais títulos (ações, bônus e fundos mútuos) de todas as suas contas, incluindo o seu 401 (k).
- O sistema vai mostrar quanto você está pagando *realmente* e quanto a menos você vai ter na aposentadoria se não minimizar taxas. Lembre-se do efeito das taxas compostas que analisamos no Capítulo 2.3?
- O sistema vai mostrar sua exposição ao risco. Em outras palavras, com que facilidade o seu portfólio conseguiu se manter em 2008 e em outras desacelerações no mercado?
- O sistema vai fornecer conselhos sem conflitos e apresentar várias opções de portfólio.
- O sistema vai levar em consideração sua situação tributária atual e recomendar uma alocação mais eficiente de impostos.
- Se você decidir ir adiante, pode transferir suas contas rápida e automaticamente para um dos depositários recomendados (como TD Ameritrade, Fidelity ou Schwab). A partir daí, a equipe vai implementar as recomendações e fornecer um contínuo gerenciamento de contas e serviços.

- Se você tiver mais de 1 milhão de dólares em ativos investidos, conseguirá chegar à Divisão de Riqueza Privada, com maior acesso a investimentos limitados a investidores credenciados.

A qualquer momento, você também pode pegar o telefone e falar com um membro da equipe, que é um conselheiro fiduciário registrado, para que ele lhe responda quaisquer perguntas sobre sua situação pessoal. Ou você pode pedir para se conectar com um dos parceiros em sua área.

ENTÃO, QUAL É O PLANO?

Uau, já percorremos um longo caminho! Os mitos que expusemos até este ponto continuam sendo desconhecidos da grande maioria dos investidores. Na verdade, até mesmo muitos indivíduos de alto poder aquisitivo não estão a par dessa informação privilegiada. Agora que estamos ganhando uma visão privilegiada, precisamos começar a olhar para as estratégias reais que estamos usando atualmente para ver se elas se alinham com nossos objetivos. Vamos começar com o plano 401 (k), esse pequeno pedaço de código tributário que mudou o mundo financeiro para sempre! Devemos usá-lo ou deixá-lo de lado? Vamos descobrir.

Embora a questão fiduciária seja vivamente debatida entre alguns grupos, pesquisas conduzidas em nome da SEC mostraram que a maioria dos investidores não entende o que significa fiduciário nem percebe que corretores e consultores de investimentos oferecem diferentes níveis de cuidados.

— "A BATALHA SOBRE A OBRIGAÇÃO DOS CORRETORES PARA COM SEUS CLIENTES CHEGA A UM IMPASSE", *Wall Street Journal*, 24 de janeiro de 2012

CORRETOR	FIDUCIÁRIO INDEPENDENTE
Pagamento de comissões por venda	Pagamento de taxa fixa pela consultoria
Comissões não dedutíveis	Taxas de consultoria (podem ser dedutíveis)
Pago para vender	Legalmente obrigado a fornecer consultoria, divulgando quaisquer conflitos
Padrão de adequação	Padrão fiduciário
Oferece ampla gama de produtos e serviços que devem ser aprovados pelo empregador, incluindo aqueles dos quais é proprietário	Capacidade de avaliar todos os produtos e serviços
Limitado pelo empregador	Independente
Atua como depositário de investimentos	Utiliza um depositário terceirizado

CAPÍTULO 2.5

MITO 5: "SUA APOSENTADORIA ESTÁ A APENAS UM 401 (K) DE DISTÂNCIA"

Os baby boomers foram as primeiras
cobaias do grande experimento de aposentadoria
do plano 401 (k).

— DOUG WARREN, autor de *The Synergy Effect*

Muitas ideias ou invenções começam com grandes intenções. A fusão nuclear abriu as portas da energia livre para a humanidade, e hoje em dia pode ser usada para fornecer eletricidade a uma cidade inteira. Em contrapartida, se ela for concentrada dentro de uma ogiva, pode arrasar uma cidade inteira.

Muitas vezes, é com uma pitada de ganância e ingenuidade humana que podemos transformar uma coisa excelente em algo capaz de causar mais danos do que benefícios. É o caso do 401 (k), um pequeno grande exemplo de código tributário que, se usado corretamente, pode reforçar nossa aposentadoria nos próximos anos. Porém, se empregado como tem sido na maioria dos planos atuais, pode prejudicar nossas chances de liberdade financeira.

Uma vez que o 401 (k) é a única conta de aposentadoria que a maioria das pessoas terá, este capítulo pode ser o mais importante do livro. Nas próximas páginas, vou lhe ensinar a usar o sistema 401 (k) e não deixar que o sistema o use. Você vai descobrir como se faz para implementar muito do que aprendemos até agora para que seu 401 (k) se torne um grande plano de aposentadoria para *você* (e não um plano de aposentadoria para o corretor ou os gestores de fundos mútuos). Antes, um pouco de contextualização histórica é importante.

COMO CHEGAMOS AQUI?

O 401 (k), que conhecemos em 1984, nos deu a oportunidade de participar do mercado de ações, de ser dono de um pedaço do capitalismo norte-americano. E nós poderíamos economizar nos impostos, fazendo contribuições dedutíveis em nossos contracheques.

Mas o 401 (k) nunca foi concebido para ser o único plano de aposentadoria para os norte-americanos. Conversei com John Shoven, professor de economia de Stanford, que esclareceu tudo quando falamos por telefone: "Tony, você não pode economizar apenas 3% de sua renda por 30 anos e esperar viver mais 30 anos da aposentadoria com a mesma renda que tinha quando estava trabalhando!"

Não vamos esquecer que esse experimento social só tem algumas décadas. No momento, estamos apenas começando a ver uma geração em que a maioria vai tentar se aposentar recorrendo a um único plano 401 (k) durante a vida.

Adotando uma perspectiva histórica, o que começou como uma brecha para que executivos altamente bem-remunerados pudessem guardar mais dinheiro se tornou uma bênção para as empresas que decidiam eliminar o custo e a obrigação das pensões tradicionais e transferir *todo* o risco e as despesas para os empregados. Isso não quer dizer que as pensões não tenham seus próprios problemas: por exemplo, você não poderia transferi-los de um emprego para outro.

Curiosamente, os empregados não se importaram em assumir essa nova responsabilidade, porque, na época, as ações estavam em alta. Quem vai querer se aborrecer com pensões garantidas quando as ações podem nos tornar ricos?

Naquela época, o dinheiro fluía para o mercado como nunca havia acontecido antes. Todo o dinheiro novo que estava sendo depositado significava altos índices de *compra*, que abasteciam os mercados dos anos 1980 e 1990. Com trilhões para ganhar, as empresas de fundos mútuos começaram uma guerra sem precedentes para gerenciar seu dinheiro. O mercado de ações não era mais só um lugar onde as empresas procuravam o público para convencê-lo a trocar dinheiro por propriedades. Já não era mais um lugar exclusivo para investidores com um bom patrimônio e instituições sofisticadas. Ele se tornou um veículo de poupança para todos.

BEM-VINDO, CAPITÃO

Quando o 401 (k) surgiu, ele representava a liberdade. Liberdade que, muitas vezes, nos dava a ilusão de controle. Com os mercados em ascensão, algumas vezes acreditamos que a sorte pode ser um "bom investidor".

A Dra. Alicia Munnell, diretora do Center for Retirement Research, da Boston College, é uma das principais especialistas em aposentadoria dos Estados Unidos. Conversamos por quase duas horas a respeito das crises da aposentadoria enfrentadas pela maioria dos norte-americanos. Em sua opinião, "passamos de um sistema de benefícios definidos — em que as pessoas tinham uma pensão; tinham uma renda para a vida toda — para a ideia do 401 (k), que era, obviamente, mais barata para os empregadores. E, aparentemente, parecia que era benéfico para os indivíduos, porque eles tinham mais controle sobre suas próprias decisões de investimento". Mas até mesmo Alicia, ex-funcionária do Federal Reserve e membro do corpo executivo de Conselheiros Econômicos do presidente, cometeu alguns erros graves em relação à sua própria aposentadoria. "Então, eu tenho um plano de benefícios definido [garantia de renda vitalícia] do Federal Reserve Bank of Boston. Quando eu estava no Tesouro, um dos meus colegas me disse: 'Ah! Saque logo tudo. Você pode investir esse dinheiro com muito mais propriedade do que o Federal Reserve.' Esse dinheiro foi embora há muito tempo."

Ser o único responsável pelas suas decisões de investimento é um pensamento assustador para a maioria (especialmente antes de ler este livro). Como capitão de seu navio financeiro, você deve navegar por todas as opções de investimento disponíveis, gerar retornos suficientes para dar apoio à sua aposentadoria, ser um especialista em investimento nas horas vagas e fazer tudo isso enquanto mantém um emprego ou negócio em tempo integral e constitui uma família.

Teresa Ghilarducci, da New School for Social Research, escreveu um artigo brilhante no *New York Times* intitulado "Our Ridiculous Approach To Retirement" [Nossa ridícula abordagem para a aposentadoria] no qual conseguiu abordar todos os desafios que enfrentamos em um único parágrafo:

> Ainda não está convencido de que o fracasso está incorporado ao sistema dos planos de aposentadoria voluntários, autogerenciados e comercialmente administrados? Considere o que teria de acontecer para que ele funcionasse a seu favor. Em primeiro lugar, descubra quando você e seu cônjuge serão demitidos ou estarão muito doentes para continuar trabalhando. Em segundo lugar, descubra quando você vai morrer. Em terceiro lugar, entenda que você precisa economizar 7% de cada dólar que ganha. (Não começou a fazer isso quando tinha 25 anos, e agora está com 55 anos? Ora, economize 30% de cada dólar.) Em quarto lugar, ganhe pelo menos 3% acima da inflação em seus investimentos todos os anos. (É fácil. Basta encontrar os melhores fundos pelo preço mais baixo e alocá-los da melhor forma possível.) Em quinto lugar, não saque nada de nenhum fundo quando você perder o emprego, tiver um problema de saúde, se divorciar, comprar uma casa ou quando seu filho entrar na faculdade. Em sexto lugar, cronometre as retiradas de sua conta de aposentadoria, de modo que o último centavo seja gasto no dia em que você morrer.

Sim, o sistema precisa ser corrigido, e, sim, isso precisará de tempo e de algum avanço importante em Washington e em Wall Street. Mas a boa notícia é que, para aqueles que estiverem bem-informados, vai ser possível navegar. Você pode usar o sistema como um iniciado, e deixá-lo trabalhar a seu favor.

VOLTE NOVAMENTE?

Vamos fazer uma rápida recapitulação. Agora sabemos que os fundos mútuos de seleção de ações ativamente gerenciados não superam o mercado. E isso é exatamente o que você encontra na grande maioria dos planos 401 (k) (mas não em todos). Sabemos, também, que esses fundos caros cobram taxas elevadas, que podem corroer de 50% a 70% do nosso potencial pecúlio de aposentadoria. Dependendo da sua idade hoje, pense em quanto você já deixou para trás até agora. Dez mil dólares? Vinte e cinco mil? Cem mil? Assustador, não?

Agora, coloque esses fundos mútuos dispendiosos em um plano denominado 401 (k), geralmente oferecido por uma empresa responsável pela folha de pagamentos ou companhia de seguros, e ele vai lhe cobrar uma série de *custos adicionais.* (Veja o quadro a seguir.) A soma de todos esses custos constitui um insolúvel vento de proa. Como a grande maioria dos planos que existem por aí, as chances de você ganhar o jogo do 401 (k) são mínimas.

Os planos 401 (k) recebem o benefício do imposto diferido, mas a maioria deles decai com a incidência de até 17 diferentes taxas e custos, distribuídos entre os investimentos subjacentes e a administração do plano.

DESPESAS DE COMUNICAÇÃO

- Inscrição (materiais)
- Em andamento (materiais)
- Inscrição (reuniões)
- Consultoria de investimentos

DESPESAS DE MANUSEIO E ADMINISTRAÇÃO

- Taxa básica
- Taxa por participante
- Taxa por empregado elegível
- Distribuição
- Origem de empréstimos
- Manutenção de empréstimos
- Teste de discriminação semestral
- Pacote de preenchimento 5500
- Outras despesas

DESPESAS COM INVESTIMENTOS

- Taxa básica
- Despesas individuais (mútuas) do fundo
- Taxa do gestor/consultor
- Outras comissões sobre os ativos (compartilhamento de receita, cobertura, administração e assim por diante)

DESPESAS FUTURAS

- Taxa básica
- Taxa por participante
- Taxa sobre os ativos

Mas, agora, as boas notícias! Com o 401 (k) correto, um plano racional e seguro, e que não consuma o seu dinheiro, você pode transformar os ventos contrários em ventos favoráveis. Você pode ganhar impulso aproveitando o que o governo nos ofereceu.

O "*MELHOR*" 401 (K) DOS ESTADOS UNIDOS? OK, EXPERIMENTE!

Quando finalmente compreendi o que Jack Bogle chama de "tirania de custos compostos" e percebi o poder destrutivo das taxas excessivas, imediatamente liguei para o chefe do meu departamento de recursos humanos para me informar sobre os detalhes do nosso próprio plano 401 (k). Eu queria saber se meus funcionários, com os quais eu me preocupo como se fossem da minha própria família, estavam sendo enganados. Com toda a certeza, estávamos usando um renomado plano de alto custo abastecido por fundos caros, administração excessiva e inúmeras taxas de corretagem. O corretor me garantiu que o plano era de primeira qualidade, econômico quanto às taxas e que estava no caminho certo. Claro que estava! Tudo certo para fazer o pagamento do contrato de locação de sua BMW.

Convencidos de que tinha de existir um plano melhor, minha equipe e eu começamos a pesquisar. Depois de analisar diversos planos péssimos, um bom amigo me indicou uma empresa chamada America's Best 401k. Um nome ousado. Telefonei para o dono, Tom Zgainer, e disse: "Quero experimentar!"

Nos primeiros cinco minutos do encontro presencial com Tom, ficou óbvio que ele tem paixão por ajudar as pessoas a se livrar dos péssimos planos 401 (k), sobrecarregados de taxas. Ele chama a indústria 401 (k) de "a maior *dark pool* [plataformas de negociação em que as ordens não são visíveis] de ativos. Ninguém realmente sabe como ou de quem são as mãos que estão sendo lubrificadas". Um diagnóstico bastante sombrio de sua própria indústria. "Entenda uma coisa, Tony. A indústria já existe há três décadas, e só em 2012 os prestadores de serviço começaram a ser obrigados por lei a divulgar as taxas em suas declarações. Mas, apesar da divulgação, **mais da metade dos funcionários ainda não sabe quanto está pagando!**" **Na verdade, 67% das pessoas matriculadas no plano**

401 (k) acham que *não existem taxas* e, claro que nada poderia estar mais longe da verdade.

"Em que sentido você é diferente, Tom? Em que medida a America's Best é realmente a 'melhor', como você afirma?" Tendo sido prejudicado uma vez, eu me sentia como o Papai Urso cuidando de seus filhotes, porque sabia que essa decisão iria impactar diretamente meus funcionários e seus filhos. Eles pagavam taxas excessivas havia anos, e eu não podia permitir que isso acontecesse novamente. Acabei descobrindo que, como proprietário da empresa, eu também sou o *patrocinador* do plano, e entendi que é meu dever legal cuidar para que eles não sejam enganados. (Mais sobre isso nas páginas seguintes.)

Tom explicou: "Tony, a America's Best 401k só admite fundos de índices de custos extremamente baixos [como o Vanguard e o Dimensional Funds], e nós não recebemos 1 centavo dos fundos mútuos para vender os seus produtos." Eu tinha acabado de entrevistar Jack Bogle, e ele confirmara que o Vanguard não defende a ideia de pagar para jogar, uma prática comum em que os fundos mútuos compartilham suas receitas para "maximizar o espaço" em um plano 401 (k). **A propósito, para você isso significa que as chamadas escolhas em seu plano 401 (k) não são as melhores escolhas disponíveis. Elas são as que mais pagam para ser oferecidas no menu dos fundos disponíveis.** Adivinhe como elas recuperam o seu custo para aparecer nessa lista. Com taxas altas, é claro. Portanto, você não apenas está sendo privado de obter os fundos com os melhores desempenhos, como está pagando, normalmente, taxas mais elevadas para um desempenho inferior.

"Está bem, Tom. E quanto às outras taxas do plano? Eu quero ver a divulgação e a transparência completas em todas as taxas possíveis!"

Todo orgulhoso, Tom providenciou uma planilha detalhada e abriu o arquivo sobre a mesa de centro. "O custo total, incluindo as opções de investimento, serviços de gestão de investimentos e taxas de manutenção de registros, é de apenas 0,75% ao ano."

"Só isso? Sem taxas ocultas ou outros custos que aparecem de uma hora para outra?"

Baixamos nossas taxas totais de bem mais de 2,5% para 0,75% (uma redução de 70%!). Você deve se lembrar, do início do Capítulo 2, de que, quando compostas ao longo do tempo, essas economias equivalem a centenas de milhares de dólares — e até a milhões —, que vão acabar nas mãos de meus funcionários e de suas famílias. Isso faz eu me sentir tão bem! A seguir está um gráfico simples mostrando um exemplo de 401 (k), semelhante ao que minha empresa usava, em comparação com a America's Best 401k. Veja como essas economias sofrem uma composição direta nas contas dos meus funcionários.

AMERICA'S BEST 401K

	Meu antigo plano (2,5% das taxas totais)	America's Best 401k	Economias totais que retornam para você e seus funcionários
Depois do Ano 1	15.925.465 dólares	16.006.101 dólares	80.635 dólares
Depois do Ano 7	22.265.866 dólares	23.025.978 dólares	760.111 dólares
Depois do Ano 20	41.999.917 dólares	45.999.618 dólares	3.999.701 dólares

Supondo que o plano comece com 1 milhão de dólares em conta, 100 mil em contribuições anuais, taxa de crescimento de 5%.

AMERICA'S BEST 401K

	Meu antigo plano (2,5% das taxas totais)	America's Best 401k	Economias totais que retornam para você e seus funcionários
Depois do Ano 1	14.530.987 dólares	14.582.411 dólares	51.424 dólares
Depois do Ano 7	25.077.485 dólares	25.623.385 dólares	545.899 dólares
Depois do Ano 20	58.499.799 dólares	61.756.687 dólares	3.355.987 dólares

Mais de 1,2 milhão de dólares retornando para minha família e minha equipe, fazendo uma mudança simples! Por sinal, esse cálculo se baseia apenas em taxas, sem levar em consideração que estamos superando 96% dos gestores de fundos mútuos, pois estamos usando fundos mútuos de baixo custo, que copiam o mercado.

MEGAFONE

Minha equipe de funcionários e eu ficamos tão impressionados que, seis meses depois de Tom e sua equipe montarem o plano da minha empresa (e depois que eu o indiquei para uma infinidade de amigos queridos), decidi fazer uma parceria com a America's Best 401k e ajudar a divulgá-la. Eu sabia que essa história *tinha* de ser contada neste livro. Cobrando tão pouco, a empresa não pode se dar o luxo de anunciar no Super Bowl ou enviar seus representantes de vendas para os campos de golfe. Os esforços populares de Tom estão ganhando impulso, e eu espero ajudá-lo a amplificar sua voz.

HORA DE ABRIR AS CORTINAS

Tom e sua equipe criaram um poderoso "Verificador de taxas" (Fee Checker) on-line, capaz de coletar informações sobre o plano da sua empresa (a partir do formulário de declaração de impostos da companhia). Em segundos, essa ferramenta mostra como o plano de sua empresa se comporta em relação aos outros, e o que você *realmente* está pagando em taxas. Assim como a tabela acima, ela vai lhe mostrar o que a economia de custos representa ao longo do tempo. Não é incomum descobrir centenas de milhares de dólares em economias potenciais! Visite o Fee Checker no seguinte site: http://americasbest401k.com/401k-fee-checker [em inglês].

PRECISA DE MAIS MOTIVAÇÃO?

Como se taxas altas destruindo sua aposentadoria não fossem motivação suficiente, os empresários deveriam ficar muito preocupados e os empregados deveriam se "armar com a verdade". Por quê? Porque o Departamento de Trabalho dos Estados Unidos (DOL, na sigla em inglês) está totalmente empenhado em defender os trabalhadores contra planos com taxas elevadas. E quem é o responsável? *O empresário!* Isso mesmo. Não são os gestores de fundos mútuos. Não é o corretor. Não é o administrador do péssimo plano 401 (k). É o empresário, que pode *entrar em uma fria.*

De acordo com o *CFO Daily News*, em 2013, "**75% dos planos 401 (k) auditados pelo DOL no último ano resultaram em patrocinadores dos planos sendo multados, penalizados ou forçados a pagar indenizações por erros cometidos pelo plano. E essas multas e penalidades não foram pequenas. Na verdade, a multa média paga no ano passado foi de 600 mil dólares por plano.** Isso significa um pulo de quase 150 mil em relação ao que era pago quatro anos antes.

O DOL contratou mais 1.000 agentes da lei em 2014, por isso, podemos esperar que as auditorias dos planos 401 (k) aumentem. Não sei quanto a você, mas isso certamente atrai minha atenção.

Graças aos advogados de ações coletivas, inúmeras empresas estão sendo processadas pelos seus próprios funcionários. Caterpillar, General Dynamics e Bank of America, são alguns exemplos. **Até mesmo a Fidelity, uma das maiores provedoras de 401 (k) da indústria, recentemente chegou a um acordo de 12 milhões de dólares em duas ações coletivas, depois de ser processada por seus empregados pela cobrança de taxas excessivas em seu plano.** Claro que são grandes empresas, com muito a perder, mas na verdade são os pequenos empresários que correm maior risco, porque os planos menores (aqueles com menos de 10 milhões de dólares em ativos do plano) têm as taxas mais elevadas de todas.

Então, o que fazer se você for empresário? Primeiro, *a lei diz* que o seu plano tem de ser "aferido" anualmente diante de outros planos. A nova lei começou a valer em 2012, por isso, pode ser uma novidade para você. Uma vez por ano, o DOL exige que você compare seu plano com outros planos "comparáveis", a fim de confirmar que ele possui taxas razoáveis. Quase todos os empresários a quem eu pergunto não têm a menor ideia disso! Eu, certamente, não tinha. Você acha que a pessoa que lhe vendeu aquele plano caro vai chamar sua atenção para isso? Claro que não!

A America's Best 401k não apenas vai lhe fornecer uma análise gratuita como vai lhe fornecer gratuitamente essa aferição. Se o DOL entrar em seu escritório em uma sexta-feira à tarde, não o deixe arruinar seu fim de semana, ficando em estado catatônico. Sua intenção é fornecer com firmeza a aferição do seu plano.

DOL ALERTA QUE TRÊS QUARTOS DOS PLANOS 401 (K) SÃO ILEGAIS

Eis aqui uma razão bastante convincente para observar com atenção o seu plano 401 (k)

75% DOS PLANOS 401 (K) auditados pelo DOL no último ano resultaram em multas aos patrocinadores dos planos, penalidades ou indenizações por erros cometidos pelo plano. E essas multas e sanções não foram pequenas.

Na verdade, a multa média paga no ano passado foi de 600 mil dólares por plano. Isso significa um pulo de quase 150 mil em comparação com o que ocorria quatro anos atrás.

A QUEM PASSAR A TOCHA?

O DOL está descontrolado e pode colocar o empresário em maus lençóis. Eu não tinha ideia de que, como empresário e patrocinador do plano, sou o fiduciário jurídico do plano 401 (k). Existem inúmeros casos em que os empresários se tornaram *pessoalmente* responsáveis por um plano 401 (k) inconveniente. Quando você recorre a uma empresa como a America's Best

401k, ela “instala” um profissional fiduciário, o que vai aliviar dramaticamente sua responsabilidade (sim, isso está incluído na taxa anual de 0,75%) E fornece aferição contínua como um serviço *gratuito*.

O que fazer se você for empregado. Em primeiro lugar, visite o Fee Checker no site da America's Best 401k (http://americasbest401k.com/401k-fee-checker [em inglês]) e envie o relatório para o proprietário (ou para a gerência superior). A verdade é que, em qualquer negócio, os que recebem maiores salários tendem a ter os saldos de conta mais elevados, então, eles também têm muito a perder. Você está fazendo um excelente serviço para toda a sua empresa educando a gestão a respeito de seu próprio plano. Taxas elevadas fazem escoar o suado dinheiro de todos, e uma possível mudança vai afetar as chances de liberdade financeira de todos. Lembre-se: todos nós precisamos de vento favorável, não de vento contrário.

Você também pode se dirigir até o departamento de RH e pedir que eles leiam este capítulo. Se as taxas não forem motivação suficiente, lembre-os de que eles são o fiduciário para você e seus colegas. Eles lhes devem *legalmente* se certificar de que têm um plano competitivo e voltado para atender aos seus interesses. Isso deveria chamar a atenção deles!

Se o seu empregador não mudar para uma opção de baixo custo, e na medida em que seu empregador não estiver contribuindo com montantes equivalentes, pode fazer sentido optar por se desligar do plano.

Se você optar por sair, mas planejar permanecer na empresa, um bom plano vai permitir uma *distribuição contínua*, permitindo que você converta sua atual conta 401 (k) em uma conta de aposentadoria individual. Basta verificar com o departamento de RH. Um IRA é simplesmente uma conta de aposentadoria mantida apenas em seu nome, mas você terá muito mais liberdade para escolher os investimentos. A partir daí, você pode implementar algumas das soluções que vamos analisar na Seção 3. Além disso, seu fiduciário pessoal pode analisar essa conta e explicar suas melhores opções.

Agora que sabemos como nos libertar dos planos de alto custo assolados por fundos mútuos de baixo desempenho, o que devemos fazer para utilizar melhor um plano de baixo custo e os benefícios fiscais concedidos pelo governo?

SABEDORIA NÃO CONVENCIONAL

Se você ainda não percebeu, nosso governo tem um problema de despesas. Como um adolescente fora de controle segurando um cartão Platinum Amex, Tio Sam acumulou mais de 17,3 trilhões de dólares em dívidas e quase 100 trilhões em obrigações não reconhecidas (que ainda não foram pagas!) com a Seguridade Social e o Medicare. Você acha que os impostos vão aumentar no futuro ou não? Sabia que, depois da Grande Depressão, a maior faixa tributária chegou a mais de 90%?! A verdade é que você pode tributar cada pessoa e corporação ricas em 100% de sua renda/lucros e ainda assim ficar muito aquém das promessas do governo.

A lógica convencional, como a maioria dos contadores públicos (CPAs, na sigla em inglês) pode atestar, é maximizar suas contribuições 401 (k) (ou IRA) para fins fiscais, porque cada dólar é dedutível. Isso significa, simplesmente, que você não tem que pagar impostos sobre esse dólar hoje, mas pode adiar o imposto para uma data posterior. E é aí que está o problema: *ninguém sabe como vão estar as taxas de impostos no futuro, portanto, você não tem ideia de quanto dinheiro terá sobrado para ser efetivamente gasto.*

Estive recentemente com um de meus executivos sênior nessa área, e perguntei quanto ele possuía em seu 401 (k). Ele respondeu que estava se aproximando de 1 milhão de dólares e que se sentia confortável em poder viver com essa quantidade, se for necessário. Reformulei a pergunta:

"Que parte desse milhão em seu 401 (k) é *sua*?"

"Tudo, é claro", ele respondeu.

"*Metade*, meu amigo! Metade! Entre impostos estaduais e federais, você vai gastar metade desse valor."

Foi aí que ele se deu conta da verdade. O executivo se encolheu na cadeira, percebendo que 500 mil dólares *não* eram dele. Eram do Tio Sam. Ele estava simplesmente investindo o dinheiro do governo junto com o seu.

Então, eu perguntei: "Qual vai ser a sua parte se a faixa de tributação subir até 60%?" Depois de algumas contas de cabeça, ele respondeu: "Só 400 mil, ou 40% do milhão." Uau! Mas isso não é possível, é? Se você observar as alíquotas tributárias que recaíram sobre os norte-americanos mais ricos entre 1990 e 2010, elas são quase as menores que já existiram. A média das três décadas, entre os anos 1930 e os anos 1950, foi de 70%! Quando os impostos foram elevados por Bill Clinton, aumentaram para *todos* os assalariados, não apenas para os ricos. Com os níveis recorde de dívida que temos acumulado, muitos especialistas dizem que os impostos, provavelmente, vão subir para todos ao longo do tempo. Em suma, a percentagem do saldo em seu 401 (k), que vai ser efetivamente sua para gastar, é um grande ponto de interrogação. Se os impostos subirem a partir daqui, a fatia da torta que você começa a comer fica menor. É um efeito em espiral, porque, quanto menos você consegue manter e gastar, mais tem de resgatar. Quanto mais você resgata, mais rápido o dinheiro acaba.

SENADOR WILLIAM ROTH: O MELHOR PARAÍSO FISCAL LEGAL?

O Roth IRA — e, mais recentemente, o acréscimo do Roth 401 (k) — muitas vezes é desprezado, mas se trata de um dos melhores "paraísos fiscais" (e, ainda assim, legais) diante do aumento das alíquotas tributárias futuras. Devemos grande parte desse limite máximo ao senador William Roth, que o apresentou em 1997. Vamos analisar como ele funciona.

Se você fosse um agricultor, preferiria pagar imposto sobre a safra ou sobre a colheita inteira, meses depois? A maioria das pessoas parece não entender muito bem essa pergunta. Estamos condicionados a *não* querer pagar impostos hoje (adiando-os para o futuro). Elas acham que é melhor pagar sobre a colheita. Na realidade, se pagarmos primeiro o imposto sobre a semeadura, é nesse momento que o valor do que está sendo tributado é menor. Uma grande colheita significa um grande imposto! Se pagarmos os nossos impostos agora, na época do plantio, então tudo aquilo que conseguirmos na colheita será nosso! A conta Roth funciona dessa maneira. Nós pagamos nosso imposto hoje, depositamos o valor após sua incidência e depois nunca mais vamos precisar pagá-lo! Nem enquanto o dinheiro cresce, nem nas retiradas. Essa combinação protege sua torta do apetite insaciável do governo para aumentar a receita tributária e, acima de tudo, permite que você planeje com segurança o quanto realmente precisa gastar quando faz retiradas.

Eis aqui uma notícia incrivelmente empolgante!

Com as suas contribuições de 401 (k) podendo ser convertidas em Roth (basta marcar a caixa de seleção), você pode pagar imposto hoje e deixar o crescimento e as retiradas livres das ambiciosas garras da Receita Federal. E pode doar substancialmente mais, pois, enquanto um Roth IRA é limitado a 5.500 dólares por ano, o Roth 401 (k) permite 17.500 por ano. (E você pode fazer ambos simultaneamente.)[6]

Para aqueles que possuem renda mais alta (ganhando mais de 122 mil dólares por ano), embora não possam usar um Roth IRA, *não há limitações de renda* no Roth 401 (k). Qualquer pessoa pode participar. Essa é uma mudança relativamente recente em nosso código tributário e pode significar um benefício para alguns.

POUPE MAIS AMANHÃ

O segredo para o 401 (k) é simples: você precisa fazê-lo. Mas precisa fazê-lo dentro de um plano economicamente eficiente *e* tirando proveito do Roth 401 (k) (especialmente se você acredita que os impostos vão subir a seu favor no futuro). E você pode tirar proveito de uma das maiores descobertas em finanças: o sistema que cobrimos anteriormente, chamado Poupe Mais Amanhã. A maioria das pessoas não é capaz de assumir o compromisso de economizar mais hoje, mas assume o de economizar mais amanhã. Então, na essência, você está concordando com antecedência que a sua taxa de poupança vai aumentar a cada ano. Por exemplo, vamos dizer que hoje você economiza 3% do seu salário. No próximo ano você concorda em subir 1% (para um total de 4%). E, então, você continua "autoescalando" o seu montante de poupança até chegar a um certo limite. O America's Best 401k tem esse recurso de escalonamento automático incorporado ao sistema. Então, você não apenas tem as taxas mais baixas possíveis como tem a oportunidade de pegar um atalho até a liberdade financeira.

---

[6] Existem regras diferentes para um Roth IRA e um Roth 401 (k). De acordo com o IRS: "Se você tinha 50 anos ou mais antes de 2014, e as contribuições em seu favor foram feitas apenas para Roth IRAs, seu limite de contribuição para 2013 será geralmente o menor de: 6.500 dólares, ou sua compensação tributável para o ano." Ver "Publicação 590 (2013), Arranjos individuais de aposentadoria (IRAs)", "Roth IRAs", www.irs.gov/publications/p590/ch02.html#en_US_2013_publink1000253532 [em inglês].

NO ALVO!

Agora nós vamos ter a chance de combinar tudo o que aprendemos! Até este momento você decidiu reservar uma porcentagem da sua renda, que pode muito bem estar no seu 401 (k). **Você quer ter certeza absoluta de que o seu 401 (k) tem as taxas mais baixas possíveis e fundos de índice de baixo custo.** Você pode ver como sua empresa planeja as tarifas usando o Fee Checker na America's Best 401k (http://americasbest401k.com/401k-fee-checker [em inglês]). Mais uma vez, se você é um empregado, seria bom alertar o proprietário da empresa (ou a gerência) sobre sua responsabilidade legal de fornecer o plano mais eficiente disponível e que eles estão sob o risco de ter problemas com o Departamento de Trabalho. Se você é um empresário, é legalmente obrigado a fazer o plano ser aferido anualmente, e o America's Best fornece gratuitamente esse aferimento; são só dois minutos para preencher esse formulário on-line: http://americasbest401k.com/request-a-proposal [em inglês]. Aqui está a ótima notícia: sozinho, o plano básico típico vai economizar 20 mil dólares por ano em taxas. Planos maiores economizam centenas de milhares, até milhões, ao longo da sua vida útil, e esse dinheiro retorna diretamente para os empregados e também para o plano de aposentadoria pessoal do proprietário.

SETE PERGUNTAS FREQUENTES

Me acompanhe. Estamos prestes a começar a colocar as ideias em ação. Estas são as sete perguntas mais comuns que surgem no contexto dos planos 401 (k) e IRAs, e como utilizá-los da melhor forma possível. Aqui vamos nós!

1. EU DEVERIA PARTICIPAR DO MEU 401 (k)?

Na medida em que o seu empregador contribui com montantes equivalentes, você deveria certamente tirar proveito do seu 401 (k), já que a empresa está essencialmente cobrindo os impostos para você. **Se você achar que os impostos estão subindo, marcar a caixa de seleção para que suas contribuições recebam o tratamento**

tributário Roth é o melhor caminho. (Uma observação rápida: o plano 401 (k) em si pode ser muito caro, e as opções de investimento, pobres. Se for esse o caso, talvez você prefira não querer participar! Para de terminar como o plano da sua empresa se comporta, acesse http://americasbest401k.com/401k-fee-checker [em inglês] e clique em Fee Checker para avaliar o plano da sua empresa.

Explicando melhor: se você marcar a caixa de seleção para fazer suas contribuições se transformarem em Roth, ainda estará investindo nas mesmas opções (lista de fundos), com a única diferença de que pagará impostos sobre a renda de hoje. Mas o seu pecúlio futuro vai ser completamente isento de impostos quando você o resgatar. O especialista em aposentadoria Jeffrey Brown, da Universidade de Illinois, me deu uma opinião sobre suas próprias finanças pessoais. "Eu aproveitaria todas as oportunidades de Roth que pudesse porque (...) passei muito tempo olhando a perspectiva fiscal de longo prazo para os Estados Unidos, e você sabe que sou um cara bastante otimista, em geral. Mas devo dizer que **não consigo imaginar nenhuma situação em que nossa necessidade de receita tributária no futuro seja maior do que é hoje.**"

Dando um passo adiante, o Dr. Brown dá uma orientação pessoal para os seus alunos mais novos: "Com certeza, vale a pena colocar tanto dinheiro quanto puder nesse sistema Roth, porque você vai estar pagando pouco ou nenhum imposto sobre isso, e, então, algum dia você pode ter a maior renda de todos os tempos."

Se você for um dos poucos que pensam que os impostos no futuro vão ser menores, deveria se preparar para uma enorme surpresa. A "sabedoria convencional" diz que *deveríamos* estar em uma faixa tributária menor quando chegar a hora de nos aposentarmos, já que não estaremos ganhando tanto. Mas, na realidade, nossa casa, muitas vezes, já está paga (por isso, não temos quaisquer deduções hipotecárias), e os filhos já foram embora há muito tempo (por isso, não temos quaisquer dependentes).

Finalmente, você pode ser um trabalhador autônomo e pensar que toda essa conversa 401 (k) é irrelevante. Não é bem assim! Você pode iniciar um Solo 401 (k), que é um 401 (k) para empresário individual e seu cônjuge.

2. O QUE É UM ROTH 401 (k) E COMO POSSO UTILIZÁ-LO EM MEU BENEFÍCIO?

Eu já disse isso, mas vale a pena repetir: a maioria dos planos 401 (k) de hoje permite que você simplesmente "marque uma caixa de seleção", e suas contribuições vão receber o tratamento fiscal de Roth. Essa decisão significa que você paga um imposto hoje, mas nunca mais vai pagá-lo!

3. DEVO CONFIGURAR UM ROTH IRA?

Sim!! Você pode configurar uma conta Roth IRA e contribuir com 5.500 dólares por ano (6.500, se você tiver 50 anos ou mais). Você pode até fazer isso se já estiver maximizando suas contribuições 401 (k). Abrir um Roth IRA é tão simples quanto abrir uma conta bancária. TD Ameritrade, Fidelity e Schwab são três empresas que tornam o processo incrivelmente simples. Você pode resolver tudo pela internet em menos de dez minutos.

4. MAS E SE EU FIZER MUITO DINHEIRO PARA UM ROTH IRA?

Infelizmente, você não pode contribuir para um Roth IRA se a sua renda anual for superior a 114 mil dólares individualmente, ou mais de 191 mil para um casal (em 2014). Mas não se preocupe: independentemente de quanto ganhar, você ainda pode participar de um Roth 401 (k). Se tiver um IRA, pode querer considerar a conversão dele em um Roth IRA, mas saiba que terá de pagar imposto hoje sobre todos os ganhos.

5. DEVO CONVERTER MEU IRA TRADICIONAL EM UM ROTH IRA?

Digamos que você tenha um IRA com 10 mil dólares. O governo vai permitir que você pague o imposto hoje (porque precisa do dinheiro) e você não vai ter de pagá-lo novamente. Esse processo é chamado de conversão Roth. Então, se estivesse na faixa tributária de 40%, você pagaria 4 mil dólares hoje, e os restantes 6 mil renderiam sem a incidência de impostos, e todas as retiradas seriam isentas de impostos. Algumas pessoas estremecem diante da ideia de pagar impostos hoje porque o veem como "seu" dinheiro. *Não* é! É do governo. Ao pagar o imposto hoje, você está devolvendo mais cedo o dinheiro ao Tio Sam. Fazendo isso, você vai estar se protegendo e ao seu pecúlio de um eventual aumento de impostos no futuro. Se você não acha que os impostos vão ser mais elevados, não converta. Você precisa decidir, mas todas as evidências apontam para o fato concreto de que Washington vai precisar de mais receita tributária, e o poço mais profundo ao seu alcance são os trilhões de dólares que estão nas contas da aposentadoria.

6. E QUANTO AO(S) MEU(S) ANTIGO(S) PLANO(S) 401 (k) COM EMPREGADORES ANTERIORES?

Planos mais antigos podem ser deixados com um empregador anterior ou "convertidos" em um IRA. Compensaria deixá-lo com um antigo empregador apenas se o plano em si fosse de baixo custo e tivesse opções de investimento favorável. Ao converter o plano em um IRA (o processo é feito pela internet, e demora cerca de dez minutos para mover os fundos de seu plano anterior para um depositário de IRA, como TD Ameritrade, Schwab ou Fidelity), você vai ter maior controle. Você pode aplicar em quase todos os investimentos, não apenas no menu limitado que é oferecido. Com esse controle amplo, você poderá contratar um consultor fiduciário e implementar algumas estratégias e soluções excitantes que vamos rever na Seção 3. Você não paga comissões a um consultor fiduciário; paga pelos conselhos. Normalmente, esse valor se limita a 1% ou menos de seus ativos investidos, e, lembre-se: talvez você tenha autorização para deduzi-lo de seus impostos.

Em segundo lugar, ao converter o seu antigo 401 (k) em um IRA, você vai ter a opção de converter um IRA em um Roth IRA.

7. ESTOU MAXIMIZANDO MEUS PLANOS E GOSTARIA DE OPÇÕES ADICIONAIS PARA ECONOMIZAR. O QUE POSSO FAZER?

Pequenos empresários que estão fazendo muito dinheiro e querem reduzir seus impostos hoje podem se beneficiar grandemente do acréscimo de um *plano de saldo de caixa* atrelado ao seu plano 401 (k). Os planos de caixa (CB) são o crescimento mais rápido dos planos de pensão de benefício definido, podendo ultrapassar os planos 401 (k) nos próximos anos, de acordo com os pesquisadores da Sage Advisory Services, uma empresa de consultoria de investimentos registrada com sede em Austin, no Texas. De fato, mais de um terço das empresas Fortune 100 adotou um plano de saldo de caixa. Então, o que é? Um plano de saldo de caixa é, basicamente, um plano de pensão. Em outras palavras, os valores depositados são destinados a fornecer ao empresário sua futura renda de aposentadoria. Qual é a ideia principal? Para um empresário de alta renda, ele não apenas pode maximizar seu 401 (k) *e* um plano de participação nos lucros como pode adicionar um plano de equilíbrio de caixa, que cria algumas contribuições muito grandes, totalmente dedutíveis. Veja a seguir uma tabela mostrando as possíveis deduções.

Princípio do Poder do Dinheiro 2. Um dos mais importantes Princípios de Poder do Dinheiro é "Você obtém aquilo que tolera". Não tolere ter o seu dinheiro em um plano que vem desviando taxas para beneficiar outra pessoa. E temos de lembrar que o 401 (k) é tão bom quanto o que está dentro dele. Vire a página e descubra o próximo mito. Porque o lugar mais popular para as pessoas colocarem seu dinheiro 401 (k) é um dos investimentos mais malcompreendidos do nosso tempo.

LIMITES PARA CONTRIBUIÇÕES ANUAIS DO IMPOSTO DE RENDA 2014			
Idade	Contribuição do 401 (k) + plano de compartilhamento de lucros	Contribuição do plano de saldo de caixa	Total
65	56.000 dólares	237.841 dólares	293.841 dólares
60	56.000 dólares	228.807 dólares	284.807 dólares
55	56.000 dólares	175.068 dólares	231.068 dólares
50	56.000 dólares	133.950 dólares	189.950 dólares
45	51.000 dólares	102.490 dólares	153.490 dólares
40	51.000 dólares	78.419 dólares	129.419 dólares
35	51.000 dólares	60.001 dólares	111.001 dólares

CAPÍTULO 2.6

MITO 6: FUNDOS CICLO DE VIDA: "FAÇA UM E ESQUEÇA"

Fico cada vez mais nervoso com os fundos ciclo de vida.

— JACK BOGLE, fundador do Vanguard, que pertence aos investidores

Quando você analisa suas opções de investimento 401 (k), já lhe ocorreu pensar em como essa lista surgiu? Ou por que o seu cônjuge ou melhor amigo que trabalha na mesma cidade tem um cardápio de opções totalmente diferente?

Como diz o ditado, sempre siga o dinheiro.

É PRECISO PAGAR PARA JOGAR

No mundo dos fundos mútuos, a prática usual de participação nas receitas é conhecida como taxa pela participação no jogo. De acordo com a Watson Towers, empresa de consultoria com atuação mundial, cerca de 90% dos planos 401 (k) cobram taxas pela participação no jogo por colocar um fundo mútuo como opção disponível no menu do seu plano. Essas taxas pela participação no jogo praticamente garantem que o cliente (você e eu) obtenha uma seleção limitada, e que acabemos possuindo um fundo que se mostra rentável para os distribuidores (o corretor, a empresa e a empresa de fundos mútuos). Dito de outra forma, as "escolhas" que você tem em seu plano 401 (k) são cuidadosamente criadas e selecionadas para maximizar os lucros dos vendedores, corretores e gestores. Se alguém tem de pagar para jogar, eles vão querer maximizar os próprios lucros para recuperar o custo. E os fundos com data-alvo, às vezes chamados de *fundos ciclo de vida*, podem ser a criação mais cara e amplamente comercializada entre as opções de investimento do seu plano (com exceção das versões de extremo baixo custo do Vanguard).

OS FUNDOS CICLO DE VIDA ERRAM O ALVO?

Apesar de serem o segmento de mais rápido crescimento da indústria de fundos mútuos, os fundos ciclo de vida (TDFs, na sigla em inglês) podem errar completamente o alvo.

O argumento é o seguinte: "Basta escolher a data/ano em que você vai se aposentar e nós vamos alocar o seu portfólio em função disso (o fundo Golden Years 2035, por exemplo). Quanto mais você se aproximar da aposentadoria, mais conservador o portfólio vai se tornar." Tenho certeza de que você já viu essas opções no seu 401 (k), e as estatísticas diriam que você, provavelmente, está investindo em uma delas.

Vamos falar um pouco mais sobre como elas *realmente* funcionam.

O gestor do fundo decide com base em uma "trajetória de planeio", que é a maneira extravagante de descrever seu cronograma de diminuição das participações em ações (mais arriscadas) e acelerar as posses de títulos (tradicionalmente menos arriscadas). É uma tentativa de ser mais conservador à medida que sua aposentadoria se aproxima. Pouco importa que cada gestor possa escolher a sua própria "trajetória de planeio", e que não haja um padrão uniforme. Para mim, parece uma "ladeira escorregadia". Então, novamente, tudo isso é construído em duas pressuposições gigantes:

1. Os títulos são seguros.
2. Os títulos se movem na direção oposta à das ações, de modo que, se as ações caírem, seus títulos vão estar lá para proteger você.

Como diz Warren Buffett, "os títulos deveriam vir com um selo de advertência". Considerando que os preços dos títulos caem quando as taxas de juros sobem, nós poderíamos ver os preços dos títulos caindo (e os preços dos fundos mútuos também) se ou quando as taxas de juros subissem. Além disso, inúmeros estudos independentes mostram que os títulos têm forte "correlação" nos tempos ruins. Tradução: ações e títulos nem sempre se movem em direções opostas. Basta olhar para 2008, quando títulos e ações caíram bastante!

A mensagem de marketing envolvendo os fundos ciclo de vida é sedutora. Escolha a data e não pense nisso nunca mais. "Defina e esqueça." Basta confiar em nós! Vamos lhe dar total cobertura. Vão mesmo?

UM ENGANO GIGANTESCO

Uma pesquisa realizada pela Behavioral Research Associates para a empresa de consultoria de investimentos Envestnet descobriu que os empregados que investiram em TDFs assumiam alguns conceitos equivocados:

- **57% dos pesquisados pensavam que não perderiam dinheiro ao longo de dez anos.** Não há nenhum fato para apoiar essa percepção!
- **30% achavam que um TDF proporcionasse uma taxa de retorno garantida.** Os TDFs não dão garantia de qualquer coisa, muito menos de uma taxa de retorno!
- **62% achavam que poderiam se aposentar quando o ano ou o "ciclo de vida" do fundo chegasse.** Infelizmente, essa falsa percepção é a mais cruel de todas. A data que você define é a sua "meta" do ano de aposentadoria. Os TDFs não são um plano para levá-lo a cumprir seus objetivos, mas apenas uma alocação de ativos que *deveria* se tornar menos arriscada à medida que você se aproxima da aposentadoria.

Considerando que há trilhões de dólares em TDFs, uma enorme porcentagem de norte-americanos deve se preparar para uma grande surpresa.

Então, o que você está realmente comprando com um TDF? Você está aderindo a um fundo que aloca os ativos para você. Simples assim. Em vez de escolher a partir da lista de opções de fundo, você compra um fundo e *voilà!* "Nós cuidamos de tudo para você."

DESCULPE, ELA NÃO TRABALHA MAIS AQUI

Depois de se formar, David Babbel decidiu que queria trabalhar no Banco Mundial. Seria, sem dúvida, um lugar interessante para construir uma carreira, mas aqueles que têm sorte suficiente para serem funcionários de lá também não pagam impostos! Homem inteligente. Quando se candidatou ao emprego, o banco recusou, alegando que ele precisava de uma pós-graduação em uma das seis categorias admitidas para aquela vaga. Para não arriscar perder outra oportunidade, decidiu se formar em *todas* as seis categorias. Ele é formado em Economia, tem MBA em Finanças Internacionais, é doutor em Finanças, doutor em Economia de Alimentos e Recursos, tem doutorado em Agricultura Tropical e em Estudos Latino-americanos. Quando retornou com seus vários diplomas, ouviu que não estavam contratando norte-americanos devido à recente redução do apoio financeiro de Washington ao Banco Mundial. Foi um soco no estômago. Sem saber para onde ir, David respondeu a um anúncio de jornal da UC Berkeley. Depois de ser contratado como professor, mais tarde ele descobriu que o anúncio havia sido publicado para cumprir a política de cotas, mas a universidade não tinha a intenção de que candidatos qualificados respondessem.

Anos mais tarde ele ingressou na Wharton, a fim de lecionar temas relacionados a finanças. Mas David não é um simples rato de biblioteca. Um artigo de sua autoria sobre como reduzir o risco em portfólios de títulos atraiu a atenção da Goldman Sachs. David pediu uma licença na escola e passou sete anos administrando a divisão de gestão de riscos e seguros da Goldman Sachs (enquanto ainda mantinha um cargo de professor em tempo parcial na Wharton). Mais tarde, finalmente teve a chance de trabalhar no Banco Mundial. Também prestou consultoria tanto para o Tesouro dos

Estados Unidos quanto para o Federal Reserve. Quando o Departamento de Trabalho pediu que ele fizesse um contraestudo para avaliar se os fundos ciclo de vida eram a melhor opção padrão para a aposentadoria, David não tinha nenhuma ideia do percurso que o esperava. Do outro lado do famoso corredor estava o Investment Company Institute (o braço de lobby da indústria de fundos mútuos), que "havia pagado 2 milhões de dólares por um estudo e conseguido exatamente o que queria. Um estudo que afirmava (que os TDFs) eram a melhor coisa desde a invenção do pão de forma". Tenha em mente que, naquele momento, os TDFs eram apenas um conceito. Um *insight* para a indústria.

Em seu estudo para o Departamento de Trabalho, conduzido com dois outros professores, um dos quais havia sido discípulo de dois ganhadores do prêmios Nobel, Babbel comparou os TDFs aos *fundos de valor estável*. Estes são ultraconservadores, "não apresentam perdas e historicamente têm produtividade (rendimentos) de 2% a 3% maiores do que os fundos do mercado monetário". De acordo com Babbel, o estudo patrocinado pela indústria, que pintou os TDFs da melhor forma possível, estava repleto de falhas. Para fazer os TDFs parecerem melhores do que os fundos de valor estável, eles fantasiaram mais do que Walt Disney. Por exemplo, supuseram que as ações e os títulos *não têm correlação. Errado.* Os títulos e as ações, na verdade, se movem paralelamente até certo ponto, e se movem de forma ainda mais similar em tempos difíceis. (Títulos e ações tiveram 80% de correlação em 2008.)

Babbel e sua equipe revisaram o estudo e o desconstruíram. Eles tinham dissecado matematicamente as descobertas ficcionais do relatório e estavam preparados para derrubar as ridículas suposições que faziam os TDFs parecerem superiores ao que de fato eram.

Quando ele apareceu para apresentar suas conclusões no dia combinado, os economistas do outro lado da mesa, escolhidos pelo Departamento de Trabalho para julgar os dois estudos, "acharam que haviam alguns pontos importantes que precisavam ser revistos". Mas a secretária de Trabalho "já havia tomado sua decisão e, depois, abandonou a comissão no dia seguinte. Ela sequer apareceu na reunião que havia agendado com ele". O Dr. Babbel ouviu que estava pré-programado. A indústria obteve o selo de aprovação de que precisava para assinar o seu próprio cheque "polpudo".

Avançamos no tempo, e, até o fim de 2013, os TDFs já estavam sendo utilizados por 41% dos participantes de 401 (k), chegando à beira dos trilhões! Um retorno nada ruim para a comunidade de investimentos, em troca de um investimento de 2 milhões de dólares em um estudo que o Dr. Babbel e seus estimados colegas economistas haviam chamado de "excessivamente falho".

Uma lei federal de 2006 estabeleceu o caminho para que os fundos ciclo de vida se transformassem na opção "padrão" para a aposentadoria. Os empregadores não podem ser responsabilizados por empregar o dinheiro dos funcionários nos fundos ciclo de vida. Hoje, bem mais da metade de todos os empregadores "autoinscrevem" seus funcionários em seus 401 (k). De acordo com a pesquisa da Fidelity, mais de 96% dos grandes empregadores usam esses fundos mútuos ciclos de vida como padrão na escolha de investimentos.

VOCÊ NUNCA SABE QUEM ESTÁ NADANDO NU ATÉ QUE A MARÉ BAIXE

Imagine que você está no começo de 2008, e está se aproximando de sua aposentadoria. Você trabalhou duro por mais de 40 anos para sustentar sua família; está ansioso para ter mais tempo para passar com os netos, mais tempo viajando, simplesmente... mais tempo. Sob todos os aspectos, seu saldo no 401 (k) parece saudável. Seus "fundos ciclo de vida 2010" estão funcionando bem, e você acredita que, como está a apenas dois anos da aposentadoria, seus fundos estão investidos de forma bastante conservadora. Milhões de norte-americanos que pensavam assim antes de 2008 perderam as esperanças em relação à aposentadoria, ou pelo menos em relação à qualidade da aposentadoria que vinham esperando ter. O gráfico a seguir mostra os 20 principais fundos ciclo de vida (por tamanho) e seus angustiantes desempenhos em 2008. Lembre-se que estamos falando de fundos ciclos de vida de 2010, de modo que a aposentadoria estava, agora, a dois anos de distância dos seus investidores. Observe a alta porcentagem que certos fundos optaram por colocar em ações (mais arriscada), embora elas devessem estar na "última fase" e, portanto, mais conservadora. Para ser justo, mesmo que você esteja se aposentando, é preciso ter alguma exposição às ações, mas, ao mesmo tempo, esse tipo de perda poderia ter devastado ou pelo menos atrasado seus planos para a aposentadoria.

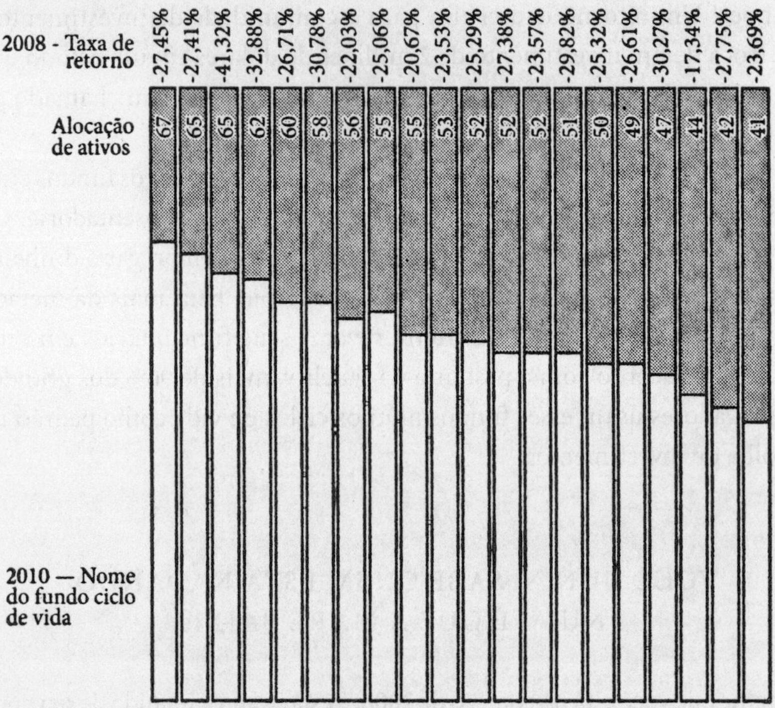

DOS MALES, O MENOR

Quando comecei a entrevistar muitas das principais mentes acadêmicas no campo da pesquisa sobre aposentadoria, fiquei surpreso ao saber que todas elas eram favoráveis aos fundos ciclo de vida.

Espere um segundo. Como assim?!

Compartilhei com cada uma delas muito do que você acabou de ler, e embora essas pessoas não tenham discordado dos problemas nos TDFs, destacaram a época antes da existência dos TDFs, quando todos nós tínhamos a opção de alocar nossos ativos como bem entendêssemos. Esse arranjo produziu mais confusão e, francamente, uma tomada de decisão bastante deficitária. Os dados certamente sustentam seu argumento.

Em uma entrevista, o Dr. Jeffrey Brown, uma das mentes mais inteligentes do país, me explicou: "Se você regressar para antes da existência dessas coisas (TDFs), nós tínhamos muitas pessoas que investiam nas ações de seu próprio empregador. Elas estavam extremamente concentradas nas ações de seu próprio empregador." Ele me lembrou do caso da Enron, em que muitos funcionários colocaram 100% de suas economias nas ações da empresa e da noite para o dia o dinheiro acabou.

Quando as pessoas tinham 15 diferentes opções de fundos mútuos para escolher, elas dividiam o dinheiro em partes iguais (1/15 em cada um), o que não é uma boa estratégia. Ou ficavam nervosas se o mercado caísse (ou vendiam quando o mercado estivesse em baixa) e ficavam na inteira dependência do dinheiro vivo por anos a fio. Dinheiro vivo nem sempre é uma situação ruim para uma parte do seu dinheiro, mas, dentro de um 401 (k), quando você está pagando taxas pelo plano em si, está perdendo dinheiro tanto para as taxas quanto para a inflação quando se apega ao dinheiro. Em suma, eu consigo entender o argumento do Dr. Brown.

Se o conceito de um fundo ciclo de vida é atraente, o Dr. Brown recomenda um fundo de baixo custo, como os oferecidos pelo Vanguard. Essa poderia ser uma boa abordagem para alguém com quantidades mínimas para investir, uma situação muito simples, e a necessidade de um consultor poderia ser exagerada. Se você não quiser usar um fundo ciclo de vida e, em vez disso, tiver acesso a uma lista de fundos de índice de baixo custo a partir da qual escolher, poderá implementar um dos modelos de alocação de ativos sobre os quais vai aprender mais adiante neste livro. **Saber onde alocar seus ativos, como empregar seu dinheiro e de que forma dividi-lo, eis as habilidades mais importantes de um investidor bem-sucedido.** Conforme os mestres nos ensinarão, não é algo tão complicado assim! Os TDFs de baixo custo podem ser ótimos para o investidor médio, mas você não é médio se está lendo este livro!

Se você quiser adotar medidas imediatas para minimizar as taxas e ter um consultor para ajudá-lo na alocação de suas opções de fundo 401 (k), pode usar o serviço do Stronghold (www.strongholdfinancial.com [em inglês]), que, com o clique do mouse, vai "espreitar" automaticamente seu 401 (k) e fornecer uma alocação de ativos gratuitamente.

Além disso, muitas pessoas pensam que não há muitas alternativas aos TDFs, mas na Seção 5 você vai conhecer uma alocação de ativos específica, de fundo de cobertura do guru Ray Dalio, que produziu retornos extraordinários com mínimos resultados adversos. Quando uma equipe de analistas testou o portfólio, a pior perda foi de apenas 3,93% nos últimos 75 anos. Em contrapartida, de acordo com a MarketWatch, "os fundos de aposentadoria ciclo de vida mais conservadores — os projetados para produzir renda — caíram em média 17% em 2008, e os fundos de aposentadoria ciclo de vida mais arriscados — projetados para aqueles que se aposentarão em 2055 — caíram em média gritantes 39,8%, de acordo com um relatório recente da Ibbotson Associates".

MAIS UMA ILUSÃO QUE SE DESMANCHA

Juntos, nós expusemos e destrinchamos mais um mito. Espero que agora você entenda que a ignorância não traz felicidade. A ignorância significa sofrimento e pobreza no mundo financeiro. O conhecimento que você adquiriu nestes primeiros capítulos será o combustível com o qual você precisa para dizer: "Nunca mais! Nunca mais vão se aproveitar de mim."

Em breve vamos começar a explorar as empolgantes oportunidades, estratégias e veículos para a criação de liberdade financeira, mas primeiro temos mais alguns mitos dos quais você precisa ser libertado.

CAPÍTULO 2.7

MITO 7: "ODEIO ANUIDADES, E VOCÊ TAMBÉM DEVERIA ODIAR"

No ano passado, os maiores ativos do Federal Reserve foram duas anuidades.

— "As finanças pessoais do presidente do Federal Reserve, Bernanke, não são supérfluas", *USA Today*, 21 de julho de 2008

AME OU ODEIE?

Encontrei um anúncio na internet que dizia: "Eu odeio pagar anuidade, e você também deveria odiar." A "isca" típica da rede fornecia um relatório gratuito demonstrando que as anuidades eram investimentos terríveis, e que uma estratégia usando ações e títulos seria uma abordagem muito melhor para o crescimento e a seguridade a longo prazo. Naturalmente, o anunciante estava prontamente disponível para vender suas seleções de ações, elaboradas por um especialista, em troca de uma taxa. O que não era mencionado em negrito no anúncio é que o anunciante era um selecionador de ações com uma abordagem ativa. Já aprendemos com especialistas como Warren Buffett, Jack Bogle, Ray Dalio e David Swenson — além dos resultados de pesquisas acadêmicas — que a gestão ativa é incapaz de superar o mercado de forma consistente. Seus resultados são inferiores a um índice simples, que geralmente tem taxas de 500% a 3.000% mais baratas, com melhor desempenho. Mas essa estratégia de marketing muitas vezes funciona, não é? Compare com aquilo que é percebido como um produto terrível, e de repente o seu não parece tão ruim.

Mas nem todo mundo odeia as anuidades...

Por outro lado, fiquei surpreso ao descobrir que o ex-presidente do Federal Reserve, Ben Bernanke, indiscutivelmente o homem mais influente em finanças em determinado momento, certamente aprecia o uso de anuidades em seu plano de finanças pessoais. Bernanke teve de revelar seus investimentos antes de se tornar presidente do Federal Reserve. A divulgação mostrou que ele tinha uma quantidade relativamente baixa de ações e títulos, enquanto suas anuidades eram suas *duas maiores participações*. Meu pensamento imediato foi: "O que ele sabe que eu não sei?"

E então?

As anuidades são a melhor coisa desde a invenção do pão fatiado, ou apenas um negócio que é bom para a companhia de seguros e para os corretores que as vendem? A resposta? Na verdade, depende do tipo de anuidade que você possui e as taxas que a companhia de seguros vão cobrar. Vamos examinar.

Durante o processo de escrita deste livro, busquei as mentes mais respeitadas do mundo, com o intuito de explorar as melhores maneiras de os leitores estabelecerem um fluxo garantido de renda vitalícia; um contracheque para a vida toda, sem ter de trabalhar. Afinal, não é para isso que investimos, antes de mais nada? Enquanto eu conduzia minhas entrevistas, o Dr. David Babbel era um nome que estava continuamente "em ascensão" durante minha pesquisa. Se você se lembrar do capítulo anterior deste livro, ele é o professor da Wharton que, ao lado de vários doutores, aconselhou a secretária de Trabalho em dois estudos sobre os fundos ciclo de vida.

No início de 2013, ele apresentou sua própria história pessoal em um relatório no qual declinava o conselho de seus amigos de Wall Street, que o incentivavam a deixar seus investimentos correrem sob a esperança de crescer mais, e criou um plano de renda vitalícia. Assim, em vez de arriscar dinheiro em ações ou títulos, ele usou uma série de *anuidades de renda* garantida, escalonadas ao longo do tempo, para lhe possibilitar a aposentadoria estável e segura que ele quer e merece — um plano de renda vitalícia. As anuidades que ele usou também lhe davam uma garantia de

100% sobre seu capital investido, de modo que ele não perdeu em 2000 ou em 2008, quando o mercado caiu. Ao contrário, ele estava confortavelmente desfrutando de sua vida, sua esposa e seus netos com a paz de espírito de quem nunca ficará sem dinheiro.

Voei até a Filadélfia para me encontrar com o Dr. Babbel para uma entrevista de "uma hora" que se transformou em quatro. Sua estratégia, que destacamos no Capítulo 1.2 "Crie uma renda para a vida toda", era poderosa, mas simples. E o fator "paz de espírito" realmente transpareceu, uma vez que eu podia ver a liberdade que sua estratégia lhe proporcionava. Saí de lá com uma visão completamente diferente sobre as anuidades! Ou, pelo menos, certos tipos de anuidades.

Ele foi muito claro ao afirmar que "nem todas as anuidades são criadas da mesma forma". Existem muitos tipos diferentes, cada um com seus próprios e únicos benefícios e desvantagens. **Há aquelas que você de fato deve "odiar", mas aglutinar todas as anuidades em uma categoria é discriminar irrefletidamente a única ferramenta financeira que resistiu ao teste do tempo por mais de 2 mil anos.**

A EMPRESA DE SEGUROS DE JÚLIO CÉSAR

As primeiras anuidades de rendas vitalícias remontam há 2 mil anos, na época do Império Romano. Cidadãos e soldados depositavam dinheiro em um mesmo reservatório. Aqueles que viviam mais tempo recebiam rendimentos cada vez maiores, e aqueles que não tinham muita sorte morriam; o governo ficava com uma pequena parte, é claro. A César o que é de César!

A palavra latina *annua* é a origem da palavra *anual*, pois os romanos originais obtinham anualmente o pagamento de seu rendimento. Evidentemente, essa é a origem da palavra *anuidade*! Que tal comparar isso com as "excitantes" curiosidades sobre o refrigerador de água?

Na década de 1600, os governos europeus usaram o mesmo conceito de anuidade (chamado de tontina) para financiar guerras e projetos públicos (novamente, ficando com uma parcela do total de depósitos). No mundo moderno, a matemática e os fundamentos desses produtos ainda são os mesmos, exceto pelo fato de os governos terem sido substituídos por algumas das companhias de seguros mais cotadas, incluindo muitas que já estão no negócio há mais de um século; companhias de seguros que resistiram ao teste do tempo através de depressões, recessões, guerras mundiais e a crise de crédito mais recente.

Entretanto, devemos ter cuidado quando se trata de diferentes tipos de anuidades. As anuidades, praticamente, não mudaram durante os últimos 2 mil anos. Havia apenas uma versão: o clássico, da Coca-Cola, sobre soluções financeiras. Era um contrato simples entre você e uma companhia de seguros. Você lhes dava o seu dinheiro e eles lhe prometiam uma renda garantida ou um retorno sobre esse dinheiro. Depois de fazer sua contribuição, você precisava decidir quando começaria a receber pagamentos de rendimentos. Quanto mais você esperava, maiores eram seus pagamentos de rendimentos. No dia em que você comprava, recebia um cronograma mostrando o pagamento exato, de modo que não havia adivinhação.

É PROGRESSO OU APENAS UMA MUDANÇA?

Nos últimos 50 anos, as anuidades evoluíram para muitos tipos diferentes em comparação com as originais oferecidas por César. Às vezes, a evolução é uma coisa boa. Outras vezes, nós terminamos como mutantes!

É seguro dizer que há mais produtos deficitários por aí do que bons produtos. Como Jack Bogle explica: "Continuo a recomendar a anuidade conceitualmente, mas é melhor você conferir os detalhes antes de fazer qualquer coisa." Então, vamos direto ao ponto. O que você deveria evitar?

ANUIDADES VARIÁVEIS SÃO INVARIAVELMENTE RUINS

Em 2012, foram vendidos mais de 150 bilhões de dólares em anuidades variáveis. Para se ter uma ideia, 150 bilhões é um valor bastante próximo da receita bruta da Apple em 2012. As anuidades variáveis se transformaram na comissão predileta de muitas grandes corretoras. Então, que diabos é uma anuidade variável? Em suma, é um contrato de seguro em que todos os depósitos subjacentes são investidos em fundos mútuos (também conhecidos como subcontas). Sim. Os mesmos fundos mútuos que apresentam um desempenho inferior ao do mercado e cobram taxas insanamente elevadas. Desta vez, porém, o investidor os adquire dentro do "invólucro" de uma anuidade. Por que alguém iria querer investir em fundos mútuos por meio de uma anuidade? Porque os produtos de anuidades oferecem benefícios fiscais especiais, e o dinheiro que está compreendido lá pode aumentar com o diferimento de impostos, da mesma forma que um 401 (k) ou IRA. Esse arranjo é especialmente atraente, diz o argumento de vendas, se você já tiver atingido os seus limites 401 (k) ou IRA, e tiver capital extra para investir. Mas agora, em vez de apenas pagar taxas excessivas para apresentar um desempenho inferior ao dos fundos mútuos, há taxas *adicionais* para a anuidade em si.

TAXAS EM CIMA DE TAXAS

Então, qual é o apelo? Por que alguém compraria fundos mútuos embutidos dentro de uma anuidade apenas para evitar os impostos? A maioria das anuidades variáveis garante que, mesmo que a conta diminua, seus beneficiários receberão pelo menos o valor total originalmente investido. Então, se você colocar 100 mil dólares, e os fundos mútuos apresentarem uma queda de valor para 20 mil, seus filhos continuarão recebendo 100 mil dólares quando você morrer. Não parece um negócio tão ruim até você perceber que acabou de comprar a forma mais cara de seguro de vida disponível.

No Capítulo 2.2 nós esboçamos a lista de taxas que você vai pagar para possuir um fundo mútuo ativamente gerenciado, e mostramos como essas taxas podem prejudicar dramaticamente seu desempenho. Recapitulando: o total de todas as taxas (relação de despesas, custos de transação, custos de soft-dólar, escoamento de dinheiro, encargos de vendas) vai ser de **aproximadamente 3,1% ao ano, de acordo com a *Forbes*** (se o dinheiro for mantido em uma conta com imposto diferido, como um 401 (K), IRA ou de anuidade variável).

Isso significa 3.100 dólares por ano para cada 100 mil.

Mas ainda não acabou.

Quando você compra uma anuidade variável, não está apenas arcando com as taxas acima listadas, mas também com as taxas *adicionais* pagas à companhia de seguros. Há uma "despesa de mortalidade"[7] que, de acordo com a Morningstar, atinge a média de 1,35% ao ano, bem como encargos administrativos que podem girar em algum valor entre 0,10% e 0,50% ao ano.

Vamos somá-los:

Custos médios de fundos mútuos = 3,1% (de acordo com o artigo da *Forbes*),
Mortalidade e despesas = 1,35% (média),
Custo administrativo = 0,25% (média).

Um total geral de 4,7% ao ano, ou 4.700 dólares para cada 100 mil que você investir! E esse dinheiro sai do bruto, antes mesmo de você ganhar qualquer centavo. **Dito de outra forma, se o fundo tiver um retorno de 4,7%, você não ganha nada!** Todas essas taxas adicionais para evitar o imposto sobre os ganhos? Caramba, depois de todas as taxas você, provavelmente, não vai ter muito ganhos, se é que vai ter algum, sobre os quais pagar impostos!

ENCURRALADOS

Mesmo que a maioria de nós perca dinheiro nessas anuidades variáveis, nos sentimos presos e com medo de retirar o nosso dinheiro, por causa da garantia do benefício de morte (a garantia de que os nossos herdeiros vão receber o montante do depósito original). E, geralmente, há pesados encargos no caso de desistência, de modo que a companhia de seguros pode cobrar se quisermos abandonar a festa mais cedo.

---

[7] Taxas, incluídas em determinados produtos de anuidades ou seguros, que servem para compensar a companhia de seguros por vários riscos que ela assume sob o contrato de anuidade.

Há alguma exceção à regra? Apenas duas, que os especialistas afirmam valer a pena considerar na medida em que a eficiência fiscal se fizer necessária. O Vanguard e o TIAA-CREF oferecem anuidades variáveis de custo extremamente baixo, com uma lista de fundos de índice de baixo custo para escolher. Eles não cobram comissões, portanto, não existem taxas de desistência se você quiser sacar o dinheiro.

NÃO SÃO AS ANUIDADES DO SEU AVÔ

Nos Capítulos 5.3 e 5.4 deste livro: "Liberdade: criando seu plano de renda vitalícia" e "Tempo de ganhar: seu resultado é sua renda", vamos examinar claramente as anuidades de renda tradicionais, bem como um tipo relativamente novo de anuidade, a *anuidade fixa indexada*, que fornece algumas das mais altas e mais atraentes garantias de renda sobre qualquer outro produto financeiro, ao mesmo tempo em que garante 100% de proteção ao capital. No momento em que você terminar de ler este livro, pode ter a certeza e a paz de espírito de saber que todos os meses, quando abrir sua caixa de correio, vai estar recebendo um contracheque (e você não vai precisar trabalhar para recebê-lo). Nós podemos acelerar o seu caminho para a liberdade financeira se pudermos eliminar os impostos sobre os pagamentos de rendimentos vitalícios. *Como?*, você perguntaria.

Pegando uma parte de nosso dinheiro e combinando o poder de um Roth IRA com o de uma anuidade de renda vitalícia. **Isso significa que, independentemente do que o governo fizer com as taxas de imposto, você pode ter certeza de que o montante total que recebe é a renda passível de dispêndio. É isso mesmo: uma renda vitalícia legal e segura, livre de impostos, sem elementos móveis ou preocupações com a volatilidade do mercado.**

O objetivo deste capítulo não é apenas dizer o que evitar, mas também avisá-lo sobre o perigo de ser seduzido pelo mito de marketing de que *todas* as anuidades são ruins. A única razão pela qual não estou me aprofundando mais no poder das anuidades é porque você, primeiro, precisa entender onde colocar o seu dinheiro: alocação de ativos. E a compreensão da alocação de ativos vai ajudá-lo a saber quando e onde as anuidades farão sentido para você.

A SOLUÇÃO

Se você tiver uma anuidade, independentemente do tipo, é sempre benéfico pedir uma avaliação a um especialista em anuidades. Você pode entrar em contato com um consultor da Lifetime Income [em inglês], e ele fará uma revisão gratuita, que vai ajudá-lo a:

- descobrir os prós e os contras de sua anuidade atual,
- determinar as taxas reais que você está pagando,
- avaliar se as garantias são ou não as mais elevadas disponíveis e
- decidir se você deve manter ou abandonar sua anuidade atual ou "trocá-la" por um tipo diferente de anuidade.

Se você tiver uma anuidade que não considere excelente, há um recurso chamado *troca 1035*. É bastante simples a burocracia para transferir o saldo de conta de uma companhia de seguros para outra sem ser afetado por nenhuma penalidade tributária. Mas você deve estar ciente de que sua anuidade atual pode ter "encargos de desistência", se você não possuir a anuidade por tempo suficiente. Pode fazer sentido adiar uma troca até que os encargos de desistência abaixem ou não existam mais. Além disso, você pode acabar perdendo a garantia de benefício por morte.

Continue comigo. Há apenas mais uma verdade que precisamos descobrir! A última e derradeira ilusão é aquela sobre a qual os iniciados estão mais cientes: o mito de que você tem de correr riscos exorbitantes para conseguir grandes retornos.

Vamos desmascarar o Mito 8...

CAPÍTULO 2.8

MITO 8: "VOCÊ PRECISA CORRER GRANDES RISCOS PARA OBTER GRANDES RECOMPENSAS!"

Uma operação de investimento é aquela que, após a análise de suas premissas, promete a segurança do principal e um retorno adequado. As operações que não atendem a esses requisitos são especulativas.

— BENJAMIN GRAHAM, *O investidor inteligente*

FAZENDO O SEU BOLO E COMENDO-O TAMBÉM

Superficialmente, parece que os empreendedores têm alta tolerância ao risco. Mas uma das frases mais importantes da minha vida é "proteger-se do resultado adverso".

— RICHARD BRANSON, fundador da Virgin

Meu amigo Richard Branson, fundador da Virgin e de suas muitas marcas incríveis, decidiu lançar a Virgin Airways em 1984. No verdadeiro estilo Davi contra Golias, o mestre de marketing sabia que poderia "superar mercadologicamente" qualquer um, incluindo a gigante concorrente British Airways. Para um forasteiro, parecia uma grande aposta. Mas Richard, como a maioria dos investidores inteligentes, estava mais preocupado em se proteger de um resultado adverso do que em marcar um gol. Assim, em um movimento brilhante, ele comprou seus primeiros cinco aviões, mas conseguiu fechar o negócio de sua vida: se não desse certo: ele poderia devolver as aeronaves! Uma garantia de devolução do dinheiro! Se falhasse, ele não perderia. Se ganhasse, ganharia muito. O resto é história.

Ao contrário do mundo dos negócios, o mundo dos investimentos vai lhe dizer, direta ou mais sutilmente, que, se você quiser ganhar muito, vai ter de assumir um alto risco. Ou, mais assustadoramente, se você quiser liberdade financeira, vai ter de arriscar sua liberdade para chegar lá.

Nada poderia estar mais longe da verdade.

Se existe um denominador comum entre iniciados bem-sucedidos, é que eles não especulam com suas economias duramente conquistadas; eles estabelecem estratégias. **Lembra das duas principais regras de investimento de Warren Buffett? Regra 1: não perca dinheiro! Regra 2: releia a Regra 1.** Sejam os principais negociadores de fundos de cobertura do mundo, como Ray Dalio e Paul Tudor Jones, ou empresários como o fundador da Salesforce, Marc Benioff, e Richard Branson, da Virgin, sem exceção, esses bilionários iniciados procuram oportunidades que proporcionem risco/recompensa assimétrica. Essa é uma maneira extravagante de dizer que a recompensa é drasticamente desproporcional ao risco.

Arrisque pouco, faça muito.

O melhor exemplo de arriscar muito pouco para fazer muito são os investidores de alta frequência (HFT, na sigla em inglês), que usam as últimas tecnologias (sim, inclusive robôs voadores e torres de micro-ondas mais rápidas do que a velocidade da luz) para economizar 1/1.000 de um segundo! Qual você acha que é o seu risco/recompensa ao gerar 70% de todo o volume de negociação no mercado de ações? Vou dar uma pista. A Virtu Financial, uma das maiores empresas de HFT, estava prestes a abrir seu capital, um processo que exige a divulgação de seu modelo de negócios e de sua lucratividade. Nos últimos cinco anos, a Virtu perdeu dinheiro apenas em um dia! Isso mesmo. Um único dia de negociação em milhares de outros! E qual é o seu risco? Investir em computadores mais rápidos, suponho.

ESFREGANDO UMA MOEDA NA OUTRA

J. Kyle Bass, meu amigo e guru dos fundos de cobertura, é mais conhecido por transformar um investimento de 30 milhões de dólares em 2 bilhões em apenas dois anos. A sabedoria convencional diria que ele deve ter corrido um grande risco para obter retornos dessa magnitude. Nem tanto. Kyle fez uma aposta muito calculada contra a bolha imobiliária que estava se expandindo como o garoto Willy Wonka em *A fantástica fábrica de chocolate*. Ela iria estourar, mais cedo ou mais tarde. Lembra daqueles dias quando vorazes e pouco qualificados compradores de hipotecas eram convencidos a adquirir tudo o que pudessem? Sem nenhuma entrada nem qualquer prova de que poderiam honrar seu compromisso? Os credores estavam entrando em acordos para conceder empréstimos, sabendo que poderiam embalá-los e vendê-los para investidores que na verdade não chegavam a compreendê-los. Essa bolha era fácil de detectar enquanto você estava olhando de fora para dentro. Mas a genialidade de Kyle, que ele revela em sua entrevista na Seção 6, é que ele só arriscou 3 centavos de cada dólar de resultado positivo. Que tal isso? Correr um pequeno risco e colher recompensas gigantes?

Quando conversei recentemente com Kyle, ele compartilhou os detalhes de outra oportunidade assimétrica de risco/recompensa que havia encontrado para si e para seus investidores. As condições? Ele tinha uma garantia de 95% de seu investimento, mas, se ou quando a companhia abrisse o capital, os resultados positivos eram ilimitados (e ele aguardava retornos maciços!). Se tudo desse errado, ele perderia apenas 5%.

Kyle, como todos os grandes investidores, assume pequenos riscos para grandes recompensas. **Dar tudo de si sem nenhuma proteção contra os resultados adversos é uma receita para o desastre.**

"Kyle, como posso transmitir esse ponto para os meus leitores?"

"Tony, eu vou lhe dizer como foi que ensinei os meus dois meninos: nós compramos moedas."

"O que você disse, Kyle?" Talvez o telefone estivesse falhando. "Eu poderia jurar que você acabou de dizer que comprou moedas."

"Você me ouviu bem. Eu estava, literalmente, embaixo do chuveiro um dia e pensei: 'Onde posso obter um retorno sem risco?'"

A maioria dos especialistas nem sonharia com isso. Em sua mente, "retorno sem risco" é um paradoxo. Iniciados como Kyle pensam diferente do rebanho. E, desafiando a sabedoria convencional, ele sempre procura pequenos investimentos para obter recompensas desproporcionais. O famoso guru de fundos de cobertura, com uma das maiores conquistas do século passado, usou seu suado dinheiro para comprar... bem, dinheiro: 2 milhões de dólares em moedas — o suficiente para encher uma pequena sala. E qual era o problema?

Embora o valor de uma moeda flutue, no momento da entrevista Kyle me disse: "Tony, o níquel dos Estados Unidos vale cerca de 6,8 cêntimos hoje em seu 'valor de derretimento'. Isso significa que 5 centavos vale, de fato, 6,8 cêntimos (36% a mais) que seu verdadeiro valor de metal." É insano pensar que vivemos em um mundo em que o governo vai gastar quase 9 centavos no total (incluindo matéria-prima e custos de fabricação) para fazer uma moeda de 5 cêntimos. Alguém está prestando atenção lá em Washington? Claramente, isso não é sustentável, e um dia o Congresso vai acordar e mudar os "ingredientes" que compõem o níquel. "Talvez o próximo seja de estanho ou de aço. Eles fizeram algo idêntico com a moeda de 1 centavo quando o cobre ficou muito caro, no início dos anos 1980." De 1909 a 1982, a moeda de 1 centavo era composta de 95% de cobre. Hoje, é principalmente zinco, com apenas 2,5% de cobre. Hoje, uma daquelas moedinhas mais antigas vale 2 centavos! (Não em valor de derretimento; esse é o preço que colecionadores de moeda pagariam!) Isso significa 100% a mais do que o seu valor nominal. Se você tivesse investido em moedas de 1 centavo lá atrás, teria dobrado seu dinheiro sem risco, sem sequer precisar ter derretido as tais moedas!

Admito que pareceu um artifício no início, mas Kyle estava falando muito sério. "Se eu pudesse retirar todo o saldo do meu patrimônio líquido, pressionar um botão e transformá-lo em moedas, faria isso neste exato segundo", ele exclamou. "Porque, então, você não precisaria se preocupar com quanto dinheiro eles imprimem. A moeda sempre vai valer uma moeda." E o seu dinheiro valeria 36% a mais — assim como as moedas de 1 centavo, provavelmente, vão valer 100% a mais no futuro, assim que o governo, inevitavelmente, baratear a receita da moeda.

Kyle era mais do que um entusiasta. "**Onde mais eu posso obter um retorno de 36% sem risco?** Se eu estiver errado, ainda tenho aquilo com que comecei." Claro que é ilegal derreter moedas (por enquanto), mas o ponto é: "Não vou precisar derretê-las porque, assim que mudarem o modo de fabricação da moeda, as antigas se tornam ainda mais valiosas do que antes, pois começa a haver escassez quando eles começam a tirá-las da circulação."

Não é necessário dizer que os filhos de Kyle entenderam a lição, assim como se exercitaram bastante movendo caixas de moedas para o depósito!

Agora, você pode estar pensando: "Bem, isso é ótimo para Kyle Bass, que tem milhões ou até mesmo bilhões para desperdiçar, mas como isso se aplica a mim?" Certamente, não deve ser possível para investidores normais auferir os resultados positivos sem os resultados adversos — conquistar uma proteção do capital com grande potencial de crescimento.

Pense de novo.

O mesmo nível de criatividade financeira que impulsionou o investimento de alta frequência (HFT), fazendo-o passar de inexistente para uma força dominante em apenas dez anos, atingiu outras áreas de finanças. Depois da crise de 2008, quando as pessoas não tinham muito apetite por ações, algumas mentes muito inovadoras nos maiores bancos do mundo descobriram uma maneira de fazer o aparentemente impossível: **permitir que você e eu participássemos dos ganhos do mercado de ações sem arriscar *nada* do nosso capital!**

Antes de você tachar esse conceito de insano, eu, pessoalmente, tenho uma *obrigação*, emitida e patrocinada por um dos maiores bancos do mundo, que me dá 100% de proteção ao capital. Se o mercado subir, eu consigo manter uma parte significativa dos ganhos no mercado (sem dividendos). Mas se ele cair, eu recebo *todo* o meu dinheiro de volta. Não sei quanto a você, mas estou muito contente em abrir mão de uma porcentagem dos resultados positivos para me proteger de dolorosas perdas de uma parte do meu portfólio de investimentos.

Mas estou colocando o carro na frente dos bois.

Chegamos a um ponto nos Estados Unidos em que a maioria de nós acredita que a única opção para fazer crescer nossa riqueza envolve assumir grandes riscos. Que nossa única opção disponível é resistir às agitadas ondas do mercado de ações. E nós, de alguma forma, nos consolamos com o fato de que todos estamos no mesmo barco. Bem... Adivinhe. Isso não é verdade! Nem todo mundo está no mesmo barco!

Existem uns barcos muito mais confortáveis fora da água, ancorados no famoso porto seguro, enquanto outros estão enfrentando as ondas da volatilidade e fazendo água rapidamente.

Então, quem é o dono dos barcos que estão no porto? Os iniciados. Os ricos. Um por cento. Aqueles que não estão dispostos a especular com seu dinheiro suado. Mas, não se engane: você não precisa estar nesse 0,001% para estabelecer estratégias como esse 0,001%.

QUEM NÃO QUER COMER O BOLO TAMBÉM?

No mundo dos investimentos, ter o seu bolo e comê-lo seria ganhar dinheiro quando o mercado sobe, mas não perder 1 centavo sequer se ele cai. Temos de fazer a viagem para cima, mas não para baixo. Esse conceito, bom demais para ser verdade, é tão importante que dediquei uma seção inteira deste livro a ele: "Vantagens sem desvantagens: Crie um plano de renda vitalícia." Por enquanto, o breve aperitivo abaixo foi concebido para desfazer as noções preconcebidas de que você e todo o seu dinheiro devem suportar as intermináveis ondas de volatilidade. Aqui estão três estratégias comprovadas (exploradas com maior profundidade na Seção 5) para obter retornos vigorosos, apesar de ancoradas firmemente em águas mais calmas.

1. **Obrigações estruturadas.** Essas são, talvez, uma das ferramentas mais empolgantes disponíveis hoje em dia, mas, infelizmente, é raro serem oferecidas ao público em geral, pois os investidores de alto poder aquisitivo as devoram como os pombos comendo sementes no Central Park. Felizmente, o fiduciário correto vai conseguir conceder acesso aos indivíduos que, eventualmente, não possuam grandes somas de capital de investimento. Então, preste atenção.

   Uma obrigação estruturada é simplesmente um empréstimo *para* um banco (normalmente um dos maiores bancos do mundo). O banco emite uma obrigação para você, e em troca você lhe empresta dinheiro. No fim do período de tempo (também chamado de termo), o banco *garante* que vai lhe pagar o que for *maior* de: 100% do seu depósito de volta *ou* uma porcentagem dos resultados positivos dos ganhos de mercado (menos os dividendos).

   É isso mesmo. Eu recebo *todo* o meu dinheiro de volta se o mercado estiver em baixa em relação ao dia em que comprei a obrigação, mas se o mercado subir durante esse prazo, começo a ter uma participação nos resultados positivos. Chamo essas obrigações de "segurança projetada". Normalmente, não consigo manter *toda* a vantagem. Então, você precisa perguntar a si mesmo se está disposto a desistir de parte dos resultados positivos para ter proteção no momento dos resultados adversos. Muitas pessoas diriam que sim. Essas soluções se tornam especialmente valiosas quando você chega a esse ponto em sua vida, perto ou durante a aposentadoria, onde você não pode se dar o luxo de ter grandes perdas. Quando você não pode encarar nem sobreviver a outro 2008.

Para aqueles que procuram assumir um pouco mais de riscos, algumas obrigações permitirão ainda mais vantagens se você estiver disposto a assumir mais riscos nos momentos de resultados adversos. **Por exemplo, uma obrigação disponível hoje lhe daria um "airbag" de proteção contra os resultados adversos de 25%. Assim, o mercado precisa cair mais de 25% para que você perca. Em troca de assumir mais riscos, ele vai lhe dar mais de 100% na hora dos resultados positivos. Uma obrigação disponível nesse momento oferece 140% das vantagens se você estiver disposto a absorver uma perda superior a 25%. Portanto, se o mercado tiver subido 10% ao longo do prazo, você vai obter 14% em troca.**

Então, quais são as desvantagens das obrigações estruturadas? Primeiro, uma garantia é boa somente enquanto o apoia! Portanto, é importante escolher um dos bancos mais fortes/maiores (emissores) do mundo, com um balanço patrimonial muito sólido. (Observação: o Lehman Brothers era um banco muito forte até não ser mais! É por isso que muitos especialistas recomendam os bancos canadenses, uma vez que tendem a ter os mais fortes indicadores financeiros.)

Próximo desafio? Seu prazo pode estar fixado longe demais. Digamos que você possuísse uma obrigação com um prazo de cinco anos, e nos quatro primeiros o mercado estava subindo. Você estaria se sentindo muito bem nesse ponto. Se o mercado desmoronasse no quinto ano, porém, você ainda receberia o seu dinheiro de volta, mas não conseguiria capturar nenhum daqueles ganhos. Você também pode ter liquidez limitada se precisar vender a obrigação antes do fim do prazo.

Também é importante observar que nem todas as obrigações estruturadas são criadas de forma idêntica. Como todos os produtos financeiros, existem boas versões e versões ruins. A maioria das grandes empresas de varejo vende obrigações com comissões substanciais, taxas de subscrição e taxas de distribuição; tudo isso vai ser debitado de seus potenciais resultados positivos. Acessar obrigações estruturadas por meio de um fiduciário sofisticado e especializado (um consultor de investimentos registrado) normalmente faz essas taxas serem removidas, porque um fiduciário cobra uma taxa de consultoria fixa. Eliminando essas taxas, o desempenho sobe. Um fiduciário também vai ajudá-lo a certificar-se de possuir a obrigação com o tratamento fiscal mais vantajoso, já que as ramificações fiscais podem variar.

2. **CDs ligados ao mercado.** Primeiro, o mais importante: não estamos falando dos certificados de depósito do seu avô. Hoje em dia, com taxas de juros tão baixas, os CDs tradicionais não conseguem sequer acompanhar o ritmo da inflação. Isso lhes valeu o apelido de "certificados de morte", porque o seu poder de compra está sendo lentamente aniquilado. Enquanto escrevo, o CD médio de um ano está pagando 0,23% (ou 23 pontos-base). Você pode imaginar investir 1.000 dólares por um ano e receber de volta 2,30 dólares? O investidor médio entra em um banco e se dispõe a oferecer e aceitar 23 bps. Mas o investidor rico, um iniciado, iria rir e lhes mandar para o inferno. Isso não dá nem para comprar um café com leite! Ah, e você ainda tem de pagar impostos sobre esse retorno de 2,30 dólares — uma alíquota comum de imposto de renda ainda mais alta (em oposição à alíquota de imposto de investimentos), que historicamente está significativamente menor!

   Os CDs tradicionais são muito rentáveis para os bancos, porque podem se alterar e emprestar o seu dinheiro a dez ou 20 vezes a taxa de juros que estão lhe pagando. Outra versão do jogo do iniciado.

   Os CDs ligados ao mercado são semelhantes às obrigações estruturadas, mas incluem o seguro da Federal Deposit Insurance Corporation (FDIC). Eis aqui o modo como eles funcionam: os CDs ligados ao mercado, assim como as versões tradicionais, oferecem um pequeno retorno garantido (um cupom) se o mercado subir, mas você *também* pode participar dos resultados positivos. Se o mercado cair, você recebe de volta o seu investimento (mais o seu pequeno retorno), e teria tido o seguro FDIC o tempo todo. Normalmente, o seu dinheiro fica comprometido por um ou dois anos (enquanto as obrigações estruturadas podem durar de cinco a sete). Para termos um exemplo real, hoje há um CD ligado ao mercado que paga a mesma taxa de juros que um CD tradicional (0,28%), mas também permite que você participe em até 5% dos ganhos de mercado. Portanto, se o mercado subir até 8% ao todo, você pode manter 5%. Nesse exemplo, você ganhou mais de 20 vezes o retorno de um CD tradicional, com a mesma proteção FDIC! Novamente: se o mercado cair, você não perde nada. Tenha em mente que as taxas estão mudando constantemente nessa área. As taxas podem ser mais atraentes em determinados momentos do que em outros. Em 2008, quando os bancos estavam lutando e ansiando por depósitos, eles propuseram um negócio que o meu amigo Ajay Gupta, que também é meu consultor de investimento registrado pessoal, não poderia deixar passar. A obrigação tinha 100% de proteção ao capital com seguro FDIC. O valor estava vinculado a um portfólio equilibrado de ações e títulos, e, afinal de contas, a sua média de ganho era de 8% ao ano, sem nenhum risco!

Devo adverti-lo novamente, no entanto, de que acessá-los diretamente a partir de um banco, muitas vezes, pode acarretar uma série de encargos e taxas. Por outro lado, o acesso a essas soluções por meio de um consultor fiduciário normalmente removerá todas as comissões e taxas que uma empresa varejista pode cobrar, portanto, o desempenho/as condições serão melhores para você.

3. **Anuidades fixas indexadas.** Antes de mais nada, eu gostaria de dizer que há muitos péssimos produtos de anuidade no mercado. Em minha pesquisa e entrevistas com alguns dos principais especialistas do país, descobri, porém, que há outros tipos de anuidades sendo utilizados por iniciados, representando mais uma ferramenta para criar as vantagens sem as desvantagens.

As *anuidades fixas indexadas* (FIA, na sigla em inglês) existem desde meados dos anos 1990, mas só recentemente explodiram em popularidade. Uma anuidade fixa indexada *devidamente* estruturada oferece as seguintes características:

- 100% de proteção ao capital, garantida pela seguradora. É por isso que temos de escolher uma seguradora com alta classificação e longa história de cumprir suas promessas — muitas vezes por um século ou mais!
- Vantagens sem as desvantagens — como obrigações estruturadas e CDs ligados ao mercado, uma anuidade fixa indexada permite que você participe quando o mercado sobe, mas não perca se o mercado cair. Todos os ganhos são com impostos diferidos; se eles forem provenientes de um Roth IRA, você não paga impostos sobre os retornos.
- Finalmente, e talvez mais importante do que o resto, algumas anuidades fixas indexadas oferecem a capacidade de criar um fluxo de renda ao qual você não poderá sobreviver. Um contracheque para a vida toda! Pense nesse investimento como a sua própria pensão pessoal. Para cada dólar que você deposita, a seguradora lhe garante um pagamento de renda mensal quando você decidir acionar ou ativar seu fluxo de renda vitalício. As seguradoras têm feito esse trabalho com sucesso há 200 anos. Vamos explorar essa estratégia em profundidade na Seção 5: "Vantagens sem desvantagens: crie um plano de renda vitalícia."

UMA PALAVRA DE ADVERTÊNCIA

Antes de prosseguir, preciso ser muito claro sobre um ponto: isso não quer dizer que todas as versões desses produtos e estratégias são excepcionais. Alguns têm taxas elevadas, comissões elevadas, taxas ocultas e assim por diante. A última coisa que eu quero é algum vendedor usando estas poucas páginas para lhe vender algo que não vá ao encontro dos seus melhores interesses. Quando mergulharmos nessas soluções, na Seção 5, vou apresentar uma lista específica das armadilhas que você deve evitar, bem como uma lista das coisas que você deseja ter certeza absoluta de receber quando utilizar essas soluções.

VOCÊ RECEBE O QUE É CAPAZ DE SUPORTAR

A proposta deste capítulo é começar a lhe mostrar maneiras pelas quais você pode ter o seu bolo e comê-lo também. Às vezes, depois de ter suportado águas turbulentas por tanto tempo, você começa a acreditar que não há outra opção. Essa tendência é chamada de "desamparo aprendido". Mas não é a maneira como os iniciados pensam. De Buffett a Branson, todos eles buscam a relação assimétrica entre risco/recompensa. **Os iniciados não são incapazes, nem você. Em cada área da vida, você recebe o que é capaz de suportar. E é hora de elevar o padrão.**

ATÉ ONDE NÓS CHEGAMOS

Fizemos alguns grandes progressos! Vamos recapitular os mitos que destruímos e as verdades que descobrimos até agora:

- Aprendemos que ninguém supera o mercado (exceto um punhado de "unicórnios")! Usando fundos de índice de baixo custo que copiam o mercado, podemos superar 96% dos fundos mútuos e quase todos os fundos de cobertura. Bem-vindo à vanguarda do pacote de desempenho!
- Considerando que os fundos mútuos de seleção de ações estão cobrando taxas extremamente altas (acima de 3%, em média), podemos reduzir nossas taxas de investimento em 80% ou até 90%. Você poderia ter mais do que o dobro de dinheiro quando se aposentar, ou eliminar alguns anos do tempo necessário para chegar à liberdade financeira. Deixe isso de lado por um segundo!
- Aprendemos a diferença entre um açougueiro e um nutricionista — entre um corretor e um fiduciário. E agora sabemos a quem recorrer para obter conselhos transparentes (que também podem ser dedutíveis de impostos).
- Aprendemos a reduzir drasticamente nossas taxas de 401 (k) recorrendo a um provedor de baixo custo como o America's Best 401k. Você pode ver como seu plano se comporta usando o primeiro verificador de taxas da indústria (http://americasbest401k.com/401k-fee-checker

[em inglês]). Mais uma vez, essas economias de custos vão compor o saldo total da nossa conta e fazer o dinheiro retornar ao bolso da nossa família. (Para você que é empresário, mostramos como você pode estar em conformidade com a lei e reduzir drasticamente sua responsabilidade.)

- Aprendemos sobre o Roth 401 (k) e como podemos nos proteger contra o aumento dos impostos, pagando hoje para nunca mais ter de pagar (e não enquanto o dinheiro rende ou nas retiradas).
- Aprendemos que os fundos ciclo de vida (TDFs) não são apenas caros, mas também podem ser mais agressivos ou voláteis do que você pensa. Se quiser usar um TDF, você deve optar por um provedor de baixo custo como o Vanguard. Mais tarde, na "Cartilha do bilionário", você também vai aprender a montar sua própria alocação de ativos, em vez de pagar um TDF para fazer isso por você.
- Aprendemos que as anuidades variáveis são a evolução mutante de um produto financeiro de 2 mil anos de idade, mas que outras anuidades mais tradicionais (fixas) podem fornecer o que nenhum outro produto pode: um fluxo de renda vitalícia garantido!
- Finalmente, aprendemos que a riqueza sem risco é uma possibilidade. Claro que há risco em tudo, mas nós aprendemos que certas estruturas vão nos permitir participar quando o mercado subir e não perder nada quando ele cair!

Seus olhos estão começando a se abrir? A venda foi removida? Em que medida sua vida vai ser diferente agora que você conhece a verdade? Derrubar esses mitos é o fundamento para criar a verdadeira liberdade financeira. Quero que você veja, ouça, sinta e saiba que *é possível ganhar esse jogo*. Se esses mitos são perturbadores? Eles o foram, para mim, quando descobri a verdade pela primeira vez. Permita que o impulsionem para a frente, tornando a liberdade financeira uma *obrigação* em sua vida, e declarando que ninguém nunca mais vai se aproveitar de você.

Vamos subir mais um nível e nos divertir um pouco na Seção 3. É aqui que vamos tornar nossos sonhos ainda mais reais, colocando em prática um plano que é, ao mesmo tempo, factível e emocionante. Se não estiver acontecendo rápido o suficiente para você, vamos ver como se faz para acelerá-lo e deixá-lo mais perto de seu futuro.

Antes, porém, o último e derradeiro mito deve ser aniquilado. Mas, ao contrário dos outros, não se trata de um mito que alguém lhe vendeu. É a história que você vendeu a si mesmo. É qualquer mito ou mentira que tenha impedido você de agir no passado. É hora de avançar! Vamos destruir seus limites descobrindo as mentiras que contamos a nós mesmos.

ESSE "ELETROCARDIOGRAMA DO MERCADO" PODE MATÁ-LO!

Retornos Anuais do S&P 500 (1960-2010)

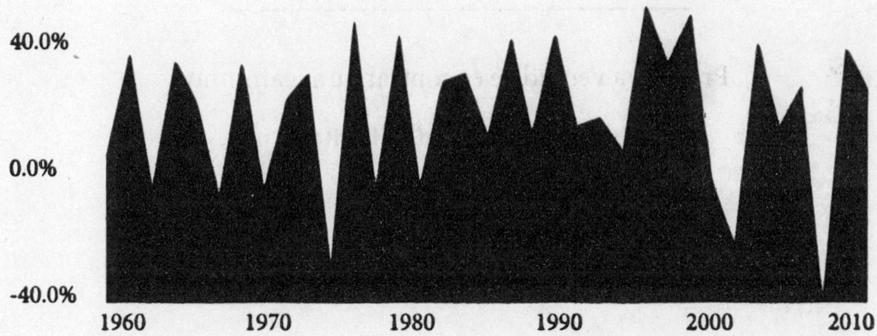

Mudanças percentuais do S&P 500 em 50 anos

CAPÍTULO 2.9

MITO 9: "AS MENTIRAS QUE CONTAMOS A NÓS MESMOS"

Procure a verdade e encontrará um caminho.

— FRANK SLAUGHTER

Ok, vamos ser realistas. Acabamos de analisar todos os mitos de marketing e investimento que têm sido promovidos durante anos, a um alto custo para nós e para o benefício das grandes instituições. E a minha aposta é que agora você, provavelmente, está chocado, mas se sente incrivelmente capacitado. Agora você sabe o que evitar e o que fazer para ter sucesso.

Mas há um mito final a ser abordado. O mito que diz que a razão pela qual não estamos conseguindo, alcançando, crescendo é alguém ou algo que foge ao nosso controle. Ou o pensamento alternativo de que, de alguma forma, nós simplesmente não somos feitos das coisas que podem nos ajudar a dominar essa área de nossa vida. Mas aqui está a verdade: **a principal coisa que impede a maioria de nós de fazer um progresso significativo em nossas vidas não são as limitações de outras pessoas, mas sim nossas próprias percepções ou crenças limitantes.** Não importa quão bem-sucedidos sejamos como seres humanos, não importa até onde chegamos, do ponto de vista pessoal, profissional, espiritual e emocional, sempre haverá outro nível. Para chegar lá, temos de ser honestos conosco; honestos sobre nossos medos inconscientes. O que eu quero dizer com isso?

Todo mundo tem medo de fracassar em algum nível; às vezes, todos temos medo de talvez não sermos o suficiente. Mesmo quando sabemos o que fazer, nosso medo pode nos impedir de executar nossos planos. Como resultado, em vez de enfrentar nossos medos naturais, o que fazemos? Nós inventamos histórias. Histórias sobre por que não estamos onde queremos estar. Porque não somos suficientemente espertos, bem-sucedidos, magros, ricos, amados ou amorosos. Nossas histórias quase sempre se relacionam com algo fora do nosso controle, ou com a nossa falta de algum talento natural ou habilidade. Mas talento e habilidade são dois elementos-chave para o sucesso atingível por qualquer pessoa que esteja verdadeiramente comprometida. Você pode adquirir a habilidade se conseguir ir além dos limites mentais sobre quão complexo, difícil ou "impossível" pode ser dominar alguma coisa.

Você tomou a decisão financeira mais importante de sua vida ao decidir exatamente o quanto vai economizar para construir seu Fundo de Liberdade — para que possa aproveitar e criar uma máquina que gere dinheiro enquanto você dorme. E nós levamos algum tempo analisando todos os mitos de marketing que podem fazê-lo tropeçar ao longo do caminho. Então, o que sobra? A última coisa que fica no caminho, muitas vezes, é nossa própria história, nossas próprias limitações, nossos próprios medos. O obstáculo final a ser enfrentado somos nós mesmos. É por isso que, há 38 anos, minha paixão tem sido ajudar as pessoas a romper com o que as retém — ajudá-las a ir de onde elas estão agora para onde elas querem estar, e mais rapidamente. *Minha vida inteira foi comprometida em ajudar as pessoas a criar soluções inovadoras.* E francamente, enquanto muitas pessoas dificultam esse passo, descobri que existem apenas três elementos que fazem a diferença entre o sucesso e o fracasso no longo prazo — entre ficar onde você está E ir em frente. Se você inventa desculpas para o que não tem ou começa a desfrutar da vida que merece.

SOLUÇÕES INOVADORAS

Então, o que é uma solução inovadora? **Uma solução inovadora é um momento no tempo em que o impossível se torna possível** — quando você não apenas fala sobre algo, mas finalmente toma uma atitude contundente e faz o que é necessário para que aconteça. Você faz um movimento para realmente mudar e melhorar o seu mundo.

Muitas vezes, é a frustração, a raiva ou o estresse desencadeiam uma solução inovadora. Nós atingimos nosso limiar, um ponto em que dizemos: "Nunca mais, chega!" Ou surge uma inspiração: encontramos alguém que nos inspira, e isso nos faz ver que a vida pode ser muito maior do que jamais sonhamos. Você conhece alguém que gosta de viver plenamente, sabe se relacionar muito bem, é fisicamente apto ou financeiramente livre, e decide: "Eu sou tão inteligente quanto ele. Vou encontrar uma maneira." O que era aceitável antes, não é mais. Não há volta agora. É incrível o que você pode fazer quando decide estabelecer um limite, se comprometer com um novo objetivo e definir um novo padrão.

A maioria das pessoas diz: "Levei dez anos para fazer essa mudança." Mas a verdade é que não foram necessários dez anos para chegar a uma solução inovadora. A transformação verdadeira aconteceu em um momento. Pode ter demorado dez anos *para chegar ao ponto onde você estava pronto*, ou disponível, ou, talvez, até motivado. Mas todos nós tivemos soluções inovadoras em nossas vidas, e essas soluções inovadoras aconteceram em um único momento. Lutamos com algo durante anos — um emprego ou uma carreira, nosso peso ou um relacionamento. Sofremos, até que um dia um gatilho dispara. De repente: "É isso."

"Eu te amo!"

"Eu desisto!"

"Estou dentro!"

"Vamos começar!"

Não em um dia ou uma hora, mas nesse momento a sua vida muda — e muda para sempre.

Você já permaneceu em um relacionamento por muito tempo, mesmo sabendo que estava infeliz, bem como o seu parceiro? Você chegou perto de lidar com isso, e, então, o medo do desconhecido, da mudança, de estar sozinho, o deteve? O medo da perda e da incerteza o impediu de agir, e você se acomodou.

Seja o que for que você tenha enfrentado, sei que há um lugar onde você já passou por uma solução inovadora. Faça uma pausa para pensar. Qual é a área em que você costumava ter embates — diariamente, semanalmente, mensalmente, durante anos, ou até mesmo uma década ou mais, até que um dia você atingiu seu limite? Você se inspirou ou se aborreceu o suficiente para finalmente tomar a decisão real de mudar essa área de uma vez por todas! E adotou uma ação contundente e imediata para fazer uma mudança. E conseguiu. Você finalmente abandonou o hábito e parou de fumar. Ou deixou um trabalho que o fazia sofrer muito e abriu seu próprio negócio. Ou, talvez, finalmente tenha decidido começar a se exercitar e mudar seu corpo ou terminar aquele relacionamento insatisfatório.

Quero que você revisite essa solução. Houve um tempo em que as coisas pareciam não poder mudar, mas você fez isso — *você* fez isso acontecer. Você *tem* a capacidade de mudar tudo em sua vida. Não importa há quanto tempo as coisas estejam dessa maneira, você pode mudar tudo em um momento, um momento de decisão real, uma decisão que é colocada em prática. Essa é uma solução inovadora, e uma solução inovadora está esperando por você agora.

TRÊS PASSOS PARA CRIAR SUA SOLUÇÃO INOVADORA

Há três etapas para criar uma solução inovadora: três forças que, em conjunto, podem alterar profundamente todos os aspectos de sua vida. Todas elas podem funcionar por conta própria, mas se você colocar as três juntas vai mudar inteiramente o aspecto da sua vida no qual escolher se concentrar.

Quais são os três maiores desafios que as pessoas enfrentam nos Estados Unidos? Quais são as três áreas que aparecem repetidamente, causando sofrimento na vida das pessoas? Nossas finanças, nossos relacionamentos e nossos corpos. Quantas pessoas você conhece que lutam contra o dinheiro, que não conseguem economizar, que não ganham o suficiente, que gastam demais ou que não conseguem descobrir o que fazer em seguida com suas carreiras? E quanto aos relacionamentos? Homens e mulheres, estamos conectados de maneira muito diferente — se não nos entendemos, pode ser necessário muito trabalho para manter relacionamentos íntimos saudáveis para identificar o que nosso parceiro realmente precisa e deseja, para se comunicar de forma amorosa e solidária. Por fim, há os nossos corpos. Vivemos em um tempo em que a maioria das pessoas no mundo ocidental está, maciçamente, acima do peso. Cerca de sete em cada dez norte-americanos têm excesso de peso (definido pelo Centro de Controle e Prevenção de Doenças como possuindo um índice de massa corporal de 25,0 a 29,9) ou são obesos (com um IMC de 30,0 ou superior). Nossa luta para nos manter em forma e ter saúde se tornou uma crise nacional, e está se espalhando pelo mundo à medida que os países em desenvolvimento adotam alguns de nossos padrões de estilo de vida e alimentação.

Por que estou falando sobre tudo isso? O que os desafios de relacionamento e os hábitos alimentares pouco saudáveis têm a ver com sua capacidade de alcançar a liberdade financeira? Bem, qualquer que seja a área em que você pretenda criar uma solução inovadora, seja o seu corpo, seus relacionamentos ou o foco deste livro, o dinheiro, há apenas três coisas que você precisa considerar. E são as mesmas três coisas, não importa o tipo de solução inovadora que você esteja tentando alcançar. **Se quiser mudar sua vida, você tem de mudar sua *estratégia*, você tem de mudar sua *história* e você tem de mudar seu *estado*.** Vamos começar com a estratégia, porque é onde a maioria das pessoas começa.

A ESTRATÉGIA CORRETA

Se você está comigo aqui agora, lendo este livro, está em busca de respostas, de estratégias, para assumir o controle do seu dinheiro e garantir seu futuro financeiro. Eu vivo tentando encontrar estratégias para melhorar todas as áreas das nossas vidas. Passei os últimos 38 anos incansavelmente concentrado na descoberta de estratégias e ferramentas para mudar imediatamente a qualidade da vida das pessoas. Tenho sido bem-sucedido e impactado mais de 50 milhões de pessoas em 100 países, *porque* sou obcecado pela descoberta de estratégias simples que rapidamente levem a soluções inovadoras — soluções inovadoras nos relacionamentos, nas finanças, nas carreiras, no crescimento dos negócios, na mente, no corpo e na alma.

Sempre acreditei que a melhor maneira de obter um resultado, a maneira mais rápida, é encontrar alguém que já tenha conseguido o que você está procurando e modelar o comportamento dessa pessoa. Se você conhece alguém que tinha excesso de peso, mas já se mantém em forma e saudável há uma década, use essa pessoa como modelo! Você tem um amigo que sofria em seu relacionamento e agora está envolvido e apaixonado há mais de dez anos? Use-o como modelo. Você conhece alguém que começou do nada, construiu uma riqueza e a sustentou ao longo do tempo? Aprenda com essas estratégias! Essas pessoas não têm sorte. Elas estão simplesmente fazendo algo diferente de você nessas áreas da vida.

Passei toda a minha vida como caçador da excelência humana. **Então, para encontrar uma estratégia que funcione, você vai atrás dos melhores; aqueles que têm resultados comprovados no longo prazo.** Se você seguir suas estratégias — se semear as mesmas sementes —, colherá as mesmas recompensas. Essa é a essência do que eu quero dizer quando afirmo: "*O sucesso deixa pistas.*" E este livro está repleto de estratégias que usaram os melhores como modelos.

A outra coisa que a estratégia correta pode fazer é economizar o recurso mais valioso de todos: o tempo. Se começar com *um plano comprovado, a estratégia correta*, você pode, literalmente, converter décadas de luta em dias de realização. Você pode evitar a inevitável frustração que advém com o aprendizado de algo pela primeira vez por tentativa e erro. Ao contrário, você pode obter resultados em dias em vez de anos, aprendendo com pessoas que já alcançaram o sucesso. Por que reinventar a roda?

Então, agora existe a questão do poder da estratégia. Se você ler este livro, vai ter acesso às melhores estratégias financeiras que existem no mundo de hoje. Eu lhe prometo que, pelo fato de não serem as minhas estratégias, são as dos investidores mais bem-sucedidos da história. Porém, sendo tão obcecado quanto eu sou com a estratégia, sei que a estratégia por si só não é suficiente.

Por que não? Existem dois principais desafios nessa crença de que a estratégia por si só pode mudar sua vida. Em primeiro lugar, muitas vezes as pessoas estão adotando a estratégia *errada*, o que, inevitavelmente, termina em decepção. Você está tentando perder peso comendo 500 calorias por dia — o que, é claro, não é sustentável. Ou tem certeza de que vai enriquecer contando com uma única e excelente ação — altamente improvável.

Onde a maioria das pessoas aprende estratégia? Onde nós procuramos aconselhamento e orientação? Muitas vezes, com alguém que não é bem-sucedido na área que queremos melhorar! Com que frequência as pessoas recebem conselhos sentimentais de amigos que estão, eles mesmos, em péssimos relacionamentos? Ou conselhos para se manter em forma de um amigo que também luta contra o próprio peso? Quantas pessoas ouvem a mensagem reforçada de que não vão conseguir mudar seu corpo? Por que essa mensagem? Porque elas estão cercadas por amigos ou familiares que também não estão em forma. O mesmo é válido para as recomendações financeiras. Tomar alguém que não desenvolveu a riqueza real como modelo é uma receita para o desastre. Isso simplesmente reforça a crença de que nada funciona. Não é que nada funcione — é que *essas* estratégias não funcionam.

> Por mais brilhante que seja a estratégia, você deve sempre olhar para os resultados.
>
> — WINSTON CHURCHILL

O PODER DA HISTÓRIA

Vamos voltar aos nossos maiores desafios: nossos relacionamentos, nossos corpos e nossas finanças. Em cada uma dessas áreas, ficamos presos por uma de três razões. Primeiro, como mostramos acima, falta-nos a estratégia correta. Todos conhecemos um casal em que o homem não se comunica ou a mulher nunca para de falar. Nenhum deles entende as necessidades do seu parceiro, muito menos atende a essas necessidades. E quanto ao amigo que entra em dietas da moda constantemente ou está sempre procurando uma maneira mágica de fazer 1 milhão de dólares — dizendo a si mesmo que, sem isso, ele nunca vai ser financeiramente livre. Sem a estratégia correta, você vai falhar. Quando fracassa, desenvolve uma péssima história: "*Minha esposa nunca vai ficar satisfeita.*" "*Eu nunca vou perder peso.*" "*As únicas pessoas que ganham dinheiro são as que já têm dinheiro.*" Essas histórias limitantes nos impedem de encontrar as estratégias corretas, ou, mesmo, de ter as estratégias corretas, de colocá-las em prática.

Você conhece alguém assim? Você coloca a resposta bem diante de seus olhos, e eles ainda dizem: "Não, isso nunca vai funcionar porque..." Eles vão dar 1 milhão de razões pelas quais não vai funcionar — eles conhecem todas as desculpas existentes. Então, se as estratégias corretas estão diante de nós, por que as pessoas não as usam? Por que elas ainda não atingiram os seus objetivos? Por que é tão difícil manter um relacionamento apaixonado ou perder peso de uma vez por todas? Existem 70% de norte-americanos com excesso de peso porque a estratégia para se tornar magro, em forma e saudável é realmente tão complexa? A informação está escondida e só está disponível para 1% da população, ou é incrivelmente cara? De jeito nenhum. As respostas estão disponíveis em todos os lugares: há uma academia com alguém que pode instruí-lo à distância de uma curta viagem de carro. (Deus nos livre de caminhar até lá!) Há instrutores em todo o mundo, alguns dos quais podem treiná-lo pela internet, onde quer que você esteja! A rede está cheia de conselhos gratuitos, e claro que existem milhares de livros sobre forma física e perda de peso disponíveis para você baixar agora no seu iPad ou smartphone. É preciso se esforçar para não encontrar as estratégias para entrar em forma e se tornar forte e saudável.

Qual é o problema real? A resposta é: temos de levar em conta o fator humano. **Eu sempre digo que 80% do sucesso na vida são psicologia e 20%, mecânica.** De que outra forma você explica como alguém pode saber o que precisa fazer, quer fazer, tem a estratégia correta para fazer e ainda assim não age? Para resolver esse enigma, precisamos mergulhar na psicologia dos indivíduos: os valores, as crenças e as emoções que nos impulsionam.

Quando alguém tem a estratégia correta à sua frente e ainda não é bem-sucedido, é porque não está conseguindo acessar o segundo segredo para uma solução inovadora: o poder da história. Se você não está agindo e a resposta está bem à sua frente, há uma única razão: você criou um conjunto de crenças que foram amarradas em uma história — uma história sobre o motivo de aquilo não funcionar, sobre por que não pode funcionar, por que só funciona para outras pessoas. *É só para os ricos, os magros, os sortudos, os que são felizes nos relacionamentos.* É fácil chegar a uma história limitante.

Então, por que se preocupar em agir em relação a uma estratégia que você "sabe" que vai fracassar? Bem, a estratégia aqui não é o problema. Sua história que é. Uma abordagem pouco convicta, que diz: "*Talvez funcione, talvez não...*", é claro que não vai funcionar! Essa crença se torna uma profecia autorrealizável. **Com uma história de desempoderamento, o fracasso é nada mais nada menos do que garantido.** Evidentemente, isso reforça sua crença de que nada vai funcionar. E, assim, o ciclo se perpetua.

Mas as pessoas que fazem a mudança acontecer, que realizam as coisas, que conquistam, que mudam, que crescem, que aprendem, essas pessoas pegam as próprias estratégias e associam uma nova história: uma história de empoderamento, uma história de "eu posso e eu consigo", em vez de "eu não posso e não consigo". **Ela deixa de ser uma história de limitação e passa a ser uma história de empoderamento: "Eu não vou ser um dos muitos que não conseguem; eu vou ser um dos poucos que fazem."**

Houve uma época em que eu tinha 17 quilos de excesso de peso, e a minha história era: "Eu sou robusto." E sou mesmo. Mas eu também era gordo. As histórias podem ser verdadeiras, mas, se elas não nos ajudarem, se elas estão nos impedindo de ter a vida que desejamos e merecemos, precisamos mudá-las. Todos nós temos histórias péssimas em nossas vidas.

Eu não faço o suficiente.

Não consigo economizar mais.

Eu nunca vou ler. Eu tenho dislexia.

Meu amigo Sir Richard Branson, presidente do império Virgin, tem dislexia, mas certamente não limitou sua vida, de maneira alguma. Por quê? Porque sua crença ou história sobre a dislexia era empoderadora, não limitativa. Sua história não era "eu nunca vou ler", mas "eu tenho dislexia, então, tenho de trabalhar ainda mais para fazer tudo acontecer — e vou trabalhar". **Você pode usar sua história, ou sua história pode usá-lo.** Todo mundo tem uma história de empoderamento se quiser. O que está errado em sua vida é tão fácil de encontrar quanto o que está certo quando sua história muda. Se o seu relacionamento não está funcionando, todos os caras bons sumiram, ou eles são gays e você não é. Ou você é gay e eles não são. Sempre há uma história, certo? As histórias controlam nossas emoções, e as emoções orientam todo o nosso comportamento e as nossas ações.

Me permita fazer uma pergunta: você se preocupa com o dinheiro? Ele o faz ficar acordado à noite, o deixa estressado, pensando no próximo contracheque, nas prestações do carro, nas mensalidades da faculdade dos filhos, ou se você vai ter ou não dinheiro suficiente para conseguir se aposentar? Qual é o verdadeiro aspecto do seu estresse financeiro? De acordo com o American Institute of Certified Public Accountants (Instituto Americano de Contadores Públicos Certificados, ou AICPA), 44% dos norte-americanos, quase metade de nós, mencionam "altos níveis" de estresse financeiro. Alguma vez você já pensou: "Todo esse estresse pode me matar"?

Kelly McGonigal, psicóloga de saúde da Universidade de Stanford, alertou sobre os perigos do estresse por uma década inteira antes de perceber que talvez fossem os seus conselhos, e não o próprio estresse, que estavam enviando as pessoas para o túmulo mais rápido. "Estou convertendo um estímulo [estresse] que poderia estar fortalecendo as pessoas em uma fonte de doença." Com um avanço em seu raciocínio e algumas novas e poderosas pesquisas, McGonigal deu uma reviravolta completa.

Acontece que o estresse pode ser simplesmente nosso amigo. Assim como você estressa um músculo para torná-lo mais forte (levantando pesos ou correndo), o estresse emocional também pode nos tornar física e psicologicamente mais fortes. McGonigal destaca, agora, a nova pesquisa, que mostra que, quando você muda sua mentalidade a respeito do estresse, pode, literalmente, mudar a reação física do seu corpo a ele. Em um estudo de oito anos, os adultos que experimentaram "muito estresse" e que acreditavam que ele era prejudicial à saúde mostravam um aumento de 43% no risco de morrer. (Isso, certamente, *me* estressou.) **No entanto, as pessoas que experimentaram uma quantidade igual de estresse, mas não viam o estresse como prejudicial, não estavam mais propensas a morrer!** McGonigal diz que os sinais físicos de estresse (coração acelerado, respiração mais rápida, sudorese intensa) não são, necessariamente, evidências físicas de ansiedade ou sinais de que não estamos lidando bem com a pressão. Ao contrário, podemos interpretá-los como indicações de que nosso corpo está energizado e nos preparando para enfrentar o próximo desafio. **O resultado é que a ciência provou, agora, que o modo como você pensa sobre o estresse importa — a história que você atribui ao estresse. Dizer a si mesmo que é bom para você em vez de prejudicial pode significar a diferença entre um ataque cardíaco induzido pelo estresse aos 50 anos ou viver bem até a faixa dos 90 anos.**

> O sucesso é minha única opção, o fracasso, não.
>
> — Eminem

Então, qual é a história que você vem contando a si mesmo a respeito do dinheiro? O que o está impedindo de alcançar seus sonhos financeiros? Você tem dito a si mesmo que é muito cedo para começar a economizar?

Ou tarde demais para começar a reconstruir seus investimentos? Seu salário não é alto o suficiente para você reservar alguma coisa? Ou o sistema está manipulado contra você, e, então, por que se preocupar em tentar? Talvez a sua história seja: "O governo nos sobrecarregou com a dívida; o sistema financeiro está em ruínas" ou "Eu simplesmente não sou bom com os números". Boa notícia: você não precisa ser! Se você tem um telefone e uma calculadora, ou se puder baixar nosso aplicativo no seu telefone e responder a seis perguntas simples sobre onde está hoje, para onde deseja ir e o que está disposto a fazer para obter um plano financeiro sobre como ser financeiramente livre, você vai entender claramente.

Talvez sua história seja: "É preciso ter dinheiro para ganhar dinheiro." Uma das primeiras pessoas com quem compartilhei uma versão inicial deste livro tinha a crença central de "Eu nunca vou ser financeiramente livre, a menos que encontre uma maneira de ganhar um monte de dinheiro. As pessoas que começam com muito dinheiro podem ganhar milhões, mas eu, não". Depois de ler o capítulo sobre a construção de sua própria máquina de dinheiro com Theodore Johnson — que nunca fez mais de 14 mil dólares por ano e mesmo assim transformou isso em 70 milhões ao longo da vida —, sua história foi por água abaixo. Theodore não teve sorte. Ele usou um sistema simples, o mesmo que você está prestes a aprender.

Eis aqui sua nova história, e ela poderia ser sua: "Se eu usasse esse sistema simples de composição, poderia fazer muito dinheiro, poderia ir aonde quisesse, poderia viver do jeito que realmente quisesse, poderia ser financeiramente livre. Não há limites, exceto aqueles que eu me imponho."

Uma das minhas próprias soluções inovadoras financeiras aconteceu a partir de uma importante mudança na história. Tendo passado por uma infância pobre, sempre associei a falta de dinheiro com o sofrimento para todos na família. Jurei a mim mesmo, desde cedo, que não teria um filho até ser verdadeiramente bem-sucedido financeiramente. Jurei que algum dia teria tanto sucesso financeiro que minha família jamais experimentaria a humilhação, a frustração e o sofrimento de meus anos de infância, quando não podíamos pagar as contas ou colocar comida na mesa.

Fiz minha promessa. Quando tinha 18 anos, eu ganhava cerca de 10 mil dólares por mês, o que na época parecia uma enorme quantidade de dinheiro. Ainda é. Muito animado, voltei correndo até os amigos da minha comunidade, os caras com quem eu tinha crescido na pobreza, e disse: "Vamos nos divertir: vamos voar até o Egito e apostar uma corrida de camelos entre as pirâmides!" Eu tinha tido esse sonho quando era garotinho. E agora podia compartilhar O sonho com meus amigos. Mas a resposta não foi a que eu esperava: "É fácil para você, Sr. Riquinho." O nível de desdém que sofri daqueles que considerava meus amigos me abalou profundamente. Eu não estava ostentando. Eu só queria compartilhar minha abundância com meus amigos e criar uma experiência de verdadeira aventura. Mas eu tive de reavaliar. Criei uma nova história: uma crença que dizia que você pode se dar bem, mas apenas *até* certo ponto, ou, então, as pessoas vão julgá-lo. Se você se destaca e evolui financeiramente, as pessoas não gostam de você.

Então, durante anos, eu me saí bem na vida e nos negócios, mas a minha renda não cresceu significativamente. Até que finalmente atingi um momento decisivo, um estágio na vida quando pensei: "Isso é ridículo. Se eu pudesse expandir minha inteligência, deveria?" Minha resposta foi: "Claro!" Se eu pudesse experimentar e dar mais amor, deveria? Claro! Se eu pudesse expandir minha capacidade de doar, deveria? Claro. Se eu pudesse ganhar mais e expandir minha riqueza financeira, deveria? E a resposta foi: "Claro!" Pela primeira vez senti uma hesitação. Por que em todas as outras áreas da minha vida parecia natural me expandir e crescer, mas quando a questão chegava ao dinheiro, de repente, tudo era diferente? Por quê? Não fazia sentido.

Mas eu sabia qual era a verdade. Eu tinha um medo profundo e inconsciente de que as pessoas me julgassem porque eu tinha me expandido nessa área também. Eu queria agradar a todos, queria tanto ser amado que, subconscientemente, não só transformava o sucesso financeiro em algo errado, como, também subconscientemente, sabotava meu próprio sucesso. Como tantas pessoas, eu dizia a mim mesmo que o dinheiro não era uma coisa espiritualizada. Não é uma loucura? Qualquer um que se tornou realmente rico sabe a verdade — a única maneira de se tornar rico, e permanecer rico, é fazer mais pelos outros do que qualquer outra pessoa está fazendo, em uma área que as pessoas realmente valorizam. Se você se tornar uma bênção na vida de alguém, também será abençoado. O dinheiro é apenas uma dessas bênçãos, mas *é* uma bênção. É, simplesmente, outra forma de liberdade e abundância.

O dinheiro não é nada mais do que um reflexo de sua criatividade, sua capacidade de ter foco e sua habilidade de agregar valor e receber de

volta. Se você conseguir encontrar uma maneira de criar valor — ou seja, agregar valor para um grande número de pessoas —, vai ter a oportunidade de ter enorme abundância econômica em sua vida.

Eu tive de chegar a esse limite, em que me sentia cansado de viver dessa forma e constatava o absurdo de tentar me adaptar. É verdade: se se der bem financeiramente, você pode ser olhado como "o 1%". Quando eu era criança, ser parte do 1% era pretensioso. Eu pertencia aos outros 99%, mas não queria me conformar com isso, nem para a minha família nem para a minha vida. Permanecer lá apenas para me ajustar... bem, isso não fazia nenhum sentido. Decidi que estava cansado de culpar os outros pela minha falta de progresso financeiro. A história das minhas limitações financeiras precisava ser abandonada. Eu continuaria amando outras pessoas, mas não passaria a vida tentando agradá-las — especialmente sabendo que, para agradá-las, eu teria de jogar pequeno. Lá no fundo, não acredito que nosso criador nos tenha feito para isso. Era hora de encontrar uma maneira de ganhar mais da mesma maneira que eu me esforçava para me doar mais, contribuir mais, amar mais e expandir minha capacidade intelectual, emocional e espiritual.

Com essa mudança de crença, de repente — quando ficou claro que não era uma *possibilidade* conquistar essa área, mas uma *obrigação* —, além das áreas relacionais da vida, as estratégias começaram a aparecer diante de mim; elas, provavelmente, estavam lá o tempo todo, mas, por causa da minha mentalidade, eu não as enxergava. O seu mundo inteiro muda quando você muda sua história.

Mude sua história, mude sua vida. Divorcie-se da história de limitação e se case com a história da verdade, e tudo vai mudar. Eu posso dizer: quando você se livra das histórias limitantes, toma uma atitude drástica e encontra as estratégias que funcionam, os resultados que consegue criar são verdadeiramente milagrosos.

Vou dar um exemplo final. Uma querida amiga, Julie, bem-sucedida roteirista que ganha dinheiro com o seu trabalho, nunca conseguia fazer qualquer progresso financeiro. No momento em que ela e seu marido estavam na casa dos 50 anos, eles tinham uma pequena hipoteca em uma bela casa, mas apenas cerca de 100 mil dólares em um IRA — muito abaixo do que precisariam para se aposentar. E o dinheiro estava investido em um fundo mútuo "socialmente responsável" que cobrava taxas elevadas e ficava com a maior parte dos retornos.

O marido de Julie, Colin, queria investir mais agressivamente, mas Julie sequer conversava sobre finanças com ele. Ela dizia que odiava Wall Street e tudo o que aquilo representava. Na verdade, a ideia do dinheiro a deixava desconfortável. Para ela, o dinheiro era mau.

Mas, então, aconteceu um avanço. Julie participou do meu seminário *Desperte o seu poder interior*, em que usamos o poder da estratégia, história e mudar o estado de sua mente, corpo e emoções para criar soluções inovadoras em todas as áreas da vida das pessoas. O UPW é intenso: eu uso música, movimento dinâmico, humor e uma série de outras ferramentas para colocar o público em estado de alerta máximo — e é aí que as soluções inovadoras acontecem.

O objetivo de Julie naquele fim de semana era transformar totalmente sua vida financeira. Como ela fez isso? Primeiro, ela reconheceu que algo tinha de mudar, ou ela e Colin teriam de se preparar para alguns "anos dourados" muito dolorosos. Finalmente, ela percebeu que suas crenças negativas sobre o dinheiro estavam criando um sofrimento constante em seu casamento e em seu futuro, e se perguntou: "De onde veio essa história?" Então, Julie fez algo realmente importante: mergulhou profundamente e perguntou a si mesma: "É nisso que eu realmente acredito? Nós não nascemos acreditando que o dinheiro é bom ou mau. Então, de onde veio essa crença?"

Ela não precisou ir muito longe para encontrar a resposta. Os pais de Julie foram criados durante a Grande Depressão. Sua mãe nunca teve chance de ir para a faculdade, mesmo que seus resultados acadêmicos estivessem além do esperado. Em vez disso, ela trabalhava como vendedora de uma loja de departamento a 9 dólares por semana, e não se atrevia a se queixar do baixo salário ou das longas horas em pé. Julie cresceu ouvindo essas histórias o tempo todo: que os ricos exploram os pobres, que os bancos e os corretores de Wall Street destroem a economia, que você não pode confiar no mercado de ações. Julie fez a associação em seu cérebro: "Se eu me tornar uma investidora rica, vou ser uma pessoa ruim, e minha mãe não vai me amar."

Julie percebeu que a história que ela mesma vinha se contando sobre os males da riqueza não era, afinal, sua história; era a história de sua mãe. "O dinheiro é a raiz de todo o mal", era o mantra de sua mãe, não o dela. Essa compreensão a abalou. A verdade a libertou, e aquelas palavras perderam todo o poder que exerciam sobre ela. (De fato, quando ela fez o dever de casa com a frase bíblica, descobriu que não se trata de "O dinheiro é a raiz de todo o mal", mas "*o amor ao dinheiro*", acima de todo o resto — amor, relacionamentos, contribuição —, é que é a receita para um desastre seguro.)

Foi uma transformação incrível. Quando deixou para trás sua história limitadora, Julie conseguiu se sentar com o marido pela primeira vez para falar sobre suas finanças. Ele ficou emocionado pelo fato de os dois poderem ser parceiros na retomada do controle de sua vida financeira. Imagine como é difícil construir riqueza quando sua crença básica é que o dinheiro é mau. Eles abandonaram os fundos mútuos de alto custo e transferiram o IRA para um portfólio diversificado de fundos de índice com o Vanguard. Em seguida, colocaram em prática um plano financeiro de longo prazo, como o que você ficará conhecendo nestas páginas, para finalmente trilharem o caminho da liberdade financeira.

Julie e Colin mudaram sua história. E o que aconteceu? Eles aprenderam a jogar e a ganhar, aprenderam a criar uma renda para a vida toda — assim como você vai fazer no Capítulo 5.2. Julie e Colin aprenderam a colocar um adicional de 150 mil a 250 mil dólares no bolso ao longo de sua vida de investidores apenas saindo daqueles dispendiosos fundos de investimento. Agora, esses anos dourados estão parecendo ótimos!

Lembre-se: você sabe a resposta, e o segredo é simples: mude sua história, mude sua vida. Divorcie-se da sua história de limitação e se case com a verdade. Você pode fazer qualquer coisa acontecer.

SEU ESTADO

É difícil mudar sua história quando você está em péssimo estado. Se estiver se sentindo um lixo, você não pensa para si mesmo: "A vida é linda!" Você já esteve realmente irritado com alguém e, de repente, se lembra de cada coisa absurda que aquela pessoa fez para irritá-lo ou aborrecê-lo? Quando você fica com raiva, isso aciona a parte do seu cérebro que alimenta esse estado, e a história que faz com que você fique por lá rapidamente aparece.

Por outro lado, se você já se apaixonou completamente, consegue se lembrar de como o mundo parecia? Era como olhar através de lentes cor-de-rosa: tudo era maravilhoso, certo? Vendedores grosseiros não o incomodavam; bebês chorando pareciam fofos. É dessa forma que um estado positivo pode mudar sua perspectiva — sua história.

Seu estado mental e emocional colore sua percepção e todas as suas experiências na vida. Quando trabalho com alguém — de atletas de nível internacional a executivos de alta potência —, **eu mudo, primeiro, seu estado.** Há uma parte de você que, quando está ativada, pode fazer qualquer coisa acontecer; mas, quando está desligada, o mundo está morto. Você sabe do que estou falando, não sabe? Você sabe quando as coisas começam a fluir e tudo corre tão perfeitamente que você nem tem de pensar no assunto? Você faz um *ace* no saque do tênis. Você diz exatamente a coisa certa na reunião ou sai da negociação exatamente com aquilo que queria. Por outro lado, todos nós já experimentamos o oposto: não conseguimos lembrar o endereço da nossa casa, o nome do nosso anfitrião do jantar ou soletrar palavras simples. Eu chamo de estado de estupidez. Alguns minutos depois, tudo volta: você se lembra da resposta porque você fica em estado diferente.

O objetivo deste livro não é tentar ensiná-lo a mudar seu estado — essa é a base de muitos dos meus outros livros e áudios, programas e eventos ao vivo. Mas, em poucas palavras, você pode mudar imediata e radicalmente a maneira como se sente (e não apenas desejar se sentir bem) aprendendo que, **mudando seu corpo, primeiro, você pode mudar de mentalidade.**

Eu ensino muitas maneiras de criar mudanças imediatas em seu estado, mas uma das mais simples é **mudar o que eu chamo de sua fisiologia.** Você pode mudar a maneira de pensar mudando a maneira você se move e respira. A emoção é criada pelo movimento. A ação contundente é a cura para todo o medo. Pense nisso: o medo é físico. Você sente em sua boca, no corpo, no estômago. A coragem, também, e você pode passar de um estado para outro em questão de milissegundos se aprender a fazer mudanças radicais na maneira como se move, respira, fala e usa seu corpo físico. Usei essas percepções por quase quatro décadas para mudar as atitudes de alguns dos maiores atletas do mundo, de alto desempenho, negociadores financeiros e líderes empresariais e políticos. No ano passado, a Universidade de Harvard fez um estudo científico que provou a validade dessa abordagem.

A psicóloga social e professora de Harvard, Amy Cuddy, ofereceu uma "ruptura de vida não tecnológica" em sua famosa Conferência TED

2012, ao pedir ao público para mudar sua postura por dois minutos. A pesquisa de Cuddy mostrou que o simples fato de assumir "posturas de poder" ou posturas de alta potência (pense na Mulher Maravilha, com as mãos nos quadris e as pernas firmemente plantadas no chão; ou no cara do seu escritório, inclinado para trás na cadeira, as mãos fechadas atrás da cabeça, os cotovelos bem abertos — você conhece esse tipo) aumentavam a testosterona (o hormônio de dominância) em 20%, enquanto reduziam simultaneamente o cortisol (o hormônio do estresse principal) em 25%. O impacto dessa mudança bioquímica transforma imediatamente sua vontade de enfrentar os medos e assumir riscos. Tudo apenas dois minutos depois de mudar seu corpo. No estudo de Cuddy, 86% dos que assumiram posturas de poder relataram se sentir mais propensos a correr riscos. Quando o segundo grupo de voluntários foi solicitado a ficar de pé ou se sentar por dois minutos em poses mais passivas, com as pernas e braços cruzados firmemente, seus níveis de testosterona *caíram* 10%, e o hormônio do estresse aumentou em 15%. Uma quantidade muito menor desses homens e mulheres, apenas 60%, se comportou de forma assertiva. Lembre-se: não eram apenas mudanças psicológicas, mas mudanças bioquímicas reais, alterações hormonais. O que eu venho ensinando há 38 anos e o que todos os meus alunos sabiam ser verdade por meio da experiência estava sendo agora validado pela ciência. O que isso significa? Significa, basicamente, sair do eixo. Você é um pouco presunçoso, está pronto para se expor, assumir os riscos necessários e moldar seu mundo. Dois minutos de posturas podem levar às mudanças que configuram seu cérebro para ser assertivo, confiante e confortável, ou efetivamente reativo ao estresse. Nossos corpos são capazes de mudar nossas mentes!

Houve um tempo em minha vida em que eu estava com sobrepeso e deprimido, morando em um estúdio em Veneza, na Califórnia, olhando para os móveis vazios e ouvindo discos de Neil Diamond. Muito assustador, não é? Um dia, um amigo que não me via há bastante tempo me fez uma visita. Ele olhou para mim e disse: "Cara, o que *aconteceu* com você?" Aquilo me tirou do meu transe. Eu decidi, naquele momento, que iria quebrar o padrão.

Então, calcei meus tênis de corrida e peguei meu Walkman Sony. (Sim, eu sou antigo o suficiente para ter possuído um desses.) Naqueles dias, você tinha de se comprometer com sua música: você tinha um álbum para ouvir, não 10 mil músicas para escolher. Escolhi a lendária banda de rock Heart, coloquei a música "Barracuda" para tocar e deixei a batida me impulsionar. Saí correndo com a determinação de que correria tão arduamente e com tanta rapidez quanto jamais havia corrido na vida, e eu não iria parar até que estivesse cuspindo sangue. Dizer que eu estava determinado a vencer meus próprios limites seria uma grave subestimação.

Tenho certeza que deve ter sido uma visão hilariante, dado o meu excesso de 17 quilos e minha barriga de cerveja balançando para a frente e para trás no vento, enquanto eu corria feito um *banshee.* Quando eu, literalmente, não conseguia mais respirar, desmoronei na praia e peguei um diário que tinha levado comigo. E naquele estado de absoluta convicção, determinação, alegria e exaustão, eu me sentei e escrevi tudo que não toleraria mais em minha vida. O estado em que meu corpo se encontrava, minha preguiça, meu frívolo relacionamento íntimo e minhas finanças desastrosas. Do outro lado, escrevi o que eu estava então empenhado em criar na minha vida — e naquele estado entusiasmado, revigorado, eu sentia que poderia encontrar o caminho.

Com um estado suficientemente forte, você vai desenvolver uma história forte. Minha história foi: "*Isto termina aqui e agora; a minha nova vida começa hoje.*" E eu quis dizer isso com cada grama do meu ser. Descobri que, quando muda seu estado e sua história, você encontra ou cria a estratégia certa para conseguir aquilo com que está absolutamente comprometido. **É assim que você cria uma verdadeira solução inovadora — um novo estado, com uma nova história e uma estratégia comprovada.**

Fui em frente, para perder 13 quilos nos 30 dias seguintes, e 17 quilos no total em pouco mais de seis semanas. Fiquei maníaco com o meu compromisso. Estabeleci um novo padrão naquele dia sobre quem era e o que defendia. Nada mudou nos mais de 30 anos desde aquele dia (e o meu peso nunca mais voltou àquele nível).

Deixei de ganhar menos de 38 mil dólares por ano para mais de 1 milhão por ano apenas um pouco mais de um ano depois. Era um nível de mudança que eu não poderia sequer imaginar ter criado na época. Mais importante ainda: recuperei minha aptidão emocional e psicológica — as duas forças que realmente mudam a forma como a vida de alguém se desenrola. Determinação, fé e coragem começaram a ser as forças que guiavam cada uma de minhas ações dali para a frente.

Grandes estratégias podem envolvê-lo, mas elas serão invisíveis para você, a menos que você se coloque em um estado forte, determinado e empoderado. Um estado que vai criar, automaticamente, as crenças e histórias que você pode, deve e vai alcançar — e com as quais está comprometido. Com estado e história combinados, você não apenas vai encontrar as estratégias que funcionam; vai executá-las e experimentar as recompensas que deseja e merece. Está prestando atenção? Se houver alguma área de sua vida que você esteja vivendo e que esteja muito aquém da vida que deseja, é hora de mudar um ou mais desses elementos.

Lembre-se: todos nós recebemos o que somos capazes de suportar. Portanto, pare de suportar desculpas dentro de si mesmo, as crenças limitadoras do passado, ou estados incompetentes ou temerosos. Use seu corpo como uma ferramenta para se encaixar em um lugar de pura vontade, determinação e compromisso. Enfrente os seus desafios com a crença de que os problemas são apenas lombadas no caminho até os seus sonhos. E a partir desse lugar, quando tomar uma atitude contundente — com uma estratégia eficaz e comprovada —, você vai reescrever sua história.

É hora de deixar de ser um dos muitos para se tornar um dos poucos. Um dos poucos que assumem uma posição, exibem uma verdadeira capacidade financeira e em todas as áreas de sua vida. A maioria das pessoas começa com grandes aspirações, mas se contenta com uma vida e um estilo de vida muito abaixo de suas verdadeiras capacidades. Elas deixam as decepções destruí-las. O desapontamento é inevitável quando você está tentando fazer qualquer coisa em grande escala. **Em vez disso, deixe que seus desapontamentos o levem a encontrar novas respostas; a disciplinar suas decepções.** Aprenda com cada fracasso, aja com base nesses aprendizados, e o sucesso se tornará inevitável.

Então, da próxima vez que surgir uma razão pela qual você não possa fazer alguma coisa, quando lá no fundo você sabe que o seu espírito é ilimitado, diga para si mesmo que isso é besteira. Mude seu estado. Mude seu foco. Volte para a verdade. Ajuste sua abordagem e vá atrás do que realmente quer.

Certo, respiração profunda. Ou um grito alto. Levante-se, agite-se e se mova. Com esses 9 mitos — essas limitações do passado — agora fora do nosso caminho, é hora de passar para o Passo 3 em nosso percurso de 7 passos para a liberdade financeira. Vamos fazer com que se possa ganhar esse jogo sugerindo um número específico — um número que reflete seus *exatos sonhos financeiros realizados.* Então, vamos criar um plano, melhorar esse plano e encontrar maneiras de acelerá-lo para que você possa alcançar seus sonhos financeiros mais cedo do que possa ter imaginado.

SEÇÃO 3

QUAL É O PREÇO DOS SEUS SONHOS? GANHE ESSE JOGO

CAPÍTULO 3.1

QUAL É O PREÇO DOS SEUS SONHOS? GANHE ESSE JOGO

Todos os homens sonham, mas não igualmente.

— T. E. LAWRENCE

Eu costumo começar os meus seminários financeiros com uma pergunta: "Qual é o preço dos seus sonhos?" Então, peço que as pessoas se levantem e me digam qual é o valor necessário para que elas se tornem financeiramente seguras, independentes ou livres. A maioria delas não tem a menor ideia. O ambiente costuma ficar bastante alvoroçado, e aí talvez algumas mãos se levantem. Em centenas de seminários, com centenas de milhares de pessoas de todas as esferas da vida, ouvi quase todos os números imagináveis.

Então, me deixe fazer uma pergunta pessoal agora: de quanto dinheiro *você* precisará para ser financeiramente seguro, independente ou livre? Diga um número qualquer. Você não precisa estar certo — nem mesmo lógico. Um milhão de dólares? Cinco milhões? Quinhentos milhões? Pare por um segundo agora, use o seu instinto e anote o número, seja na margem deste livro, em um aplicativo do notebook ou simplesmente em um pedaço de papel. É importante anotar, porque isso vai situá-lo na realidade e tornar o valor concreto.

Já fez isso? Em breve você vai saber por que esse passo é uma primeira ação importante.

Agora, minha experiência me diz que, se você for como a maioria das pessoas, esse valor, provavelmente, parece um pouco alto demais para você agora, não é? Bem, continue lendo, porque vamos fazer alguns exercícios fáceis para ajudá-lo a dominar esse número. E eu aposto que você vai descobrir que ele pode ficar mais perto de você, muito mais do que você jamais imaginou. **Na verdade, você vai aprender que não existe apenas um "número mágico", pois há cinco *níveis* diferentes de sonhos financeiros que o libertarão.** E não importa se você está apenas começando ou se preparando para se aposentar, não importa quão sólido ou instável seu patrimônio é agora, eu garanto que pelo menos um ou dois desses sonhos estarão ao seu alcance. Como? Tudo começa com a compreensão do que você realmente precisa.

Recentemente, em um dos meus programas, um jovem no fundo da sala se levantou para expor o preço dos seus sonhos. Ele jogou os ombros para trás e anunciou: "Um bilhão de dólares."

Houve um monte de *ooohs* e *aaahs* na turma. Essa pessoa estava com seus 20 e poucos anos, um dos participantes mais jovens da palestra, e, provavelmente, ainda não havia ganhado seu primeiro milhão. Então, eu pedi que ele considerasse o que aquele número realmente significava.

Lembra do Capítulo 1.4, "Dominando o dinheiro: É hora de abrir caminho", quando falamos sobre o fato de que tudo aquilo que as pessoas fazem, acontece por uma razão? Apenas como lembrete: existem seis Necessidades Humanas Básicas: Certeza, Incerteza/Variedade, Sentido, Conexão/Amor, Crescimento e Contribuição. Então, por que esse jovem queria 1 bilhão de dólares? Qual dessas necessidades ele estava tentando atender? Certeza? Você pode alcançar a Certeza em sua vida por muito menos de 1 bilhão de dólares! E quanto à Variedade? Você pode ter muita Variedade com 1 milhão de dólares, ou muito menos dinheiro, certo? Conexão e Amor? Dificilmente. Se ele receber 1 bilhão de dólares, haverá muitas pessoas querendo estar na sua vida, assim como os vencedores da loteria que subitamente descobrem dúzias de parentes e "amigos" que nunca souberam que tinham. Com esse monte de dinheiro, ele vai ter conexão, tudo bem, mas não as conexões que deseja e precisa! Crescimento e Contribuição? Pela sua atitude, duvido que essas duas necessidades estivessem no topo da lista do jovem quando ele expôs seu número.

Então, quando você olha para as necessidades humanas, qual delas você acha que o impulsiona mais? Claramente, é o Sentido. Como ele disse, com 1 bilhão de dólares, as pessoas o levariam a sério; ele *faria diferença*. Isso pode ser verdade. Mas o problema é que, mesmo que ele receba 1 bilhão, ainda assim não será suficiente — porque, **quando você procura Sentido, está sempre se comparando com outra pessoa.** E haverá sempre alguém maior, mais alto, mais forte, mais rápido, mais rico, mais engraçado, mais jovem, mais charmoso, mais bonito, com um iate maior, um carro mais potente, uma casa mais agradável. Então, ao mesmo tempo em que **não há nada de errado com o sentido, se você o converter em sua necessidade número 1, nunca se dará por satisfeito.**

Em vez de lhe dar um sermão, decidi mostrar que ele poderia se sentir **significativo com muito menos dinheiro** — o que tornaria sua vida muito mais fácil. Afinal, ele estava escolhendo aquele número aleatoriamente. Dizer que ele precisava de 1 bilhão de dólares fazia com que sentisse que estava buscando um objetivo importante. O problema é que, quando você tem esse grande objetivo na cabeça — e se, no fundo, você não acredita que isso vai acontecer —, seu cérebro o rejeita. É como viver uma mentira. Você já fez isso? Estabelecer algum objetivo gigantesco, e então, uma voz em sua cabeça apita: "A quem você está tentando enganar?" A verdade é que você nunca vai concretizar esse projeto até que ele esteja profundamente incorporado a seu subconsciente — a parte da sua mente tão poderosa que faz o seu coração bater 100 mil vezes por dia sem que você nunca tenha de pensar nisso.

Você já se flagrou perdido em seus pensamentos e, então, de repente, olhou para a frente e percebeu: "Merda! Quem é que estava dirigindo este carro nos últimos cinco minutos?!" Felizmente, era o incrível protetor da vida, seu subconsciente.

Para ter uma ideia de como esse processo funciona, dê uma olhada na imagem a seguir. Imagine seu cérebro dividido em uma metade superior e uma metade inferior; a metade superior é a mente consciente e a metade inferior é o seu subconsciente.

COMO AS PESSOAS REAGEM EM MERCADOS DIFERENTES

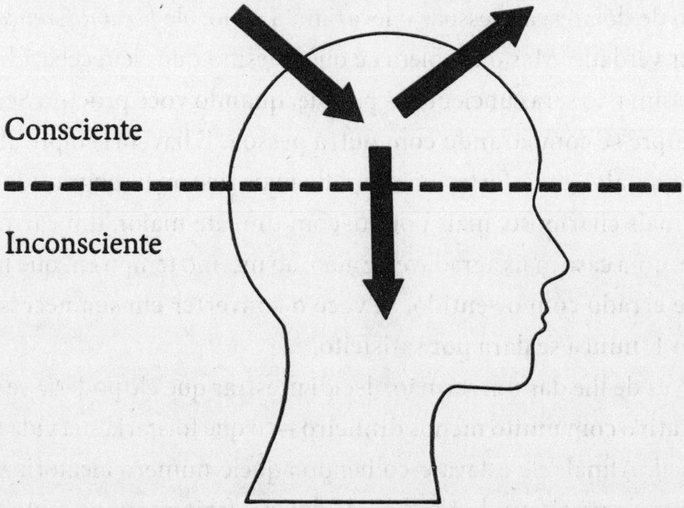

As ideias continuam tentando encontrar abrigo em sua cabeça, por exemplo: "Vou ganhar 10 milhões de dólares!" ou "Vou ser financeiramente livre quando tiver 40 anos!" Mas o seu cérebro superior e consciente vai dizer: "Nem pensar! Não há nenhuma maneira de eu conseguir fazer isso acontecer!" Ele rejeita rapidamente essa grande ideia e a lança de volta ao espaço, como se fosse uma bolinha de tênis. Porém, se você resolver dentro de si mesmo o senso de certeza absoluta de que "Eu vou fazer isso!" e, então, começar a construir um plano... algo extraordinário acontece. Você começa a desenvolver a certeza de que realmente pode alcançar o que deseja. Com essa confiança recém-descoberta, de repente você vê que há uma maneira de chegar lá. Vai encontrar um exemplo em alguém que já está conseguindo o que você está procurando, e vai agir de modo contundente. O objetivo se infiltra em seu subconsciente, e vai trabalhar para transformar o seu sonho em realidade. E é aí que a mágica acontece!

Agora, eu duvido que você ache que precisa de 1 bilhão de dólares para realizar os seus sonhos financeiros. Mas eu estaria disposto a apostar que o número que você escolheu para se sentir financeiramente seguro ou independente é bastante assustador. Quase todo mundo estabelece um número maior do que precisa, porque ninguém se empenha em calcular qual é o verdadeiro preço de viver em diferentes níveis de estilo de vida. É por isso que muitos nunca começam a trabalhar nessa direção. Eles entram no jogo, ficam entusiasmados, falam às pessoas sobre o seu grande sonho, mas nunca agem para realizá-lo. Por quê? Porque, psicologicamente, eles não têm *Certeza* de que serão capazes de fazê-lo. E a Certeza é a primeira necessidade humana que influencia nosso comportamento e nossas ações. É um fato. Se você não conseguiu agir no seu mundo financeiro, em parte, é porque você está indeciso, não tem certeza sobre o que é certo ou errado, e qual abordagem vai ser bem-sucedida ou fracassar. Ou você está se sentindo tão sobrecarregado pela complexidade do sistema que ninguém teve a paciência de orientá-lo com clareza. Com a incerteza, nós entramos no padrão de não fazer nada ou, pelo menos, de procrastinar. Nós adiamos até amanhã o que precisamos fazer hoje.

Para ajudar o meu potencial amigo bilionário a identificar o preço real dos seus sonhos, de modo que eles pudessem se alojar no inconsciente dele e se tornar reais, comecei a lhe fazer perguntas. O mesmo tipo de pergunta que, daqui a pouco, vou fazer para conduzi-lo em seu caminho.

Comecei perguntando ao meu novo amigo qual seria o seu estilo de vida se ele tivesse 1 bilhão de dólares. Ele pensou por um momento, e disse: "Eu teria um Gulfstream!"

"Um jato!", comentei. "Para onde você vai voar?"

Ele respondeu: "Bem, eu moro em Nova York. Provavelmente, voaria para as Bahamas. E eu, provavelmente, voaria para Los Angeles para participar de algumas reuniões."

Eu o fiz anotar quantas vezes ele voaria em um ano, e ele achou que, provavelmente, seria um máximo de 12 voos. E quanto custaria um jato? Nós pesquisamos, e um Gulfstream G650 de longa distância custaria aproximadamente 65 milhões de dólares; um Gulfstream IV seminovo só lhe pouparia cerca de 10 milhões. Isso sem incluir combustível, manutenção e tripulação. Em seguida, pesquisamos o custo de fretar um jato particular em vez de possuir um: ele só precisaria de um jato de médio porte para voar com três membros da família, e isso custava cerca de 2.500 dólares por hora. Ele voaria aproximadamente 100 horas por ano, a um total geral de 250 mil por ano, ou cerca de 5 mil por hora; ou 500 mil, se quisesse voar com um Gulfstream em todos os voos — ainda muito mais barato do que o preço da manutenção anual de muitos jatos, e a um custo que seria inferior a 1% ao preço de venda daquele Gulfstream. Do palco, eu conseguia ver os olhos dele brilhando e sua mente trabalhando.

"Então, o que mais você compraria com o seu bilhão de dólares?", perguntei.

"Uma ilha particular!"

Isso era uma coisa com a qual eu conseguia me identificar. Tenho uma pequena ilha paradisíaca em Fiji. Era um sonho maluco que eu tinha na juventude: encontrar um meio de fugir algum dia para um lugar aonde eu pudesse levar minha família e amigos e viver. Quando estava com vinte e poucos anos, viajei pelas ilhas do mundo inteiro procurando pelo meu Shangri-La. Quando cheguei a Fiji, encontrei o lugar. Um lugar não apenas com uma beleza magnífica, mas com almas bonitas também. Na época, eu não tinha recursos para comprar a ilha, mas adquiri parte de um pequeno resort para mochileiro, com 500 metros quadrados. Eu realmente não tinha o dinheiro, e provavelmente aquele não era o melhor investimento possível. Mas era uma fração do que eu chamo de minha cesta de sonhos — algo que você entenderá mais adiante neste livro. Ainda assim, fiz isso acontecer, e tenho orgulho de dizer que, ao longo dos anos, comprei mais terrenos e converti o lugar em uma reserva ecológica protegida com mais de 2 quilômetros quadrados de área e quase 1,6 quilômetro de orla oceânica. Transformei o Namale Resort e Spa no resort número 1 de Fiji na última década, e ele continua sendo sistematicamente classificado entre os dez melhores resorts do Sul do Pacífico. Mas quantas vezes eu visito esse paraíso? Com a minha programação louca, talvez de quatro a seis semanas por ano. Então, o meu sonho se tornou realidade: todo mundo se diverte bastante lá!

Eu disse ao meu jovem amigo: "Se você quiser desfrutar da sua própria ilha, talvez prefira não pertencer ao ramo hoteleiro. E confie em mim: você só vai conseguir estar lá algumas semanas por ano, no máximo." Pesquisamos os custos e descobrimos que ele poderia comprar uma ilha nas Bahamas por 10 milhões de dólares ou algo assim — e ele teria de gastar de 30 a 40 milhões para construir um pequeno resort! Ou ele poderia alugar o resort do meu amigo Richard Branson na ilha Necker por uma semana e levar todos os seus amigos e familiares por menos de 350 mil, com uma equipe de 50 pessoas para cuidar de todos eles. Se ele fizesse isso todos os anos durante uma década, só custaria 3,5 milhões de dólares, contra 30 a 40 milhões, sem precisar trabalhar para manter a propriedade.

Analisamos toda a lista do rapaz, e adivinhe quanto seria necessário para ele ter o estilo de vida que queria para o resto da sua vida. Quando nós somamos o custo real dos seus sonhos mais loucos, e não apenas as suas necessidades, ele não chegou ao total de 1 bilhão, nem de 500 milhões, nem de 100 milhões, nem de 50 milhões, mas de *10 milhões de dólares* para ter *tudo* o que ele sonhava para o seu estilo de vida, sem nunca ter de trabalhar para pagar por isso — e os sonhos eram gigantescos! A diferença entre 10 milhões e 1 bilhão é astronômica. Esses números estão em universos diferentes.

O desafio é que, quando começamos a tratar com números realmente grandes, as mentes das pessoas não entendem o que eles realmente significam. Há uma diferença radical entre 1 milhão, 1 bilhão e 1 trilhão. Até mesmo o presidente Obama usa os termos *milionários* e *bilionários* conjuntamente, como se estivessem, de alguma forma, relacionados — eles não estão. Me deixe provar isso para você. Vou fazer um pequeno teste. Quero que você pense e faça uma primeira suposição quanto à resposta. Esse exercício vai ajudá-lo a entender a perspectiva de 1 milhão contra 1 bilhão e contra os índices que o governo vem usando com muita frequência: 1 trilhão. De fato, em Washington, 1 trilhão é o novo bilhão, como se diz.

A minha primeira pergunta é: há quanto tempo foi 1 milhão de segundos? Faça uma pausa, mesmo que você não saiba — o que você supõe?

A resposta é: 12 dias atrás! Você conseguiu chegar perto? Não se sinta mal. A maioria das pessoas não tem a menor ideia. Se você conseguiu, parabéns. Agora vamos subir a aposta. Considerando que agora você tem uma perspectiva do que é 1 milhão (1 milhão de segundos sendo 12 dias atrás), há quanto tempo foi 1 bilhão de segundos? Fique comigo, vamos lá; faça uma suposição, comprometa-se com um número. A resposta é: 32 anos atrás! Conseguiu chegar perto? A maioria das pessoas erra feio. Essa **é a diferença entre um milionário e um bilionário: 12 dias ou 32 anos! Você entende o que eu quero dizer quando afirmo que eles vivem em "universos diferentes"?** Você nunca pode dizer "milionários" e "bilionários" simultaneamente e achar que está falando da mesma coisa.

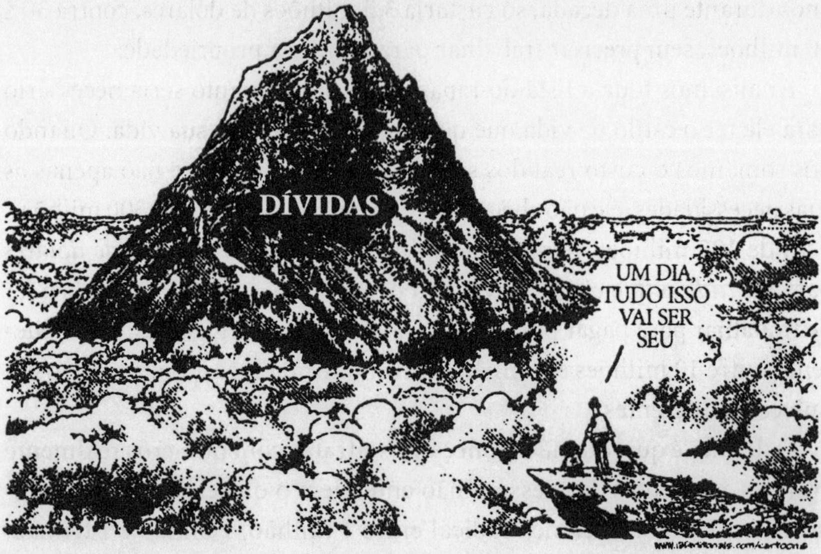

Apenas para concluir o pensamento: quando você ouve que o governo dos Estados Unidos tem 17 trilhões de dólares em dívida, quanto é 1 trilhão? Bem, se 1 bilhão de segundos foi há 32 anos, há quanto tempo foi 1 trilhão de segundos? A resposta: quase 32 mil anos atrás (31.689, para ser exato)! Quando os humanos sequer eram chamados de humanos! **O objetivo desse exercício é fazer você perceber que nós temos o hábito de desfocar os grandes números. Se nos ativermos aos fatos, um estilo de vida extraordinário provavelmente custa menos do que você pensa.**

Voltemos ao nosso potencial bilionário. Não me interprete mal: 10 milhões de dólares ainda é uma soma considerável, mas provavelmente estará ao alcance desse jovem empreendedor ao longo de sua carreira. Quem sabe? Ele pode realmente acabar com 1 bilhão — se inventar o próximo Instagram. Mas, e se não inventar? **Ele ainda poderia ter a vida extraordinária com a qual sonhava com 99% menos dinheiro do que pensava precisar.** Ele não precisaria ser um bilionário para viver como um bilionário.

Estou disposto a apostar que, quando descobre o preço real dos *seus* sonhos, o tempo que leva para você realmente chegar aonde quer é muito inferior ao que você pensa! **E lembre-se sempre da maior das verdades: a vida não tem a ver com dinheiro. Tem a ver com emoção.** O verdadeiro objetivo é ter o estilo de vida que você quer, não as coisas que pensa querer. Quando você morrer, alguma outra pessoa vai ficar com todas essas coisas, de uma forma ou de outra. Elas não são suas. Eu não tenho ilusões: por mais que aprecie e desfrute do "meu" resort em Fiji, sei que sou apenas o zelador. Algum dia, alguém vai possuir aquela propriedade. Mas eu adoro o fato de ter sido eu a transformá-la em um destino para onde pessoas de todo o mundo se dirijam para vivenciar alegria, romance e aventura. É parte do meu legado... e é isso que *me* dá alegria. Colecionar propriedades não é a meta. **O dinheiro em si não é o objetivo.** O nosso valor não é medido pelo peso das nossas contas bancárias, mas sim pelo peso das nossas almas. O caminho para o dinheiro, os lugares para onde o dinheiro pode nos levar, o tempo, a liberdade e a oportunidade que o dinheiro pode trazer — é isso que estamos *realmente* buscando.

> Você pode ter tudo. Só não pode ter tudo ao mesmo tempo.
>
> — OPRAH WINFREY

Faça uma pausa agora e pense no que você quer realmente que o seu dinheiro compre. Nem todo mundo quer viver como Donald Trump ou Floyd "Dinheiro" Mayweather! O seu sonho é viajar pelo mundo, explorar cidades antigas ou fotografar leões no Serengeti? É ter uma casa de praia nas Bahamas ou uma cobertura em Nova York? É começar o seu próprio negócio — o próximo Snapchat — ou fazer uma contribuição extraordinária à humanidade como a próxima Charity Water? É algo bem simples, como colocar os seus filhos na faculdade e ter sobra suficiente para uma casa no campo com uma grande horta? Ou o seu sonho é apenas a paz de espírito — saber que você pode estar livre para sempre das dívidas e preocupações? Aonde quer que os seus sonhos possam levá-lo, eu vou mostrar um caminho para você chegar lá. Mesmo que não consiga fazer todo o percurso até o topo, você pode alcançar os sonhos que mais importam e comemorar suas vitórias ao longo do trajeto. Porque o dinheiro é um jogo de emoções, e vamos mostrar alguns números que vão fazê-lo cair em si e dizer: "Estou certo! Prometo a mim mesmo que consigo chegar lá!"

Como todas as viagens, antes de começar, você vai precisar se inteirar de onde está. Vamos trabalhar juntos em alguns cálculos simples. Se nunca se dedicou a descobrir exatamente o que é necessário para alcançar seus objetivos financeiros, você não está sozinho. Muitas vezes, muitos daqueles que ganharam milhões de dólares não desenvolveram um plano para sustentar seu estilo de vida sem ter de trabalhar, pelo menos em parte do tempo. Como já dissemos, mais da *metade* dos norte-americanos sequer tentou calcular de quanto dinheiro precisará para se aposentar, incluindo 46% de todos os planejadores financeiros! Por que nós desconhecemos nosso horizonte financeiro básico? Descobri que a primeira razão para isso, depois de ouvir centenas de milhares de pessoas de uma centena de países diferentes, é que as pessoas têm *medo de saber.*

É como pisar na balança. Você sabe que ganhou peso, mas não quer saber quanto. É uma forma de negação; uma maneira de adiar a decisão de fazer uma mudança. Lutadores do ensino médio e boxeadores profissionais sobem naquela coisa todos os dias, de modo que, se estiverem fora da meta no peso, saberão imediatamente e poderão fazer algo a respeito. **Você não vai conseguir gerenciar sua saúde se não puder medi-la. O mesmo vale para suas finanças.** Você não vai conseguir atingir seus sonhos financeiros a menos que saiba com precisão o quanto vai demorar chegar lá. Estou aqui para ajudá-lo a se afastar das massas que escondem a cabeça na areia quando se trata de dinheiro. Em um minuto, vamos fazer um cálculo rápido e fácil para descobrir onde você está e onde precisa estar. (Se fazer algumas somas for um desafio para você, lembre-se de que o seu celular tem uma calculadora! E você também pode consultar o nosso aplicativo, que vai lhe fazer as perguntas e calcular os números automaticamente. Consulte www.tonyrobbins.com/masterthegame [em inglês].)

Mas primeiro vamos analisar aqueles cinco sonhos financeiros. Quando uso as expressões "segurança financeira", "vitalidade financeira", "independência financeira", "liberdade financeira" e "liberdade financeira absoluta", elas parecem exatamente a mesma coisa para você? Será que essas expressões trazem emoções que parecem diferentes quando você as pronuncia em voz alta? Experimente. Qual delas lhe fala mais alto: segurança ou vitalidade? E que tal vitalidade ou independência? Independência ou liberdade? E quanto à liberdade absoluta? Cada um desses cinco sonhos financeiros é maior do que o outro, não é? E os números necessários para alcançá-los também seriam diferentes.

Desses cinco sonhos, você pode descobrir que está comprometido com apenas dois ou três. Para algumas pessoas, a segurança financeira, por si só, já é um divisor de águas e lhes dá enorme liberdade. Assim, ao projetar este exercício, incluí esses sonhos como passos no caminho da liberdade financeira absoluta. Ou, se você se lembrar daquela montanha que já mencionamos neste livro, como campos de base no trajeto de subida até o topo. Lembre-se: nem todos precisamos ou queremos ir até o pico do Everest. Para alguns de nós, a vitalidade financeira seria uma bênção e a independência nos permitiria pisar na lua! Nem todos esses sonhos são "obrigatórios" para todos.

Vou convidá-lo a ler os cinco e escolher os três que mais lhe interessam — o que eu chamo de **Três fatores para prosperar**. Você terá três metas: metas de curto, médio e longo prazo. Está configurado, dessa maneira, porque não nos baseamos no fracasso; nos baseamos somente no sucesso. Se você estiver interessado no grande número à distância, ele pode parecer distante demais, ou até mesmo assustador; como resultado, talvez você nunca inicie verdadeiramente sua viagem. Precisamos de um alvo próximo o suficiente para que possamos sentir que é possível, e em um futuro relativamente próximo. Isso é o que faz você agir e transformar um objetivo de curto prazo em realidade. Registre suas vitórias ao longo do caminho. Por que esperar até ser financeiramente independente para comemorar? Por que não ganhar nas fases intermediárias? Isso é o que incentiva, empolga e dá impulso.

> É preciso tanta energia para desejar
> quanto para planejar.
>
> — ELEANOR ROOSEVELT

SONHO 1: SEGURANÇA FINANCEIRA

O que significa segurança? Em vez de lhe contar o que é, me deixe perguntar: como você se sentiria se essas cinco coisas fossem quitadas pelo resto da sua vida, sem que você tivesse de trabalhar para pagar por elas novamente?

1. A hipoteca de sua casa — paga para sempre. *Você nunca mais vai precisar trabalhar para pagar sua casa!*
2. As contas de serviços da sua casa — quitadas para sempre. Você nunca mais precisará trabalhar para pagar a conta do telefone ou para manter as luzes acesas.
3. Toda a **alimentação** da sua família — paga para sempre.
4. Suas necessidades básicas de **transporte**.
5. Seus custos básicos de **seguro** — todos eles pagos sem que você nunca precise trabalhar outro dia sequer em sua vida.

Eu apostaria que sua qualidade de vida seria muito satisfatória, não é? Você se sentiria muito seguro se soubesse que essas coisas estavam cobertas.

Agora, algumas boas notícias: lembra do número que você escreveu mais cedo? O valor que você considerou necessário para se sentir financeiramente seguro e livre? Provavelmente, não foi tão extremo quanto o número bilionário do meu amigo, mas, provavelmente, ele lhe pareceu muito elevado, não é? Bem, *aposto* que, quando descobrir esses números, você vai perceber que o sonho da segurança financeira está, provavelmente, muito mais perto do que você imagina. Ou, se você for um dos raros que o subestimam, vai ter um choque de realidade e saber o número exato necessário para que os seus sonhos financeiros se realizem.

Se você ainda não baixou o nosso aplicativo gratuito, faça isso agora. Ou use a planilha a seguir e anote o que você gasta com esses cinco itens em uma base mensal. É muito simples: quanto você paga atualmente pela hipoteca? (Se estiver em uma fase inicial da vida, e ainda não possui uma casa, anote aqui o seu aluguel mensal. Ou você pode estimar ou verificar na internet quanto seria o pagamento da hipoteca em algo que talvez não seja a sua casa ideal, e sim uma primeira moradia.) Se você já tem suas próprias anotações, ótimo. Em seguida, suas contas de serviços públicos atingem qual valor a cada mês? Em terceiro lugar, o que você gasta com alimentação? Vá em frente. Se você não tiver os números, chute. Você sempre pode voltar e alterar a quantia mais tarde, mas não desperdice esse impulso.

GASTOS ANUAIS MÉDIOS DO CONSUMIDOR NORTE-AMERICANO

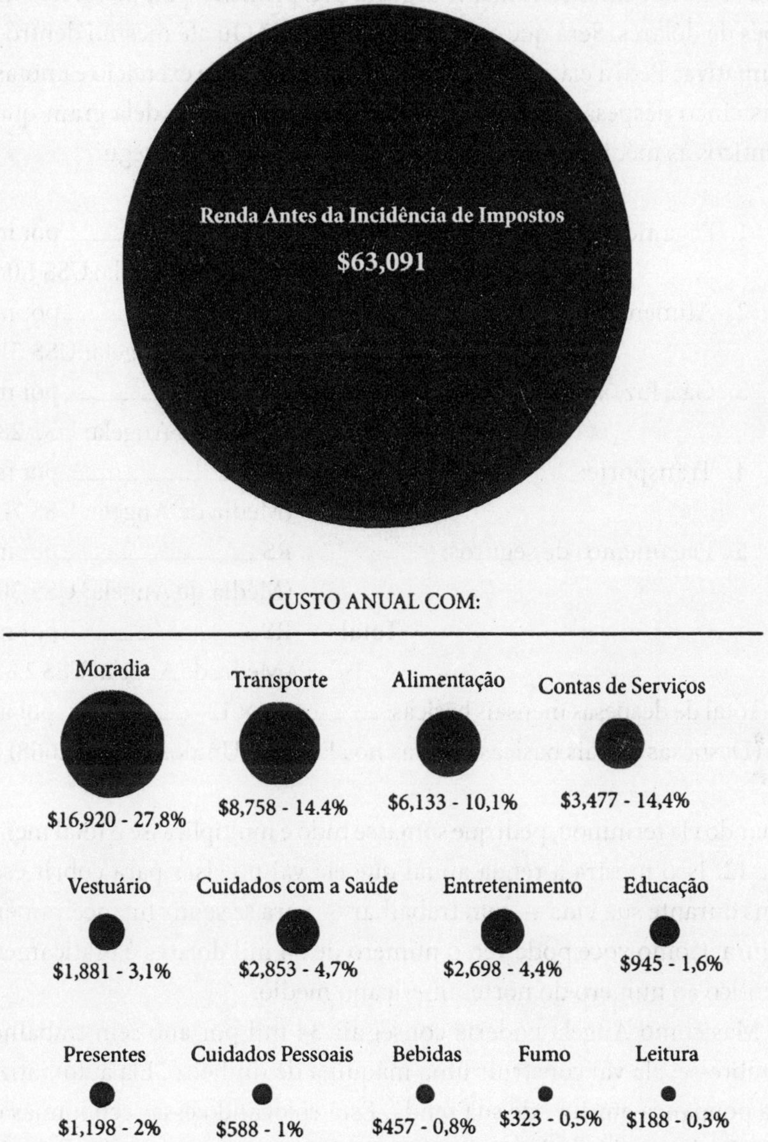

Vamos chegar a um número que seja verdadeiramente razoável. Ou então pegue o seu boleto bancário ou entre na internet e copie os números. Apenas para não desperdiçar o impulso neste exato momento, caso os números não estejam facilmente acessíveis, vou lhe dar um exemplo.

Lembra da minha amiga Angela, que eu apresentei no primeiro capítulo? Ela tem 48 anos e é solteira. Está tentando descobrir o que seria necessário para se tornar financeiramente segura. Seu primeiro palpite foi de 3 milhões de dólares. Será que essa conta está certa? Ou até mesmo dentro da estimativa? Pedi a ela, então, que se submetesse a esse exercício e anotasse suas cinco despesas básicas. Como se viu, os números dela eram quase idênticos às médias nacionais, que você vai ver na lista a seguir.

1. Pagamento de aluguel ou hipoteca: R$ ______________ por mês
   (Média de Angela: US$ 1.060)
2. Alimentação, casa: R$ ______________ por mês
   (Média de Angela: US$ 511)
3. Gás, luz, água, telefone: R$ ______________ por mês
   (Média de Angela: US$ 289)
4. Transporte: R$ ______________ por mês
   (Média de Angela: US$ 729)
5. Pagamentos de seguros: R$ ______________ por mês
   (Média de Angela: US$ 300)

Total R$ ______________ por mês
(Média de Angela: US$ 2.889)

Total de despesas mensais básicas: __________ × 12 = __________ por ano
(Despesas anuais básicas médias nos Estados Unidos: US$ 34.668)

Quando ela terminou, pedi que somasse tudo e multiplicasse o total mensal por 12. Isso mostra a renda anual que ela vai precisar para cobrir esses itens durante sua vida — sem trabalhar — para se sentir financeiramente segura. Como você pode ver, o número de 34 mil dólares é praticamente idêntico ao número do norte-americano médio.

Mas como Angela poderia conseguir 34 mil por ano sem trabalhar? Lembre-se: ela vai construir uma máquina de dinheiro. Ela automatizou sua poupança em 10% de sua renda. Está colocando essas economias em uma Roth 401 (k), onde o valor está sendo investido em fundos de índice de baixo custo, com uma taxa de crescimento estimada de 6%. (Essa é a percentagem que Jack Bogle estima que os mercados apresentarão como retorno ao longo da próxima década. No entanto, o retorno médio do mercado de ações foi de 9,2% nos últimos 20 anos.) Colocamos isso na calculadora de riqueza, que você vai aprender a fazer no próximo capítulo, e Angela descobriu que, em vez dos 3 milhões de dólares que pensava que seriam necessários para alcançar a segurança financeira, ela precisaria acumular apenas 640 mil em seu Fundo de Liberdade para ter aqueles 34 mil por ano para o resto da vida — menos de um quarto da quantidade que pensou que necessitava!

A princípio ela ficou chocada. Angela me perguntou, incrédula: "Isso é tudo que eu precisaria para ter o que quero? Eu ainda teria de trabalhar, certo?" Eu respondi que ela, naturalmente, teria de trabalhar, mas não para pagar pela casa, comida, contas de serviços públicos, transporte ou cuidados de saúde básicos! Aliás, esses cinco itens, em média, representam 65% das despesas da maioria das pessoas. Então, Angela agora tinha uma maneira de pagar 65% de suas despesas gerais sem trabalhar. E lembre-se: a maioria de nós quer fazer algo que tenha sentido. Sem trabalho, ficamos meio loucos. Nós só não queremos *ter* de trabalhar! Angela poderia trabalhar em tempo parcial para pagar o resto das suas despesas, ou em tempo integral e usar toda essa renda para outras coisas. Perguntei como ela se sentiria se todas as despesas, desde a sua casa até o transporte, estivessem pagas sem que ela precisasse trabalhar pelo resto da vida. "Extraordinário!", ela disse. "Essa é uma meta alcançável. Isso é algo que eu poderia descobrir como realizar." Eu disse: "Exatamente!" O que se podia ver em seus olhos era uma sensação de certeza, e pelo fato de ela estar certa, ela tinha uma razão para agir.

Eu lembrei a ela: "Aliás, esse não precisa ser o seu objetivo final. Pode ser o seu objetivo de curto prazo." Para algumas pessoas, tudo o que elas querem é segurança financeira, como alguém que já está em uma fase posterior da vida e que pode ter sido bem-sucedido em 2008. Para alguém que está na meia-idade ou ainda é jovem, esse objetivo será facilmente alcançado — contanto que você saiba qual é o seu número e aja com base nos 7 passos deste livro.

Se você está se perguntando, a propósito, quanto tempo levaria para acumular qualquer que seja o seu número de segurança, não desanime. Você não precisa fazer esse cálculo. Vamos fazê-lo no próximo capítulo: "Qual é o *seu* plano?" Se você quiser, o aplicativo pode calcular o número para você. Juntos, vamos criar três planos: um conservador, um moderado e um agressivo. E você vai decidir qual desses planos é mais gerenciável e realizável.

Lembra do aspirante a bilionário? Sua renda anual para a segurança financeira eram meros 79 mil dólares. Muito longe da noção de bilionário. O seu número pode ser maior ou menor. **Agora você só precisa saber qual é a renda anual que vai necessitar para alcançar a segurança financeira.** Se ainda não o fez, calcule os números no aplicativo ou o faça aqui mesmo.

1. Pagamento de aluguel ou hipoteca: R$ ________ por mês
2. Alimentação, casa: R$ ________ por mês
3. Gás, luz, água, telefone: R$ ________ por mês
4. Transporte: R$ ________ por mês
5. Pagamentos de seguros: R$ ________ por mês
6. Total R$ ________ por mês
7. Total das despesas mensais básicas: ________ × 12 = ________ por ano

Aliás, não podemos passar para o próximo objetivo sem falar sobre algo que é um simples requisito, não um sonho. E é uma coisa que quase todo mundo deveria ser capaz de alcançar relativamente rápido, embora poucas pessoas consigam: **um fundo de emergência/proteção. De acordo com um estudo da Universidade de Princeton/Universidade de Chicago em 2014, 40% dos norte-americanos dizem que não poderiam dispor de 2 mil dólares se precisassem.** Ih! Isso é terrível! Por que precisamos ter uma provisão de emergência em dinheiro disponível imediatamente? E se houver uma interrupção inesperada no seu fluxo de renda? Acontece na vida de quase todos, em algum momento. Uma interrupção pode ser um problema de saúde, pode ser um problema com o seu negócio, pode significar perder um emprego. Então, você precisa de algum dinheiro para se proteger por um período de três a 12 meses. Para a maioria das pessoas, três meses é muito pouco tempo, enquanto 12 meses pode parecer muito. Então, talvez você comece separando alguns meses para as despesas gerais e pensando, gradualmente, em um valor de seis a 12 meses. Não seria maravilhoso saber que, se alguma coisa acontecesse, você teria um ano para conseguir se recuperar? Você ainda teria um teto sobre a cabeça, comida na despensa e as contas seriam pagas.

Novamente, esse objetivo não é ter uma renda anual para o resto da vida. Conquistando isso, você já estará estabelecido. Essa meta é apenas um dinheiro de emergência para protegê-lo até que desenvolva uma receita grande o suficiente para cuidar de si mesmo todos os anos para o resto de sua vida sem trabalhar, não importa o que aconteça.

De quanto *você* precisa? Bem, você sabe o que representam as suas despesas mensais. Então, anote esse número e o memorize. Novamente, você pode fazer esse exercício no aplicativo, e o número será salvo e sempre estará disponível para consulta. Minha amiga Angela, que reservou 10% do seu salário para construir sua máquina de dinheiro, começou a estudar seus padrões de gastos para descobrir mais possibilidades de poupar. Lembra que ela percebeu que era mais barato comprar um carro novinho que continuar a consertar o velho? Bem, ela também encontrou uma maneira de reservar um adicional de 8% para construir seu fundo de proteção de emergência. Ela cumpriu o objetivo, e agora dorme muito melhor! Se isso ainda não acontece com você, é crucial criar um fundo de emergência. (E eu garanto que você vai ter algumas ideias novas sobre como fazer isso depois de ler os Capítulos 3.3 e 3.4: "Acelere".) Mantenha essa quantia em dinheiro ou em um lugar seguro como uma conta bancária assegurada pela FDIC (Federal Deposit Insurance Corporation).

Agora o próximo nível de sonhos. Alcançada a segurança, vamos além.

SONHO 2: VITALIDADE FINANCEIRA

O que eu quero dizer com vitalidade? Esse objetivo é um divisor de águas no seu caminho para a Independência e a liberdade financeira. Você ainda não chegou lá, mas é o lugar onde você pode se sentir seguro e também ter alguns extras adicionados, de que você pode desfrutar sem ter de trabalhar.

Qual o seu gasto mensal com vestuário? Cem dólares? Quinhentos? Mil? E quanto ao entretenimento (TV a cabo, filmes, ingressos para shows)? E sair para jantar fora? É Chili ou Nobu esta noite? Então, para alimentação e entretenimento, você está gastando 200 dólares por mês ou mais de 2 mil? E quanto a pequenas liberdades ou pequenos luxos, como a mensalidade da academia, a manicure ou o massagista, ou taxas mensais para jogar golfe? São 50, 500 ou mais de 1.000 dólares? O que quer que seja, como você se sentiria se *metade* dos custos já estivesse coberta, **sem que** você tivesse de trabalhar, para o resto de sua vida? Isso é o que acontece quando você alcança a vitalidade financeira. Parece algo que vale a pena comemorar, não é?

Veja como calcular sua vitalidade financeira:

1. *Metade* dos seus custos mensais atuais com vestuário R$ _______
2. *Metade* dos seus custos mensais atuais com jantares e entretenimento R$ _______
3. *Metade* dos seus custos atuais com pequenas liberdades ou pequenos luxos R$ _______
4. Total de renda mensal adicional para vitalidade R$ _______
5. Você já sabe o seu número de segurança financeira mensal, então a adicione aqui R$ _______
6. Total de renda mensal necessária para vitalidade R$ _______
7. Agora multiplique isso por 12 e você terá o montante anual de que precisa para a vitalidade financeira: R$ _______ × 12 = _______

Novamente, basta digitar esses números, e todas essas contas serão feitas para você no aplicativo.

SONHO 3: INDEPENDÊNCIA FINANCEIRA

Abra um champanhe. Depois de ter atingido a independência financeira, você não vai mais precisar trabalhar para ter o mesmo estilo de vida que tem hoje! Os juros anuais auferidos no retorno das suas poupanças e investimentos (o seu fundo de liberdade) vão lhe fornecer a renda de que precisa — enquanto você dorme. Agora você está verdadeiramente independente financeiramente; *ou seja, independente do trabalho*. Não seria incrível? Que tipo de paz de espírito isso traria para você e para sua família?

Independência financeira significa que o dinheiro agora é seu escravo — você não é o escravo do dinheiro. O dinheiro trabalha para você; você não trabalha para ele. Se você não gosta do seu emprego, pode mandar o seu chefe ir se ferrar. Ou pode continuar trabalhando com um sorriso no rosto e uma canção no coração, sabendo que está trabalhando porque *quer* e não porque *tem* de trabalhar.

Então, vamos descobrir quanto seria necessário para manter o seu estilo de vida atual. Esse número pode ser realmente fácil de calcular, porque, infelizmente, a maioria das pessoas gasta o que ganha! Às vezes, mais do que ganha! Se você ganhou 100 mil dólares e gastou 100 mil naquele ano (incluindo o pagamento dos impostos) só para manter o seu estilo de vida, sua independência financeira é de 100 mil dólares. Se você gasta menos do que ganha, parabéns! Infelizmente, você é a exceção, não a regra. Então, se lhe custa apenas 80 mil dólares para viver, com um salário de 100 mil, então 80 mil por ano é o que você precisa para ser independente.

Então, qual é o seu número da independência financeira?
Vá até o aplicativo ou o escreva aqui agora: R$ __________.

Lembre-se, clareza é poder. Quando o seu cérebro é informado de um número real, sua mente consciente vai descobrir uma maneira de chegar lá. Você agora sabe a renda de que precisa para se sentir financeiramente seguro, vital e independente. Então, vamos ver o que acontece quando os seus sonhos crescem.

Atreva-se a viver a vida que você sonhou
para si mesmo.

— RALPH WALDO EMERSON

Quero lhe contar a história de Ron e Michelle, um casal que conheci em um dos seminários que apresento todos os anos no meu resort em Fiji. Eles estavam com trinta e poucos anos e tinham dois filhos pequenos. Pessoas bem-sucedidas, possuíam um pequeno negócio no Colorado. Ron era um excelente administrador, mas nenhum dos dois prestava atenção às suas finanças domésticas. (É por isso que ele estava em Fiji participando do meu evento *Dominando os negócios*, para fazer o seu negócio crescer de 30% a 130%.) O contador do casal elaborava demonstrações financeiras pessoais todos os meses, mas eles nunca se preocupavam em analisá-las! Não é de admirar que tivessem dificuldade para vislumbrar a vida que eles gostariam de ter — vinha sendo uma vida inteira de contribuições.

Quando perguntei a Ron que ele precisava para se estabelecer financeiramente, assim como perguntei ao potencial jovem bilionário, o número que ele mencionou foi 20 milhões de dólares. Eu queria provar que poderia ser muito menor do que isso, e ele ainda manteria uma qualidade de vida extraordinária para si e sua família, portanto, analisei com o casal tudo o que a família *realmente* gastava todos os meses. (Tenha em mente que, como empresários, a renda familiar anual de Ron e Michelle era claramente maior do que a renda norte-americana média.)

Primeiro, começamos com a segurança financeira. Ele me revelou os seus cinco números:

Hipoteca da casa principal	US$ 6.000 por mês
Contas de serviços	US$ 1.500 por mês
Transporte	US$ 1.200 por mês
Alimentação	US$ 2.000 por mês
Seguro	US$ 750 por mês
Total	US$ 11.450 × 12 = US$ 137.400 por ano

Assim, para a segurança financeira, eles precisavam de uma renda de 137.400 dólares por ano. Bem ao seu alcance! A propósito, se Ron quisesse saber quanto ele precisaria acumular no seu pecúlio ou no seu Fundo de Liberdade, a maioria dos planejadores financeiros diria que ele deveria multiplicar o número da sua renda anual por dez, ou mesmo 15. Hoje, com retornos tão baixos sobre investimentos confiáveis e seguros, isso não é realista. Lembre-se: no caminho até o topo da montanha (a fase de acumulação), você pode colocar os seus investimentos em um portfólio agressivo que poderia render de 7% a 10%. Na descida da montanha (a fase de desacumulação), você vai querer que os seus investimentos estejam em um ambiente seguro e menos volátil, onde, naturalmente, você vai obter retornos menores. Assim, pode ser mais inteligente usar 5% como uma suposição mais conservadora. Em dez vezes, sua renda assume um retorno de 10%. Em 20 vezes, sua renda assume um retorno de 5%.

Ron descobriu que a segurança financeira estaria ao seu alcance — 20 × US$ 137.400 = US$ 2.748.000 —, um número muito inferior aos 20 milhões de dólares que ele havia projetado.

Para a independência financeira, eles perceberam que precisavam de 350 mil dólares por ano para manter seu estilo de vida no nível atual, porque tinham uma segunda casa e uma porção de bens caros. Michelle gostava de comprar objetos com a etiqueta Louis Vuitton. Então, mesmo pensando de um jeito conservador, eles precisavam de 7 milhões de dólares (US$ 350.000 × 20), no seu limiar crítico, para viver daquela forma, sem trabalhar. Ron ficou surpreso ao perceber que esse número era *quase dois terços menor* do que os 20 milhões que ele pensava serem necessários! E ele vai chegar lá muito mais cedo do que imaginava, tendo de economizar **13 milhões a menos do que havia estimado!**

SONHO 4:
LIBERDADE FINANCEIRA

Uma vez tendo se libertado da necessidade de trabalhar para o resto da vida, que tal modificar um pouco seu estilo de vida? **A liberdade financeira significaria que você é independente, que tem tudo o que tem hoje, com mais dois ou três luxos importantes que quer ter no futuro, e que você não vai ter de trabalhar para pagar por eles também.** Para chegar lá, você precisa perguntar a si mesmo: "De qual renda anual eu precisaria para ter o estilo de vida que eu *quero e mereço*?" Para que você quer o dinheiro? É pela liberdade de viajar? Para possuir uma casa maior ou uma segunda casa de férias? Talvez você sempre tenha sonhado com um barco ou um carro de luxo. Ou queira contribuir mais para sua comunidade ou igreja.

Vamos voltar para Ron e Michelle. Eles já estavam vivendo como queriam por 350 mil dólares por ano. Então, perguntei o que os faria se sentir financeiramente livres. Seria uma casa maior? Um condomínio em Aspen? Um barco?

Sabe o que Ron disse? Ele se sentiria financeiramente livre se pudesse doar 100 mil dólares por ano para a sua igreja — e talvez acrescentar um pequeno barco de pesca Bass e uma casa de veraneio em um condomínio em Steamboat Springs, para esquiar com a família.

Essa resposta foi incrível. Fiquei tão comovido quando ouvi seu objetivo de contribuir que fiquei louco para ajudá-los a encontrar uma maneira de fazer aquilo acontecer. Destaquei que Ron ganhava cerca de 500 mil por ano e gastava apenas 350 mil — ele já poderia reservar aquele tipo de dinheiro para a igreja se realmente quisesse. Mas não seria ótimo se ele e Michelle pudessem fazer essa contribuição sem trabalhar? Só com a renda dos investimentos?

Depois de adicionar os custos de financiamento do barco e do condomínio, juntamente com a contribuição, eles teriam de adicionar 165 mil dólares por ano ao seu número de independência financeira para chegar à liberdade financeira. Em outras palavras, eles precisariam de 515 mil por ano (× 20), ou 10,2 milhões na sua máquina de dinheiro. Mas, lembre-se: esse número representa um estilo de vida ainda melhor do que eles têm hoje! É muito, mas ainda é aproximadamente *metade* do que Ron pensava que precisaria *apenas para ser independente*.

O mundo que Ron e Michelle queriam estava muito próximo — eles simplesmente não sabiam disso. Uma vez que você descobre o preço dos seus sonhos, existem maneiras de chegar lá mais rápido e por menos dinheiro do que você jamais imaginou.

O que seria necessário para *você* ser financeiramente livre?

Quais itens você acrescentaria ao seu total: um carro esporte? Uma segunda casa? Ou uma grande doação, como Ron e Michelle? Seja o que for, anote esses itens e adicione o custo ao seu total para a Independência. Esse é o preço da liberdade financeira. Se parecer muito elevado, simplesmente espere. Você vai aprender a dominar esse número nos próximos capítulos.

Veja como Ron calculou os seus números da liberdade financeira:

1. Doação mensal para a igreja — US$ 8,333
2. Barco de pesca Bass de 20 pés, custando US$ 50.000, financiado em 5% = pagamento mensal de — US$ 530
3. Hipoteca do condomínio familiar em estação de esqui custando US$ 800.000 em 4,5% = pagamento mensal de — US$ 4.880

4. Rendimento mensal para a Independência financeira US$ 29.167
5. Número total da renda mensal para a liberdade US$ 42.910
6. Agora multiplique isso por 12, e você terá o montante anual de que precisa para a sua liberdade financeira US$ 42,910 × 12 = US$ 514,920

Quais são os seus números?

1. Item de luxo # 1 por mês ____________ R$ ____________
2. Item de luxo # 2 por mês ____________ R$ ____________
3. Doação por mês ____________ R$ ____________
4. Rendimento mensal para a independência financeira (Qualquer número que você calculou anualmente, dividido por 12) R$ __________
5. Número total de renda mensal para a liberdade financeira R$ __________
6. Agora multiplique isso por 12, e você terá o montante anual de que precisa para a liberdade financeira R$ __________

SONHO 5:
LIBERDADE FINANCEIRA ABSOLUTA

E quanto à liberdade financeira *absoluta*? Como seria se você pudesse fazer o que quisesse, sempre que quisesse? Como se sentiria se você e a sua família nunca precisassem desejar alguma coisa novamente? Se você fosse capaz de doar livremente e viver completamente dentro das suas condições — e não nas de outra pessoas —, e tudo sem ter de trabalhar para pagar por isso. O dinheiro que você faz enquanto dorme — o rendimento dos seus investimentos — abasteceria seu estilo de vida ilimitado. Talvez você comprasse a casa dos seus sonhos para os seus pais, ou criasse uma fundação para alimentar os que passam fome, ou ajudar a limpar o oceano. Apenas imagine o que você poderia fazer.

Pedi a Ron e Michelle para me contarem os maiores sonhos que eles poderiam ter. Qual seria a aparência da liberdade financeira absoluta para eles? Mais uma vez, fiquei profundamente emocionado quando Michelle me disse que o seu sonho supremo era comprar um rancho e transformá-lo em um acampamento cristão. Qual seria o custo? Ron calculou cerca de 2 milhões de dólares para comprá-lo e 1 milhão para reformá-lo.

Eu vi a empolgação em seus rostos enquanto nós analisávamos os números.

Se eles tomassem dinheiro emprestado para comprar a fazenda, precisariam de cerca de 120 mil dólares (3 milhões a 4%) por ano para pagar a dívida. E isso já estava dentro do seu alcance!

E o que mais? Ron adorava aventuras e viagens, e ter o seu próprio avião era um sonho supremo. Então, eu o conduzi pelo mesmo exercício que fiz com o meu jovem amigo e potencial bilionário, e o convenci de que alugar um jato lhe daria grande parte da mesma conveniência e satisfação, a uma fração do custo de possuir e manter um Gulfstream ou um Cessna Citation. Está me acompanhando? Você não precisa possuir o jato para conquistar aquele estilo de vida. Você não precisa ser dono da equipe esportiva para ficar no camarote privativo. E você não precisa pagar por toda a equipe para ser um dos donos — você pode ser um dono parcial e obter todos os privilégios. Foi isso que o meu amigo Magic Johnson fez quando se integrou ao grupo que comprou o Los Angeles Dodgers, juntamente com o meu outro amigo Peter Guber e vários sócios do Guggenheim Baseball

Management, que gastou 2,15 bilhões de dólares para adquirir a equipe e o estádio. Posso jurar que Magic não investiu 2,15 bilhões — mas ele ainda obtém toda a alegria, o orgulho, a empolgação, a influência e a diversão por ser dono.

Esse pensamento pode criar a qualidade de vida que você quer para si mesmo e para aqueles que ama. **O que faz a maioria das pessoas ser apenas sonhadora enquanto outras vivem o sonho é que os sonhadores nunca descobriram o preço dos seus sonhos.** Eles criam um número tão elevado que nunca conseguem começar a viagem. Não há um sonho que você não consiga realizar se estiver suficientemente comprometido e for suficientemente criativo, e se estiver disposto a encontrar uma maneira de agregar mais valor à vida das outras pessoas do que qualquer outro.

Agora, como você pode imaginar, para a maioria das pessoas essa categoria é principalmente uma diversão. Nos meus seminários, faço esse exercício apenas com pessoas que têm sonhos realmente grandes e querem saber o preço desses sonhos. Entendo que a maioria das pessoas nunca vai alcançar a liberdade financeira absoluta, mas sonhar e liberar os seus desejos é uma coisa poderosa. Alguns desses sonhos de alta octanagem podem empolgá-lo e fazê-lo querer ganhar mais, ajudando-o a alcançar os seus objetivos mais rapidamente. Mas há outra razão para fazer esse exercício. Você pode alcançar a segurança financeira sem trabalhar e, em seguida, trabalhando em tempo parcial em algo de que gosta, poderia se tornar financeiramente independente. Ou, talvez, você possa alcançar a independência financeira por meio do rendimento dos seus investimentos e do trabalho em tempo parcial, permitindo-se experimentar os luxos da liberdade financeira com essa renda.

Então, vá em frente! Anote o que você colocaria nessa lista ou no seu aplicativo. Você nunca sabe o que poderia criar se os seus desejos fossem verdadeiramente atendidos!

Veja como Ron calculou os seus números para a liberdade financeira absoluta:

1. Um rancho para o acampamento cristão, que custa US$ 3 milhões, financiado em 4% = pagamento mensal de US$ 10.000
2. Um avião Beechcraft Bonanza, que custa US$ 300.000, financiado a 5% = pagamento mensal de US$ 3.181

3. Número de renda mensal para a liberdade financeira: US$ 42.910
4. Receita mensal total para a liberdade financeira absoluta: US$ 56.091
5. Agora multiplique isso por 12 e você terá o montante anual de que precisa para a liberdade financeira absoluta: US$ 673.092.

Assim, por um barco de pesca de 20 pés, uma doação anual de US$ 100.000 para a igreja, um condomínio de veraneio em uma estação de esqui, um avião e a transformação de um rancho em acampamento cristão, além do estilo de vida que eles têm hoje, sem precisar trabalhar, Ron e Michelle precisariam de uma renda de 673.092 dólares por ano. Multiplicados por 20, eles teriam de atingir um limiar crítico de 13,5 milhões. Ainda um terço menos do que o número que pensavam que iriam precisar para a mera segurança ou independência!

Quais são os seus números?

1. Item de luxo # 1 por mês ________ R$ ________
2. Item de luxo # 2 por mês ________ R$ ________
3. Item de luxo # 3 por mês ________ R$ ________
3. Doação por mês ________ R$ ________
4. Rendimento mensal para a independência financeira R$ ________
5. Número total de renda mensal para a liberdade financeira absoluta R$ ________
6. Agora multiplique isso por 12, e você terá o montante anual de que precisa para a liberdade financeira absoluta R$ ________

Só uma coisa torna um sonho impossível:
o medo de fracassar.

— PAULO COELHO

Como todos os números que você anotou lhe parecem agora? Espero que você tenha visto que o preço dos seus sonhos financeiros pode ser muito menor do que você pensava, e que você tenha escolhido três objetivos, incluindo pelo menos uma meta de curto prazo e uma de longo prazo. **Quais desses sonhos são os seus três fatores para prosperar?** O mais importante para a maioria das pessoas — as "obrigações" mais comuns — são segurança, vitalidade e independência. Ou, para aqueles que querem chegar ainda mais longe, segurança, independência e liberdade. Se você ainda não fez isso, escolha três e anote. Torne-os concretos e coloque-os em seu aplicativo; mensagens de alerta serão enviadas para mantê-lo focado em seu objetivo.

Se você faz parte da geração baby boom e enfrentou um momento difícil desde a crise de 2008, qual desses sonhos é uma necessidade absoluta para você? Segurança, certo? Uma boa notícia: talvez você não tenha tantos anos para erguer sua poupança e seus investimentos até um limiar crítico, mas você pode, certamente, alcançar a segurança financeira, e eu vou lhe mostrar como fazer. Talvez você nunca chegue à independência, mas talvez chegue, se transformar isso em uma "obrigação". Se estiver começando mais jovem, sua posição é mais vantajosa. Talvez você consiga atingir a liberdade, ou até mesmo a liberdade absoluta, sem sequer se estressar com isso. Mas é importante decidir o que é mais relevante para você e conhecer os seus números. Por quê? Porque, daqui a alguns momentos, nós avançaremos para o próximo capítulo, onde você vai ser capaz de calcular quantos anos serão necessários para que consiga realizar esses sonhos com base em quanto está economizando a uma taxa média anual razoável de retorno. E, então, vamos fazer um plano para chegar lá. Esse é o momento mais desafiador. Eu vou guiá-lo a cada passo, e tudo vai ser automatizado. É absolutamente fundamental que você continue focado.

Eu quero que se sinta empoderado e animado com a jornada que está começando.

Quero que você saiba que é o criador da sua vida, não apenas um gestor. Às vezes, nós esquecemos o quanto realmente criamos em nossas vidas. Não me importa quem você é; sei que há aspectos da sua vida, hoje, que anteriormente eram apenas um sonho ou um objetivo, ou pareciam impossíveis. Pode ter sido um emprego ou posição de alto nível que você queria, e que, na época, parecia fora do seu alcance, ou um carro pelo qual você estava obcecado, ou um lugar que sempre quis visitar. Talvez você até viva nesse lugar agora. Talvez houvesse alguém na sua vida, alguém que você achava que sequer gostaria de sair com você, e agora você está casado com essa pessoa. Em vez de voltar àqueles dias de sonhos, perguntando se essa pessoa algum dia iria querer fazer amor com você, talvez ela esteja ao seu lado agora. Se assim for, aproxime-se dela e lhe dê um beijo agora. Lembre-se que essa relação um dia pareceu impossível, mas você a criou.

O que existe na sua vida, hoje, que já foi um sonho? Qual foi o desejo que você teve no passado que na época parecia difícil ou impossível de realizar — mas que agora está na sua vida? Se você pretende se lembrar de que é o criador da sua vida, e não apenas o gestor das circunstâncias da sua vida, primeiro deve se reconectar às coisas que criou conscientemente. Faça uma pausa e anote três ou quatro dessas coisas. E tome nota: sua lista não precisa ser constituída de realizações gigantescas. Às vezes as pequenas coisas que parecem difíceis ou impossíveis, quando conquistadas ou realizadas, fornecem lições essenciais para alcançar as grandes coisas. Além disso, podem existir coisas em sua vida, hoje, que algum dia pareceram difíceis ou impossíveis, e agora você as tem, mas as considera naturais. A lei da familiaridade diz que, se nós estamos com alguma coisa (ou com alguém) por tempo suficiente, tendemos a naturalizar um pouco a existência dessa coisa. Então, não deixe de apreciá-la, e anote isso agora na sua lista.

Em segundo lugar, você deve rever os passos que deu para transformar esse sonho em realidade. Dedique-se a isso agora. Selecione uma das coisas que conseguiu. Quais foram algumas das primeiras ações que você adotou? Anote-as agora.

Entrevistei, literalmente, dezenas de milhares de pessoas sobre a maneira como elas pegaram algo que parecia impossível e incorporaram isso às suas vidas. Como elas criaram isso? E você? Existe um processo pelo qual todos nós passamos. São apenas três etapas.

Etapa 1: Liberte sua fome e seu desejo, e desperte o foco com mira a laser. Algo acontece dentro de você: ou você se inspira em algo que o empolga tanto que o seu desejo é completamente desencadeado — você fica completamente obcecado —, e você se concentra no seu objeto de desejo com intensidade semelhante a um laser! A sua imaginação é despertada. Ou você atinge um ponto, um limiar, um lugar dentro de si mesmo, e afirma que não vai mais se contentar com a vida do jeito que está. Você toma a decisão de nunca mais regredir, e fica ferozmente focado na nova vida ou no objeto que deseja. Poderia ser uma mudança de emprego, uma mudança de relacionamento, uma mudança de estilo de vida. Você desencadeia sua fome por isso — e, onde estiver o foco, a energia fluirá.

Alguma vez você já passou por isso? Você comprou uma roupa ou um carro e, de repente, viu aquele carro ou roupa em todos os lugares? Como isso aconteceu? Porque, parte da sua mente subconsciente, chamada de sistema de ativação reticular, sabe que isso é importante agora, e então ela percebe qualquer coisa que se relacione com ela. Esses carros e roupas estavam sempre ao seu redor, mas agora você os está percebendo porque o seu subconsciente faz você tomar consciência das coisas que não estava vendo antes.

Isso é o que vai acontecer enquanto você estiver lendo este livro. Você vai começar a perceber as taxas cobradas pelos fundos mútuos e ouvir sobre a alocação de ativos. Você vai começar a ouvir coisas que nunca ouviu antes — *investimento de alta frequência! Média do custo do dólar!* —, e essas coisas passarão a existir porque, agora, seu cérebro sabe que elas são importantes. Tudo o que for importante, tudo no que você estiver focado, a energia fluirá para isso. Quando você tiver esse nível de fome, desejo e foco, a Etapa 2 começa a acontecer.

Etapa 2: Você age de modo contundente e eficaz. Se o seu desejo for verdadeiramente desencadeado e você estiver obsessivamente focado no que quer, será chamado a fazer o que for preciso para transformar O seu sonho em realidade. Não há limites para a energia e flexibilidade que terá na busca do que quiser. No fundo, você sabe que a ação contundente é uma panaceia. Se estiver disposto a se esforçar, vai chegar lá. Você já fez isso antes, certo? Talvez houvesse um tempo em que precisava ver a garota que amava, então, você pegava um carro emprestado e dirigia a noite toda, debaixo de uma tempestade de neve, para ir vê-la na faculdade. Talvez você tenha movido céus e terra para colocar seu filho na melhor escola para atender às suas necessidades. Se for uma "obrigação" e não apenas uma "possibilidade", você vai encontrar uma maneira.

Mas há uma ressalva, é claro: você precisa empregar uma ação efetiva por trás de todo esse esforço, certo? E se você dirigisse debaixo daquela tempestade de neve sem um mapa e acabasse na cidade errada? Você pode empenhar todo o seu esforço poupando para o futuro, mas coloque o seu dinheiro em uma 401 (k) sobrecarregado de taxas elevadas e fundos mútuos com mau desempenho e não vai chegar a lugar algum. Ou você pode investir tudo em uma empresa e ver as ações caindo até 40% em um dia. Então, se você estiver disposto a fazer o que for preciso, ainda precisa executar o seu plano com cuidado, e continuar adaptando a abordagem. Afinal, o esforço com execução eficaz cria mágica. Este livro é o seu mapa, o seu plano para levá-lo de onde você está hoje para onde quer estar financeiramente. Ao agir consistentemente, de modo contundente e eficaz, e ao adaptar sua abordagem sempre que ela não funcionar e tentar algo novo, você vai avançar em direção ao seu sonho. Mas há um elemento final, extraordinário, que desempenha um papel importante para definir se o seu sonho vai se tornar realidade ou não.

Etapa 3: Graça! Alguns chamam de sorte, coincidência, destino ou a mão de Deus. Eu chamo de graça: o reconhecimento de que há mais neste mundo do que apenas nós mesmos, e que talvez um poder superior nos dê tanto o privilégio desta vida quanto os dons da percepção e orientação quando estamos abertos a eles. É surpreendente o fato de que, quando você cuida das duas primeiras etapas, Deus, o universo ou a graça — seja lá o nome que você queira dar —, tende a intervir e apoiar o que você está fazendo. As coisas fluem quando você faz sua parte primeiro. Todos nós já experimentamos o fenômeno da casualidade. Algo acontece que desafia a lógica, por isso, nós o chamamos de coincidência. Perdemos um trem e conhecemos a pessoa com quem acabamos nos casando. Substituímos um amigo em um trabalho e isso nos leva ao emprego dos nossos sonhos. Nós não imaginamos com antecedência, não nos esforçamos para conseguir — simplesmente acontece. Para mim, isso é graça. Quanto mais você reconhece e aprecia a graça que já existe em sua vida, mais experimenta os dons que estão além do que você criou. Isso aconteceu várias vezes na minha vida, e eu sei que é real. Também sei que a gratidão conecta você com a graça, e quando você é grato, não existe raiva. Quando você é grato, não existe medo.

Então, você está pronto para se tornar o criador da sua vida, não apenas o gestor das suas circunstâncias? Você sabe no que está realmente investindo? Uma renda para a vida toda! Os seus sonhos estão se tornando uma parte de você, uma "obrigação" na qual o seu inconsciente se concentra noite e dia? Você está disposto a fazer o que for preciso para torná-los realidade? Então é hora de virar a página e fazer o que muitos outros não conseguem.

Está na hora de elaborar um plano...

CAPÍTULO 3.2

QUAL É O *SEU* PLANO?

Se você não sabe para onde vai, todos os
caminhos o levarão a lugar nenhum.

— HENRY KISSINGER

Parabéns, você já percorreu um longo caminho! Você deu três grandes passos em direção à liberdade financeira. Você tomou a decisão financeira mais importante da sua vida. Você se tornou um investidor, comprometendo ou ampliando a porcentagem da sua renda que é destinada automaticamente ao seu Fundo de Liberdade, e começou a construir a máquina de dinheiro que vai libertá-lo. Você também aprendeu a se proteger das maiores mentiras criadas para afastá-lo do seu dinheiro. Finalmente, você colocou um preço nos seus sonhos: já sabe quanto da sua renda será necessário para se tornar financeiramente estável e independente. Agora, nós vamos usar o que você aprendeu sobre o poder da composição e colocar esses **Princípios de Energia do Dinheiro para funcionar. Vamos trabalhar juntos para criar um plano para você e sua família que seja absolutamente atingível e esteja ao seu alcance, não importa o nível do sonho financeiro que você almeje: segurança, vitalidade ou independência.**

Mais uma coisa antes de começarmos. Se você é igual à maioria das pessoas, odeia falar sobre dinheiro. Mas, ei, só estamos nós aqui. Ninguém mais vai ver esses números, a menos que você decida compartilhá-los. O mais importante é que você seja honesto consigo mesmo. Não arredonde os números. Não distorça a verdade. Não olhe para os seus "números" com lentes cor-de-rosa nem faça as suas finanças parecerem um pouco melhores do que são. Do mesmo modo, não se engane fazendo um plano tão conservador que lhe pareça impossível alcançá-lo. Apenas seja honesto consigo mesmo e se comprometa a fazer um exame fidedigno de onde você está agora. É assim que você vai fazer esse plano *realmente* funcionar.

VOCÊ SÓ PODE CONTAR COM AQUILO QUE TEM NAS MÃOS

Recentemente, um grande amigo meu teve um encontro com um grupo de colegas de infância perto da minha casa, em Palm Beach. Todos se reuniram para comemorar os seus 50 anos de idade. Eles tinham frequentado a escola maternal juntos e viveram próximos um do outro durante todo o ensino médio, em uma comunidade Levitt de casas geminadas em Long Island, Nova York. Seus pais eram profissionais liberais, ou possuíam seus próprios negócios, suas mães eram donas de casa e seus níveis de renda familiar eram bastante similares. O que mais me impressionou nessas amizades tão duradouras foram os dados demográficos. Durante seus anos de formação, as vidas desses amigos estavam em sincronia, mas quando eles entraram na faculdade, cada um dos jovens seguiu uma direção diferente:

Um deles foi trabalhar em uma das maiores instituições financeiras de Wall Street.

Outro, se tornou fotógrafo e abriu uma galeria em Manhattan.

Outro, construía casas em todos os estados do Médio Atlântico.

Outro, abriu um negócio de importação de vinhos finos e cervejas artesanais.

Outro, se formou em engenharia e trabalhava como funcionário público no sul da Flórida.

Quando se reuniam, esses amigos da vida toda comparavam suas situações. Apesar da diferença entre os níveis de renda e as contas bancárias, todos eram felizes — felizes não exatamente da mesma maneira, é claro, mas felizes. Suas necessidades eram atendidas. Muitas das suas esperanças e sonhos, também.

Meu amigo compartilhou a ideia do primeiro manuscrito deste livro com os seus outros amigos. Depois de algumas cervejas, a conversa se concentrou no dinheiro, e eles fizeram um ao outro a mesma pergunta que você respondeu no último capítulo: quanto dinheiro seria necessário para alcançar a segurança financeira ou financiar sua aposentadoria? O trabalhador de Wall Street achou que precisava economizar pelo menos 20 milhões de dólares para manter seu estilo de vida atual sem ter de trabalhar. O fotógrafo de Manhattan achou que 10 milhões seriam o suficiente. O incorporador imobiliário acreditou que poderia se virar com 5 milhões de dólares, especialmente agora, quando seus filhos já haviam concluído a faculdade. O comerciante de vinhos havia acabado de se casar novamente. Apesar de ter um bebê, ele estava contando com um pecúlio de 2 milhões. E o funcionário público, aquele que tinha sido condicionado a viver dentro das suas posses e a esperar por uma pensão fixa para o resto da vida, achou que poderia viver sem preocupações assim que a pensão começasse a ser paga e ele passasse a receber os benefícios da Previdência Social.

Qual desses amigos estava mais próximo de alcançar seu objetivo? Quem estava com o número e o plano certos para chegar lá? É uma pergunta complicada, naturalmente. A resposta não é determinada pelo dinheiro. Você não "ganha" a corrida da vida reunindo a maior pilha de notas ou acumulando mais coisas. E você não ganha ao assumir uma repentina liderança nem deslizando até a linha de chegada.

Como é que você ganha? Você ganha vivendo de acordo com suas próprias condições — tão bem e tão completamente quanto você possa, por mais tempo que puder.

Você cria um plano que atenda às suas necessidades, que funcione para você, e se compromete com ele. Isso é sucesso, puro e simples. Se você costuma lutar e competir constantemente com os pontos de vista dos outros sobre o sucesso ou a independência financeira, tentando alcançar um objetivo inatingível, vai ficar para trás e se frustrar. Se você está perseguindo o objetivo de outra pessoa, também perde. Não importa o quanto seu vizinho possui, que tipo de carro ele tem, ou as férias que ele tira. Esse plano tem a ver com você, só com você, ninguém mais.

Quando você parar de competir,
vai ganhar a corrida.

— BOB MARLEY

A ILUSÃO DA VANTAGEM

Você já assistiu a competições de atletismo nos Jogos Olímpicos? É fácil olhar para a pista pouco antes do tiro que marca o início da prova e se perguntar como é possível que o corredor posicionado na raia externa não tenha uma *enorme* vantagem sobre os outros. Racionalmente, nós sabemos que todos os corredores devem correr a mesma distância, mas, visualmente, nossos olhos parecem nos enganar. Essa pretensa vantagem é chamada de escalonamento, e se destina a igualar a distância em uma pista oval. Em uma corrida de 400 metros, há uma distância de cerca de 6 metros separando cada corredor.

É claro que todo mundo sabe que não há nenhuma vantagem, fisicamente, entre aparecer lá na frente, na raia de fora da pista, ou lá atrás, na raia de dentro. Você precisa correr a mesma distância de qualquer maneira. No entanto, a *aparência* de vantagem pode ser uma poderosa vantagem psicológica. O cara que está na frente acha que tem a liderança? Será que isso lhe dá uma injeção de confiança, ou talvez lhe tire a mais ínfima fração de impulso? Será que o cara que está "lá atrás" se sente desfavorecido — e aí corre um pouco mais rápido para compensar?

Vamos voltar aos nossos cinco amigos, sob a perspectiva de uma visão exterior. Pode *parecer* que o funcionário público esteja lá atrás em relação aos outros, se distanciando dos demais, e pode *parecer* que o executivo de Wall Street tenha se preparado para uma forte arrancada final, mas essa é a ilusão, não a realidade. Ninguém está na frente.

Aqui não existe *primeiro lugar* nem *último lugar*. A vida não é uma competição. Muitas vezes, as pessoas usam o dinheiro e a aquisição de *coisas* para medir onde estão: quem tem a casa mais agradável, o carro mais interessante, a casa de verão nos Hamptons. Mas a verdade é que não podemos prever quanto tempo vamos viver ou quais serão as nossas condições de saúde à medida que envelhecermos. A realidade é que não importa onde começamos. É como nós terminamos que conta. Em relação aos amigos do exemplo, parecia que todos estavam bem-encaminhados — *cada um dentro das suas próprias condições, no seu próprio tempo. Essa é uma das razões pelas quais eles se sentiam tão felizes com suas vidas.* Com um pouco de disciplina e previsibilidade, todos tinham chance de ganhar a corrida que tinham começado juntos lá atrás, na escola maternal.

O mesmo pode acontecer com você. Não importa onde esteja em relação aos seus amigos, sua família, seus colegas ou clientes. Tudo o que importa é sua jornada pessoal. É tentador encarar os outros como parâmetro e se convencer de que você está na frente, parecendo liderar, ou se resignar com a última posição do grupo. Mas essa não é a questão. **A corrida da vida é uma maratona, não uma prova de curta distância.** A única coisa a fazer é se concentrar no caminho. Olhe para a frente. Estabeleça seu próprio ritmo. Continue firme. E, depois, crie o seu plano.

A única pessoa que você deveria tentar superar
é a pessoa que você foi ontem.

— ANÔNIMO

SEU PLANO

Agora que você sabe que o seu único concorrente é você mesmo, está na hora de montar um plano e criar um planejamento financeiro. A boa notícia é que você só precisa responder a seis perguntas no aplicativo It's Your Money. Usando essa calculadora de riqueza, em segundos você vai ter uma primeira versão do seu plano. Se você ainda não baixou o aplicativo, aqui está o link: www.tonyrobbins.com/masterthegame [em inglês].

As seis perguntas se relacionam a duas áreas: onde você está agora e o que se compromete a criar daqui para a frente. Os poucos números que você precisa responder podem estar na sua base de dados, ou talvez você os saiba de cabeça. Talvez tenha de fazer algum dever de casa, mas a maioria desses números deveria estar acessível. Se você não conseguir defini-los agora, não há problema em usar uma estimativa arredondada, apenas para não desperdiçar o impulso.

Usando esses números, o aplicativo vai criar um plano adaptado somente para você, com base nas variáveis que *você* determinar: quanto você espera que sua renda cresça, quanto está disposto a economizar e qual a taxa de retorno que espera obter em seus investimentos. Você pode ser conservador ou agressivo nas suas estimativas — ou pode usar os números em ambos os sentidos e se decidir por algum ponto intermediário. Aqui, a beleza é que, tendo capturado esses números, o aplicativo fará todo o trabalho para você. Você vai ter um planejamento verdadeiro para o seu futuro financeiro, um plano objetivo a ser seguido.

ESCOLHA A SUA PRÓPRIA AVENTURA

A calculadora de riqueza no aplicativo que você acabou de baixar é um dispositivo que eu venho usando há mais de três décadas nas minhas oficinas e seminários. É simples e flexível, e ajudou milhões de pessoas a criar planos financeiros que funcionam para elas. Ele foi concebido a partir de uma série de suposições conservadoras, mas fique à vontade para mudar essas suposições, se quiser. **Pode torná-las mais conservadoras ou mais agressivas. Você está no comando, então, inclua números que se afinem com seu estilo de vida, sua realidade atual e seus sonhos.** Se você não gosta da imagem que está diante de você, é possível brincar com os seus números e escolher um caminho diferente, até a liberdade financeira. No restante desta seção nós vamos trabalhar juntos para que você consiga dar passos específicos para acelerar o seu plano e garantir o sucesso. O primeiro plano que você vai conceber é exatamente esse: sua primeira mordida na maçã. Então, vamos aproveitá-lo e melhorá-lo significativamente nas páginas seguintes...

Algumas coisas a ter em mente antes de começar:

Um dos principais fatores será nossa carga tributária, que é radicalmente diferente para cada um de nós. Este livro vai ser lido por pessoas do mundo todo, então, em vez de dificultá-lo, vamos simplificar as coisas. Onde quer que você viva, nas páginas seguintes você vai aprender a utilizar as ferramentas disponíveis no seu país para obter a maior eficiência fiscal. Sempre que possível, você deseja usar contas com benefícios fiscais para fazer sua riqueza acumular e gerar uma taxa líquida de retorno mais atraente.

Essa calculadora vai lhe mostrar três cenários potenciais, com diferentes taxas anuais de retorno para cada plano: 4%, 5,5% e 7%. Um plano conservador, um moderado e um agressivo. São taxas de retorno após a incidência dos impostos. Alguns podem achar esses números muito conservadores, ou muito agressivos; novamente, você pode ajustá-los a qualquer índice que apreciar.

Como chegamos a esses números? No limite superior, se olharmos para o padrão definido pela organização Charles Schwab, 10% serão considerados um retorno agressivo. O retorno agressivo do nosso aplicativo é 7%. Por que a diferença de três pontos? Schwab mostrou que, de 1972 a 2012, o mercado atingiu uma média de 10%. Mas nossa calculadora assume aproximadamente 30% em impostos, o que faz o número diminuir para um pouco menos de 7%. Nos Estados Unidos, as taxas de impostos de investimentos de longo prazo são de apenas 20%, não 30% — por isso, nosso aplicativo é agressivo quanto aos impostos. Além disso, lembre-se de que, se você estiver investindo por intermédio de um veículo com imposto diferido, como um 401 (k), IRA ou pensão vitalícia, estará diferindo os impostos. Assim, se você teve um retorno de 10% (como no exemplo de Schwab), continuaria compondo a 10% — sem nenhuma dedução de impostos até fazer a retirada. Estamos usando os nossos retornos mais baixos de 4%, 5,5% e 7% para fornecer uma compensação por erros ou retornos futuros que não consigam atingir a marca agressiva que você esperava.[8]

No limite inferior, ou no lado conservador, se você observar o Vanguard, ele usa um retorno de 4% após a incidência de impostos. Mas nós vemos as coisas de um modo um pouco diferente. A maioria dos norte-americanos que têm dinheiro para investir o faz por meio de seus 401 (k), IRA ou 401 (k) Roth. Qual é a melhor opção? Recomendamos que você escolha um Roth (ou o equivalente em seu país), a menos que realmente esteja certo de que os seus impostos vão ser mais baixos no futuro. (Sorte a sua!) Os governos de todo o mundo, especialmente o dos Estados Unidos, gastaram um dinheiro que não têm. Como eles vão se reembolsar? Aumentando os impostos. Assim, mesmo que ninguém saiba ao certo se os impostos vão subir ou descer, minha aposta é que eles continuarão subindo. Em um Roth, os seus retornos são 100% seus, o que significa que, se você tiver um retorno de 7%, todos os 7% serão seus — nunca uma parcela sobre o crescimento dos seus investimentos será retirada para o homem dos impostos. Se você receber um retorno de 10%, manterá os 10% integralmente.

---

[8] No momento da feitura deste livro, as taxas de juros estavam reprimidas por um longo período de tempo. No entanto, o aplicativo vai ser atualizado se e quando as taxas de juros subirem. Você também poderá, a qualquer momento, inserir qualquer taxa de retorno que melhor se adapte às suas circunstâncias e a objetivos realistas quanto ao retorno sobre os investimentos.

É por isso que nós construímos a calculadora de riqueza dessa forma. Ela dá flexibilidade para pensar nos retornos em uma abordagem líquida (após a incidência de impostos). Você concebe o plano com o que acredita ser o mais apropriado para os seus propósitos de planejamento.

Essa calculadora de riqueza foi projetada para lhe dar uma percepção imediata de como diferentes escolhas vão impactar no tempo que lhe será necessário para alcançar segurança, vitalidade ou independência financeiras. Depois que chegar a um plano básico que seja do seu agrado, você também pode torná-lo mais preciso. Como já mencionei, o Stronghold (www.StrongholdFinancial.com [em inglês]) tem uma plataforma tecnológica para vincular todas as suas contas de investimento. Ele lhe dará uma resposta imediata sobre qual foi sua taxa real de retorno em seus investimentos passados. (A maioria das pessoas não tem a menor ideia disso!) Ele vai lhe mostrar os seus anos de melhor desempenho, os de pior desempenho, e em quantos anos você amargou um prejuízo. Ele também vai mostrar o quanto você está realmente pagando em taxas, para que você saiba o verdadeiro impacto na sua economia futura. Consulte-o, se quiser, depois de finalizar o seu plano básico no aplicativo.

Evidentemente, com o aplicativo, os números e seus planos são completamente seguros e permanecem acessíveis onde quer que você vá, em qualquer dispositivo. Você pode alterar seus retornos a qualquer momento, mudar o quanto está disposto a economizar e ver o impacto nos diferentes momentos.

Uma das maneiras mais poderosas de acelerar o ritmo no qual você vai alcançar os seus objetivos financeiros — e a maneira mais indolor que eu conheço — é implementar o plano Poupe Mais Amanhã, que já ajudou mais de 10 milhões de norte-americanos a aumentar suas economias sob aspectos que eles nunca julgaram ser possíveis. Você se lembra de como ele funciona, conforme eu descrevi no Capítulo 1.3, "Sua máquina de dinheiro"? Você se compromete a separar, automaticamente, uma porcentagem de qualquer aumento que receber no futuro e adicionar isso ao seu fundo de liberdade.

Assim, por exemplo, digamos que você esteja economizando 10% do seu rendimento atual para o fundo de liberdade: você está investindo, mas quer encontrar uma maneira de acelerar sua meta. Ao se comprometer com o plano Poupe Mais Amanhã, na próxima vez que receber um aumento de 10%, 3% irão para o fundo de liberdade e os outros 7% estariam disponíveis para melhorar seu estilo de vida hoje. Faça isso três vezes na próxima década, e poderá economizar até 19% — quase o dobro do que está guardando hoje —, e sem prejuízo, porque tudo se baseia na renda futura adicional. Isso vai fazer uma enorme diferença na velocidade com que você poderá realizar seus sonhos financeiros.

Para se beneficiar, basta clicar na opção Save More Tomorrow [Poupe Mais Amanhã] no aplicativo. Uma observação final: eu também retirei da equação o valor da sua casa. Espere um pouco antes de gritar e se desesperar. Sim, eu sei que, para muitas pessoas, esse é o maior dos investimentos. Se você quiser colocá-lo de volta, fique à vontade, mas eu o retirei para que você ainda tenha outra proteção conservadora. Por quê? Porque você sempre vai precisar de um teto. Eu não quero que você administre esses números e gere um plano que *se baseie* no valor da sua casa para gerar renda. Você pode vender sua casa daqui a dez anos e ter um ganho significativo. Ou pode ficar nela para o resto da vida, ou pode, ainda, precisar trocá-la por um imóvel menor e separar algum dinheiro para ajudar a cobrir uma despesa imprevista. Não importa o que aconteça, seu plano é projetado para mantê-lo respirando, independentemente de como se comporte sua situação de vida.

Por que todas essas compensações incorporadas ao sistema? Porque eu quero que esses números sejam reais para você — não apenas reais *neste momento*, mas reais ao longo do tempo, contra quaisquer números eventuais do mundo real que possam lhe criar obstáculos. Eu quero amortecer o golpe no caso de você perder o rumo. Mas eu também quero que supere suas próprias expectativas. Acima de tudo, quero que saiba, com absoluta clareza e certeza, que as projeções que nós geramos juntos estão realmente ao seu alcance.

Pronto para mergulhar? Abra o seu aplicativo!

> Quando visualizo o futuro, ele é tão brilhante
> que chega a queimar os meus olhos.
>
> — OPRAH WINFREY

QUE RUFEM OS TAMBORES...

Eu sei que você vai querer mergulhar imediatamente, então, aperte Enter e relaxe enquanto o aplicativo lhe diz como vai ser o resto da sua vida. Mas esse não é exatamente o ponto. O verdadeiro valor do próximo passo é lhe mostrar o panorama: o que é realista, o que é possível, com o que vale a pena sonhar e lutar. Ele permite que você experimente resultados diferentes e jogue com algumas das variáveis se quiser criar uma imagem diferente ou produzir um resultado diferente. A curto prazo, isso lhe fornece um plano que você pode seguir — um plano para o seu futuro financeiro.

Pense nisso como o seu coach financeiro pessoal. Ele usa seus números "reais" — suas economias, sua renda — e calcula qual será o seu valor com base em uma série de resultados esperados. Ainda não é o momento de se preocupar com estratégias de investimento *específicas*. Vamos abordá-las na Seção 4, mas é importante ter alguma ideia de como o seu dinheiro pode render quando isso começar a funcionar para você.

Lembre-se: **o foco não é *onde* ou *como* você vai investir o seu dinheiro. Esse exercício é uma oportunidade para prever — *olhar para a bola de cristal das possibilidades*.** Como seria o seu futuro se você conseguisse ter um retorno de 6% sobre os seus investimentos? E que tal 7% ou mais? Quanto dinheiro você teria depois de dez anos? E depois de 20? E se você, de alguma forma, conseguisse tirar a sorte grande e encontrasse uma maneira de gerar ganhos de 9% ou 10%? Lembre-se: apenas um dos portfólios de alocação de ativos que você vai aprender no Capítulo 5.1: "Invencível, inabalável, inconquistável: a estratégia da All Seasons" produziu uma taxa média de pouco menos de 10% nos últimos 33 anos, e perdeu dinheiro apenas quatro vezes (e uma das perdas foi de meros 0,03%)! Existem muitas possibilidades, desde que você esteja informado sobre a forma como os principais investidores se comportam.

Então, brinque até encontrar um número que pareça adequado para você — um número no qual você tenha uma dose saudável de confiança. **Apenas alguns minutos do seu tempo e você saberá o que sua poupança, com o poder da composição, em diferentes taxas de retorno, vai lhe trazer.**

> Apenas o primeiro passo é difícil.
>
> — MARIE DE VICHY-CHAMROND

Parabéns pela execução do seu primeiro plano. Está empolgado com os resultados? Preocupado? Frustrado? Ou encorajado? Ao longo dos anos, trabalhando com pessoas de todo o mundo, tenho notado que os resultados tendem a colocá-las, de modo geral, em uma destas três categorias:

1. Aquelas que são jovens e endividadas, se questionando como conseguirão chegar, algum dia, à segurança financeira. O mais bonito é que elas descobrem que conseguem!
2. Aquelas que pensam que estão a décadas de distância da segurança financeira e se surpreendem — ou, francamente, se chocam — ao saber que estão bem perto: cinco, sete, dez anos no máximo. Na verdade, algumas *já* estão lá, mas nem tinham noção disso.
3. Aquelas que começaram tarde e têm medo de nunca serem capazes de recuperar o tempo perdido.

Me deixe compartilhar com você alguns exemplos de pessoas com quem trabalhei em situações semelhantes, e mostrar como os planos delas foram executados — como elas conseguiram segurança financeira, vitalidade e até mesmo independência e liberdade.

JÁ ADULTOS, MAS AINDA PAGANDO O PROGRAMA DE CRÉDITO ESTUDANTIL...

Vamos começar com uma pessoa jovem e endividada. Como um monte de outros representantes da geração Y, Marco se formou com uma enorme dívida. Engenheiro de 33 anos, ganhando respeitáveis 75 mil dólares por ano, ele ainda estava pagando 20 mil pelos programas de crédito estudantil. Assim como vários norte-americanos, Marco sentia que a dívida estava consumindo sua vida — ele pensava que continuaria a pagar para sempre (e, provavelmente, seria isso mesmo, se ele pagasse apenas os valores mínimos). Marco, no entanto, esperava que o seu salário crescesse, lenta mas firmemente, com aumentos esperados de cerca de 3% a 5% ao ano. Depois de trabalharmos juntos para montar um novo plano para ele, alocamos 5% de sua renda para o pagamento dos programas de crédito estudantil. E Marco comprometeu 3% de todos e quaisquer aumentos futuros com o seu fundo de liberdade.

O que esse novo plano lhe deu? Que tal uma vida livre de dívidas em sete anos? Além disso, Marco seria capaz de pegar aqueles 5%, assim que estivesse livre da dívida, e redirecioná-los para suas economias, a fim de fazer crescer e compor seu fundo de liberdade. **Com esse plano de poupança e investimento, Marco poderia chegar à segurança financeira em 20 anos. Pode soar como um tempo longo, mas ele ainda teria apenas 53 anos de idade. E apenas sete anos depois, aos 60 anos, Marco conseguiria chegar à Independência Financeira — cinco anos antes de ter sonhado se aposentar**, com um rendimento anual maior do que jamais imaginara! Marco deixou de se preocupar com a possibilidade de *nunca* conseguir quitar os seus programas de crédito estudantil para pensar em um futuro de verdadeira independência financeira. Melhor ainda, dentro de cinco anos, com 65 anos, com todo o seu crescimento e o impulso da Previdência Social acrescidos, Marco realmente experimentaria sua definição de liberdade financeira — uma perspectiva inteiramente insondável para ele antes de executar o novo plano. Lembre-se: ele começou essa jornada sem nenhum ativo, e nada além de dívidas!

PARECE BOM DEMAIS PARA SER VERDADE... TALVEZ SEJA VERDADE

Agora, nossa segunda categoria de pessoas: aquelas que dão uma olhada no seu plano e acham que algo deve estar errado. A calculadora não está funcionando! Elas percebem que a vitalidade ou a independência financeira está chegando muito rapidamente. "Eu não consigo chegar lá tão rápido", elas pensam. "Não vou conseguir alcançar a Independência Financeira em cinco, sete ou oito anos. Isso é loucura!" Elas imaginam que ainda precisariam de uns 20 ou 30 anos de trabalho duro e de dias de dedicação obstinada.

Onde está a desconexão? Como isso é possível?

É possível porque os números que elas tinham na cabeça — aquelas etiquetas de preço de 10, 20 ou 30 milhões de dólares — estavam totalmente equivocados. Não tinha nada a ver com a realidade. **Eram simplesmente números fictícios, representando o que elas** *achavam* que precisavam para ser financeiramente independentes, não o que elas de fato precisavam.

Katherine, que frequentou um dos meus seminários com o tema *Dominando a riqueza*, é um grande exemplo. Ela era uma executiva inteligente que precisava de 100 mil dólares por ano para se sentir financeiramente segura — um número elevado para os padrões de muitas pessoas, mas não para ela. Para alcançar a independência financeira, ela precisaria de 175 mil para manter seu estilo de vida atual sem trabalhar. **Katherine supôs que seriam necessários mais de 20 anos para chegar lá.**

Está interessado em saber o que aconteceu quando ela avaliou os seus números com a minha equipe? A primeira coisa que eles descobriram foi que o seu negócio atual estava rendendo mais de 300 mil dólares por ano em lucros líquidos e crescendo a quase 20% ao ano. Com a ajuda da minha equipe e alguma pesquisa, ela descobriu que poderia vender o seu negócio hoje por seis vezes o valor dos seus lucros atuais, um total de 1,8 milhão. O que isso significa?

Bem, se ela vendesse o seu negócio por 1,8 milhão de dólares e, em seguida, tivesse um retorno de 5%, sua renda anual de investimentos seria de 90 mil por ano. Ela já possuía outros investimentos, que estavam rendendo mais de 10 mil por ano. **Então, com uma renda anual de 100 mil dólares, adivinhe:** ***Katherine já está financeiramente segura agora!***

Katherine ficou surpresa — mas também confusa. Ela afirmou: "Tony, eu não quero vender o meu negócio agora!" Eu respondi que não a estava encorajando a fazer isso, nem que ela era obrigada a fazê-lo. Mas ela deveria declarar vitória e perceber que era financeiramente segura hoje. Por quê? Porque ela tem os ativos necessários para produzir a renda de que precisa neste exato momento. Melhor ainda: com a taxa de crescimento da empresa de 20% ao ano, ela dobraria seus negócios nos próximos três anos e meio. Mesmo que sua taxa de crescimento atual fosse reduzida à metade, para somente 10% ao ano, em sete anos o negócio estaria valendo 3,6 milhões de dólares. Se ela o vendesse nesse momento (US$ 3,6 milhões x 5% = US$ 180 mil por ano de renda, sem trabalhar), de três anos e meio a sete anos, Katherine já seria financeiramente independente. E não em 20 anos! Isso sem fazer nenhum outro investimento!

A propósito, uma das coisas que eu mostro aos empresários no programa *Dominando os negócios* é um conjunto pouco conhecido de estratégias que permite que você venda uma parcela (ou mesmo a significativa maior parte) de seu negócio e ainda assim execute, controle, dirija e lucre com ele. Isso permite que você obtenha um fluxo de caixa para garantir sua liberdade financeira hoje, enquanto ainda desfruta do prazer e da satisfação de fazer crescer o negócio que você ama.

VOCÊ PODE SER O ÚLTIMO A CHEGAR E CONTINUAR GANHANDO

Vamos voltar para a história da minha amiga Angela. Angela é tudo, menos mediana, mas, do ponto de vista financeiro, ela representa o norte-americano médio. Angela está com 48 anos. Tendo vivido sem preocupações, viajando e navegando ao redor do mundo, ela nunca tinha poupado ou investido nada pela vida inteira. Depois de terminar de ler a Seção 1, ela agora está empenhada em poupar 10%, mas ainda tem um grande desafio: está começando tarde nesse jogo. (Como a própria Angela disse: "Eu tenho quase 50 anos!") Ela tem menos tempo para explorar o poder da composição.

Quando Angela calculou pela primeira vez a renda de que precisaria para atingir a segurança financeira, **seu número chegou a 34 mil dólares**

por ano. Para a independência financeira, ela precisaria de 50 mil dólares. À primeira vista, os números a empolgaram. Não havia sete zeros, e eram números que ela poderia assimilar. No entanto, o tempo de processamento daqueles números a trouxe de volta à Terra. **Começar tarde e economizar apenas 10% da sua renda era um plano que consumiria 24 anos até que Angela chegasse à segurança financeira** — se ela tivesse 41 anos, seria uma grande vitória. Ela iria alcançá-lo aos 65 anos, mas, considerando que estava começando mais tarde, Angela teria 72 anos de idade quando alcançasse a segurança financeira. Certamente, seria um futuro mais atraente do que se ela não tivesse executado o plano, e ficou contente por saber que *poderia* chegar lá. Mas ela não ficou nem um pouco animada com o longo e lento caminho à sua frente.

Então, o que poderíamos fazer para acelerar aquele objetivo? Como Angela poderia chegar à segurança financeira mais rapidamente? Uma maneira seria aumentar suas economias e investi-las. Ela já estava economizando 10%. Sem nunca ter poupado antes, 10% pareciam um número enorme, mas ao se comprometer com o plano Poupe Mais Amanhã, ela poderia poupar mais, de forma indolor, quando recebesse aumentos, e, assim, acelerar seu plano. Outra maneira de acelerar as coisas era assumir um pouco mais de riscos e aumentar sua taxa de retorno para 7% ou mais. Naturalmente, esse risco aumentado poderia trazer mais perdas também. Por fim, havia uma saída ainda mais simples, que nós não tínhamos percebido.

Por sorte, Angela ainda tinha mais um trunfo. **Ela tinha deixado de fora uma enorme parte de ganhos futuros, uma parte que muitas pessoas acabam não incluindo no seu planejamento financeiro: a Previdência Social.**

Angela, que já tinha 48 anos, estava apenas a 14 anos de obter a Previdência Social a uma taxa reduzida e a 17 anos de requerer todo o seu benefício. Previa-se que ela levasse para casa 1.250 dólares por mês assim que completasse 62 anos, ou cerca de 15 mil por ano. Assim, aqueles 34 mil de renda por ano dos quais ela precisava para a segurança financeira de repente caíram para 19 mil. Agora, quando analisamos os números no aplicativo, ela retirou uma década inteira da sua linha do tempo. **Em vez de chegar à segurança financeira aos 72 anos, ela chegaria lá aos 62!** Angela estaria financeiramente segura em 14 anos, e ficou empolgada com isso. Agora, ela teria renda suficiente para nunca mais ter de trabalhar para pagar sua hipoteca, suas contas de serviços públicos, sua alimentação, seu transporte e seu seguro de saúde básico — uma verdadeira sensação de liberdade.

O impossível tornou-se possível. E adivinha o que mais aconteceu. Quando Angela percebeu que a segurança financeira estava à vista, aproveitou aquela emoção, aquela empolgação, aquele ímpeto e disse: "Ei, vamos subir um pouco mais o padrão. Se eu posso chegar à segurança financeira com 62, vamos dar uma olhada na independência financeira. Vou descobrir uma maneira de me tornar financeiramente independente não com 70 ou 80 e poucos anos, mas com 60 e poucos!" E qual seria o número para chegar à independência financeira? Era 50 mil dólares — apenas 16 mil a mais por ano em renda do que ela precisaria para a segurança financeira.

Angela deu mais um passo. Depois de ler o Capítulo 3.6: "Obtenha melhores resultados e acelere seu caminho até a vitória", ela encontrou ainda uma outra maneira de acelerar seu plano. Angela sempre foi extremamente interessada em adquirir imóveis que pudessem lhe gerar renda, e aprendeu algumas maneiras simples de investir em residências para idosos (ou instalações com autonomia assistida), que estão disponíveis por meio de fundos de investimento imobiliário públicos e privados. (Esse assunto será abordado na Seção 4.) Vamos destacar mais detalhes posteriormente, ao longo do livro, mas, em suma, as instalações de residências para idosos são uma maneira de gerar renda com propriedades imobiliárias que também está ligada ao que eu chamo de "inevitabilidade demográfica": uma onda de 76 milhões de pessoas pertencentes à geração do baby boom que estão envelhecendo e vão exigir o uso dessas instalações. Investindo 438 dólares por mês (ou 5.265 por ano), nos próximos 20 anos, e supondo que ela reinvestirá a renda para possibilitar o crescimento composto, terá acumulado 228.572 dólares. (Observação: isso pressupõe uma renda/pagamento de dividendos de 7%, que é a taxa atual em vários fundos de investimento imobiliário de residências para idosos.)

O montante que ela acumula vai gerar 16 mil dólares de renda (assumindo um pagamento de rendimentos de 7%), e ela não terá de usar o seu capital, a menos que deseje! Um último e enorme benefício? Angela não precisa pagar imposto de renda sobre o total do pagamento de rendimentos, devido às deduções fiscais por depreciação.

Marco, Katherine e Angela são pessoas reais, como você e eu. O seu plano também está ao seu alcance, e, assim como eles, você é capaz de chegar lá mais cedo do que pensa. Não deixe que o primeiro plano executado no aplicativo seja o último. Pense nisso como o ponto de partida para fazer os seus sonhos se realizarem. Nos próximos capítulos vamos conhecer cinco maneiras de acelerá-lo e chegar lá ainda mais rápido.

As pipas sobem mais alto contra o vento,
e não a favor dele.

— WINSTON CHURCHILL

Se você estiver animado com os números que o seu plano lhe revelou, ou estiver decepcionado com o longo percurso à sua frente, tenha coragem. A decepção nem sempre é ruim. Muitas vezes, ela serve como um grande estímulo, que obriga você a fazer enorme mudança. **Lembre-se: não são as condições, mas as *decisões* que determinam nossas vidas.** A decepção pode nos impulsionar ou nos derrotar. Eu escolhi ser impulsionado por ela, e espero que você adote a mesma visão. A maioria das pessoas sequer chega a esse ponto do seu planejamento, porque tem medo de deparar com o desapontamento assim que visualizar seus números. *Mas você assumiu o desafio e a promessa deste livro, então, você não é como a maioria das pessoas.* Você escolheu ser um dos poucos, não dos muitos.

Eu me lembro vivamente de uma viagem feita no feriado de 4 de Julho, há mais de 20 anos, com o meu querido amigo Peter Guber e um grupo de grandes executivos da indústria cinematográfica, pela região de Nantucket e Martha's Vineyard. Nós estávamos no iate de Peter, e um casal daqueles magnatas estava alardeando que ganhara, respectivamente, 20 e 25 milhões de dólares em um único filme naquele ano. O meu queixo caiu. Aquele número me surpreendeu. Então com 30 anos, eu achava que estava indo muito bem... até me encontrar no convés com um grupo de magnatas do cinema. Os caras levavam uma vida insana, e não demorou muito para eu ficar seduzido por aquela ideia.

Essa experiência me balançou, mas também me fez formular uma pergunta diferente: o que eu realmente *queria* criar na minha vida? Será que eu conseguiria chegar lá? Naquela época, eu não vislumbrava nenhuma maneira de agregar valor suficiente para outros seres humanos por meio da minha habilidade básica da docência, fazendo-os chegar, algum dia, àquele nível de liberdade financeira.

Claro que eu estava sendo totalmente injusto, me comparando e ao meu nível de realização com aqueles homens. Eu tinha 30 anos; Peter e os seus colegas produtores de filmes estavam todos na casa dos 50. Peter estava no auge da carreira; eu, apenas começando a minha. Ele tinha 52 indicações ao Oscar e era responsável por uma série de sucessos de Hollywood. Tudo bem que eu estava construindo o meu nome e dirigindo um negócio bem-sucedido — e mudando vidas —, mas o sucesso financeiro para Peter e seus amigos e o sucesso financeiro para mim estavam a anos-luz de distância um do outro. Assim, enquanto eu me comparava com aqueles caras no barco, fiz o que muitas pessoas fazem injustamente: me puni por não estar no mesmo nível de realização.

Mas a beleza daquele momento, naquele dia, foi que isso me colocou em um ambiente novo e estranho, e algo dentro de mim mudou. Eu estava muito longe da minha zona de conforto. Me senti como se não pertencesse àquele cenário... Como se não merecesse estar lá. Você já se sentiu assim? É incrível o que nossa mente pode fazer contra nós se não a conduzimos conscientemente.

Ao mesmo tempo, o contraste é uma coisa linda. Quando circula entre pessoas que estão em um outro nível do jogo da vida, você fica deprimido, chateado ou inspirado. Naquele dia, percebi que não queria um iate, mas me senti inspirado para aguçar o meu jogo. Percebi que havia muito mais que eu poderia fazer, dar e ser. O melhor ainda estava por vir. Também percebi o quanto foi incrivelmente valioso para mim me sentir desconfortável naquele momento da vida; me colocar em um ambiente onde não me sentisse por cima, superior.

Claro, nenhum desses pensamentos passava pela cabeça de Peter. Ele estava apenas reunindo amigos queridos em uma viagem de 4 de Julho, como um presente carinhoso! Mas o que ele realmente fez foi me mostrar um mundo de possibilidades ilimitadas. Aquela experiência ajudou a despertar a verdade em mim. Ficou claro que eu tinha a capacidade de criar qualquer coisa que pudesse imaginar. Talvez eu não quisesse ter aqueles mesmos brinquedos de adultos, mas, com certeza, eu queria oferecer os mesmos tipos de escolhas para a minha família. Hoje, com meus cinquenta e poucos anos, aquelas visões impossíveis se transformaram em um simples reflexo da realidade que eu vivo agora. E eu *ainda* não quero ter um iate!

Vamos ser claros. Não tem a ver com dinheiro. Tem a ver com escolha; com liberdade. Tem a ver com ser capaz de viver a vida dentro das suas próprias condições, não as de outra pessoa.

Não reclame.

Não diga que não consegue.

Não invente histórias.

Em vez disso, tome uma decisão agora*!*

Encontre seu dom e distribua-o a tantas pessoas quanto possível.

Se você se tornar mais forte, mais inteligente, mais caridoso ou mais habilidoso, então o seu objetivo terá valido a pena.

Um dos meus mentores mais antigos, Jim Rohn, sempre me ensinou: "O que você recebe nunca vai fazer você feliz; quem você se tornar vai lhe fazer muito feliz ou muito triste." Se a cada dia você fizer apenas um pequeno progresso, vai sentir a alegria que acompanha o crescimento pessoal. E isso leva, talvez, a uma das lições mais importantes que aprendi sobre grandes metas e realizações.

A maioria das pessoas superestima o que pode fazer em um ano, e subestima massivamente o que pode realizar em uma década ou duas.

O fato é que você não é um gestor das circunstâncias; você é o arquiteto da experiência da sua vida. Só porque alguma coisa não está em primeiro plano ou a uma curta distância, não subestime o poder das ações corretas e incansáveis.

Com o poder da composição, o que parece impossível se torna possível. Neste exato momento, amando ou odiando o seu plano financeiro, empolgado ou com medo, nós vamos fortalecer esse plano juntos. Vamos acelerá-lo, analisando os cinco elementos que podem torná-lo mais rápido.

CAPÍTULO 3.3

ACELERE: 1. ECONOMIZE MAIS E INVISTA A DIFERENÇA

Se tudo está sob *controle*, é porque você
não está indo suficientemente rápido.

— MARIO ANDRETTI

Parabéns: você acabou de dar um grande passo em direção à liberdade financeira! A maioria das pessoas não se empenha em considerar sua condição financeira como um todo e conceber um plano. Para aquelas que o fazem, muitas vezes isso desperta todos os tipos de emoções. É monstruoso, é assustador. Eu já passei por isso, e já senti. Agora que você também passou, faça uma pausa para saborear sua vitória. E pergunte a si mesmo: como você se sente de fato em relação ao seu plano? Você se sente bem com o futuro da sua família ou com o seu futuro? Está animado por reconhecer que os seus sonhos financeiros estão mais próximos do que imaginava? Ou é terrível pensar que você talvez nunca chegue aonde gostaria de estar? Está tão endividado que começa a se perguntar se *algum dia* conseguirá escapar dessa verdadeira draga de dinheiro?

Onde quer que você esteja, vai ficar tudo bem. Você percorreu um longo caminho, deu grandes passos e não há mais volta. Agora que, por assim dizer, aprendeu a andar, vamos ensiná-lo a correr. O objetivo dos próximos minicapítulos é fazer você avaliar uma forma de concretizar os seus sonhos financeiros com mais rapidez do que amais imaginou ser possível. Sonhe grande. Faça acontecer. E depois acelere. Alguma vez você já teve um dia incrivelmente ocupado, trabalhou até a exaustão, correu contra o relógio e depois, contra todas as probabilidades, terminou mais cedo do que esperava? Essa hora extra ou as duas horas extras de vida que você reivindica são uma grande dádiva, um bônus que faz você sentir como se o mundo estivesse do seu lado. Você vai à academia, sai para correr, dá uma volta para tomar um coquetel com amigos ou volta rápido para casa, a tempo de colocar os filhos na cama.

Eu viajo muito; vivo em países diferentes, em continentes diferentes, cruzando fusos horários e voando ao redor do mundo como o equivalente de um Harlem Globetrotter do mundo empresarial. Se eu chegar mais cedo a algum lugar, se tiver um tempo livre na semana para recarregar as energias ou passar algum tempo com minha esposa ou com minha família, vou ficar energizado e animado. Acabei de encontrar algum tempo *extra*!

E se esse tempo extra pudesse durar mais do que apenas uma hora ou duas? E se você pudesse encontrar não apenas uma hora extra no seu dia, mas, financeiramente, deparar com dois anos de poupança? Ou cinco anos? Talvez até mesmo uma década de vida, durante a qual você tenha a liberdade de não precisar trabalhar para sustentar seu conforto? Essa é a promessa das próximas páginas. Mesmo que o seu plano atual não o convença de que você pode chegar lá, esses capítulos podem lhe ensinar a alterar o seu plano e descobrir essa abertura em sua vida — esse dinheiro extra, esse tempo extra, essa liberdade definitiva.

> Quem ganha tempo, ganha tudo.
>
> — BENJAMIN DISRAELI

Se você pretende acelerar as coisas, existem cinco estratégias principais. Você pode adotar qualquer uma delas ou todas elas — a escolha é sua. Qualquer uma, por si só, pode acelerar significativamente o ritmo no qual você vai alcançar seus sonhos de segurança, independência ou liberdade financeiras. Coloque algumas delas juntas e ninguém conseguirá detê-lo.

> Você pode ser rico tendo mais do que precisa,
> ou precisando de menos do que tem.
>
> — JIM MOTT

ESTRATÉGIA 1:
ECONOMIZE MAIS E INVISTA A DIFERENÇA

A primeira maneira de acelerar o seu plano é economizar mais e investir essas economias para atingir um crescimento composto. Eu sei, eu sei, não é isso o que você quer ouvir. Talvez você esteja pensando: "Tony, eu estou gastando cada centavo que tenho. Não há possibilidade de conseguir poupar mais, sob nenhuma circunstância." Se isso for verdade, antes de falar de qualquer outra coisa, vamos lembrar a estratégia mais fundamental que você aprendeu no Capítulo 2.9: "Mito 9: As mentiras que contamos a nós mesmos": **a melhor estratégia para contornar seu sistema de crenças é desenvolver uma nova crença!** Não se pode tirar leite de pedra, mas você pode mudar sua história.

Mesmo que você esteja convencido de que não há nenhum espaço para poupar, o vencedor do Prêmio Nobel Richard Thaler nos ensinou que todos nós podemos Poupar Mais Amanhã. Lembra dos operários que disseram que nunca conseguiriam economizar? Apenas cinco anos e três aumentos de salários mais tarde eles estavam economizando 14%. E 65% deles estavam chegando a economizar 19%! Você pode fazer isso, e pode tornar a experiência indolor se usar essa estratégia. Vamos abordar algumas novas táticas agora.

E se — em um só golpe, de uma só vez — você conseguisse poupar um enorme montante de dinheiro em prol da sua liberdade financeira, e isso não custasse nem 1 centavo a mais? Você gosta dessa ideia? Vamos dar uma olhada em um dos maiores investimentos da sua vida: sua casa. Se você for parecido com milhões de norte-americanos, ter uma casa é importante, algo que você deseja muito ou tem grande orgulho de ter conquistado neste momento. Se você mora em Portland, no Maine, ou Portland, no Oregon, sua casa, provavelmente, consome a maior parte de seu orçamento mensal.

Como você se sentiria se pudesse economizar 250 mil, 500 mil ou até mesmo 1 milhão de dólares do valor destinado à sua casa? Parece impossível? Não, eu não estou falando de refinanciar sua hipoteca a uma taxa mais baixa, embora essa seja uma maneira indolor de poupar centenas ou mesmo milhares de dólares *por mês*.

O SEGREDO DO BANQUEIRO

Você não precisa esperar por uma queda no mercado para economizar com a sua hipoteca. No momento em que está lendo este livro, as taxas podem estar aumentando novamente, de qualquer maneira. **Quem sabe você ainda possa cortar os seus pagamentos de hipoteca pela metade, começando, no mais tardar, no próximo mês, sem envolver o banco ou alterar os termos de seu empréstimo.** Como? Me deixe fazer uma pergunta simples. Vamos supor que você esteja solicitando um empréstimo imobiliário. Qual dessas opções você preferiria?

Opção 1: 80% dos seus pagamentos hipotecários combinados são destinados aos juros ou

Opção 2: uma hipoteca de 30 anos a uma taxa fixa de 6%.

Reflita sobre isso por um momento. O que você acha? Você se sente tentado pela opção 2? A opção 1 parece uma loucura? Você acompanhou a multidão e escolheu a opção 2? Ou enganou todo mundo e escolheu a opção 1?

A resposta: não importa. As opções são idênticas. Quando você assina o seu nome na linha pontilhada e assume a hipoteca de 30 anos à taxa fixa de 6%, nada menos do que 80% dos seus pagamentos hipotecários serão destinados aos juros. Você não se deu conta disso, não é? Quanto é que essa despesa com juros vai acabar lhe custando ao longo da duração do seu empréstimo? Mais 30%? Mais 40%? Mais 50%? A vida deveria ser boa. **Quer saber o segredo do banqueiro? Os pagamentos dos seus juros significarão um adicional de *100% ou mais* sobre o valor de seu empréstimo.** A casa de meio milhão de dólares que você está comprando, no fim, vai acabar custando 1 milhão de dólares depois do pagamento dos juros. Se você comprar uma casa de 1 milhão? Vai custar mais de 2 milhões depois de acrescidos os pagamentos dos juros! Dê uma olhada no gráfico abaixo para ver o impacto das despesas com juros na compra da sua casa. O exemplo é uma casa de 1 milhão de dólares, mas, não importa o preço que você pague, a proporção do impacto é a mesma. Os pagamentos de juros duplicarão o custo ao longo do tempo.

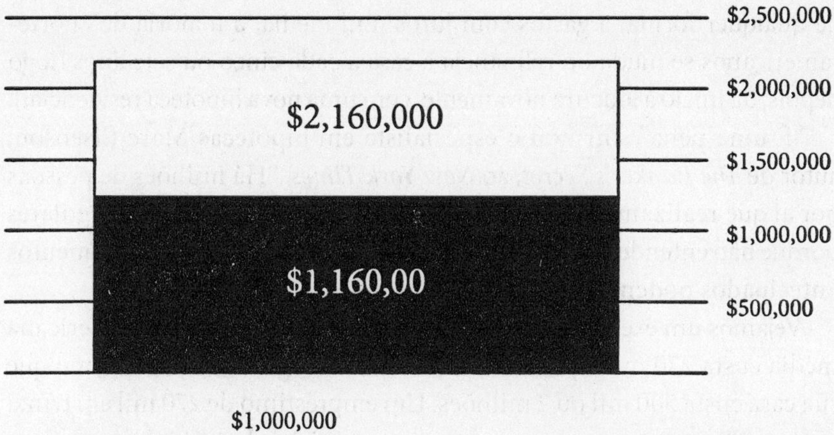

Para a maioria das pessoas, a hipoteca é a maior despesa individual, e, considerando que a maior parte do que você recebe será destinada aos juros, aposto que você não vai ficar surpreso ao saber que o norte-americano médio, acrescentados os cartões de crédito e os financiamentos de veículos, gasta com despesas relacionadas aos juros 34,5% de cada dólar que coloca em casa. E isso é apenas a média... Muitas pessoas gastam mais!

Então, como é possível reduzir esse enorme pagamento de juros? Como é possível diminuir os gastos com juros que você acumulou ao longo do tempo — e pegar esse dinheiro e canalizá-lo para o seu Fundo de Liberdade? A resposta é tão simples que poderá surpreendê-lo.

Se você tiver uma hipoteca tradicional com taxa fixa, tudo o que precisa fazer é realizar pagamentos adiantados do capital ao longo da duração do empréstimo. **Faça um pagamento antecipado do capital devido no mês seguinte, e, em muitos casos, você poderá quitar uma hipoteca de 30 anos em 15!** Isso significa dobrar os seus pagamentos mensais? Não, não chega nem perto disso! Eis aqui o segredo:

Princípio do Poder do Dinheiro 3. Corte os seus pagamentos hipotecários pela metade! Na próxima vez que assinar o cheque mensal da hipoteca, assine um segundo cheque apenas com a parcela do capital do pagamento do mês seguinte.

É um dinheiro que você vai ter de pagar de qualquer maneira, então, por que não tirá-lo do bolso algumas semanas mais cedo e desfrutar de boa economia nesse percurso? No mínimo de 80% a 90%, e, em alguns casos, uma parte ainda maior dos seus pagamentos antecipados vai estar relacionada, de qualquer forma, a gastos com juros. Em média, a maioria dos norte-americanos se muda ou refinancia a casa a cada cinco ou sete anos (logo depois, dá início à loucura novamente, com uma nova hipoteca residencial).

"É uma pena", afirmou o especialista em hipotecas Marc Eisenson, autor de *The Banker's Secret*, ao *New York Times*. "Há milhões de pessoas por aí que realizam fielmente os seus pagamentos hipotecários regulares porque não entendem (...) os **benefícios e as mudanças que os pagamentos antecipados podem provocar nos seus bolsos.**"

Vejamos um exemplo (na tabela a seguir). A residência norte-americana média custa 270 mil dólares — mas essa estratégia funciona mesmo que sua casa custe 500 mil ou 2 milhões. Um empréstimo de 270 mil em trinta anos, a 6%, requer um pagamento mensal inicial de 1.618 dólares. Com essa técnica, você também assinaria um segundo cheque com um valor extra de 270 dólares — o saldo do capital do próximo mês —, um número muito pequeno em termos relativos. O segundo cheque de 270 dólares é um dinheiro sobre o qual você ***nunca* vai pagar juros.** Para ser claro, você não está pagando a mais; está, simplesmente, fazendo um pagamento antecipado, um pouco mais cedo, do capital do próximo mês.

Invista nessa estratégia de pagamentos antecipados a cada mês e, novamente, você vai conseguir quitar uma hipoteca de 30 anos em 15 — diminuindo o custo total da sua casa em cerca de 50%. Por que não pagar antecipadamente esses 270 e reduzir à metade a existência da sua hipoteca? Então, se você tiver uma casa de 1 milhão de dólares, isso significa meio milhão de dólares de volta ao bolso! Quanto isso aceleraria sua jornada até a liberdade financeira?!

CUSTO MÉDIO DA RESIDÊNCIA NORTE-AMERICANA: US$ 270.000

Mês	Pagamento	Capital	Juros	Saldo
Janeiro	US$1.618,79	US$268,79	US$1.350,00	US$269.731,21
Fevereiro	US$1.618,79	US$270,13	US$1.348,66	US$269.461,08
Março	US$1.618,79	US$271,48	US$1.347,31	US$269.189,60
Abril	US$1.618,79	US$272,84	US$1.345,95	US$269.916,76

MEU BEM, VOCÊ PODE DIRIGIR O MEU CARRO

Não é apenas com a casa que nós podemos economizar muito. Um dos meus filhos estava doido para ter um BMW. Depois de anos cobiçando o "carro definitivo", ele alugou um Beemer novo, com todos os opcionais. Meu filho ficou empolgado com sua aquisição. Ele *adorava* aquele carro: adorava seu desempenho, o que o carro dizia a respeito do seu proprietário, o que ele representava. Era um motivo de orgulho e desejo, e anunciava sua chegada — pelo menos em sua mente.

Por outro lado, aquele BMW lhe custou uma *fortuna*! Ele poderia fazer pagamentos mensais da sua casa própria com o montante que estava pagando por aquele carro. Um ou dois anos depois, o carro ficou ultrapassado e, como era de esperar, perdeu um pouco de seu fascínio. Aos 30 anos, recém-comprometido em um noivado, ele decidiu que queria procurar uma casa para ele e sua futura esposa. Quando fez as contas, quase desmaiou. Aquele pagamento de 1.200 dólares para o seu BMW X6 (com um turbo duplo V8) poderia, literalmente, cobrir um pagamento *inteiro* da casa.

Ele percebeu que não havia mais necessidade do mesmo afago no ego provocado por dirigir um carro de luxo. Afinal, o carro era apenas um meio de transporte. Ele viu que poderia ter um Passat da Volkswagen ou um Mini Cooper, e isso poderia até ser mais agradável, mais inovador e mais econômico em termos de combustível.

Além disso, grande parte da alegria que ele tinha em dirigir aquele carro também desapareceu. Ele passou a encontrar alegria em outros lugares: na ideia de construir uma nova vida, firmar raízes com a mulher que amava e comprar uma casa. Livrar-se do BMW já não era um sacrifício; em vez disso, tornou-se uma decisão consciente gastar seu dinheiro em outro lugar e começar a construir um futuro financeiramente seguro.

Então, se você for um aficionado por carros (como eu), não estou dizendo que deve sair por aí dirigindo um Volkswagen. Para muitos caras, é quase impossível resistir àquela Ferrari, a um Porsche ou ao novo Tesla preto brilhante. Se o seu plano for conduzi-lo até a posição em que quer estar financeiramente, definitivamente você deve ter o carro que bem entender. Porém, se *não* estiver conseguindo fazer isso, ou se não estiver chegando lá com a necessária rapidez, então talvez seja a hora de repensar o seu carro e ver se consegue separar algumas economias significativas para colocá-las no seu Fundo de Liberdade.

Lembra-se de Angela? Ela leu uma cópia do manuscrito deste livro e voltou para casa com um carro novo — seu primeiro carro novinho em folha! Dê uma olhada nos números dela: Angela conseguiu negociar o seu carro antigo e economizar 400 dólares por mês, ou quase 5 mil por ano, que foram investidos em sua poupança, onde começaram a aumentar imediatamente, sob o poder da composição.

O QUE MAIS VOCÊ PODE FAZER?

Casas e carros não são as únicas situações para economizar. Onde mais você pode trabalhar para cortar despesas que já não têm nenhum valor para você? Sei que a ideia de viver pensando em se restringir a um orçamento é desagradável para a maioria das pessoas. **Não quero ficar limitado a um orçamento, e o meu palpite é que você também não quer. Mas eu acredito, sim, em um plano de gastos. Gosto da ideia de planejar a maneira de gastar o meu dinheiro para que ele me dê mais alegria e felicidade, mas também garanta minha liberdade financeira em longo prazo.**

Agora, para ser justo, se você for uma daquelas pessoas que dizem: "Dane-se. Eu não vou economizar; só vou me concentrar em ganhar mais", então você pode, simplesmente, pular para o próximo minicapítulo, sobre o tema ganhar mais e agregar valor. Se a ideia de poupar só consegue esgotar ou aborrecê-lo, existem quatro outras estratégias para ajudá-lo a acelerar as coisas, e eu não quero que você as perca de vista só porque não gosta de economizar. Se você gostar, continue me acompanhando. **Prometo que pequenas coisas podem fazer uma grande diferença a longo prazo — elas se somam até formar números surpreendentemente gigantes.**

Para ser justo, a Amazon e as livrarias físicas tradicionais têm seções inteiras abarrotadas de livros sobre como poupar mais dinheiro. Dave Ramsey é muito detalhista e tem vários livros publicados nessa área, e Suze Orman é uma autora que vale a pena investigar se você estiver buscando formas de economizar. Mas vamos usar algumas páginas aqui para destacar as melhores e mais simples estratégias.

Uma coisa é certa: você pode criar um plano de gastos que o ajude a decidir com antecedência *como* e *onde* gastar o seu dinheiro para lhe dar o maior retorno hoje e no futuro.

Lembra do Capítulo 1.3: "Acesse o poder", onde vimos que encomendar uma pizza com os amigos em vez de sair para jantar poderia lhe poupar 40 dólares por semana ou 2.080 por ano? Com um retorno de 8%, isso se transforma em mais de 500 mil ao longo de 40 anos. Meio milhão de dólares! Essa é uma visão de aposentadoria completamente diferente da que a maioria dos norte-americanos tem hoje. Esse tipo de dinheiro, sozinho ou adicionado ao nosso 401 (k), certamente pode ajudar a nos fazer repensar nosso latte desnatado diário grande, com um pouco de baunilha.

O especialista em finanças **David Bach** é um grande amigo que começou participando de um dos meus seminários financeiros há mais de 20 anos. Ele tomou a decisão de perseguir o seu sonho de ajudar as pessoas a se tornarem financeiramente independentes, e apenas alguns anos depois eu o contratei para dar sua primeira palestra remunerada. Hoje, com sua paixão e dedicação, ele ajudou a instruir mais de 4 milhões de pessoas por intermédio de seu livro campeão de vendas *O milionário automático: O plano perfeito para viver bem e ficar rico*, que inclui o conceito de criar riqueza pela descoberta daquilo que ele chama de "Fator Latte". E não se trata apenas de café: o Fator Latte é, simplesmente, uma metáfora para todas aquelas pequenas compras que nós sequer consideramos — coisas nas quais acabamos desperdiçando dinheiro sem perceber. Se você for viciado em café, o quanto esse vício está lhe custando? Digamos que você seja um "usuário" casual: com 4 dólares por dia, você está efetivamente abrindo mão de quase 56.500 de poupança ao longo de 20 anos, a 6% de juros. Por uma bebida! Mas vamos ser realistas: quem é fiel à Starbucks não aparece por lá apenas uma vez por dia. E os verdadeiros evangelistas que comparecem ao estabelecimento duas ou três vezes por dia? **Pegue esse seu hábito de 4 dólares e o transforme em 10 ao dia, e agora você está colocando de lado 141.250 dólares em economias ao longo de 20 anos, só com essa bebida. Esse é o custo de uma formação universitária de quatro anos!**

E se você for um purista? Você não se empanturra de cafeína; o seu corpo é um templo. Mas você tem uma queda por garrafas d'água. Algum entusiasta da Fiji ou da Evian por aí? Ou, francamente, mesmo que você simplesmente se abasteça de Poland Spring na Costco, quanto está gastando em garrafas d'água por ano? Uma jovem que trabalha comigo, e que eu adoro, e que se considera muito consciente, está prestes a casar com um cara que compra, regularmente, 12 pacotes de garrafas de 1,5 litro de Smartwater. Será que isso é inteligente? Ele compra esses pacotes de três em três, isto é, 36 garrafas grandes no total, que duram cerca de duas semanas e lhe consomem 75 dólares. Ele gasta 150 dólares por mês em água, quase 1.800 por ano — em uma coisa que poderia conseguir gratuitamente na torneira, filtrar com um purificador de água Brita e algumas garrafas de Nalgene, gastando de 50 a 60 dólares por ano. Sim, ele está matando o nosso planeta, mas também está aniquilando o seu portfólio. Eu sei que o seu noivo se sentiria muito mais feliz se aqueles 1.800 ao ano estivessem indo para sua caderneta de poupança e crescendo com o auxílio da composição anual. A 8% ao longo de 40 anos, isso significa que 503.605 dólares estão saindo na urina — literalmente.

Não estou dizendo que você tenha de desistir da água engarrafada ou parar de tomar café, mas as economias estão por aí, em algum lugar. Não é hora de encontrá-las?

Finalmente, não nos esqueçamos das nossas compras por impulso: sabe aquelas que parecem ótimas no momento, como a bolsa de trabalho cara ou a bela gravata Hermès? Lisa, uma jovem mãe de Nashville, aprecia as coisas mais finas da vida. Ela irrita o marido com suas compras por impulso. Volta para casa com um lindo vestido novo ou um incrível par de botas, e o seu marido sempre pergunta: "Estavam na liquidação?" ou "Você procurou na internet para ver se conseguia encontrar isso por um preço menor?". Depois de muita discussão, Lisa e o marido entraram em acordo em relação a um novo plano. Quando Lisa se descobria inesperadamente na Saks Fifth Avenue ou na Jimmy Choo, tirava uma foto do seu próximo "preciso ter isso" e enviava para o marido. Ele tinha duas semanas para encontrar um preço melhor na internet; caso contrário, ela faria a compra por telefone no preço de varejo. Como Lisa me confessou timidamente, em mais de 80% das ocasiões ele encontrou o que ela estava procurando — muitas vezes, 20% ou 30% mais barato.

Portanto, siga o exemplo de Lisa e de seu marido e confira todos os programas de recompensas da internet capazes de economizar um dinheiro real. O **Upromise.com** ajuda a recuperar o dinheiro dos gastos diários, de compras on-line até jantares fora de casa e reservas de viagens, para destiná-lo ao ensino superior. Você pode colocar essas economias em um programa de crédito estudantil, conta poupança ou plano 529 de poupança para a faculdade, um plano de poupança com imposto diferido montado pelos pais para pagar as mensalidades da faculdade de seus filhos. Se a faculdade já tiver passado ou não for uma prioridade, mas o dinheiro for, existem centenas de outros sites por aí que ensinam a recuperar o dinheiro — Extrabux, Ebates, Mr. Rebates —, todos eles capazes de ensinar você a economizar de 10% a 30% em compras em milhares de lojas virtuais. Quanto a Lisa e seu marido, eles colocaram todas as suas economias de volta na conta Upromise, e agora ambos se sentem mais confortáveis diante daqueles sapatos de salto alto.

Em última análise, a pergunta a fazer é: as minhas despesas, as grandes e as pequenas, me trazem a empolgação que me proporcionavam antes? Não se trata de se privar de alguma coisa; trata-se de ajustar os seus hábitos de consumo para espelhar os seus valores fundamentais e satisfazer apenas as experiências que realmente importem. *Esse* gasto deliberado permite que você invista em uma qualidade de vida sustentável e lhe traz alegria. Se você tiver 20, 30 ou 40 anos para investir, não importa onde esteja, o quanto pode economizar, ou por quantos anos tenha de fazê-lo, **você pode se valer do poder incomparável da composição.** Segurança financeira, independência financeira... Independentemente dos seus objetivos, você vai chegar lá muito mais rápido quando colocar o dinheiro para trabalhar a seu favor.

Não é questão de estilo de vida; é questão de *timing.* Por que não fazer mudanças simples hoje para garantir que você tenha mais do que o suficiente lá na frente, para continuar financiando seu estilo de vida *e* seus sonhos? Pode continuar a desfrutar dos prazeres mais sutis, mas, agora, você está no controle. Você começa a escolher como alocar seus fundos e onde obter o maior retorno na relação entre custo e benefício. Quer você esteja disposto a enfrentar sua despesa hipotecária ou a negociar aqueles veículos extravagantes, faça suas compras na internet trabalharem a seu favor, ou capriche um pouco mais nas suas despesas diárias — elas estão todas aí. Economias reais e significativas, de *centenas de milhares* de dólares, e depois 1 milhão de dólares ou mais estarão aí para serem descobertos e reinvestidos.

Agora vamos virar a página e descobrir a maneira mais rápida que eu conheço para acelerar seu plano e alcançar a independência financeira com mais rapidez. Vamos aprender a ganhar mais.

POUPANÇA CONSCIENTE

Eis aqui um exercício rápido e fácil de seis passos para fazer você pensar mais agressivamente — mais *objetivamente* — no ato de economizar:

1. Reflita profundamente sobre todas as despesas recorrentes que você poderia eliminar ou reduzir, a fim de cortar suas despesas. Seguro automotivo, contas de telefone celular, dinheiro para o almoço, ingressos de cinema. Pense onde você pode fazer mudanças.

QUANTO MAIS CEDO VOCÊ COMEÇAR, MAIOR SERÁ O SEU PECÚLIO

(Supondo 10% de Taxa de Retorno Anual)

Investimento Diário	Investimento Mensal	10 Anos	20 Anos	30 Anos	40 Anos	50 Anos
$5	150	30.727	113.905	339.073	948.612	2.598.659
$10	300	61.453	227.811	678.146	1.897.224	5.197.317
$15	450	92.180	341.716	1.017.220	2.845.836	7.795.976
$20	600	122.907	455.621	1.356.293	3.794.448	10.394.634
$30	900	184.360	683.432	2.034.439	5.691.672	15.591.952
$40	1.200	245.814	911.243	2.712.586	7.588.895	20.789.269
$50	1.500	307.267	1.139.053	3.390.732	9.496.119	25.986.586

2. Quanto custam esses itens ou atividades? Destaque o mais significativo desses gastos e anote os custos associados. Em seguida, calcule quantas vezes por semana você faz essa despesa e obtenha um choque de realidade instantâneo.
3. Agora, numa escala de 0 a 10 (com 0 representando *nenhuma* e 10 representando *extremamente prazeroso*), qual a satisfação proporcionada por cada um dos itens acima? Associe um número a cada atividade ou item para ajudá-lo a computar esses custos em sua vida.
4. Em seguida, pense em como seria ter liberdade financeira absoluta. Lembra que você respondeu a esse conceito no Capítulo 3.1: "Qual é o preço dos seus sonhos? Ganhe esse jogo"? Lembra das *sensações* que isso despertou em você? Ao mesmo tempo, lembre-se de que esse foi um sentimento que você experimentou abstratamente, em teoria. Aqui, ele está perto o suficiente para ser vivenciado. O que você seria capaz de desfrutar, ter, fazer, ser, ou *doar* se fosse absolutamente livre do ponto de vista financeiro?
5. Decida o que é mais importante: a alegria que você sente com as despesas recorrentes em sua lista ou o sentimento de liberdade financeira absoluta. Lembre-se de que a vida é um equilíbrio. Você não precisa cortar *tudo* da sua lista para se aproximar daquele sentimento de liberdade.
6. Anote pelo menos três despesas que você esteja determinado a eliminar. Calcule quanto dinheiro isso lhe poupará ao longo do próximo ano.

ASSUMA O COMANDO: UM RÁPIDO EXERCÍCIO EM POUPANÇA CONSCIENTE

#	Item/ Atividade	Custo do Item/ Atividade	Número de Vezes/ Semana	Custo Total (Custo do Item × Vezes na Semana)	Nível de Satisfação (1-10)
1					
2					
3					
4					
5					
6					
Total Geral de Custos por Semana					
Total Geral de Custos por Ano					

CAPÍTULO 3.4

ACELERE: 2. GANHE MAIS E INVISTA A DIFERENÇA

Procure ser um homem de valor
em vez de ser um homem de sucesso.

— ALBERT EINSTEIN

Vamos engatar a segunda marcha. Se poupar é uma maneira de acelerar o seu plano, existe uma maneira ainda mais rápida que, literalmente, não tem limites — *se* você desencadear sua criatividade e seu foco, e se tornar obcecado por encontrar uma maneira de fazer mais pelos outros do que qualquer outra pessoa. É assim que você ganha mais e entra na via expressa para a liberdade.

DIRIGINDO UM CAMINHÃO ATÉ A LIBERDADE FINANCEIRA?

Quando eu era criança, minha mãe tinha um grande plano para mim. Ela queria que eu me tornasse motorista de caminhão. Ela sempre via aqueles anúncios na televisão dos caminhões da Truckmaster levando os alunos até a escola. Ela me dizia que, com um pouco de treinamento, eu poderia me qualificar como motorista de caminhão e fazer até 24 mil dólares por ano.

Uau, 24 mil! Isso era duas vezes o que meu pai ganhava como atendente de estacionamento no centro de Los Angeles. Ela achava que aquilo me proporcionaria um grande futuro. Ela insistia em tentar me convencer de que eu teria a liberdade de estar na estrada e de dirigir. De fato, aquilo me atraía em certo nível: a ideia de poder simplesmente colocar uma música e sair por aí — uma ideia interessante para um garoto de 14 anos que sequer dirigia ainda. Eu teria a oportunidade de sair pelo mundo em vez de ficar preso em um estacionamento subterrâneo por mais de 30 anos.

Porém, depois de toda a pobreza que eu havia testemunhado, toda a vergonha associada a quatro pais diferentes, de nunca ter dinheiro suficiente para comprar roupas ou comida, percebi que nunca poderia dirigir um caminhão por muito tempo ou por muito longe tentando fugir do sofrimento daquela situação. Então, decidi que, na minha vida, não haveria nenhuma chance de eu ter uma família que sofresse daquela forma. Além disso, eu queria usar minha mente e meu coração. Queria entrar no jogo da vida em um nível diferente.

Olhei em volta e me perguntei como a vida das outras pessoas poderia ser tão diferente da minha. Por que nós lutávamos constantemente para dar conta das despesas, para manter distância do cobrador — escolhendo entre feijão enlatado ou espaguete com ketchup, porque não podíamos comprar molho de tomate? No entanto, na mesma cidade, não muito longe de nós, os garotos com quem eu estudava no ensino médio tiravam férias extravagantes e estudavam em campi universitários perfeitos, levando uma vida bem além dos meus sonhos mais loucos — uma vida tão obviamente diferente da que jamais conseguiríamos viver. O que eles sabiam que nós não sabíamos? O que eles estavam fazendo de modo diferente do meu pai e da minha mãe?

Fiquei obcecado. Como era possível que alguém pudesse ganhar o dobro de dinheiro no mesmo intervalo de tempo? Três vezes mais? Dez vezes mais? Parecia uma loucura! Do meu ponto de vista, era um enigma insolúvel.

INVISTA EM SI MESMO

Eu trabalhava como zelador, e precisava de dinheiro extra. Um homem que os meus pais conheciam, e que meu pai chamava de "perdedor", tinha se tornado muito bem-sucedido em um curto período de tempo, pelo menos em termos financeiros. Ele estava comprando, reformando e vendendo imóveis no sul da Califórnia, e precisava de um garoto no fim de semana para ajudá-lo a transportar os móveis. Aquele encontro casual, aquele fatídico fim de semana em que eu me matei de trabalhar, me colocou em uma situação que mudaria minha vida para sempre. Seu nome era Jim Hannah. Ele percebeu minha agitação e minha motivação. Em um momento livre, eu lhe perguntei: "Como foi que você transformou sua vida? Como você se tornou tão bem-sucedido?"

"Isso aconteceu", disse ele, "depois que eu assisti ao seminário de um cara chamado Jim Rohn." "O que é um seminário?", perguntei. "É um lugar em que um homem apresenta dez ou vinte anos da sua vida e tudo que ele aprendeu, e resume tudo isso em poucas horas, para que você possa comprimir anos de aprendizagem em dias", ele respondeu. Uau!, parecia muito legal. "Quanto custa?" "35 dólares", ele me disse. *O quê!?* Eu ganhava 40 por semana como zelador em meio período, enquanto estudava no ensino médio. "Você consegue me colocar lá dentro?", perguntei. "Claro!", ele disse. "Mas não vou fazer isso... Porque você não valorizaria se não tivesse que pagar." Fiquei olhando para ele, desanimado. Como eu conseguiria pagar 35 dólares por três horas com aquele especialista? "Bem, se você acha que o investimento não vale a pena, não invista", ele disse, finalmente, dando de ombros. Lutei sem parar contra isso — mas acabei decidindo tentar. Acabou sendo um dos investimentos mais importantes da minha vida. Peguei uma semana de salário e fui participar de um seminário no qual conheci Jim Rohn — que se tornou o primeiro mentor da minha vida.

Eu me sentei no salão de convenções de um hotel de Irvine, na Califórnia, para ouvir Jim, hipnotizado por ele. Aquele homem de cabelos grisalhos literalmente ecoou as perguntas que vinham consumindo minha mente. Ele também crescera pobre, questionando, ainda que seu pai fosse um homem bom, por que ele lutava tão duramente e apenas sofria, enquanto os outros em torno dele prosperavam. E então, de repente, ele respondeu à pergunta que eu vinha me fazendo, literalmente, havia anos.

"Qual é o segredo do sucesso econômico?" "A chave", ele disse, "é aprender a se tornar mais valioso no mercado.

"Para ter mais, você simplesmente precisa ser mais do que é.

"Não deseje que as coisas sejam mais fáceis; deseje que você seja melhor.

"Para que as coisas mudem, você tem de mudar.

"Para que as coisas melhorem, você tem de melhorar!

"Nós somos pagos para agregar valor ao mercado. Isso leva tempo... mas não somos pagos pelo tempo, somos pagos pelo valor. Os Estados Unidos são únicos. Temos de obedecer uma hierarquia. Começamos lá embaixo, com o quê? Cerca de 2,30 por hora. Qual foi a renda mais alta do ano passado? O cara que administra a Disney — 52 milhões de dólares! Uma empresa pagaria 52 milhões por ano a algum funcionário? A resposta é: claro! Se você ajudar uma empresa a fazer 1 bilhão de dólares, ela vai lhe pagar 52 milhões? Claro! É uma ninharia! Não é muito dinheiro.

"É realmente possível se tornar tão valioso assim?" A resposta é: "*Claro*!" E então ele me apresentou o último segredo. "Como você se torna, efetivamente, mais valioso?" "**Aprenda a trabalhar mais em si mesmo do que no seu trabalho.**"

"Então, você pode se tornar duas vezes mais valioso e ganhar duas vezes mais dinheiro ao mesmo tempo? É possível se tornar dez vezes mais valioso e ganhar dez vezes mais dinheiro ao mesmo tempo? Isso é possível? Claro!" Então, ele parou e olhou diretamente nos meus olhos, dizendo: "*Tudo o que você precisa fazer para ganhar mais dinheiro na mesma quantidade de tempo é, simplesmente, se tornar mais valioso.*"

E lá estava ele! Ali estava a minha resposta. Quando entendi isso, minha vida se transformou completamente. Aquela clareza, aquela simplicidade, a sabedoria daquelas palavras... Elas me atingiram como um tijolo de 45 quilos. Eram as mesmíssimas palavras que eu ouvira Jim Rohn falar provavelmente 100 vezes. Eu as carregava no meu coração todos os dias desde então, inclusive no dia em que falei no seu funeral, em 2009.

Aquele homem, aquele seminário, aquele dia... O que Jim Rohn fez foi me recolocar no controle do meu próprio futuro. Ele me fez parar de me concentrar no que estava distante do meu controle — meu passado, a pobreza, as expectativas das outras pessoas, a situação da economia — e me ensinou a focar no que eu poderia controlar. Eu poderia melhorar a mim mesmo; poderia encontrar uma maneira de servir, uma maneira de fazer mais, uma maneira de me aprimorar, uma forma de agregar valor ao mercado. Fiquei obcecado por encontrar formas de fazer mais pelos outros do que qualquer outra pessoa estava fazendo, e em menos tempo. Isso desencadeou um processo interminável que continua atuante até hoje! No seu nível mais básico, ele me apresentou um caminho para o progresso que continua a conduzir e a orientar cada decisão que eu tomo e cada ação que eu faço.

Na Bíblia, há uma máxima simples, que diz que não há nada de errado em querer ser grande.[9] **Se você deseja se tornar grande, aprenda a servir a muitos.** Se você conseguir encontrar uma maneira de servir a muitas pessoas, pode ganhar mais. Encontre uma maneira de servir a milhões de pessoas; você pode ganhar milhões. É a lei do valor agregado.

Se o evangelho de **Warren Buffett** lhe parecer mais interessante do que um versículo bíblico, **o Oráculo de Omaha é famoso por dizer que o investimento mais poderoso que ele fez na vida, e que qualquer um pode fazer, é um investimento em si mesmo.** Ele fala sobre investir em livros de desenvolvimento pessoal, em se educar, e conta que um curso com Dale Carnegie mudou completamente sua vida. Certa vez, Buffett me contou essa história quando estávamos juntos no programa *Today*. Eu ri e pedi que ele continuasse a contar. "É bom para os negócios", eu disse, sorrindo.

Levei a mensagem de Jim Rohn a sério e fiquei obcecado. Nunca pararia de crescer, nunca pararia de doar, nunca pararia de tentar expandir minha influência ou minha capacidade de dar e fazer o bem. Como resultado, ao longo dos anos eu me tornei mais valioso no mercado. A ponto de ser extrema e suficientemente privilegiado hoje para que as finanças não sejam mais um problema em minha vida. Eu não sou único. Qualquer um pode fazer o mesmo — se você se desprender das suas histórias sobre o passado e eliminar as suas histórias sobre o presente e os seus limites. Os problemas sempre vão estar disponíveis, mas a oportunidade, também.

---

9 "Ao contrário, quem quiser se tornar grande entre vocês deverá ser servo", Mateus 20:26, Nova Versão Internacional.

Qual o aspecto da escala de renda norte-americana atualmente? Minha aposta é que Jim Rohn não poderia ter imaginado que, em 2013, o ponto mais baixo da escala seria 7,25 dólares por hora (15.080 por ano) e que a pessoa que mais ganharia no ano seria o fundador da Appaloosa Management e líder de um fundo de cobertura, David Tepper, que acumulou 3,5 bilhões em renda pessoal. Se já pareceria impossível um ser humano ganhar até mesmo 1 bilhão de dólares por ano, o que dizer, então, de 3,5 bilhões? Por que uma renda tão incrivelmente baixa para algumas pessoas e uma oportunidade de renda tão alta para outras? A resposta é que o mercado dá muito pouco valor a um caixa do McDonald's (7,77 dólares por hora), porque isso requer uma habilidade que pode ser aprendida em algumas horas por quase qualquer um. No entanto, expandir com êxito os retornos financeiros das pessoas de forma significativa é um conjunto de habilidades muito mais raro e valorizado. Quando a maioria dos norte-americanos recebe do banco menos de 33 pontos-base por ano (um terço de 1%) como retorno sobre o seu dinheiro, David Tepper oferecia, ao mesmo tempo, um retorno de 42% para seus investidores! Quão valiosas eram suas contribuições para a vida financeira de seus clientes? Se ele conseguisse para eles um retorno de 1%, ele teria sido 300% mais valioso. Um retorno de 42% significa que ele agregou 12.627% a mais de valor econômico às suas vidas!

E quanto a você? O que você vai fazer para adicionar mais valor ao mercado? Como vai garantir a abundância em vez do esforço permanente? Se pretendemos fazer uma mudança radical e levá-lo de onde você está hoje para onde quer estar — a liberdade financeira —, então, esse caminho é o mais poderoso que eu conheço para fazer você chegar lá.

Agora, antes de começar a protestar com as suas objeções, deixe-me lhe dizer: sei que as coisas são diferentes hoje. Sei que é um momento desafiador para a economia. Sei que perdemos 2 milhões de empregos desde 2008, e os que estão sendo recuperados são, principalmente, na área de serviços ou empregos com baixa remuneração. E, sim, eu percebo que os rendimentos estão estagnados desde a década de 1990.

Adivinhe como estavam as taxas de juros e o desemprego em 1978, quando eu comecei minha carreira. Em dois anos, as taxas de juros tinham disparado! O meu primeiro investimento, quatro andares em um prédio de Long Beach, Califórnia, tinha uma hipoteca de 18%. Você consegue imaginar taxas de juros em 18% atualmente para comprar uma casa? Nós teríamos uma manifestação ao gramado em frente da Casa Branca. Mas a história é cíclica — sempre foi, sempre será. Sim, os rendimentos ficarão estagnados se você não encontrar uma maneira de agregar exponencialmente mais valor. Se você descobrir uma maneira de agregar valor, a renda vai se mover em uma direção, e essa direção é sempre para cima.

Durante a Grande Recessão, 8,8 milhões de empregos foram perdidos. Em 2008, 2,3 milhões de empregos foram perdidos! O desemprego atingiu um pico de 10%. Mas, lembre-se, aquela taxa de desemprego de 10% é uma média. Algumas porções da população tiveram níveis de desemprego acima de 25%, mas, para aquelas que ganham 100 mil dólares por ano ou mais, qual você acha que foi a taxa de desemprego? A resposta: perto de 1%! A lição? Se você realmente desenvolver habilidades necessárias no mercado atual — se se aprimorar constantemente e se tornar mais valioso —, alguém vai empregá-lo ou você vai trabalhar por conta própria, independentemente da economia. Se você for seu próprio patrão, sua renda vai começar a aumentar simultaneamente ao aumento de sua eficiência!

Até hoje a história no Vale do Silício é totalmente diferente. Lá, os empregos estão disponíveis. As empresas de tecnologia não conseguem preencher suas vagas com rapidez suficiente; elas não conseguem encontrar tantas pessoas qualificadas. Os empregos estão aí, mas você e eu precisamos readaptar nosso conjunto de habilidades — nos adaptarmos —, para sermos valiosos no novo mercado. Eu posso lhe prometer isso: a maioria dos "antigos empregos" não voltará a existir.

Vamos analisar a história. Na década de 1860, 80% dos norte-americanos eram agricultores. Hoje, 2% da população dos Estados Unidos trabalha na lavoura e na agricultura, e nós alimentamos o mundo inteiro. A nova tecnologia desfez tudo isso. De repente, um fazendeiro podia fazer o trabalho de 500. Muitas pessoas passaram por dificuldades, muitas perderam os empregos. Para aquelas que não se readaptaram, a revolução industrial foi um momento incrivelmente doloroso. Mas essa mesma tecnologia que trouxe energia a vapor e maquinaria, que fez as pessoas se deslocarem no curto prazo, tornou a qualidade de vida de todos ao seu redor exponencialmente melhor, e proporcionou mais empregos em um nível mais alto de renda.

As novas tecnologias de hoje estão causando grande perturbação mais uma vez. Pesquisadores de Oxford dizem que quase metade das ocupações norte-americanas está correndo o risco de se tornar automatizada (tradução: substituída) nos próximos 20 anos! Você e eu temos de nos readaptar a um nível diferente. Eu lhe asseguro que, 150 anos atrás, ninguém poderia ter imaginado um dia em que haveria empregos denominados estrategistas em mídias sociais, cientistas de células-tronco e engenheiros de robótica. Ninguém poderia imaginar que um eletricista ou um encanador ganharia 150 mil dólares por ano, ou que um operário pudesse aprender a usar um computador para automatizar uma máquina e ganhar 100 mil nesse processo. O fato de as pessoas não conseguirem imaginar não significava que não fosse acontecer.

Diariamente, conheço pessoas que me dizem que o mercado de trabalho está congelado, ou que foram demitidas e temem que nunca mais encontrem trabalho. Mas eu estou aqui para lhe dizer que isso não tem a ver com o mercado, tem a ver com você. Você pode aumentar o seu potencial de ganhos. Qualquer um pode. Você pode agregar valor ao mercado. Pode aprender novas habilidades, dominar sua própria mentalidade, crescer, mudar e desenvolver, e pode encontrar o emprego e a oportunidade econômica que precisa e que merece.

Se o seu emprego vai se tornar obsoleto nos próximos cinco ou dez anos, é hora de pensar em fazer uma mudança radical e tentar algo novo. No Vale do Silício, uma mudança radical é quando você sai de um negócio para outro, geralmente depois de um fracasso monumental.

Se está lendo este livro agora, **você é uma pessoa que procura respostas, soluções, uma forma melhor de conduzir as coisas.** Há centenas de maneiras de readaptar o seu conjunto de habilidades. Você pode fazê-lo buscando uma formação universitária, uma formação comercial ou o autodidatismo. **Você pode ganhar de 100 mil a milhões de dólares por ano, sem necessariamente ter de gastar rios de dinheiro em um diploma universitário de quatro anos de duração** (o que pode lhe representar 100 mil dólares ou mais em dívidas). Milhões de postos de trabalho estão disponíveis nos Estados Unidos, mas há também um grande déficit de habilidades. De acordo com Mike Rowe, apresentador dos *Dirty Jobs* do Discovery Channel, há aproximadamente 3,5 milhões de empregos disponíveis agora, e somente 10% deles requerem um diploma universitário. Isso significa que os outros 90% exigem algo mais: treinamento, habilidade ou, talvez, a vontade de se envolver integralmente com o trabalho, mas principalmente a vontade de aprender uma profissão nova e útil. Segundo Rowe, "isso sempre esteve presente, mas, de alguma forma, foi colocado à margem da narrativa (do nosso país)".

Readaptar-se é emocionante e assustador. Emocionante, por causa da oportunidade de aprender, crescer, criar e mudar. Emocionante quando você percebe: "Eu sou valioso; eu tenho uma contribuição a fazer; eu valho mais do que isso." Assustador, porque você pensa: "Como eu vou fazer isso?" Lembre-se das palavras de Jim Rohn: "Para que as coisas mudem, você tem de mudar. **Para que as coisas melhorem, você tem de melhorar.**" Readapte-se ou faça papel de bobo. Livre-se da sua história de limitação e mude, com toda a energia.

As pessoas me diziam: "Tony, isso é ótimo quando você tem o seu próprio negócio ou trabalha em uma empresa que está crescendo. Mas e se você estiver em um trabalho tradicionalmente de baixa remuneração, e você adora o que faz? E se você for professor, como fica?" Vamos deixar de lado nosso pensamento limitador e acompanhar o exemplo perfeito de um professor que se esforçava muito, mas, por causa da sua paixão e do desejo de ajudar mais alunos, encontrou uma maneira de agregar valor e ganhar mais do que a maioria dos professores sempre sonhou. A verdadeira limitação em nossos ganhos nunca é nosso emprego — é nossa criatividade, nosso foco e nossa contribuição.

CRIATIVIDADE, CONTRIBUIÇÃO E "A ESTRELA DO ROCK" COREANO

Se você já teve um professor da terceira série que o inspirou a tentar algo novo, ou um professor da oitava série que acreditava no seu próprio aluno além da conta, você conhece o poder de um único modelo na vida de uma criança. Os nossos professores são um dos nossos maiores ativos, mas, ainda assim, são subavaliados e malremunerados. Então, o que fazer se você for um professor, ou tiver um emprego semelhante, em que o seu potencial para a obtenção de resultados positivos pareça limitado? Como professor, como é possível pensar em agregar valor a mais do que apenas aqueles 30 alunos que estão na sala de aula? Será que existe uma maneira de conseguir agregar valor a centenas, milhares e até mesmo milhões de estudantes?

Inúmeros professores pensam: "Eu nunca vou ganhar dinheiro fazendo o que amo." Existe um amplo consenso de que nós, como sociedade, não valorizamos os professores da maneira como deveríamos. Mas, como sabemos agora, essa crença limitadora aprisiona as pessoas. Kim Ki-hoon é um professor da Coreia do Sul que se recusou a se deixar convencer por essa história.

Ao contrário da maioria dos seus colegas, Kim Ki-hoon é conhecido como "a estrela do rock" na Coreia do Sul. Kim é um dos professores mais bem-sucedidos do seu país. Como ele se tornou tão bem-sucedido? Ele exigiu mais de si mesmo, de sua capacidade de ensinar, do que fazia em relação ao seu emprego.

Sessenta anos atrás, de acordo com o *Wall Street Journal*, a maioria dos sul-coreanos era analfabeta. O país percebeu que precisava adotar uma ação enérgica e dramática. Hoje em dia, os professores são constantemente encorajados a estudar, a inovar, a ensinar a mesma aula de uma nova maneira a cada dia. Eles são ensinados a aprender uns com os outros, a orientar uns aos outros — encontrar as melhores técnicas para agregar mais valor. O resultado? Hoje, os jovens de 15 anos da Coreia do Sul estão em segundo lugar na capacidade de leitura e com um índice de graduação de 93% — em comparação com apenas 77% nos Estados Unidos.

Ki-hoon se apropriou desse modelo e o levou adiante. Ele dedicou um tempo enorme a buscar os melhores professores, estudar os seus padrões, aprender a criar inovações. Ele encontrou uma maneira de ajudar os seus alunos a aprender de forma mais rápida, melhor e mais inteligente — e não apenas os seus alunos, mas também os alunos do país inteiro. "Por que se concentrar apenas em ajudar 30 alunos?", ele pensou. "Por que não ajudar tantos quantos eu puder?" Com o advento da tecnologia, ele percebeu que poderia colocar suas aulas na internet e fazer a sua paixão pelo ensino e pela aprendizagem se tornar disponível para todos.

Hoje, Ki-hoon trabalha cerca de 60 horas por semana, mas apenas três horas são dedicadas às palestras. As outras 57 são dedicadas à pesquisa,

inovações, desenvolvimento do currículo e respostas aos alunos. "Quanto mais eu trabalho, mais eu realizo", ele diz. E ele trabalha mais arduamente para se tornar melhor para as pessoas que ele serve. Ki-hoon grava suas aulas em vídeo e as faz circular na internet, onde os alunos logam pagando uma taxa de 4 dólares por hora. Como ele sabe que funciona? Como ele sabe que está agregando mais valor do que qualquer outra pessoa? O mercado sempre lhe diz o seu verdadeiro mérito ou valor. Adivinhe quantas pessoas compram as suas aulas. **No ano passado, os seus ganhos anuais superaram os 4 milhões de dólares!** Quanto mais valor Ki-hoon oferece por meio de aulas e tutoriais, mais os alunos se inscrevem. E, como se sabe, mais alunos significam mais dinheiro — nesse caso, *muito mais.*

Um professor que ganha 4 milhões de dólares. Como isso pode ser comparado ao melhor professor que você conhece? A história de Ki-hoon rompe com a crença de que nossa profissão nos limita. Ele faz parte do 1% não porque tenha sorte, não porque estava no lugar certo, no momento certo, não porque escolheu uma profissão lucrativa. Não. Ki-hoon é um homem rico, é parte do 1%, porque nunca parou de aprender, nunca parou de crescer, nunca parou de investir em si mesmo.

O MULTITAREFAS PERFEITO

Mas e se você não for um empreendedor? E se não tiver nenhum interesse em iniciar um negócio? E se você trabalhar no mundo empresarial dos Estados Unidos, ou, até mesmo, em uma pequena empresa? Mesmo assim, você vai conseguir descobrir uma maneira de agregar valor e aumentar o seu potencial de ganhos? Vou lhe contar a história de uma jovem. Daniela trabalhava com design de arte em um departamento de marketing, e não via nenhuma possibilidade clara de progredir na empresa. Ela era extremamente talentosa. Mais do que isso, era obstinada. Estava constantemente procurando fazer mais e se doar mais; essa era sua natureza. Frequentemente, ela ajudava os colegas com as artes visuais. E aí quis aprender sobre marketing, e começou a estudar o assunto e a se oferecer para ajudar. Então, naturalmente, ela percebeu que realmente não sabia nada sobre redes sociais — mas as oportunidades nessa área pareciam enormes, e ela decidiu se instruir também em redes sociais.

Depois de alguns anos, Daniela se viu fazendo muitas das tarefas dos seus colegas. Eles esqueceram de que ela estava lhes fazendo favores, e começaram a achar que o que ela fazia era natural. Surgiu um novo padrão: às 5 horas da tarde, quando os prazos apertados não haviam sido cumpridos, ela ficava sozinha em sua mesa, trabalhando, enquanto os demais iam embora. Ela não queria ficar até mais tarde, mas não deixaria a empresa e os clientes na mão. Quando ficou claro que os colegas estavam realmente se aproveitando da motivação e da sua ambição, ela chegou ao seu limite. "Estou fazendo o meu trabalho e o de mais três pessoas!" Porém, em vez de ficar irritada, Daniela decidiu que isso seria uma oportunidade.

O que ela fez? Daniela se aproximou de sua diretora-executiva e foi direto ao ponto: "Neste exato momento, estou fazendo o trabalho de quatro pessoas. Eu fiz cursos, aprendi e me instruí em artes visuais, marketing e mídias sociais. Não estou aqui para trapacear ninguém, mas posso economizar 50% dos seus custos de marketing imediatamente e eliminar três pessoas, assumindo as tarefas delas. E o trabalho vai ser melhor que o delas. Eu não preciso que você confie em mim: deixe eu mesma provar que sou capaz. Deixe que eles continuem fazendo as suas tarefas por seis meses, e eu vou cumprir as minhas atribuições *e* as delas, assim você vai ter duas opções diferentes para escolher. Você decide o que for melhor."

Tudo o que Daniela pediu foi que, se fizesse um trabalho melhor, depois de seis meses, sua chefe lhe desse mais responsabilidades e dobrasse o seu salário. E adivinhe. Ela se mostrou capaz nas áreas de artes visuais e de marketing, com uma redação excelente e uma bem-sucedida campanha de mídia social. Daniela mostrou que não apenas poderia dar conta do trabalho extra como poderia deixar os seus concorrentes para trás — ela poderia superar todos eles. Ela agregou tanto valor que a empresa percebeu que poderia dobrar o salário de uma pessoa e ainda cortar seus custos pela metade. O mercado tinha se manifestado.

> A felicidade não está em possuir mais dinheiro,
> mas na alegria de conseguir o almejado, na
> excitação do esforço criativo.
>
> — FRANKLIN D. ROOSEVELT

A OPORTUNIDADE ESTÁ EM TODA PARTE

Como você vai agregar mais valor ao mundo? Como vai contribuir mais, ganhar mais e aumentar o seu impacto? Há centenas, se não milhares de histórias de indivíduos comuns que identificaram um problema, encararam as coisas de um modo um pouco diferente e passaram a transformar indústrias inteiras ou criar mercados inteiramente novos. Não eram empresários, eram pessoas como você e eu, pessoas que não se acomodavam. No mundo de hoje, nenhuma indústria ou produto é imune: a interseção entre todas as coisas digitais — a internet, as mídias sociais e a tecnologia —, a interconectividade entre cada pessoa e tudo o que existe na Terra. Isso significa que até mesmo as maiores empresas e as companhias mais maduras ou estáveis estão sujeitas aos distúrbios. Vamos conhecer Nick Woodman.

APROVEITANDO A ONDA

Quem teria previsto que a Kodak, a gigante corporativa que dominava o mundo da fotografia no século XX, seria pega de surpresa quando a imagem digital entrasse em cena? A Kodak *inventou* a fotografia digital. No entanto, depois de 124 anos de atividade, a empresa faliu, em 2012 — uma mudança que teve um efeito desastroso na economia de Rochester, Nova York, e em seus arredores. Mais de 50 mil empregos foram extintos.

As mesmas mudanças tecnológicas e culturais que aniquilaram a Kodak proporcionaram enorme oportunidade para um surfista da Califórnia chamado Nick Woodman. Woodman era obcecado por surfe. O amor absoluto e a devoção ao esporte, juntamente com sua motivação e sua obstinação, lhe permitiram encontrar uma maneira de agregar valor.

Provavelmente você nunca ouviu falar de Woodman, mas ele teve a brilhante ideia de amarrar uma câmera à prova d'água no pulso enquanto surfava. Tudo o que Woodman queria era encontrar uma maneira de desfrutar da atividade depois que saísse da água. Com a recém-inventada fotografia digital, ele começou a tentar adaptar câmeras para ver se conseguiria torná-las mais resistentes à água e filmar com qualidade superior. À medida que a tecnologia mudava, ele continuava a experimentar. E a experimentar. Ele acabou inventando a GoPro, uma câmera digital pequena, portátil e de fácil fixação, com qualidade para fazer transmissões.

Esse pequeno e excelente dispositivo está, atualmente, acoplado ao capacete de qualquer pessoa do mundo que se dedica a esportes radicais. Se você estiver pedalando, remando em corredeiras, fazendo snowboard ou enfrentando as ondas, a GoPro permite captar a magia da sua descarga de adrenalina e compartilhá-la com todos que você ama. O *timing* de Woodman não poderia ter sido melhor: ele começou a comercializar a GoPro no mesmo momento em que as pessoas começaram a publicar seus vídeos no YouTube e no Facebook. Ele criou um produto que *ele* gostaria de usar, e imaginou que não poderia ser o único a precisar daquele produto. Woodman descobriu como agregar valor a milhões de vidas, tornando a nova tecnologia conveniente, divertida e acessível. Enfim, Woodman lançou uma tendência. Essa tendência era compartilhar digitalmente, e de forma ativa, tudo o que estivesse no mundo. **Um dos principais segredos se você realmente quiser se tornar rico: lance uma tendência. Hoje, o surfista de San Diego, na Califórnia, vale mais de 1 bilhão de dólares.**

NASCE UMA NOVA "CATEGORIA"

Em 2010, Matt Lauer me convidou para participar de uma mesa-redonda especial sobre os rumos da economia. Eu estava me juntando a Warren Buffett e à bilionária mais jovem do mundo: **Sara Blakely.** Qualquer oportunidade de discutir a economia com Buffett era enorme privilégio, mas o que eu não esperava era ficar totalmente deslumbrado com a história de Sara.

Blakely não foi responsável por causar nenhum impacto significativo em uma determinada indústria, mas em criar uma indústria inteiramente nova. Ex-funcionária da Disney World, Sara, estava se preparando para uma festa quando percebeu que não tinha a lingerie certa para usar com uma calça branca. Em vez de sair sem calcinha, ela decidiu encarar o assunto de frente. Armada com nada mais do que uma tesoura e muita ousadia, ela cortou os pés da sua meia-calça e, *voilà*, nascia uma nova indústria.

Naturalmente, isso não aconteceu da noite para o dia, e não aconteceu facilmente. Sara me disse que um dos segredos mais importantes para o seu sucesso foi que, desde bem jovem, seu pai a incentivava a "fracassar!".

Mas ele definia o fracasso não como o fracasso em alcançar um resultado... mas o fracasso de tentar. À mesa de jantar, ele perguntava se ela tinha fracassado naquele dia, e ele ficava realmente animado se a resposta fosse sim — porque ele sabia que isso significava que ela estava no caminho certo para o sucesso. "Tony, isso acabou com o meu medo de tentar", ela me disse.

Sem dinheiro, em um trabalho sem nenhum futuro vendendo produtos para escritório, Blakely investiu cada centavo que tinha no mundo, 5 mil dólares, e se propôs a criar roupas íntimas que funcionassem para ela. "Eu devo ter ouvido 'não' umas mil vezes", ela contou. Mas Blakely não ouviu. Além dos 5 mil que investiu, ela economizou 3 mil dólares (que ela não tinha) dos honorários advocatícios registrando ela mesma sua patente, seguindo as orientações de um livro.

No fim das contas, a empresa que ela fundou, a Spanx, criou uma categoria de produtos inteiramente nova, chamada "cintas e modeladores", e inspirou mulheres de todo o mundo. De acordo com a minha esposa, uma cinta faz sumir todas as suas "dobras e gordurinhas", e a sua cintura pode diminuir 7,6 centímetros imediatamente.

Com a bênção de Oprah Winfrey, a Spanx passou de uma pequena empresa para uma sensação mundial. **Hoje, a companhia vale mais de 1 bilhão de dólares, e a marca inclui, atualmente, mais de 200 produtos,** que ajudam as mulheres a parecerem bonitas e a se sentirem bonitas. Sempre otimista, Sara tentou usar sua mágica em mim: ela tentou me convencer a usar um modelo Spanx para homens quando estivemos juntos no programa *Today*. Eu agradeci e disse, gentilmente, que talvez ela não compreendesse o mercado masculino tanto quanto o feminino. Mas o seu exemplo continua a me inspirar. No fim, a Spanx masculina também decolou — não foi graças a mim! **Hoje, Blakely possui 100% da sua empresa, tem zero dívida e nunca aceitou nenhum investimento externo. Em 2012, a revista *Time* a classificou como uma das "100 pessoas mais influentes do mundo".**

Assim como Nick Woodman, ela identificou uma necessidade e trabalhou para satisfazê-la. Ela se recusou a se sentir limitada pela sua própria história e encontrou uma maneira de agregar valor.

Você também pode! Você não precisa abrir uma empresa de bilhões de dólares, causar transtornos para uma categoria inteira ou ganhar 4 milhões como professor virtual. Você nem precisa se responsabilizar por quatro atribuições ao mesmo tempo. Mas se essas pessoas são capazes de fazer isso, será que você não conseguiria encontrar uma maneira de fazer um extra de 500 ou 1.000 dólares por mês? Ou, talvez, até um adicional de 20 mil, 50 mil ou mesmo 100 mil ou mais por ano? Será que você não conseguiria descobrir como deslanchar a *sua própria* criatividade, contribuição e foco para agregar mais valor ao mercado e colocar esse dinheiro no seu fundo de liberdade? Você pode. Agora é a hora de começar...

> Encontrar uma maneira de ganhar ou economizar um extra de 500 dólares por mês ou 6 mil por ano. Se esse montante for investido com um retorno de 8% ao longo de 40 anos, ele valerá 1,5 milhão — lembre-se do exemplo da pizza. Se você encontrar uma maneira de ganhar 1.000 dólares por mês, ou 12 mil por ano, isso valerá 3 milhões no seu pecúlio. Se você encontrar uma maneira de ganhar 3 mil por mês, ou 36 mil por ano, isso valerá 9 milhões de dólares no seu pecúlio. Qual é a lição? Agregue valor, ganhe mais e invista os seus ganhos, e você poderá criar qualquer nível de liberdade financeira que realmente desejar.

CAPÍTULO 3.5

ACELERE: 3. REDUZA TAXAS E IMPOSTOS (E INVISTA A DIFERENÇA)

Temos aquilo de que precisamos, para
precisar daquilo que você tem.

— LEMA SUGERIDO PELA RECEITA FEDERAL

"Você é obrigado a pagar impostos.
Mas não há lei que o obrigue a deixar gorjeta."

— PUBLICIDADE DA MORGAN STANLEY

Então, agora você está deitando e rolando — está acelerando em direção à liberdade financeira, *economizando* mais e *ganhando* mais! E o resto? Isso não é tudo? Na verdade, não. Agora você sabe, como um iniciado, que não é o que você ganha que importa, é o que você guarda. Nossa terceira estratégia para acelerar as coisas é obter mais dinheiro dos seus investimentos, reduzindo suas taxas e impostos e reinvestindo a diferença.

Lembra dos nossos três amigos de infância do Capítulo 2.2: "Mito 2: 'Nossas taxas? São bem baixas!'"? Todos investiram 100 mil dólares aos 35 anos e obtiveram um retorno de 7% nos seus investimentos. Mas cada um estava sujeito a um conjunto diferente de taxas — e a diferença entre as taxas de 1%, 2% e 3% chegava a centenas de milhares de dólares. Taylor,

que havia pago apenas 1% em taxas, acumulou *quase o dobro* de dinheiro que seu amigo Jason, que tinha pago 3%. O investimento dela cresceu para 574.349, enquanto ele ficou com apenas 324.340 dólares!

"Nós cobramos essas taxas pela solicitação de uma explicação sobre as suas taxas."

Essas taxas ocultas em fundos mútuos chegam, em média, a astronômicos 3,17%. A diferença entre possuir fundos mútuos de alto custo e abarrotados de taxas e fundos de índice de baixo custo poderia, literalmente, custar o valor de uma década de trabalho — isso significa diminuir o ritmo da sua caminhada até a liberdade financeira! Para piorar as coisas, estudos mostram que as taxas elevadas que vêm junto com esses fundos mútuos quase nunca levam a um aumento do desempenho.

Fique longe de taxas abusivas. Fuja delas. Encontre fundos de índice de baixo custo para investir e preste atenção ao aviso de Jack Bogle, que mostrou que pagar uma fortuna em taxas pode consumir de 50% a 70% do seu futuro pecúlio! O mantra é simples: pegue o dinheiro que economizar em taxas e o reinvista no crescimento composto. Essa estratégia é outra via rápida para a liberdade.

E se eu falar que existe uma mordida ainda maior nas suas economias? Você sabe qual é a *maior e única* mordida que ataca o seu pecúlio? As pesquisas atestam: os impostos!

Ao longo das nossas vidas, o **norte-americano médio paga mais da metade da sua renda em uma variedade de impostos: imposto de renda,** imposto predial, imposto sobre vendas, imposto sobre combustíveis e assim por diante. (De acordo com as estimativas de muitos especialistas, atualmente, isso significa 54,25 centavos por dólar.) O bom e velho Tio Sam. E nós ainda não terminamos.

Depois de esses 54,25% serem retirados pelo homem do imposto, você também pode dizer adeus a outros 17,25% de cada dólar que ganha, destinados a juros e taxas. Você tem um carro, uma casa, qualquer cartão de crédito ou dívida de financiamento estudantil? Em abril de 2014, a família norte-americana média possuía dívidas de cartão de crédito de mais de 15 mil dólares; dívidas de programa d crédito estudantil de mais de 33 mil; e dívidas hipotecárias de mais de 150 mil. Como nação, estamos afundados até o pescoço em dívidas.

O OVO DE OURO

RENDA ATUAL PARA TODA A VIDA

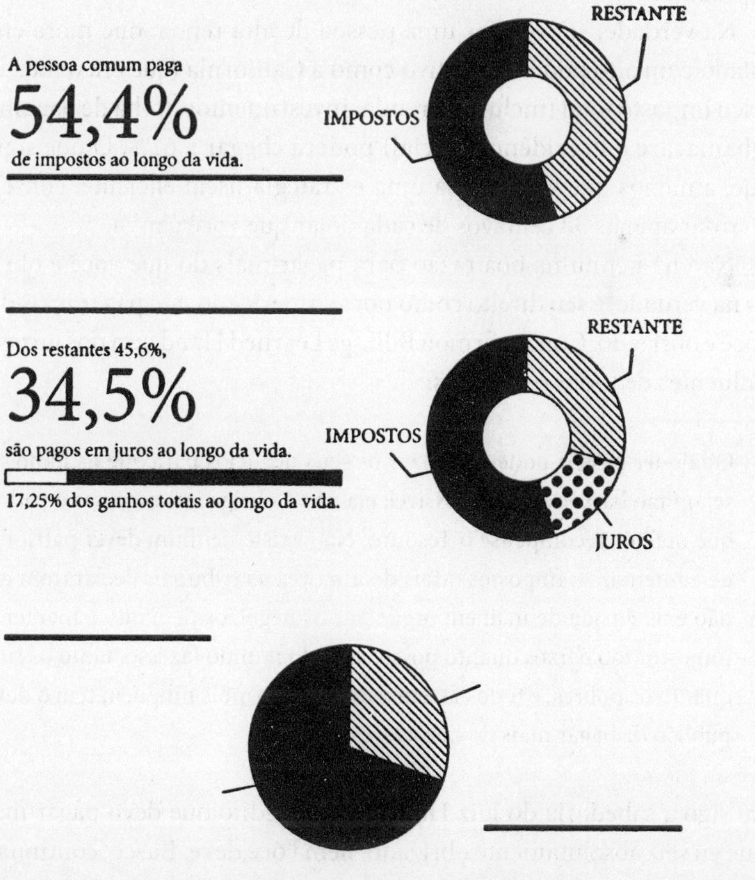

O fato é que, em média, aproximadamente um terço da renda que sobra após a incidência dos impostos será gasto para o pagamento dos juros!

Isso o deixa com (que rufem os tambores, por favor) chocantes 28,5% restantes de todo o seu rendimento arduamente conquistado para pagar por todas as outras coisas da vida: alimentos, roupas, moradia, educação, saúde, cursos, entretenimento e qualquer outra coisa com a qual você depare em um shopping ou na Amazon! **Além disso, desse mesmo montante, você tem de encontrar uma maneira de economizar e investir para a liberdade financeira,** ou, pelo menos, para alguma forma de renda para a sua aposentadoria!

Tornar-se mais eficiente com os impostos é uma maneira de recuperar parte daqueles 54% que você teve de ceder. Mantenha uma fatia maior do seu suado rendimento, e esse é o dinheiro que você poderia investir e compor para alcançar sua visão de liberdade financeira mais rapidamente.

Na verdade, se você for uma pessoa de alta renda, que mora em um estado com alto poder aquisitivo como a Califórnia (que era o meu caso), o seu imposto total **(incluindo renda, investimentos, folha de pagamento, Obamacare e Previdência Social) poderá chegar a 62%.** O que significa que, a menos que você tenha uma estratégia fiscal eficiente, conseguirá guardar apenas 38 centavos de cada dólar que você ganha.

Não há nenhuma boa razão para pagar mais do que você é obrigado — na verdade, é seu direito como norte-americano *não* pagar mais do que você é obrigado. Como afirmou Billings Learned Hand, um dos juízes mais influentes de todos os tempos:

> Qualquer pessoa pode organizar os seus negócios para que os impostos sejam tão baixos quanto possível; ela não é obrigada a escolher o padrão que melhor recompense o Tesouro. Não existe nenhum dever patriótico de aumentar os impostos. Mais de uma vez os tribunais declararam que não existe nada de mau em organizar os negócios de modo a manter os impostos tão baixos quanto possível. Todo mundo faz isso, tanto os ricos quanto os pobres, e todos fazem o que é certo, pois ninguém tem o dever público de pagar mais do que a lei exige.

Eu sigo a sabedoria do juiz Hand. Não acredito que devo pagar mais do que eu seja absolutamente obrigado, nem você deve. Busco, continuamente, formas legais e éticas de reduzir os meus impostos, e me empenho ao máximo para fazer uso das iniciativas governamentais que me permitam construir o meu pecúlio em um ambiente livre de impostos. **Aprendi com aqueles que entrevistei que a eficiência fiscal é um dos caminhos mais diretos para encurtar o tempo necessário para ir de onde você está agora para onde quer estar financeiramente.**

> Tenho orgulho de pagar impostos nos Estados Unidos. O problema é que eu poderia ter o mesmo orgulho pagando a metade.
>
> — ARTHUR GODFREY

Vamos ser claros: eu sou patriota. Eu amo os Estados Unidos. Sou um dos milhões de exemplos do Sonho Americano, e fico feliz (bem, talvez não feliz, mas orgulhoso) por pagar os meus impostos. No entanto, eu pago milhões de dólares em impostos por ano. Meus impostos estão mais elevados do que eu jamais pensei que ganharia ao longo da vida, muito menos em um ano. Mas, eu aprendi, por intermédio de David Swensen, da Universidade de Yale, que há apenas três forças que podem ajudá-lo a alcançar os maiores retornos:

1. Alocação de ativos,
2. Diversificação,
3. Eficiência fiscal.

Evidentemente, o fato de David administrar uma organização sem fins lucrativos o favorece, mas, para o restante de nós, mesmo com as leis fiscais atuais, existem maneiras de maximizar os retornos de investimentos e reduzir os impostos.

Princípio do Poder do Dinheiro 4. ***A eficiência fiscal é uma das maneiras mais simples de aumentar continuamente os retornos reais do seu portfólio. A eficiência fiscal equivale a uma liberdade financeira mais rápida.***

(Alerta ao leitor: se o seu cérebro for ficando confuso à medida que eu começar a falar de impostos, eu entendo! Nesse caso, pule imediatamente para o capítulo seguinte, para não perder o ânimo. *Mas* não se esqueça de agendar um tempo para se sentar com o seu contador e/ou um especialista em impostos para aprender a ser mais eficiente em termos de impostos com os seus investimentos. Se estiver disposto a se aprofundar, as próximas páginas oferecem algumas distinções fiscais simples que, quando compreendidas, permitem que você guarde mais da renda que investiu e alcance os seus sonhos financeiros mais rapidamente.)

ESCOLHA O SEU IMPOSTO!

E se você percebesse que uma pequena quantidade de conhecimento tributário poderia evitar que você pagasse desnecessariamente ao homem do imposto 30% dos seus ganhos? Com que rapidez, então, você conseguiria atingir seus objetivos financeiros?

Como investidor, você precisa prestar muita atenção a três tipos de impostos:

1. Imposto Normal sobre Rendimentos.
   Como mencionei, se você for uma pessoa de alta renda, os seus impostos federais e estaduais combinados estão se aproximando ou excedendo os 50%.
2. Ganhos de Capital a Longo Prazo.
   Esse é um imposto sobre os investimentos, que é de apenas 20% *se* você mantiver o seu investimento por mais de um ano antes de se desfazer dele.
3. Ganhos de Capital a Curto Prazo.
   Este é um imposto sobre os ganhos dos investimentos se estes forem descartados antes de terem sido mantidos pelo período mínimo de um ano. Atualmente, as taxas são as mesmas que os impostos normais sobre os rendimentos. Uau!

Agora que você conhece o poder da composição, tenho certeza de que percebeu que compor o seu crescimento depois de levar uma mordida de 50% de impostos, em oposição a uma mordida de 20%, pode significar a diferença entre chegar aos seus objetivos financeiros uma década mais cedo ou nunca chegar lá.

Quer entender o impacto real disso?

- Se você estiver obtendo um retorno bruto de 8% no seu fundo mútuo, vai estar pagando em torno de 3% de impostos em média — vamos considerar 2%, de forma conservadora.
- Assim, o seu retorno de 8% lhe deixa com 6% líquidos após a incidência de impostos. Mas nós ainda não terminamos.
- Se você tiver uma alta fonte de renda na Califórnia ou em Nova York, com um imposto de renda federal e um imposto estadual normal sobre os rendimentos chegando a 50%, vai lhe restar cerca de 3% do seu investimento após a incidência de todas essas taxas e impostos.

Lembre-se de que você só pode gastar aquilo que guarda; se você investe com um retorno líquido de 3%, vão ser necessários 24 anos para duplicar o seu dinheiro.

Se você tiver feito o mesmo investimento em um fundo de índice, o seu retorno de 8% teria taxas na faixa de 10 a 50 pontos-base (ou 0,10% a 0,50%). Vamos usar o número maior apenas para sermos conservadores. Isso significa que você tem um retorno de 7,5% (8% – 0,5% = 7,5%), mas, como o índice não está sendo negociado constantemente, você difere todos os impostos, portanto, o seu retorno líquido anual é de 7,5%. Isso significa que você pode reinvestir esses retornos e acessar o incrível poder de composição sem a interferência do homem do imposto.

Se você gerenciar conscientemente os seus investimentos em prol da eficiência fiscal, os seus 7,5% vão permitir que você dobre os seus investimentos em 9,6 anos, em vez de 24! Consegue ver agora a importância da eficiência fiscal e tributária?

Logo, o que você pode fazer para baixar os seus impostos e guardar um percentual maior dos ganhos, de maneira a poder compor os seus investimentos e conseguir atingir o seu conceito de liberdade financeira mais rapidamente?

- Certifique-se de que, sempre que possível, você está investindo de uma forma que lhe permita diferir os seus impostos (401 [k], IRA, pensão vitalícia, plano de benefícios definidos), para que possa praticar a composição isenta de impostos, e pague os tributos apenas no momento em que você se desfizer do investimento. Ou crie um ambiente futuro livre de impostos, fazendo os seus investimentos crescerem em um Roth.

- Quando se desfizer de qualquer investimento mantido fora de uma conta de imposto diferido (como um IRA), certifique-se de mantê-lo pelo período mínimo de um ano e um dia, a fim de se qualificar para a menor taxa de ganhos sobre capital em longo prazo (mais uma vez, no momento em que escrevo este livro, a taxa está em 20%).

MAIS UMA COISA: CUIDADO COM OS FUNDOS MÚTUOS

Para a maioria das pessoas, vender uma casa é, de modo geral, algo que acontece uma ou duas vezes por década, e um contador ou especialista em impostos pode facilmente explicar como fazer isso com mais eficiência fiscal. Mas vamos dar uma olhada nos fundos mútuos. Você sabe o que os gestores de fundos mútuos fazem todos os dias? Eles negociam. Eles compram e vendem ações e títulos em uma base diária, mensal ou trimestral. É o que a indústria chama de "volume de negócios".

De acordo com Charlie Farrell, da CBS MarketWatch, "embora O seu material de marketing incentive os investidores a comprar e a manter, os gestores certamente não praticam o que pregam. O que eles realmente querem dizer é comprar e manter o fundo mútuo deles, enquanto negociam insanamente as suas economias para a aposentadoria".

Especialistas afirmam que a grande maioria dos fundos mútuos não mantém os investimentos por um ano inteiro. Por que outra razão você os compraria, a não ser motivado pela esperança de que eles possam ir negociando até atingir um desempenho melhor? Sabe o que isso significa? A menos que esteja mantendo todos os seus fundos mútuos dentro do seu 401 (k), você está pagando impostos normais sobre os rendimentos em quaisquer ganhos.[10]

---

[10] No entanto, em certas situações, os ganhos podem ser de longo prazo se o fundo mantiver a posição por um período prolongado.

Em suma, há uma boa chance de lhe cobrarem 35%, 45% ou até 50% ou mais em imposto de renda, dependendo do estado em que você mora e do seu nível de renda. Esse imposto todo e você nem se desfez do seu fundo mútuo! Então, em vez de manter todos os seus ganhos e continuar a submetê-los à composição com diferimento de impostos, você está sendo vítima de um golpe devastador na sua capacidade de composição, que vai ser completamente evitável se você entender a eficiência fiscal.

Mesmo que tenha maximizado o seu 401 (k) e IRA, você ainda pode fazer investimentos de uma forma que permita que você difira os impostos. Os fundos de índices não costumam negociar empresas individuais com muita frequência; de modo geral, eles mantêm uma cesta fixa de empresas que mudam apenas se o índice que o fundo efetivamente acompanha mudar — o que é raro.

Como resultado, se você estiver investindo em um índice de longo prazo, não estará levando a mordida do imposto todos os anos; ao contrário, estará diferindo os impostos, já que não se desfez de nada. Esse dinheiro pode permanecer no fundo e continuar a compor ganhos para o seu proprietário: você!

O seu contador, ou um grande especialista em impostos, pode ajudá-lo a entender todas as maneiras pelas quais você pode produzir mais crescimento líquido no seu Fundo de Liberdade, para que o seu processo de composição seja maximizado. Lembre-se: isso pode lhe poupar anos ou mesmo décadas!

Finalmente, na Seção 5, há uma estratégia que você vai aprender no capítulo sobre os "Segredos dos milionários", e que você também pode usar: um método aprovado pela Receita Federal (IRS, na sigla em inglês) que fará enorme diferença, permitindo que você componha os seus investimentos e mantenha o seu pecúlio livre de impostos. Isso poderia permitir que você alcançasse os seus objetivos financeiros entre 25% e 50% mais rapidamente, sem correr quaisquer riscos maiores de investimento!

Você está me acompanhando? Espero que sim. **Porque é o seu dinheiro e é a sua vida! Não deixe ninguém levá-los ou desperdiçá-los!** Portanto, agora você tem três estratégias rápidas para acelerar o ritmo e vencer o jogo do dinheiro:

1. Economize mais e invista a diferença.
2. Ganhe mais (agregue valor) e invista a diferença.
3. Reduza taxas e impostos e invista a diferença.

Agora é hora de reunir as energias e dar uma olhada rápida em algumas das maneiras pelas quais você pode aumentar os ganhos dos seus investimentos...

CAPÍTULO 3.6

ACELERE: 4. OBTENHA MELHORES RESULTADOS E ACELERE SEU CAMINHO ATÉ A VITÓRIA

Se você estiver preparado e souber o que é preciso, não correrá riscos. Você só precisa descobrir como chegar lá. Sempre existe uma maneira de chegar lá.

— MARK CUBAN

Como se faz para obter um retorno maior e, ao mesmo tempo, continuar reduzindo o risco? A maioria das pessoas pensa que para ter retornos melhores é preciso correr grandes riscos. Mas os maiores investidores sabem que isso não é verdade. Lembra do que disse Kyle Bass no Capítulo 2.8: "Você precisa correr grandes riscos para obter grandes recompensa!"? **Ele destruiu totalmente o mito do alto risco e alto retorno com uma estratégia chamada risco/recompensa assimétricos.**

O termo é extravagante, mas o conceito é bastante simples. Como você explica isso? Kyle transformou 30 milhões de dólares em 2 bilhões quando encontrou uma oportunidade de investimento na qual arriscou apenas 3 centavos pela oportunidade de ganhar 1 dólar — mais precisamente, 3 milhões por um resultado positivo de 100 milhões —, e ampliou essa proporção risco/recompensa para bilhões. Lembra que ele ensinou os filhos a fazer investimentos "sem riscos" com um significativo resultado positivo comprando moedas? O resultado positivo (recompensa) é muito maior do que o resultado negativo (risco) nesse negócio, e é isso que o torna assimétrico.

Um dos maiores sucessos de Paul Tudor Jones é o fato de ele saber que pode estar errado e ainda assim ser bem-sucedido, porque Paul recorre ao risco/recompensa assimétricos para orientar suas decisões de investimento. Ele está sempre procurando pelo que ele chama de investimento 5:1. Ou seja: se ele arrisca 1 dólar, ele acredita que pode ganhar 5 dólares.

Jones se dispõe a arriscar 1 milhão quando suas pesquisas mostram que ele, provavelmente, ganhará 5 milhões. Claro que ele poderia estar errado. Porém, se ele usar a mesma fórmula 5:1 no seu próximo investimento e for bem-sucedido, terá ganhado 5 milhões de dólares, descontando a perda inicial com o primeiro investimento de 1 milhão, para um ganho de investimento líquido de 4 milhões.

Usando essa fórmula de investir constantemente onde existe a oportunidade de recompensas assimétricas pelos riscos que ele está correndo, Paul poderia estar errado em quatro de cinco vezes e atingir um nível de equilíbrio. Se ele perder 1 milhão quatro vezes seguidas tentando ganhar 5 milhões, terá perdido um total de 4 milhões. Mas se a quinta decisão for bem-sucedida, em uma única rodada ele terá recuperado o seu investimento total de 5 milhões. Os maiores investidores da história sabem maximizar os seus retornos — eles sabem configurar o jogo para ganhar.

Você vai aprender mais sobre o que Paul ensina na Seção 6: "Invista segundo a cartilha dos 0,001% de bilionários", e na minha entrevista com ele. Ele compartilha com você o seu "MBA de 100 mil dólares", ou as coisas mais importantes que ele aprendeu sobre investimentos — uma das quais é como estar errado e continuar ganhando!

Assim, o risco/recompensa assimétricos é a primeira maneira de obter retornos mais elevados. A segunda maneira? Você vai aprender mais sobre isso no Capítulo 4.1, que trata da alocação de ativos, mas, por enquanto, saiba que, se o mantra do setor imobiliário é "Localização! Localização! Localização!", o mantra para obter melhores retornos ao mesmo tempo em que se reduzem os riscos é "Diversificação! Diversificação! Diversificação!". A diversificação eficaz não apenas reduz os riscos como oferece a oportunidade de maximizar os seus retornos.

A alocação de ativos é a *única coisa* que todos os profissionais de investimentos com quem eu conversei, os melhores do mundo, disseram ser o fator-chave nos resultados financeiros que você vai obter. É a habilidade mais importante, e a menos conhecida da maioria dos investidores. Assim, no Capítulo 4.1: "A lista final ideal: alocação de ativos", você vai aprender o poder de alocação de ativos e vai ser capaz de implementar suas aptidões para beneficiá-lo e à sua família para o resto da vida. Além disso, você vai entender, na Seção 6, qual é a alocação de ativos exata de alguns dos investidores mais bem-sucedidos do mundo que vêm produzindo, consistentemente, os maiores retornos.

Sim, é isso mesmo que você leu: você poderá se basear nas estratégias *exatas* dos melhores investidores do planeta. Vai conhecer a alocação de ativos de Ray Dalio! Obviamente, o desempenho passado não garante o desempenho futuro, mas, no caso de Ray Dalio, a estratégia que você vai adotar provém de um dos maiores investidores de todos os tempos, cujo foco é obter o maior retorno com a menor quantidade de risco. Dalio vem avaliando cada tipo de mercado e tem encontrado a melhor proporção por meio da alocação de ativos há mais de 20 anos. Ele gerencia mais de 160 bilhões de dólares em ativos e registra apenas três anos de perdas nos últimos 22 anos. Depois de ler este livro, você vai aprender uma estratégia baseada na abordagem inovadora de Ray para os indivíduos, as instituições e os governos mais ricos do mundo.

QUÃO RÁPIDO VOCÊ CONSEGUE AVANÇAR?

É óbvio que todos nós gostaríamos de ter melhores retornos. O que não é tão óbvio é o enorme impacto que os melhores retornos têm no seu horizonte de tempo relacionado aos investimentos. A "regra de 72" diz que são necessários 72 anos para dobrar o seu dinheiro em uma taxa composta de 1%. Então, se você tiver 10 mil dólares para investir com 1% de composição, talvez já não esteja mais entre nós quando esse dinheiro estiver duplicado. Você pode cortar esse prazo *pela metade*, duplicando a taxa para 2%, e *pela metade* novamente, duplicando essa taxa para 4%! Então, qual é a diferença entre um retorno de 10% e um retorno de 4%? **Um retorno de 10% dobra a cada 7,2 anos; um retorno de 4% dobra a cada 18 anos!** Se você quiser mudar radicalmente o seu plano e chegar à liberdade financeira em sete anos e não em 18, você pode. Ou em 14 anos, em vez de 36! Esses são os tipos de diferenças possíveis quando você aprende a obter melhores retornos. O mais importante é obter esses maiores retornos sem correr riscos significativamente maiores, sempre que possível. Você está procurando essa relação risco/recompensa assimétrica que todos os grandes investidores procuram. Ela é um pouco ardilosa, mas está por aí, e essa é **apenas mais uma maneira pela qual você pode acelerar sua abordagem para a realização dos seus sonhos.** (Dê uma olhada na tabela a seguir para ver quão rápido — ou quão lentamente — o seu dinheiro vai dobrar.)

Talvez esta seja a sua próxima pergunta: "Onde eu começo a procurar as minhas próprias oportunidades de risco/recompensa assimétricos?" Às vezes, elas aparecem nos lugares mais improváveis. No meu caso — talvez porque eu tenha crescido no sul da Califórnia —, sempre acreditei na inclusão de imóveis como componente-chave do meu portfólio. Se você costuma prestar atenção no noticiário, é difícil não notar a mudança demográfica que está acontecendo nos Estados Unidos exatamente nesse momento, com 10 mil pessoas completando 65 anos todos os dias. Os pertencentes à geração baby boom estão chegando à aposentadoria. No fundo eu sempre soube que precisava haver uma maneira de prover parte do meu capital para ajudar a ampliar as infraestruturas de qualidade para as pessoas que entram nesse estágio da vida e, ao mesmo tempo, proporcionar lucro para mim. Mas foi só depois de visitar a avó da minha esposa em Vancouver, na Colúmbia Britânica, que eu liguei os pontos e decidi pensar em um futuro investimento em lares de idosos.

NÚMERO DE ANOS NECESSÁRIOS PARA DOBRAR O VALOR DO SEU INVESTIMENTO COM BASE NA TAXA DE RETORNO

Taxa de Retorno	Anos para Dobrar o $$
25%	2,88
20%	3,60
19%	3,80
18%	4,00

17%	4,20
16%	4,50
15%	4,80
14%	5,10
13%	5,50
12%	6,00
11%	6,50
10%	7,20
9%	8,00
8%	9,00
7%	10,20
6%	12,00
5%	14,40
4%	18,00
3%	24,00
2%	36,00
1%	72,00

Minha esposa, minha Bonnie Pearl — minha Sage — é o amor da minha vida. A família dela é a minha família. A sua avó Hilda era a minha avó. Eu a amava muito. Depois de 58 anos de casamento, seu marido morreu, e todos nós vimos o quanto ela sofreu. Durante dez anos Hilda chorava para dormir à noite. Ela vivia sozinha, orgulhosa e independente, mas dolorosamente solitária, sentindo falta do parceiro da vida inteira. Nós não tínhamos coragem de colocá-la em uma casa de repouso, mas, como a demência de Hilda foi piorando, a mãe de Bonnie Pearl, Sharon, se determinou a encontrar um abrigo para ela que oferecesse os melhores cuidados possíveis.

Ouvimos falar de alguns lares de idosos espetaculares, e, depois de semanas de pesquisas Sharon finalmente encontrou um abrigo à altura do Four Seasons — um lugar incrível. Eu sempre disse que *eu mesmo* quero *ficar* lá, e não digo isso de muitos lugares.

Então, adivinhe o que aconteceu com a vovó depois de se mudar para o seu novo lar. Esqueça que ela passou a viver em um belo apartamento novo, com amenidades modernas e cuidados 24 horas. Essa era apenas a ponta do iceberg. Mais incrível do que isso: ela começou uma segunda vida! Aos 88 anos de idade, Hilda se transformou em uma nova mulher e se apaixonou novamente. Um italiano de 92 anos conquistou o seu coração. ("Eu não o deixo passar as mãos nos meus seios ainda, mas ele tenta, o tempo todo", ela contou, com um sorriso.) Eles viveram quatro belos anos juntos antes de ele morrer, e, sem brincadeira, no funeral dele, ela conheceu o seu próximo namorado. Sua última década foi preenchida com uma qualidade de vida que ela nunca poderia ter imaginado. Ela encontrou felicidade, alegria, amor e amizade novamente. Foi um inesperado último capítulo para a sua vida, e um lembrete de que o amor é a riqueza final. Ele pode aparecer de forma inesperada a qualquer hora, em qualquer lugar — e nunca é tarde demais.

A história da vovó me levou à constatação de que havia uma necessidade real de lares de idosos que fossem equipados com eficiência e bonitos como o dela. Como eu poderia encontrar uma maneira de investir em uma oportunidade como essa? Obviamente, entrar em uma casa e pedir para investir, provavelmente, não seria a estratégia mais eficaz. Então, procurei o meu consultor pessoal, Ajay Gupta, no Stronghold, e lhe contei o que eu acreditava estar procurando. Ele encontrou uma oportunidade na qual o meu investimento não apenas apresentava um potencial de gerar um grande retorno, mas também alinhado com os meus valores e crenças, e com uma tendência mais ampla no mercado. Muitos especialistas consideram essa categoria uma "inevitabilidade demográfica",* porque o segmento de 75 anos de idade vai crescer 84% entre 2010 e 2030. A demanda vai ser maior que a oferta!

Ajay encontrou uma empresa de investimentos administrada por um incrível empreendedor, que constrói, investe e gerencia instalações de alto padrão para pessoas da terceira idade. Ele começou do zero e transformou isso em uma empresa de 3 bilhões de dólares. Ele encontra os locais, investe até metade do dinheiro e depois forma um pequeno grupo de investidores para investir o restante. Eis aqui o que eu recebo em troca: um retorno preferencial sobre o meu dinheiro (que são pagamentos de rendimentos a cada mês) com base na lucratividade da instalação.

* O conceito de inevitabilidade demográfica, com pequena diferença nos números, também é o caso do Brasil... (*N. do R.*)

Isso pode variar de 6% a 8% por ano, e pelo fato de ser um investimento imobiliário, eu também obtenho o benefício fiscal da *depreciação*, o que significa que não tenho de pagar imposto sobre o total dos pagamentos de rendimentos. Além disso, sou dono de parte do imóvel, que, em longo prazo, acredito que valorizará. Vou participar da estratégia de saída, quando o grupo de investidores eventualmente vender a instalação. Para ficar claro, esse investimento específico é limitado a investidores credenciados[11] e que atendem a certos requisitos de patrimônio líquido/renda. Mas não se preocupe! Para aqueles que não são credenciados, existem REITs negociados publicamente (fundos de investimentos imobiliários, na sigla em inglês) que se concentram exclusivamente em possuir uma cesta de imóveis em todo o país. Eles podem ser comprados por um valor baixo, de 25 dólares por ação, no momento em que escrevo este livro, e oferecer pagamentos de dividendos (renda) a cada trimestre. Faça a sua lição de casa e/ou peça que um consultor o ajude a encontrar o melhor investimento disponível.

Se as moradias para idosos parecerem fora do seu alcance, outra estratégia no setor imobiliário é emprestar o seu dinheiro fechando um primeiro contrato fiduciário como segurança. No capítulo sobre alocação de ativos vou descrever um exemplo de como os investidores que precisam de dinheiro pegam empréstimos de curto prazo com taxas elevadas — por exemplo, um empréstimo de um ano a 8% ou 10%, e você recebe o primeiro contrato fiduciário como garantia. Se executado de forma eficaz, você pode pegar emprestado, digamos, 50 mil dólares em uma casa de 100 mil, ou 500 mil em uma casa de 1 milhão, e a propriedade poderia baixar 50% e você ainda estaria em situação vantajosa. Enquanto outros estão conquistando 3% ou 4% de retorno, você recebe de 8% a 10%.

Quando você começa a se concentrar apaixonadamente em maneiras de economizar mais, ganhar mais, reduzir taxas e impostos e encontrar retornos melhores com riscos cada vez menores, se surpreende com as inúmeras novas oportunidades que vai descobrir. Novamente, um grande consultor fiduciário não vai apenas orientá-lo; ele também pode ajudá-lo a

---

[11] Para que um indivíduo seja considerado um investidor credenciado ele deve ter um patrimônio líquido de pelo menos 1 milhão de dólares, sem incluir o valor de sua residência *principal*; ou ter tido uma renda de pelo menos 200 mil por ano nos últimos dois anos (ou 300 mil juntamente com um cônjuge, se ele for casado).

encontrar oportunidades de investimento com o sistema mágico de risco/recompensa assimétricos que todos os investidores de sucesso buscam.

Estamos chegando à reta final desta seção. Esta etapa pode aumentar maciçamente a velocidade na qual você alcança os seus objetivos financeiros mais importantes. Além disso, é divertido sonhar e explorar. Você vai adorar a jornada do próximo capítulo. Vamos descobrir...

CAPÍTULO 3.7

ACELERE: 5. MUDE SUA VIDA — E O SEU ESTILO DE VIDA — PARA MELHOR

As minhas coisas favoritas na vida não custam dinheiro nenhum. É muito claro que o recurso mais precioso que todos nós temos é o tempo.

— STEVE JOBS

O que aconteceria se, por um momento, você considerasse fazer uma mudança? Uma grande mudança, como pegar suas coisas e se mudar para outra cidade? Você poderia viver como um rico em Boulder, no Colorado, pelo mesmo aluguel de Nova York ou São Francisco. O custo de residências, alimentos, impostos e assim por diante difere enormemente dependendo de onde você mora. Os Estados Unidos, o *mundo*, enfim, é uma oportunidade ilimitada esperando que você o explore. Então, por que é importante parar por um momento para considerar o que a vida poderia ser se você vivesse em outra cidade?

Você está morrendo congelado nos invernos do Meio-Oeste, ou enfrentando o calor do verão em Atlanta, se perguntando, ano após ano, por que não deixa tudo para trás e se muda para uma região com um clima melhor? Como nativo do sul da Califórnia, fico surpreso com pessoas que passam a vida congelando na tundra do Ártico de Minneapolis ou Chicago. Mesmo se você não se importe com o tempo, tem de se preocupar com o custo de vida. Uma casa de 1 milhão de dólares em Washington custa uma fração disso em Raleigh, na Carolina do Norte — uma cidade classificada como o terceiro melhor lugar para negócios e carreiras pela *Forbes*, sem mencionar os polos de alta tecnologia e educação (e a cidade também tem um ótimo clima). Que tal algo menos radical? Sair de São Francisco e se mudar para San Diego? Você pode permanecer no excelente estado da Califórnia e, *ainda assim*, cortar os seus custos de habitação em 32%.

Uma coisa é ser eficiente em termos de impostos nos investimentos; outra é ser eficiente em termos de impostos na *vida*. Você está tentando economizar 5% aqui, 10% ali. Que tal economizar 10% ou 15%, ou mais, em *tudo* o que você faz se mudando para uma cidade menos cara ou um estado mais amigável em termos de tributos? Pense em todo o dinheiro adicional que teria para investir, compartilhar ou doar se ele não fosse direto para o aluguel, a alimentação ou o transporte. **Uma única mudança poderia significar um aumento de 10% a 30% em sua renda.** Se você já estiver economizando 10%, com uma mudança pode economizar de 20% a 40% sem gastar 1 centavo a mais. **Essa mudança em sua taxa de poupança vai impulsionar enormemente sua máquina de dinheiro, e isso vai melhorar maciçamente o ritmo da sua caminhada até a liberdade financeira.**

Eu sei o que você vai dizer: "Mudar de cidade? Você deve estar louco, Tony. Eu não posso simplesmente pegar as minhas coisas e me mudar! Tenho um emprego, tenho família, tenho amigos; vivi a minha vida inteira em Dallas." (Ou Seattle, ou Miami, ou Denver.) Mas se você percebesse que poderia economizar dez anos da sua vida de investimentos, alcançar os seus objetivos da liberdade financeira uma década mais cedo ou até mais, será que não valeria a pena?

Gerações de norte-americanos consideraram a aposentadoria o momento de fazer as malas e se mudar para uma região com um clima mais quente, uma cidade menos cara ou um lugar bonito e discreto como Boise, em Idaho, ou Greenville, na Carolina do Sul, para ter contato com a natureza e desfrutar das atividade ao ar livre. **Mas por que esperar até a aposentadoria? Por que não mudar de CEP hoje? Por que não encontrar um lugar para acomodar a família, que lhe permita reduzir o custo de vida *e* elevar a qualidade de vida ao mesmo tempo, enquanto você é jovem o suficiente para você mesmo e os seus filhos colherem os frutos?**

Se você ainda estiver sacudindo a cabeça negativamente, eu entendo. Na verdade, eu concordava com você nesse aspecto até pouco tempo atrás. Eu fui criado na Califórnia e nunca imaginei viver em outro lugar. Mesmo quando comecei a viajar muito e a comprar casas e propriedades em todas as partes do mundo, a Califórnia sempre foi a minha base.

Então, em 2012, a Califórnia aumentou os impostos para as pessoas com os maiores níveis de renda para 13,3%, um aumento de mais de 30%. Depois de uma vida inteira sendo consumida pelos impostos de renda estaduais (historicamente, entre os mais severos do país), a situação ficou ainda pior. A carga tributária efetiva — depois da incidência dos impostos federais e estaduais, da Previdência Social, dos impostos sobre investimentos, dos impostos sobre a folha de pagamento e do imposto do Obamacare — atingiu 62%. Isso significava que, de cada dólar, me restavam 38 centavos. Só 38 centavos! Além disso, o novo aumento do imposto de renda estadual teve efeito *retroativo*, o que significa que eu teria de pagar um imposto adicional sobre a renda que eu já havia ganhado naquele ano. Mudaram as regras depois do jogo começado! Cheguei ao meu limite — aquilo era ultrajante. Por causa das minhas viagens e do tempo que eu passava nas outras casas, eu estava morando na Califórnia apenas 90 dias por ano! Noventa dias para um imposto estadual, literalmente, multimilionário? A Califórnia já não era sustentável para mim. Eu não suportava mais!

Eu tinha cumprido todas as regras, e as regras tinham se voltado contra mim. Porém, em vez de sentir pena de mim mesmo, deliberei com a minha consciência — ou com os meus pés, devo dizer. Junto com milhares de outras pessoas, Sage e eu percebemos que não éramos mais bem-vindos na Califórnia. Por isso, decidimos dar o passo decisivo e procurar um novo lugar para morar. (Na verdade, nas últimas duas décadas, a Califórnia perdeu mais de 30 bilhões de dólares em receitas anuais de imposto de renda para estados como Nevada, Arizona, Texas e Wisconsin. Se você quiser avaliar a dimensão dessa tendência e quantas pessoas estão se mudando dos estados com impostos elevados para estados com baixa tributação, acesse www.howmoneywalks.com [em inglês].)

Transformamos nossa tarefa em uma espécie de caça ao tesouro. Procuramos locais como Lake Tahoe, cujas montanhas, a mistura de estações e a vibração de cidade pequena realmente nos agradaram; e Austin, no Texas, onde a música, a energia e a alta tecnologia se unem para formar a estrutura de uma comunidade inovadora e conectada.

Com alguma relutância, também analisamos a Flórida. Tudo o que eu conhecia sobre aquele estado eram os jacarés e os idosos. Mas esse é o estereótipo, não a realidade. O que nós encontramos foi um paraíso em Palm Beach. Depois de visitarmos 88 propriedades em três estados, em três semanas (eu disse que eu era um cara de ações contundentes), encontramos uma casa exclusiva e nova de frente para o mar, em Palm Beach. Oito mil metros quadrados, quase 61 metros de fachada para o oceano, de um lado, e o Canal Intracostal do Atlântico, do outro, com um cais para barcos de 50 pés. Parecia que eu estava de volta à minha casa em Fiji. Era extraordinário. Sage tem tudo o que você deseja por perto: restaurantes de renome mundial, lojas, fácil acesso a toda a Costa Leste e toda a privacidade e serenidade de viver em uma ilha, bem aqui nos Estados Unidos.

Naturalmente, o preço era muito mais alto do que eu jamais quis ou imaginei pagar por uma casa. Mas a Flórida não tem imposto de renda estadual. Passamos de 13,3% de imposto de renda estadual na Califórnia para zero — nada mesmo. Então, eis aqui a estratégia: com os impostos estaduais que estamos economizando todos os anos, vamos, literalmente, quitar inteiramente nossa casa nova em seis anos! Prestou atenção nisso? Estamos pagando toda a *nossa casa* com as economias fiscais, de que agora desfrutamos por sermos residentes no Estado do Sol, e não no Estado de Ouro. Isso quase faz você pensar que nós deveríamos ter feito isso antes, não é? Mas antes tarde do que nunca.

Como se não bastasse (mas basta!), nós melhoramos incrivelmente nossa qualidade de vida quando fizemos essa mudança. Todos os dias, nós nos beliscamos ao acordar com um clima magnífico: 25,5 graus, com uma brisa fresca vinda do mar e uma água com a qual você pode se fundir de tão morna que é. De fato, Sage e eu nos tornamos quase fervorosos no entusiasmo com o novo lar; dizemos aos amigos e à família para pensarem bem, se mudarem para Palm Beach e se juntar a nós. O meu filho mais novo já se mudou para cá. Dois dos meus amigos mais queridos no mundo estão prestes a sair de Connecticut e Nova York e vindo para ficar. E, logicamente, mesmo que eles tivessem decidido não se mudar, teríamos, de qualquer maneira, usado alegremente nossas economias fiscais e comprado passagens para que todos eles viessem nos visitar neste paraíso!

Então, se *você* decidir ou não se juntar a nós em Palm Beach, há um novo CEP por aí que pode ser o ideal para você. Você não precisa esperar a aposentadoria para chegar lá. De Nashville, no Tennessee, a Portland, em Oregon, e de Augusta, no Maine, a Ann Arbor, em Michigan, existem centenas de paraísos a preços acessíveis tanto para jovens quanto para idosos: aposentados querendo espichar suas economias e continuar a desfrutar de um estilo de vida refinado e gratificante; e jovens profissionais procurando iniciar ou reconfigurar a carreira. Confira o recurso do *US News & World Report* sobre os melhores lugares para viver por valores tão baixos quanto 75 dólares por dia (http://money.usnews.com/money/retirement/articles/2013/10/15/the-best-places-to-retire-on-75-a-day [em inglês]). Considere seriamente, também, os sete estados onde não existe imposto de renda estadual: Alaska, Flórida, Nevada, Dakota do Sul, Texas, Washington e Wyoming. Ou tente Tennessee e New Hampshire, onde apenas os seus dividendos e os rendimentos sobre os juros são tributados em nível estadual. As cenas musicais de Memphis e Nashville *e* mais dinheiro no seu bolso — será que isso é ruim?

GIRE O SEU GLOBO TERRESTRE

Já que estamos falando nisso, por que não pensar *ainda mais criativamente*? Esqueça um aumento de apenas 10% a 20% no seu poder aquisitivo. Por que não cortar o seu custo de vida em um terço, ou pela metade? Pegue o seu globo terrestre e faça-o girar — e pense em alguns dos belos lugares (e belamente *acessíveis*) nos quais você poderia viver se simplesmente expandisse seus horizontes.

Há oportunidades enormes em todo o mundo para melhorar seu estilo de vida e reduzir suas despesas, em lugares como Bali, Fiji, Uruguai, Costa Rica — *se* você tiver coragem e liberdade para *ir atrás disso*! Você pode alugar um apartamento extraordinário nas montanhas perto de Buenos Aires, na Argentina, por uma fração do que lhe custaria um estúdio em um prédio sem elevador em uma grande cidade dos Estados Unidos. Você pode se mudar para a República Checa e encontrar um espaço bem perto da praça Venceslau, na área de Praga conhecida como Nova Cidade, o coração da comunidade cultural da cidade.

Lembra do meu filho, que adorava um BMW? Depois que se desfez daquele veículo extravagante em nome da possibilidade de um estilo de vida melhor, ele decidiu pensar realmente grande. Passou alguns dias na Costa Rica e ficou totalmente deslumbrado com a extraordinária cultura do local. Ele descobriu que existe uma enorme comunidade de língua inglesa na Costa Rica — um número imenso de expatriados que descobriram que, lá, seu dinheiro rendia muito mais, seus dias eram um pouco mais brilhantes, suas noites, mais empolgantes. E a Costa Rica não é apenas um lugar para relaxar e descontrair. Algumas das nossas principais empresas estabeleceram importantes bases de operação naquele país. Procter & Gamble, Heinz, Microsoft, Intel — a lista é gigantesca, o que significa que há inúmeras oportunidades profissionais disponíveis.

A vida pode ser uma aventura. Fazer uma viagem e explorar uma cidade estrangeira com um olhar de quem pretende se mudar para lá. Transforme suas próximas férias em uma expedição de coleta de dados, onde o objetivo final é experimentar um novo modo de vida. Você não precisa viver enclausurado e seguir os mesmos rituais todos os dias. Você não precisa se preocupar em pagar o aluguel ou cobrir as despesas básicas se preferir se abrir para a ideia de uma mudança radical. Saia da sua zona de conforto e gaste 60%, 70%, até mesmo *80%* a menos de dinheiro, chegando ao seu objetivo da liberdade financeira com muito mais rapidez. E já que você está cuidando disso, melhore exponencialmente a qualidade da sua vida.

Mesmo que uma mudança para outro lugar do mundo pareça muito radical neste momento, pense nessa opção a longo prazo — um plano de cinco ou dez anos, ou, talvez, um plano de aposentadoria. Por que, pelo menos, não se abrir à ideia de que existe um lugar bonito e acessível fora daqui, à espera de ser descoberto? O mundo é dinâmico — está mudando constantemente. A ideia de que uma mudança seria ruim para os seus filhos é coisa do passado. Vivemos em uma economia global; que experiência incrível dar aos seus filhos uma oportunidade de ver o mundo, aprender uma nova língua, adaptar-se a uma nova cultura. Você pode tomar uma decisão em nome da família, gerando uma qualidade de vida melhor para todos.

A vida é igual a andar de bicicleta.
Para manter o equilíbrio, é preciso
se manter em movimento.

— ALBERT EINSTEIN

No fim das contas, tudo se resume a ser mais eficiente e mais eficaz com os seus ganhos e as suas economias, e acelerar até a liberdade financeira. Você pode encontrar uma maneira de melhorar a qualidade da sua vida, reduzindo simultaneamente seu custo de vida. É a suprema situação benéfica para ambas as partes. Em última análise, o melhor investimento que você pode fazer é aquele que faz a si mesmo e em seu estilo de vida.

Uau!, você deu três passos gigantes na direção da liberdade financeira:

Passo 1. Você tomou a decisão financeira mais importante da sua vida.

Você decidiu se tornar um investidor, não um mero consumidor. Você comprometeu uma porcentagem da sua renda para ser economizada e investida no seu Fundo de Liberdade, e automatizou esse compromisso.

Passo 2. Você se tornou um iniciado que conhece as regras do jogo.

Você desmascarou os 9 mitos, e ninguém nunca mais vai conseguir enganá-lo.

Passo 3. Você fez com que fosse possível vencer esse jogo.

- **Você sabe exatamente quanto dinheiro vai ser necessário para alcançar segurança, independência ou liberdade financeira.** Você conhece os seus três fatores para prosperar: suas metas de curto, médio e longo prazo.
- **Você montou um plano financeiro inicial e um cronograma de execução.** Você usou o aplicativo para calcular aproximadamente quanto tempo levará para atingir as metas financeiras com as quais está mais comprometido.
- **Você analisou as cinco maneiras de acelerar seu plano.** Idealmente, você começou a pensar em formas de aplicar essas percepções para reservar mais dinheiro ou manter mais dinheiro no seu Fundo de Liberdade. Isso pode ajudá-lo a alcançar suas metas financeiras mais desejadas ainda mais rapidamente.

Então, o que vem depois? O Passo 4 responde à pergunta óbvia que provavelmente está atormentando sua mente: "Onde eu posso colocar meu dinheiro? Que investimentos específicos vão maximizar os meus resultados positivos e me proteger contra os resultados negativos?" É hora de tomar a decisão de investimento mais importante da sua vida. É hora de aprender o poder da alocação de ativos...

SEÇÃO 4

TOME A DECISÃO DE *INVESTIMENTOS* MAIS IMPORTANTE DA SUA VIDA

CAPÍTULO 4.1

A CESTA FINAL IDEAL: ALOCAÇÃO DE ATIVOS

Nunca teste a profundidade do rio com os dois pés.

— WARREN BUFFETT

Digamos que sua máquina de dinheiro esteja acionada: seu chefe acabou de lhe dar um inesperado bônus de 10 mil dólares, ou talvez você tenha recebido subitamente uma herança de 100 mil. O que você faria com isso? Você colocaria na sua poupança ou no seu IRA? Investiria em um bolso virtual repleto de Bitcoins? Daria lances para uma caixa de vinhos antigos em um leilão no eBay? Voaria para Las Vegas e apostaria tudo em um lance de dados? Ou talvez comprasse 100 ações da Apple? Você colocaria tudo em um só lugar ou distribuiria por vários lugares?

A resposta a esta última pergunta é a chave para o seu futuro financeiro.

A alocação de ativos é a decisão de *investimento* mais importante da sua vida, mais importante do que qualquer investimento individual que você venha a fazer em ações, títulos, imóveis ou qualquer outra coisa. Qual é a diferença? Bem, as decisões *financeiras* que você já tomou — investir automaticamente uma porcentagem da sua renda em retornos compostos — o colocaram no jogo. Mas, depois de decidir entrar, você tem de permanecer no jogo — a longo prazo! Você pode perder tudo se não tiver cuidado com *onde* vai colocar o seu dinheiro.

Qualquer um pode *se tornar* rico; a alocação de ativos tem a ver com a maneira de *permanecer* rico.

Mas não confie apenas em mim. Ouça David Swensen, o rockstar do investimento institucional. Lembre-se: ele é o cara que fez o portfólio de Yale passar de 1 bilhão para mais de 23,9 bilhões de dólares, alcançando um retorno anual médio de 13,9% ao longo de três décadas, em mercados ascendentes e descendentes. Ninguém faz melhor do que ele. Quando me encontrei com Swensen em seu escritório em New Haven, em Connecticut, perguntei: "Quais são as percepções mais importantes que os investidores devem ter para alcançar a liberdade financeira?" **Ele respondeu que existem apenas três ferramentas para reduzir o risco e aumentar seu potencial para o sucesso financeiro:**

1. **Seleção de segurança — escolha de ações;**
2. **Prazo do mercado — apostas de curto prazo de acordo com a tendência do mercado; e**
3. **Alocação de ativos — sua estratégia de longo prazo para um investimento diversificado.**

Antes mesmo que eu pudesse perguntar sobre as duas primeiras, ele deixou uma coisa perfeitamente clara: "Naturalmente, a mais importante das três é a alocação de ativos." E continuou: "Na verdade, ela explica mais de 100% dos retornos no mundo dos investimentos." Espere um segundo: como poderia ser *mais* de 100%? Porque essas taxas, impostos e perdas que vêm com a seleção de ações e os prazos do mercado drenam os seus lucros.

A alocação de ativos é mais do que diversificação. **Significa dividir o seu dinheiro entre diferentes classes ou tipos de investimentos (como ações, títulos, mercadorias ou imóveis) e em proporções específicas que você decide com antecedência, de acordo com os seus objetivos ou necessidades, tolerância ao risco e estágio da vida.**

Uau! É muita coisa, não é?

No entanto, é a chave para o sucesso ou o fracasso dos melhores operadores financeiros do mundo, incluindo cada um dos investidores e negociadores que entrevistei para este livro. Paul Tudor Jones é partidário dessa cartilha. Mary Callahan Erdoes, talvez a mulher mais poderosa de Wall Street, lidera 22 mil profissionais financeiros cujos meios de subsistência dependem disso. Ray Dalio, que fundou o maior fundo de cobertura do mundo, que agora vale sozinho 14 bilhões de dólares, vivencia isso todos os dias.

Este capítulo aborda um assunto complexo e torna suficientemente simples agir e afetar positivamente os seus retornos de investimento para o resto da vida. Portanto, comprometa-se e foque inteiramente nisso! Não importa se você tem apenas 1.000 dólares para economizar e investir, ou 1 milhão. Os princípios que você está prestes a aprender são *fundamentais*, e devem começar a ser aplicados imediatamente. Se você acha que já os conhece, é hora de aprimorá-los.

Vamos falar sobre os motivos pelos quais a alocação de ativos é tão crucial para o *seu* plano de investimentos, e como você pode começar a fazê-lo funcionar a seu favor ainda hoje.

> Quem pensa que os números são seguros
> não observou as páginas do
> mercado de ações.
>
> — IRENE PETER

Quantas vezes você escolheu a fila que parece mais rápida no supermercado, e ela acabou sendo a mais lenta? Quantas vezes você mudou para a pista rápida em um engarrafamento e viu os carros na pista lenta passarem voando por você? Você acha que está chegando lá mais rápido, mas está enganado. E os relacionamentos íntimos? Apesar de tudo o que sabe sobre si mesmo e do que você acredita e valoriza, já aconteceu de escolher o parceiro "errado"? Nós todos sabemos que *essa* decisão pode ter um impacto extraordinário na qualidade da sua vida!

A mesma coisa pode acontecer com os seus investimentos. Exceto que quando você comete erros com o seu pecúlio, se o erro for muito grande, estará tudo acabado. Pode significar perder sua casa. Ou, ainda, procurar emprego quando você já completou 70 anos. Ou não ter dinheiro para a educação dos seus filhos. É por isso que este capítulo é tão importante.

A alocação de ativos é uma habilidade primordial, que pode fazer você se destacar de 99% de todos os investidores. E adivinhe. Não vai lhe custar 1 centavo. David Swensen gosta de citar Harry Markowitz, o vencedor do

Prêmio Nobel e inventor da teoria do portfólio moderno, que eu também procurei para ser entrevistado para este livro. Ele disse uma frase que ficou famosa: "A diversificação é o único almoço grátis." Por quê? Porque dividir o seu dinheiro em diferentes investimentos diminui o risco, aumenta os retornos positivos ao longo do tempo e não lhe custa nada.

Todos nós já ouvimos o velho ditado: "Não coloque todos os ovos em uma única cesta." Bem, a alocação de ativos protege você de cometer esse erro financeiro. Parece uma regra básica, mas quantas pessoas você conhece que não a cumprem?

Tenho um amigo que ficou tão animado com a Apple que colocou todo o seu dinheiro na empresa. Por um tempo, foram as ações mais bem-sucedidas do mundo — até que elas caíram 40% em questão de semanas. *Ai.* E há outra amiga, com 30 e poucos anos, que deixou de trabalhar como executiva de televisão, vendeu sua casa em Los Angeles na época do boom do mercado imobiliário e usou o dinheiro para abrir um restaurante rústico em Wyoming. Ela investiu o que restou em ações de alto risco e títulos podres, acreditando que os juros lhe forneceriam renda suficiente para sustentá-la. E isso funcionou por algum tempo. Mas a crise do mercado acionário de 2008 aniquilou todas as suas economias. Ela teve de remover sua tenda e voltar a trabalhar como autônoma por uma fração do que costumava ganhar.

Todos nós já ouvimos histórias horrorosas sobre a crise econômica. Talvez você saiba de alguns integrantes da geração do baby boom que tinham todo o seu dinheiro comprometido em imóveis antes da queda brutal. Ou de um casal que estava prestes a se aposentar com os seus 401 (k) integrais e os seus fundos ciclo de vida prestes a amadurecer. Eles tinham escolhido o veículo de passeio, o barco já estava na garagem, o itinerário elaborado, incluindo visitas já agendadas aos netos. Então, o mundo financeiro desmoronou. O seu patrimônio líquido foi cortado quase pela metade, e o sonho da aposentadoria se transformou em mais 20 anos de trabalho.

Essas histórias são dolorosas, e eu quero ter certeza de que nada disso jamais vai acontecer com você. E a boa notícia é que isso não precisa acontecer, nunca. É por isso que eu escrevi este capítulo: para que você não só esteja protegido como também possa aumentar seu pecúlio mais rapidamente.

Qual é a simples e fundamental lição de investimento aqui? **O que sobe, vai descer!** Ray Dalio me disse, sem rodeios, que, durante a vida, "é quase certo que seja lá o investimento no qual você esteja decidido a colocar o seu dinheiro, chegará um dia em que você perderá de 50% a 70%". Nossa! Isso significa que qualquer investimento que você escolha vai perder de metade a dois terços ou mais do seu valor! E não é verdade que a maioria das pessoas normalmente favorece um tipo de investimento porque acha que "conhece" mais essa área, ou porque ela está fornecendo, naquele momento, um "excelente" retorno? Algumas pessoas tendem a aplicar todo o dinheiro em imóveis, outras em ações, títulos ou mercadorias. Se você não diversificar o suficiente, poderá ir à falência! Está me ouvindo? Não importa quão bem você planeje, haverá um dia de ajuste de contas para cada tipo de ativo. **Então, diversifique ou morra. E, se diversificar *bem*, você vai ganhar!**

Até aqui eu tenho certeza de que você está muito bem-esclarecido sobre as consequências de não diversificar! Agora você gostaria de ouvir sobre o incrível impacto da diversificação *correta*? É quase como ter uma licença para imprimir dinheiro. Sei que é um exagero, mas imagine como seria se você soubesse que estava ganhando durante o sono, e que sua diversificação lhe propiciaria uma verdadeira paz de espírito, independentemente do ambiente econômico.

Eis aqui um exemplo real. Como você se sentiria se, naquele ambiente de estado de alerta de 2008, quando os mercados de ações estavam perdendo mais de 2 trilhões de dólares, os títulos estavam sendo derrubados e o mercado imobiliário estava desabando, você pudesse ter tido uma alocação de ativos em que sua perda máxima seria de apenas 3,93%? O exemplo não é fantasioso. Esse é o poder de alocação de ativos que mencionei várias vezes neste livro, e eu vou lhe demonstrar isso daqui a pouco. Melhor ainda: e se, nos últimos 30 anos da sua vida, sua alocação de ativos tenha sido tão poderosa que você perdeu dinheiro apenas quatro vezes, com uma perda média de apenas 1,9% e nunca acima de 3,93%? Lembre-se: todo mundo durante aquelas três década, estava aproveitando a desenfreada onda da inflação e da deflação. Somente na última década nós tivemos duas quedas bruscas no mercado de quase 50%, mas você teria atravessado a tempestade sem parar para reavaliar uma única vez, e ainda teria feito um retorno anual composto médio de pouco menos de 10%. Não estou descrevendo uma situação hipotética. O que estou descrevendo para você é um portfólio real, uma alocação de ativos específica, projetada por Ray Dalio. Em breve vou lhe mostrar a fórmula exata que produziu esses resultados arrebatadores. Antes que você possa usá-la, porém, **precisa entender os princípios fundamentais expostos neste capítulo.**

Regra 1: Nunca perca dinheiro.
Regra 2: Nunca se esqueça da Regra 1.

— REGRAS DE INVESTIMENTO
DE WARREN BUFFETT

Não me canso de dizer: *as pessoas boas, muitas vezes, falham porque fazem a coisa certa na hora errada.* Comprar uma casa... é a coisa certa a fazer? A maioria dos especialistas diria que sim. Mas em 2006 era a hora errada! **Então, a questão é: se todos estaremos errados em algum momento, onde vamos colocar o nosso dinheiro? É aí que entra a alocação de ativos.**

Eis aqui outra maneira de pensar nesse assunto: quando você está tentando montar uma equipe vencedora no esporte, precisa conhecer as capacidades de cada jogador. Você tem de conhecer os seus pontos fortes e fracos. Você precisa decidir com quem pode contar em situações diferentes. Agora, digamos que o seu portfólio seja a equipe e suas opções de investimento sejam os jogadores. A alocação de ativos o ajuda a escolher quem começa e em quais posições. **Em última análise, é a combinação certa, no momento certo, que lhe proporciona a vitória.**

A alocação de ativos propicia um conjunto de princípios orientadores: uma filosofia de investimento para ajudá-lo a decidir onde colocar o dinheiro do Fundo de Liberdade ou pecúlio e em que proporções.

Pense nisso como se pudesse dividir o dinheiro em pedaços e colocá-los em duas cestas de investimento separadas, com diferentes níveis de risco e recompensa. Uma dessas duas primeiras cestas é um ambiente seguro para o seu dinheiro, mas ele não vai crescer muito rápido se ficar nela. Você pode se sentir entediado, mas é seguro, de modo que, quando precisar desse dinheiro, ele vai estar lá. A segunda cesta é mais sedutora, porque pode lhe dar uma oportunidade de crescimento muito mais rápida, mas é arriscada. **Na verdade, você precisa estar preparado para perder tudo o que colocar aqui!**

Então, quanto vai ser colocado em cada cesta? Depende de quanto tempo você dispõe para fazer os seus investimentos crescerem e de quanto risco está disposto a correr. Você tem de perguntar a si mesmo: "Quanto risco eu posso *me dar o luxo* de correr nesse estágio da vida?" Mas lembre-se de que: você não está diversificando apenas para se proteger. Você quer melhorar os seus resultados: para encontrar a combinação ideal de investimentos que farão prosperar, não apenas sobreviver!

Mas, ei, se quisermos admitir, muitas pessoas já se estressam o suficiente no dia a dia, sem precisar acrescentar uma tonelada de ansiedade, preocupando-se com os seus investimentos dia e noite. Parte significativa da segurança financeira ou até mesmo da liberdade é a paz de espírito aquela sensação de que você não precisa pensar em dinheiro. A primeira cesta vai trazer certeza à sua vida, que, afinal, é a primeira necessidade humana básica. E é por isso que eu a chamo de a **cesta da segurança/paz de espírito.** É onde você quer manter a parte do seu pecúlio que você não pode se dar o luxo de perder — ou até mesmo *imaginar* perder sem acordar suando frio! **É um santuário de investimentos seguros que você deixa firmemente trancados — e depois esconde a chave.**

> Eu não entro em jogos de azar porque ganhar 100 dólares não me dá grande prazer. Mas perder 100 dólares me irrita.
>
> — ALEX TREBEK, apresentador de *Jeopardy!*

Sofrer um golpe financeiro não só esvazia nossos portfólios como também pode roubar a alegria de nossas vidas. Lembra daquele estudo da economia comportamental com os macacos e as maçãs? Um macaco ficava feliz se lhe dessem uma maçã. Se lhe dessem duas maçãs e, depois, uma delas fosse retirada, ele se irritava — mesmo que, no fim, ainda tivesse uma maçã. Os seres humanos são exatamente iguais. Pesquisas sobre emoções humanas mostram que a maioria das pessoas do mundo todo subestima o quanto se sente mal quando perde. O prazer das nossas vitórias é diminuído pelo sofrimento dos nossos fracassos e das nossas perdas. Então, todos nós precisamos criar uma cesta de segurança/paz de espírito para nos proteger do tipo de golpe que não apenas nos prejudicará financeiramente como nos fará sofrer.

Para familiarizá-lo com o tipo de investimento considerado um pouco mais seguro, vamos analisar oito tipos básicos de ativos (opções de investimento ou recursos) que podem fazer parte dessa cesta de segurança. É apenas uma amostragem. Não significa que isso engloba tudo o que poderia caber nessa cesta. À medida que você for lendo, porém, vai perceber um padrão: nenhum desses tipos de investimento tende a ter alta volatilidade — o que significa que o seu valor não tende a flutuar muito —, especialmente se comparado com as coisas que você verá mais adiante na cesta de risco/crescimento. (Embora, como todos nós já experimentamos, existam curtos períodos na história em que praticamente todos os investimentos aumentaram sua volatilidade. Mais tarde Ray Dalio vai nos mostrar como se preparar para isso também!) Mas essa rápida lista foi preparada para levá-lo a pensar sobre seus investimentos no futuro e lhe dar uma ideia do que pode acontecer aqui. Pergunte a si mesmo: "Antes de eu investir, isso está me colocando em risco? É algo que seria melhor eu colocar na minha cesta de risco/crescimento ou na minha cesta de segurança?"

Então, vamos dar uma olhada nisso tudo, começando pelo primeiro local e talvez o mais importante para colocar parte do seu dinheiro: a cesta

de segurança/paz de espírito. Que ativos você gostaria de colocar aqui? Lembre-se: essa cesta é o recipiente lento, mas constante, como a tartaruga na corrida para a liberdade financeira. Porque a tartaruga geralmente ganha! E você tem de tratá-lo como o seu templo sagrado de poupança e investimentos — porque, o que entra aqui, não sai.

Antes de prosseguir, lembre-se de que o início deste capítulo tem alguns fundamentos: as principais diretrizes da alocação de ativos. Se você for um investidor sofisticado, pode pesquisar a lista de opções de investimento, porque, provavelmente, já sabe o que elas são, e isso pode lhe economizar algum tempo. Mas eu não queria deixar ninguém de fora. Além disso, você pode encontrar uma ou duas advertências que poderá considerar valiosas.

Então, vamos dar uma olhada.

1. **Saldo de Caixa/Equivalentes em Dinheiro.** Em algum momento da nossa vida cada um de nós vai precisar de uma proteção para cobrir nossas necessidades em caso de emergência ou de uma súbita perda de renda. Não importa seu nível de renda: você vai precisar de alguma liquidez — ou de acesso instantâneo ao dinheiro. É possível ser rico em ativos e se sentir pobre por não ter dinheiro ou liquidez? Muitas pessoas foram pegas desprevenidas em 2008, quando os bancos congelaram e interromperam os empréstimos (mesmo de um para o outro), e parecia impossível vender os imóveis. Na verdade, de acordo com um estudo de 2011, *metade* de todos os norte-americanos teria de lutar para conseguir fazer 2 mil dólares em uma crise, para pagar despesas médicas inesperadas, despesas judiciais ou reparos na casa ou no automóvel. Então, você precisa de algum dinheiro para se certificar de que isso não vai acontecer com você. Pense nisso: não seria necessário muito foco ou muitas economias para que você estivesse em uma situação melhor do que mais da metade dos Estados Unidos!

   Depois de decidir quanto dinheiro precisa ter em mãos, onde você o colocará? A maioria de nós escolhe contas bancárias seguradas pela FDIC para saldos de até 250 mil dólares. Infelizmente, os bancos físicos tradicionais não pagam quase nenhum juro hoje em dia — a última vez que verifiquei, alguns estavam pagando um valor ínfimo, em torno de 0,01%! —, enquanto os bancos on-line oferecem taxas ligeiramente mais elevadas. Talvez não seja o ideal, mas pelo menos sabemos que o dinheiro está seguro e disponível. Talvez você também queira manter um pouco desse dinheiro em um lugar seguro ou perto de casa — você sabe, "debaixo do colchão" —, em um cofre secreto, caso haja um terremoto, um furacão ou algum outro tipo de emergência e os caixas automáticos parem de funcionar.

Outras ferramentas para equivalentes em dinheiro incluem *fundos do mercado monetário* — existem três tipos. Se você quiser saber mais, consulte a caixa abaixo para mais detalhes.

Para grandes quantidades de dinheiro que precisamos manter com segurança e liquidez, **você pode optar por investimentos de curtíssimo prazo, chamados de *equivalentes em dinheiro*. Os mais conhecidos são os bons e velhos fundos do mercado monetário.** Talvez até você já tenha um. Trata-se, basicamente, de fundos mútuos compostos por títulos de baixo risco, de curtíssimo prazo e outros tipos de dívida (sobre os quais você ficará sabendo mais daqui a pouco). Eles podem ser uma ótima opção, porque você recebe uma taxa de retorno um pouco maior do que uma antiga e entediante conta bancária, mas ainda consegue ter acesso imediato ao seu dinheiro 24 horas por dia — e há alguns que ainda permitem que você emita cheques.

A propósito, a maioria dos bancos oferece *contas de depósito do mercado monetário*, que *não* são a mesma coisa que os fundos do mercado monetário. Elas são como cadernetas de poupança, nas quais os *bancos* estão autorizados a investir o seu dinheiro em dívida de curto prazo, e, em troca, lhe pagam uma taxa de juros ligeiramente melhor. Geralmente, há um depósito mínimo exigido ou outras restrições, taxas baixas e penalidades se o seu saldo cair e ficar muito baixo. Mas elas são seguradas pela FDIC, o que é uma coisa boa. E isso as distingue dos *fundos* do mercado monetário, que não são garantidos e podem, potencialmente, perder valor.

Se você quiser manter o seu dinheiro seguro, líquido e acumulando juros, uma opção é um **fundo de mercado monetário do Tesouro americano com privilégios de verificação.** É verdade que esses fundos não são segurados pela FDIC, mas, pelo fato de estarem ligados apenas à dívida do governo dos Estados Unidos e não a quaisquer corporações ou bancos que podem se tornar inadim plentes, a única maneira de você perder dinheiro é se o governo não pagar suas obrigações de curto prazo. Se isso acontecer, não haverá nenhum governo dos Estados Unidos, e o futuro será, de qualquer modo, completamente imprevisível!

2. **Títulos.** Todos nós sabemos o que é um vínculo, certo? Quando lhe ofereço um vínculo, eu lhe dou a minha palavra. Minha promessa. Quando compro um título, você é que me dá sua palavra — a sua promessa — de devolver o dinheiro com uma taxa específica de juros após *X* período de tempo (a data de vencimento). É por isso que os títulos são chamados de "**investimentos de renda fixa**". A renda — ou o retorno — que você obtém com eles é fixada no momento em que você os compra, dependendo do tempo que concorda em mantê-los. E, às vezes, você pode usar aqueles pagamentos de juros regulares (dividendos) como renda, enquanto o título amadurece. Então, é como uma simples promessa de pagamento com benefícios, certo? Mas há zilhões de títulos e fundos de títulos por aí; nem todos, mas muitos são classificados por várias agências de acordo com seus níveis de risco. **No fim deste capítulo você vai encontrar um rápido resumo dos títulos** para saber quando eles podem ser prejudiciais para sua saúde financeira e quando podem ser investimentos úteis — e até mesmo ótimos!

   Os títulos também podem ser um pouco confusos. Como uma gangorra, eles *aumentam de valor* quando as taxas de juros *caem* e *diminuem* quando as taxas *sobem*.

Afinal de contas, quem quer comprar um título antigo, com taxa de juros baixa, quando um título novíssimo, com uma taxa de juros mais alta, surge no mercado? Mas uma maneira de evitar preocupar-se tanto com as flutuações de preços dos títulos é diversificar e aderir a um fundo de índice de títulos de baixo custo.

E lembre-se: nem todos os títulos são iguais. Os títulos da Grécia não serão tão fortes quanto os da Alemanha. Os títulos municipais de Detroit não serão tão fortes quanto os do Tesouro dos Estados Unidos. Na verdade, alguns consultores de investimentos dizem que o único título completamente seguro é aquele apoiado pela fé pública dos Estados Unidos. E você pode, de fato, comprar títulos dos Estados Unidos chamados *Obrigações do Tesouro protegidas contra a inflação*, ou TIPS (na sigla em inglês), que aumentam em valor para acompanhar a inflação, por meio do índice de preços ao consumidor. Mais uma vez, vamos abordar tudo isso no resumo. E mais tarde vou lhe mostrar um portfólio surpreendente, que usa fundos de títulos de maneira totalmente original. Enquanto isso, vamos considerar outro investimento de renda fixa que pode estar em sua cesta de segurança.

3. CDs.* Lembra? Com certificados de depósito, *você* é quem empresta o dinheiro ao banco. Ele pega o seu dinheiro em troca de uma taxa fixa de juros e em seguida o devolve — juntamente com os seus ganhos —, depois de determinado período de tempo. Como os CDs são segurados pela FDIC, são tão seguros quanto as cadernetas de poupança e — no momento em que este livro foi escrito — quase tão empolgantes. Mas eu escrevi este livro para ser lido em qualquer época, e as épocas continuam mudando. Não sei em que época você está agora, mas posso lhe contar uma história: em 1981, quando eu tinha 21 anos, era possível comprar um CD de seis meses por... veja só... 17% de juros! Mas você não precisa voltar no tempo tanto assim para perceber como alguns tipos de CDs, no ambiente certo, podem lhe trazer retornos de

* O título equivalente no mercado brasileiro é o CDB (Certificado de Depósito Bancário). (*N. do R.*)

qualidade. Lembra da história do meu consultor da Stronghold, que **conseguiu uma pequena taxa fixa em um CD em 2009**, mas que se tratava de um **CD ligado ao mercado**, relacionado ao crescimento do mercado de ações, e **ele atingiu uma *média de 8% de juros ao longo do tempo*?** Foi um negócio excepcionalmente bom, mas ainda há maneiras de obter o maior retorno possível na relação custo-benefício (sem arriscar o seu capital), investindo nesses **CDs ligados ao mercado.** (Você pode voltar ao Capítulo 2.8 e recapitular como eles funcionam.)

Como está nosso conjunto de ativos até agora? CDs, saldo de caixa, fundos do mercado monetário e títulos seriam os jogadores óbvios em sua cesta de segurança. Mas quando você os coloca em jogo? Alguns jogadores se darão bem em alguns ambientes e mal em outros. Qual é a vantagem do operador de dinheiro? O operador de dinheiro pode entrar no jogo a qualquer momento. Você pode manter o seu dinheiro seguro e pronto para ser empregado quando surgir o investimento certo. Por outro lado, se você estiver com muito dinheiro vivo, seu poder de compra não estará crescendo. Na verdade, estará diminuindo, devido à inflação anual. Em tempos deflacionários, como 2008, o seu dinheiro poderá lhe comprar mais coisas. Se você tivesse dinheiro em 2008 e coragem de fazê-lo, poderia ter comprado uma casa por quase 40% a menos do que a mesma casa custava no ano anterior. (A propósito, foi isso o que muitos fundos de cobertura fizeram. Eles compraram dezenas de milhares de casas no tempo de baixa, reformaram e alugaram e, depois, as venderam, entre 2011 e 2014, conseguindo um grande lucro.) Muitas ações puderam ser compradas com um desconto similar ou, inclusive, maior em 2008.

Qual é a vantagem do jogador título? Dependendo do tipo de título, você tem uma taxa garantida de retorno que lhe dá segurança caso os outros preços das classes de ativos estejam caindo. Os CDs regulares, no momento em que escrevo, em 2014, provavelmente não lhe interessarão em nada, e também não me interessam. Mas esse jogador pode se dar bem em ambientes com altas taxas de juros. Enquanto os CDs ligados ao mercado se destacam quando os índices estão excelentes, são bastante sólidos em todos os ambientes porque você não perde o capital. Aqui está a desvantagem dos títulos: se você quiser vender títulos antes da sua data de vencimento (quando você receber seu investimento total, acrescido de juros), as taxas de juros tiverem aumentado significativamente e os novos títulos oferecerem uma taxa de retorno maior, você terá de se desfazer deles oferecendo um desconto.

A GANGORRA DOS TÍTULOS

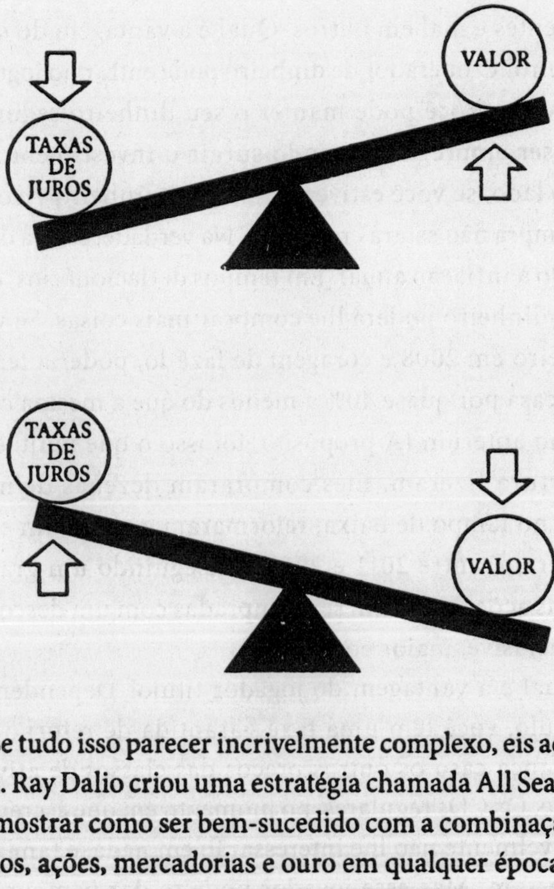

Se tudo isso parecer incrivelmente complexo, eis aqui a boa notícia. Ray Dalio criou uma estratégia chamada All Seasons, que vai lhe mostrar como ser bem-sucedido com a combinação correta de títulos, ações, mercadorias e ouro em qualquer época econômica. Vamos aprender mais sobre isso mais tarde.

Primeiro, entenda que, pelo fato de os títulos seguros oferecerem uma taxa de retorno prometida ou declarada e um retorno sobre o capital, eles são mais seguros do que os investimentos que não garantem nem a taxa de retorno nem o capital. Mas a promessa depende do emissor dos títulos. O ponto aqui é que você precisa do jogador certo, na época certa, nas proporções corretas e na hora certa.

Agora vamos dar uma olhada em alguns outros recursos para montar sua cesta de segurança, nos quais você talvez não tenha pensado:

4. **Sua casa própria** entra aqui também. Por quê? Porque é um santuário sagrado. Não deveríamos "passar adiante nossa casa própria"! Os norte-americanos aprenderam uma dura lição nos últimos anos sobre os perigos da especulação imobiliária e usar suas casas próprias como se fossem caixas automáticos. Se uma casa for sua residência principal, ela não deveria ser vista como um investimento com poder de alavancagem, e você não deveria contar com ela para produzir um retorno gigantesco. Mas espere: não nos disseram sempre que nossa residência era nosso melhor investimento, porque ela sempre aumenta de valor?

   Na minha busca por respostas, eu me reuni com o **economista Robert Shiller, premiado com o Nobel**, o principal especialista em mercados imobiliários e criador do índice Case-Shiller de preços de imóveis. Suas descobertas inovadoras foram usadas para criar o gráfico da próxima página. Shiller descobriu que, quando a inflação era levada em conta, os preços dos imóveis nos Estados Unidos têm se mantido constantes por quase um século! Ele derrubou um dos maiores mitos do nosso tempo: o de que os preços das residências continuam a subir sem parar. "A menos que haja uma bolha", ele me disse. E todos nós sabemos o que acontece eventualmente com as bolhas.

Por outro lado, possuir uma casa com uma hipoteca de taxa fixa é uma proteção contra a inflação, e há um benefício fiscal. Além do mais, se você já for proprietário de uma casa própria e alugá-la por inteiro ou parte dela, pode ser uma maneira segura de obter alguma renda. Além disso, como você vai aprender em breve, existem algumas ótimas maneiras de investir em imóveis — como os *primeiros contratos fiduciários*, os REITs (fundos de investimento imobiliário, na sigla em inglês), as moradias para idosos, as propriedades que geram renda e assim por diante. Ninguém está sugerindo que desista dos investimentos imobiliários, se é isso o que você gosta de fazer! Mas, provavelmente, uma boa regra de ouro será colocá-los na próxima cesta, sobre a qual vamos falar: a cesta do risco/crescimento.

© 2008, 2014 Elliott Wave International (www.elliotwave.com [em inglês])
Data Courtesy Bloomberg; Foundation for the Study of Cycles;
Professor Robert Shiller, Universidade de Yale; Banco Central de St. Louis

Enquanto isso, quais outros ativos podem estar na cesta de segurança?

5. **Sua pensão.** Você tem uma? Essa cesta é o lugar para mantê-la se você for um dos poucos bem-aventurados. Lembra do exemplo da Dra. Alicia Munnell, diretora do Center for Retirement Research, da Boston College? Ela liquidou sua pensão e recebeu pagamento antecipado, pensando que poderia investir e obter um retorno maior do que o seu antigo empregador, o Federal Reserve. Ela aprendeu, da maneira mais difícil, que não se deve arriscar o plano de renda de toda a sua vida, e agora compartilha sua história como um alerta para as outras pessoas.
6. **Pensões vitalícias.** Se você for jovem e ouvir esta expressão, pode pensar que não tem nenhum valor para você. No passado, elas consumiam muito dinheiro, e você precisava ter certa idade para explorar essas ferramentas de investimento. Mas, como você aprenderá no Capítulo 5.3: "Liberdade: criando seu plano de renda vitalícia", existem algumas novas ferramentas com as quais você pode se armar. Lembre-se: esses investimentos são produtos de seguros que podem lhe trazer uma **renda garantida para a vida toda. Eles são como pensões privadas se forem feitos da forma correta.** Mas, como já discutimos, quase todas as pensões vitalícias disponíveis são péssimos investimentos, com altas taxas e penalidades ridículas. As pensões vitalícias mais variáveis deveriam vir com mais alertas do que um anúncio de Viagra! Você pode, porém, encontrar algumas pensões vitalícias seletas — sobre as quais vai ficar sabendo na Seção 5 —, que são tão seguras e acessíveis que muitos especialistas as chamam de o Santo Graal das soluções de renda para a aposentadoria. Como assim? **Elas podem fornecer o tipo de retorno de que você desfruta em sua cesta de risco/crescimento, dentro da segurança da sua sesta de segurança. Uma renda garantida que vai durar a vida toda e nunca diminuirá de valor!**
7. **Pelo menos uma apólice de seguro de vida pertence à sua cesta de segurança, portanto, não mexa nela.** Por quê? Você tem família? Se você morrer, ela estará protegida. O seguro de vida temporário é suficiente para a maioria das pessoas. No entanto, outro tipo de

apólice de seguro de vida, descrita na Seção 5, pode lhe proporcionar uma renda para a vida toda, livre de impostos, enquanto você ainda está vivo! Se estruturada corretamente, ela também pode fornecer enorme eficiência fiscal. As maiores corporações e os milionários vêm utilizando essa abordagem sancionada pela Receita Federal há décadas. Verifique o Capítulo 5.5 para obter detalhes sobre como usar essa ferramenta para, talvez, diminuir o tempo necessário para chegar às suas metas financeiras entre 25% e 50%, dependendo de sua faixa tributária.

8. **Obrigações estruturadas.** Esses produtos foram chamados de "segurança projetada" para investidores. As obrigações estruturadas são como CDs ligados ao mercado, mas não são cobertas pelo seguro da FDIC. Como elas funcionam? Você empresta dinheiro a um banco — geralmente, um dos maiores bancos do mundo — e o banco promete devolver depois de um período de tempo específico, *mais* uma porcentagem de quaisquer ganhos acumulados sob determinado índice (digamos, o S&P 500 — menos os dividendos — mercadorias, ouro, REITs, ou uma combinação). Por exemplo, no momento em que este livro está sendo escrito, **o J.P. Morgan conta com uma obrigação estruturada de sete anos com 100% de proteção aos resultados negativos, o que significa que você nunca perderá seu investimento original, além de lhe garantir 90% dos ganhos positivos do S&P 500.** Não é de admirar, como você aprendeu no Capítulo 2.8, que os milionários geralmente usem essa ferramenta para investir. O tipo certo de obrigação estruturada pode ser uma ótima maneira de participar dos resultados positivos do mercado sem se preocupar com os resultados negativos — especialmente em uma fase da vida em que você não pode se dar o luxo de correr esses riscos de volatilidade.

Quando me encontrei com **Mary Callahan Erdoes, diretora-executiva da JP Morgan Asset Management,** com 2,5 trilhões de dólares sob sua gestão, ela me disse que as obrigações estruturadas podem ser boas opções de investimento, especialmente para pessoas com medo de colocar seu dinheiro em *qualquer coisa* depois da crise financeira de 2008. E elas *não* são um truque. "Muitas vezes as pessoas olham para uma nota estruturada e dizem: 'Isso parece bom demais para ser verdade'", ela me disse. "Mas você precisa entender o produto do início ao fim. Não há truques, não há artefatos; é apenas a matemática nos mercados... Quanto mais você não precisar de liquidez, mais o mercado vai lhe pagar por isso. Se você vai deixar o seu dinheiro guardado por sete anos, deveria poder contar com todos esses resultados positivos."

Então, as obrigações estruturadas estão na *sua* cesta de segurança? A nota estruturada é tão segura quanto o banco que a emite. Erdoes deixou claro que o J.P. Morgan era o maior banco do mundo. Alguns fiduciários recomendarão o Royal Bank of Canada ou outros bancos canadenses, classificados como alguns dos melhores e mais seguros do mundo. (Os Estados Unidos viram mais de 9.400 bancos ruírem durante a Grande Depressão e quase 500 na recente Grande Recessão. *Nenhum banco foi á falência no Canadá!*) Então, como sempre, você tem de pesar os benefícios com os riscos e tomar sua própria decisão. Além disso, atente para as taxas e os contratos complicados. Como dissemos no Capítulo 2.8, as obrigações estruturadas podem ser um péssimo produto, assim como os fundos mútuos, se houver muitas taxas anexadas. Se o emitente for fiscalmente forte, você não perderá seu dinheiro. Mas, se o *timing* estiver equivocado, você não vai ganhar nada nesse período. Portanto, essa é mais uma estratégia de alta proteção. É melhor conversar sobre esse investimento com o seu consultor fiduciário antes de optar por ele.

O TEMPO ESTÁ AO SEU LADO

Uau! Isso foi demais. Mas lembre-se: se a sua cabeça estiver explodindo com todas essas opções, você não está sozinho nisso. Você pode ter sua alocação de ativos (e a análise completa de seu portfólio) feita para você gratuitamente, via internet, em www.strongholdfinancial.com (em inglês) ou pelo seu próprio consultor fiduciário.

Mas é importante entender o conceito da alocação de ativos e quais investimentos estão disponíveis para cada uma dessas cestas para que o seu portfólio global — o seu grupo de investimentos — reflita as suas metas e o seu nível de tolerância ao risco. Dessa forma, você ainda estará comandando o show! Em cada momento de decisão, você estará pensando: "Quanto estou arriscando e quanto estou mantendo em segurança?" É aí que você vence ou perde o jogo!

Como você já percebeu, o maior desafio para a sua cesta de segurança hoje é: *O que é realmente seguro?* Nós sabemos que o mundo mudou, e até mesmo os poupadores mais conservadores foram forçados a fazer investimentos cada vez mais arriscados em troca de taxas de juros baixíssimas. É tentador apostar em retornos mais elevados, especialmente quando o mercado de ações está disparando. Pode começar a pensar: "Eu nunca chegarei aonde preciso estar." Mas você pode, se estiver disposto a entrar no jogo pensando no longo prazo. (Especialmente se encontrar alguns investimentos que garantam retornos sem colocar em risco o capital — você vai aprender sobre isso em breve.)

Como diz a velha canção dos Rolling Stones, o tempo está ao seu lado quando se trata de aumentar sua riqueza. E o tempo é certamente o maior ativo da cesta de segurança — mesmo que você comece mais tarde. Afinal, cada vez mais pessoas estão vivendo até a casa dos 80 ou 90 anos, portanto os nossos investimentos podem amadurecer junto conosco. Se você for das gerações X, Y ou Z — sim, há uma geração Z, os pós-milionários! — está bem à frente nesse jogo! Você pode começar com uma pequena quantia e deixar que a magia da composição o faça chegar aonde você quer estar com muito mais facilidade.

O que acontece com o dinheiro na sua cesta de segurança me lembra um velho truque de um jogador no campo de golfe. O jogador diz para o seu alvo: "Você joga golfe? Comecei a jogar agora, e não sou bom. Você quer apostar 10 centavos em um buraco?" Então o cara responde: "Claro, ótimo!" No caminho até o primeiro buraco, o jogador diz: "Sabe, 10 centavos é meio chato. Apenas para ficar um pouco mais divertido, por que não dobramos a aposta a cada buraco?" O primeiro buraco é de 10 centavos, o segundo é de 20, o terceiro é de 40. Quando eles chegarem ao quinto buraco, a aposta vai estar em 1,60 dólar. O sexto buraco é de 3,20, e eles cumpriram apenas um terço do caminho até os 18 buracos. Quando chegarem ao 18º buraco, quanto estarão apostando? Que tal 13.107 dólares? Uma generosa aposta de golfe, até mesmo para Donald Trump. E essa é a magia da composição em ação.

Isso também é o que acontece quando você está investindo na sua cesta de segurança no longo prazo. Você reinveste os juros que recebe e por um longo tempo não parece haver nenhum progresso. Mas você chega ao 13º buraco, depois ao 14º, depois ao 16º, e então os ganhos explodem. Dê uma olhada no gráfico a seguir. É a progressão exponencial que funcionará para você.

Naturalmente, manter-se firme é um desafio para essa geração! Como sociedade, estamos programados para receber recompensas instantâneas, e esperar que os ativos em nossa cesta de segurança aumente de valor pode parecer, inicialmente, como se estivéssemos observando a grama crescer. E é por isso que ficamos tentados a colocar grande parte do nosso dinheiro na próxima cesta, risco/crescimento. Mas nem tudo na sua cesta de segurança tem de ser desinteressante. Se você tiver um consultor fiduciário talentoso e antenado, ele pode lhe mostrar como se valer de algumas dessas enfadonhas ferramentas de segurança e conseguir obter um retorno mais razoável, ou até mesmo um retorno significativo, se você encontrar o ambiente certo.

JOGO DE GOLFE

BURACO	$
1º	,10
2º	,20
3º	,40
4º	,80
5º	1,60
6º	3,20
7º	6,40
8º	12,80
9º	25,60
10º	51,20
11º	102,40
12º	204,80
13º	409,60
14º	819,20
15º	1.638,40
16º	3.276,80
17º	6.553,60

VAMOS JOGAR

US$ 0,10

por buraco

18º BURACO

US$ 13.107,20

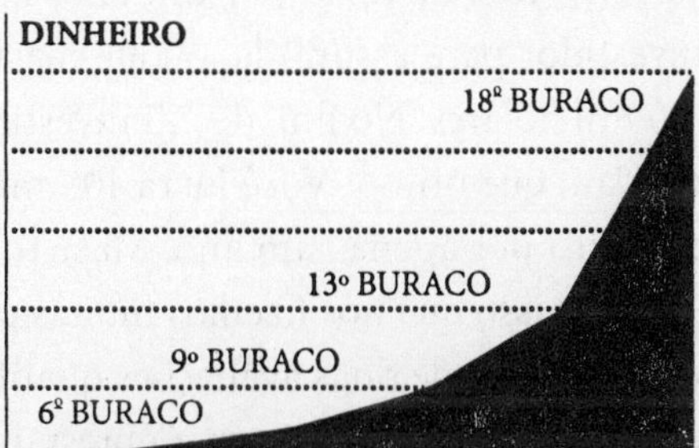

Aqui está um exemplo do que o meu consultor Stronghold descobriu para mim — e é um ativo que a maioria das pessoas normalmente não colocaria na sua cesta de segurança: um empréstimo imobiliário residencial!

Começa com um cara construindo uma casa em Indian Wells, na Califórnia, que enfrentou alguns problemas financeiros e teve de vendê-la para um grupo de investidores. Já ouviu falar de Indian Wells? É como a Beverly Hills de Palm Springs, um dos ambientes de maior renda *per capita* nos Estados Unidos. A cidade é linda, com um clima extraordinário, cercada por campos de golfe e *resorts* — um lugar incrível para morar ou ter uma casa de férias. A empresa de investimentos que comprou a residência desse homem compra dezenas de propriedades, logo, precisa de muito dinheiro — mas a empresa não precisa por muito tempo, porque reforma e revende rapidamente os imóveis. Para manter o fluxo de dinheiro, a empresa precisa que os investidores lhe concedam empréstimos de curto prazo em troca dos primeiros contratos fiduciários sobre as propriedades que ela detém.

Já ouviu falar nos primeiros contratos fiduciários? Se você tem uma casa e uma hipoteca, uma instituição financeira lhe emprestou o dinheiro para comprar o imóvel, e você lhe deu o título para reembolsá-la a determinada taxa de retorno. No entanto, se você não cumprir com a sua palavra e deixar de fazer os pagamentos, a entidade que possui a hipoteca, ou o *contrato fiduciário*, tem o direito de forçá-lo a vender — e ela continua a receber juros até que um novo proprietário tome posse. Como investidor, procuro maneiras de obter recompensas máximas em um ambiente seguro — um primeiro contrato fiduciário estruturado corretamente pode ser perfeito para essa finalidade.

Meu consultor e eu descobrimos que a empresa de investimentos imobiliários estava oferecendo o primeiro contrato fiduciário naquela casa em Indian Wells como garantia de um empréstimo de 1 milhão de dólares, que pagaria 10% de juros por um ano. Ela estava disposta a encontrar um investidor para assumi-la, ou até mesmo 25, cada um contribuindo com 40 mil dólares. No fim, decidi investir 1 milhão sozinho. Você pode dizer: “Uau, que ótimo! Você lucra 100 mil dólares para comprometer o seu dinheiro por apenas um ano. Mas, Tony, qual é o seu risco?” É exatamente por isso que nós fizemos muitas pesquisas. A casa, pelo que nós soubemos depois de duas avaliações qualificadas, valia 2 milhões no seu estado atual. Então, se eu estou emprestando 1 milhão, esse empréstimo tem uma proporção de 50% entre empréstimo e valor, certo? Mesmo que a empresa fique inadimplente, o meu milhão estará seguro, porque o valor da propriedade é de 2 milhões.

Era um negócio muito bom, mas eu também fechei contratos fiduciários com residências menores. Digamos que eu tenha encontrado uma residência principal no Centro-Oeste que valia 80 mil dólares. Se eu pudesse obter a hipoteca por 40 mil, com uma proporção de 50% entre empréstimo e valor, eu poderia fazer o empréstimo. A negociação de Indian Wells era semelhante, mas em escala maior. Então, decidi optar por ela, e coloquei esse investimento na minha cesta de segurança.

Já posso ouvir você dizendo: "Espere um minuto, Tony! E se houver uma queda no mercado? Esse investimento não pertence à sua cesta de risco/crescimento?"

Essa é uma ótima pergunta, porque acabamos de passar por uma das piores crises imobiliárias da história! E, aparentemente, é provável que você colocaria isso na sua cesta de risco. Mas é por isso que eu acho que é um investimento seguro: em 2008, quando o mercado imobiliário tinha acabado de desabar, e o mundo estava de cabeça para baixo, os preços das residências na maior parte dos Estados Unidos caíram de 30% a 40%, no máximo. Houve algumas exceções, como algumas partes de Las Vegas, Phoenix e Miami, onde os preços caíram mais de 50%. Mas todos esses lugares tinham tido um enorme aumento de preços logo antes do estouro da bolha. A área de Indian Wells não experimentou uma bolha dessas proporções — e, apesar de os preços terem caído 31% entre 2008 e 2010 (muito abaixo dos 50%), a maior perda em um único ano foi de apenas 13,6% (de 2008 a 2009). Lembre-se: estamos emprestando por apenas um ano. Portanto, se o setor imobiliário residencial não chegou a sofrer um baque de 50% em Indian Wells em 2008, isso provavelmente não vai acontecer este ano.

É por isso que eu decidi prosseguir com a intenção de colocar esse investimento na minha cesta de segurança. **É o lugar onde você precisa ser cauteloso.** Mas isso não precisa ser totalmente enfadonho. E, às vezes, os retornos podem ser muito agradáveis (de 8% a 10%, visto que muitas pessoas tipicamente se contentam com 1% a 4% de retorno na cesta de segurança) se você fizer sua lição de casa!

A minha opinião é que Esopo escrevia para as tartarugas.
As lebres não tinham tempo para ler.

— ANITA BROOKNER

O tédio se instala em uma mente entediada.

— METALLICA

Agora, e se essa mesma empresa me oferecesse um retorno de 12% para investir naquela propriedade de 2 milhões — mas, com uma taxa melhor, ela quisesse que eu lhe emprestasse 1,5 milhão em vez de 1 milhão de dólares? Isso faria a proporção entre o valor do empréstimo e o valor da garantia subir para 75% — obviamente, eu obteria um retorno maior, pelo fato de assumir um risco maior. Isso significa que, se o mercado caísse 25% ou mais, eu poderia perder uma parte do meu investimento. Não era provável, mas era possível. Então, se eu estivesse disposto a assumir o risco extra para um aumento de retorno, talvez fosse algo que eu levasse em consideração. Mas eu não colocaria esse investimento na minha cesta de segurança. Ele pertence à próxima cesta que você está prestes a descobrir: o que deve ser envolvido com uma fita amarela de atenção e manuseada com luvas de forno, porque, se você abordá-lo da maneira errada, eu garanto que você vai se queimar! Manuseada de forma eficaz, porém, pode acelerar a sua jornada até a liberdade financeira.

Agora você já pode perceber por que a alocação de ativos é uma arte e não uma ciência. A ideia de segurança é totalmente subjetiva. Algumas pessoas acham que nada é seguro! Outras podem viver com um pouco de risco e ainda se sentirem seguras. Então, você precisa analisar cada investimento individualmente.

A recompensa real da alocação de ativos ocorre quando você descobre a combinação certa entre a quantidade de dinheiro que deve ser mantida em segurança e quanto você está disposto a arriscar para obter maiores recompensas e para ter um potencial de crescimento mais rápido. Na hora de investir é que você sobrevive ou morre, é bem-sucedido ou fracassa. Então, qual a porcentagem que você acha que deve colocar na sua cesta de segurança — em investimentos seguros? Um terço? Metade? Dois terços? Não ser capaz e garantir que uma parcela significativa do seu suado dinheiro seja alocada em investimentos seguros pode significar um desastre financeiro. Por outro lado, colocar muito nessa cesta pode retardar significativamente o seu crescimento. Como encontrar o equilíbrio certo? É para isso que nós estamos trabalhando. Agora que selamos as bases para a segurança, é hora de *realmente* entrar no jogo. É hora de jogar para vencer.

Uma observação rápida: os títulos podem ser um investimento tão potencialmente importante para a sua cesta de segurança que eu queria lhe fazer um rápido resumo a respeito dos títulos, que talvez valha bastante a pena você analisar. Se agora não for o momento certo, lembre-se de que isso está aqui como uma referência para você, e pule para o próximo capítulo. Mantenha a dinâmica! Estamos a caminho dos riscos mais elevados e de recompensas potencialmente maiores.

ALGUMAS PALAVRAS SOBRE OS TÍTULOS*

Os cavalheiros preferem os títulos.

— ANDREW MELLON, fundador do Bank of New York Mellon

Não faz muito tempo, acreditava-se que os títulos eram, supostamente, a forma mais segura e confiável de investimento. Eram as grandes armas nos portfólios dos milionários, e os fundamentos de sua cesta de segurança/paz de espírito para o investidor médio. Mas os títulos tiveram uma queda de reputação nos últimos anos, e por boas razões. Com o governo dos Estados Unidos mantendo as taxas de juros insanamente baixas, e algumas das empresas, cidades e até nações que emitem títulos em situação periclitante — ou até mesmo indo à falência —, eles já não parecem uma coisa tão boa para todos.

Mas a maioria dos especialistas ainda acredita que os títulos são uma parte importante da sua combinação de investimentos. (Na verdade, eles são a base do surpreendente portfólio que funciona

* Lembrar que se trata de *título* do mercado americano, considerando os momentos de recuperação da crise de 2008/2009 (*N. do R.*).

em todos os ambientes econômicos, que você ficará conhecendo no Capítulo 5.1.) Então vamos olhar para os tipos básicos de títulos que existem por aí para ver o que há de excelente neles — e também no que é preciso prestar atenção.

- **Obrigações do Tesouro americano.** Muitos especialistas em investimentos, incluindo o mago de alocação de ativos de Yale, David Swensen, acham que os títulos mais seguros são as boas e velhas obrigações do Tesouro dos Estados Unidos, porque são apoiados pela fé pública do governo. David me disse: "As obrigações do Tesouro existem, na verdade, como uma âncora para o portfólio."

  Mas pelo fato de serem tão imunes à inadimplência, esses títulos têm retornos menores. E, como outros títulos menos seguros, o seu preço pode flutuar com base em eventos externos — especialmente de acordo com o que os índices de inflação ou deflação estiverem marcando no momento. De repente, o que você achou que era um investimento à prova de bombas pode explodir na sua cara!

  Existem quatro tipos diferentes de obrigações do Tesouro (e eles têm nomes diferentes em função do tempo que duram até a maturidade).

  1. **Letras do Tesouro:** As letras do Tesouro são obrigações de dívida pública que vencem em menos de 12 meses. Eles são a base para a maioria dos fundos de índice de títulos de curto prazo e de fundos do mercado monetário.
  2. **Notas do Tesouro:** As notas do Tesouro vencem entre um e dez anos, e oferecem uma taxa de juros fixa (conhecida como "cupom"). Você recebe pagamentos de juros sobre elas a cada seis meses.
  3. **Obrigações do Tesouro:** Iguais às notas do Tesouro, mas as obrigações do Tesouro vencem entre dez e 30 anos.
  4. **TIPS:** Criadas pela primeira vez em 1997, essas obrigações do Tesouro protegidas contra a inflação protegem você contra

os picos de inflação. Quando você compra TIPS, o capital (ou "valor nominal") aumenta ou diminui quando o índice de preços no consumidor da inflação muda — e o mesmo acontece com o seu pagamento de juros semestral. Portanto, se você comprar 10 mil dólares em TIPS com juros de 1,5% e o índice de preços no consumidor não se alterar em seis meses, o "valor nominal" do seu título permanecerá o mesmo, e você vai receber um pagamento de juros de 150 dólares. Mas — e aqui está a beleza dos TIPS! — se o custo de vida subir 2%, o seu bônus valerá agora 10.200, e o seu pagamento semestral será de 153 dólares.Se você possuir muitos TIPS e houver uma inflação alta, esse dinheiro pode acumular! Eis aqui um gráfico que mostra como isso funciona:

A TABELA DE TIPS DE RAYMOND JAMES

Ano	Cupom	Por Valor	Período Da Inflação	Mudança No Índice De Preços Ao Consumidor	Valor Ajustado Do Capital	Pagamento De Juros
1	1.5%	1.000	Inflacionário	+2%	1.020	15.30
2	1.5%	1.020	Deflacionário	-1%	1.010	15.15
3	1.5%	1.010	Inflacionário	+3%	1.040	15.60
4	1.5%	1.040	Inflacionário	+2%	1.060	15.90
5	1.5%	1.060	Inflacionário	+1%	1.070	16.05

Observe que o valor do título também pode ser ajustado para baixo. Então, se entrarmos em outra recessão ou depressão econômica, você poderá perder uma parte do principal se precisar liquidar e obter o valor do seu título imediatamente.

Basicamente, se você comprar TIPS, você está apostando que nós estamos convergindo para um período de inflação. Isso parece provável?

Se você não tiver certeza (e, de fato, ninguém sabe ao certo), pode querer fazer o que David Swensen recomenda no seu portfólio ideal: pelo fato de o preço do TIPS *subir* quando as taxas de juros sobem (o que geralmente acontece durante períodos inflacionários), equilibre-os com uma quantidade equivalente de títulos tradicionais do Tesouro cujo preço *baixa* quando as taxas de juros sobem. Dessa forma, você estará protegido em qualquer situação!

É claro que o governo dos Estados Unidos não é o único que emite títulos para pagar as suas operações. Nos bons tempos, um título sustentado pela fé pública de uma nação soberana era considerado uma aposta bastante segura. Mas agora, quando tivemos a Grécia, a Espanha e outras nações beirando a inadimplência — ou, como a Argentina, à beira do precipício —, os títulos de governos estrangeiros se tornaram um negócio mais arriscado. Os títulos estrangeiros são, ainda, mais vulneráveis aos riscos da inflação, e, se você comprar títulos em uma moeda instável, talvez se depare com um grande problema quando tiver de trocá-los novamente por dólares. A maioria dos consultores recomenda deixar esses investimentos para operadores e fundos de cobertura especializados.

Mas e quanto a alguns outros títulos que podem trazer melhores retornos do que as convencionais obrigações do Tesouro? Alguns dos tipos listados abaixo são mais seguros do que outros. Você pode descobrir o que os outros pensam sobre as suas perspectivas por intermédio de um sistema de classificação que lista os títulos pelo nível de risco para os investidores.

Existem várias agências de classificação de títulos reconhecidas internacionalmente, como a Moody's, a Fitch Ratings e a Standard & Poor's, S&P, que usam fórmulas especiais para obter classificações de crédito para diferentes emissores — como a forma pela qual o seu crédito é avaliado quando você solicita um financiamento de veículo ou um cartão de crédito. Para a S&P, os graus variam de AAA (o nível mais alto de confiança de que uma empresa ou país não deixará de pagar suas dívidas) até BBB (adequado para títulos com "grau de investimento") e até o menor grau, D (o que significa que o emissor de títulos já está em inadimplência). Quanto menor a classificação, mais juro o emissor normalmente tem de pagar aos detentores de títulos pelo risco que estão correndo. Os habilmente redenominados **títulos de alto rendimento**, e anteriormente conhecidos como títulos podres, têm uma classificação inferior à BBB, o que os torna "grau de subinvestimento".

- **Títulos corporativos.** As corporações emitem títulos quando querem levantar dinheiro para expandir, fazer aquisições, pagar dividendos, financiar uma perda ou uma infinidade de razões. Você deveria comprar títulos corporativos? Depende do risco. Se escolher o título errado, você pode perder a maior parte ou todo o seu dinheiro. Até mesmo empresas icônicas como a TWA e a Kodak foram à falência. Um ano depois de ter recorrido ao Capítulo 11, os títulos não garantidos da Kodak estavam sendo vendidos por 14 centavos de dólar. Mas os títulos da maioria das corporações gigantes dos Estados Unidos ainda são considerados apostas seguras. A Apple (com classificação AA+) vem vendendo títulos de alto grau a ávidos compradores — mas os juros que esses títulos rendem são apenas cerca de 1% maior do que os títulos comparáveis do Tesouro dos Estados Unidos! Alguns investidores, como David Swensen, dizem: "Por que se preocupar com títulos corporativos quando você pode obter um retorno melhor apenas comprando as ações da empresa?"

Mas se estiver procurando maiores rendimentos em títulos, você tem muitas opções — desde que esses investimentos sejam destinados à sua cesta de risco/crescimento, e não à sua cesta de segurança! Por exemplo, nem todos fogem dos chamados títulos podres. Você precisa analisar cada um e decidir se vale a pena o risco. Em maio de 2014, a maior companhia aérea australiana, a Qantas, ofereceu um título de oito anos com grau de subinvestimento em dólares australianos por uma taxa de juros de 7,75%. A empresa teve a sua classificação de crédito rebaixada em função de perdas recentes e problemas de endividamento, mas você desconsideraria isso? Ou em um nível mais extremo, em janeiro de 2013, em meio ao caos, havia pessoas que estavam comprando letras de um ano do Tesouro egípcio com retorno "garantido" (uma garantia tão forte quanto um governo instável é capaz de criar) de 14,4%. Quem fez isso estava apostando que o governo dos Estados Unidos e o governo da Arábia Saudita manteriam o Egito estável e solvente.

Será que as recompensas valem o risco da inadimplência? Esse é o tipo de decisão que você teria de tomar antes de comprar o título podre. Naturalmente, nem todos temos a experiência ou tempo para fazer uma pesquisa tão detalhada assim. É aí que um talentoso consultor fiduciário, especialista na área, pode ser útil. Mas também há fundos de índices de títulos de alto rendimento nacionais e internacionais que podem lhe trazer bons retornos, dividindo o risco entre muitos títulos.

- **Obrigações municipais.** E quanto às obrigações municipais? Quando um estado, uma cidade ou um condado precisam levantar fundos para um grande projeto de obras públicas (sistemas de esgoto, hospitais, transporte público), pegam dinheiro emprestado através da emissão de um título. No passado, os títulos municipais eram considerados uma situação benéfica para todos os lados envolvidos, porque os juros pagos estavam em geral isentos de impostos federais e, possivelmente, estaduais. Mas o que está acontecendo com as cidades e os condados nos Estados Unidos como um todo? San Bernardino e Stockton, na Califórnia? Condado de Jefferson, no Alabama? Detroit? Chicago? Todos falidos ou à beira da falência, e os detentores dos seus títulos sendo potencialmente considerados responsáveis. Não parece mais uma coisa tão segura. Além disso, quando as taxas de juros caem, às vezes o emissor do título pode "requisitá-lo" e devolver o capital antes do vencimento do título. Você perde aquela taxa garantida de retorno com a qual estava contando. **Contudo, uma vez que você reconhece os riscos, pode haver algumas grandes oportunidades em títulos municipais se você souber onde procurar.** E as vantagens fiscais podem ser excelentes.

Eis aqui um exemplo que pode ser útil para você: recentemente, um amigo meu comprou um título da cidade de Nova York, por meio do qual ele está recebendo um retorno de 4% *isento de impostos* — o que, para alguém em faixa tributária elevada, é o equivalente a um retorno de aproximadamente 7% em um título tributável! Por que ele não está preocupado com o risco? Esses títulos são segurados por um penhor sobre as futuras receitas fiscais.

Portanto, se a cidade de Nova York se meter em encrencas, ela tem a capacidade de tributar sua saída e reembolsá-lo! Ele se sente tão bem com esse título que o está colocando em sua cesta de segurança!

O ponto é: existe uma abundância de títulos municipais que podem ser valiosos — mas você precisa se educar e sentar ao lado de um consultor de investimentos registrado ou algum outro especialista conhecedor de investimentos que conheça as obrigações municipais disponíveis. Quer acabar com a adivinhação na hora de escolher a combinação de títulos correta para o seu portfólio?

O fundador do Vanguard, Jack Bogle, sugere aderir aos **fundos de índices de títulos de baixo custo e com baixas taxas, que dividem o seu risco, pois você possuirá todas as partes do mercado de títulos.** Você vai saber como Bogle colocou esse conceito em ação no portfólio dele na Seção 6, "Invista segundo a cartilha do 0,001% de bilionários".

Agora vamos adiante, para os riscos mais elevados e recompensas potencialmente maiores.

CAPÍTULO 4.2

JOGANDO PARA GANHAR: A CESTA DE RISCO/CRESCIMENTO

O vencedor não é aquele que tem o carro mais rápido.
É aquele que se recusa a perder.

— DALE EARNHARDT SR.

A cesta de risco/crescimento é onde todo mundo quer estar. Por quê? Porque ela é sedutora! É emocionante! Você pode obter um retorno muito maior aqui — mas a palavra-chave é *poder*. Você também *pode* perder tudo o que poupou e investiu. Portanto, seja lá o que você colocar na sua cesta de risco/crescimento, tem de estar preparado para perder uma parte ou até mesmo tudo, se não tiver tomado as devidas medidas de proteção. Como nós sabemos disso? Porque tudo na vida, incluindo os mercados, funciona em ciclos. Haverá tempos de prosperidade e tempos de inatividade. E qualquer pessoa que investe em determinado tipo de ativos em sua boa fase — seja ele imobiliário, ações, títulos, mercadorias, ou qualquer outra coisa — e acha que a festa vai durar para sempre porque "dessa vez será diferente" deve se preparar para um duro despertar. Quando entrevistei Jack Bogle para este livro, ele repetiu um dos seus mantras: "Os mercados sempre revertem para a média." (Isso significa que o que sobe vai descer, e vice-versa.) E eu tenho certeza de que Ray Dalio chamou a sua atenção quando ele disse que, independentemente de qual seja o seu investimento favorito, em algum momento da sua vida você pode contar com uma *queda de 50% a 70% no seu valor.* Embora haja um potencial ilimitado para os resultados positivos nessa cesta, nunca esqueça que você poderia perder tudo (ou pelo menos uma parte significativa). É por isso que eu chamo isso de cesta de risco/crescimento e não de cesta de crescimento/risco, porque o crescimento não é garantido, mas o risco é!

Então, quais investimentos você colocaria aqui?

Eis aqui uma amostra de sete principais classes de ativos a serem considerados:

1. **Participações.** Outra palavra para as ações, ou parcelas de titularidade de empresas individuais ou veículos para possuir muitas delas de uma vez, como fundos mútuos, índices e *fundos negociados em bolsa* (ETFs, na sigla em inglês).

Os fundos negociados em bolsa (ETFs) foram chamados de *it-girls* do mercado de ações, aumentando vertiginosamente a sua popularidade em mais de 2.000% de 2001 a 2014 e detendo mais de 2 trilhões de dólares em investimentos. Mas o que são eles exatamente? Os ETFs são construídos como fundos mútuos ou fundos de índice, porque contêm um conjunto diversificado de ativos, mas você pode negociá-los como ações individuais. A maioria deles segue um tema (ações de baixa capitalização, obrigações municipais, ouro) e/ou acompanha um índice. Mas, com um índice ou fundo mútuo, você tem de esperar até o fim do dia de negociação para comprar ou vender; os ETFs podem ser negociados durante todo o dia. Os especialistas dizem que, se você gostar da ideia de um fundo de índice, mas quiser comprar quando percebe que o preço está baixo e vender quando o preço está alto durante uma sessão de negociação, um ETF pode ser o ideal para você. Mas isso é negociar, não investir, e tentar prever o comportamento do mercado com base nos movimentos de preço a curto prazo traz riscos muito intensos e especiais.

Ainda existe outra diferença: quando compra ações de um ETF, você não está comprando ações, títulos, mercadorias ou qualquer outra coisa que esteja associada ao fundo — você está comprando

ações de um *fundo de investimento* que possui esses ativos. Aquela empresa *promete* que você receberá o mesmo resultado financeiro que receberia se você próprio as possuísse. Mas não se preocupe: parece mais complicado do que é.

Muitas pessoas gostam dos ETFs porque eles lhes propiciam uma enorme quantidade de diversidade a um baixo custo. De fato, muitos ETFs têm taxas mais baixas até mesmo do que os fundos de índice tradicionais comparáveis, e às vezes exigências de investimentos mínimas e mais baixas. Pelo fato de eles não se envolverem em muitos dos tipos de negociação que produzem ganhos de capital, eles podem ser eficientes em termos fiscais (embora haja um movimento em direção aos ETFs que estão chegando ao mercado mais ativamente gerenciados, o que os torna menos eficientes do ponto de vista fiscal).

Você deveria investir em ETFs? Jack Bogle, fundador do Vanguard (que, aliás, oferece muitos fundos de ETF), me disse que não vê nada de errado na posse de índices de ETFs de amplo espectro, mas adverte que alguns são muito especializados para investidores individuais. "Não é preciso apostar apenas no mercado", ele disse, "mas em países, em setores da indústria. E você pode estar certo e pode estar errado." David Swensen se pergunta por que os investidores individuais deveriam se preocupar com os ETFs. "Acredito piamente na compra e na detenção em longo prazo", ele declarou. "A principal razão pela qual você optaria por um ETF é a possibilidade de negociar. Portanto, não sou um grande fã disso."

2. **Obrigações de alto rendimento.** Você também pode conhecê-los como títulos podres, e há uma razão para que eles sejam chamados de lixo. São títulos com os mais baixos índices de segurança, e você recebe um cupom de alto rendimento (uma taxa de retorno mais elevada do que um título mais seguro) apenas porque está correndo um grande risco. Para se atualizar, volte e leia o resumo sobre títulos no fim do capítulo anterior.
3. **Imóveis.** Todos nós sabemos que o setor imobiliário pode produzir grandes retornos. Provavelmente você já conhece bastante essa categoria, mas há muitas maneiras de investir em imóveis.

Você pode investir em uma casa e alugá-la para conseguir uma renda extra. Você pode comprar um imóvel, reformá-lo e logo depois se desfazer dele em curto prazo. Você pode investir em primeiros contratos fiduciários. Você pode comprar imóveis comerciais ou um apartamento. Um dos meus favoritos, que já mencionei para você, é investir em moradias para idosos, onde é possível receber tanto a renda quanto o crescimento potencial da valorização. Ou você pode comprar REITs: fundos de investimento imobiliário. São fundos que possuem uma considerável parcela de imóveis comerciais (ou hipotecas) e vendem ações para pequenos investidores, como fundos mútuos. Os REITs são negociados como as ações, e você também pode comprar ações de um fundo de índice REIT, o que lhe possibilita uma diversidade de REITs diferentes.

Quanto ao crescimento, o economista Robert Shiller, vencedor do Nobel, me disse que é melhor você investir em REITs do que possuir casa própria (que, de qualquer maneira, pertence à cesta de segurança). "Comprar um apartamento de um REIT me parece um investimento melhor do que comprar uma casa", ele disse, "porque parece haver uma tendência para os aluguéis agora." Isso pode mudar, é claro. E, como acontece com qualquer investimento, você deve fazer uma pausa e pensar: "O que eu estou apostando?" Você está apostando que o preço do imóvel vai subir ao longo do tempo. Mas não há nenhuma garantia, por isso ele está alocado na cesta de risco/crescimento. Se ele subir, poderia ter uma boa taxa de retorno; se não subir, você não vai receber nada — ou pode perder tudo. Quando você compra a sua casa, está apostando que o preço desse imóvel vai subir. Quando você compra imóveis com renda associada (uma unidade de locação, um edifício de apartamentos, imóveis comerciais, um REIT ou um índice que detenha essas categorias), Shiller aponta que você tem duas maneiras de ganhar. Você obtém rendimento ao longo do caminho, e, se a propriedade aumentar de valor, também tem a oportunidade de ganhar dinheiro quando a vende na fase de valorização.

4. **Mercadorias.** Essa categoria inclui ouro, prata, petróleo, café, algodão, e assim por diante. Ao longo dos anos, o ouro tem sido

considerado o refúgio seguro para muitas pessoas, uma parcela da sua cesta de segurança, e a sabedoria convencional afirmava que ele só subiria de valor durante os tempos de incerteza. Então, seu preço caiu mais de 25% em 2013! Por que investir em ouro? Você poderia manter uma pequena quantidade no seu portfólio, dizendo: "Caso o dinheiro em papel desapareça, então eu tenho aqui uma pequena parcela da minha segurança." Como você sabe, se acontecer uma confusão generalizada e o governo entrar em colapso por causa de uma invasão de zumbis, pelo menos você terá algumas moedas de ouro (ou prata) para comprar uma casa flutuante e partir para o mar. (Pensando melhor, será que os zumbis sabem nadar?) Caso contrário, o ouro provavelmente vai pertencer à sua cesta de risco/crescimento. Você investiria nele como proteção contra a inflação ou como parte de um portfólio equilibrado, como vamos aprender mais tarde, mas precisa aceitar o risco. Então, não se engane: se você comprar ouro, está apostando que o seu preço subirá. Ao contrário de muitos outros investimentos, este não produz nenhum rendimento, como os que você poderia obter com os dividendos de ações ou com a renda gerada por imóveis ou títulos. Assim, o ouro poderia ser um risco bom ou mau, mas com certeza ele entra na sua cesta de risco/crescimento. Isso não significa condenar o ouro. Na verdade, na época econômica certa, o ouro costuma ter um desempenho excepcional! É por isso que no Capítulo 5.1, "Invencível, inabalável, inconquistável: a estratégia da All Seasons", você verá por que pode ser inestimável ter uma pequena parcela de ouro no seu portfólio.

5. **Moedas.** Você tem um iene para comprar alguns ienes? Considerando que toda moeda é apenas "papel", o investimento em moeda é pura especulação. Há pessoas que fazem uma fortuna com isso e, mais ainda, as que perdem uma fortuna. As operações cambiais não são para os que desanimam com facilidade.
6. **Objetos para colecionadores.** Arte, vinho, moedas, automóveis e antiguidades, para citar alguns. Mais uma vez, essa classe de ativos exige conhecimentos muito específicos ou muito tempo pesquisando no eBay.

7. **Obrigações estruturadas.** O que elas estão fazendo nas *duas* cestas? Isso se explica porque existem diferentes tipos de obrigações estruturadas. Algumas têm 100% de proteção ao capital, e essas podem entrar na sua cesta de segurança, desde que o banco emissor seja financeiramente sólido. Depois, há outros tipos de notas que lhe dão maiores retornos potenciais, mas apenas uma proteção parcial se o índice cair. Digamos que você compre uma nota com 25% de proteção. Isso significa que, se o mercado de ações cair até 25%, você não perde sequer 1 centavo. Se ele cair 35%, você perde 10%. Para assumir mais riscos, você tem mais resultados positivos: por vezes, até 150% sobre o índice ao qual elas estão vinculadas. Em outras palavras: se o mercado tiver subido 10%, você receberá um retorno de 15%. Portanto, há potencial para ganhos maiores, mas definitivamente há um risco aumentado. Lembre-se, mais uma vez, de que as obrigações estruturadas deveriam ser compradas através de um RIA, que VAI trabalhar para eliminar todas as taxas em excesso e entregá-las para você na forma de um retorno ainda maior.

A segurança não acontece por acidente.

— PLACA EM RODOVIA DA FLÓRIDA

Nós já apresentamos uma amostra de alguns dos instrumentos de investimento/ativos que você pode encontrar em uma cesta de risco/crescimento diversificada. Você pode estar se perguntando por que eu não incluí alguns dos veículos de investimento mais ousados do nosso tempo: opções de compra e venda, *obrigações de dívidas com garantia* (CDOs, na sigla em inglês) e toda uma série de instrumentos financeiros exóticos disponíveis para os operadores nos dias de hoje. Se ficar muito rico, talvez você queira que o seu consultor analise alguns desses veículos. **Mas atente para o fato de que, se estiver disposto a jogar esse jogo, você provavelmente não será apenas mais um investidor; também terá se tornado um especulador.** É o que se chama de *dinâmica de negociação*, e você precisa perceber que pode perder tudo *e mais um pouco* se jogar da forma errada. Pelo fato de o mantra deste livro ser que a estrada para a liberdade financeira é trilhada com a poupança e o *investimento* sob o efeito do crescimento composto, vou deixar para outro dia a discussão sobre a dinâmica desses ativos.

É HORA DE ENTRAR NO JOGO

Agora você conhece os jogadores que fazem parte das suas cestas de alocação, e também conhece o segredo para construir uma equipe vencedora: **diversificar, diversificar, diversificar!** Mas tem mais. Você não precisa diversificar apenas *entre* as suas cestas de segurança e de risco/crescimento, mas *dentro* delas também. Como Burton Malkiel me confidenciou, você deveria **"diversificar ao longo dos títulos, ao longo das classes de ativos, ao longo dos mercados — e ao longo do tempo"**. É assim que você realmente obtém um portfólio para todas as estações! Ele diz, por exemplo, que você deve querer investir não apenas em ações e títulos, mas também em diferentes *tipos* de ações e títulos, muitos deles de diferentes mercados em diferentes partes do mundo. (Vamos falar sobre diversificação ao longo do tempo no Capítulo 4.4, "O *timing* é tudo?".)

Como a maioria dos especialistas concorda, a principal ferramenta de diversificação para investidores individuais é o fundo de índice de baixo custo, o que lhe propicia a maior exposição ao maior número de títulos pelo menor custo. "A melhor maneira de diversificar é **possuir o índice**, porque você não precisa pagar por todas essas taxas", disse David Swensen. "E você obtém eficiência fiscal." O que significa que, se você estiver investindo para além da sua conta de tipo IRA ou 401 (k), não será tributado por todas as compras e vendas constantes que ocorrem na maioria dos fundos mútuos.

DIVIRTA-SE!

Naturalmente, se a sua máquina de dinheiro estiver funcionando a todo o vapor e você tiver esse desejo, não há nada de errado em reservar uma minúscula porcentagem da sua cesta de risco/crescimento para escolher algumas ações e especular com elas no intervalo de 24 horas. "Coloque

o dinheiro que considera importante em um índice, e depois vá se divertir", Burton Malkiel me disse. "É melhor do que entrar na disputa." Mas, segundo ele afirmou, limite-se a 5% ou menos do total dos seus ativos ou portfólio.

Tudo isso está lhe dando uma ideia de que tipo de combinação de portfólio seria melhor para você? Antes de decidir, basta lembrar que todos nós temos uma tendência a acumular os investimentos que acreditamos que venham a nos trazer nossas maiores vitórias. E todo mundo tem suas vitórias. Você sabe por quê? Porque ambientes diferentes recompensam investimentos diferentes. Então, digamos que o setor de imóveis esteja excelente. Você investiu em imóveis, então agora você é um gênio. O mercado de ações está excelente? Se você tiver ações, você é um gênio. Os títulos estão indo bem? Se você tiver títulos, mais uma vez você é um mestre em investimentos. Ou talvez você tenha acabado de aterrissar no lugar certo na hora certa, não é mesmo? Então, você não deve ficar confiante demais. É por isso que a alocação de ativos é tão importante. O que as pessoas mais inteligentes do mundo dizem? "Eu vou me enganar." Assim, elas concebem a sua alocação de ativos idealmente para ganhar no longo prazo, mesmo que estejam erradas no curto prazo.

VAMOS TESTAR O SEU CONHECIMENTO

Nas próximas páginas, vou lhe mostrar os portfólios, ou as alocações de ativos, concebidas por alguns dos maiores investidores de todos os tempos. Vamos começar com uma amostra de alguém que você já ouviu falar ao longo deste livro: **David Swensen, o homem que fez subir o orçamento de Yale para 23,9 bilhões de dólares**, um verdadeiro mestre na alocação de ativos. Você estaria interessado em ver suas recomendações para um portfólio pessoal? Eu também! Então, quando nos sentamos juntos em seu gabinete em Yale, eu lhe fiz a pergunta-chave: **"Se você não pudesse deixar nenhum dinheiro para seus filhos, apenas um portfólio e um conjunto de princípios de investimento, quais seriam eles?"**

Ele me mostrou a alocação de ativos que costuma recomendar para os investidores individuais — uma alocação que, na sua avaliação, vai resistir ao teste do tempo. Ele também recomenda esse portfólio para todas as instituições, exceto Yale, Stanford, Harvard e Princeton. Por quê? Porque essas quatro instituições empregam um exército de analistas de alto nível em tempo integral.

Quando analisei a lista dele, fiquei espantado com sua elegância e simplicidade. Eu mostrei a você 15 tipos de ativos dentre os quais escolher; ele usa apenas seis categorias, todas em fundos de índice. Também me surpreendi com a quantidade de peso que ele dava a uma cesta particular. Você consegue adivinhar qual? Vamos ativar algumas das coisas que aprendemos até agora sobre a divisão entre as cestas de segurança e de risco/crescimento.

Dê uma olhada na tabela abaixo e anote onde se enquadra cada classe de ativos. Verifique quais você acha que pertencem à cesta de segurança, na qual você coloca as coisas que lhe darão retornos modestos em troca de riscos menores; e depois verifique quais pertencem à cesta de risco/crescimento, na qual há maior potencial de crescimento, mas também maior desvantagem.

Portfólio de David Swensen		**Qual cesta?**	
Classe de ativos (Fundos indexados)	***Peso do portfólio***	***Risco/ crescimento***	***Segurança***
Ações domésticas	20%	☐	☐
Ações internacionais	20%	☐	☐
Mercados de ações emergentes	10%	☐	☐
REITs (fundos de investimento imobiliário)	20%	☐	☐
Obrigações do Tesouro americano em longo prazo	15%	☐	☐
TIPS (obrigações do Tesouro protegidas contra a inflação)	15%	☐	☐

Vamos começar com os quatro primeiros. O primeiro é um amplo índice de ações domésticas, algo como o índice Vanguard 500 ou o Wilshire 5000 Total Market Index. Onde você o colocaria? Ele é arriscado? Claro que sim. Existe um retorno garantido? Claro que não. Você poderia perder tudo? É improvável — mas poderia cair significativamente, e isso tem acontecido, às vezes! A longo prazo, as ações dos Estados Unidos certamente têm um excelente registro de desempenho. Lembre-se de como eles se comportam em comparação com a posse de seu imóvel pessoal. As ações têm tido um bom resultado ao longo do tempo, mas são uma das classes de ativos mais voláteis no curto prazo. Até 2013, o S&P perdeu dinheiro 24 vezes. Então, os fundos de índices de ações pertencem a qual cesta? É isso mesmo: à cesta de risco/crescimento.

E quanto às ações internacionais? David Swensen coloca bastante peso sobre as ações estrangeiras por causa da diversidade que elas trazem para o portfólio. Se houver uma queda nos Estados Unidos, os negócios podem estar crescendo na Europa ou na Ásia. Mas nem todos concordam com David. As moedas estrangeiras não são tão estáveis quanto os dólares americanos, então há um "risco cambial" ao investir em ações estrangeiras. E Jack Bogle, fundador do Vanguard, com 64 anos de êxito, afirma que a titularidade das empresas norte-americanas *é* global. "Tony, a realidade é que, entre as grandes corporações dos Estados Unidos, nenhuma é doméstica", ele me disse. "Elas estão em todo o mundo: McDonald's, IBM, Microsoft, General Motors. Então, de qualquer maneira, você possui um portfólio internacional." A qual cesta as ações estrangeiras pertencem? Acho que podemos concordar que é à cesta de risco/crescimento, não?

Mercados emergentes? David Swensen gosta de colocar algum dinheiro nas ações voláteis dos países em desenvolvimento, como Brasil, Vietnã, África do Sul e Indonésia. Você pode obter retornos espetaculares, mas também pode perder tudo. Cesta de risco/crescimento? Pode apostar!

E quanto aos REITs? David me disse que gosta de "fundos de investimentos imobiliários que possuam grandes edifícios empresariais em distritos comerciais centrais e grandes shoppings regionais e construções industriais. Eles geralmente exibem um componente de alta renda". Portanto, esses fundos de índice podem gerar grandes retornos, mas sobem e descem juntamente com o mercado imobiliário comercial norte-americano. Qual cesta? Você acertou: *risco/crescimento*.

E quanto aos dois últimos da lista: obrigações do Tesouro americano e TIPS, ambos de longo prazo? Eles oferecem menores retornos em troca de mais segurança? Exatamente! Então, a qual cesta eles pertencem? Você acertou: *segurança*.

Parabéns! Você acabou de direcionar seis principais classes de ativos às suas cestas adequadas de alocação, algo que 99,9% das pessoas com quem você esbarra na rua não seriam capazes de fazer! Muito legal, não é? Mas vamos aprofundar um pouco mais para entender por que David escolheu essa combinação, e por que ela pode ou não ser adequada para você.

Primeiro, vamos analisar a cesta de segurança. David disse que escolheu apenas obrigações do Tesouro americano "porque existe certa pureza em ter toda a fé pública do governo dos Estados Unidos os sustentando". Mas por que ele escolheu essa combinação particular de fundos de títulos? Metade são títulos tradicionais de longo prazo do Tesouro e metade são títulos protegidos contra a inflação.

Eu disse a David: **"Basicamente, você está dizendo que, se eu quiser estar seguro, devo me proteger contra a inflação e a deflação."**

"Isso está absolutamente certo", ele respondeu. "Não consigo acreditar que você percebeu isso! Muitas pessoas que montam índices de títulos agrupam os dois. As obrigações do Tesouro são para a deflação, como ocorreu em 2008. Mas se você comprar obrigações do Tesouro regulares e a inflação disparar, vai acabar sofrendo perdas em seu portfólio. Se comprar o TIPS e a inflação disparar, você estará protegido."

Quero que você note que David Swensen, assim como todos os melhores profissionais, não sabe qual das duas situações vai acontecer: inflação ou deflação. Então ele se planeja para ambos os cenários. Ao olhar para isso, você poderá dizer: "Bem, sim, 50% para a inflação e 50% para a deflação. Ele não vai ficar apenas um pouco acima do limiar de rentabilidade?" Não é tão simples assim, mas o seu raciocínio faz sentido. Ele está usando o seu investimento na cesta de segurança como proteção, pois, se os investimentos acionários ou em imóveis caírem, poderá reduzir os seus resultados negativos por ter algo para compensar alguns daqueles riscos de investimento. Portanto, ele tem certeza de que vai conseguir ganhar algum dinheiro na sua cesta de segurança. E ele não perde o capital, então está praticando o uso inteligente da cesta de segurança. Ele não vai perder dinheiro, mas vai fazer algum dinheiro adicional se houver inflação ou deflação. Uma abordagem *muito* inteligente.

Mas eu fiquei um pouco surpreso com o fato de que apenas 30% da sua alocação de ativos esteja destinada à cesta de segurança, enquanto 70% dos seus ativos estejam indo para a cesta de risco/crescimento! Isso me pareceu bastante agressivo para alguns investidores, e então eu perguntei a David como isso funcionaria para o investidor médio.

"Boa pergunta, Tony", ele respondeu. "**As ações são a base de portfólios com um horizonte de longo prazo.** Quer dizer, se você olhar para os mais recentes e longos períodos de tempo — 10, 20, 50, 100 anos —, vai ver que a rentabilidade do capital é superior ao que obtém em renda fixa."

Dados históricos certamente sustentam o seu argumento. Dê uma olhada no gráfico abaixo, que rastreia os retornos de ações e títulos por períodos de 100 e 200 anos. Ele mostra que as ações dos Estados Unidos superaram historicamente os títulos em retornos anuais compostos. Na verdade, **1 dólar investido em 1802 a 8,3% ao ano teria crescido para 8,8 *milhões* de dólares na virada do novo milênio.**

Índices de Retornos Reais Totais (1802-2012)

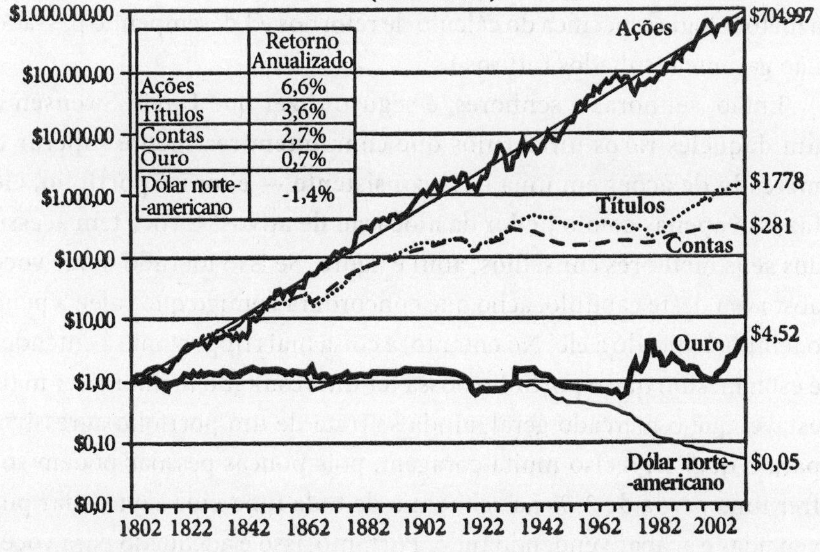

	Retorno Anualizado
Ações	6,6%
Títulos	3,6%
Contas	2,7%
Ouro	0,7%
Dólar norte-americano	-1,4%

Assim, David Swensen projetou seu portfólio ideal para ser uma máquina geradora de riqueza que pudesse oferecer alguma estabilidade através da sua enorme diversidade. Pelo fato de assumir uma perspectiva de investimento a longo prazo, o portfólio tem a capacidade de superar as quedas periódicas no mercado de ações.

Fiquei curioso para ver como essa combinação de alocação de ativos teria se comportado no passado: aqueles voláteis 17 anos a partir de 1º de abril de 1997, quando os TIPS foram oferecidos pela primeira vez, até 31 de março de 2014. Foi durante aqueles anos que o índice Standard & Poor's teve um desempenho similar ao de um touro mecânico, e acabou caindo 51%. Então, um grupo de especialistas financeiros iria testar seu desempenho em comparação com o índice durante aqueles anos. Adivinhe o que eles constataram. **Que o portfólio de Swensen superou o mercado de ações com um retorno anual de 7,86%!** Durante a baixa do mercado, entre 2000 e 2002, quando o S&P 500 caiu quase 50%, o portfólio de Swensen permaneceu relativamente estável, com uma perda total de apenas 4,572% ao longo daqueles três terríveis anos! Como outros portfólios com um alto percentual de ações, o de Swensen sofreu um impacto no maciço colapso de 2008, e mesmo assim teve um resultado ainda melhor que o S&P 500 em mais de 6% (perdendo 31% contra 37%) e depois se recuperou. (Observação: veja o fim deste capítulo para a metodologia específica do cálculo de retornos. O desempenho passado não garante resultados futuros.)

Então, senhoras e senhores, é seguro dizer que **David Swensen é um daqueles raros unicórnios que conseguem realmente superar o mercado de ações em uma base consistente — e, nesse portfólio, ele faz isso apenas com o poder da alocação de ativos! E você tem acesso aos seus melhores conselhos, aqui e agora.** Se isso foi tudo o que você absorveu deste capítulo, acho que concordará comigo que valeu a pena o tempo dedicado a ele! No entanto, a coisa mais importante a entender é esta: mesmo que o portfólio possa ter um resultado melhor e ser mais estável que o mercado geral, ainda se trata de um portfólio agressivo, para o qual é preciso muita coragem, pois poucas pessoas podem sofrer uma perda de 35% na economia de toda uma vida sem se dar por vencidas e acabar vendendo tudo. Portanto, isso é adequado para você? Se você for uma pessoa jovem, pode ficar muito interessado nesse tipo de combinação, porque terá mais tempo para se recuperar de quaisquer perdas. Se você estiver se preparando para se aposentar, esse portfólio pode ser muito arriscado.

Mas não se preocupe. Vou lhe dar vários outros exemplos de portfólios nas próximas páginas, incluindo uma combinação de alocação particular que Ray Dalio compartilhou comigo, e que praticamente me fez cair da cadeira! Foi tão espetacular que eu dediquei um capítulo inteiro a isso na próxima seção. Mas eis aqui uma dica: a sua combinação era muito menos agressiva do que a de Swensen, mas, quando a testamos no mesmo período, o portfólio de Dalio **teve um retorno anual médio mais elevado e uma volatilidade significativamente menor — um percurso com menos incidentes. Pode ser o Santo Graal da construção de um portfólio, que lhe propicia crescimento substancial com a menor taxa de risco que eu já tinha visto!**

> Em qualquer momento da decisão, a melhor coisa que você pode fazer é a coisa certa, a próxima melhor coisa é a coisa errada, e a pior coisa que você pode fazer é nada.
>
> — THEODORE ROOSEVELT

Por enquanto, vamos voltar ao panorama geral e ver como você decidirá a respeito de seus números básicos: qual porcentagem dos seus ativos você vai colocar em risco e qual porcentagem você vai querer garantir? Antes de fazer a escolha, você tem de considerar três fatores:

- seu estágio na vida;
- sua tolerância ao risco; e
- sua liquidez disponível.

Primeiro, quanto tempo você tem à sua frente para construir riqueza e cometer erros com os seus investimentos ao longo do caminho antes de precisar acessá-los? Se você for mais jovem, mais uma vez, pode ser muito mais agressivo, porque terá mais tempo para recuperar suas perdas. (Embora ninguém queira desenvolver o hábito de perder!)

As suas porcentagens também dependem de quanto acesso à renda você tem. Se ganhar muito dinheiro, você pode se dar ao luxo de cometer mais erros e isso ainda ser recompensador, certo?

HORA DE JOGAR: O QUE VOCÊ ESTÁ DISPOSTO A ARRISCAR?

Quando se trata de risco, todo mundo tem ideias radicalmente diferentes sobre o que é tolerável. Alguns são muito movidos pelo fator segurança. Lembra das 6 Necessidades Humanas? A certeza é a necessidade número um. Mas alguns visam à Incerteza e à Variedade; nós amamos viver no limite. Você precisa conhecer sua personalidade antes de mergulhar. Então, digamos que você esteja em uma feira de jogos; qual das seguintes opções você escolheria?

- mil dólares em dinheiro,
- 50% de chances de ganhar 5 mil dólares;
- 25% de chances de ganhar 10 mil dólares;
- uma chance de 5% de ganhar 100 mil dólares.

Eis aqui outro: você acabou de economizar para tirar as melhores férias da sua vida. Três semanas antes da data que planejou, você perde o emprego. Você iria:

- cancelar as férias;
- tirar férias muito mais modestas,
- fazer como estava programado, argumentando que precisa de tempo para se preparar para a busca de emprego; ou
- prolongar suas férias, porque essa pode ser a sua última oportunidade de viajar de primeira classe?

A Universidade Rutgers desenvolveu um questionário de vinte perguntas em cinco minutos (http://njaes.rutgers.edu/money/riskquiz [em inglês]) que pode ajudá-lo a identificar onde você se encaixa na escala de tolerância ao risco. Mas a verdadeira resposta está nos seus instintos.

Nos últimos 30 anos, tenho apresentado seminários com o tema *Dominando a riqueza*, nos quais já trabalhei com pessoas de mais de cem países com o objetivo de transformar sua vida financeira, colocando-a em um processo de quatro dias de imersão total para dominar a riqueza. No seminário, eu gosto de fazer um jogo com elas, chamado "o passe do dinheiro". Do palco, peço aos membros da plateia para "trocarem dinheiro" uns com os outros. Isso é tudo que eu digo. Geralmente, há alguns momentos de confusão silenciosa, e aí eles começam a trocar. Algumas pessoas puxam 1 dólar, outras tiram uma nota de vinte, outras, uma nota de cem. Você pode adivinhar o que acontece. As pessoas começam a se mexer, se olham, decidem como farão as suas trocas. Algumas negociam, outras dão todo o seu dinheiro e outras pegam a nota de 100 da outra pessoa e lhe dão 1 dólar. Você pode imaginar o olhar espantado no rosto daquele indivíduo. Depois de três ou quatro minutos desse tipo de negociação, eu digo: "Tudo bem, voltem para os seus assentos." E eu passo para o próximo assunto.

Invariavelmente, algum cara vai gritar: "Ei! Eu quero os meus 100 dólares de volta!"

E eu falo: "Quem disse que aqueles cem eram seus?" E ele responde: "Bem, nós estamos participando de um jogo." E eu digo: "Sim. O que faz você pensar que o jogo acabou?" Normalmente, a pessoa me olha com uma expressão confusa enquanto retorna ao seu lugar, ainda frustrada com os 100 dólares perdidos. No fim, elas se dão conta: a percepção que têm da sua tolerância ao risco e da realidade está em universos diferentes. Esse indivíduo pensa que tem uma tolerância elevada para o risco, mas pode se irritar completamente com a perda de 100 dólares. Isso sempre me espanta. Imagine se você perdesse 10 mil, 100 mil ou 500 mil dólares. Isso é o que os investidores agressivos podem perder em um período relativamente curto de tempo. As pessoas não conhecem a verdadeira tolerância que elas têm ao risco até terem uma experiência na vida real, sofrendo uma perda significativa.

Eu já sofri perdas terríveis — golpes de milhões de dólares em um estágio da minha vida em que eu não tinha muito a perder, em que as perdas equivaliam a mais do que tudo o que eu tinha. Essas reavaliações vão fazer você despertar! Mas os valores não importam. Você pode se sentir desconcertado ao perder 100 ou 1.000 dólares. O sofrimento de perder excede muito a alegria de ganhar. E é por isso que é ótimo ter algo como o portfólio All Seasons no seu arsenal de investimentos, porque apenas por intermédio da alocação de ativos você pode reduzir significativamente o risco de perdas consideráveis.

Assim como a ciência nos mostra que estamos pré-programados para odiar perder, ela também mostra que os seres humanos não são bons em avaliar o próprio potencial para ganhar. Às vezes, depois de fazer alguns investimentos bem-sucedidos, você começa a pensar: "Ei, eu sou bom nisso; eu posso fazer qualquer coisa!" É apenas a natureza humana pensando que você pode superar o sistema. É o que os psicólogos chamam de viés motivacional. A maioria de nós pensa que é melhor do que realmente é na previsão de padrões e tem mais sorte do que realmente tem quando há um prêmio em jogo. O que mais pode explicar por que tantas pessoas jogam na loteria?! Um famoso estudo de 1981 da Universidade de Estocolmo descobriu que 93% dos motoristas norte-americanos acham que as suas habilidades estão acima da média. Há até mesmo um nome para esse fenômeno: "o efeito do lago Wobegon", referindo-se à cidade mítica do autor Garrison Keillor, onde "todas as crianças estão acima da média". Ei, quem *não* acha que elas estão acima da média? Mas, quando se trata de dinheiro, os delírios de que você é melhor do que todo mundo podem matá-lo.

Se você for um homem, você é o culpado desse viés pela bioquímica. A testosterona produz um excesso de confiança. Cada vez mais os estudos demonstram que as mulheres tendem a ser melhores investidoras, porque não superestimam as suas habilidades para antecipar o futuro com precisão. Às vezes a confiança funciona contra você. Basta prestar atenção nos meninos. "Eu sou o Super-Homem! Eu vou voar! Veja: eu vou saltar deste telhado!" Basta dizer que se o leitor deste livro for uma mulher já terá uma vantagem incorporada!

Quando os mercados estão subindo sem parar, os investidores podem ficar hipnotizados pelos retornos obtidos. Todo mundo é seduzido pela *possibilidade* de crescimento, pensando que é uma *probabilidade* de crescimento. É aí que as pessoas se metem em problemas. Como resultado, elas destinam a maior parte ou todo o seu dinheiro a investimentos que se encaixam na cesta de risco/crescimento — não apenas 70%, mas às vezes 80%, 90% ou 100%. Alguns até mesmo pegam dinheiro emprestado para fazer investimentos que acreditam que vão continuar subindo indefinidamente, até que param de subir. Por causa da má alocação de ativos, com grande parte do dinheiro apostada em apenas uma ficha, eles perdem tudo ou até mesmo acabam endividados. A razão pela qual as pessoas se prejudicam é que, quando ficam sabendo que o mercado de ações (ou o do ouro, ou o mercado imobiliário, ou as mercadorias, ou qualquer outro tipo de investimento) é um ótimo lugar, muitas vezes a bolha está prestes a estourar. Então você precisa colocar em prática um sistema para se certificar de que não vai se deixar seduzir em colocar uma grande quantidade do seu dinheiro em qualquer mercado ou classe de ativos, ou uma grande quantidade na sua cesta de risco/crescimento.

Tudo isso pode parecer elementar, especialmente para os investidores sofisticados que acreditam que conseguem dar conta de tudo. Mas às vezes são justamente os êxitos sucessivos dos investidores de alto nível que os fazem se desviar do caminho. Eles esquecem os fundamentos.

Naturalmente, sempre haverá investidores que não conseguem ouvir a razão, e cuja "exuberância irracional" sempre os acompanha. Eles se deixam convencer pelo maior mito do investimento: **"Dessa vez vai ser diferente."** Conheço dezenas dessas histórias, todas com desfechos infelizes. Considere o exemplo de Jonathan, um amigo que fez fortuna nos negócios (e cujo nome real permanecerá anônimo para sua privacidade) e, em seguida, liquidou tudo para investir no iminente mercado imobiliário de Las Vegas. Ele conseguiu algumas vitórias iniciais, e então dobrou suas apostas e pegou dinheiro emprestado insanamente para continuar construindo condomínios. Toda vez que Jonathan frequentava os meus programas financeiros, ele ouvia falar sobre a importância de colocar algumas das suas conquistas na sua cesta de segurança e de não colocar todos os ovos em uma única cesta, não importando quão atraente o retorno pudesse parecer hoje. Jonathan creditou a mim e aos meus programas *Dominando os negócios* o aumento de mais de 1.000% em seu negócio, o que tornou todos esses investimentos possíveis. Ele lucrou mais de 150 milhões de dólares vendendo a sua empresa. Mas ele não ouvia quando lhe avisavam para tirar dinheiro da mesa e colocá-lo na cesta de segurança, e, cara, ele pagou um preço por isso. Hoje ele reconhece que o seu ego atrapalhou a sua percepção. Ele queria ser bilionário, e sabia que estava perto de se tornar um. Lembra do que aconteceu quando o mercado imobiliário de Las Vegas entrou em colapso? De quanto os preços da habitação caíram? Que tal cerca de 61% entre 2007 e 2012? Jonathan não perdeu apenas tudo — ele perdeu meio bilhão de dólares a mais do que tinha.

"O interessante é o nível de onde eles partem."

Espero sinceramente que tudo isso esteja sendo assimilado. Se houver alguma coisa que você deve aproveitar deste capítulo, é isso: colocar todo o seu dinheiro na cesta risco/crescimento é o golpe de misericórdia. É por isso que muitos especialistas estimam que 95% dos investidores perdem dinheiro ao longo de praticamente todas as décadas. Normalmente eles aproveitam a onda ascendente (em imóveis, ações, ouro), e, quando a onda desaparece, eles afundam como uma rocha, e são atingidos por perdas financeiras durante a inevitável queda.

Algumas pessoas simplesmente não ouvem conselhos. Elas têm de aprender da pior maneira, se é que vão aprender. Para evitar esse tipo de lição dolorosa, e ajudá-lo a decidir quais opções são adequadas para *você*, tenho de lembrá-lo de que um gestor de investimentos livre de conflitos e independente pode ser a escolha certa. Observe como os atletas profissionais, homens e mulheres no topo das suas modalidades esportivas, sempre têm treinadores para mantê-los no pico de desempenho. Por que isso acontece? Porque um treinador vai notar quando eles não estiverem rendendo no jogo, e poderá ajudá-los a fazer pequenos ajustes que poderão resultar em grandes recompensas. A mesma coisa se aplica às suas finanças. Grandes consultores fiduciários vão ajudar você a retornar ao eixo quando estiver começando a agir como um adolescente e a buscar retornos. Eles podem lhe aconselhar quando você estiver prestes a tomar uma decisão de investimento definitiva.

ESCOLHA UM NÚMERO, QUALQUER NÚMERO...

Ok, chegou o momento do ajuste de contas! Digamos que você ainda tenha esse bônus de 10 mil dólares na mão (ou que você tenha acumulado 100 mil, 200 mil, 500 mil, 1 milhão ou mais) e tenha decidido investir tudo. Sabendo o que sabe até agora, como você vai dividi-lo? Qual é a sua *nova* filosofia de investimento? Qual porcentagem do seu dinheiro você vai continuar deixando crescer em um ambiente seguro e qual porcentagem você está disposto a arriscar em um crescimento potencialmente maior?

Provavelmente você já ouviu essa regra antiga (ou o que Jack Bogle chama de "método tosco"): invista a sua idade em títulos. Em outras palavras, subtraia a sua idade de 100, e essa deveria ser a porcentagem que você deve manter em ações. Portanto, se você tivesse 40 anos, 60% deveriam ser destinados às ações na sua cesta de risco/crescimento e 40% aos títulos na sua cesta de segurança. Aos 60 anos, a proporção deve ser de 40% de ações e 60% de títulos. Mas esses índices não estão sintonizados com a realidade atual. A volatilidade tanto das ações quanto dos títulos aumentou, e as pessoas vivem muito mais tempo.

Então, o que seria mais indicado para você? Você gostaria de ser mais agressivo no tocante aos seus riscos, assim como David Swensen? Com 30% de segurança e 70% de risco? Isso significaria colocar 30% do seu lucro inesperado de 10 mil dólares — 3 mil — na sua cesta de segurança e 70% — ou 7 mil dólares — na sua cesta de risco/crescimento. (Se tivesse 1 milhão de dólares, você estaria colocando 300 mil na segurança e 700 mil no risco/crescimento.) Você pode realmente se dar ao luxo de fazer esse tipo de divisão? Tem dinheiro suficiente? Você tem tempo suficiente? Você é jovem o suficiente? Ou precisa ser um pouco mais conservador, como a maioria das aposentadorias, em uma proporção de 60/40? Ou 50/50 é mais adequado para você? Você já está suficientemente perto da aposentadoria, e, portanto, gostaria de ter 80% em um local seguro e apenas 20% em investimentos mais arriscados? O que importa não é o que a maioria das pessoas faz. O que importa é o que vai atender às suas necessidades financeiras e emocionais.

Eu sei que é uma escolha muito pessoal, e até mesmo os maiores astros do mundo das finanças às vezes têm de pensar muito sobre o que é mais adequado para eles e as suas famílias. Quando entrevistei Mary Callahan Erdoes, da J.P. Morgan, perguntei a ela: "Que critérios você usaria na elaboração de uma alocação de ativos? E se você tivesse de elaborar uma para os seus filhos, como seria?"

"Eu tenho três filhas", ela me disse. "As idades delas são diferentes. Os seus conjuntos de habilidades são diferentes, e vão mudar ao longo do tempo, mas não tenho como saber qual o aspecto que eles assumirão. Uma delas pode gastar mais dinheiro que a outra. Uma delas pode querer trabalhar em um ambiente onde possa ganhar muito dinheiro. Outra pode ser mais filantrópica por natureza. Pode acontecer algo na vida de alguma delas, algum problema de saúde. Uma pode se casar, a outra não; uma pode ter filhos, a outra não. **Cada uma das permutações vai se alterar ao longo do tempo.** Por essa razão, mesmo que eu começasse essa elaboração no exato dia em que elas nasceram e definisse uma alocação de ativos, ela teria de mudar.

"E tem de mudar com base no perfil de risco de cada uma, **porque, ao longo do tempo, não se pode considerar que uma alocação de ativos seja perfeita a não ser que seja perfeita para aquela pessoa.** E se, no fim das contas, alguém me disser: 'Eu quero que as letras do Tesouro descansem em paz', essa pode ser a melhor resposta a ser dada."

Eu respondi: "Porque tem a ver com atender às suas necessidades emocionais, não é? No fim, não se trata apenas do dinheiro."

"Exatamente, Tony", ela concluiu. "Se eu causar mais estresse desfalcando metade desse portfólio e o colocar em um mercado de ações, e isso levar a uma deterioração da felicidade nas suas vidas... qual seria o motivo?"

"Qual é o objetivo do investimento?", perguntei. "Não seria ter certeza de conquistarmos essa liberdade econômica para nós mesmos e para nossas famílias?"

"É isso mesmo. Ser capaz de fazer as coisas que você quer fazer", ela disse. "Mas não à custa do estresse, das tensões e do desconforto que acompanham um ambiente de mercado ruim."

Então, qual é a lição aqui de uma das mentes financeiras mais brilhantes do mundo? O mais importante, mais até do que construir a riqueza, é fazê-lo de uma forma que lhe traga paz de espírito.

Então, o que você vai fazer? Anote seus números e os transforme em realidade! Essas porcentagens estão se ajustando bem? Reflita sobre elas. Viva com elas. Domine-as! Porque essas porcentagens são a chave para a sua paz de espírito, e também para o seu futuro financeiro.

Combinado?

Certo! Você acabou de tomar a decisão de *investimento* mais importante da sua vida. Tendo estabelecido qual é a sua porcentagem, você não vai querer alterá-la até entrar em uma nova fase da vida, ou que as circunstâncias mudem drasticamente. Você precisa se comprometer com ela e manter o portfólio em equilíbrio. Vou lhe mostrar como se faz ainda nesta seção.

Você quer fazer a escolha certa? Lembre-se de que você tem um consultor para ajudá-lo. E você não precisa de dezenas de milhares, centenas de milhares ou milhões de dólares para começar — você pode começar com quase nada, de graça, com os serviços virtuais de hoje em dia.

A propósito, eu ainda não terminei! Existem maneiras de aumentar os seus retornos dentro dessas cestas, e nós vamos chegar lá.

Agora que você compreende esses princípios e tomou a decisão sobre quanto deseja colocar na sua cesta de risco e na sua cesta de segurança, deixe que eu lhe dê a melhor notícia de todas: depois de entrevistar 50 dos investidores mais bem-sucedidos do mundo, as mentes financeiras mais inteligentes, eu descobri as maneiras pelas quais você pode conseguir retornos parecidos com os da cesta de crescimento, com proteções idênticas às da cesta de segurança. O conselho mais importante de cada um dos investidores com quem conversei foi: "Não perca dinheiro!" Para muitos investidores, isso significa ter de se contentar com retornos medíocres na cesta de segurança. Em apenas alguns capítulos, eu vou compartilhar com você a maneira de obter os resultados positivos e desprezar os negativos. A maneira de ter um crescimento significativo sem um risco significativo. Eu sei que parece loucura, mas é real, e é emocionante.

Já que trabalhamos arduamente até aqui, fico feliz em dizer que o próximo capítulo é puro e simples prazer. Agora, vou revelar uma terceira cesta sobre a qual ainda não falamos, mas você vai adorá-la, porque ela é divertida, inspiradora e pode lhe propiciar uma melhor qualidade de vida hoje, e não daqui a algumas décadas. Vamos descobrir o que vai entrar na sua cesta dos sonhos.

David Swensen forneceu a porcentagem específica para cada classe de ativos, mas não forneceu os índices específicos representantes de cada classe de ativos. Analistas independentes utilizaram os seguintes índices para representar cada classe de ativos, e se presume que o portfólio seria reequilibrado trimestralmente. **Observe que os resultados anteriores não garantem o desempenho futuro. Contudo, estou fornecendo os registros históricos aqui para discutir e ilustrar os princípios subjacentes.**

20%	Wilshire 5000 Total Mkt TR USD
20%	FTSE NAREIT All REITs TR
20%	MSCI ACWI Ex EUA GR USD
15%	Barclays US Long Credit TR USD
15%	Barclays US Treasury US TIPS TR USD
10%	MSCI EM PR USD

CAPÍTULO 4.3

A CESTA DOS SONHOS

Quando para de sonhar, você para de viver.

— MALCOLM FORBES

O que é uma cesta dos sonhos? É o local no qual você separa algo para si e para aqueles que você ama, para que todos possam desfrutar a vida enquanto você estiver construindo a sua riqueza. É algo para hoje, não amanhã! A sua cesta dos sonhos é destinada a empolgá-lo, a colocar um pouco de molho na sua vida, de modo que você queira ganhar e contribuir ainda mais. Pense nos itens que está economizando na sua cesta dos sonhos como *ostentações estratégicas*.

O que o agradaria agora? Talvez você comprasse aquele par de sapatos Manolo Blahnik que sempre quis, ou uma cadeira bem em frente à quadra em um jogo do Miami Heat. Ou uma excursão VIP à Disneylândia para as crianças. Ou você poderia começar a encher essa cesta para uma recompensa maior: ingressos para toda a temporada. Uma viagem às montanhas no verão ou nas férias para esquiar ou fazer snowboard no inverno. Um carro novo — talvez um que não seja tão prático, como um Mini Cooper ou um Mustang. Uma casa ou um apartamento em um condomínio de veraneio.

Eu conheço um milionário que sempre viajou de ônibus porque gostava de economizar todo e qualquer dólar, mas a esposa reclamava disso constantemente. "Nós temos muito dinheiro. Por que não desfrutamos?", ela dizia. Era uma fonte constante de conflitos, porque eles viajavam muito a negócios. Depois de assistir a um de meus seminários da série *Dominando a riqueza*, ele decidiu usar a sua cesta dos sonhos para fazer uma atualização e passar para a classe executiva quando voava com a família. Ele descobriu que isso não apenas tornava mais confortável sua vida como viajante, mas (mais importante ainda) também melhorava sua vida familiar. Fuja do fracasso, cara! Talvez um dia ele goste de considerar a possibilidade de fretar um jato particular em vez de fazer voos comerciais — e pode não ser tão caro quanto ele pensa.

Muitas pessoas têm muito dinheiro, mas não têm exatamente um estilo de vida. Elas passam a vida vendo os números se acumularem em uma conta bancária e perdem a alegria e o prazer que podem gerar e compartilhar ao longo do caminho.

Lembro de que, quando tive meus primeiros êxitos na cesta de crescimento no início da minha carreira, minha ideia de tirar a sorte grande era comprar dois ternos que estavam à venda em uma loja do tipo armazém. Ou talvez tirar férias no Havaí. Naquela época, isso era um grande negócio para mim!

O meu *resort* em Fiji foi um sonho muito maior que se tornou realidade. Como eu já contei, aos 24 anos me apaixonei pelas águas azul-turquesa das ilhas do Pacífico Sul. Era como se o meu coração tivesse encontrado um lar. Eu queria um refúgio para mim, meus amigos e minha família. Agora, ao longo dos anos, o Namale Resort and Spa se tornou um ativo considerável, porque eu o construí e o transformei em um dos principais destinos no Pacífico Sul. Mas isso é apenas um bônus. Na verdade, ele é o *resort* número um em Fiji há mais de dez anos, e Oprah o selecionou como seu lugar favorito no ano passado. Um prêmio a mais, além do sonho que o criou.

Os seus sonhos não se propõem a lhe dar uma recompensa financeira; eles são concebidos para lhe propiciar uma qualidade de vida melhor. E não foi por isso que você preencheu inicialmente as duas primeiras cestas? Mas você precisa praticar algum tipo de moderação aqui também. Se pegar todo o seu dinheiro e colocá-lo apenas na cesta dos sonhos, é provável que acabe indo à falência, da mesma forma que Willie Nelson. Então, é uma questão de equilíbrio. E os prêmios na sua cesta dos sonhos não precisam ser apenas para você. Os melhores prêmios são aqueles que você dá aos outros.

Os sonhos são a chave da nossa personalidade.

— HENRY DAVID THOREAU

Talvez você seja como eu, e adore dar presentes. E os melhores presentes são os inesperados.

Minha mãe nunca teve dinheiro quando era jovem, e nós sempre lutamos muito como família, vivendo em casas modestas no leste de Los Angeles, onde os alertas de poluição quase diários serviam para nos lembrar de que não era seguro andar pelas ruas.

Um dia, depois que meu negócio começou a decolar, pedi a minha mãe que me ajudasse a analisar um apartamento que eu estava pensando em comprar, de frente para o mar, em Huntington Beach. Visitei o local com ela e lhe mostrei as magníficas paisagens do oceano. Então nós fomos até a praia e respiramos o ar salgado.

"Eu realmente adoro este lugar, mas quero sua palavra final", eu disse. "O que você acha?"

"Está brincando!", ela respondeu. "É incrível! Imagine só! Vindo de onde nós viemos, e agora você vai morar aqui!"

"Então você acha que é o lugar certo, mãe?"

"Ah, é inacreditável!"

E aí eu lhe entreguei as chaves.

"O que é isso?", ela perguntou.

"São suas, mamãe."

Nunca vou esquecer o olhar de espanto no seu rosto e depois as lágrimas de alegria. Minha mãe já é falecida, mas ainda me lembro tão vivamente disso como alguns dos momentos prediletos da minha vida.

Você não precisa esperar. Você também pode fazer isso. **Você pode realizar os seus sonhos. Se você quiser muito, você encontrará um caminho.**

Não muito tempo depois de eu ter dado à minha mãe aquele apartamento, conheci um grupo de uma centena de alunos da quinta série de um bairro pobre em uma escola em Houston, no Texas. A maioria deles estava trilhando um caminho que nunca os faria chegar à faculdade. Então, decidi naquele momento fazer um contrato com eles. Eu pagaria seus quatro anos de formação universitária se eles mantivessem média B e não se envolvessem em problemas. Deixei claro que, com foco, qualquer um poderia ficar acima da média, e que eu iria fornecer orientação para apoiá-los. Eu tinha alguns critérios-chave: eles tinham de ficar longe da cadeira. Não poderiam ter filhos antes de terminar o ensino médio. Acima de tudo, eles precisavam contribuir com 20 horas de serviço por ano para alguma organização em sua comunidade. Por que eu adicionei isso? A faculdade é maravilhosa, mas o que era mais importante para mim era ensinar que eles tinham algo a oferecer, e não apenas algo a ganhar na vida. Eu não tinha ideia de como pagaria tudo aquilo no longo prazo, mas me comprometi de modo integral, e assinei um contrato juridicamente vinculante, exigindo que eu fornecesse os fundos. É engraçado quanto pode ser motivador quando você não tem escolha a não ser seguir em frente. Eu sempre digo: **se você quiser ocupar a ilha, é preciso queimar os seus navios!** E aí eu assinei aqueles contratos. Vinte e três daqueles jovens trabalharam comigo desde a quinta série até a faculdade. Vários deles fizeram pós-graduação, incluindo a faculdade de direito! Eu os chamo de campeões. Hoje, eles são assistentes sociais, empresários e pais. Alguns anos atrás nós tivemos um encontro, e eu comecei a ouvir as histórias magníficas de como ser generoso no início da vida se tornou um padrão duradouro. Como isso os fez acreditar que eles tinham um valor real na vida. Como o ato de doar lhes trazia alegria, e quantos deles agora estão ensinando isso aos próprios filhos.

Estou dizendo isso porque você não precisa esperar até estar absolutamente pronto para realizar seu sonho. Você simplesmente o realiza, você encontra uma maneira, e a divina Providência acabará por abençoá-lo. **A Providência surge quando você se compromete a fazer algo que servirá mais do que apenas a si mesmo — alguns chamariam isso de sorte ou coincidência. Eu deixo que você decida em que acreditar. Apenas saiba que, quando você dá tudo de si, as recompensas são infinitas.** Eu realmente acredito que é importante ter motivação. Mas isso não significa que ela não possa beneficiar você também, certo?

Os prêmios podem ajudá-lo a criar mais riqueza, porque a **chave para a criação de riqueza é libertar a sua criatividade** e encontrar uma maneira de fazer mais pelos outros do que qualquer outra pessoa vem fazendo. **Se você encontrar uma maneira de agregar mais valor do que qualquer outra pessoa, também pode encontrar uma maneira de prosperar pessoalmente.** Isso pode se aplicar à sua vida, bem como às vidas dos outros. Lembra quando falamos sobre acelerar o seu plano? Se você deseja se tornar grande, é preciso aprender a servir a muitos. Já sabemos que a vida apoia o que apoia mais a vida. Ao apoiar a vida, você também se destaca, e recebe mais e mais recompensas.

Dê a si mesmo a paz de espírito.
Você merece ser feliz. Você merece prazer.

— HANNAH ARENDT

Então, como você preenche a sua cesta dos sonhos? Vamos abordar três maneiras distintas. Primeiro, quando você tem um grande êxito, como aquele bônus de 10 mil dólares sobre o qual estávamos falando antes, no capítulo anterior. Ou, em segundo lugar, se a sua cesta de risco/crescimento tiver um resultado positivo e você obtiver uma alta pontuação. Assim como em Vegas, talvez seja hora de diminuir um pouco os riscos. Uma abordagem que muitos dos meus alunos usam é retirar esses lucros, dividi-los e reinvesti-los com uma proporção fixa: digamos, um terço em segurança, um terço em risco/crescimento e um terço em sonhos. No caso daquele bônus, isso significaria cerca de 3.333 dólares para a sua cesta dos sonhos.

Colocar um terço do dinheiro da sua cesta de risco/crescimento na cesta de segurança é como tirar o dinheiro da mesa para ajudar a acelerar o crescimento dos seus investimentos mais seguros e, com ele, a sua paz de espírito. Ao deixar um terço na cesta de crescimento, você continua a correr riscos com um potencial maior de resultados positivos, mas estará fazendo isso com os seus ganhos. Ao colocar um terço na sua cesta dos sonhos, você estará criando um prêmio que você poderá desfrutar hoje. Isso vai estimulá-lo e empolgá-lo de maneiras que provavelmente farão você querer ganhar mais, poupar mais e investir ainda mais eficazmente — por causa das recompensas atuais, e não apenas aqueles que você receberia algum dia no futuro.

A terceira maneira de preencher a sua cesta dos sonhos é poupar uma porcentagem fixa da sua renda e separá-la, fazendo-a crescer até que você consiga comprar os seus sonhos — seja a sua primeira casa, um carro, férias, sejam aqueles pequenos itens divertidos que o deixarão animado hoje. Mas lembre-se: isso não significa retirar nenhum dinheiro do que você já está economizando para o seu fundo de liberdade. Esse dinheiro é sagrado e intocável! Mas você pode encontrar maneiras de aumentar os montantes que deve colocar no fundo de liberdade *e* na cesta dos sonhos. Eis aqui uma rápida recordação dos capítulos "Acelere!":

- Economize mais e invista a diferença.
- Ganhe mais e invista a diferença.
- Reduza taxas e impostos e invista a diferença.
- Obtenha melhores resultados.
- Mude o seu estilo de vida.

Assim, você pode usar algumas dessas economias para investir e algumas dessas economias para realizar seus sonhos hoje ou no futuro próximo.

Qual vai ser a sua estratégia para preencher essa cesta? Você vai esperar por um bônus ou uma pontuação no mercado de ações ou vai reservar uma porcentagem como a minha amiga Angela? A princípio ela achou que não teria dinheiro suficiente para economizar, nem mesmo para a sua liberdade financeira.

No momento em que passou pelo processo deste livro, ela percebeu que mudar para a Flórida lhe pouparia dinheiro suficiente no imposto de renda estadual, e que ela poderia, a partir de então, reservar 10% da sua renda para o seu fundo de liberdade e ainda reservar um adicional de 8% para a cesta dos sonhos. O homem do imposto agora estava preenchendo a sua cesta dos sonhos. Não seria muito legal? Além disso, ela também pode contar com um clima melhor! Ela analisou as suas contas e descobriu uma maneira de se tornar ainda mais eficiente nos impostos, conseguindo colocar um adicional de 2% no seu fundo de liberdade, perfazendo um total de 12%, além dos 8% que ela estava economizando para os seus sonhos.

Se você tivesse dito a Angela, no início, que ela encontraria uma maneira de economizar 20%, ela teria dito que você estava louco. Mas hoje ela não só tem seu futuro garantido, como está economizando para alguns sonhos mais importantes no curto prazo, o que a deixa mais empolgada. Fazer caminhadas no Himalaia e remar no mar. Ela se formou em antropologia, e sempre sonhou passar um tempo com a famosa paleontóloga Louise Leakey no seu instituto no Quênia. Ela foi até convidada. Só que ela simplesmente não tem dinheiro agora, mas, se se comprometer com o seu plano fiscalmente sólido, ela terá. Não é incrível poder estar financeiramente segura e independente e, ao mesmo tempo, viver uma vida de aventura? Lembra da estratégia de "Poupe Mais Amanhã"? Você pode decidir que, no seu próximo aumento de salário, talvez 3% pudessem ser destinados para o seu fundo de liberdade, e talvez 1,5% ou 2% poderiam ir para o seu fundo dos sonhos — especialmente se existirem alguns sonhos que sejam importantes para você agora, como poupar para dar o pagamento de entrada na sua primeira casa própria ou em uma escapada de férias. Há muitas maneiras de chegar lá!

Mas eu quero lhe contar o segredo: a coisa mais importante é fazer uma lista dos seus sonhos. Coloque-os em ordem de importância, grandes e pequenos, a curto e a longo prazos. Anote por que você deve alcançá-los ou vivê-los. Descobri que, se você tentar imaginar uma porcentagem a ser economizada sem realmente saber para o que está economizando, isso não vai funcionar. O segredo é saber o que você realmente quer e por que quer, e transformar isso em uma ardente paixão. De repente, sua criatividade será desencadeada e você encontrará novas maneiras de ganhar mais, economizar mais, agregar mais valor, tornar-se mais eficiente em impostos, tornar-se um investidor melhor ou fazer uma mudança que melhore sua vida e propicie a realização de alguns dos seus sonhos hoje, e não no futuro. Esse é o segredo para tudo.

Mas decida hoje! Faça uma pausa agora e prepare uma lista dos seus sonhos. Anote-os para que eles se tornem reais. Quanto você estaria disposto a economizar para realizá-los? Anime-se! Mãos à obra!

> Todo grande sonho começa com um sonhador.
>
> — HARRIET TUBMAN

No fim, qual porcentagem de seus ativos totais você acha que deveria ser destinada à sua cesta dos sonhos? Não precisa ser muito — talvez um valor pequeno, como 5% ou 10%. Mas não se esqueça de se recompensar. Embora seja importante manter o dinheiro seguro e crescendo, nunca se esqueça de se divertir, de doar e de viver sua vida plenamente no seu caminho até a liberdade financeira. É disso que se trata. Não poupe sua cesta dos sonhos para "um dia chuvoso". Por que não sair e aproveitar o sol?

Se você não fizer isso, pode acabar como um casal cuja história um amigo meu me contou. Eles economizaram e guardaram pela vida inteira, e finalmente decidiram que tinham dinheiro suficiente para bancar um fantástico cruzeiro pelo Caribe. Foi uma viagem de uma semana em um daqueles navios de cruzeiro gigantes, passando de uma ilha a outra. Você pode imaginar: o navio tinha piscinas, uma rocha para escalada, dezenas de restaurantes e discotecas. O casal estava muito animado, mas ainda queria ser prudente com o seu capital, já que havia trabalhado duro a fim de economizar para a aposentadoria. Eles não queriam gastar com refeições suntuosas. A viagem por si só já era uma ostentação suficientemente grande. Então, para economizar, eles carregaram as malas com caixas de queijo e biscoitos para beliscar durante o cruzeiro, e juraram que evitariam aqueles jantares caros.

O clima estava ótimo, e o casal se divertiu bastante com todas as atividades a bordo. Mas em todos os almoços e jantares, enquanto todo mundo desfrutava banquetes incríveis servidos em enormes bufês — camarão, lagosta, costela, montanhas de sobremesas e vinhos finos do mundo inteiro —, os dois voltavam para o quarto e comiam queijo e biscoitos. Eles não se importavam. Estavam desfrutando a viagem de uma vida, e estavam orgulhosos de si mesmos por serem frugais. No último dia, porém, eles finalmente romperam o combinado e decidiram ostentar e ter um magnífico jantar no andar superior! Então, eles entraram em um daqueles bufês maravilhosos e encheram os pratos com as melhores comidas que eles já tinham visto na vida.

Depois de devorar várias sobremesas e beber vinho, eles pediram a conta ao garçom. Com um olhar atônito no rosto, ele disse: "Que conta?" Eles responderam: "A conta deste jantar magnífico. O vinho, as sobremesas, tudo."

O garçom se virou para eles, em estado de choque, e respondeu: "Vocês não sabiam que as refeições estavam incluídas na viagem?"

As refeições estavam incluídas na viagem. Não parece uma metáfora? Portanto, não se contente com queijos e biscoitos nesta viagem; desfrute tudo o que estiver incluído.

E mais um lembrete: grande parte do que nos torna ricos é gratuito. Lembre-se do que Sir John Templeton nos disse antes: o segredo da riqueza é a gratidão. Não é apenas o que conseguimos ou o que realizamos. É o que nós apreciamos. Não é apenas a aventura de um cruzeiro. É o que desfrutamos. Você pode encontrar aventura e alegria naqueles que ama, nos olhos vibrantes dos seus filhos, ou nos rostos alegres daqueles que você ama. Há prêmios em toda parte se você despertar para a beleza da sua vida hoje. Portanto, não prometa que, algum dia, você vai ultrapassar a penúria; já comece indo além dela. Perceba quanto você tem sorte, e toda a riqueza que você possui no amor, na alegria, nas oportunidades, na saúde, nos amigos e na família. Não fique rico. Comece rico.

Até agora, aprendemos a alocar nossos investimentos entre diferentes tipos e classes de ativos e a colocar parcelas do nosso dinheiro em cestas separadas para segurança/paz de mente e risco/crescimento. Aprendemos que também precisamos reservar outra parcela de dinheiro para uma cesta dos sonhos, que adicionará um molho às nossas vidas à medida que construímos nossa riqueza e nos incentivará a nos sairmos melhor com nós mesmos e para com os outros. Portanto, agora teremos um capítulo final e breve para ensinar a você um conjunto de três habilidades simples que podem aumentar os seus retornos de 1% a 2% ao ano e, acima de tudo, assegurar que você evite os erros que muitas pessoas cometem tentando prever o comportamento do mercado. Com o poder do conhecimento, vamos aprender como...

CAPÍTULO 4.4
TIMING É TUDO?

Encontramos o inimigo, e o inimigo
somos nós.

— POGO

Qual é o segredo do sucesso para os investidores e os comediantes de *stand-up*...?

Timing. É tudo.

Os melhores comediantes sabem exatamente quando encerrar a piada. E os investidores mais inteligentes sabem exatamente quando entrar no mercado — *exceto quando não entram*! Mesmo o melhor dos melhores não consegue revidar todos os golpes todas as vezes. Para um comediante, um erro no *timing* resulta em um embaraçoso silêncio mortal na plateia — e, talvez, em alguns objetos atirados na sua direção. Mas, se você é um investidor, um erro no *timing* pode destruir o seu pecúlio. Portanto, precisamos de uma solução que não exija poderes mediúnicos de nós.

Já aprendemos que diversificar o seu portfólio em diferentes classes de ativos e em diferentes mercados pode protegê-lo em uma economia volátil. Mas todos nós já não tivemos a experiência de estar no lugar certo ou fazer exatamente a coisa certa... mas na hora errada? Então, agora você pode estar pensando: "Tudo bem, Tony. Então agora eu sei como diversificar meus investimentos — mas e se o meu *timing* estiver equivocado?"

Eu me fiz a mesma pergunta. E se eu colocar meu dinheiro no mercado de ações no seu auge e ele começar a cair? E se eu aderir a um fundo de títulos e as taxas de juros começarem a subir vertiginosamente? Os mercados sempre vão flutuar, e nós aprendemos que ninguém, *ninguém* mesmo, pode prever consistentemente e com sucesso quando isso vai acontecer.

Então, como nos proteger de todos os altos e baixos, e realmente ter sucesso?

A maioria dos investidores fica presa a um tipo de mentalidade de rebanho que a faz perseguir os vencedores e fugir dos perdedores. Os gestores de fundos de investimentos fazem a mesma coisa. É da natureza humana querer seguir a multidão e não deixar passar nada. "As emoções começam a nos controlar, e nós, como investidores, tendemos a fazer coisas muito estúpidas", me disse o economista Burton Malkiel, de Princeton. "Tendemos a colocar dinheiro no mercado e retirá-lo exatamente na hora errada."

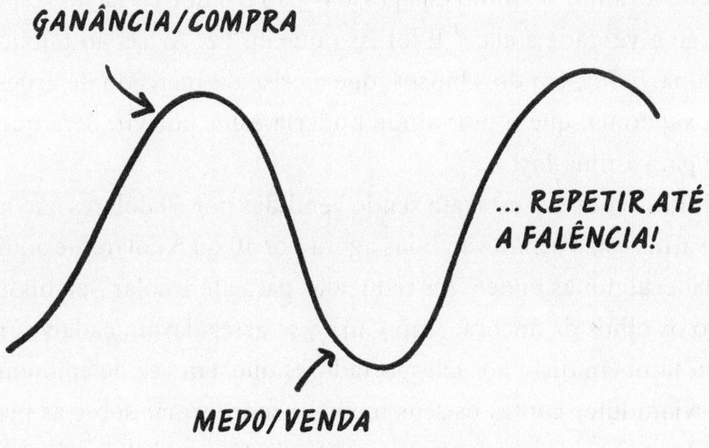

Ele me lembrou o que aconteceu durante a bolha de tecnologia na virada do século XXI: "Houve mais dinheiro entrando no mercado no primeiro trimestre de 2000 do que nunca, o que acabou formando o auge

da bolha da internet. Então, no terceiro trimestre de 2002, quando o mercado já estava despencando, o dinheiro era abundante.” Aqueles investidores que debandaram em vez de enfrentar a recessão perderam uma das maiores retomadas da década! “Então, no terceiro trimestre de 2008, que coincidiu com o pico da crise financeira”, disse Malkiel, “mais dinheiro saiu do mercado, de uma maneira que jamais havia acontecido antes. E foi assim que as nossas emoções começaram a se apropriar de nós. Ficamos com medo.”

E quem poderia culpar alguém por sentir medo durante aquela crise épica? Em outubro de 2009, após o mercado de ações ter perdido mais de 2 trilhões de dólares, e quando centenas de milhares de norte-americanos estavam perdendo o emprego todos os meses, Matt Lauer, do programa *Today*, da NBC, ligou para o meu escritório. Ele me pediu que fosse ao programa na manhã do dia seguinte para falar o que os telespectadores poderiam fazer para lidar com a crise. Eu conhecia Matt havia anos e já tinha estado no programa várias vezes, então é claro que concordei. Quando cheguei ao estúdio, seu produtor me disse: “Ok. Você tem quatro minutos para levantar o ânimo do país.”

Eu pensei: “Você está brincando comigo?”

“Bem, levantar o ânimo das pessoas não é o que eu faço”, respondi. “Eu digo a verdade a elas.” E foi isso que eu fiz. Avisei ao público do programa *Today*, em dois blocos, que a crise do mercado de ações não estava superada, que o pior ainda poderia estar por vir. Será que isso serviu para animá-los?

“Muitas ações que estavam sendo vendidas por 50 dólares não muito tempo atrás estão sendo vendidas agora por 10 ou 5 dólares, e aqui está a verdade: algumas podem ser reduzidas para até 1 dólar”, eu disse, enquanto os olhos da âncora, Ann Curry, se arregalavam cada vez mais. Mas eu também disse aos telespectadores que, em vez de enlouquecer, eles deviam lutar contra os seus medos e se informar sobre as pessoas que tinham se saído bem em tempos difíceis. Como Sir John Templeton, que tinha acumulado todo o seu dinheiro quando os mercados estavam em queda durante a Grande Depressão. Eu disse que se o espectador estudasse história saberia que havia uma grande chance, com base no que aconteceu nos anos 1970 e até nos anos 1930, de que em um curto período as ações que caíram para 1 dólar voltassem a subir. Elas poderiam não voltar a 50 dólares por algum tempo, mas, historicamente, muitas pulariam para 5 dólares em poucos meses. Isso significa um retorno de 400%, e poderia acontecer em seis meses! "Se você permanecer forte e inteligente, e o mercado continuar a se recuperar, você poderia fazer 1.000% ou mais! Essa poderia ser a maior oportunidade de investimento desde que você nasceu!", concluí.

Não era exatamente a mensagem que o programa *Today* esperava ouvir, mas acabou sendo certeiro. **Como eu poderia saber que o mercado continuaria caindo? Porque eu era muito brilhante?** Dificilmente. Quem dera eu pudesse dizer isso. A realidade era que o meu amigo e cliente Paul Tudor Jones vinha me avisando sobre o que estava acontecendo nos mercados quase um ano antes da crise. Ele é um daqueles unicórnios que conseguem efetivamente prever o comportamento dos mercados em uma base razoavelmente consistente. É parte do que o fez não apenas um dos investidores mais bem-sucedidos da história, mas uma figura lendária. Ele previu a queda da segunda-feira negra de 1987, e, quando todo mundo estava surtando, ajudou seus clientes a conquistar um retorno mensal de 60% e um retorno anual de 200%.

Então você pode apostar que eu estava grato pelas ideias de Paul! No início de 2008, ele me disse que uma crise no mercado de ações e no imobiliário estava se aproximando, e que seria em breve. Fiquei tão preocupado que entrei em contato com os meus Platinum Partners, um grupo exclusivo de clientes com quem eu trabalho de três a quatro vezes por ano em sessões privadas e intensivas para transformar os seus relacionamentos, negócios e finanças. Convoquei-os para uma reunião surpresa e pedi a todos que pegassem um avião e fossem me encontrar em Dubai em abril de 2008 para avisá-los sobre a crise que se aproximava e ajudá-los a se preparar. Lembre-se, antecipação é poder. Com uma distância de quatro a seis meses, muitos de meus clientes conseguiram realmente lucrar com um dos piores momentos econômicos da história.

Sim, com certeza os preços das ações despencaram ao longo do último trimestre de 2008. **Em março de 2009, o mercado estava tão ruim que as ações do banco Citigroup tinham caído de um nível máximo de 57 dólares a — você adivinhou —, como eu havia informado, 97 centavos.**

Você poderia literalmente possuir as ações por menos do que custava sacar o dinheiro de um caixa eletrônico!

Então, o que um investidor deve fazer nesse tipo extraordinário de situação? Quer você acreditasse no lema de Sir John Templeton, "As melhores oportunidades vêm em tempos de maior pessimismo", quer no mantra de Warren Buffett, "Seja medroso quando os outros são gananciosos e seja ganancioso quando os outros estão com medo", era um grande momento para conseguir pechinchas. Por quê? Porque os investidores inteligentes, de longo prazo, sabem que as estações sempre mudam. Eles vão lhe dizer que o inverno é o momento de comprar — e nos primeiros meses de 2009 nós estávamos, definitivamente, no inverno! É o momento em que as fortunas podem ser construídas, porque, mesmo que isso possa levar algum tempo, a primavera sempre vem.

Mas e se você ficou com medo ou sentiu que precisava vender quando os mercados entraram em colapso? Você poderia dizer: "Tony, e se eu perdesse o emprego em 2008 e não tivesse outra fonte de renda? Ou se eu estivesse devendo as mensalidades da escola do meu filho e os bancos não quisessem me emprestar nenhum dinheiro?" Se você vendeu suas ações em 2008, tudo o que posso dizer é que lamento pelo seu sofrimento, mas eu gostaria que você pudesse ter encontrado outra maneira de sobreviver. Os investidores individuais que liquidaram seus fundos quando o mercado despencou aprenderam uma lição angustiante. Em vez de subir de novo com a maré, eles se fixaram nas suas perdas — permanentemente. Se e quando eles voltaram às ações, tiveram de pagar um preço muito mais alto, porque, como você sabe, o mercado se recuperou.

Ver tantas pessoas perdendo tanto em tão pouco tempo, e sentir o sofrimento que tudo isso gerou, foi o que despertou minha obsessão com o desejo de levar as ideias de investimento mais importantes para o público em geral. Isso, literalmente, funcionou como o gatilho para o nascimento deste livro.

E também me fez investigar se o mesmo nível de inteligência financeira que criou a negociação de alta frequência (em que os investidores em negociação de alta frequência realmente obtêm os resultados positivos sem os resultados negativos) poderia ser aproveitado de alguma forma para o bem do investidor médio. Lembre-se: os investidores em negociação de alta frequência ganham dinheiro e quase nunca perdem.

Então, qual é a boa notícia? Na próxima seção deste livro, "Vantagens sem desvantagens: Crie um plano de renda vitalícia", você vai aprender que há uma maneira de nunca sair do mercado, e mesmo assim nunca sofrer uma perda. Por quê? Porque há ferramentas financeiras — produtos de seguros, para ser específico — por meio dos quais você não precisa se preocupar nem um pouco com o *timing*. Você ganha quando o mercado sobe, e quando ele cai 10%, 20%, 30%, ou até mesmo 50%, você não perde sequer 1 centavo (de acordo com as garantias da empresa que emitiu o seguro). Parece bom demais para ser verdade, mas, na realidade, é o que há de melhor na criação de um portfólio que realmente lhe ofereça paz de espírito. Por enquanto, me deixe mostrar três ferramentas que podem auxiliá-lo a limitar muitos dos seus riscos de investimento e maximizar seus retornos em um formato tradicional de investimento.

O futuro não é mais o que costumava ser.

— YOGI BERRA

A predição é muito difícil, especialmente se for sobre o futuro.

— NIELS BOHR

Em 2 de março de 2009, Paul Tudor Jones me disse que o mercado estava atingindo o fundo do poço. Os preços começariam a subir novamente. A primavera estava chegando. Então eu lhe enviei um tweet:

16:01 2 de março da web

"A gratidão é a mãe de todos os sentimentos. É a mais alta expressão de emoção dentro da consciência humana." A gratidão é a mãe nas horas difíceis.
16:00 2 de março

"O segredo para administrar a Crise é manter o foco no longo prazo enquanto você está se equilibrando no meio das chamas." — Sir Philip Hangden
15:52 2 de março

"Os mercados nunca estão errados; as opiniões, sim." O infame operador Jesse Livermore — eu não fico tentando prever o comportamento do mercado com base nos movimentos de preço a curto prazo! :-) Toda a sorte! Tony
15:50 2 de março

Informe-se, tome suas próprias decisões & somente em investimentos que você pode se dar ao luxo de fazer... Não estou distribuindo conselhos, apenas defendendo uma visão, que fique bem claro.
15:48 2 de março

Eu treino um dos maiores operadores financeiros do mundo (já faz 17 anos). Não estou lhe oferecendo conselhos de negociação, mas que ele observe possíveis quedas futuras. Informe-se...
15:46 2 de março

Para aqueles que perguntaram... eu morreria imediatamente para proteger a minha esposa, Sage, & eu daria a vida pelos meus filhos. Vale a pena morrer por amor!
15:28 2 de março

A propósito, foi a primeira vez que enviei um tweet com alguma informação sobre a direção potencial do mercado de ações! Como acabou acontecendo, **apenas sete dias mais tarde os índices da bolsa de valores dos Estados Unidos se comportaram exatamente daquela maneira: atingiram o fundo do poço em 9 de março.** Os preços começaram a subir gradualmente e depois decolaram. Efetivamente, as ações do Citigroup, que estavam em 1,05 dólar em 9 de março de 2009, fecharam a 5 por ação em 27 de agosto de 2009 — um aumento de 400%![12] Que retorno incrível você poderia ter se tivesse administrado seu medo e comprado quando todo mundo estava vendendo!

Ora, eu adoraria ser capaz de dizer que o comportamento do mercado passado pode predizer o futuro, ou que Paul Tudor Jones ou qualquer outra pessoa que eu conheço poderia prever continuamente, e com êxito, essas oscilações do mercado, mas isso não é possível. Com base na análise daqueles "que estão por dentro", coloquei outro alerta informativo dos desafios potenciais em 2010, dessa vez em vídeo, quando parecia que o mercado estava sobrecarregado e se encaminhando para outra correção. Eu queria que as pessoas tomassem a decisão consciente de querer se proteger do potencial de outro grande impacto. Mas dessa vez estávamos errados. **Ninguém poderia adivinhar que o governo dos Estados Unidos faria algo que nenhum governo jamais havia feito na história da humanidade — ele decidiu favorecer os mercados "imprimindo" 4 trilhões de dólares, enquanto dizia ao mundo que continuaria a fazê-lo indefinidamente, literalmente até a economia se recuperar!**

Ao adicionar zeros magicamente ao seu balancete, o Federal Reserve conseguiu injetar dinheiro no sistema por meio da recompra de títulos (títulos hipotecários e obrigações do Tesouro) dos grandes bancos. Isso mantém as taxas de juros anormalmente baixas e força os poupadores e qualquer pessoa em busca de algum tipo de retorno a procurar o mercado de ações. E o Federal Reserve continuou fazendo isso ano após ano. Não é de admirar que as ações dos Estados Unidos nunca tenham voltado a cair desde aquela hiperatividade!

---

[12] Se você observar a maioria dos atuais gráficos de ações, vai perceber que o Citigroup estava sendo negociado por 10,50 dólares em 9 de março de 2009 e por 50,50 dólares em 27 de agosto de 2009. Esses dados não são precisos. Os gráficos foram reformatados para refletir o fato de que, em 6 de maio de 2011, o Citigroup fez um reagrupamento de ações. Cada dez ações que estavam sendo negociadas por 4,48 dólares em 5 de maio foram combinadas em um estoque de ações no valor de 44,80 por ação, que fecharam o dia em 45,20, com um pequeno ganho por ação. Assim, 29 bilhões de ações do Citigroup foram convertidas em apenas 2,9 bilhões de ações, de modo a aumentar o preço por ação. Ou como o *Wall Street Journal* afirmou em 10 de maio de 2011: "O Citigroup se tornou uma ação de 40 dólares pela primeira vez desde 2007, já que seu preço por ação pareceu subir mais de 850% desde o fechamento de sexta-feira. Um porém: os investidores não ganharam sequer 1 centavo."

TOTAL DE ATIVOS DO FEDERAL RESERVE (MILHÕES DE US$)
E ÍNDICE S&P 500 SEMANAL

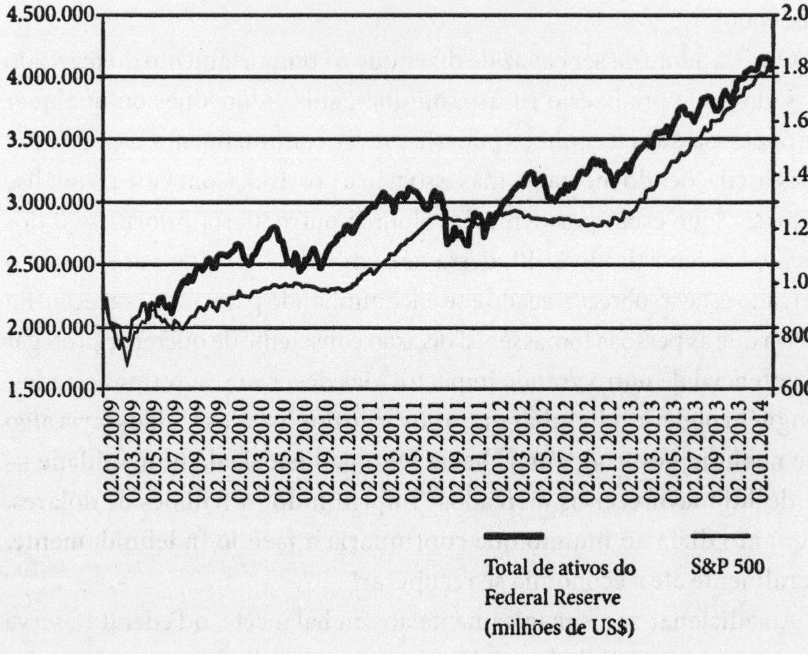

Então, se você acha que pode prever o comportamento dos mercados com base nos movimentos de preço a curto prazo, você está errado. Nem mesmo os melhores do mundo conseguem fazer isso o tempo todo, porque sempre haverá fatores que eles não conseguem prever. Como a seleção de ações, é melhor deixar a previsão do comportamento do mercado para os planejadores que empregam grandes equipes de analistas — como Paul, que também pode se dar ao luxo de estar errado, em função das muitas apostas diferentes que eles fazem em relação aos mercados. Mas isso não significa que você não possa aproveitar o *conceito* por trás do *timing* do mercado — as oportunidades dos mercados em ascensão e queda — aplicando alguns princípios simples, mas poderosos, que você está prestes a aprender aqui. Ambos envolvem tentar se isolar do panorama geral e automatizar sua programação de investimentos. "Não é possível controlar o mercado, mas é possível controlar o que você paga", me disse Burt Malkiel. "Você deve tentar entrar no modo automático para que suas emoções não o matem."

> Muito mais dinheiro foi perdido por investidores que se preparavam para correções, ou estavam tentando antecipar correções, do que foi perdido com as próprias correções.
>
> — PETER LYNCH

ENTÃO, QUAL SERÁ A RESPOSTA PARA O DILEMA DO *TIMING*?

Uma dessas técnicas é tão antiga quanto o primeiro professor de Warren Buffett, **Benjamin Graham**, o decano dos modernos investimentos. Graham, que lecionava na Columbia Business School em meados do século XX, defendeu uma técnica corajosa com um nome entediante: a *média do custo do dólar.* (De fato, segundo Buffett, foi Graham quem formulou pela primeira vez a famosa regra básica dos investimentos: "Não perca dinheiro!") É um sistema projetado para reduzir as suas possibilidades de cometer os grandes erros de investimentos que todos nós tememos: comprar algo exatamente antes de haver uma queda de preço, ou se desfazer de um de investimento exatamente antes de o seu preço subir.

Já aprendemos os dois primeiros segredos da alocação de ativos: diversificar ao longo das *classes de ativos* e diversificar ao longo dos *mercados*. Mas lembre-se de que há um terceiro segredo: **diversificar ao longo do *tempo*. E é isso o que a média do custo do dólar faz por você.** Pense nisso como a maneira de ativar seu plano de alocação de ativos. **A alocação de ativos é a teoria; a média do custo do dólar é como você a executa.** É como você evita que as suas emoções estraguem o plano de alocação de ativos que você acabou de montar, seja pelo retardo nos investimentos — porque você acha que o mercado está muito aquecido e espera que ele caia antes de entrar —, seja por ignorar ou vender os fundos que não estão gerando grandes retornos no momento.

De acordo com muitos defensores da média do custo do dólar — e isso inclui potências como Jack Bogle e Burt Malkiel —, trata-se do segredo para dormir melhor à noite, sabendo que seus investimentos não apenas sobreviverão a mercados instáveis, como também continuarão crescendo no longo prazo, não importando quais sejam as condições econômicas.

Parece ótimo? Tudo o que você precisa fazer é destinar contribuições iguais para todos os seus investimentos em um cronograma predefinido, mensal ou trimestral.

Fácil, não é?

Mas há dois desafios sobre os quais eu preciso alertá-lo. Primeiro, a média do custo do dólar parecerá contraintuitiva, e você pode se sentir como se estivesse ganhando menos dinheiro utilizando-a. Mas vou mostrar daqui a pouco que o que parece ser contraintuitivo está, na verdade, trabalhando a seu favor. **Lembre-se: o objetivo é retirar a emoção do ato de investir, pois a emoção, muitas vezes, é o que destrói o sucesso dos investimentos**, seja por ganância, seja por medo. Em segundo lugar, tem havido um debate recente sobre a eficácia a longo prazo da média do custo do dólar, e eu vou mostrar o que ambos os lados estão dizendo. Mas primeiro vamos falar sobre a maneira mais comum como os investidores a utilizam e o seu impacto potencial.

Quando você investe com base em um cronograma predefinido, com a mesma quantidade de dinheiro sendo investida a cada mês ou semana em conformidade com seu plano de alocação de ativos, as flutuações do mercado trabalham para *aumentar* seus ganhos, e não para reduzi-los. Se você tem mil dólares para investir a cada mês, e tem uma alocação de ativos dividida entre 60% para risco/crescimento e 40% para Segurança, você estará destinando 600 dólares à sua cesta de risco/crescimento e 400 à sua cesta de segurança, independentemente do que tenha acontecido com os preços. **A volatilidade ao longo do tempo pode se tornar sua aliada.** Essa parte pode parecer contraintuitiva. Mas Burt Malkiel me deu um grande exemplo de como isso funciona:

Eis aqui um grande teste. Reserve um momento e me responda da melhor forma possível a esta pergunta: suponha que você esteja destinando mil dólares por ano a um fundo de índice, por cinco anos. Qual destes dois índices você acha que seria melhor para você?

Exemplo 1

- O índice permanece em **100 dólares** por ação no primeiro ano.
- Ele cai para **60 dólares** no ano seguinte.
- Permanece em **60 dólares** no terceiro ano.
- Então, no quarto ano, ele dispara até **140 dólares.**

- No quinto ano, ele termina em **100 dólares**, o mesmo lugar onde você começou.

Exemplo 2

- O mercado está em **100 dólares** no primeiro ano.
- **110 dólares** no segundo ano.
- **120 dólares** no terceiro.
- **130 dólares** no quarto.
- **140 dólares** no quinto ano.

Então, qual índice você acha que lhe propiciará ganhar mais dinheiro depois de cinco anos? **Os seus instintos podem dizer que você se sairia melhor no segundo cenário, com ganhos constantes, mas você estaria errado. Na verdade, você pode obter retornos mais altos investindo regularmente em um mercado de ações volátil.**

Pense nisso por um momento: no Exemplo 1, investindo a mesma quantidade de dinheiro, você realmente começou a comprar *mais* ações quando o índice estava mais barato, a 60 dólares, e então você possuía uma fatia maior do mercado quando o preço subiu novamente!

Eis aqui o gráfico de Burt Malkiel que mostra como isso acontece:

Mutualmente benéfico

Portfólio amplamente diversificado de fundos mútuos (com rebalanceamento anual) contra portfólio contendo apenas ações norte-americanas.

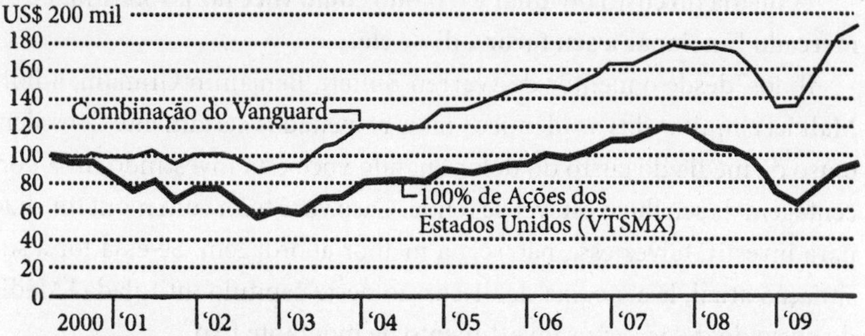

33% de renda fixa (VBMFX), 27% de ações norte-americanas (VTSMX), 14% de mercados estrangeiros desenvolvidos (VDMIX), 14% de mercados emergentes (VEIEX), 12% de fundo de investimento imobiliário (VGSIX).

Fontes: Vanguard e Morningstar.

Depois de cinco anos de um mercado em constante alta, os seus 5 mil dólares se transformam em 5.915. Nada mau.

Mas, nesse mercado volátil, você ganha *14,5% a mais de lucros*, terminando com 6.048 dólares! O problema, segundo Malkiel, é que a maioria das pessoas não permite que o primeiro cenário funcione a seu favor. "Quando o mercado cai, elas dizem: 'Ai, meu Deus! Eu vou vender!' Então você tem de manter a cabeça fria e garantir a estabilidade no percurso."

Os investidores aprenderam uma dura lição durante os primeiros dez anos de 2000, conhecidos nos círculos financeiros como a década perdida. Se tivesse colocado todo o seu dinheiro no mercado de ações dos Estados Unidos no início de 2000, você estaria morto. **Um dólar investido no S&P 500 em 31 de dezembro de 1999 valia 90 centavos no fim de 2009.** Mas, de acordo com Burt Malkiel, **se você tivesse distribuído seus investimentos por meio de uma média do custo do dólar durante o mesmo período, você teria ganhado dinheiro!**

Malkiel escreveu um artigo no *Wall Street Journal* intitulado "'Buy and Hold' Is Still a Winner" [Comprar e manter ainda é uma estratégia vencedora], no qual ele explicava que, se você diversificasse entre uma cesta de fundos de índice, incluindo ações dos Estados Unidos, ações estrangeiras e ações, títulos e imóveis dos *mercados emergentes*, entre o início de 2000 e o fim de 2009, um investimento inicial de 100 mil dólares teria aumentado para 191.859. Isso significa mais de 6,7% ao ano durante uma década perdida.

"A média do custo do dólar é o modo como você faz a volatilidade do mercado funcionar a seu favor", disse ele.

Todos, desde o mentor de Warren Buffett, Benjamin Graham, a Burt Malkiel e muitos dos acadêmicos mais respeitados certamente defendem o uso da média do custo do dólar quando você está investindo uma porcentagem de seu fluxo estável de renda. Caso você tenha um montante fixo para investir, talvez essa não seja a melhor abordagem. Se essa for a sua situação atual, leia a caixa de discussão neste capítulo intitulada "Média do custo do dólar *versus* investimento de montante fixo".

O que a média do custo do dólar realmente significa é colocar, sistematicamente, a mesma quantia ao longo de todo o seu portfólio — e não apenas a parcela das ações.

Lembre-se: a volatilidade pode ser sua aliada com a média do custo do dólar, e também pode permitir o emprego de outra técnica que vai mantê-lo sob controle, o "rebalanceamento", que vamos abordar em poucos instantes.

Então, qual é a melhor maneira de colocar a média do custo do dólar para trabalhar a seu favor? Felizmente, a maioria das pessoas que tem um 401 (k)s ou 403 (b)s, e que investe automaticamente o mesmo montante em um cronograma fixo, já colhe os benefícios da média do custo do dólar. Mas, se você não tiver um sistema automatizado, é fácil configurar um. Eu tenho uma amiga que trabalha como autônoma e criou uma conta própria de aposentadoria com benefício fiscal com o Vanguard. Ela é instruída a deduzir automaticamente mil dólares de sua conta bancária a cada mês para distribuir entre seus fundos de índices diversificados. Ela sabe que nem sempre conseguirá ter disciplina para comprar quando um mercado parecer muito aquecido ou outro tiver caído muito, e então ela se retira desse quadro. Ela é uma investidora de longo prazo que não se preocupa mais com o *timing*, porque o seu sistema é automatizado, e a decisão não pertence mais a ela.

Há uma maneira de facilitar ainda mais a média do custo do dólar, por intermédio da criação de uma conta com a Stronghold, que fará isso por você automaticamente.

Além disso, lembre-se: na próxima seção, vou lhe mostrar uma ferramenta extraordinária que poderá protegê-lo contra a perda do seu capital nesses tempos voláteis. Mesmo que seu *timing* esteja totalmente equivocado, você não perderá sequer 1 centavo no mercado de ações. Se você estiver certo, ganhará ainda mais. Mas, antes de chegarmos lá, vamos dar uma olhada em um segundo *padrão de investimento* que, comprovadamente, protegerá suas economias e o ajudará a maximizar seu fundo de liberdade enquanto você constrói a verdadeira riqueza.

O PADRÃO A EVITAR: A ABORDAGEM DA PESSOA COMUM AOS INVESTIMENTOS! UM ATO DE REBALANCEAMENTO

David Swensen e Burt Malkiel, às vezes, têm diferentes abordagens em relação às finanças. Mas há uma lição que ambos me revelaram, e todos os outros especialistas que entrevistei concordam com esse ponto: **para**

ser um investidor bem-sucedido, você precisa rebalancear seu portfólio em intervalos regulares.

Você precisa dar uma olhada nas suas cestas e verificar se as suas alocações de ativos ainda se encontram na proporção certa. De vez em quando, uma parte específica de uma das suas cestas pode crescer significativa e desproporcionalmente em comparação com o restante do seu portfólio, e fazer você se desequilibrar.

Digamos que você tenha começado com 60% do seu dinheiro na cesta de risco/crescimento e 40% do dinheiro na cesta de segurança. Seis meses depois, você verifica a situação da sua conta e descobre que seus investimentos de risco/crescimento decolaram e não representam mais 60% dos seus ativos totais — eles estão mais próximos de 75%. E agora sua cesta de segurança detém apenas 25%, em vez de 40%. Você precisa rebalancear!

Como a média do custo do dólar, o rebalanceamento é uma técnica que parece simples no início, mas que pode exigir muita disciplina. A menos que você se lembre de quanto o rebalanceamento é importante e eficaz na hora de maximizar os lucros e lhe proteger contra as suas perdas, você se descobrirá refém do impulso de agir em função do que parece estar funcionando naquele momento. Você se deixará hipnotizar pela ilusão de que os seus atuais êxitos nos investimentos continuarão para sempre, ou que o atual mercado (mercado de ações, mercado imobiliário, mercado de títulos, mercado de bens primários) pode seguir em apenas uma direção: para cima.

Esse padrão de emoção e psicologia é o que faz as pessoas permanecerem com um investimento por muito tempo e acabar perdendo os ganhos dos quais elas estavam tão orgulhosas originalmente. É preciso disciplina para vender algo que ainda está em fase de crescimento e investir esse dinheiro em algo que está abaixo do preço ou crescendo mais lentamente, mas essa força de vontade é o que faz com que alguém se torne um grande investidor.

Um exemplo poderoso desse princípio foi o dia em que visitei o ícone de investimentos **Carl Icahn**. Anunciou-se, simplesmente, que ele havia tido um lucro de quase 800 milhões de dólares nas suas ações da **Netflix**. Ele tinha comprado a maioria das suas ações por 58 dólares no ano anterior e agora as estava vendendo por 341 por ação. Seu filho, Brett, que trabalha com Carl e originalmente lhe apresentou essa oportunidade de investimento, protestou contra a venda das ações. Ele estava certo de que a Netflix poderia crescer ainda mais. Carl disse que concordava com isso, mas que o seu portfólio precisava ser rebalanceado. Se eles não rebalanceassem, poderiam se descobrir perdendo alguns dos extraordinários lucros que haviam ganhado. Carl pegou seu lucro de 487% e reinvestiu em outros ativos em seu portfólio, ao mesmo tempo em que mantinha 2% das suas ações da Netflix para tirar proveito de qualquer crescimento potencial. Parte desse dinheiro foi usado para comprar por 2,38 trilhões uma pequena empresa chamada Apple, que ele acreditava estar subvalorizada na época. Ele vendeu alto e comprou baixo. E o rebalanceamento foi uma parte fundamental desse processo.

SE OS BILIONÁRIOS FAZEM, TALVEZ VOCÊ TAMBÉM DEVESSE FAZÊ-LO!

Então, o que você faz se achar que está fora de balanceamento? Você estava com 60% na cesta de risco/crescimento e 40% na cesta de segurança, mas, como descrevemos acima, suas ações subiram, e agora, como resultado, você chegou à proporção de 75%/25%. Nesse caso, seu plano de ação de rebalanceamento exige que você transfira suas contribuições regulares da cesta de risco/crescimento para a cesta de segurança até que os 25% voltem a ser 40%. Ou você precisará redirecionar os lucros ou, inclusive, vender alguns dos investimentos de crescimento/risco que estão crescendo muito e reinvesti-los de volta em títulos ou primeiros contratos fiduciários, ou qualquer combinação de ativos que você esteja mantendo na cesta de segurança. Mas isso pode ser angustiante, especialmente se, digamos, os REITs estiverem se recuperando ou as ações internacionais estiverem repentinamente disparando. Quem vai querer desistir quando se está montado em um foguete? Você quer ganhar mais! Mas você precisa retirar alguns desses ativos da mesa para reduzir sua exposição ao risco e se certificar de que conseguirá manter alguns dos ganhos ou lucros que obteve.

Assim como a média do custo do dólar, você precisa tirar a emoção desse panorama. O rebalanceamento do portfólio o obriga a fazer o oposto do que você gostaria de fazer. Nos investimentos, essa geralmente é a coisa certa a fazer.

Vamos usar um exemplo do mundo real: digamos que estamos no verão de 2013, e o índice S&P 500 está voltando a apresentar níveis recorde, enquanto os títulos ainda estão obtendo escassos rendimentos. Você quer vender suas ações e comprar títulos? De jeito nenhum! Mas as regras de rebalanceamento dizem que é exatamente isso o que você tem de fazer para manter a sua proporção original — mesmo que uma voz dentro de você esteja gritando: "Seu estúpido! Por que você está colocando dinheiro nessas porcarias?!"

As regras de rebalanceamento não garantem que você ganhará todas as vezes. Mas o rebalanceamento significa que você vai ganhar com mais frequência. Ele aumenta as suas probabilidades de êxito. **E as probabilidades ao longo do tempo são o que dominam o sucesso ou o fracasso da sua vida como investidor.**

Os investidores sofisticados também promovem o rebalanceamento *dentro* dos mercados e das classes de ativos, que pode ser ainda mais angustiante.

Digamos que você possuísse algumas ações da Apple em julho de 2012. Pareceria loucura vender essas ações, que estavam subindo — 44% nos dois trimestres anteriores — e valiam mais de 614 dólares por ação. Mas se as ações da Apple estão dominando seu portfólio (lembre-se que elas cresceram 44%, e isso provocou um desequilíbrio, provavelmente significativo), as regras de rebalanceamento dizem que você precisa vender alguma parcela da Apple para reequilibrar sua proporção. Ai! Nessa mesma época, no próximo ano, você estaria agradecendo a si mesmo. Por quê? As ações da Apple fizeram um passeio de montanha-russa, despencando de um máximo de 705 dólares por ação em setembro de 2012 para um mínimo de 385 dólares no mês de abril seguinte, e terminando em 414 em julho de 2013 — uma perda de 41% que você evitou porque promoveu o rebalanceamento.

Quantas vezes você precisa rebalancear? A maioria dos investidores promove o rebalanceamento uma ou duas vezes por ano. Mary Callahan Erdoes, da J.P. Morgan, me disse que acredita que o rebalanceamento é uma ferramenta tão poderosa que ela faz isso "constantemente". O que isso significa? "Com a mesma frequência com que seu portfólio perde a sintonia com o plano que você originalmente traçou, ou o plano ajustado, com base no que aconteceu no mundo. E isso não deve estar predefinido. **Deve ser uma avaliação constante, mas não uma avaliação obsessiva."**

Burt Malkiel, por outro lado, gosta de aproveitar a dinâmica dos mercados em ascensão. **Ele aconselha o rebalanceamento apenas uma vez por ano. "Eu não quero agir apenas de forma precipitada e sair vendendo algo só porque está subindo", disse. "Gosto de dar à minha boa classe de ativos pelo menos um ano de prazo."**

Seja qual for a frequência com que você o pratica, o rebalanceamento não apenas pode protegê-lo de muitos riscos — ele pode aumentar drasticamente os seus retornos. Assim como a média do custo do dólar, a disciplina, mais uma vez, faz você investir em ativos de baixo desempenho quando seus preços estão baixos, de modo que você possua muitos deles quando seus preços subirem. Os seus lucros são distribuídos aos outros jogadores de sua equipe, exatamente como a bola em um movimento ofensivo em um jogo de basquete, ou corredores de revezamento passando o bastão no caminho até a vitória na linha de chegada.

No entanto, o número de vezes que você faz o rebalanceamento produz um impacto sobre seus impostos. Se seus investimentos não estiverem em um ambiente de impostos diferidos e você rebalancear um ativo que tenha menos de um ano, normalmente você pagará um imposto de renda normal em vez da menor carga tributária de investimento de longo prazo!

Se o rebalanceamento lhe parecer um pouco intimidante, a boa notícia é que esse trabalho pode ser feito automaticamente para você pela Stronghold ou qualquer outro consultor fiduciário escolhido. Ele vai orientá-lo sobre a eficiência fiscal, ao mesmo tempo em que ainda se vale do poder de rebalanceamento.

Portanto, agora você aprendeu duas maneiras comprovadas de reduzir o risco e aumentar seus retornos apenas por meio da alocação de ativos. Mas ainda existe um truque final que pode acabar com as suas perdas — e a dos seus impostos!

É TEMPO DE COLHER

Então, o que acontece quando é tempo de rebalanceamento do portfólio, e você tem de vender algumas ações que não estão na sua conta 401 (k) ou em outra conta com benefício fiscal? O governo está querendo ficar com parte dos seus lucros. Os impostos sobre os ganhos de capital estão enlouquecendo você? Existe **uma maneira perfeitamente legal de reduzir esses impostos, mantendo seu portfólio equilibrado: a arrecadação do prejuízo fiscal.** O benefício que você obtém com a arrecadação do prejuízo fiscal é o fato de **você reduzir seus impostos, e isso aumenta o seu retorno líquido**! Em essência, você usa algumas das suas perdas inevitáveis para maximizar seus ganhos líquidos.

Burt Malkiel acredita que a arrecadação do prejuízo fiscal pode aumentar sua taxa de retorno anual até 1% por ano, de modo que certamente vale a pena investigar.

Os bilionários e as grandes instituições aumentam seus retornos dessa forma, embora poucos investidores comuns consigam se valer dessas técnicas poderosas. Poucos as conhecem, e mesmo aqueles que conhecem podem achar que o rebalanceamento e a arrecadação fiscal parecem muito complicados para serem experimentados por conta própria. Não se preocupe! Você pode procurar seu próprio consultor ou acessar o software que tornará isso tão fácil quanto pedir uma pizza, ou pelo menos atualizar as suas configurações de segurança no Facebook.

Agora, tenha em mente uma coisa: meu objetivo é simplificar os investimentos para todos, e esta seção é provavelmente a que mais vai testar seu cérebro! Primeiro, parabéns por me acompanhar. Esse material parece muito técnico, e a maioria das pessoas o evita como se fosse uma praga. Se você se sentir um pouco sobrecarregado com a alocação de ativos e com a ideia de uma média do custo do dólar, rebalanceamento e arrecadação do prejuízo fiscal, quero que saiba que tudo isso pode ser automatizado para você. Ainda assim, será útil entender o que são essas estratégias e as principais razões pelas quais elas são eficazes.

Basta lembrar quatro coisas desta seção do livro:

1. **A alocação de ativos é tudo!** Então você pretende diversificar entre sua cesta de segurança e sua cesta de risco/crescimento. Você deseja diversificar ao longo das classes de ativos, dos mercados e do tempo.
2. **Você não quer hesitar para entrar no mercado, tentando ter um** ***timing*** **perfeito; em vez disso, use a média do custo do dólar e saiba que a volatilidade pode ser sua aliada,** fornecendo oportunidades para adquirir investimentos mais baratos quando o mercado estiver

em queda. Essa técnica aumentará o valor do seu portfólio quando os mercados voltarem a subir.

3. **Tenha uma cesta dos sonhos que lhe forneça tempero emocional e empolgação, para que você possa experimentar os benefícios das suas proezas de investimento no curto prazo e no médio prazo,** em vez de apenas em algum dia distante no futuro.
4. **Use o rebalanceamento e a arrecadação fiscal para maximizar seus retornos e minimizar as perdas.**

Quando mencionei pela primeira vez que ensinaria a alocação de ativos e essas estratégias de aperfeiçoamento adicionais neste livro, muitos dos meus amigos do mundo financeiro disseram: "Você está louco! É complicado demais. O leitor comum não vai entender, e poucos perderão tempo lendo isso." A minha resposta foi simples: "Estou aqui em nome dos poucos que fazem contra os muitos que falam." É preciso avidez para se esforçar até dominar alguma coisa nova. No caso de dominar os princípios de investimento, realmente vale a pena o esforço. Mesmo que você tenha de ler algumas vezes para assimilar as informações, as recompensas podem ser imensas — isso poderia significar economizar anos da sua vida sem ter de trabalhar. Acima de tudo, porém, esse domínio vai lhe trazer um sentido maior de empoderamento e da paz de espírito no momento presente.

Dominar esta seção é muito parecido com tentar aprender a dirigir um carro com câmbio manual pela primeira vez. O quê?! Eu preciso aprender a usar o acelerador, o freio, a embreagem, a marcha, o retrovisor, o volante *e* prestar atenção na estrada também? Está de brincadeira?! Depois de algum tempo, porém, você está dirigindo sem pensar em nada disso.

Bem, já percorremos um longo caminho juntos nesses 7 passos simples para a liberdade financeira. **Vamos verificar onde estamos agora**

1. **Você tomou a decisão financeira mais importante da sua vida quando decidiu economizar uma porcentagem da sua renda — o fundo de liberdade — e investi-la automaticamente com juros compostos.** Já agiu com base nisso, criando uma conta de débito automático? Se ainda não fez, faça hoje!

2. **Você aprendeu as regras de investimento e a evitar os nove maiores mitos de marketing/investimento de Wall Street.** Você está se tornando um jogador de xadrez, e não uma peça de xadrez.
3. **Você deu o terceiro passo no seu caminho para a liberdade financeira, tornando possível ganhar o jogo.** Há três fases dentro dessa etapa: número um, você calculou os seus três principais objetivos financeiros, que, para muitas pessoas, são a segurança, a vitalidade e a independência financeiras. Número dois, você tem um plano com números reais. E, número três, você procurou e está implementando maneiras de acelerar o processo, para poder desfrutar suas recompensas ainda mais rápido.
4. **Nesta seção, você tomou a decisão de *investimento* mais importante da sua vida, alocando seus ativos em um portfólio com uma porcentagem específica em diferentes cestas (segurança, risco/crescimento, sonho). Você diversificou, e tem um plano que vai abastecer seus sonhos financeiros.**

Você já está anos-luz à frente de investidores de qualquer lugar do mundo quando se trata de compreender suas finanças e gerenciar seu dinheiro. E, se você for minimamente parecido com os homens e as mulheres que foram suficientemente generosos para ler o manuscrito deste livro, talvez já esteja tão empolgado com o que aprendeu que está dando pulos de alegria, agarrando os amigos pelo pescoço para lhes mostrar algumas das maneiras pelas quais eles podem adicionar centenas de milhares de dólares, ou mesmo milhões, aos seus ganhos de investimento de toda uma vida. **Então, talvez você se surpreenda com isto: você ainda não viu nada! Eu garanto que o melhor ainda está por vir. E tudo, daqui em diante, é muito mais fácil do que esta seção!**

Agora que você está pensando e agindo como um iniciado, vou lhe mostrar como investir à maneira de um verdadeiro iniciado. Vamos descobrir como você pode ser bem-sucedido em qualquer ambiente financeiro e também aproveitar o poder dos resultados positivos sem os resultados negativos, criando um fluxo vitalício de renda.

MÉDIA DO CUSTO DO DÓLAR *VERSUS* INVESTIMENTO DE MONTANTE FIXO

Mas essa é a melhor abordagem se você tiver um montante fixo para investir?

O que você deve fazer se tiver uma sorte inesperada, como aquele bônus de 10 mil dólares do qual falamos anteriormente nesta seção? Ou se receber o prêmio de um seguro de 50 mil? Usar a média do custo do dólar para investir esse valor em um cronograma predefinido de meses ou mesmo anos, ou investir em um montante fixo?

É aqui que a controvérsia surge. Alguns consultores de investimentos se mostraram contrários à média do custo do dólar porque, como até mesmo Burt Malkiel admite, não é a estratégia mais produtiva para investir no mercado de ações quando ele continua crescendo sem parar — como aconteceu nos anos seguintes à Grande Recessão.

Você teria feito mais dinheiro investindo "tudo" no início da alta do mercado do que se tivesse distribuído seu dinheiro depois de cinco anos. Isso é óbvio, certo? E alguns estudos recentes, incluindo um do Vanguard de 2012, mostraram que, em períodos contínuos de dez anos nos últimos oitenta anos nos mercados de ações dos Estados Unidos, do Reino Unido e da Austrália, o investimento do montante fixo superou a média do custo do dólar em mais de dois terços do tempo.

Por que isso é verdade? Porque você está usando uma parte maior do seu dinheiro para trabalhar mais cedo e durante um período mais longo de tempo, e limitando suas taxas de negociação. Um investimento único de montante fixo lhe oferece a oportunidade de maior crescimento potencial, mas também de maior perda global quando os mercados caírem. Pesquisas mostram que investir em um montante fixo a longo prazo, quando bem diversificado, é mais rentável. Mas em que proporção? No fim, os retornos médios subiram até 2,3%. E lembre-se das estatísticas para o período da década perdida de 2000 a 2010, que Burt Malkiel compartilhou conosco — nesse caso, se você tivesse investido 1 dólar no S&P 500 em 31 de dezembro de 1999, isso valeria apenas 90 centavos dez anos depois. Mas se você tivesse feito a média do custo do dólar teria ganhado dinheiro durante esse mesmo período. O que você faria? Será que investiria pesadamente os 10 mil assim que você os recebesse? Ou os manteria em um lugar mais seguro e investiria mil dólares por mês ao longo de dez meses? Ou 50 mil em dois anos? Se o mercado continuar subindo, você poderá perder em alguns ganhos. Mas a economia comportamental nos diz que você não se arrependerá tanto quanto se arrependeria se o mercado caísse dois dias depois que você tivesse investido tudo!

Então está totalmente nas suas mãos. Mais uma vez, não estou aqui para dar a minha opinião, mas apenas as melhores percepções oferecidas pelos melhores especialistas. Para a maioria das pessoas, um investimento de montante fixo não é problema, porque elas não têm uma soma significativa para investir! Se essa for a sua situação, você ainda maximizará seus retornos investindo em um portfólio diversificado com a média do custo do dólar.

SEÇÃO 5

VANTAGENS SEM DESVANTAGENS: CRIE UM PLANO DE RENDA VITALÍCIA

CAPÍTULO 5.1

INVENCÍVEL, INABALÁVEL, INCONQUISTÁVEL: A ESTRATÉGIA DA ALL SEASONS

A invencibilidade está na defesa.

— SUN TZU, *A arte da guerra*

Há acontecimentos em nossas vidas que moldam para sempre a nossa visão do mundo. São marcas em nossa jornada que, mesmo sem que soubéssemos, nos deram o prisma pelo qual agora observamos o mundo. E o que nós escolhemos permitir que esses eventos signifiquem para nós vai reverberar em nosso comportamento e tomada de decisão para o resto da vida.

Se você cresceu nos loucos anos 1920, sua vida foi moldada pela prosperidade e pela grandiosidade. Eram os dias do Grande Gatsby. Mas se você cresceu durante a Grande Depressão, sua vida foi moldada pela luta e pela ansiedade. Crescer em um severo "inverno" econômico forçou você a se tornar um sobrevivente.

As gerações de hoje em dia têm uma experiência completamente diferente do mundo. Elas cresceram em uma incrível prosperidade, mesmo que a renda não seja suficiente para colocá-las no 1% superior da pirâmide. Todos nós nos beneficiamos de viver em um mundo sob demanda. Os mantimentos podem ser entregues em nossa porta, nós podemos depositar cheques no conforto dos nossos pijamas e assistir a milhares de canais de televisão sempre e onde quisermos. A minha neta ainda não aprendeu a amarrar os sapatos, mas aos quatro anos de idade já consegue navegar em um iPad tão bem quanto eu, e ela já sabe que o Google pode responder a qualquer pergunta, a qualquer momento! Essa também é a era da possibilidade, quando uma start up como o WhatsApp, com apenas 50 funcionários, pode causar um impacto na indústria e ser vendida por 19 bilhões de dólares!

Sem dúvida, nossa vida é moldada pelas estações e por eventos pelos quais passamos. Mais importante do que isso, é o significado que damos aos acontecimentos que determinarão nossa trajetória final.

OS ANOS 1970

Ray Dalio, que tem agora 65 anos, atingiu a maioridade na década de 1970. Foi uma época de mudança violenta nas estações e, sem dúvida, o pior ambiente econômico desde a Grande Depressão. O alto índice de desemprego era acompanhado por uma inflação elevada, fazendo as taxas de juros despencarem sobre a cabeça dos adolescentes que estavam chegando à vida adulta. Como você se lembra, eu afirmei que a minha primeira hipoteca resultante da inflação dos anos 1970 tinha incríveis 18% de juros! Houve também um "choque do petróleo" em 1973, quando um embargo pegou os Estados Unidos de surpresa, elevando os preços do petróleo de 2,10 dólares por barril para 10,40 dólares. Ninguém estava preparado para isso. Apenas alguns anos depois, o governo impôs um racionamento. As pessoas não só eram forçadas a esperar na fila da bomba de combustível por horas, mas também eram autorizadas a abastecer seus automóveis somente em dias ímpares ou pares do mês! Foi uma época de conflitos políticos, quando a fé no nosso governo diminuiu após o Vietnã e Watergate. Em 1974, o presidente Nixon foi forçado a renunciar e, mais tarde, foi perdoado pelo seu sucessor, o ex-vice-presidente Gerald Ford, por eventuais irregularidades (duas piscadelas).

Em 1971, Ray Dalio tinha acabado de sair da faculdade e era funcionário da Bolsa de Valores de Nova York. Ele presenciou os mercados ascendentes e descendentes aparecerem em pequenos surtos e criar uma grande volatilidade em diferentes classes de ativos. As marés mudavam rápida e inesperadamente. Ray vislumbrou a enorme oportunidade, mas estava igualmente ou ainda mais consciente dos enormes riscos que vinham como consequência. O resultado foi ele se tornar ferozmente comprometido em compreender como todos esses cenários e movimentos estavam interligados. Ao entender como a "máquina" econômica maior funcionava, acabaria descobrindo como evitar as perdas catastróficas que atormentam tantos investidores.

Todos esses eventos moldaram o jovem Ray Dalio para que ele se tornasse o maior gestor de fundos de cobertura do mundo. Mas o momento que mais moldou a filosofia de investimento de Ray aconteceu em uma noite quente de agosto de 1971, quando um discurso surpresa do presidente Nixon mudaria o mundo financeiro definitivamente.

UMA NOITE DE NIXON

As três principais emissoras de televisão tiveram sua transmissão interrompida inesperadamente quando o presidente dos Estados Unidos de repente apareceu nas salas de estar em todo o país. Com um aspecto sério e agitado, ele declarou: "Ordenei ao secretário [John] Connally que suspendesse temporariamente a conversibilidade do dólar em ouro." Em uma breve frase, o presidente Nixon anunciou ao mundo que o dólar nunca mais seria o mesmo. O valor do dólar já não estaria vinculado diretamente ao ouro. Está lembrado de Fort Knox? Para cada dólar de papel, o governo teria o valor equivalente em ouro físico estocado com segurança. Com a declaração de Nixon, o dólar agora era apenas papel. Imagine que você tivesse uma arca do tesouro repleta de ouro, apenas para abri-lo um dia e encontrar uma nota adesiva em papel amarelo com a mera inscrição "promessa de pagamento".

Nixon estava dizendo que o valor do dólar agora seria determinado por aquilo que nós (o mercado) considerássemos ser o seu valor. Essa notícia também chocou os governos estrangeiros que vinham mantendo enormes somas de dólares, acreditando que tinham a opção de convertê-los em ouro a qualquer momento. Da noite para o dia, Nixon removeu essa opção da mesa (mais uma vez fazendo jus ao seu apelido de "Ricardinho Pilantra"). Ah, ele também emitiu uma sobretaxa de 10% sobre todas as importações para manter os Estados Unidos competitivos. Como uma tempestade de neve no fim de outubro, o pronunciamento de Nixon significou uma mudança de proporções épicas nas estações.

Ray assistiu ao pronunciamento do presidente em seu apartamento e não podia acreditar no que estava ouvindo. Quais eram as implicações da decisão de Nixon de tirar os Estados Unidos do padrão-ouro? O que isso significava para os mercados? O que isso significou para o dólar americano e sua posição no mundo?

Uma coisa estava bastante clara para Ray: "Isso significa que a definição de dinheiro mudou. É uma crise!" Ele estava convencido de que, quando chegasse ao pregão na manhã seguinte, o mercado certamente despencaria.

Ele estava errado.

Para seu espanto, o Dow Jones subiu quase 4% no dia seguinte, assim como ações tiveram o maior ganho em um único dia na história. O ouro também disparou bastante! Era completamente anti-intuitivo ao que a maioria dos especialistas esperaria. Afinal, tínhamos acabado de quebrar nossa sagrada promessa de que esses pedaços de papel com os rostos de presidentes mortos valiam realmente alguma coisa. Certamente essa mudança não inspiraria confiança na economia ou no governo dos Estados Unidos. Tratava-se de um quebra-cabeça. Esse *boom* do mercado se tornou conhecido como o "rali de Nixon".

Mas nem tudo era boa notícia. Ao deixar o valor do dólar ser determinado por "tudo o que todos nós achamos que é válido", uma tempestade inflacionária era produzida no horizonte. Ray explica: "Em 1973, isso forneceu os ingredientes para o primeiro choque do petróleo. Nunca havíamos tido um choque do petróleo antes. Nunca havíamos tido que nos preocupar com inflação antes. E todas essas coisas se tornaram, em certo sentido, surpresas. E eu desenvolvi um *modus operandi* para esperar pelas surpresas." São as surpresas com as quais não podemos lidar, ou não podemos tolerar. É o próximo 2008. É a próxima onda de choque que, com certeza, vai estremecer nossos mercados.

O rali de Nixon foi um catalisador para Ray: o início de uma permanente obsessão por se preparar para qualquer coisa — o desconhecido em cada esquina. A sua missão foi estudar cada ambiente de mercado concebível e o que isso significava para certos investimentos. Esse é o principal princípio operacional que lhe permite administrar o maior fundo de cobertura do mundo. Não equivale a admitir que ele saiba tudo. Muito pelo contrário. Ele tem um apetite insaciável para descobrir continuamente o que ainda não sabe. O óbvio está obviamente errado. O pensamento predominante é geralmente o pensamento errado. Como o mundo está continuamente mudando e evoluindo, a jornada de Ray para descobrir o desconhecido é um esforço sem fim.

O NIRVANA DEFINITIVO DO INVESTIDOR

O que você está prestes a ler poderia muito bem ser o capítulo mais importante do livro inteiro. Sim, sim, eu sei que já disse isso antes. E é verdade que, se você não conhecer as regras do jogo, vai ser esmagado. Se você não pensar como um iniciado, a sabedoria convencional vai levá-lo a aceitar o destino do rebanho. Se você não se decidir por uma porcentagem e automatizar sua poupança, nunca vai conseguir fazer com que a coisa decole. Eu acredito sinceramente que não há nada neste livro que supere a estratégia de Ray para obter os maiores retornos possíveis com a menor quantidade de risco. Essa é a especialidade de Ray. Foi por isso que Ray se tornou conhecido no mundo todo.

O portfólio que você vai conhecer nas páginas seguintes teriam fornecido a você as seguintes vantagens:

1. Extraordinários retornos — quase 10% ao ano (9,88%, para ser exato, já descontadas as taxas) nos últimos 40 anos (de 1974 a 2013)!
2. Extraordinária segurança — você teria feito dinheiro por exatamente 85% do tempo ao longo dos últimos 40 anos! Houve apenas seis perdas durante esses 40 anos, e a perda média foi de apenas 1,47%. Para todos os efeitos, duas das seis perdas ficaram no limiar da rentabilidade, pois foram de 0,03% ou menos. Assim, de uma perspectiva prática, você teria perdido dinheiro quatro vezes em 40 anos.
3. Extraordinária baixa volatilidade — a pior perda que você teria experimentado durante esses 40 anos seria de apenas -3,93%!

Lembra das principais leis de investimento de Warren Buffett? Regra 1: não perca dinheiro. Regra 2: veja a Regra 1. A aplicação dessa regra é a maior engenhosidade de Ray. É por isso que ele é o Leonardo da Vinci dos investimentos.

Qualquer pessoa pode lhe mostrar um portfólio (em retrospectiva) em que você poderia ter corrido riscos gigantescos e recebido grandes recompensas. Se você não dobrasse como um saco de papel quando o portfólio estivesse com 50% ou 60% de queda, teria conseguido grandes retornos. Esse conselho é bom em termos de marketing, mas não é realidade para a maioria das pessoas.

Eu não conseguia pensar que haveria um caminho para que o investidor individual (como você e eu) obtivesse ganhos similares aos do mercado de ações, mas ao mesmo tempo tivesse uma estratégia que limitasse enormemente a frequência e o tamanho das perdas em quase todos os ambientes econômicos concebíveis. Você consegue imaginar um modelo de portfólio que declinasse apenas 3,93% em 2008, quando o mundo estava acabando e o mercado caía 50% em relação ao seu auge? Um portfólio em que você poderá, muito provavelmente, se sentir seguro e protegido quando a próxima crise avassaladora varrer trilhões das contas 401 (k) dos Estados Unidos? Esse é o presente que está nas páginas seguintes. (Observe que o desempenho passado não garante resultados futuros. Ao contrário, estou fornecendo os registros históricos aqui para discutir e ilustrar os princípios subjacentes.)

Antes de avançar, e antes que você possa apreciar a beleza e o poder da orientação de Ray, vamos entender a história de um dos investidores e alocadores de ativos mais incríveis que já passaram por este planeta. Vamos aprender por que os governos e as maiores corporações do mundo têm o número de Ray na discagem rápida, de modo que possam maximizar seus retornos e limitar suas perdas.

ESTOU AMANDO

O ano de 1983 foi um ano ruim para as galinhas. Foi o ano em que o McDonald's decidiu lançar o incrivelmente bem-sucedido "Chicken McNugget". Esse sanduíche fez um sucesso tão grande que foram necessários alguns anos para resolver problemas relacionados à cadeia de suprimentos, porque eles não conseguiam adquirir um número suficiente de aves. Contudo, se não fosse pela destreza de Ray Dalio, o Chicken McNugget nem sequer existiria.

Como o mundo das altas finanças cruza com o palhaço das refeições rápidas? Quando o McDonald's quis lançar o novo produto, os executivos da cadeia de lanchonetes ficaram preocupados com o aumento do custo do frango e a elevação dos seus preços — e essa não era uma opção para a sua clientela, consciente do seu próprio orçamento. Mas os fornecedores não estavam dispostos a estabelecer um preço fixo para as suas galinhas, porque sabiam que não eram as galinhas o elemento mais caro. Era o custo de alimentá-las com milho e farelo de soja. Se os custos de alimentação aumentassem, os fornecedores teriam de absorver as perdas.

O McDonald's convocou Ray, sabendo que ele é uma das mentes mais capacitadas do mundo quando se trata de eliminar ou minimizar o risco enquanto se maximizam os resultados positivos — e ele encontrou uma solução. Ray montou um contrato de futuros personalizado (tradução: uma garantia contra futuros aumentos nos preços do milho e do farelo de soja) que permitiu que os fornecedores se sentissem confortáveis vendendo seus frangos por um preço fixo. Bom apetite!

A perícia de Ray se estende para muito além das salas de reuniões das grandes corporações. Até que ponto sua sabedoria reverbera em todo o mundo? **Em 1997, quando o Tesouro dos Estados Unidos decidiu emitir títulos protegidos contra a inflação (hoje conhecidos como TIPS), os agentes federais bateram na porta da empresa de Ray, a Bridgewater, para buscar aconselhamento sobre a sua estruturação.** As recomendações da Bridgewater levaram ao desenho atual dos TIPS.

Ray é mais do que apenas um gestor de dinheiro. Ele é um mestre dos mercados e do risco. Ele sabe montar as peças para aumentar drasticamente as suas chances de vencer e as de seus clientes.

Mas como é que Ray faz isso? Qual é o seu segredo? Vamos prestar muita atenção a esse mestre econômico e deixar que ele nos leve em uma viagem!

OS INTELECTUALIZADOS SEALS DA MARINHA NORTE-AMERICANA

Lembra da metáfora da selva que Ray nos apresentou lá atrás, no Capítulo 1? De acordo com Ray, para conseguir o que realmente queremos na vida, temos de atravessar a selva para chegar ao outro lado. A selva é perigosa por causa do desconhecido. São os desafios que estão à espreita na próxima curva que podem nos machucar. Assim, para chegar aonde você quer, é preciso se cercar com as mentes mais inteligentes, mentes que você respeita. A empresa de Ray, a Bridgewater, é sua equipe pessoal de "mestres da selva". Ele tem mais de 1.500 funcionários quase tão obcecados quanto ele mesmo por descobrir como maximizar retornos e minimizar riscos.

Como mencionei anteriormente, a Bridgewater é o maior fundo de cobertura do mundo, com quase 160 bilhões de dólares sob seu controle. Esse montante é surpreendente, considerando que a maioria dos "grandes" fundos de cobertura hoje em dia lidam com algo em torno de 15 bilhões. Embora o investidor médio nunca tenha ouvido falar de Ray, seu nome ecoa nos saguões dos lugares mais sofisticados. Suas observações, no formato de um relatório diário, são lidas pelas figuras mais poderosas em finanças, dos chefes dos bancos centrais aos que ocupam posições em governos estrangeiros, e até mesmo pelo presidente dos Estados Unidos.

Há uma razão pela qual os maiores operadores do mundo, desde os maiores fundos de pensão até os fundos soberanos de outros países, investem com Ray. E eis aqui uma pista: não se trata de "sabedoria convencional". Seu raciocínio é bastante inovador. Caramba, ele é revolucionário! E seu apetite por aprender e desafiar continuamente o convencional e encontrar a "verdade" foi o que levou Ray de seu primeiro escritório (seu apartamento) para um extenso *campus* em Connecticut. A sua equipe da selva em Bridgewater já foi chamada de grupo intelectualizado de Seals da Marinha norte-americana. Por quê? Porque, trabalhando na Bridgewater, você atravessa a selva de braços dados com Ray. A cultura exige que você seja criativo, perspicaz e corajoso — sempre capaz de defender sua posição ou seu ponto de vista. Mas Ray também exige que você esteja disposto a questionar ou até mesmo atacar qualquer coisa que considere errônea. A missão é descobrir o que é verdade e, em seguida, descobrir a melhor maneira de lidar com isso. Essa abordagem requer "abertura radical, verdade radical e transparência radical". A sobrevivência (e o sucesso) de toda a empresa depende disso.

CÃO ALFA

Ray Dalio se tornou conhecido pelo extraordinário (e contínuo) sucesso de sua estratégia de Puro Alfa. Lançada em 1991, a estratégia tem agora 80 bilhões de dólares e produziu um extraordinário retorno de 21% por ano (antes de as taxas serem descontadas), com um risco relativamente baixo. Entre os investidores do fundo estão os indivíduos, governos e fundos de pensão mais ricos do mundo. É o 1% do 1% do 1%, e o "clube" esteve fechado para novos investidores por muitos anos. A estratégia de Puro Alfa é gerenciada ativamente, o que significa que Ray e a sua equipe estão continuamente procurando investimentos oportunos. Eles querem entrar na hora certa e sair na hora certa. Não estão apenas aproveitando a boa fase dos mercados, o que foi evidenciado por um ganho de 17% (antes da incidência das taxas) em 2008, enquanto muitos gestores de fundos de cobertura estavam fechando suas portas ou implorando aos investidores para não sair. Os investidores na estratégia do Puro Alfa querem grandes recompensas e estão dispostos a assumir riscos — embora continuem limitando seu risco tanto quanto humanamente possível.

CRIANÇAS E FILANTROPIA

Com o incrível sucesso alcançado na gestão da estratégia de Puro Alfa, Ray construiu um pecúlio pessoal bastante considerável. Em meados dos anos 1990, começou a pensar no seu legado e nos fundos que pretendia deixar como herança, mas se perguntou: "Que tipo de portfólio eu usaria se não estivesse mais por perto para gerenciar ativamente o dinheiro?" Que tipo de portfólio sobreviveria a sua própria tomada de decisão e continuaria a sustentar seus filhos e seus esforços filantrópicos pelas próximas décadas?

Ray estava ciente de que a sabedoria convencional e a gestão convencional de portfólio o deixariam refém de um modelo que mostra continuamente que não é capaz de sobreviver quando as coisas se complicam. Então, ele começou a investigar se poderia ou não montar um portfólio — uma alocação de ativos — que teria um bom desempenho em qualquer ambiente econômico no futuro. Não importa que houvesse outro inverno brutal como 2008, uma depressão, uma recessão, e assim por diante. Ninguém sabe o que vai acontecer daqui a cinco anos, muito menos 20 ou 30 anos.

Os resultados?

Uma maneira completamente nova de analisar a alocação de ativos. Um novo conjunto de regras. Somente depois de o portfólio ter sido testado retrospectivamente até 1925, e somente depois de ter produzido resultados estelares para o fundo familiar do próprio Ray, em uma variedade de situações econômicas, ele começou a oferecê-lo a um grupo seleto. Desde que eles tivessem um investimento mínimo de 100 milhões de dólares, é claro. A nova estratégia, conhecida como estratégia de All Weather, fez sua estreia pública em 1996, apenas quatro anos antes de uma substancial correção do mercado colocá-la à prova. Ela foi aprovada com louvor.

AS PERGUNTAS SÃO A RESPOSTA

Todos nós já ouvimos a máxima "Peça e receberá!". Se você fizer perguntas melhores, obterá respostas melhores! É o denominador comum de todas as pessoas altamente bem-sucedidas. Bill Gates não perguntou "Como eu faço para construir o melhor software do mundo?". Ele perguntou: "Como eu faço para criar a inteligência [o sistema operacional] que poderá controlar todos os computadores?" Essa distinção é uma das principais razões pelas quais a Microsoft se tornou não apenas uma empresa de software de sucesso, mas também a força dominante na computação — ainda controlando quase 90% do mercado mundial de computadores pessoais! No entanto, Gates demorou para dominar a web, porque se interessava pelo que estava dentro do computador, mas os "Garotos do Google", Larry Page e Sergey Brin, perguntaram: "Como devemos fazer para organizar informações do mundo inteiro e as oferecer de forma acessível e prática?" Como resultado, eles se concentraram em uma força ainda mais poderosa na tecnologia, na vida e nos negócios. Uma pergunta mais bem formulada lhe ofereceu uma resposta mais bem formulada e as respectivas recompensas. Para chegar aos resultados, não se pode simplesmente fazer a pergunta apenas uma vez; é preciso se tornar obcecado por encontrar a(s) sua(s) melhor(es) resposta(s).

A pessoa comum pode perguntar "Como faço para sobreviver com poucos recursos?" ou "Por que isso está acontecendo comigo?". Alguns, inclusive, formulam perguntas que os desempoderam, fazendo suas mentes se concentrarem e encontrarem obstáculos em vez de soluções. Perguntas como "Por que é que eu nunca consigo perder peso?" ou "Por que eu não consigo guardar dinheiro?" as fazem avançar ainda mais no caminho da limitação.

Sempre fui obcecado pela questão "Como eu faço para melhorar as coisas?". Como eu posso ajudar as pessoas a melhorar significativamente a qualidade das suas vidas agora? Esse foco tem me movido por 38 anos a encontrar ou criar estratégias e ferramentas que façam diferença imediatamente. E quanto a você? Que pergunta(s) você faz mais do que qualquer outra? **Em que você foca na maioria das vezes? Qual é a obsessão da sua vida? Encontrar um amor? Fazer a diferença? Aprender? Lucrar? Agradar a todos? Evitar o sofrimento? Mudar o mundo? Você está ciente de qual é o seu foco, a sua pergunta principal na vida? Seja qual for, ela vai moldar, formar e dirigir a sua vida.** Este livro responde à pergunta "O que os investidores mais eficazes fazem para serem consistentemente bem-sucedidos?". Quais são as decisões e ações daqueles que começam do zero, mas conseguem criar riqueza e liberdade financeira para as suas famílias?

No mundo financeiro, Ray Dalio ficou obcecado por uma série de perguntas de qualidade superior. Perguntas que o levaram a criar o portfólio All Weather. É a abordagem que você está prestes a aprender aqui, e que tem potencial para mudar sua vida financeira para sempre.

"De que tipo de portfólio de investimento alguém precisaria para ter absoluta certeza de que teria um bom desempenho em tempos bons e ruins — em todos os ambientes econômicos?"

Isso pode soar como uma pergunta óbvia, e, na verdade, muitos "especialistas" e consultores financeiros diriam que a alocação de ativos diversificada que eles estão usando é concebida para fazer exatamente isso. Mas a resposta convencional é a razão pela qual tantos profissionais tiveram um desempenho de 30% a 50% inferior em 2008. Vimos quantos fundos ciclo de vida foram abatidos quando deveriam ser configurados para serem mais conservadores à medida que seus proprietários se aproximavam da idade da aposentadoria. Vimos a Lehman Brothers, uma instituição de 158 anos de idade, entrar em colapso em poucos dias. Foi uma época em que a maioria dos consultores financeiros se escondeu debaixo das suas mesas e evitou telefonemas de clientes. Um amigo meu brincou, amargamente: "O meu 401 (k) é agora um 201 (k)." Todos os sofisticados softwares que a indústria usa — as simulações de "Monte Carlo", que calculam todos os tipos de cenários potenciais no futuro — não previram nem protegeram os investidores contra a crise de 1987, o colapso de 2000, a destruição de 2008... e a lista continua.

Se você se lembra daqueles dias de 2008, as respostas padrão foram: "Isso nunca aconteceu antes", "Estamos pisando em terreno desconhecido", "Desta vez é diferente". Ray não compartilha essas respostas **(foi por isso que ele previu a crise financeira global de 2008 e ganhou dinheiro nesse mesmo ano).**

Não se engane. O que Ray chama de "surpresas" sempre terá um aspecto diferente do que teve em um momento anterior. A Grande Depressão, a crise do petróleo de 1973, a inflação crescente do fim dos anos 1970, a crise da libra esterlina de 1976, a segunda-feira negra de 1987, a bolha pontocom do ano 2000, a crise imobiliária de 2008, a queda de 28% nos preços do ouro em 2013 — todas essas surpresas abateram a maioria dos profissionais de investimentos. E a próxima surpresa os fará saírem em debandada novamente. Disso nós podemos ter certeza.

Mas em 2009, quando a fumaça se dissipou e o mercado começou a se recuperar, pouquíssimos gestores de dinheiro pararam, em primeiro lugar, para se perguntar se a sua abordagem convencional para a alocação de ativos e o gerenciamento de risco poderia estar equivocada. Muitos deles sacudiram a poeira do corpo, voltaram ao balcão de vendas e rezaram para que as coisas retornassem à "normalidade". **Mas lembre-se do mantra de Ray, "Espere surpresas", e de sua pergunta operacional básica: "O que eu *não* sei?". Não é questão de saber se haverá ou não outra crise; é uma questão de saber quando.**

MARKOWITZ: O SEGREDO PARA MAXIMIZAR RETORNOS

Harry Markowitz é conhecido como o pai da moderna teoria do portfólio. Ele explica o conceito fundamental por trás do trabalho que lhe valeu o Prêmio Nobel. Em suma, os investimentos em um portfólio não devem ser vistos individualmente, mas sim como um conjunto. Há um intercâmbio entre risco e retorno; portanto, não basta ouvir um instrumento, é preciso ouvir a orquestra toda. E o modo como seus investimentos se comportam em conjunto e a qualidade de sua diversificação, em última análise, determinarão sua recompensa. Esse conselho pode parecer simples agora, mas, em 1952, esse pensamento era inovador. Em certo nível, esse entendimento influenciou praticamente todos os gestores de portfólios de Nova York a Hong Kong.

Como todos os grandes investidores, Ray se inspirou em Markowitz, usando suas percepções mais importantes como base para refletir sobre o projeto de qualquer portfólio ou alocação de ativos. Mas ele queria levá-las a um outro patamar. Ele tinha certeza de que poderia acrescentar mais algumas distinções fundamentais — puxar algumas alavancas essenciais — e criar uma descoberta inovadora própria. Ele se valeu das suas quatro décadas de experiência em investimentos e reuniu sua equipe para concentrar todos os seus recursos intelectuais nesse projeto. Ray passou anos literalmente refinando sua pesquisa até que tivesse chegado a uma maneira completamente nova de abordar a alocação de ativos. A maneira definitiva de maximização de retornos e minimização de riscos. E suas descobertas lhe renderam um novo nível de vantagem competitiva — uma vantagem que logo se tornará sua.

Até a publicação deste livro, a abordagem modificadora e redefinidora de Ray tinha sido usada em benefício exclusivo dos seus clientes. Governos, planos de pensão, bilionários — todos conseguem as extraordinárias vantagens de investimento que você está prestes a aprender por meio da estratégia All Weather, desenvolvida por Ray. Como mencionei, foi a esse projeto que Ray se dedicou com mais afinco. É nele que Ray investe todo o dinheiro da sua família e da sua herança, bem como o das "cestas de segurança" das instituições mais conservadoras e sofisticadas do mundo. Assim como Ray, agora eu também invisto uma parte do dinheiro da minha família nessa abordagem, bem como o dinheiro da minha fundação, porque, como você começará a ver, ela produziu resultados em todos os ambientes econômicos nos últimos 85 anos. De depressões a recessões, passando por tempos de inflação ou deflação, em tempos bons e ruins, essa estratégia encontrou uma maneira de maximizar as oportunidades. Historicamente, parece ser uma das melhores abordagens possíveis para realizar meus desejos muito depois de eu não estar mais aqui.

DIA DE JOGO

Poder me encontrar com mais uma das grandes lendas de investimento do nosso tempo foi um verdadeiro presente. Passei cerca de 15 horas estudando e me preparando para o meu encontro com Ray, reunindo todos os recursos que pude encontrar (o que foi difícil, porque ele normalmente evita a mídia e a publicidade). Desenterrei alguns discursos raros que ele apresentou para líderes mundiais em Davos e no Conselho de Relações Exteriores. Vi sua entrevista com Charlie Rose no programa *60 Minutes* (uma de suas únicas aparições na mídia). Assisti à sua animação instrutiva *Como funciona a máquina econômica — Em trinta minutos* (www.economicprinciples.org [em inglês]). É um vídeo brilhante a que você deveria assistir para entender verdadeiramente como funciona a economia mundial. Analisei cada relatório técnico e cada artigo que consegui encontrar. Li e realcei praticamente todas as páginas do seu famoso texto *Principles*, que abrange tanto sua vida quanto os princípios fundamentais de gestão. Era a oportunidade da minha vida, e eu não entraria nisso sem estar inteiramente preparado.

O que deveria ser uma entrevista de uma hora rapidamente se transformou em quase três. Eu não sabia que Ray era fã do meu trabalho e vinha ouvindo meus programas de áudio há quase 20 anos. Que honra! Nós nos aproximamos. Trocamos impressões sobre tudo, desde os investimentos até o modo como a máquina econômica mundial realmente funciona. Comecei lhe fazendo uma pergunta simples: *"O investidor individual ainda pode ganhar o jogo?"*

"Sim!", ele disse, enfaticamente. Mas você certamente não vai conseguir ganhar ouvindo o seu amigo corretor. E você certamente não vai ganhar tentando prever o comportamento do mercado. **Prever o comportamento do mercado é, basicamente, jogar pôquer com os melhores jogadores do mundo, que jogam sem parar, com recursos quase ilimitados.** Há pouquíssimas fichas de pôquer na mesa. "É um jogo de soma zero." Então, acreditar que você vai conquistar fichas de caras como Ray é mais do que uma ilusão. É um delírio. "Um jogo mundial está acontecendo, e apenas um punhado de pessoas vai realmente ganhar dinheiro, e elas ganham muito conquistando as fichas dos jogadores que não são tão bons!" Como diz o velho ditado, se você já esteve a uma mesa de pôquer por alguns instantes e ainda não sabe quem é o otário... é você!

Ray fez a advertência final quanto a tentar superar/prever o comportamento do mercado: *"Você não quer participar desse jogo!"*

"Tudo bem, Ray, então nós sabemos que não deveríamos tentar vencer os melhores jogadores do mundo. Mas então eu gostaria de perguntar a você o que eu perguntei a cada pessoa que entrevistei para este livro: se você não pudesse deixar nenhuma parte da sua riqueza financeira para seus filhos, mas apenas um portfólio, uma alocação de ativos específicos com uma lista de princípios para orientá-los, o que seria?"

Ray se recostou, e eu pude ver sua hesitação por um momento. Não porque ele não quisesse compartilhar, mas porque nós vivemos em um mundo incrivelmente complicado em termos de riscos e oportunidades. "Tony, isso é muito complexo. Para mim, é muito difícil me comunicar com o indivíduo comum em um curto período de tempo, e as coisas estão mudando constantemente." Nada mais justo. Não se pode compactar 47 anos de experiência em uma entrevista de três horas. Mas eu o pressionei um pouco...

"Sim, eu concordo, Ray. Mas você também acabou de me dizer que o investidor individual não será bem-sucedido se utilizar um gestor de riqueza tradicional. Então, nos ajude a entender o que *podemos* fazer para termos sucesso. Todos sabemos que a alocação de ativos é a parte mais importante do nosso sucesso, então **quais são alguns dos *princípios* que você usaria para criar a máxima recompensa com o mínimo risco?"**

E foi então que Ray começou a se abrir e a compartilhar alguns segredos e percepções incríveis. Seu primeiro passo foi romper com a minha "sabedoria convencional" e me mostrar que o que a sabedoria convencional entende como portfólio "equilibrado" não é nem um pouco equilibrado.

O segredo de toda vitória consiste em organizar
o que não é óbvio.
— MARCO AURÉLIO

DESBALANCEADO

A maioria dos consultores (e dos anúncios) vai encorajar você a ter um "portfólio equilibrado". O equilíbrio parece uma coisa boa, não é? O equilíbrio nos diz que não estamos correndo muito risco. E que os nossos investimentos mais arriscados são compensados pelos nossos investimentos mais conservadores. Mas a pergunta permanece:

Por que a maioria dos portfólios equilibrados convencionais caiu de 25% a 40% enquanto o mercado apresentou uma queda brutal?

Os portfólios equilibrados convencionais são divididos entre 50% de ações e 50% de títulos (ou talvez 60/40, se você for um pouco mais agressivo, ou 70/30, se for ainda mais agressivo). Mas vamos ficar com 50/50, para o bem desse exemplo. Isso significaria que, se alguém tivesse 10 mil dólares, investiria 5 mil em ações e 5 mil em títulos (ou, similarmente, 100 mil dólares significariam 50 mil em títulos e 50 mil em ações — você entendeu a ideia). Usando essa abordagem equilibrada típica, nossa expectativa se concentra em três coisas:

1. *Esperamos* que as ações tenham um bom desempenho.
2. *Esperamos* que os títulos tenham um bom desempenho.
3. *Esperamos* que ambos não caiam ao mesmo tempo quando chegar a próxima crise.

É difícil não notar que a *esperança* é a base dessa abordagem típica. Mas iniciados como Ray Dalio não confiam na esperança. A esperança não é uma estratégia quando se trata do bem-estar da sua família.

NEGÓCIO ARRISCADO

Ao dividir seu dinheiro entre 50% de ações e 50% de títulos (ou alguma variação geral disso), muitos pensariam que estão diversificados e distribuindo o risco. Na realidade, você está correndo muito mais riscos do que pensa. Por quê? Porque, como Ray salientou enfaticamente várias vezes durante a nossa conversa, as ações são *três vezes* mais arriscadas (isto é, voláteis) do que os títulos.

"Tony, ao ter um portfólio com uma proporção 50/50, você, na verdade, tem mais ou menos o equivalente a 95% do seu risco nas ações!" A seguir você tem um gráfico do portfólio 50/50. O lado esquerdo mostra como o dinheiro está dividido entre ações e títulos *em termos percentuais*. O lado direito mostra como o mesmo portfólio está dividido *em termos de risco*.

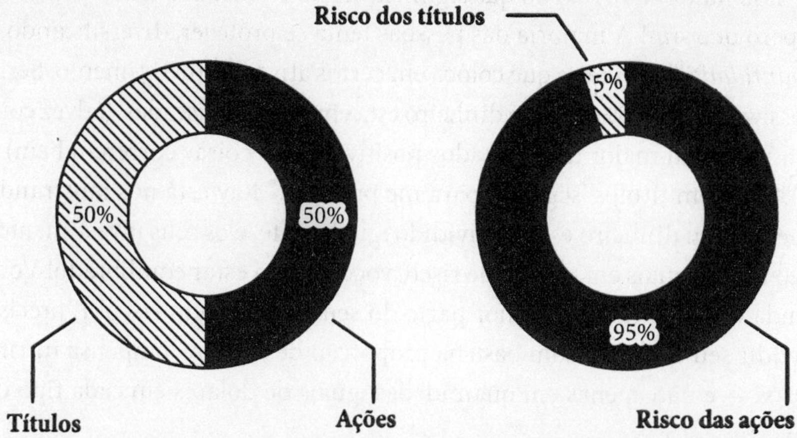

Assim, com 50% do seu "dinheiro" em ações, o portfólio *parece* estar relativamente equilibrado à primeira vista. Mas, conforme mostrado aqui, você teria quase 95% ou mais de "risco" por causa do tamanho e da volatilidade de suas ações. Assim, se as ações sofrerem uma queda repentina, todo o portfólio também sofrerá. Acabou-se o equilíbrio!

Como esse conceito se traduz na vida real?

De 1973 a 2013, a S&P 500 perdeu dinheiro nove vezes, e as perdas acumuladas totalizaram 134%! Durante o mesmo período, os títulos (representados pelo índice Barclays Aggregate Bond) perderam dinheiro apenas três vezes, e as perdas acumuladas foram de apenas 6%. Então, se você tivesse um portfólio 50/50, a S&P 500 representaria mais de 95% das suas perdas!

"Tony", Ray explicou, *"quando você analisa a maioria dos portfólios, eles têm um viés muito forte para apresentar um bom desempenho em tempos bons e um desempenho ruim em tempos ruins."* Assim, sua estratégia de fato é, simplesmente, a *esperança* de que as ações subam. Essa abordagem convencional de diversificação dos investimentos não está diversificando nada.

Eu nunca tinha ouvido esse conceito de equilíbrio e risco explicado de forma tão simples. Enquanto eu estava lá, sentado ao lado dele, comecei a pensar nos meus investimentos e onde eu poderia ter feito algumas suposições erradas.

Então eu gostaria de lhe perguntar como essa compreensão faz você se sentir agora em relação ao seu portfólio "equilibrado".

Isso muda sua visão do que significa ser diversificado? Certamente, eu espero que sim! A maioria das pessoas tenta se proteger, diversificando a *quantidade de dinheiro* que coloca em certos ativos de investimento. Seria possível dizer: "50% do meu dinheiro está em ações 'arriscadas' (talvez com um potencial maior de resultados positivos se as coisas correrem bem) e 50% está em títulos 'seguros' para me proteger." Ray está nos mostrando que se o seu dinheiro estiver dividido igualmente, e os seus investimentos não forem iguais em termos de risco, você não vai estar equilibrado! Você ainda está colocando a maior parte do seu dinheiro em risco! É preciso dividir seu dinheiro com base na proporção de risco/recompensa intrínsecos — e não apenas em quantidades iguais de dólares em cada tipo de investimento.

Agora você sabe algo que 99% dos investidores não sabem e que a maioria dos profissionais não sabe nem implementa! Mas não se sinta mal. Ray diz que a maior parte das grandes instituições, com centenas de bilhões de dólares, vem cometendo o mesmo erro!

O PRODUTOR DA CHUVA

Ray estava passando por um período de muito sucesso e vinha dissecando sistematicamente tudo o que eu havia sido ensinado ou vendido ao longo dos anos!

"Tony, há outro grande problema com a teoria do portfólio equilibrado. Ele está baseado em uma enorme e, infelizmente, imprecisa suposição. É a diferença entre correlação e causalidade."*

A *correlação* é uma extravagante palavra dos investimentos para quando as coisas se movimentam juntas. Nas culturas primitivas, as pessoas dançavam, tentando fazer chover. Às vezes, isso de fato funcionava! Pelo menos era o que elas achavam. Elas confundiam *causalidade* e *correlação*. Em outras palavras, elas pensavam que pular para cima e para baixo *causava* a chuva, mas na verdade era mera coincidência. Se isso acontecesse com

* Atenção: Esse erro conceitual apontado é muito importante para qualquer que seja o investidor, como se vê, é ignorado por quase todos!

uma frequência cada vez maior, eles construiriam uma falsa confiança em torno da sua capacidade de prever a *correlação* entre a sua dança e a chuva.

Frequentemente, os profissionais dos investimentos se deixam levar pela mesma mitologia. Eles dizem que certos investimentos estão correlacionados (se movimentam juntos) ou não correlacionados (não têm relação previsível). E, sim, às vezes eles podem estar correlacionados, mas, como o fazedor de chuva, muitas vezes é apenas um acaso.

Ray e sua equipe mostraram que todos os registros históricos apontam para o fato de que muitos investimentos têm correlações completamente aleatórias. O colapso econômico de 2008 destruiu essa flagrante suposição quando quase todas as classes de ativos despencaram conjuntamente. A verdade é que às vezes elas se movem juntas, às vezes não. Assim, quando os profissionais tentam criar equilíbrio, esperando que ações se movimentem na direção oposta à dos títulos, por exemplo, o resultado é um completo jogo de azar. Mas essa lógica viciada é a base do que a maioria dos profissionais financeiros usa como seu "verdadeiro norte".

Ray descobriu claramente algumas insuficiências flagrantes no modelo tradicional de alocação de ativos. Se ele fosse professor em uma universidade da Ivy League e tivesse publicado esse trabalho, provavelmente teria sido nomeado para um Prêmio Nobel! Mas Ray prefere viver nas trincheiras — no meio da selva.

AS QUATRO ESTAÇÕES

Quando conversei com David Swensen, diretor de investimentos de Yale, ele me disse que "a sabedoria não convencional é a única maneira de ser bem-sucedido". Seguindo o rebanho, você não terá chance. Muitas vezes as pessoas ouvem o mesmo conselho ou pensam demais e confundem isso com a verdade. Mas é a sabedoria não convencional que geralmente leva à verdade e, mais frequentemente, à vantagem competitiva.

E foi aqui que a segunda parcela da sabedoria não convencional de Ray surgiu com força total. "Tony, olhando para trás na história, **há uma coisa que podemos ver com certeza absoluta: todos os investimentos têm um ambiente ideal no qual florescem. Em outras palavras, há uma época para tudo.**"

Considere, por exemplo, o setor imobiliário. Analise retrospectivamente o início dos anos 2000, quando os norte-americanos estavam comprando tudo o que podiam (incluindo aqueles que tinham pouco dinheiro!). Mas eles não estavam comprando casas apenas porque "as taxas de juros estavam baixas". As taxas de juros chegaram a um nível ainda mais baixo em 2009, e nem por isso as casas foram oferecidas de graça. As pessoas compravam durante a alta repentina do mercado porque os preços sofriam os efeitos da inflação rapidamente. Os preços dos imóveis subiam a cada mês, e elas não queriam perder essa oportunidade. O bilionário ícone dos investimentos George Soros assinalou que "os norte-americanos acrescentaram mais dívida de hipoteca residencial nos últimos seis anos [em torno de 2007] do que em toda a existência do mercado de hipotecas". É verdade. Mais empréstimos foram emitidos em seis anos do que em toda a história dos financiamentos imobiliários.

Em Miami e em muitas partes do sul da Flórida, você poderia dar uma entrada e, por causa dos preços inflacionados, antes mesmo de a construção do condomínio ser concluída, você poderia vendê-lo com um lucro considerável. E o que as pessoas fizeram com o imóvel residencial próprio? Elas usaram a casa própria como caixa eletrônico e gastaram, e os gastos maciços estimularam a rentabilidade das corporações e o crescimento da economia. Soros citou alguns números surpreendentes: "Martin Feldstein, ex-presidente do Conselho de Assessores Econômicos, **estimou que, de 1997 a 2006, os consumidores sacaram mais de 9 trilhões de dólares em dinheiro de seus imóveis residenciais.**" Para colocar esses dados em perspectiva, em apenas seis anos (de 2001 a 2007), os norte-americanos aumentaram mais a sua dívida hipotecária residencial (*cerca de 5,5 trilhões de dólares*) do que em toda a existência do mercado hipotecário, que tem mais de um século de idade. Naturalmente, esse comportamento nacional não é uma forma sustentável de viver. Quando os preços das casas despencaram, os gastos e a economia também despencaram.

Em resumo, qual período ou ambiente são capazes de impulsionar poderosamente os preços das moradias? A *in*flação. Mas em 2009 nós experimentamos a *de*flação, quando os preços afundaram, e as casas de muitos titulares de hipotecas acabaram indo por água abaixo — valendo menos do que o que eles deviam. A deflação derruba o preço dessa classe de investimentos.

E quanto às ações? Elas também apresentam um bom desempenho durante a inflação. Com a inflação, os preços começam a subir. Preços mais altos significam que as empresas têm a oportunidade de ganhar mais dinheiro. E as crescentes receitas significam crescimento nos preços das ações. Isso provou ser verdadeiro ao longo do tempo.

Os títulos são radicalmente diferentes. Considere as obrigações do Tesouro americano, por exemplo. Se tivermos uma época de deflação, que é acompanhada pela queda das taxas de juros, os preços dos títulos vão subir.

Ray revelou, então, a distinção mais simples e importante de todas. Há apenas quatro coisas que fazem o preço dos ativos mudar:

1. **inflação,**
2. **deflação,**
3. **aumento do crescimento econômico e**
4. **redução do crescimento econômico.**

	CRESCIMENTO	**INFLAÇÃO**
AUMENTO ↑	Maior do que o crescimento econômico esperado	Maior do que a inflação esperada
DIMINUIÇÃO ↓	Menor do que o crescimento econômico esperado	Menor do que a inflação esperada

A visão de Ray se resume a apenas quatro diferentes ambientes possíveis, ou períodos econômicos, que afetam, em última análise, se os investimentos (preços dos ativos) vão aumentar ou diminuir. (Ao contrário da natureza, porém, não existe uma ordem predeterminada para a chegada das estações.) São eles:

1. inflação superior à esperada (aumento dos preços),
2. inflação (ou deflação) abaixo da esperada,
3. crescimento econômico superior ao esperado e
4. crescimento econômico inferior ao esperado.

Hoje em dia, quando observamos o preço de uma ação (ou de um título), esse preço já incorpora o que nós (o mercado) "esperamos" em relação ao futuro. Ray me disse: "Tony, quando analisamos os preços de hoje, vemos uma imagem literal do futuro." Em outras palavras, o preço atual das ações da Apple incorpora as *expectativas* dos investidores que acreditam que a empresa continuará a crescer em um certo ritmo. É por isso que você já deve ter ouvido que uma ação vai cair quando uma empresa afirma que seu crescimento futuro (lucros) será menor do que tinha sido inicialmente esperado.

"São as *surpresas* que, em última instância, determinarão qual classe de ativos apresentará um bom desempenho. Se tivermos uma verdadeira surpresa em termos de crescimento, isso seria muito bom para as ações e não tão bom para os títulos. Para os títulos, seria bom se tivéssemos uma queda surpreendente na inflação."

Se existem apenas quatro ambientes ou estações econômicas potenciais, Ray diz que você deve manter 25% do seu *risco* em cada uma dessas quatro categorias. Ele explica: "Eu sei que existem ambientes bons e ruins para todas as classes de ativos. E eu sei que, na vida de qualquer pessoa, haverá um ambiente desastroso para uma dessas classes de ativos. Isso tem se mostrado verdadeiro ao longo da história."

É por isso que ele chama essa abordagem de All Weather [literalmente, "Para qualquer condição meteorológica"]: porque há quatro períodos possíveis no mundo financeiro, e ninguém sabe realmente qual período virá a seguir. Com essa abordagem, cada período, cada quadrante, é coberto o tempo todo, então você sempre está protegido. Ray elabora: **"Imagino quatro portfólios, cada um deles com uma quantidade equivalente de risco. Isso significa que eu não teria uma exposição a qualquer ambiente em particular."** Não é legal? Não estamos tentando prever o futuro, porque ninguém sabe o que o futuro reserva. O que sabemos é que há apenas quatro estações potenciais que todos nós enfrentaremos. Ao usar essa estratégia de investimento, podemos saber que estamos protegidos — e não apenas esperançosos —, e que os nossos investimentos estão abrigados e terão um bom desempenho em qualquer estação que apareça.

Bob Prince, codiretor de investimentos da Bridgewater, descreve a singularidade da abordagem All Weather: **"Hoje nós podemos estruturar um portfólio que terá um bom desempenho em 2022, embora não possamos saber como estará o mundo em 2022."**

Honestamente, fiquei diante dele de boca aberta, porque ninguém nunca tinha me descrito uma solução tão simples, mas tão elegante. É perfeitamente sensato ter investimentos, divididos equitativamente em termos de risco, que apresentem um bom desempenho em todas as estações, mas *como* você realmente consegue fazer isso é que equivale ao bilhete premiado.

"Então, nós já sabemos quais são as quatro estações potenciais, mas qual tipo de investimento vai funcionar bem em cada um desses ambientes?" Ray respondeu categorizando-os dentro de cada estação. Eis aqui um gráfico que torna mais fácil analisar visualmente.

	CRESCIMENTO	INFLAÇÃO
AUMENTO ↑	Ações Títulos Corporativos Mercadorias/Ouro	Mercadorias/Ouro Títulos Relacionados com a Inflação (TIPS)
DIMINUIÇÃO ↓	Obrigações do Tesouro Títulos Relacionados com a Inflação (TIPS)	Obrigações do Tesouro Ações

DUAS JÁ FORAM; FALTA UMA

A alocação de ativos pode parecer complexa, mesmo quando você compreende os princípios apresentados por Ray. Mas há uma coisa da qual eu tenho certeza: a **complexidade é inimiga da execução.** Se você e eu *realmente* estivermos determinados a acompanhar esse processo e receber as devidas recompensas, eu deveria encontrar uma maneira de fazer esse conselho se tornar *ainda* mais simples.

Então eu disse a Ray: "O que você compartilhou conosco aqui é inestimável. Uma maneira completamente diferente de analisar a alocação de ativos. Agora, todos nós sabemos que a alocação de ativos é um dos segredos mais importantes para todos os investimentos bem-sucedidos. Mas o desafio para o investidor comum — e até mesmo para o investidor sofisticado — é pegar esses princípios e traduzi-los em um portfólio real, com as porcentagens mais eficazes em cada classe de ativos. Para 99% de nós, será algo muito complexo. Portanto, seria um grande presente se você pudesse compartilhar as porcentagens específicas que as pessoas investiriam em cada classe de ativos para que o risco fosse dividido igualmente entre as estações!"

Ray olhou para mim, e eu podia ver sua mente funcionando. "Tony, não é assim tão simples." Ray explicou que, em sua estratégia de All Weather, eles usam instrumentos de investimento muito sofisticados, e também usam a alavancagem para maximizar os retornos.

Consegui acompanhar o raciocínio de Ray, e então lhe pedi uma versão mais simplificada: "Você pode me dar as porcentagens que a pessoa comum pode fazer, sem nenhuma alavancagem, para obter os melhores retornos com a menor quantidade de risco? Eu sei que não será sua alocação de ativos mais perfeita, porque eu o estou pressionando a criá-la aqui e agora. Mas, Ray, sua melhor estimativa certamente será melhor do que o melhor plano da maioria das pessoas. Você poderia dar uma versão do portfólio All Weather que os leitores pudessem fazer por conta própria ou com a ajuda de um consultor fiduciário?"

Ray aceitou pouquíssimos investidores nos últimos dez anos, e, na última vez que o fez, você precisaria ser um investidor institucional com 5 bilhões de dólares em ativos com oportunidades de investimento, e o seu investimento inicial teria de chegar a um mínimo de 100 milhões, apenas para obter uma consultoria de Ray. Isso ajuda você a entender o grau de complexidade da pergunta que eu estava fazendo. Mas eu sei que ele se importa com o investidor mais modesto. Ele certamente não esqueceu suas raízes como homem autodidata, de origem humilde no Queens, em Nova York.

"Ray, eu sei que você tem um coração enorme e está disposto a ajudar, então vamos dar às pessoas uma receita para o sucesso. Você não vai pegar o dinheiro de ninguém, mesmo que ele valha 5 bilhões de dólares hoje. Ajude os seus irmãos e irmãs!", eu disse, com um grande sorriso.

E então algo mágico aconteceu.

Olhei nos olhos de Ray, e um sorriso apareceu no seu rosto. "Muito bem, Tony. Não seria exato ou perfeito, mas eu vou lhe dar uma amostra de portfólio que a pessoa comum poderia implementar." E então, lentamente, ele começou a desdobrar a sequência exata para o que, segundo comprova sua experiência, vai dar a você e a mim a probabilidade de maior retorno em qualquer ambiente de mercado, desde que passemos a conviver com a menor quantidade de risco.

QUE RUFEM OS TAMBORES

Você está prestes a ver a exata alocação de ativos elaborada por um homem que muitos acreditam ser o melhor alocador de ativos que já apareceu neste planeta. Um homem autodidata que se fez do nada e construiu um patrimônio líquido de mais de 14 bilhões de dólares, que gere 160 bilhões por ano e produz rendimentos anuais de mais de 21% para os seus investidores. Aqui ele compartilha não apenas qual tipo de investimento, mas também de qual porcentagem de cada classe de ativos você precisa para ganhar! Na verdade, se você pesquisar na internet, muitas pessoas tentaram replicar uma versão do que é apresentado aqui, com base em entrevistas anteriores de Ray. Na verdade, existe atualmente uma nova categoria de produtos de investimentos chamada "Paridade de risco", baseada nas inovações de Ray. Muitos fundos ou estratégias dizem que se "inspiraram" na abordagem de Ray, mas ninguém recebeu a alocação específica da forma como Ray oferece aqui. Muitas das réplicas caíram até 30% ou mais em 2008. Mais parecidas com "alguma condição meteorológica" do que All Weather, se você me perguntar. Um falso Rolex nunca será um Rolex. (Uma rápida observação: evidentemente, a estratégia a seguir *não* é a mesma que a estratégia All Weather de Ray. Como ele disse, seu fundo usa investimentos mais sofisticados e também recorre à alavancagem. Mas os princípios básicos são os mesmos, as porcentagens específicas são projetadas diretamente por Ray e ninguém mais, então vamos chamar esse portfólio de o portfólio All Seasons [Todas as estações].)

EU QUERO OS NÚMEROS

"Então me diga, Ray. Quais são as porcentagens que você colocaria em ações? Qual a porcentagem em ouro? E assim por diante." Graciosamente, ele começou a esboçar a seguinte divisão:

Primeiro, ele disse, **precisamos de 30% das ações (por exemplo, a S&P 500 ou outros índices para maior diversificação nessa cesta).** Inicialmente, isso me pareceu pouco, mas lembre-se: as ações são três vezes mais arriscadas que os títulos. E quem sou eu para contestar o Yoda da alocação de ativos?

"Depois, você precisa de títulos de longo prazo do governo. **15 % em títulos de médio prazo [de sete a dez anos] e 40% em títulos de longo prazo [obrigações do Tesouro de 20 a 25 anos].**"

"Por que uma porcentagem tão grande?", perguntei.

"Porque isso contraria a volatilidade das ações." Lembrei rapidamente de que se trata do balanceamento dos riscos, e não dos montantes em dólares. Ao partir para os títulos de maior duração, essa alocação trará um potencial de retornos mais elevados.

Ele completou o portfólio com 7,5% em ouro e 7,5% em mercadorias. "Você precisa ter uma parte desse portfólio apresentando um bom desempenho com a inflação em ascensão, então deve colocar uma porcentagem em ouro e mercadorias. Eles têm alta volatilidade, pois há ambientes em que a inflação em disparada pode prejudicar tanto as ações quanto os títulos."

Por último, o portfólio deve ser rebalanceado. Isso significa que, quando um segmento tem um bom desempenho, você deve vender uma porção e reconfigurar novamente o portfólio para a alocação original. Isso deve ser feito pelo menos uma vez por ano, e, se realizado corretamente, pode de fato aumentar a eficiência fiscal. Essa é uma das razões pelas quais eu recomendo que se tenha um consultor para implementar e gerenciar esse processo crucial e contínuo.

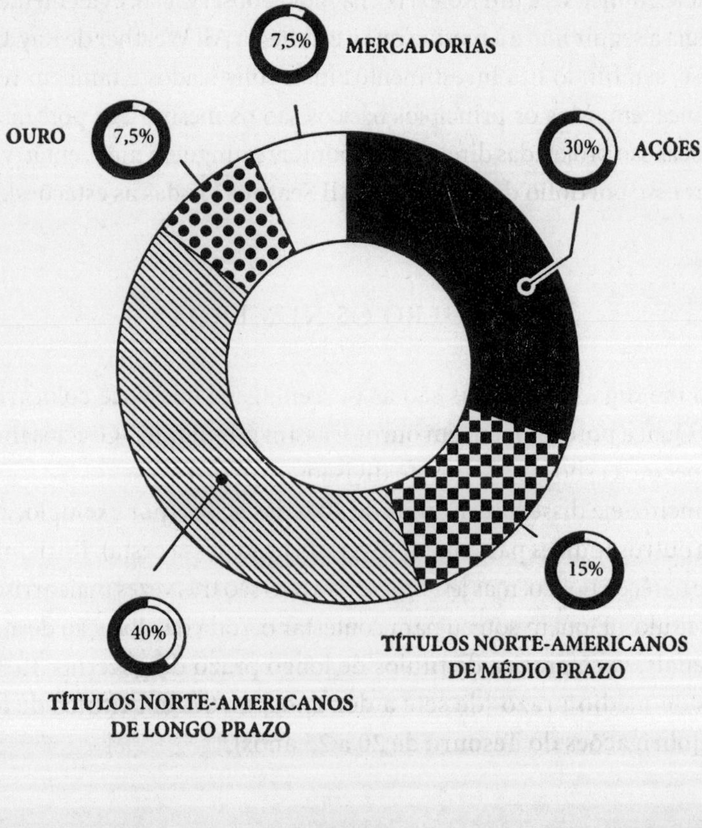

GRATIDÃO

Uau! Lá estava, em preto e branco. Ray tinha fornecido magistral e gentilmente uma receita decisiva, que causaria um impacto nas vidas de milhões de norte-americanos. Você percebe o nível de generosidade desse homem tanto para você quanto para mim naquele dia maravilhoso? O desprendimento está na essência de Ray. É por isso que não fiquei nem um pouco surpreso ao saber que ele e sua esposa, Barbara, aderiram à campanha Giving Pledge — um compromisso dos indivíduos mais ricos do mundo, de Bill Gates a Warren Buffett, de doar a maior parte de sua riqueza à filantropia.

ESTÁ PRESTANDO ATENÇÃO AGORA?

Quando minha equipe de investimentos me mostrou os números de desempenho do portfólio All Seasons em verificações posteriores, fiquei espantado. Nunca vou esquecer. Eu estava sentado com minha esposa à mesa de jantar e recebi uma mensagem de texto do meu consultor pessoal, Ajay Gupta, que dizia: "Você viu o e-mail em que Ray Dalio compartilhava com você os números do portfólio em verificações posteriores? Incrível!" Ajay normalmente não me escreve à noite, então eu sabia que ele não estava conseguindo se conter para compartilhar os resultados. Assim que o jantar terminou, peguei meu telefone e abri o e-mail...

CAPÍTULO 5.2

É HORA DE PROSPERAR: RENDIMENTOS À PROVA DE TEMPESTADES E RESULTADOS INIGUALÁVEIS

Se você não cometeu nenhum erro, mas continua perdendo... deveria tentar um jogo diferente.

— YODA

A PROVA DEFINITIVA É A PRÁTICA

É seguro dizer que, nos últimos 80 anos, temos experimentado todos os tipos possíveis de períodos econômicos, e tido mais do que um punhado de surpresas, da Grande Depressão à Grande Recessão e tudo o mais. Então, como é que o portfólio All Seasons se comporta? Como mencionei, eu o levei para uma equipe de analistas, que o testou extensiva e retroativamente, até 1925! Os resultados espantaram a todos.

No capítulo anterior, nós vimos que a abordagem All Seasons vem funcionando nos últimos 40 anos, então vamos nos aprofundar um pouco mais. Vamos dar uma olhada em como ela se comportou durante o que eu chamo de "período moderno" — os 29 anos de 1984 a 2013. O portfólio era bastante sólido.[13]

[13] Isso pressupõe que o portfólio foi rebalanceado anualmente. O desempenho passado não garante resultados futuros. Ao contrário, como mencionei anteriormente, estou fornecendo os dados históricos aqui para discutir e ilustrar os princípios subjacentes.

- **Um retorno anualizado médio de pouco menos de 10% (precisamente 9,72%, sem quaisquer comissões).** (É importante notar que esse é o retorno real, não um retorno médio inflacionado.)
- **Você teria ganhado dinheiro em pouco mais de 86% do tempo.** Isso equivale a apenas quatro anos de queda/negativos. A perda média foi de apenas 1,9%, e uma das quatro perdas foi de apenas 0,03% (essencialmente um ano de equilíbrio) — assim, efetivamente, **você teria perdido dinheiro apenas em três anos em um total de 30.**
- **O pior ano de queda foi -3,93%, em 2008 (quando a S&P 500 caiu 37%!).**
- Alerta do investidor nerd! O desvio padrão foi de apenas 7,63%. (Isso significa risco extremamente baixo e baixa volatilidade.)

Por que escolhemos o período moderno a partir de 1984? Esse marco de tempo sinaliza o início do plano 401 (k), quando cada norte-americano se tornou um investidor, e o mercado de ações já não estava disponível apenas para os mais sofisticados. Analisando dentro da perspectiva histórica, há 30 anos não havia a internet. Caramba, os primeiros telefones celulares "portáteis" foram lançados em 1984. O Motorola DynaTac era um tijolo bege que custava quase 4 mil dólares. O plano em si também custava 50 dólares por mês e 50 centavos por minuto, mas você poderia falar apenas 30 minutos antes de a bateria acabar. Eu sei porque sou antigo o suficiente para ter sido um dos primeiros e orgulhosos usuários.

Mas não vamos apontar apenas os aspectos positivos. **Vejamos como o portfólio se comportou nos piores momentos: os invernos econômicos.** Essa análise é o que a indústria chama de testes de estresse.

Se você observar o que eu chamo de "período histórico" de 1939 a 2013 (74 anos), considere estas surpreendentes estatísticas. (Note que, para retroceder mais no tempo, tivemos de usar diferentes "índices" para representar a alocação de ativos porque certos índices não existiam antes de 1983. Veja o fim do capítulo para uma explicação completa sobre a metodologia utilizada.)

S&P *VS*. ALL SEASONS (74 ANOS DE HISTÓRIA)

S&P	ALL SEASONS
Em 74 anos, a S&P perdeu dinheiro 18 vezes*	No mesmo período, o portfólio All Seasons perdeu dinheiro apenas dez vezes (um pouco mais de uma vez em cada década, em média).**
Sua maior perda unitária foi de -43,3%.	Sua maior perda unitária foi de apenas -3,93%.
A perda média foi de -11,40%.	A perda média foi de apenas -1,63%.

* Inclui o reinvestimento de dividendos.

** Dois dos dez anos de perdas foram de apenas 0,03% (essencialmente, anos de equilíbrio; portanto, de uma perspectiva pragmática, houve apenas 8 anos de perdas em um histórico de 74 anos).

Vamos voltar ainda mais, até 1927, na pior década na nossa história econômica, a Grande Depressão:

S&P *VS*. ALL SEASONS (DESDE 1928)

S&P*	ALL SEASONS
Em 87 anos (até 2013), a S&P perdeu dinheiro 24 vezes (aproximadamente 27% do tempo).	O portfólio All Seasons perdeu dinheiro apenas 14 vezes durante o mesmo período (o que significa 73 anos de retornos positivos).
No auge da Depressão, nos quatro anos consecutivos de perdas (1929-1932), a S&P perdeu 64,40%.	Durante o mesmo período de quatro anos, 1929-1932, o portfólio All Seasons apresentou uma perda total de 20,55% (59% melhor do que a S&P).
A perda média foi de 13,66%.	A perda média foi de apenas 3,65%.

* Inclui o reinvestimento de dividendos.

Se uma casa é considerada à prova de tempestade, a única maneira de ter certeza disso é passar pelo teste do tempo e pelas piores tempestades. Abaixo está um gráfico que mostra as sete piores quedas desde 1935. Como você verá, o portfólio All Seasons na verdade *subiu* em dois desses sete "invernos"! E as perdas que sofreu foram relativamente pequenas em comparação com o mercado de ações dos Estados Unidos. Vamos dizer que ele inverteu a tendência. Enquanto o inverno massacrava todo o mundo, esse portfólio teria permitido que você passasse o inverno esquiando ou praticando snowboard e desfrutando seu chocolate quente!

QUEDAS MUNDIAIS DESDE 1935

ANO	S&P*	ALL SEASONS
1937	-35,03%	-9,00%
1941	-11,59%	-1,69%
1973	-14,69%	3,67%
1974	-26,47%	-1,16%
2001	-11,89%	-1,91%
2002	-22,10%	7,87%
2008	-37%	-3,93%

* Inclui o reinvestimento de dividendos.
Fonte: Jemstep.

Se observarmos como o portfólio All Seasons teria se comportado em relação ao mercado em anos mais recentes, a diferença seria ainda maior! **De 1º de janeiro de 2000 a 31 de março de 2014, o portfólio All Seasons derrotou os retornos do mercado (a S&P 500).** Durante esse período, passamos por tudo o que Ray chama de "surpresa": a crise tecnológica, a crise de crédito, a crise da dívida europeia e a maior queda do ouro em um único ano (28% em 2013) em mais de uma década.

Esse período de tempo inclui o que os especialistas chamam de década perdida, em que a S&P 500 ficou estável por quase dez anos, desde o início de 2000 até o fim de 2009. Dê uma olhada nas diferenças de desempenho entre os dois:

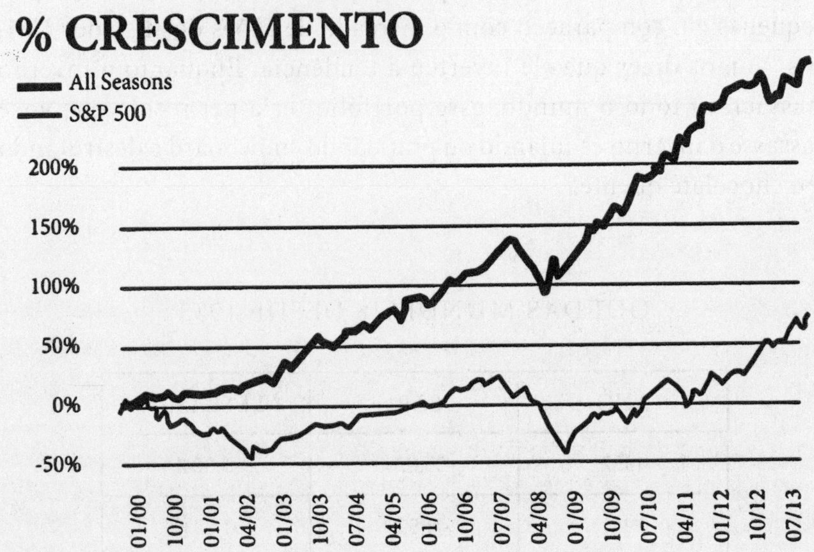

HUMILHE-OS

É fascinante e muito triste constatar que vivemos em uma época em que a mídia está salivando para derrubar os considerados "melhores da sua classe". A cultura parece erguê-los em um pedestal de perfeição apenas para esperar que comecem a cair. Quer se trate de um atleta, um diretor-executivo ou um gestor de dinheiro, qualquer movimento falso ou uma aparente vulnerabilidade é explorada ao máximo. Atire pedras contra eles na praça pública da televisão e da internet.

Eu considero arrebatador que, com mais de 30 anos de retornos estelares, a estratégia All Weather de Ray tenha recebido intensas críticas quando caiu aproximadamente 4% em 2013. Surpreendentes 4%. E não a queda colossal de 37% que a S&P apresentara apenas alguns anos antes. Lembre-se: com base na história, a abordagem All Seasons sofrerá perdas, mas o objetivo é minimizar essas quedas dramáticas. Vamos ser honestos: você poderia aderir a esse portfólio e sofrer uma perda no primeiro ano. Esse portfólio não pretende ser a palavra final. É uma abordagem de longo prazo para a jornada mais suave possível. Seria um erro julgá-lo por um único ano, mas precisamos avaliar seu desempenho global de longo prazo — como qualquer outra oportunidade de investimento. No momento da redação deste livro (meados de 2014), a mídia estava aplaudindo novamente o sucesso de Dalio, pois seu fundo All Weather tinha subido 11% até junho.

Toda essa atenção da mídia por causa de uma perda de 4%? Não importa que entre 2009 e 2013, o All Weather tenha tido uma média de mais de 11% ao ano, mesmo incluindo esse único ano de queda! Mas o fato de ele ter perdido até mesmo uma pequena quantia quando o mercado estava em alta e de ter recebido grande atenção da mídia mostra como o seu incrível desempenho se tornou esperado. Quando se trata da mídia financeira, a excelência depende da última "tacada". Que ridículo. Não importa o fato de os clientes de Ray terem desfrutado retornos incríveis ano após ano, década após década, como o *New Yorker* relatou em um artigo de 2011 sobre a Bridgewater "Mastering The Machine" [Dominando a máquina]:

"Em 2007, Dalio previu que a alta repentina dos mercados imobiliário e hipotecário terminaria mal. Mais tarde naquele ano, ele alertou o governo Bush de que muitos dos maiores bancos do mundo estavam à beira da insolvência. Em 2008, um ano desastroso para muitos dos rivais da Bridgewater, o produto principal da empresa, o fundo Puro Alfa, cresceu 9,5% em valor, após contabilizadas as taxas. No ano passado, o fundo Puro Alfa subiu 45%, o maior retorno de qualquer grande fundo de cobertura."

O ponto é: existe um número de especialistas que vai se recostar e criticar *qualquer* estratégia que você venha a implantar. Repito aqui a minha citação favorita do Dr. David Babbel: "Deixe que eles critiquem; vamos dormir."

BOAS PERGUNTAS

Quando se trata da abordagem All Weather, a maior questão dos blogueiros é: o que acontece quando as taxas de juros sobem? Os títulos do governo não vão cair e causar uma perda para o portfólio por causa da grande porcentagem alocada nos títulos?

É uma pergunta justa, mas ela merece mais do que uma frase feita de um especialista de araque. Primeiro, lembre-se de que o fato de se ter uma grande alocação em títulos significa que não se trata de uma aposta única em títulos. Esse portfólio distribui seu risco entre os quatro potenciais períodos econômicos.

Ray nos mostrou que a questão não é planejar uma estação específica ou fingir saber qual será a próxima estação. Lembre-se: são as surpresas que mais o pegarão desprevenido.

Na verdade, muitos têm tentado fazer proselitismo e prever a próxima estação, alegando que as taxas de juros vão subir rapidamente. Afinal, estamos nas piores quedas de todos os tempos. Entretanto, Michael O'Higgins, autor do famoso livro *Beating the Dow*, diz que as pessoas podem estar esperando durante algum tempo por quaisquer aumentos significativos da taxa de juros, uma vez que o Federal Reserve tem o histórico de suprimir as taxas de juros por longos períodos para manter baixos os custos de empréstimos: "Para o grande número de investidores que acreditam que as taxas de juros inevitavelmente subirão no próximo ano (2014), **lembre-se de que o Federal Reserve manteve as taxas por longo tempo (em duração) abaixo de 3% durante 22 anos, de 1934 a 1956."**

O Federal Reserve tem mantido as taxas baixas desde 2008, então quem sabe por quanto tempo as taxas de juros permanecerão baixas? Ninguém pode afirmar com certeza. No início de 2014, quando todos esperavam que as taxas subissem, elas caíram mais uma vez e provocaram um aumento nos preços dos títulos norte-americanos. (Lembre-se de que, conforme as taxas caem, os preços sobem.)

COMO FOI O DESEMPENHO DA ALL SEASONS EM UM MERCADO COM AUMENTOS NA TAXA DE JUROS?

Um exercício revelador é analisar retrospectivamente a história e observar o que aconteceu com o portfólio All Seasons durante uma estação em que as taxas de juros subiram como um balão. Depois da queda nas taxas por muitas décadas, os anos 1970 trouxeram uma inflação em ritmo acelerado. **Apesar das altas taxas de juros, o portfólio All Seasons teve um único**

ano de perdas na década de 1970 e um retorno anualizado de 9,68% durante a década. Isso inclui suportar as quedas consecutivas de 1973 e 1974, quando a S&P perdeu 14,31% e, em seguida, outra perda de 25,90%, perfazendo uma perda acumulada de 40,21%.

Portanto, não vamos deixar que a mídia nos faça acreditar que sabe qual é o período que está se aproximando. Mas vamos certamente nos preparar para todos os períodos e a série de surpresas que nos aguardam.

VAMOS SER REALISTAS

Uma vantagem final e crucial do portfólio All Seasons é que ele contém um elemento muito mais humano. Muitos críticos dirão que, se você pudesse suportar mais risco, teria sido capaz de superar essa abordagem All Seasons. E eles estariam certos. Mas a questão central do portfólio All Seasons é reduzir a volatilidade/risco enquanto continua maximizando os ganhos!

Se você é jovem e tem um horizonte de tempo mais longo, ou se estiver disposto a suportar mais riscos, ainda pode tirar vantagem dos fundamentos do All Seasons fazendo um pequeno ajuste no equilíbrio entre ações e títulos para, espero, produzir um retorno maior. Lembre-se: o acréscimo de ações e a diminuição de títulos são mudanças que vão aumentar o risco/volatilidade, e você estará apostando mais em um único período (no qual espera que as ações subam). No passado, isso funcionou muito bem. Se você visitar o site da Stronghold, poderá ver que, ao longo do tempo, adicionando mais ações, o portfólio teria produzido um retorno maior, mas também mais resultados negativos em certos anos. Mas eis aqui o que é incrivelmente interessante. Em comparação com um portfólio equilibrado padrão de 60%/40% (60% no índice S&P 500 e 40% no índice Barclays Aggregate Bond), **a abordagem All Seasons, com maior exposição a ações, superou com facilidade — e você teria de aceitar quase 80% mais risco (desvio padrão) com o tradicional portfólio 60/40 para ainda alcançar resultados que ainda iriam cair ligeiramente abaixo do All Seasons com maior foco de capital.**

Mas sejamos honestos: suportamos muito menos coisas do que pensamos. A empresa de pesquisas Dalbar revelou a verdade sobre o nosso apetite pelo risco. **No período de 20 anos entre 31 de dezembro de 1993 e 31 de dezembro de 2013, a S&P 500 apresentou um retorno de 9,2% ao**

ano, mas o investidor comum de fundos mútuos calculou uma média de pouco mais de 2,5%, mal superando a inflação.[14] Para colocar isso em perspectiva, você teria recebido um retorno melhor investindo em obrigações do Tesouro americano de três meses (que são, praticamente, equivalentes a dinheiro) e evitado as repugnantes quedas.

Por que o investidor comum deixou tantas coisas para trás?

O presidente da Dalbar, Louis Harvey, afirma que os investidores "movimentam seu dinheiro, entrando e saindo do mercado, em momentos errados. Eles ficam empolgados ou entram em pânico, e se prejudicam".

Um dos exemplos mais surpreendentes é um estudo conduzido pela Fidelity sobre o desempenho do seu principal produto, o fundo mútuo Magellan. **O fundo era administrado pela lenda dos investimentos Peter Lynch,[15] que apresentou um surpreendente retorno anual médio de 29% entre 1977 e 1990. Mas a Fidelity descobriu que, na verdade, o investidor comum da Magellan havia perdido dinheiro!!!** Como assim? A Fidelity mostrou que, quando o fundo estava em baixa, as pessoas tendiam a trocar seus ativos por dinheiro — com medo da possibilidade de perder mais. Quando o fundo voltou a subir, elas voltaram correndo como um pródigo investidor.

Eis aqui a realidade: a maioria das pessoas não conseguiria suportar outro 2008 sem vender alguns ou todos os seus investimentos. É a natureza humana. Assim, quando as pessoas falam sobre um melhor desempenho, na maior parte das vezes estão falando de um investidor fictício um investidor com nervos de aço e uma gaveta cheia de antiácido. Uma ilustração dessa situação: recentemente, me deparei com um artigo de Mark Hulbert no *MarketWatch*. O texto de Mark rastreia o desempenho de boletins eletrônicos por assinatura que dizem aos investidores exatamente como negociar nos mercados. O boletim eletrônico com melhor desempenho em 20 anos aumentou 16,3% por ano! Excelente desempenho, para dizer o mínimo. Com as altas, entretanto, vêm as grandes quedas. Como explica Mark, "o desempenho arrojado pode ser uma fonte de perturbação, com

---

[14] Fonte: Richard Bernstein Advisors LLC, Bloomberg, MSCI, Standard & Poor's, Russell, HFRI, BofA Merrill Lynch, Dalbar, FHFA, FRB, FTSE. Retornos totais em dólares norte-americanos.

[15] Tive o privilégio de entrevistar Peter Lynch sobre seus princípios fundamentais de investimento enquanto ele estava na sua grandiosa sequência de vitórias, quando se apresentou no meu programa *Dominando a riqueza*, no início dos anos 1990.

seu desempenho durante os declínios dos últimos três ciclos de mercado — desde 2000 — entre os piores de seus pares. Durante o mercado em baixa nos anos 2007-2009, por exemplo, o modelo de portfólio de serviços médio perdeu quase dois terços de seu valor." Dois terços?! Isso equivale a 66%! Você pode imaginar investir 100 mil dólares e ver agora apenas 33 mil no seu extrato mensal? Ou 1 milhão das suas economias de vida reduzidas a apenas 333 mil? Você teria enfrentado isso bravamente e se mantido firme?

Quando Mark perguntou ao editor do boletim se os investidores conseguiriam de fato aguentar o percurso da montanha-russa, ele praticamente os subestimou ao afirmar, em um e-mail, que a sua abordagem não era para um investidor que "foge do seu portfólio amplamente diversificado na primeira vez que surge uma preocupação".

Eu chamaria uma queda de 66% mais do que "uma preocupação". Ele faz parecer que nós, meros mortais, somos propensos a reações exageradas, como se eu pulasse de um carro em movimento quando a luz de verificação do motor se acendesse. **Lembre-se: uma perda de 66% exigiria quase 200% de ganhos apenas para que você voltasse a se equilibrar — apenas para recuperar a parte do seu pecúlio que pode ter lhe custado a vida toda para poupar!**

Se você perder	Ganhos necessários para se manter no limiar de rentabilidade
5%	5%
10%	11%
15%	18%
20%	25%
25%	33%
30%	43%
35%	54%
40%	67%
45%	82%
50%	100%
75%	300%
90%	900%

> Sem exceção, os "mestres do dinheiro" que entrevistei para este livro são obcecados em não perder dinheiro. Eles entendem que, quando perde, você precisa fazer muito mais para voltar ao ponto onde começou — para retornar ao limiar de rentabilidade.

A *realidade* é que, se estivermos sendo honestos conosco mesmos, todos tomamos decisões emocionais em nossos investimentos. Somos criaturas emocionais, e até mesmo os melhores negociadores do mundo estão sempre lutando contra o medo interior. O portfólio All Seasons o protege não apenas de qualquer ambiente potencial, mas também de si mesmo!!! Ele fornece "escoras emocionais" para impedir que você tome decisões ruins. Se o seu pior ano de queda nos últimos 75 anos foi de 3,93%, qual é a probabilidade de que você tivesse se apavorado e vendido tudo? Em 2008, quando o mundo estava pegando fogo, mas o seu portfólio All Seasons caía apenas 3,93% enquanto todos pareciam estar se desintegrando, qual teria sido seu nível de tranquilidade?

Então, aí está! A receita da All Seasons do mestre-cuca Ray Dalio. Em vez de esperar até ter um patrimônio líquido de 5 bilhões de dólares, você terá acesso aqui, em troca do pouco que investiu neste livro! Ele o simplificou, retirando a alavancagem e também tornando-a uma abordagem mais passiva (não tente superar o mercado por ser o melhor selecionador ou prognosticador do que está por vir). Você é bem-vindo para implementar esse portfólio por conta própria, mas, se fizer isso, eu gostaria de acrescentar alguns pontos de advertência:

- Os fundos de índice de baixo custo ou os ETFs que você escolher afetarão o desempenho. É fundamental encontrar as representações mais eficazes e rentáveis em cada porcentagem.
- O portfólio terá de ser monitorado continuamente e rebalanceado anualmente.
- Por vezes, o portfólio *não* apresenta eficiência fiscal. É importante usar suas contas qualificadas (IRAs/401 [k]s) ou outras estruturas fiscais eficientes para maximizar a eficiência fiscal adequadamente.

Você também pode usar uma pensão vitalícia variável de baixo custo como aquelas oferecidas pelo Tiaa-Cref ou Vanguard. (No entanto, essas são as duas únicas instituições sobre as quais os especialistas parecem concordar que valem o custo.)

ALL SEASONS + RENDA VITALÍCIA

A equipe da Stronghold (www.strongholdfinancial.com [em inglês]) usa atualmente o portfólio All Seasons como uma das muitas opções disponíveis para seus clientes. Alguns leitores vão querer implementar isso por conta própria, enquanto outros serão mais bem servidos usando a experiência e a assistência de um consultor fiduciário como a Stronghold. Por favor, adote as medidas da forma que lhe parecer mais conveniente.

ATUE DE MODO SUBSTANCIAL

A bola está agora no seu campo. Se você dispuser de uma estratégia melhor que tenha se mostrado eficaz para minimizar os resultados negativos e maximizar os positivos, talvez devesse estar administrando seu próprio fundo de cobertura. Agora você está munido de informações para fazer isso sozinho, ou, se preferir, pode pedir a um consultor que implemente e monitore isso para você como parte de um plano abrangente.

Se você quiser criar seu plano pessoal em menos de cinco minutos, vá até o site agora (www.strongholdfinancial.com [em inglês]) para ver como sua abordagem atual de portfólio se comporta diante de uma variedade de estratégias, incluindo a abordagem All Seasons, fornecida aqui.

VAMOS LEVAR SEU CORRETOR PARA UM TESTE DE CONDUÇÃO

A análise gratuita da Stronghold permite que você "olhe por baixo dos panos" e descubra quanto está *realmente* pagando em taxas e como seus investimentos atuais estão *realmente* se comportando. Isso também destacará a quantidade de risco que você está correndo atualmente, assim como o seu verdadeiro desempenho ao longo dos últimos 15 anos, durante os quais vimos dois declínios próximos de 50% (2000-2002 e 2008-2009)!

Se optar por agir, pode transferir suas contas para operações na internet e iniciar o processo ainda hoje. Se não, você terá gratuitamente todas as informações de que precisa.

E O MEU 401 (K)?

A abordagem All Seasons pode ser implementada no seu plano 401 (k), desde que haja opções de fundos disponíveis que representem os investimentos recomendados. Isso você pode fazer por conta própria ou com a ajuda de um consultor. Se você usar a Stronghold, ela automaticamente vinculará sua conta 401 (k) ao seu plano geral e se certificará de que o portfólio 401 (k) está configurado de maneira correta. Novamente, a **America's Best 401k** também pode lhe fornecer a estratégia All Seasons.

A RENDA É O RESULTADO

Uau! Já percorremos um enorme território nesses dois últimos capítulos. A esta altura, acho que você já consegue perceber por quê. O que você tem nas mãos é um plano de investimento com um histórico de retornos "suaves" que é inigualável! Você pode implementá-lo em poucos minutos, e não precisa mais viver preocupado com os altos e baixos do mercado.

Naturalmente, ninguém sabe o que o futuro reserva, mas a história nos diz que, ao fazê-lo, você estará no caminho para obter um bom desempenho e estar protegido em qualquer ambiente.

Então, agora vamos voltar à nossa metáfora do "Everest pessoal" nos investimentos. Ao usar a estratégia All Seasons, você tem as melhores chances de realizar uma subida suave e constante até o topo. Sim, haverá surpresas, mas você estará orientado para ter sucesso no longo prazo. Contudo, lembre-se de que, após consolidar o valor de seus investimentos em um limiar crítico no qual tenha o suficiente para ser financeiramente livre, você precisará transformar seu pecúlio (esses investimentos) em um fluxo de renda garantida — seu próprio plano de renda vitalícia. Um salário para a vida toda, sem ter de trabalhar novamente. Em última análise, essa é a origem da liberdade financeira. Vamos virar a página agora e saber por que "All Seasons + renda vitalícia = liberdade financeira real". Vamos aprender a criar uma renda para a vida toda!

COMO ELE CONSEGUE?

Como é que Ray Dalio continua gerando resultados tão extraordinariamente consistentes? Ele aprendeu que essa gigantesca economia é uma grande máquina, e tudo está ligado de alguma forma. Às vezes é óbvio, muitas vezes não. Ele consegue olhar para a máquina e saber que existem padrões previsíveis dos quais ele pode se valer. Na verdade, o ponto culminante das suas descobertas sobre a máquina econômica está condensado em um brilhante vídeo de 30 minutos que, na minha opinião, deveria ser obrigatoriamente assistido por todos os norte-americanos! Ray decidiu produzir o vídeo apenas para causar impacto na sociedade e ajudar a desmistificar a economia que faz o mundo girar. Use o tempo que for necessário para assisti-lo, e você não vai se arrepender: www.economicprinciples.org [em inglês].

COMO CALCULAMOS OS RETORNOS?

Para assegurar a exatidão e a credibilidade dos resultados produzidos pelo portfólio All Seasons compartilhadas aqui, uma equipe de analistas testou esse portfólio usando os retornos históricos anuais dos fundos de índice de baixo custo, amplamente diversificados, sempre que possível. Por que isso é importante para você? Ao usar dados de fundos reais em oposição aos dados teóricos de um índice construído, todos os retornos listados neste capítulo são totalmente inclusivos em relação às taxas de fundos anuais e qualquer erro de rastreamento presente nos fundos subjacentes. Isso tem o benefício de lhe mostrar retornos históricos realistas para o portfólio All Seasons (em oposição aos retornos teóricos que às vezes são usados em verificações posteriores). Isso garante que as participações e os números de investimentos usados em verificações *a posteriori* desse portfólio foram e são acessíveis para o homem comum, e não apenas disponíveis para as multibilionárias instituições de Wall Street. Quando não puderam usar os dados reais do fundo de índice porque os fundos não existiam naquela época, eles usaram dados de índices amplamente diversificados para cada classe de ativo e ajustaram os retornos às taxas dos fundos. Observe que eles usaram o rebalanceamento anual nos cálculos e assumiram que os investimentos foram mantidos em uma conta isenta de impostos, sem custos de transação. Finalmente, eu gostaria de agradecer a Cliff Schoeman, Simon Roy e toda a equipe da Jemstep pela análise aprofundada e a coordenação com Ajay Gupta na Stronghold Wealth Management nesse esforço. (O desempenho passado não garante resultados futuros.)

CAPÍTULO 5.3

LIBERDADE: CRIANDO SEU PLANO DE RENDA VITALÍCIA

Uma fonte de renda vitalícia é o segredo para a felicidade na aposentadoria.

— *TIME*, 30 de julho de 2012

Tenho dinheiro suficiente para me aposentar
confortavelmente pelo resto da vida.
O problema é que eu preciso morrer
na próxima semana.

— ANÔNIMO

Em 1952, Edmund Hillary liderou a primeira expedição para escalar com sucesso o monte Everest, uma façanha que se imaginava impossível. A rainha da Inglaterra prontamente o condecorou, nomeando-o "Sir" Edmund Hillary por sua incrível escalada.

Apesar de sua realização, muitas pessoas acreditam que Sir Edmund Hillary pode não ter sido a primeira pessoa a atingir o pico do Everest. Na verdade, acredita-se amplamente que George Mallory possa ter sido o pioneiro, quase 30 anos antes!

Assim, se George Mallory atingiu o pico do monte Everest em 1924, por que Edmund Hillary recebeu toda a fama — incluindo ter sido condecorado com o título de cavaleiro pela rainha?

Porque Edmund Hillary não apenas chegou ao pico, como também conseguiu *descer* da montanha. George Mallory não teve tanta sorte. Como a grande maioria daqueles que morreram no Everest, foi a descida que se revelou fatal.

INVESTINDO PARA QUÊ, EXATAMENTE?

Geralmente eu pergunto às pessoas: "Para que você está investindo?"

As respostas são amplas e diversas:

"Retornos."

"Crescimento."

"Ativos."

"Liberdade."

"Diversão."

Raramente ouço a resposta que mais importa: *Renda!!!*

Todos nós precisamos de uma renda com a qual possamos contar. Um fluxo de caixa consistente que apareça em nossa conta todos os meses, como um relógio. **Você consegue se imaginar nunca precisando se preocupar novamente com o pagamento das suas contas ou com o fim do seu dinheiro?** Ou ter a alegria e a liberdade de viajar despreocupadamente? Não precisar se preocupar em abrir o extrato mensal e rezar para que o mercado aguente firme? Ter paz de espírito para fazer doações generosas à sua igreja ou entidade filantrópica favorita, e não se perguntar se ainda haverá recursos futuros naquela mesma fonte? O que todos sabemos intuitivamente é, *Ter renda é ter liberdade!*

Grite isso do alto dos morros, como fez Mel Gibson no filme *Coração valente*: "Ter renda é ter liberdade!"

E a *falta* de renda é o estresse. A falta de renda é luta. A falta de renda não é um resultado aceitável para você e sua família. Transforme isso na sua declaração de princípios.

O Dr. Jeffrey Brown, especialista em aposentadoria e consultor da Casa Branca, expressou isso da melhor forma possível em um artigo recente da *Forbes*: "A renda é o resultado que mais importa para a segurança da aposentadoria."

Os ricos sabem que seus ativos (ações, títulos, ouro, e assim por diante) sempre vão flutuar em valor. Mas você não pode "gastar" os ativos. Você só pode gastar o dinheiro. O ano de 2008 foi um momento em que havia muitas pessoas com ativos (imóveis, em particular) cujos preços estavam caindo, e elas não podiam vender. Eram ativos "ricos", mas "pobres" em dinheiro. Essa equação, muitas vezes, leva à falência. **Lembre-se sempre de que a renda é o resultado.**

Até o fim desta seção, você terá a certeza e as ferramentas de que precisa para garantir exatamente a renda que deseja. Isso é o que eu chamo de "**seguro de renda**". **Uma maneira garantida de saber que você terá um salário para a vida toda, sem ter de trabalhar por isso no futuro — estar absolutamente certo de que você *nunca* ficará sem dinheiro.** E adivinhe: você pode decidir quando seus cheques começarão a ser depositados.

Há muitos caminhos possíveis para atingir esse objetivo, por isso vamos rever alguns diferentes métodos para obter um seguro de renda que faça sentido para você.

Uma das estruturas mais interessantes para garantir a renda também tem outros benefícios poderosos. **É o *único* veículo financeiro do planeta que pode lhe dar o seguinte:**

- **100% de garantia nos seus depósitos.**[16] **(Você não pode perder dinheiro, e você mantém o controle total.)**
- **Resultados positivos sem os resultados negativos: o crescimento do valor da sua conta será vinculado ao mercado. Por isso, se o mercado subir, você começa a participar dos ganhos. Mas, se ele cair, você *não perde* sequer 1 centavo.**
- **Diferimento de imposto no seu crescimento.** (Lembra do exemplo de duplicação de dólares? A eficiência fiscal foi a diferença entre ter 28.466 e mais de 1 milhão de dólares!)
- **Um fluxo garantido de renda vitalícia do qual *você* tem o controle e começa a decidir quando acionar.**
- **Entenda isso: os pagamentos de rendimentos podem ser *isentos de impostos* se estruturados corretamente.**
- **Sem taxas anuais de gestão.**

---

[16] As associações de garantia de seguros fornecem proteção aos detentores de apólices de seguros e dos beneficiários de apólices emitidas por uma companhia de seguros que tenha se tornado insolvente e já não esteja em condições de cumprir suas obrigações. Todos os estados, o Distrito de Colúmbia e Porto Rico têm associações de garantia de seguros. As companhias de seguros são obrigadas por lei a serem membros da associação de garantia nos estados em que estão licenciadas a fazer negócios. Cada estado tem seu montante próprio máximo de cobertura, e, na maioria dos estados, esse valor varia de 300 mil a 500 mil dólares por pessoa.

Você obtém todos esses benefícios usando a versão moderna de uma ferramenta financeira de 2 mil anos! Como isso é possível? Eu sei que parece bom demais para ser verdade, mas continue me acompanhando. Não é! Eu uso essa abordagem, e estou animado para compartilhar os detalhes com você.

Como destacamos ao longo do livro, o futuro financeiro que você imagina é muito parecido com a escalada do monte Everest. Você vai trabalhar por décadas para acumular seu limiar crítico (subir até o topo), mas isso é apenas metade da história. **Conseguir o limiar crítico sem ter um plano e uma estratégia para transformá-lo em renda que vai durar o resto de sua vida deixará você como George Mallory: morto na encosta de uma montanha.**

UMA NOVA ERA

Estamos, sem dúvida, em terreno desconhecido. Nos últimos 30 anos, o conceito de aposentadoria se transformou radicalmente. Caramba, até recentemente, no fim dos anos 1980, mais de 62% dos trabalhadores tinham um plano de pensão. Lembra disso? No seu último dia de trabalho, você recebia um relógio de ouro e o primeiro dos seus vitalícios e garantidos cheques. Hoje, a menos que você trabalhe para o governo, a pensão é uma relíquia; um dinossauro financeiro. Agora, para melhor ou para pior, você é o capitão do seu navio. Você, em última instância, é responsável pelo fato de o seu dinheiro durar ou não. Isso é um fardo a suportar. Adicione a volatilidade do mercado, as taxas excessivas, a inflação e "surpresas" médicas, e você rapidamente começará a entender por que tantos estão enfrentando uma enorme crise de aposentadoria. Muitas pessoas, incluindo seus vizinhos e colegas, vão enfrentar a probabilidade concreta de sobreviver além da duração de seu dinheiro. Especialmente com a perspectiva de viver mais do que jamais se viveu.

OS 80 ANOS SÃO OS NOVOS 50?

Uma aposentadoria longa e frutífera é um conceito que existe há apenas algumas gerações. Se você se lembrar do que já discutimos antes, quando o presidente Franklin Roosevelt criou a Previdência Social, em 1935, a expectativa de vida média era de apenas 62 anos. E os pagamentos só começavam aos 65. Então, para começar, só uma pequena porcentagem receberia de fato os benefícios da Previdência Social.

Na época, o sistema de Previdência Social fazia sentido financeiro, pois havia 40 trabalhadores (contribuintes) para cada aposentado que recebia benefícios. Isso significa que havia 40 pessoas fazendo a carroça andar, com apenas uma pessoa sentada na boleia. Em 2010, a proporção tinha caído para 2,9 tocando a carroça para cada aposentado. A matemática se mostra inviável, mas desde quando isso deteve Washington?

Hoje, a expectativa de vida média para os homens é de 79 anos, enquanto as mulheres viverão, em média, até os 81. Em um casal, pelo menos um dos cônjuges tem 25% de chance de chegar aos 97 anos.

ESPERE! TEM MAIS!

Você poderia viver *muito* mais tempo do que essas estimativas. Pense até onde nós chegamos nos últimos 30 anos com a tecnologia. Do disquete à nanotecnologia. Hoje os cientistas estão usando a impressão 3-D para gerar novos órgãos do nada. Os pesquisadores podem usar células humanas, raspadas suavemente da sua pele, para "imprimir" uma orelha, bexiga ou traqueia inteiramente nova![17] A ficção científica se tornou realidade. Mais tarde, nós ouviremos diretamente o meu amigo Ray Kurzweil, o Thomas Edison da nossa era e, atualmente, chefe de engenharia do Google. Quando perguntado como os avanços nas ciências da vida afetarão a expectativa de vida, ele respondeu:

"Durante a década de 2020, os seres humanos já contarão com instrumentos capazes de alterar seus genes; não apenas os 'bebês frutos de engenharia genética' serão viáveis, mas uma engenharia genética capaz de promover um novo baby boom, através do rejuvenescimento de todos os tecidos e órgãos do nosso corpo, transformando as células da pele em versões jovens de qualquer outro tipo de célula. As pessoas serão capazes de 'reprogramar' sua própria bioquímica, afastando-se da doença e do envelhecimento, aumentando radicalmente a expectativa de vida."

Essas são palavras emocionantes para nós, pertencentes à geração do baby boom!!! Malditas rugas! Podemos todos beber logo da famosa fonte da juventude.

---

[17] O Dr. Anthony Atala, diretor do Instituto Wake Forest de Medicina Regenerativa, vem criando e implantando órgãos como esses há mais de uma década.

Mas as implicações para a nossa aposentadoria são claras. O nosso dinheiro tem de durar ainda mais do que podemos pensar. Você consegue imaginar se Ray estiver certo, e nós, da geração do baby boom, vivermos até 110 ou 120 anos? Imagine o tipo de tecnologia que vai alterar a expectativa de vida dos pertencentes à geração Y. E se 110 ou 115 anos estiverem no seu futuro? Nada será mais importante do que a renda vitalícia garantida. Um salário ao qual você não consiga sobreviver será o melhor ativo que você pode ter.

Quando eu era jovem, pensava que o dinheiro era a coisa mais importante do mundo. Hoje, tenho certeza.

— OSCAR WILDE

A REGRA DOS 4% NÃO EXISTE MAIS

No início dos anos 1990, um planejador financeiro da Califórnia propôs o que chamou de "**regra dos 4%**". A essência é que, se você quisesse que seu dinheiro durasse por toda a sua vida, poderia separar 4% ao ano, se tivesse um "portfólio equilibrado" investido na proporção de 60% em ações e 40% em títulos. E você poderia aumentar a quantidade a cada ano para dar conta da inflação.

"Bem, foi bonito enquanto durou", relata um artigo publicado no *Wall Street Journal* em 2013, intitulado "Diga adeus à regra dos 4%". Por que essa morte súbita? Porque, quando a regra surgiu, os títulos do governo estavam pagando mais de 4%, e as ações estavam subindo vertiginosamente! Caso você se aposentasse em janeiro de 2000 e seguisse a tradicional regra dos 4%, você teria perdido 33% do seu dinheiro em 2010, e, de acordo com o T. Rowe Price Group, teria agora apenas 29% de chances de que seu dinheiro durasse pelo resto da vida. De forma mais direta, você teria 71% de chance de viver além de sua renda. A falência e a velhice não são duas coisas que a maioria de nós gostaria de experimentar em conjunto.

Hoje, vivemos em um mundo de taxas de juros globalmente suprimidas, que é, na verdade, uma guerra contra os poupadores. E, certamente, uma guerra contra os idosos. Como é possível se aposentar com segurança quando as taxas de juros estão perto de 0%? Eles devem se aventurar em território inseguro a fim de tentar encontrar retornos para o seu dinheiro. Como a história do antílope sedento que precisa se aventurar até as águas infestadas de crocodilos a fim de procurar algo para beber. O perigo está à espreita, e aqueles que precisam de retornos positivos para viver, para pagar as contas, se tornam cada vez mais vulneráveis.

DESTRUIÇÃO DO LIMIAR CRÍTICO

Não importa o que alguém lhe diga, ou lhe venda, não existe um único gestor de portfólio, corretor ou consultor financeiro que possa controlar o fator primário que vai determinar se nosso dinheiro vai perdurar. É o pequeno segredo sujo do mundo financeiro que poucos profissionais conhecem. Dentre os que conhecem, muito poucos se atreverão a revelá-lo algum dia. No meu habitual estilo direto, perguntei isso quando me encontrei com o lendário Jack Bogle.

Você se lembra de Jack Bogle? Ele é o fundador do maior fundo mútuo do mundo, o Vanguard, e é um homem extremamente objetivo. Quando conversamos por quatro horas no seu escritório na Pensilvânia, eu quis saber sobre o segredo sujo, e ele certamente não disfarçou sua opinião ou pensamentos. "Não fico feliz em dizer certas coisas, mas há um pouco de loteria em tudo isso: quando você nasce, quando se aposenta e quando seus filhos entram na faculdade. E você não tem controle sobre isso."

De que loteria ele está falando?

É o fruto do acaso: o que o mercado estará fazendo quando *você* se aposentar? **Se alguém tiver se aposentado em meados da década de 1990, foi "feliz". Se tiver se aposentado em meados da década de 2000, foi um "sem-teto".** O próprio Bogle me disse em uma entrevista de 2013 na CNBC que, durante a próxima década, deveríamos nos preparar para *dois* declínios de até 50%. Que lástima! Mas talvez não devêssemos nos surpreender com a sua previsão. **Na década de 2000, já experimentamos dois declínios de quase 50%. E não vamos esquecer de que se você perder 50% será preciso fazer 100% apenas para voltar ao limiar da rentabilidade.**

O risco que todos nós enfrentamos, o segredinho sujo, é o conceito devastador de *sequência de retornos.** Parece complicado, mas não é. Na essência, **os primeiros anos da sua aposentadoria vão definir os últimos.**

---

* Conceito fundamental válido para qualquer país.

Se você sofrer perdas de investimento nos primeiros anos de aposentadoria, o que depende inteiramente da sorte, suas chances de resistir até o fim terão caído acentuadamente.

Você pode fazer tudo certo: encontrar um consultor fiduciário, reduzir suas taxas, investir com eficiência fiscal e construir um fundo de liberdade.

Quando chegar a hora de descer esquiando na encosta da montanha, quando chegar a hora de retirar sua renda do portfólio, se você tiver tido um mau ano logo no início, seu plano pode facilmente entrar em uma espiral descendente. Alguns anos ruins e você precisará voltar ao trabalho e será obrigado a vender aquela casa de veraneio. Parece excessivamente dramático? Vejamos um exemplo hipotético de como o risco da sequência de retornos se desenrola ao longo do tempo.

JOHN MORDEU O CACHORRO

John mordeu o cachorro. O cachorro mordeu John. As mesmas quatro palavras, se dispostas em uma sequência diferente, têm um significado totalmente diverso. Especialmente para John!

John tem agora 65 anos e acumulou 500 mil dólares (muito acima das economias do norte-americano médio) e está pronto para se aposentar. Como a maioria dos norte-americanos que se aproximam da aposentadoria, John possui um portfólio "equilibrado" (60% de ações, 40% de títulos), que, como aprendemos com Ray Dalio, não é nem um pouco equilibrado! Uma vez que as taxas de juros estão muito baixas, a regra dos 4% não se mostrará satisfatória. John decide que terá de retirar 5%, ou 25 mil dólares, do seu pecúlio/fundo de liberdade a cada ano para atender às suas necessidades de renda e manter seu padrão de vida mais básico. Quando somados aos seus pagamentos da Previdência Social, ele "deveria", simplesmente, estar em uma boa situação. E também deve aumentar a retirada todos os anos (em 3%) para se ajustar à inflação, uma vez que, a cada ano, a mesma quantidade de dinheiro comprará menos bens e serviços.

O que acabou acontecendo com John foi que ele vivenciou algumas quedas de mercado logo no início. De fato, três anos ruins deram a largada nos seus supostos anos dourados. Não se trata de um começo tão brilhante assim.

JOHN			
Idade	Ganhos ou perdas hipotéticos do mercado de ações	Retirada no começo do ano	Pecúlio no começo do ano
64			US$500.000
65	-10,14%	US$25.000	US$500.000
66	-13,04%	US$25.750	US$426.839
67	-23,37%	US$26.523	US$348.766
68	14,64%	US$27.318	US$246.956
69	2,03%	US$28.318	US$251.750
70	12,40%	US$28.982	US$228.146
71	27,25%	US$29.851	US$223.862
72	-6,56%	US$30.747	US$246.879
73	26,31%	US$31.669	US$201.956
74	4,46%	US$32.619	US$215.084
75	7,06%	US$33.598	US$190.084
76	-1,54%	US$34.606	US$168.090
77	34,11%	US$35.644	US$131.429
78	20,26%	US$36.713	US$128.458
79	31,01%	US$37.815	US$110.335
80	26,67%	US$38.949	US$95.008
81	19,53%	US$40.118	US$71.009
82	26,38%	US$36.923	US$36.923
83	-38,49%	US$0	US$0
84	3,00%		
85	13,62%		
86	3,53%		
87	26,38%		
88	23,45%		
89	12,78%		
	Retorno médio 8,03%		Total de retiradas US$580.963

Retorno médio 8,03% **Total de retiradas US$580.963**

Em cinco curtos anos, os 500 mil dólares de John foram cortados pela metade. Retirar dinheiro quando o mercado está em baixa piora as coisas, já que há menos dinheiro na conta para crescer se ou quando o mercado voltar a subir. Mas a vida continua, e as contas devem ser pagas.

A partir dos 70 anos, John observou muitos anos sólidos e positivos/de alta no mercado, mas o dano já estava feito. O caminho para a recuperação é muito íngreme. Por volta dos 70 anos de idade, ele percebe os sinais de agravamento da situação e percebe que está acabado. Aos 83 anos, o valor da sua conta desmoronou. No fim, ele pode retirar apenas 580.963 dólares da sua conta de aposentadoria original de 500 mil. Em outras palavras, **depois de 18 anos de investimento contínuo durante a aposentadoria, ele possui apenas mais 80 mil dólares para se manter.**

Mas eis aqui a coisa mais louca: **enquanto John despencava da montanha, o mercado atingiu uma média de mais de 8% de crescimento anual.** Isso é um retorno muito bom, quaisquer que sejam os padrões!

O problema está aqui: o mercado não lhe dá retornos anuais *médios* todos os anos. Ele lhe dá os retornos *reais* que convergem para uma média. (Lembra das nossas discussões sobre a diferença entre retornos reais e médios no Capítulo 2.3, "Mito 3: 'Nossos rendimentos? O que você vê é o que você obtém'"?) E "esperar" que você não sofra perdas em anos em que você não pode se dar ao luxo de fazê-lo não é uma estratégia eficaz para garantir seu futuro financeiro.

CHINELO DE DEDO

Susan também tem 65 anos, e também tem 500 mil dólares. Assim como John, ela vai sacar 5%, ou 25 mil por ano, para sua renda, e também vai aumentar discretamente sua retirada a cada ano para se ajustar à inflação. Para ilustrar com veracidade o conceito, usamos exatamente os mesmos retornos de investimento, mas simplesmente **invertemos a sequência desses retornos.** Invertemos a ordem para que o primeiro ano se torne o último ano, e vice-versa.

Ao inverter a ordem dos retornos, Susan tem uma experiência de aposentadoria completamente diferente. Na verdade, quando ela tiver 89 anos, terá retirado mais de 900 mil dólares em pagamentos de rendimentos e ainda terá um adicional de 1.677.975 mantidos na conta! Ela nunca teve nenhuma preocupação.

Duas pessoas, com o mesmo montante reservado para a aposentadoria, a mesma estratégia de retiradas: é desfavorecida, enquanto a outra é absolutamente livre do ponto de vista financeiro.

SUSAN

Idade	Ganhos ou perdas hipotéticos do mercado de ações	Retirada no começo do ano	Pecúlio no começo do ano
64			US$500.000
65	-12,78%	US$25.000	US$500.000
66	23,45%	US$25.750	US$535.716
67	26,38%	US$26.523	US$629.575
68	3,53%	US$27.318	US$762.140
69	13,62%	US$28.318	US$760.755
70	3,00%	US$28.982	US$832.396
71	-38,49%	US$29.851	US$827.524
72	26,38%	US$30.747	US$490.684
73	19,53%	US$31.669	US$581.270
74	26,67%	US$32.619	US$656.916
75	31,01%	US$33.598	US$790.788
76	20,26%	US$34.606	US$991.981
77	34,11%	US$35.644	US$1.151.375
78	-1,54%	US$36.713	US$1.496.314
79	7,06%	US$37.815	US$1.437.133
80	4,46%	US$38.949	US$1.498.042
81	26,31%	US$40.118	US$1.524.231
82	-6,56%	US$41.321	US$1.874.535
83	27,25%	US$42.561	US$1.712.970
84	12,40%	US$48.383	US$2.125.604
85	2,03%	US$45.153	US$2.339.923
86	14,62%	US$46.507	US$2.341.297
87	-23,37%	US$47.903	US$2.630.297
88	-13,04%	US$49.340	US$1.978.993
89	-10,14%	US$50.820	US$1.677.975
	Retorno médio 8,03%		Total de retiradas US$911.482

Retorno médio	Total de retiradas
8,03%	**US$911.482**

E o que é ainda mais arrebatador: **ambos tiveram o mesmo retorno médio (8,03% ao ano) ao longo do período de 25 anos!**

Como isso é possível? Pelo fato de a "média" ser o total de retornos dividido pelo número de anos.

Ninguém pode prever o que vai acontecer na próxima esquina. Ninguém sabe quando o mercado subirá nem quando ele descerá.

Agora, imagine se John e Susan tivessem um seguro de renda. John teria evitado uma úlcera, sabendo que, conforme sua conta ia diminuindo, ele poderia contar com um cheque garantido no fim do arco-íris. Susan teria simplesmente mais dinheiro para fazer o que bem quisesse. Talvez tirar férias extras, presentear mais os seus netos, ou contribuir para a sua instituição filantrópica favorita. O valor do seguro de renda não pode ser superestimado! Quando combinado com o portfólio All Seasons, temos uma combinação bastante poderosa.

SEIS DIPLOMAS DE SEPARAÇÃO

Talvez você se lembre de quando anteriormente neste livro eu apresentei o professor David Babbel, da Wharton. Ele não é apenas um dos homens mais educados que eu já conheci, mas é também uma alma gentil e cuidadosa, com uma fé inabalável. E prefere ser chamado de David, em vez de "doutor" ou "professor".

Eis aqui uma rápida atualização sobre a excelente formação de David. Ele tem seis diplomas de pós-graduação! Mestre em economia, MBA em finanças internacionais, doutor em finanças e em economia de alimentos e recursos, doutor em agricultura tropical e doutor em estudos latino-americanos. Ele lecionou investimento em Berkeley e na Wharton School por mais de 30 anos. Foi diretor de pesquisa na divisão de pensões e seguros da Goldman Sachs. Trabalhou no Banco Mundial e prestou consultoria para o Tesouro americano, o Federal Reserve e o Departamento de Trabalho. Dizer que ele conhece sua área é dizer que Michael Jordan sabe jogar basquete.

David também é autor de um polêmico relatório em que esboça seu plano de aposentadoria pessoal. Quando chegasse a hora de David se aposentar, ele gostaria de uma estratégia que lhe trouxesse paz de espírito e uma renda garantida para toda a vida. Ele se lembrou de que *a renda é o resultado*. Sabiamente, ele também levou em consideração outros fatores, como não querer tomar decisões complexas de investimento quando estivesse em idade mais avançada. Ele avaliou todas as suas opções e se baseou no seu vasto conhecimento de riscos e mercados. Ele se consultou, inclusive, com seus amigos e ex-colegas de Wall Street para comparar estratégias. No fim, David decidiu que o melhor lugar para destinar seu arduamente conquistado dinheiro da aposentadoria eram as *pensões vitalícias*!

Uau! Espere um segundo.

Como poderia Babbel cometer o que seus amigos de Wall Street chamam de *anuicídio*? *Anuicídio* é um termo que os corretores cunharam para um cliente que retira dinheiro do mercado de ações e usa as antigas companhias de seguros para garantir uma renda vitalícia. Os corretores consideram o *anuicídio* uma decisão irreversível, que já não lhes permite gerar receitas a partir do seu investimento. A morte dos *seus* lucros.

Vamos pensar nisso: **quando foi a última vez que seu corretor falou com você sobre a criação de um plano de renda vitalícia?** Provavelmente nunca. Wall Street normalmente não tem interesse em promover conceitos relacionados aos saques. Para eles, o *saque* é um palavrão. Eis aqui a ironia: você representa uma renda vitalícia para o corretor, desde que nunca desista.

> Os norte-americanos deveriam converter
> pelo menos metade da poupança para a
> aposentadoria em pensão vitalícia.
>
> — DEPARTAMENTO DO TESOURO AMERICANO

O Dr. Jeffrey Brown sabe algumas coisas sobre criar um plano de renda vitalícia. Ele é consultor do Tesouro dos Estados Unidos e do Banco Mundial, e também uma das pessoas convidadas pela China para ajudar a avaliar sua futura estratégia de Previdência Social. Ele também foi um dos únicos sete indivíduos nomeados pelo presidente do país para o Conselho Consultivo de Previdência Social.

Jeff passou a maior parte da carreira estudando maneiras de proporcionar às pessoas uma renda para a vida toda. **A que conclusão ele chegou?**

Que as pensões vitalícias são um dos veículos de investimento mais importantes dos quais dispomos.

Jeff e eu tivemos uma fascinante entrevista de três horas em torno do planejamento de renda e sobre quanto lhe parece desconcertante que ela seja omitida da maioria das conversações sobre planejamento financeiro. Como é possível que o seguro de renda não seja discutido nos escritórios da maioria dos planejadores financeiros, nem seja incluído como uma opção dentro de planos 401 (k), o principal veículo de aposentadoria dos norte-americanos?

Eu lhe perguntei: "Como é que as pessoas podem encontrar uma maneira de se proteger, de modo que realmente possuam uma renda para a vida toda, quando estão vivendo mais tempo do que nunca? Elas estão se aposentando aos 65 anos, e hoje têm 20 ou 30 anos de necessidades de renda para a aposentadoria à sua frente, mas o seu plano financeiro não vai durar todo esse tempo. Qual é a solução?"

"A boa notícia, Tony, é que, na verdade, nós sabemos lidar com esse problema", ele disse. "Nós só precisamos fazer as pessoas mudarem a maneira como estão pensando em financiar a sua aposentadoria. Há produtos por aí, na 'terra dos economistas', que chamamos de pensões vitalícias, nos quais permitem basicamente que você procure uma companhia de seguros e diga: 'Sabe de uma coisa? Vou pegar meu dinheiro e deixá-lo com vocês. Vocês vão gerenciá-lo, fazê-lo crescer e me pagar uma renda mensal enquanto eu viver.' **A maneira mais fácil de entender isso é exatamente o que a Previdência Social costuma fazer. Com a Previdência Social, como você sabe, você contribui por toda a vida enquanto está trabalhando, e, em seguida, quando se aposenta, você recebe de volta uma renda a cada mês, enquanto viver.** Você não precisa se limitar à Previdência Social; você também pode expandir sua renda vitalícia fazendo isso por conta própria."

Jeff e sua equipe realizaram um estudo no qual compararam como as pensões vitalícias eram descritas, ou "enquadradas", e como a forma daquela conversação mudava completamente as percepções das pessoas sobre sua necessidade ou seu desejo de uma pensão vitalícia.

Primeiro, elas as retratavam do mesmo modo que os corretores de ações: como uma conta de poupança ou investimento com níveis de retorno relativamente baixos. Não é de surpreender que apenas 20% das pessoas as considerassem atraentes. Parece familiar? Você consegue ouvir o corretor dizendo: "As pensões vitalícias são um investimento ruim!"

Quando eles mudaram apenas algumas palavras e descreveram os benefícios *reais* e *concretos* de uma pensão vitalícia, a maré mudou. Ao descrever a pensão vitalícia como uma ferramenta que lhe garante uma renda para o resto de sua vida, mais de 70% passaram a achá-la atraente! Quem não gostaria que o seguro de renda fosse acionado se tivesse gasto toda a sua poupança? Talvez o seu custo de vida fosse maior do que você esperava. Talvez você tenha passado por uma emergência médica inesperada. Talvez o mercado não tenha cooperado com os retornos oportunos. Que dádiva saber que seus cheques futuros estão a apenas um telefonema de distância.

Hoje uma indústria financeira revolucionária criou todo um novo conjunto de oportunidades de pensão vitalícia. Muitos deles oferecem retornos que imitam o desempenho do mercado de ações, mas não trazem nenhuma de suas perdas causadas pelos resultados negativos. As pensões vitalícias não são mais apenas para o seu avô. **Vire a página e deixe que eu lhe mostre os cinco tipos de pensões vitalícias que podem mudar a sua vida.***

* No Brasil não há soluções propostas por companhias de seguros para oferecer a estruturação desses planos, o que seria muito interessante.

CAPÍTULO 5.4

TEMPO DE GANHAR: O SEU RESULTADO É A SUA RENDA

A questão não é com que idade quero me aposentar,
mas com que renda.

— GEORGE FOREMAN

As pensões vitalícias têm sido, há muito tempo, o bode expiatório do setor financeiro. Quando, alguns anos atrás, ouvi pela primeira vez o conceito de pensão vitalícia, não levei a sério. Eu tinha sido condicionado a acreditar na ideia de que pensões vitalícias eram más notícias. Mas, quando era questionado, eu realmente não tinha uma boa razão para achá-las ruins. Como o restante das pessoas, eu simplesmente me opunha violenta e regularmente a elas, prevendo as mais desastrosas consequências.

A conversa tem mudado, porém. Imagine a minha surpresa quando recebi uma edição da *Barron's* de 2011 com esta manchete na capa:

"Melhores pensões vitalícias — Relatório Especial — Aposentadoria: Com rendimentos estáveis, as pensões vitalícias de repente se tornaram interessantes."

A *Barron's*? A clássica revista de investimentos trazendo uma matéria de capa sobre pensões vitalícias? O céu estava caindo? Folheei as páginas, e lá estava, preto no branco:

"Agora, à medida que a geração do baby boom se aproxima da aposentadoria com memórias recentes de grandes perdas do mercado, muitos assessores financeiros afiados estão recomendando uma pensão vitalícia como parte importante de um plano de renda."

Uau. As pensões vitalícias vêm sofrendo uma considerável promoção ultimamente. Da pensão do seu avô, cujo comprovante está guardado em uma gaveta empoeirada, até o produto mais interessante, recomendado por consultores financeiros afiados. Mas adivinhe. **Elas deixaram de servir apenas para os aposentados. Com cada vez mais frequência os indivíduos mais jovens estão começando a usá-las, especificamente aquelas em que o crescimento está vinculado a um índice de mercado (como a S&P 500), como alternativa de "dinheiro seguro".**

Sendo bem objetivo, elas *não* são uma alternativa para o investimento no mercado de ações, ou uma maneira de tentar superar o mercado. Nós já deixamos bem claro que ninguém supera o mercado ao longo do tempo, e, como Jack Bogle e tantos outros têm repetido, usar um fundo de índice de baixo custo é a melhor abordagem para investir nos mercados. Mas certas pensões vitalícias, especificamente aquelas "ligadas" aos retornos do mercado, podem substituir outras alternativas de dinheiro seguro, como CDs, títulos, obrigações do Tesouro, e assim por diante — e **oferecer retornos superiores.**

Mas eu estou me antecipando! Vamos fazer uma pausa para ter uma rápida visão geral sobre o que está disponível hoje e o que será oferecido em breve.

Em primeiro lugar, sejamos claros: existem apenas duas categorias gerais de pensões vitalícias: *imediatas* e *diferidas*.

PENSÕES VITALÍCIAS IMEDIATAS

Pensões vitalícias imediatas são mais bem utilizadas por aqueles que estão na idade de se aposentar ou além dela. Se você ainda não estiver lá, pode ignorar esta página e ir diretamente para as pensões vitalícias diferidas, ou pode continuar lendo porque isto pode ser útil para algumas pessoas especiais na sua vida, como seus pais ou avós.

Simplificando, **as pensões vitalícias imediatas superam todos os outros veículos potenciais para proporcionar uma renda vitalícia garantida** por uma razão: um conceito chamado *crédito de mortalidade*. Eu sei que parece terrível, mas não é. Lembra que as pensões vitalícias começaram há 2 mil anos, no tempo de César? Durante centenas de anos, as companhias de seguros garantiram com êxito os rendimentos vitalícios de milhões de pessoas, porque, quando muitas pessoas compram uma pensão vitalícia imediata, algumas morrerão cedo, enquanto outras viverão por muito tempo. Ao "dividir" o risco, **o comprador de pensão vitalícia que vive por mais tempo recebe o benefício**, enquanto aqueles que morrem logo deixam algum dinheiro na mesa. Mas, antes de rejeitarmos o potencial de deixar algum dinheiro na mesa, vamos analisar o poder das pensões vitalícias quando manejadas adequadamente.

2.750% A MAIS DE RENDA

Meu filho Josh trabalhou com serviços financeiros por toda a sua vida adulta. Ele me contou a história de um cliente que o procurou porque estava perto da hora de se aposentar. O homem tinha acabado de completar 65 anos, e ao longo da vida tinha conseguido guardar cerca de 500 mil dólares. Ele precisava de um fluxo de renda seguro, e sentia que correr riscos no mercado não era uma opção. Infelizmente, seu ex-corretor o havia alocado em um portfólio muito agressivo, o que resultou em um prejuízo de quase 50% na crise de 2008. Isso aniquilou centenas de milhares de dólares que tinham lhe custado uma década inteira de trabalho duro para serem reservados. Como tantas outras pessoas, ele mal tinha conseguido se reequilibrar, e agora estava mais assustado do que nunca: temia ficar sem dinheiro.

Ele queria começar a receber imediatamente. Então, Josh começou a lhe mostrar suas limitadas opções.

- Ele poderia procurar um banco, e um CD lhe pagaria 0,23% (ou 23 pontos-base) por ano. Esse acordo lhe daria 95,80 dólares por mês em renda totalmente tributável para um depósito de 500 mil. Isso significa consideráveis **1.149 dólares por ano** — antes da incidência dos impostos. Não gaste tudo de uma vez!
- Os títulos lhe pagariam algo em torno de 3% ao ano, ou cerca de **15 mil dólares por ano** antes da incidência dos impostos, mas o risco

implícito da opção seria se as taxas de juros subissem. Isso faria o valor dos seus títulos (seu capital) encolher.

- Josh lhe mostrou que um depósito de 500 mil dólares em uma pensão vitalícia de renda imediata feita hoje lhe pagaria 2.725 por mês, ou 32.700 dólares por ano, garantidos por toda a vida![18] Isso significa um aumento de 2.750% sobre os CDs e um aumento de 118% sobre os títulos, sem o risco inerente.

Considerando as atuais expectativas de vida, esse homem tem pelo menos 14 anos para viver. Se Ray Kurzweil estiver certo, ele poderia viver muito além disso! Quando ele acrescentou essa renda garantida aos seus pagamentos da Previdência Social, tinha mais do que o suficiente para manter seu nível de vida e poderia gastar seu tempo com o que mais lhe importava: os netos e a pesca.

Você percebe o poder que existe aqui? Quando comparado com qualquer outro tipo de "certeza" nos investimentos, ele certamente ficaria sem dinheiro. Mas com uma pensão vitalícia imediata, que, na verdade, é uma forma de seguro de renda, ele tem proteção para toda a vida.

Os críticos dirão: "Sim, mas se você morrer cedo eles vão ficar com seu dinheiro! Você vai ter deixado esse dinheiro na mesa." Quando perguntei a David Babbel sobre essa preocupação, a resposta foi rápida e contundente: **"Se você estiver morto, vai se importar?! O doloroso é viver tempo demais sem nenhuma renda — é aí que você realmente vai sofrer."** Por sinal, se estiver realmente preocupado com uma morte prematura, pode selecionar uma opção em que a companhia de seguros reembolse seus herdeiros com a mesma quantidade que você investiu. (Esse acordo, no entanto, vai diminuir seus rendimentos mensais, portanto existe uma negociação.) Ou, como David recomenda, use uma apólice simples de seguro de vida temporário. Então, se tiver uma vida longa e frutífera, você vai ganhar, porque terá um seguro de renda. Ou, Deus me livre, se você morrer cedo, com uma apólice de seguro de vida, seus herdeiros também vão ganhar.

---

[18] O imposto efetivo sobre o rendimento das pensões vitalícias imediatas depende do que a Receita Federal chama de *taxa de exclusão*. Considera-se que uma parte dos seus pagamentos de rendimentos é uma devolução do seu capital, portanto ela está "excluída" do imposto.

O CONTROLE É UMA ILUSÃO

Todos nós amamos controlar as coisas. Mas o controle, muitas vezes, é uma ilusão. Nós pensamos que temos controle sobre a nossa saúde, as nossas finanças, os nossos filhos — tudo bem, sobre os nossos filhos talvez não. Mas todos não sabemos que as coisas podem mudar em um piscar de olhos. Uma tempestade poderia inundar sua casa (como aconteceu com a minha nova casa na Flórida depois de uma chuva torrencial que obrigou minha esposa e eu a atravessarmos penosamente 30 centímetros de água às três da manhã). Ou você poderia receber um telefonema do médico após um checkup supostamente de rotina. A questão é que o controle, muitas vezes, é mais uma ilusão do que uma realidade.

Os corretores da bolsa de valores lhe dirão que, entregando seu dinheiro a uma companhia de seguros em troca de uma renda vitalícia, você vai estar "perdendo o controle" do seu capital. Vamos analisar de uma forma um pouco mais cuidadosa. Digamos que você esteja com 60 anos e tenha acumulado um pecúlio de 1 milhão de dólares. Seu corretor aconselha a abordagem tradicional de ações e títulos, e você aplica a regra dos 4% para a sua renda (o que significa que você vai conseguir tirar 40 mil dólares por ano). A realidade é que você vai precisar de cada parcela desses 40 mil para pagar suas contas. Você sabe que seu dinheiro precisa ser investido, então realmente não pode se dar ao luxo de mexer no seu capital. **E o que acontece se o mercado cair?** Você não quer vender pelo valor mais baixo, mas ao mesmo tempo pode sentir que não é possível suportar mais perdas nessa fase da vida. Você fica entre a cruz e a espada. **O que as pessoas chamam de controle é uma ilusão. Flutuar ao sabor das ondas do mercado e esperar que a maré vire a seu favor pode ser uma receita para o desastre.**

Lembre-se: nosso foco não é apenas o crescimento de ativos. Nosso tema é: **renda garantida para a vida toda!**

É melhor ter um rendimento permanente
do que ser fascinante.

— OSCAR WILDE

PENSÕES VITALÍCIAS DIFERIDAS

Bem, então nós dissemos que existem dois tipos gerais de pensões vitalícias. Agora você sabe o que é uma pensão vitalícia imediata: você dá seu dinheiro a uma companhia de seguros e ela imediatamente começa a lhe fornecer uma renda para a vida toda.

O outro tipo de pensão vitalícia é chamado de pensão vitalícia diferida. Isso significa simplesmente que você dá o dinheiro à companhia de seguros, seja em um montante fixo ou ao longo de anos, e, em vez de receber uma renda imediata, seus retornos são reinvestidos em um ambiente de imposto diferido, de modo que, quando estiver pronto, você poderá, como bem entender, ativar o fluxo de renda que deseja para o resto da vida. Você, literalmente, tem uma programação para o volume da sua renda quando tiver 40, 50, 60 anos — para cada ano da sua vida.

Embora existam muitas versões diferentes de pensões vitalícias imediatas, com diferentes termos e recompensas que variam segundo a empresa que as oferece, da mesma forma existe uma variedade de tipos de pensões vitalícias diferidas. **Mas aqui está a boa notícia: existem apenas cerca de três tipos principais de pensões vitalícias diferidas.** Quando conhece esses três tipos diferentes, juntamente com sua compreensão das pensões vitalícias imediatas, você entenderá fundamentalmente quais são suas opções, e será capaz de **explorar o poder deste veículo de dinheiro seguro.**

Então, vamos simplificar tudo nos itens 1, 2 e 3. Existem três tipos de pensões vitalícias:

1. **Pensão vitalícia fixa:** Aqui você obtém uma taxa fixa e garantida de retorno todos os anos (independentemente das ascensões e quedas do mercado de ações), de forma bastante parecida com a que você receberia com um CD ou título, mas as taxas são diferentes.
2. **Pensão vitalícia indexada:** Aqui sua taxa de retorno se vincula à maneira como o mercado de ações se comporta, mas você fica com uma porcentagem dos resultados positivos do mercado (não todos), sem nenhum resultado negativo, e nenhuma possibilidade de perda.
3. **Pensão vitalícia híbrida "indexada":** Aqui você conquista os benefícios de uma pensão vitalícia indexada com o acréscimo de

uma cláusula adicional de "renda vitalícia". **Essa característica da renda vitalícia lhe dá a habilidade de conquistar um salário para a vida toda!** (Observação: tecnicamente falando, não existe um produto chamado "híbrido". No entanto, esse se tornou um nome comum entre os profissionais para descrever a categoria, que inclui o recurso de renda vitalícia.)

QUAL O NÍVEL DE SEGURANÇA DAS PENSÕES VITALÍCIAS? O PODER DO SEGURO DE RENDA

Uma garantia é tão boa quanto a companhia de seguros que a emite. Por esse motivo, negociar com empresas de seguros com boa separação é fundamental. Muitas das principais empresas têm mais de 100 anos no negócio, obtendo êxitos apesar das depressões, recessões e guerras mundiais. Entretanto, com mais de mil companhias de seguros nos Estados Unidos, apenas algumas ocupam as melhores posições nas classificações. Perguntei ao Dr. Jeffrey Brown sobre a segurança das pensões vitalícias e a preocupação das pessoas quanto à possível falência da companhia de seguros.

"Sim, essa é uma preocupação que muitas pessoas têm", ele reconheceu. "Começo assegurando às pessoas que, até onde eu sei — e eu estudei isso, como você sabe, por quinze anos ou mais —, não conheço ninguém que realmente tenha perdido dinheiro com um produto de pensão vitalícia, e há muitas razões para isso. Dependendo do estado em que você está, existem produtos que você pode comprar. E a forma como elas trabalham, essencialmente, é que cada companhia de seguros que opera naquele estado concorda, basicamente, em segurar todas as outras."

Cada estado tem seus limites, mas a **garantia pode chegar a 500 mil dólares**, e você estará segurado contra perdas diante da remota possibilidade de a empresa de seguros falir. Quão impossível seria? De acordo com a FDIC (Federal Deposit Insurance Corporation), houve 140 fechamentos de bancos apenas em 2009, mas nenhuma grande companhia de seguros sucumbiu nesse período.

PENSÕES VITALÍCIAS VARIÁVEIS

Existe um tipo de pensão vitalícia diferida que eu deliberadamente não mencionei nas páginas anteriores: a pensão vitalícia variável. A razão para isso é que quase todos os especialistas que entrevistei para este livro concordaram que as pensões vitalícias variáveis devem ser evitadas. Elas são extremamente caras, e os depósitos subjacentes são investidos em fundos mútuos (também conhecidos como subcontas).

Portanto, você não só está pagando taxas para fundos mútuos que selecionam ações (que não superam o mercado e podem chegar a uma média de aumento de 3% em taxas anuais), como também está pagando à companhia de seguros (entre 1% e 2% ao ano). Esses produtos podem ser nocivos, mas os corretores conseguem vender cerca de 150 bilhões de dólares em novos depósitos a cada ano. Eu me dediquei à análise das pensões vitalícias variáveis no Capítulo 2.7, "Mito 7: 'Odeio pensões vitalícias, e você também deveria odiar.'" Fique à vontade para voltar algumas páginas e rever o que aprendemos.

Então, vamos fazer uma pequena pausa e nos aprofundarmos um pouco mais em cada uma dessas três opções.

INVESTIMENTOS E PLANEJAMENTO DE APOSENTADORIA

"Se você trabalhar duro e investir com sabedoria, pode se dar ao luxo de completar 65 anos no dia do seu 80º aniversário."

PENSÕES VITALÍCIAS FIXAS

Uma *pensão vitalícia fixa diferida* oferece uma taxa específica garantida de retorno (por exemplo, 3% ou 4%) por um período específico de tempo (cinco ou dez anos, por exemplo). O dinheiro cresce com o diferimento do imposto, e no fim do prazo você tem algumas opções. Você pode retirar o dinheiro, pode "faturar" com uma nova pensão vitalícia e manter a proteção fiscal, ou pode converter o saldo da sua conta em uma renda vitalícia garantida. Não existem taxas anuais em uma pensão vitalícia fixa diferida. Você saberá com antecedência qual vai ser seu crescimento no fim do período.

Muito simples, não é? Essas taxas de retorno podem não ser tão empolgantes assim no mercado atual, mas elas mudam de acordo com as taxas de juros. Pelo menos esse tipo de pensão vitalícia tem eficiência fiscal; por isso, se administrada de maneira correta, pode aumentar significativamente sua taxa de retorno líquido.

Vou compartilhar com você algo um pouco mais interessante:

QUANTO MAIS VOCÊ ESPERA, MAIS GANHA

E se você for jovem e estiver apenas começando a construir seu futuro financeiro, ou se estiver em uma fase da vida em que não precisa de renda hoje, mas está preocupado com o fato de o rendimento dos seus investimentos poder não durar até o fim da sua vida? Lembre-se: se uma pessoa se aposentar hoje com 65 anos, pode ter ainda 20 ou 30 anos de necessidade de rendimentos. Tentar descobrir como fazer seu dinheiro durar tanto tempo é uma tarefa bastante assustadora. É por isso que uma nova abordagem, chamada *seguro de longevidade,* está se tornando cada vez mais popular. Esses produtos permitem que você crie um seguro de renda para garantir taxas de renda, por exemplo, aos 80 ou 85 anos, até a sua passagem. Saber que você pode contar com uma renda a partir desse estágio posterior lhe dá a liberdade de ter de se planejar apenas para 15 anos de aposentadoria, em vez de 20 ou 30. Vou dar um exemplo:

Em um artigo publicado em 2012 pelo *Wall Street Journal* intitulado "How to Create a Pension (with a Few Catches)" [Como criar uma pensão (com alguns truques)], a escritora Anne Tergesen destaca os benefícios de separar 100 mil dólares hoje (para um homem de 65 anos) em uma *pensão vitalícia de renda fixa diferida*. Esse homem tem outras economias e investimentos, que ele acha que vão durar até os seus 85 anos e o farão descer da montanha com segurança. *Mas* se ele viver além dos 85, seus pagamentos de seguro de renda vão começar a ser executados, e os montantes que ele passará a receber serão surpreendentemente grandes em comparação à quantia que ele investiu.

"Atualmente, um homem de 65 anos que paga 100 mil dólares por uma pensão vitalícia fixa imediata pode receber cerca de 7.600 dólares por ano por toda a vida... Mas, com uma política de longevidade [uma pensão vitalícia de renda fixa diferida de longo prazo — eu sei que a linguagem é prolixa] que começa a emitir pagamentos aos 85 anos, seu pagamento anual será de 63.990 dólares", diz a *New York Life*.

Uau. **Aos 65 anos, se ele fizer um depósito único de apenas 100 mil dólares, seus pagamentos aos 85 anos estarão perto de 64 mil por ano! Por que isso vale tanto assim? Porque aos 85, se ele viver mais 10 ou 15 anos, vai receber 64 mil dólares *todos* os anos, relegando para segundo plano seu investimento inicial.** E a melhor parte é que ele precisa fazer suas economias iniciais e seus investimentos durarem apenas 20 anos, não 30 ou 35. Com a volatilidade dos mercados e o desafio inevitável da sequência de retornos, essa tarefa pode ser difícil para quase todo mundo.

Eu mesmo analisei esses números. Considerando que tenho apenas 54 anos, meus pagamentos aos 85 seriam de 83 mil dólares por ano para o mesmo depósito único de 100 mil hoje! (E você não precisa ter um pagamento de montante fixo no valor de 100 mil. Pode ser consideravelmente menor, o que também proporcionaria uma renda menor.) Isso significa que, se eu viver até os 95 anos, vou receber 830 mil dólares em pagamentos (10 anos × 83 mil) pelo meu depósito de 100 mil. E eu não preciso esperar até os 85 anos para acionar a renda. No dia em que faço o depósito, recebo um cronograma dos pagamentos anuais de renda em qualquer idade que eu quiser começar a receber. Se eu sentir que vou precisar ou desejar dinheiro aos 65 ou 75 anos, vou saber exatamente quanto isso me custará.[19]

O seguro de renda, quando estruturado corretamente e como parte de um plano global, é uma ferramenta incrível que reverte ou elimina o risco de viver por muito tempo e se tornar um fardo para os membros da sua família. Quando me encontrei com Alicia Munnell, diretora do Center for Retirement Research no Boston College, ela partilhou o meu entusiasmo: "Muitas pessoas com quem trabalho estão muito animadas e otimistas em relação à pensão vitalícia diferida avançada, que essencialmente é um seguro de longevidade."

No meu evento financeiro anual no Vale do Sol, em Idaho, entrevistei o famoso editor Steve Forbes. Perguntei a ele sobre a sua abordagem de finanças pessoais, e ele chegou a confessar que tem um seguro de longevidade já contratado!

Mais uma coisa bastante legal? A Receita Federal olha de forma muito favorável para essas pensões vitalícias de renda diferida, de modo que você não precisa recolher impostos sobre o pagamento total de rendimentos (porque uma boa parcela do pagamento é considerada um retorno do seu depósito original).

A SOLUÇÃO DEFINITIVA PARA OS RENDIMENTOS

Dizem que, se você der um martelo a um homem, tudo se torna um prego. Isso quer dizer que a solução descrita abaixo, por mais empolgante que seja, não é a solução completa e definitiva, nem é para todas as pessoas ou para todas as situações. Ela é parte de uma alocação global de ativos. O meu objetivo aqui é descrever um produto financeiro poderoso, uma pensão vitalícia híbrida, que nos dê um grande potencial de resultados positivos durante sua fase de crescimento, mas também forneça uma renda vitalícia garantida ao longo do percurso, quando chegarmos ao topo da montanha e começarmos o "segundo ato" das nossas vidas. Ela é chamada de **pensão vitalícia fixa indexada (FIA, na sigla em inglês).**

---

[19] Obviamente, se eu começar a acessar a renda de pensão vitalícia mais cedo, aos 65 ou 70 anos, o rendimento que vou receber aos 85 anos será inferior.

Para ser claro, existem dois tipos relativamente novos de pensões vitalícias diferidas que têm crescido em popularidade desde que foram introduzidas, no início dos anos 1990:

1. a pensão vitalícia indexada, em que a taxa do seu retorno está vinculada a um índice de ações; e
2. **a versão híbrida ainda mais popular, em que você obtém tanto uma taxa de retorno fixa e a opção de um retorno vinculado ao crescimento do índice de mercado de ações como um recurso de renda vitalícia garantida.** Essas pensões vitalícias híbridas são mais comumente conhecidas como pensões vitalícias fixas indexadas, com uma cláusula adicional de renda vitalícia ou um benefício de retirada mínima garantida. (Eu lhe disse que iríamos compreender o sentido dessa sopa de letrinhas dos termos financeiros).

Somente em 2013, essas pensões vitalícias arrecadaram mais de 35 bilhões de dólares em depósitos. Na verdade, enquanto estávamos concluindo este livro, os depósitos de pensões vitalícias fixas indexadas atingiram níveis recorde até o primeiro semestre de 2014, com mais de 24 bilhões em novos depósitos, um crescimento de 41% em relação a 2013. **Por que esse crescimento recorde?**

- **Em uma pensão vitalícia fixa indexada, seus depósitos permanecem inteiramente sob controle. Você *não* está abrindo mão do acesso ao seu dinheiro.**
- **Oferece potencial de retornos anuais significativamente maiores que outras soluções para a segurança do dinheiro, como CDs ou títulos.**
- **Fornece uma garantia[20] de 100% do seu capital — você não pode perder dinheiro.**
- **O crescimento funciona com diferimento de imposto, proporcionando o crescimento máximo composto para a expansão do seu fundo de liberdade.**
- **Fornece seguro de renda, ou uma renda garantida para a vida, quando você seleciona uma cláusula adicional de renda opcional.**

[20] Lembre-se: existem garantias de seguro estadual, assim como garantias corporativas.

Como mencionei anteriormente, essas estruturas oferecem resultados positivos sem os resultados negativos. Ganhos sem perdas. Sob muitos aspectos, elas são um antídoto para o problema da sequência de retornos.

Como elas funcionam?

Em primeiro lugar, uma pensão vitalícia fixa indexada é **fixa, o que significa que sua conta está garantida para nunca decrescer. Não importa o que aconteça, você não perde seu depósito original.** Isso já é metade da batalha! No entanto, em vez de obter uma pequena taxa de retorno garantida, como uma pensão vitalícia fixa tradicional, o crescimento da "conta-base" é determinado pelo rastreamento dos ganhos de um índice de mercado de ações, como o S&P 500. Como exemplo, se o S&P 500 subir 8% em determinado ano, você conseguiria manter (ou "participar de") uma certa **porcentagem desse ganho, que normalmente estará sujeita a um limite máximo. Por exemplo, se seu limite fosse de 5%, você receberia um crédito de 5% pelo valor da sua conta-base.**[21] Em outras palavras, existe um "limite" ou um "teto" na maioria das pensões vitalícias sobre quanto do ganho você acaba mantendo. **Inversamente, porém, se o mercado cair naquele ano, você não perde sequer 1 centavo!**

Nos últimos anos, surgiram alguns produtos exclusivos que permitem que você mantenha 100% dos ganhos do mercado/índice e, sim, ainda evitar os anos de queda! Não há limite para seus resultados positivos. Qual é o porém? Em vez de colocar um limite nos seus ganhos anuais, a companhia de seguros vai compartilhar uma pequena porção de seus ganhos (1,5%, em muitos casos). Então, vamos dizer que o índice/mercado subiu 8% em determinado ano; você receberia 6,5% acrescidos à sua conta e a companhia de seguros manteria 1,5%. Se o mercado tiver um ano mais forte, com ganhos de 14%, você passaria a manter 12,5%. Muitos especialistas com quem conversei anteciparam que essas pensões vitalícias ilimitadas podem ser o futuro.

Certo, mas o que acontece se o mercado cair?

Se o índice do mercado cair, mesmo que seja um daqueles desagradáveis anos de declínio de 20%, 30% ou 50%, você não perde 1 centavo sequer. Você começa a evitar todos os anos ruins e só participa dos anos de alta do índice de mercado.

---

[21] As taxas de participação e os limites dependerão dos produtos individuais.

Ora, eu sei o que você está pensando. Foi exatamente o que eu pensei quando ouvi falar pela primeira vez desses produtos: **"Como é que as companhias de seguros conseguem oferecer apenas as vantagens, sem as desvantagens?"**

"Não existe magia aqui", disse o Dr. Babbel quando lhe fiz a mesma pergunta. Ele explicou que a companhia de seguros acondiciona a maior parte do seu dinheiro com segurança em suas reservas de dinheiro, nunca realmente investindo no mercado de ações. É assim que ela garante seu capital. O restante é usado para comprar "opções" no índice do mercado de ações e cobrir despesas. Então, se o mercado estiver em alta, você recebe sua parte desse ganho. Se ele cair, as opções "expiram", mas você não perde — nem a companhia de seguros. É uma situação vantajosa para ambas as partes.

GARANTA SEUS GANHOS

Além de ficar com as vantagens sem as desvantagens, essas FIAs têm outro benefício especial. Claro, todos nós gostamos de abrir nossos balanços acionários e ver o saldo da nossa conta em ascensão. Mas nunca sabemos *realmente* se aqueles dólares serão, de fato, nossos para gastar um dia, ou se outra queda do mercado poderia levar consigo esses ganhos. **Um dos enormes benefícios de uma FIA é que, a cada ano, quaisquer ganhos ou resultados positivos estarão garantidos**, e agora isso se torna o nosso novo patamar. Por exemplo, se eu ganhar 6,5% na minha conta de 100 mil dólares, agora terei 106.500 garantidos. Nunca vou perder esse crescimento de 6.500. A cada ano a conta pode ficar estável, pois vou estar garantido contra as participações em perdas de mercado, ou a conta pode subir. Como um elevador que apenas sobe, essa característica única de garantir os ganhos todos os anos é uma ferramenta poderosa para a segurança do nosso dinheiro.

RENDA! RENDA! RENDA!

Por mais que sejam uma ferramenta muito poderosa para um retorno com a segurança do dinheiro, **é a capacidade de fornecer simultaneamente um fluxo de renda vitalício e garantido** que torna essas FIAs tão atraentes.

Embora eu *goste* das pensões vitalícias fixas indexadas pelas razões expostas anteriormente (garantias do capital, eficiência fiscal, vantagens sem desvantagens), passei a *amá-las* pelos aspectos de renda garantida. Isso é o que acontece quando escolhemos acrescentar uma *cláusula adicional de renda vitalícia garantida*. Vou explicar.

Independentemente do desempenho da sua conta, mesmo que ela fique estável ou suba moderadamente ao longo de muitos anos, o acréscimo de uma cláusula de renda vitalícia garantida assegura que você vai receber um fluxo de renda anual garantido quando decidir ativá-lo, não importa o que aconteça com a sua conta-base.

Veja: **eu tenho uma pensão vitalícia na qual a conta de rendimentos está *garantida* para crescer 7% ao ano durante 20 anos, sem correr os riscos do mercado.** No dia em que fui comprá-la, recebi um cronograma de rendimentos, de modo que, quando decidir ativá-la, **vou saber exatamente quanta renda estará garantida para o resto da minha vida (independentemente de quanto tempo eu viver).** Quanto mais eu esperar, mais a minha conta de rendimentos vai crescer, portanto maiores serão os pagamentos de rendimentos. Essa conta se tornou uma parte importante da minha cesta de segurança. Novamente, parece bom demais para ser verdade, não é? Pedi ao meu consultor fiduciário que analisasse detidamente, e ele descobriu que não só era um negócio legítimo, como também estava atraindo bilhões em depósitos anuais de indivíduos pertencentes à geração do baby boom, como eu.

Afinal, quem não quer um produto com um retorno garantido de 7% na sua conta de rendimentos enquanto, simultaneamente, evita os riscos do mercado, o risco da sequência de retorno, e assim por diante? Lembre-se: isso foi no início de 2009, quando o mercado estava se desmantelando. Aparentemente não existia nenhum lugar seguro. E outros veículos garantidos, como os CDs, propiciavam retornos minúsculos. Como você provavelmente se lembra, o clima era de pânico, e as pessoas vasculhavam todos os lugares atrás da segurança financeira. Descobri, mais tarde, que esse produto específico se tornou naquela época a pensão vitalícia com a venda mais rápida do planeta.

Depois que fiz o investimento, meu pensamento foi: "Como é que eu configuro isso para os meus filhos e netos? Isso é bom demais para ser verdade."

Então, qual é o macete? Acabei descobrindo que as companhias de seguros oferecem esse produto apenas se você estiver com 50 e poucos anos ou mais. Elas não podem oferecer 7% para sempre, então estabelecem um teto de 20 anos. Se você for mais jovem, a companhia de seguros, obviamente, não pode se dar ao luxo de oferecer um retorno de 7% na sua conta de rendimentos para sempre. Além disso, essa pensão vitalícia requer um considerável depósito antecipado de um montante fixo. Fiquei confuso e frustrado. Se esse produto é tão poderoso para alguém da minha idade, seria ainda mais poderoso para alguém com 20, 30 ou 40 anos, com muito mais tempo para permitir que seus depósitos sofram os efeitos da composição. **Naquele dia, elegi como minha missão criar uma solução acessível para as pessoas mais jovens.** Onde mais elas poderiam construir um plano seguro de renda vitalícia que lhes permitisse trilhar um caminho claro até a liberdade financeira sem todo o estresse e a volatilidade do mercado?

SEU PRÊMIO PESSOAL

Cody Foster e seus dois sócios, David Callanan e Derek Thompson, são a personificação do *self-made man*. Em 2005, esses três amigos se sentaram ao redor da mesa da cozinha de Cody, na pacata Topeka, no estado do Kansas. Eles tinham reunido as economias de toda a vida e, com 135 mil dólares no banco, decidiram lançar a Advisors Excel. Talvez você nunca tenha ouvido falar da Advisors Excel, porque ela não presta serviços de manutenção para o consumidor final. A empresa atende apenas aos melhores consultores financeiros. "Serviços" é o eufemismo do ano. A Advisors Excel trabalha com as principais companhias de seguros para que os consultores financeiros tenham acesso às pensões vitalícias mais inovadoras e seguras do país. Você pode pensar nessa empresa como a consultora dos consultores.

Avance rapidamente nove anos. **Hoje, a Advisors Excel é a maior atacadista de pensões vitalícias do país, com cerca de 5 bilhões de dólares em depósitos anuais.** Em uma indústria de empresas que existem há décadas, a Advisors Excel domina. Na curta existência da empresa, ela cresceu tão rapidamente que os três fundadores ampliaram o espaço físico do escritório cinco vezes! A primeira sede foi no porão do consultório de um dentista (e eles usavam caixas como mesa improvisada para o primeiro funcionário).

Hoje eles têm instalações de ponta, com 7.400 metros quadrados. Daqui a algum tempo, esse espaço vai ficar pequeno!

Quando alguém conhece Cody, não diz que esse homem humilde de Topeka possui uma companhia multibilionária. Ele é sal da terra e não esqueceu suas raízes, nem a graça de Deus, que ele considera responsável por seu sucesso. Conheci Cody no meu hotel em San José, na Califórnia, na manhã seguinte após ele ter participado de um evento *Desperte o seu poder interior* para 6 mil pessoas. Nós tínhamos nos reunido para aquele encontro por intermédio do meu filho Josh. A reunião estava programada para durar uma hora, mas acabou durando três (isso não é incomum no meu mundo!).

Fui até o fundo...

"Cody, tenho uma ideia que acredito poderá transformar a vida de milhões de pessoas, ajudando-as a alcançar seus objetivos financeiros mais cedo e com muito menos estresse e risco."

"Ok, me conte", ele disse, sentando na ponta da cadeira, em expectativa.

"Eu gostaria de verificar se é possível oferecer o que está disponível para os ricos de mais idade e para as pessoas mais jovens que podem ou não ter o bastante para investir. Uma pensão vitalícia fixa indexada com a qual as pessoas mais novas pudessem contribuir mensalmente, como fariam em um 401 (k), e soubessem que para cada dólar investido estariam garantindo um fluxo da renda vitalício. Um plano de pensão pessoal."

Cody se reclinou novamente na cadeira. Parecia meio cético.

Isso era incrivelmente ousado.

Entrei em modo de ataque total, "estilo seminário". Fiz uma apaixonada defesa sobre por que essa solução poderia ser determinante. Se envolver com os membros da geração Y é o Santo Graal para a indústria dos serviços financeiros, já que eles são pensadores autônomos independentes e notoriamente difíceis de alcançar. Estudos mostram que eles não são grandes fãs do mercado de ações. No exato momento em que estavam começando a se engajar, a crise de 2008 varreu o pouco que tinham poupado. Pior ainda: um estudo da Limra, a maior associação comercial do setor de seguros de vida e serviços financeiros dos Estados Unidos, descobriu que os membros da geração X perderam 55% do patrimônio líquido médio entre 2005 e 2010! Nossa! Agora eles querem garantias! Eles querem proteção. Eles querem renda. E eles querem que seja fácil.

Cody começou a acenar positivamente com a cabeça. Ele entendeu o que eu estava pensando, mas também estava ciente dos desafios. Afinal, ele estava naquela indústria desde a graduação e conhecia intimamente as limitações e os pontos fortes de cada uma das maiores companhias de seguros do mundo.

"Tony, eu entendo o que você está buscando, mas você precisa compreender o negócio. As companhias de seguros não podem oferecer isso para os mais jovens, porque o que faz as pensões de renda vitalícia funcionarem e o que faz os números dos seguros funcionarem é o fato de eles serem movidos pela compreensão das taxas de mortalidade. Aos 55 anos, conhecem sua expectativa média de vida, e podem tomar decisões financeiras com base nisso. É mais difícil fazer isso aos 45 anos, 35 anos, ou, caramba, aos 25."

Eu já previa essa resposta, e tive uma ideia:

"E se você lhes desse uma garantia de que não perderiam dinheiro, antes de mais nada? Considerando que custa mais para garantir a renda futura, por que não dar a eles uma menor garantia anual de crescimento e, em seguida, acrescentar a isso todo o resultado positivo que o índice no mercado de ações trouxer? Isso pode acabar sendo mais de 7%, especialmente para os jovens com 20, 30 ou 40 anos, porque eles têm bastante tempo para que seus investimentos sofram o efeito da composição. A maioria das pessoas sabe que, ao longo do tempo, o mercado de ações tem produzido maior crescimento, mas o problema é o risco dessas desagradáveis quedas do mercado! **Você poderia oferecer a elas as vantagens sem as desvantagens nos seus depósitos e uma renda garantida para toda a vida.**

"Você ainda vai precisar **tornar isso acessível**, não exigindo um pagamento antecipado de montante fixo, **mas, em vez disso, apenas pequenos pagamentos mensais no montante que eles escolherem.** Com essa abordagem, a companhia de seguros não vai terá que se preocupar com expectativas de vida muito altas, e o cliente ter o potencial de um fluxo de renda muito maior, uma vez que a maior parte da renda vai estar ligada aos resultados positivos do mercado."

Cody gostou da ideia porque, durante longos períodos de tempo, o mercado vai funcionar para os investidores, especialmente quando você participa apenas dos anos de alta. Mas um grande obstáculo persistia:

"Tony, na minha opinião, esse produto precisa ser eficiente e econômico. Mas, tradicionalmente, o aspecto mais caro quando se estabelece o preço de uma pensão vitalícia é a comissão. As companhias de seguros pagam comissões antecipadamente, do próprio bolso, para que elas não sejam deduzidas da conta do cliente. Assim, para que isso funcione, as companhias de seguros não podem se dar ao luxo de pagar grandes quantidades de compensação para vender isso, o que significa que é difícil conseguir convencer os agentes tradicionais a vendê-lo. É um beco sem saída."

Mais uma vez, eu tinha um contra-argumento preparado.

"E se eles não pagarem nenhuma comissão inicial?", perguntei. "Pense de forma criativa em termos de vendas. Há 50 anos, o seguro de vida era vendido de porta em porta. Hoje você pode fechar um seguro pela internet, sem nunca falar com um vendedor — e, como resultado, agora é ultraconveniente e mais barato do que nunca. Essa nova pensão vitalícia deve seguir o exemplo. Os mais jovens realmente preferem *não* falar com ninguém! *Elimine o intermediário!*

"Deveria ser tão simples quanto entrar na internet, decidir quanto dinheiro você quer investir por mês e fazer esse montante ser deduzido automaticamente da sua conta corrente. Estabelecer e esquecer. O site poderia projetar exatamente quanto de renda isso iria fornecer em qualquer idade futura — 50, 55, 60 anos —, dependendo de quanto você consegue reservar. Com alguns cliques, uma pessoa pode montar um plano de renda vitalício. Ela não precisa ser rica ou idosa para ser beneficiada. Caramba, ela poderia inclusive fazer essa pesquisa em um aplicativo no iPhone."

Cody estava entendendo a minha visão. Então, eu perguntei: "Cody, quantas vidas você acha que isso poderia afetar? Quantas vidas poderiam ser mobilizadas se vocês usassem sua influência com as companhias de seguros para criar um produto que qualquer pessoa pudesse acessar e que lhes desse um futuro financeiro mais seguro?"

Cody sorriu. "Ao longo dos anos? *Milhões! Dezenas de milhões! A grande maioria dos Estados Unidos!*" Minhas palavras tinham tocado em algum ponto aquele garoto de cidade pequena, criado em uma família de classe média baixa. Cody é incrivelmente benevolente com a sua riqueza e deseja que todos tenham as mesmas chances. Especialmente uma chance de alcançar a liberdade financeira.

Quando deixou o hotel, Cody estava empolgadíssimo. Ele partiu para uma missão: ver se conseguiria usar sua influência para convencer as maiores companhias de seguros do mundo a elaborar uma solução de "plano de renda vitalícia" para os mais jovens e com menos requisitos de depósito.

AVANÇO RÁPIDO

Apenas alguns anos atrás, a idade mínima para a maioria das pensões vitalícias fixas indexadas era de 50 ou 55 anos, dependendo da empresa, e a maioria exigia um depósito mínimo de 20 mil a 50 mil dólares. Encontrar uma cláusula adicional de renda vitalícia garantida para o mercado mais jovem (abaixo de 50 anos) era praticamente impossível. Mas agora o jogo mudou oficialmente. Tenho orgulho de informar que, por meio dos esforços da minha parceria com a Advisors Excel, nós conseguimos que algumas das maiores companhias de seguros do mundo começassem a conceber e a construir novos produtos revolucionários para você, independentemente da sua idade ou nível de renda.

Essas novas FIAs oferecem benefícios como:

- **Garantia do seu capital:** seja qual for o dinheiro que tenha investido, você nunca o perderá.
- **As vantagens sem as desvantagens:** você participa de 100% do crescimento do índice de mercado de ações. Isso mesmo: 100% de vantagem sem nenhuma desvantagem, sem risco de perda e sem limite nos ganhos. A companhia de seguros simplesmente compartilha seus lucros tomando uma pequena "dispersão" (variando entre 1,25% e 1,75%). Se o mercado subir 10%, e se mantiver a 1,5%, você vai obter 8,5%, creditados sobre o valor da sua conta. **Inversamente, se o mercado cair em determinado ano, a companhia de seguros não ficará com nada, e você não perderá sequer 1 centavo nem pagará quaisquer taxas!** Você pagará a dispersão apenas se ganhar dinheiro.

Para entender realmente quão poderoso é esse arranjo, usei uma metáfora quando estava jantando com um amigo no Wynn Encore, em Las Vegas. Olhei para o chão do cassino e disse ao meu amigo: "Imagine se este cassino tivesse uma mesa de jogo especial reservada apenas para VIPs. As regras seriam que você poderia jogar a noite toda, e você nunca perderia sequer um dólar. Não importa o que aconteça, Steve Wynn garantiria que você iria sair com o que começou — uma garantia do seu capital.

"Se ganhar, você mantém todos os seus ganhos, mas a casa fica com 1,5% deles. Quanto você apostaria? **Por quanto tempo você jogaria se soubesse que não poderia perder, e, se ganhasse, tivesse apenas de pagar uma pequena parte de seu resultado positivo?"**

Ele sorriu e disse: "O máximo que eu pudesse, pelo maior tempo que eu pudesse!" Eu ri. "Eu também!" Isso é exatamente o que essa pensão vitalícia fixa indexada faz, e agora ela não está mais limitada a pessoas mais velhas com muito dinheiro.

- **Também não há taxas de administração ou encargos de vendas anuais descontados da sua conta.**
- **Se você gostasse de ter uma renda garantida vitalícia, poderia selecionar essa cláusula adicional de renda opcional também.** Quando fizer isso, terá duas contas competindo entre si: (1) uma conta-base que se acumula à medida que o mercado de ações cresce e garante seus retornos a cada ano, como descrevemos anteriormente; e (2) uma conta de rendimentos na qual, dependendo da companhia de seguros emissora, você terá uma taxa de retorno garantida ou uma combinação de garantia e desempenho do mercado. Para seu benefício, a renda que você receberá vai ser baseada na conta que for maior no momento em que você decidir receber a renda.

Mais importante: além de tudo isso, Cody foi capaz de influenciar as companhias de seguros eliminar o pagamento de montante fixo e tornar esse veículo financeiro disponível para quase todas as pessoas. Os dias em que se precisava de 25 mil a 50 mil dólares para começar acabaram. Agora você pode começar com um pequeno depósito inicial de apenas 300 dólares. Você pode até configurar a conveniência de um programa de dedução automática mensal de uma conta corrente para que o seu fundo de liberdade cresça todos os meses e se transforme em uma "pensão pessoal" — uma renda vitalícia.

Mesmo que você tenha uma quantidade muito pequena ou nenhuma quantidade em outros investimentos, esse produto pode ser um ótimo local para começar. Por quê? Porque lhe propicia os resultados positivos do índice do mercado de ações sem os resultados negativos. **Imagine saber que, para cada dólar que aplica, você está garantindo para si mesmo um fluxo de renda vitalício.** Quanto mais economizar, maior será a sua renda. E você tem a garantia de não perder os depósitos!

Considerando que existem milhares de produtos de pensão vitalícia de renda com uma gama de pagamentos de rendimentos, Cody e sua equipe criaram um site para informá-lo e capacitá-lo para encontrar e selecionar os produtos de pensão vitalícia corretos para a sua situação específica.

Ao visitar o Lifetime Income, algumas etapas simples permitirão que você configure rápida e facilmente seu plano de renda vitalícia. **Em poucos segundos, você pode calcular sua futura renda potencial, com base no quanto é capaz de contribuir. Independentemente da sua idade, o sistema vai revelar a melhor abordagem para você e lhe mostrar os pagamentos de rendimentos mais competitivos disponíveis.** Então, se você for mais jovem e quiser uma contribuição mensal flexível e menor, ou se estiver com mais de 50 anos e tiver um montante fixo e estiver à procura de seguro de longevidade, o sistema vai orientá-lo para a melhor solução de renda. Você tem a opção de configurá-la pela internet, por telefone com um especialista, ou ser conectado a um consultor de pensão vitalícia na sua cidade. **O Lifetime Income tem uma rede de mais de 500 especialistas em pensão vitalícia nos 50 estados norte-americanos.** Ele também fornece uma revisão gratuita e a análise de quaisquer pensões vitalícias existentes que você possa ter, para checar se é viável manter a que você já tem ou se vale a pena transferir o valor da sua conta para uma empresa de seguros diferente, em uma troca isenta de impostos.

Como mencionei, quando integrado ao portfólio All Seasons, o produto de renda vitalícia correto é uma ferramenta poderosa! O Lifetime Income é o provedor de pensão vitalícia exclusivo do Stronghold. Portanto, se uma pensão vitalícia for apenas uma parte de sua alocação total de ativos (e apenas parte da sua cesta de segurança), você pode acessar esses mesmos produtos por intermédio do Stronghold. Ele vai conectá-lo a um especialista em pensão vitalícia.

FERRAMENTAS DO 0,001%

Nós percorremos um longo caminho! Não só temos a mentalidade de um iniciado, como também as ferramentas dos iniciados! Somente nesta seção nós aprendemos um poderoso modelo de portfólio do ícone Ray Dalio, que provou ser resistente em todas as épocas econômicas desde 1925. E a maioria das pessoas precisa investir 100 milhões de dólares para ficar conhecendo as suas ideias! Podemos ter certeza de que seu modelo de portfólio vai sobreviver e, no longo prazo, prosperar em todos os ambientes.

Nós também aprendemos que um seguro de renda corretamente estruturado, uma pensão vitalícia, pode propiciar um salário vitalício sem que tenhamos de trabalhar para isso. E não apenas isso: com a pensão vitalícia fixa indexada correta, nossos depósitos podem participar de 100% dos resultados positivos do mercado/índice, evitando perdas quando o mercado cair! Uma cesta de segurança com alguma empolgação. Embora existam muitas abordagens para alcançar a liberdade financeira, o duplo trunfo de um portfólio All Seasons e a certeza de uma fonte de renda vitalícia garantida é uma combinação poderosa para trazer paz de espírito.

A questão é que, depois de construir sua riqueza, você deve protegê-la para você e os seus filhos. Os milionários protegem sua riqueza com uma comitiva de consultores extremamente sofisticados. Então, de quem ou do que eles o protegem? **Vamos descobrir os segredos dos milionários no Capítulo 5.5!**

PERGUNTAS FREQUENTES

Eis algumas perguntas comuns que parecem surgir quando as pessoas aprendem sobre pensões vitalícias fixas indexadas:

O que acontece se eu morrer "cedo"?

Se você morrer antes de ativar seu fluxo de renda, o saldo de toda a sua conta é deixado para os seus herdeiros. Esse é um *enorme* benefício sobre uma pensão vitalícia de renda tradicional. Quando você decidir eventualmente ativar sua fonte de renda vitalícia (com um simples telefonema), você *não* perde sua conta inteira para a companhia de seguros. Seus herdeiros ainda receberiam o saldo da sua conta, deduzidos quaisquer pagamentos de rendimentos dos quais você tivesse usufruído até aquele momento.

Posso retirar dinheiro em caso de emergência?

A maioria das FIAs permite que você retire entre 10% e 15% da sua conta sem qualquer penalidade ou taxa de resgate. Tenha em mente que, se você fizer essa retirada antes de completar 59 anos e meio, vai pagar uma penalidade de 10% à Receita Federal, que é o padrão para todo investimento que lhe conceda diferimento de imposto sobre o crescimento. Se você precisar de todo o dinheiro de volta, pode resgatar sua pensão vitalícia e sacar o dinheiro (além de todo o crescimento). No entanto, a retirada pode incorrer em uma taxa de resgate, dependendo de quanto tempo você tiver possuído a pensão vitalícia. Uma taxa de resgate é, na verdade, uma penalidade autoimposta, porque você está pegando seu dinheiro de volta mais cedo. A programação típica começa em 10% e diminui 1% por ano até chegar a 0%. Então, se você tiver mantido a pensão vitalícia por cinco anos, teria uma taxa de 5% se resgatasse o contrato e recebesse de volta todo o seu dinheiro. Qualquer dinheiro investido nesse veículo deveria ser considerado um investimento a longo prazo.

Quais são as taxas de uma FIA?

Não há taxas de administração anuais descontadas da sua conta. No entanto, se você selecionar a cláusula adicional de renda vitalícia garantida, a taxa anual para isso variará entre 0,75% e 1,25% ao ano, dependendo das ofertas individuais de cada empresa.

Posso colocar meu dinheiro do IRA em uma pensão vitalícia?

Sim, você pode usar o dinheiro do seu IRA (ou Roth IRA), e também pode usar dólares após a incidência de impostos (dinheiro sobre o qual já pagou imposto) para financiar uma pensão vitalícia. Esse cenário também é conhecido como dólares qualificados ou não qualificados, e ambos podem ser usados.

Qual é o limite do crescimento da minha conta e como ele é determinado?

O limite, o teto sobre quanto do crescimento do mercado você vai conseguir absorver, está tipicamente vinculado às taxas de juros. Se as taxas de juros forem mais altas, o limite é alto (e vice-versa). Alguns produtos mais novos oferecem 100% de vantagem, sem limite, *mas* ficam com uma pequena dispersão, que é uma parcela dos seus resultados positivos/lucros. Se o mercado ficar acima de 10%, você pode obter 8,75% creditados na sua conta (o que significa que a seguradora terá ficado com uma dispersão de 1,25%). No entanto, se o mercado cair, ele não leva nada, e você não perde sequer 1 centavo. Eu gosto dessas estratégias ilimitadas porque elas oferecem o mais elevado potencial de resultados positivos em determinado ano.

A quais mercados subjacentes a minha conta estará "ligada"?

O índice mais popular é o S&P 500. Índices mais novos surgem com bastante frequência. Por exemplo, algumas contas podem estar ligadas aos índices Barclays Dynamic Balanced Index (uma mistura de ações e títulos) ou ao Morgan Stanley Dynamic Allocation (uma combinação de 12 setores diferentes). Alguns índices estão ligados até mesmo a mercadorias.

Quais são os fatores que determinam a quantidade de renda que recebo?

O montante que você investe para a pensão vitalícia, o período de tempo antes de decidir acessar seu fluxo de renda e a idade no momento em que sua renda começa são os fatores principais que, em última análise, vão contribuir para a quantidade de renda que você receberá. No entanto, o fator principal é o produto selecionado. Cada contrato de pensão vitalícia é diferente na quantidade de renda contratualmente garantida a ser fornecida, por isso é importante que você entenda isso antes de desencadear o processo.

Qual é o tratamento fiscal de uma FIA?

O crescimento dentro de sua FIA é com diferimento de imposto. Quando você ativar o fluxo de renda, vai estar pagando taxas de imposto de renda comuns sobre os pagamentos de renda vitalícia. Pelo fato de o governo estar oferecendo a você o diferimento de impostos, ele vai penalizá-lo se você retirar o dinheiro antes de alcançar a idade de 59 anos. Se você possui FIA dentro de um Roth IRA, não haverá nenhum imposto sobre os ganhos ou sobre a fonte de renda vitalícia.

Eis aqui o que você pode evitar com uma pensão vitalícia com índice fixo. Os benefícios de obter as vantagens sem as desvantagens se tornam incrivelmente poderosos quando você analisa retrospectivamente a história das crises de Wall Street. O mais surpreendente é quanto tempo o mercado demorou para se recuperar — para que os investidores voltassem ao limiar de rentabilidade. Apenas por diversão, dê uma olhada em alguns dos históricos das crises do mercado de ações — e lembre-se: com esse tipo de investimento, você pode evitar tudo isso.

1901-1903

- O Dow caiu 46%.
- Recuperou-se em julho de 1905.
- Tempo total de recuperação: dois anos.

1906-1907

- O Dow caiu 49%.
- Recuperou-se em setembro de 1916.
- Tempo total de recuperação: nove anos.

1916-1917

- O Dow caiu 40%.
- Recuperou-se em novembro de 1919.
- Tempo total de recuperação: dois anos.

1919-1921

- O Dow caiu 47%.
- Recuperou-se em novembro de 1924.
- Tempo total de recuperação: três anos.

1929-1932

- O Dow caiu 89%.
- Recuperou-se em novembro de 1954.
- Tempo total de recuperação: 22 anos.

1939-1942

- O Dow caiu 40%.
- Recuperou-se em janeiro de 1945.
- Tempo total de recuperação: três anos.

1973-1974

- O Dow caiu 45%.
- Recuperou-se em dezembro de 1982.
- Tempo total de recuperação: oito anos.

2000-2002

- O Dow caiu 36%.
- Recuperou-se em setembro de 2006.
- Tempo total de recuperação: quatro anos.

2008-2009

- O Dow caiu 52%.
- Recuperou-se em abril de 2011.
- Tempo total de recuperação: dois anos.

CAPÍTULO 5.5

OS SEGREDOS DOS MILIONÁRIOS (ESSES VOCÊ TAMBÉM PODE USAR!)

Trata-se de um segredo de iniciados entre os mais favorecidos: uma forma lícita de investir... tudo isso sem pagar impostos sobre os lucros.

— *THE NEW YORK TIMES*, 9 de fevereiro de 2011

UM NOVO RECORDE MUNDIAL

No início de 2014, o *Guiness World Records* anunciou que um novo recorde mundial havia sido estabelecido. Não, não era para o homem mais alto do mundo, nem para as unhas mais longas do mundo. Foi um recorde que passou quase despercebido:

"Bilionário misterioso compra uma apólice de seguro de vida no valor recorde de 201 milhões de dólares."

Por que um bilionário compraria um seguro de vida? Os filhos não ficariam suficientemente bem se ele morresse prematuramente? Ou a mídia não estava conseguindo enxergar o motivo? Acredite ou não, os ultrarricos, de fato, compram quantidades astronômicas de seguros de vida, mas não são os bilionários que compram mais. Os maiores compradores são bancos e grandes corporações, da Wal-Mart à Wells Fargo. Como exemplo, o balanço da Wells Fargo mostra 18,7 bilhões de dólares do seu capital de Nível 1 depositado em valores de seguro de vida (em 27 de maio de 2014). Aliás, o capital de Nível 1 é a principal medida da força financeira de um banco! Ao contrário do que diz a mídia, as corporações e os ultrarricos não estão querendo se beneficiar da morte de ninguém. **O que eles realmente querem é um lugar para colocar o dinheiro em um veículo sancionado pelo IRS, que lhes permita fazer seus investimentos crescerem isentos de impostos.** Parece bom demais para ser verdade? Na verdade, é muito parecido com um Roth IRA em termos de tratamento fiscal. Você paga impostos quando ganha seu dinheiro (renda), mas, uma vez depositados os dólares depois da incidência de impostos dentro de um tipo específico de apólice de seguro de vida, o IRS diz que você não é obrigado a pagar impostos à medida que cresce; se estruturado corretamente (veja mais detalhes abaixo), você não é obrigado a pagar impostos quando retira o dinheiro. Então, embora *seja* seguro de vida, ele é *realmente* projetado para beneficiá-lo enquanto você estiver vivo!

Se é bom o suficiente para os bilionários e as maiores corporações do mundo, provavelmente é bom o suficiente para nós! Vamos nos aprofundar e descobrir como usar essa poderosa ferramenta de planejamento fiscal e acelerar nosso passo rumo à liberdade financeira.

O ROTH DOS RICOS

A estratégia nas páginas seguintes, conhecida como *seguro de vida de colocação privada* (PPLI, na sigla em inglês), foi chamada de "o segredo dos abastados" pelo *New York Times* — e por uma boa razão. Fui apresentado a essa ferramenta por duas das pessoas mais ricas que conheço, mas você não precisa ser ultrarrico para utilizá-la. Muitas pessoas de alta renda, como médicos, advogados e donos de pequenas empresas, vão encontrar um enorme valor nas páginas seguintes, mas aqueles que possuem apenas alguns milhares para investir vão aprender a criar uma versão da estrutura que proporcionará exatamente os mesmos benefícios. Eis aqui os surpreendentes benefícios disponíveis para todos:

- **montantes de depósito ilimitado (sem limitações de renda);**
- **nenhum imposto sobre o crescimento de seus investimentos;**
- **nenhum imposto quando acessado (se estruturado corretamente); e**
- **qualquer dinheiro que tenha sido deixado para os herdeiros não poderá ser tributado.**

Não passemos apressadamente por isso, como se fosse apenas uma estratégia muito legal. Essencialmente, equivaleria a remover parcial ou integralmente seu pecúlio de todo o sistema fiscal! Nunca mais você vai pagar imposto sobre o crescimento dos seus investimentos ou sobre o dinheiro que acessar dentro dessa estrutura. É por isso que a mídia às vezes chama PPLI de "o Roth dos ricos". Leia esta citação do *Wall Street Journal*:

> A atração principal: pelo fato de os investimentos serem mantidos dentro de um *wrapper* de seguro, os ganhos dentro da apólice são blindados contra o imposto de renda — assim como o pagamento após a morte. Além disso, os segurados podem ter acesso ao seu dinheiro durante a vida, retirando ou pegando fundos emprestados, isentos de impostos, de acordo com a política, dependendo de como houver sido estabelecido. (...) Uma grande razão para o crescimento: nos últimos anos, o Internal Revenue Service [Receita Federal] emitiu uma série de pareceres e regulamentos que apresentaram com mais clareza o que é permitido e o que não é no seguro de vida e nas pensões vitalícias de colocação privada. Isso, por sua vez, eliminou a incerteza entre as seguradoras e os investidores.

Ao retirar os impostos da equação, o tempo necessário para alcançar seu limiar crítico e independência financeira vai ser maciçamente acelerado. Você não precisa mais se preocupar com quanto dinheiro realmente terá para gastar depois que o imposto retirar a parte dele. Na verdade, um dos maiores desafios em saber de quanto dinheiro você realmente vai precisar no futuro é o desconhecimento em relação às taxas que incidirão sobre você no futuro. Lembre-se: os impostos podem ser facilmente aumentados, e de repente a quantidade de renda de que você dispõe para gastar pode encolher. Se você estiver planejando uma carga tributária de 50%, mas no futuro os impostos sobre os ricos aumentarem 70%, ou se você está atualmente em 30% e os impostos aumentarem 50% para o seu nível de renda, a quantidade de dinheiro que você pensou que iria conduzi-lo à liberdade financeira já não o levará mais até lá.

Vejamos um exemplo de como você pode usar essa ferramenta para alcançar segurança ou independência financeira em menos da metade do tempo. Ou dobrar a quantidade de dinheiro que pode ser investido se você mantiver o mesmo horizonte de investimento.

Se você for uma pessoa de alta renda, como um médico, dentista, advogado ou um microempresário, pode ter a sorte de acumular 250 mil dólares por ano em renda antes da incidência dos impostos. Como uma pessoa de alta renda, isso significa que, depois da incidência dos impostos (assumindo uma taxa combinada federal e estadual de 50%), você vai ter um montante líquido de cerca de 125 mil dólares. Essa é a quantidade que você precisa hoje para sustentar seu estilo de vida atual. É a sua renda total que poderá ser gasta. O planejamento financeiro tradicional diria que você precisa acumular 20 vezes a sua renda atual, ou 5 milhões de dólares em limiar crítico, para gerar 250 mil de renda antes da incidência dos impostos (assumindo uma taxa de retirada de 5%). Se você não for obrigado a pagar imposto, e a renda real de que você precisa é de 125 mil sem impostos, você realmente precisa acumular apenas 20 vezes 125 mil dólares, ou um limiar crítico total de apenas 2,5 milhões dentro dessa estrutura. Isso significa que você chegar ao seu objetivo 50% mais rapidamente *ou* obter o dobro da renda a ser gasta se você atingir simultaneamente seu objetivo original de limiar crítico.

Agora, se você ganha 50 mil dólares por ano, pode estar dizendo: "E daí? Isso não é bom para os ricos?" Acompanhe minha explicação sobre como isso funciona para os ricos, e então eu vou lhe ensinar a fazer isso funcionar para quem quer alcançar os objetivos financeiros de 30% a 50% mais rapidamente — e tudo isso com o apoio total do IRS, do mesmo modo que ele apoia os 401 (k)s ou os Roths.

MAS O SEGURO DE VIDA NÃO CUSTA CARO?

Quando minha advogada me falou pela primeira vez sobre PPLI, tive uma aversão imediata às palavras *seguro de vida*. Como aconteceu com a maioria das pessoas, no passado alguém tinha me vendido um seguro de vida caro no "varejo", e eu não queria ser enganado novamente.

Ela começou a explicar: "Tony, esse não é o seu típico seguro de vida de varejo. Não se pode comprar isso na prateleira de um vendedor com o cabelo bem penteado e um Rolex de ouro. Essa é uma política com preços institucionais, sem comissões, sem taxas de resgate ou outros disparates que você encontra nos agentes varejistas. Pense nisso como um '*wrapper* de seguro' que você está comprando para abrigar seus investimentos. E, por causa do código tributário específico, que existe há muitas décadas, todos os seus depósitos vão estar legalmente protegidos de impostos nesse *wrapper* de seguro. Eles podem ser investidos em uma variedade de fundos diferentes, e você não vai pagar imposto sobre o crescimento ou quando acessar seu dinheiro, desde que façamos tudo do jeito certo."

COMPOSIÇÃO SEM IMPOSTO

Composta ao longo do tempo, a vantagem do seguro de vida de colocação privada é surpreendente. Vejamos um exemplo de como o investimento idêntico se compara, quando envolvido dentro de um PPLI, com a abordagem padrão de pagar imposto a cada ano.

Tomemos um homem saudável, de 45 anos, e vamos supor que ele faça quatro depósitos anuais de 250 mil dólares (chegando a uma contribuição total de 1 milhão de dólares ao longo de quatro anos). Se ele conseguir um retorno de 10% e tiver de pagar imposto todos os anos, depois de 40 anos seu saldo total da conta vai ser de 7 milhões. Nada mau, não? Mas se ele envolver o investimento em seguro de vida de colocação privada e pagar uma quantia relativamente baixa pelo custo do seguro, seu saldo final (valor em dinheiro) vai ser de pouco mais de 30 milhões de dólares! **É a mesma estratégia de investimento, mas ele fica com quatro vezes mais dinheiro (ou 400%) para si e a família, simplesmente usando o código tributário a seu favor.** (Observe, por favor, que existem regras muito rígidas em torno da administração de investimentos, que devem ser feitas por um prestador de serviços profissionais em investimentos, e não pelo proprietário da apólice.)

A propósito, essa mesma vantagem poderosa se aplica também a montantes de investimento menores. Essa é a composição sem impostos! Se é assim, eu gostaria de saber: **"E quando eu quiser sacar meu dinheiro?"**

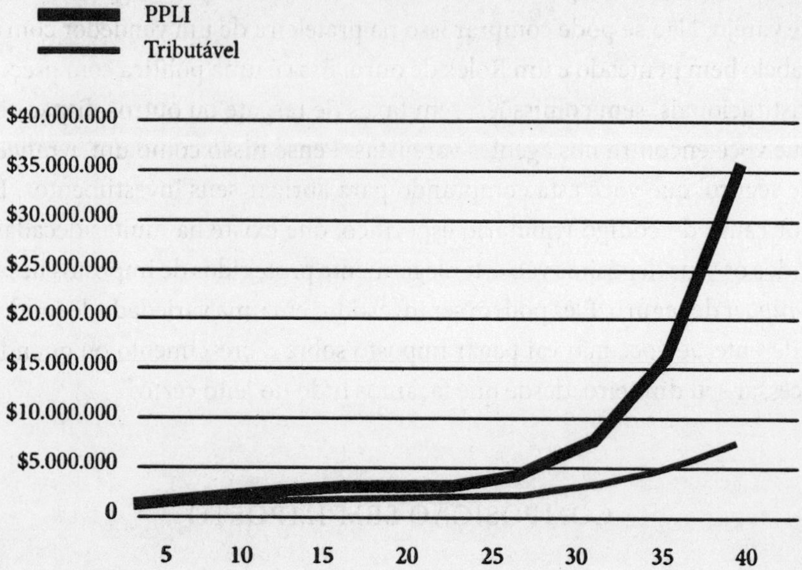

RETIRANDO DINHEIRO

O poder do PPLI é que você não precisa se preocupar com o aspecto das taxas de imposto no futuro. Durante o curso da sua vida de investimentos, você nunca mais vai pagar impostos sobre os ganhos que estão compreendidos dentro dessa política. Mas e se você precisar do dinheiro? Bem, como qualquer veículo em que o governo concede o benefício do diferimento de imposto, você vai ter de pagar o imposto se fizer uma retirada. *Mas* — e é um *enorme mas* — você também tem a possibilidade de "pegar emprestado" da sua apólice. Em outras palavras, você pode ligar para a companhia de seguros e sacar o valor em dinheiro, mas no fundo se trata de um empréstimo — e os empréstimos não são tributáveis. Você pode reembolsar os empréstimos em uma data futura à sua escolha ou permitir que o seguro de vida passe a pagar os empréstimos quando você morrer. É um empréstimo legítimo, e ele é quitado. Outro enorme benefício a ser acrescentado? Os proventos das indenizações por morte compreendidas no seguro de vida vão ser isentos de imposto de renda quando seus filhos receberem o benefício.

VOCÊ GOSTA DE MIM?

Para acessar o PPLI, você deve ser o que se chama de investidor credenciado,[22] e os depósitos anuais mínimos típicos são de 250 mil dólares para um mínimo de quatro anos. No entanto, **há uma "versão" do PPLI que agora está disponível para investidores não credenciados, com apenas alguns milhares de dólares para investir.** Fundada em 1918 pelo visionário Andrew Carnegie para servir aos professores, a TIAA-CREF "funciona sem lucro para a corporação ou seus acionistas". Hoje em dia, ela oferece serviços financeiros ao público em geral, mas a estrutura exclusiva sem fins lucrativos da TIAA-CREF permite oferecer um produto de seguro de vida sem vendas ou taxas de resgate. As opções de investimento subjacentes dentro da política incluem fundos de índice de baixo custo (como o Dimensional Fund Advisors), o que está de acordo com o que aprendemos com muitos especialistas ao longo deste livro. E os benefícios fiscais não são diferentes do que aprendemos em relação ao PPLI. Lembre-se: sendo um produto sem encargos e sem comissão, não haverá agentes de seguros batendo à sua porta para vender esse produto, então você vai precisar visitar seu site, www.tiaa-cref.org/public [em inglês], e adquirir por conta própria ou pedir ajuda a um consultor fiduciário para orientá-lo no estabelecimento de uma política.

Como fiduciário, seu representante não pode receber comissões. Se ele for qualificado nessa área e tiver uma compreensão completa sobre a configuração dessa estratégia com eficiência fiscal, estará prestando um ótimo serviço. Dependendo da sua carga tributária atual, isso poderia ajudá-lo a atingir seus objetivos 30% a 50% mais rapidamente, sem risco adicional. Claro, se você for um cliente Stronghold, nós temos uma equipe que pode organizar todos esses detalhes para você.

---

22 Para se qualificar a um seguro de vida de colocação privada, você precisa ser um investidor credenciado. Isso significa que você deve ter um patrimônio líquido de pelo menos 1 milhão de dólares (sem incluir o valor de sua residência principal), *ou* ter uma renda de pelo menos 200 mil por ano nos últimos dois anos (ou 300 mil, combinado com o seu cônjuge).

A "CARTILHA DOS BILIONÁRIOS"

Que viagem nós estamos fazendo! Conquistamos a selva com Ray Dalio e aprendemos que um portfólio projetado para todas as estações tem proporcionado um passeio tranquilo há quase 75 anos. Aprendemos a criar um plano de renda vitalícia garantida e a alcançar os resultados positivos sem os resultados negativos com o seguro de renda. Finalmente, aprendemos que uma rara política de seguro de vida sem encargos pode nos dar o equivalente a um Roth IRA sem limitações de renda ou de depósito. Agora é a hora da oportunidade — o dom — de sentar e aprender diretamente com algumas das mentes mais brilhantes do universo financeiro; ouvir o que as transformou em quem elas são hoje e o que elas ensinariam aos seus filhos para se tornarem investidores bem-sucedidos. Então, vamos virar a página e conhecer os mestres.

FUNDO FIDUCIÁRIO EM VIDA

Uma última observação rápida, mas importante, sobre a proteção da sua família: os ricos levam a sério o planejamento para proteger suas famílias. **Uma das coisas mais simples que você pode fazer para proteger a sua é estabelecer um fundo fiduciário revogável.** O benefício principal de usar um fundo fiduciário em vida para possuir seus ativos principais (sua casa, sua conta de corretagem, e assim por diante) é que, se você morrer, esses ativos vão **evitar a legitimação do testamento** — um procedimento dispendioso e demorado para permitir que os tribunais classifiquem seus ativos e façam um registro público de todas as suas posses). **Ao contrário de um testamento, um fundo fiduciário em vida também pode proteger você e a sua família enquanto você estiver vivo.** Se ficar doente ou incapacitado, você pode incluir uma cláusula de incapacidade que permita a alguém intervir e lidar com suas contas e outros assuntos. Não deixe os especialistas dizerem que um fundo fiduciário em vida custa milhares de dólares. Você pode obter um modelo de documento gratuitamente visitando http://getyourshittogether.org [em inglês]. Chanel Reynolds lançou esse site sem fins lucrativos depois que o marido dela morreu em um acidente de bicicleta. Ela queria ter certeza de que ninguém mais passaria pela mesma experiência de estar despreparado. Se você quiser entender mais sobre quanto os fundos fiduciários em vida são simples e importantes, entre no site dela.

Além disso, se você quiser ajuda, sempre pode encontrar um advogado caro, mas também pode usar o LegalZoom e configurar um por apenas 250 dólares, com a ajuda dos seus advogados (www.legalzoom.com/living-trusts/living-trusts-overview.html [em inglês]).

Estou incluindo este lembrete aqui porque, mesmo que este livro não tenha sido criado para ser uma ferramenta de planejamento imobiliário, **uma importante responsabilidade que todos temos é a de que nos certificarmos de que qualquer riqueza que construamos, por maior ou menor que seja, nossas famílias se beneficiem dela e de não ficarmos presos a um processo legal que esvazia as doações que serão destinadas aos nossos herdeiros.** À medida que você começar a ter sucesso, por favor procure assistência de qualidade quando pensar em planejamento imobiliário. Enquanto isso, não espere para criar um fundo fiduciário em vida. **Todo mundo precisa de um.**

apenas que o marido [illegible] morreu em um acidente de bicicleta. Ele [illegible] guerra de [illegible] passaria pela mesma coisa [illegible] de [illegible] preparada. Se você quiser entender mais sobre quanto os [illegible] importantes [illegible].

Além disso, se você quiser [illegible] sempre pode encontrar um advogado [illegible] mais tarde [illegible] em exemplo [illegible] foi [illegible] apenas 300 dólares com [illegible] pagos [illegible] Living Trust [illegible] inglês.)

Isto [illegible] porque [illegible] uma importante responsabilidade que todos temos [illegible] que [illegible] certificarmo-nos de que qualquer riqueza que construímos [illegible] maior ou menor que seja, nossas famílias [illegible] nem [illegible] de [illegible] que [illegible] nossos herdeiros. A [illegible] que você [illegible] de [illegible] todo mundo precisa de um.

SEÇÃO 6

INVISTA SEGUNDO A CARTILHA DO 0,001% DE BILIONÁRIOS

CAPÍTULO 6.0

CONHEÇA OS MESTRES

Não há mais do que cinco cores primárias, mas quando
combinadas elas produzem mais variações
do que pode ser percebido.

— SUN TZU

Quatro anos atrás, dei início a uma viagem incrível para encontrar uma maneira para que os investidores individuais como você assumissem o controle do seu dinheiro em um sistema que parece manipulado contra você. Prometi que iria lhe apresentar as melhores informações possíveis dos especialistas mais conhecedores e influentes do mundo. A viagem foi incrível! Desde então, entrevistei mais de 50 bilionários autodidatas, vencedores do Prêmio Nobel, gigantes dos investimentos, autores de livros best-sellers, professores e lendas financeiras, fazendo a eles algumas das mesmas perguntas que você faria se estivesse na sala ao meu lado. Aqui está uma amostra:

"Qual é a sua vantagem competitiva nos investimentos? O que diferencia você? Que percepções permitiram que você dominasse os mercados década após década?"

"Ainda é possível ganhar o jogo? Como os investidores individuais podem prosperar em uma economia tão volátil?"

"Quais são os maiores desafios no mundo e quais são as maiores oportunidades para os investidores hoje?"

E, talvez, o mais importante de tudo: "Se você não pudesse deixar nenhum dinheiro para seus filhos, mas apenas um portfólio ou um conjunto de princípios financeiros para passar adiante e ajudá-los a prosperar, o que seria?"

As respostas deles me animaram, me surpreenderam, e por vezes me fizeram rir. Outras vezes elas me levaram às lágrimas. Estava além de qualquer formação universitária que se pudesse imaginar. Tratava-se do maior PhD em investimentos, diretamente da própria fonte. Os meus "professores", no caso, moldavam os mercados e a economia mundial *enquanto* me davam um treinamento direto, individual e presencial.

Minha missão foi sintetizar o melhor de tudo o que eles compartilhavam em um planejamento financeiro integrado e simples de 7 passos. Um planejamento que pudesse ser usado de forma prática, para passar de onde você está agora para onde você realmente quer estar.

Eu gostaria de poder trazê-los diante da presença de todos, mas, de qualquer forma, suas vozes estão todas capturadas e colocadas nestas páginas, citadas diretamente ou não. A quantidade de tempo que passei com cada um deles variou dos mais de 20 anos em que tenho Paul Tudor Jones como querido amigo e cliente até um encontro informal de 20 minutos com Warren Buffett, que puxei para uma curta conversa no salão verde enquanto filmávamos juntos uma série de participações no programa *Today*.

A maioria das entrevistas foi programada para uma hora ou menos, mas acabou se transformando em sessões de três e até quatro horas. Por quê? Porque cada um desses gigantes financeiros se interessou em ir fundo quando percebia que eu não estava lá apenas para fazer perguntas superficiais. Minha missão de atender você, o investidor individual, os cativou. Todos eles foram incrivelmente generosos com o seu precioso tempo.

A diversidade de conversas foi extraordinária. Tive o privilégio de reunir algumas das mentes financeiras mais brilhantes do mundo. Um dos encontros mais interessantes ocorreu na minha conferência financeira em Sun Valley, em Idaho. Entrevistei Larry Summers, ex-secretário do Tesouro norte-americano, diretor do Conselho Econômico Nacional e assessor do presidente Obama em meio à crise econômica mundial. Conversamos sobre o que foi feito e o que *precisa* ser feito para mudar a economia dos Estados Unidos. O editor e ex-candidato presidencial republicano Steve Forbes ouviu Summers e levantou a mão para fazer uma pergunta. Imagine as respeitáveis "faíscas" que saíram voando.

Outro momento: quando eu soube que Carl Icahn era fã de Jack Bogle havia anos, mas que eles nunca haviam se encontrado, tive o privilégio de apresentar esses dois gigantes um ao outro. Somados, eles têm mais de um século de experiência em investimentos. Jack me convidou para participar do encontro, mas eu estava fora do país. Não teria sido incrível ser uma mosca naquela parede quando eles finalmente se conheceram?

A parte louca é que, depois de todo o tempo que passei com cada um desses especialistas, você vai ver de cinco a dez páginas para cada entrevista, e não a transcrição média de 75 páginas. Para manter esta seção com menos de 9 mil páginas, estou incluindo os destaques de apenas 11 das entrevistas. Bem, 11 mais um bônus. Embora ele já tenha morrido, eu não poderia deixar de fora a entrevista que realizei com Sir John Templeton, um dos maiores investidores de todos os tempos e uma alma extraordinária.

Como todos os especialistas, os mestres do dinheiro que você vai ficar conhecendo nestas páginas têm visões diferentes do que o futuro a curto prazo pode trazer, e têm opiniões diferentes sobre quais os veículos de investimento a serem privilegiados. Alguns são investidores de curto prazo; alguns gostam de manter o vínculo no longo prazo. Alguns pensam que o índice é o caminho a seguir, enquanto outros juram que você pode ganhar mais dinheiro em arbitragem. Assim, embora eles discordem algumas vezes sobre as táticas, podemos aplaudir a frequência com que esses mestres do dinheiro tomam caminhos diferentes para alcançar os mesmos objetivos.

E uma coisa é certa: todos eles são grandes líderes. Consideremos a excepcional Mary Callahan Erdoes, que lidera 22 mil profissionais financeiros, incluindo alguns dos melhores gestores de portfólios do mundo, supervisionando surpreendentes 2,5 trilhões de dólares em ativos para a J.P. Morgan Asset Management. Ou Chuck Schwab, que transformou uma indústria com a sua obsessão por servir e proteger o investidor individual — construindo uma empresa com 8,2 milhões de contas de corretagem de clientes e 2,38 trilhões de dólares em ativos servidos por 300 escritórios em todo o mundo.

As páginas seguintes vão mostrar a você que há muitas maneiras de ganhar — muitas maneiras de ser bem-sucedido financeiramente e se tornar rico no mundo em que vivemos hoje. Mesmo que cada uma dessas lendas financeiras tenha uma abordagem distinta, descobri que elas compartilham pelo menos quatro obsessões comuns:

1. **Não perca.** Todos esses mestres, embora estejam motivados a entregar retornos extraordinários, estão ainda *mais* obcecados em ter certeza de que *não* vão perder dinheiro. Até mesmo os maiores gestores de fundos de cobertura do mundo, que você acreditaria que se sentiriam confortáveis correndo grandes riscos, estão, na verdade, extremamente focados em se proteger dos resultados negativos. De Ray Dalio a Kyle Bass, passando por Paul Tudor Jones — se não perder, você vive para lutar no dia seguinte. Como disse Paul: "Eu me importo profundamente em ganhar dinheiro. Eu quero saber que não estou perdendo. (...) A coisa mais importante para mim é que a defesa é dez vezes mais importante do que o ataque. (...) Você precisa estar muito focado nos resultados negativos em todos os momentos." E essa afirmação vem de um cara que fez seus clientes ganharem dinheiro por 28 anos consecutivos. É muito simples, mas não sei se vou conseguir deixar suficientemente claro. Por quê? Se **você perde 50%, serão necessários 100% para voltar ao ponto de onde você começou — e isso consome algo que você nunca poderá recuperar: *o tempo.***
2. **Arrisque o mínimo para ganhar o máximo.** Enquanto a maioria dos investidores está tentando encontrar uma maneira de fazer um "bom" retorno, cada um desses astros, sem exceção, está procurando algo completamente diferente: rodadas perfeitas! Eles vivem para descobrir investimentos onde possam arriscar o mínimo e ganhar o máximo. Chamam isso de risco/recompensa assimétricos.

   Você vai notar que o caminho de Sir John Templeton até os grandes ganhos com o menor risco *não* foi trilhado comprando o mercado, mas esperando até que — como diz o nobre inglês do século XVIII Barão de Rothschild — houvesse "sangue nas ruas", e todo mundo estivesse desesperado para vender. É aí que você consegue as melhores pechinchas. Paul Tudor Jones, por outro lado, segue tendências. Mas, como diz em sua entrevista, ele não faz um investimento até que, potencialmente, consiga obter um retorno de pelo menos 5 dólares a cada dólar arriscado. E isso, diz ele, é um MBA de 100 mil dólares resumido! Na entrevista de Kyle Bass, você vai saber como ele aprendeu a arriscar apenas 3% para obter retornos de 100%. E como ele converteu essa vitória em um retorno de mais de 600%!

3. **Antecipe e diversifique.** O melhor dos melhores antecipa; eles encontram a oportunidade de risco/recompensa assimétricos. Eles realmente fazem a lição de casa até que tenham plena convicção de que estão certos — a menos que não estejam! Para se proteger, eles antecipam o fracasso por meio da diversificação. Afinal, no fim, todos os grandes investidores têm de tomar decisões com informações limitadas. Quando entrevistei Mark Hart, ex-sócio de Kyle Bass, ele me disse: "**Muitas pessoas brilhantes são péssimos investidores. A razão é que elas não têm a capacidade de tomar decisões com informações limitadas. Quando você obtém todas as informações, todo mundo também já está sabendo, e você não tem mais a vantagem.**" T. Boone Pickens coloca a questão da seguinte forma: "A maioria das pessoas diz: 'Preparado? Mire! Mire!...' Mas nunca dispara."
4. **Você nunca para.** Ao contrário do que a maioria das pessoas esperaria, esse grupo de realizadores nunca para de trabalhar! Eles nunca param de aprender, nunca param de ganhar, nunca param de crescer, nunca param de doar! Não importa quanto tenham sido bem-sucedidos, ou quão bem continuaram a se sair, eles nunca perdem o apetite — a força que desencadeia a engenhosidade humana. A maioria das pessoas pensaria: "Se eu tivesse todo esse dinheiro, simplesmente pararia. Por que continuar trabalhando?" Porque cada um acredita, em algum lugar na alma, que "a quem muito é dado, muito é esperado". O seu trabalho é o seu amor.

Assim como esses mestres do dinheiro investem de maneiras diferentes, eles retribuem de maneiras diferentes. Eles compartilham o seu tempo, compartilham o seu dinheiro, criam fundações, investem em outras pessoas. Cada um deles entendeu que o verdadeiro significado da vida está em doar. Eles sentem a responsabilidade

> de usar os seus dons para servir aos outros. Como disse Winston Churchill, "Nós ganhamos a vida através do que recebemos. Fazemos uma vida através do que doamos." O que os une é a verdade suprema de que a vida é *mais* do que aquilo que se tem. Ela tem a ver, na verdade, com aquilo que você tem para doar.

Então, na condição de investidor, como é que a "Cartilha dos bilionários" vai servir a você? Isso significa que você pode se sentar ao meu lado enquanto eu pergunto a 12 das maiores mentes em finanças como é possível descobrir o seu caminho próprio para a liberdade financeira. Você vai entender por que eles se transformaram em titulares no campo das finanças, e que você precisa permanecer alerta e pronto para qualquer coisa que aconteça. **Você vai aprender estratégias de investimento que irão prepará-lo para todas as estações, para os tempos de inflação e deflação, de guerra e paz, e, como Jack Bogle diz, "tempos de tristeza e alegria".**

CAPÍTULO 6.1

CARL ICAHN: "MESTRE DO UNIVERSO"

Pergunta: Quando é que um único tweet vale 17 bilhões de dólares?

Resposta: Quando Carl Icahn diz que a Apple está subvalorizada e anuncia que vai comprar ações da empresa.

Uma hora depois de o tweet de Icahn ter sido postado, no verão de 2013, as ações da Apple subiram 19 pontos. O mercado captou a mensagem: sempre que um empresário bilionário tem interesse em uma empresa, é hora de comprar. Quatro meses depois, a revista *Time* colocou o rosto dele na capa com a manchete "Mestre do Universo". Segundo a revista, ele era "o mais importante investidor dos Estados Unidos". É verdade. Nas últimas quatro décadas, os empreendimentos de Icahn ganharam 50% a mais do que o outro ícone dos investimentos, Warren Buffett. Uma análise recente feita pela *Kiplinger's Personal Finance* mostra que, embora a maioria das pessoas pense em Buffett como o fornecedor dos maiores retornos ao longo do tempo, se você tivesse investido com Icahn em 1968, em 2013 teria tido um retorno composto de 31% em comparação com a Berkshire Hathaway — a empresa de Buffett —, com um retorno de "apenas" 20%.

As habilidades empresariais de Icahn fizeram dele um dos homens mais ricos do mundo — na última atualização da lista da *Forbes*, ele estava na 27ª posição, com um patrimônio líquido de mais de 23 bilhões de dólares. Além disso, ele conquistou bilhões para os acionistas ordinários que investiram em sua diversificada empresa-mãe, a Icahn Enterprises LP (NASDAQ: IEP), ou em ações próprias nas empresas que ele segmenta. O segredo do sucesso desse homem? Até mesmo seus críticos dirão que Carl Icahn não apenas procura oportunidades nos negócios — ele as fabrica.

Mas quem não é do ramo ainda o enxerga como uma caricatura de Wall Street, um implacável capitalista oportunista que explora as empresas para obter ganhos pessoais. Quando você busca no Google a expressão *corporate raider* [invasor corporativo], o nome de Icahn é autopreenchido na barra de busca.

De qualquer forma, Carl Icahn vem desafiando esse velho e decrépito estereótipo. Ele pensa em si mesmo como um "acionista ativista". O que isso significa? "Nós mostramos as empresas públicas que não estão dando aos acionistas o valor que merecem", afirma ele. Sua obsessão, ele diz, é deter o abuso praticado contra os acionistas, melhorando a governança corporativa e a prestação de contas — o que torna as empresas norte-americanas mais fortes e, portanto, a economia norte-americana mais forte.

O *New York Times* o descreve da seguinte forma: "Ao perturbar os conselhos empresariais, aumentando os esforços de incorporação e lutando arduamente pelas mudanças nas empresas, ele construiu uma fortuna multibilionária, inspirando, nesse processo, medo entre os executivos e admiração entre seus colegas investidores."

A Icahn compra ações de empresas de alto desempenho ou de baixo desempenho e, em seguida, comunica a essas companhias que está na hora de intensificar seu jogo — ou enfrentar uma guerra por procuração pelo controle do conselho.

Ele se vê em uma batalha contra aqueles que usam os cofres das empresas públicas para enriquecer à custa dos acionistas. "Tony, as pessoas não têm ideia de como estão sendo enganadas", ele desabafa, acrescentando que os investidores médios não estão cientes dos abusos que acontecem atrás das portas fechadas das salas de reuniões. Mas parte do problema é que os acionistas não acreditam que tenham o poder de mudar as coisas porque não pensam como proprietários. Icahn, no entanto, conhece o poder da alavancagem — e ele não tem medo de usá-lo.

24 BILHÕES DE DÓLARES PARA INCENTIVOS DE GESTÃO DA COCA-COLA?

Um exemplo do tipo de ação que os conselhos de administração de empresas públicas cometem e que deixam Icahn indignado pode ser encontrado em suas recentes críticas à Coca-Cola. Essa empresa planejava diluir o valor das suas ações emitindo 24 bilhões de dólares em novas ações descontadas. O motivo? Financiar enormes pacotes de compensação para a alta administração. Isso enfraqueceria os investimentos de aposentadoria de investidores comuns, incluindo professores e bombeiros, pois muitas pessoas têm ações da Coca-Cola nos seus portfólios de aposentadoria.

Icahn escreveu um editorial na *Barron's* condenando a empresa pelo esquema e acusando Warren Buffett — o maior acionista individual da Coca-Cola e membro do conselho — por não ter votado contra o movimento. "Muitos membros do conselho pensam nele como uma fraternidade ou clube, em que você deve evitar o confronto a qualquer preço", escreveu Icahn. "Essa atitude serve para reforçar a gestão medíocre."

Buffett respondeu que tinha se abstido da votação, mas que havia se oposto ao plano e vinha conversando serenamente com a administração em favor da redução de sua proposta de salário excessivo — mas não queria "partir para a guerra" com a Coca-Cola por causa dessa questão.

Em contraste, Carl Icahn está sempre pronto para a guerra. Ele já esteve muitas vezes nas trincheiras, dando incertas em empresas tão diversas quanto a US Steel, a Clorox, o eBay, a Dell e o Yahoo. Mas dessa vez era diferente: em vez de Icahn, um gestor de fundos mais jovem, chamado David Winters, estava comprando ações e liderando a acusação contra a administração da Coca-Cola. Para consternação dos diretores executivos super-remunerados em todos os lugares, uma nova geração de "investidores ativistas" estava tomando para si a luta que Icahn começara décadas atrás.

Naturalmente, Carl Icahn tem alcançado uma série de dínamos corporativos, inimigos com grande influência na mídia. Então, você vai ouvir os críticos dizendo que ele está nesse negócio apenas por dinheiro, ou que "manipula e especula" com ações, sacrificando metas corporativas de longo prazo em nome dos lucros a curto prazo. Icahn salienta que isso é ridículo, pois ele muitas vezes mantém suas posições por muito mais tempo do que as pessoas pensam — 10, 15 e até 30 anos. Quando, de fato, ele toma o controle de uma empresa, seu valor continua a aumentar por anos, mesmo depois de ele ter saído. Essa afirmação foi corroborada por um estudo conduzido pelo professor Lucian Bebchuk, da Harvard Law School, que analisou 2 mil campanhas de ativistas de 1994 a 2007. A pesquisa concluiu que "o desempenho operacional melhora após as intervenções ativistas". O estudo também descobriu que não só não havia efeitos prejudiciais em longo prazo, como, ao contrário, cinco anos depois, essas empresas continuavam a apresentar um desempenho acima da média.

Carl Icahn não quer a cabeça de cada diretor executivo dos Estados Unidos. Muitas vezes, ele reconhece que existem algumas equipes extraordinárias de liderança por aí, e executivos que maximizam os recursos da empresa e tornam a economia mais resiliente. Mas ele está sempre procurando formas de tornar a administração — mesmo das corporações mais populares e bem administradas — mais responsiva aos acionistas.

Considere aquele exemplo do tweet da Apple. Ele me disse que não estava tentando aumentar o preço e vender suas ações. (Na verdade, no dia da nossa entrevista ele tinha comprado uma grande quantidade de ações da Apple.) E não estava tentando interferir na gestão da empresa — que ele considera sólida. O tweet foi apenas parte de uma campanha para pressionar a Apple a devolver 150 bilhões de dólares de suas reservas de caixa para os acionistas como dividendos. No fim, a empresa expandiu seu programa de retorno de capital para mais de 130 bilhões em abril de 2014, incluindo um aumento em sua autorização de recompra de ações para 90 bilhões de dólares, em comparação com o nível anteriormente anunciado de 60 bilhões. Ao mesmo tempo, a Apple anunciou um aumento dos seus dividendos trimestrais e um desdobramento de ações de sete para um. Hoje elas estão 50% mais altas do que no dia em que ele publicou o tweet.

Icahn é, ele mesmo, diretor executivo, possuindo 88% de uma empresa pública, a Icahn Enterprises. As ações da sua empresa têm apresentado um surpreendente desempenho, mesmo durante a chamada década perdida. **Se você tivesse investido na Icahn Enterprises de 1º de janeiro de 2000 a 31 de julho de 2014, teria obtido um retorno total de 1.622%, em comparação com 73% no índice S&P 500!**

Carl Icahn não nasceu nessa vida. Ele diz que cresceu "nas ruas" de Far Rockaway, em Nova York. Sua mãe era professora; seu pai, ex-estudante de direito e cantor de ópera frustrado que trabalhava como cantor em uma sinagoga local. Carl jogava pôquer para pagar suas despesas em Princeton, onde se formou em filosofia. Depois de um breve período na faculdade de medicina e um período no Exército (e mais pôquer), ele percebeu que seu maior talento era ganhar dinheiro. O mundo empresarial dos Estados Unidos nunca mais foi o mesmo.

Icahn tem agora 81 anos e está pensando no seu legado. Tem escrito artigos opinativos e dado entrevistas esporádicas sobre os direitos dos investidores e dos acionistas. Mas, francamente, está cansado de ser mal interpretado e citado fora de contexto. É por isso que, não sabendo quem eu era ou a minha verdadeira intenção, ele pediu que minha equipe de vídeo não filmasse nossa entrevista e declarou: "Eu vou lhe dar alguns minutos."

Para meu grande alívio, Icahn se descontraiu depois daqueles primeiros momentos embaraçosos, e 2 horas e meia depois eu ainda estava com ele no saguão quando fui apresentado a Gail, a extraordinária mulher com quem ele é casado há 15 anos. Carl é muito diferente da sua figura pública. Engraçado e curioso, comporta-se quase como um avô. Os amigos dizem que ele ficou mais maleável com o tempo, mas Carl ainda fala com um sotaque do Queens e ainda tem a aspereza de um arruaceiro das ruas de Nova York. Icahn diz que ele não é o tipo de cara que desiste. Especialmente quando encontra algo pelo qual vale a pena lutar.

TR: Você veio de uma família com recursos modestos e frequentou escolas públicas em uma região violenta do Queens. Você tinha um objetivo quando começou? O objetivo de se tornar um dos melhores investidores de todos os tempos?

CI: Sou um cara muito competitivo. Apaixonado ou obsessivo, como você quiser chamar. E é da minha natureza, que, seja lá o que eu fizer, eu tente ser o melhor. Quando estava me candidatando às faculdades, meus professores me disseram: "Nem pense na Ivy League. Eles não aceitam jovens dessa região." De qualquer modo, fiz os testes e fui aprovado em todas elas. Eu escolhi Princeton. Meu pai queria pagar tudo, depois voltou atrás e disse que só pagaria as mensalidades, que — acredite ou não — somavam 750 dólares por ano naquela época. Eu disse: "Mas onde é que eu vou dormir? Como é que eu vou comer?" Meus pais disseram: "Você é muito inteligente. Vai descobrir."

TR: E o que você fez?

CI: Arranjei um emprego como garçom em um clube de praia em Rockaway. Eu era um bom garçom! Os donos do quiosque costumavam dizer: "Ei, garoto, venha jogar pôquer conosco e perder as gorjetas da semana." No começo eu nem sabia jogar, e eles ficavam com todo o meu dinheiro. Então eu li três livros sobre pôquer em duas semanas, e depois disso passei a ser dez vezes melhor do que qualquer um deles. Para mim era um grande jogo, grandes apostas. Todos os verões eu ganhava cerca de 2 mil dólares, o que era quase o mesmo que 50 mil nos anos 1950.

TR: Como você começou no negócio?

CI: Depois da faculdade eu entrei para o Exército e continuei a jogar pôquer. Acho que saí de lá com uma poupança de 20 mil dólares, e comecei a investir em Wall Street em 1961. Eu estava vivendo bem, tinha uma namorada linda que era modelo e comprei um Galaxie branco conversível. Então, o mercado enfrentou uma crise em 1962, e eu perdi tudo. Eu não sei o que foi primeiro, a namorada ou o carro!

TR: Eu li que você voltou ao mercado vendendo opções e depois partindo para a arbitragem.

CI: Eu pedi dinheiro emprestado para conquistar um lugar na Bolsa de Valores de Nova York. Eu era ótimo. Minha experiência me ensinou que negociar no mercado é uma coisa perigosa, e era muito melhor usar minha habilidade matemática para me tornar um especialista em certas áreas. Os bancos me emprestavam 90% do dinheiro de que eu precisava para a arbitragem, porque naquela época, em arbitragem sem risco, se você fosse bom, literalmente não poderia perder. E eu estava começando a ganhar *muito* dinheiro, de 1,5 a 2 milhões de dólares por ano.

TR: Eu adoraria falar com você sobre retornos assimétricos. Você também estava buscando esses retornos quando começou a assumir empresas subvalorizadas?

CI: Comecei a observar essas empresas e a analisá-las de verdade. Vou dizer uma coisa: é uma espécie de arbitragem, mas ninguém se dá conta disso. Quando você compra uma empresa, o que você está realmente comprando são os ativos dela. Então você precisa observar esses ativos e perguntar a si mesmo: "Por que eles não estão tendo um desempenho tão bom quanto deveriam?" Em praticamente 90% do tempo, a razão é a gestão. Assim, nós encontraríamos empresas que não eram bem administradas e eu tinha dinheiro suficiente para chegar e dizer: "Eu vou assumir o controle, a menos que vocês mudem ou a menos que o conselho faça X, Y ou Z." Muitas vezes o conselho dizia: "Tudo bem." Às vezes a administração lutava contra nós e talvez recorresse aos tribunais. Poucas pessoas eram tão persistentes quanto eu — ou estavam dispostas a arriscar dinheiro. Se você analisasse a situação, parecia que nós estávamos arriscando muito dinheiro, mas não estávamos.

TR: Mas você não encarava isso como algo arriscado porque você conhecia o real valor do ativo?

CI: Você procura o risco/recompensa no mundo, não é? Tudo é risco e recompensa. Mas você precisa entender o que é o risco e entender o que é a recompensa. A maioria das pessoas via muito mais riscos do que eu. Mas a matemática não mente, e elas simplesmente não entendiam isso.

TR: Por que não?

CI: Porque havia muitas variáveis e muitos analistas que poderiam influenciar a opinião delas.

TR: Ultimamente, estão criando empecilhos para que você possa superá-los.

CI: Não exatamente. O sistema é tão falho que você não pode expulsar os gerentes medíocres. Um exemplo: vamos dizer que eu herde uma agradável plantação de videiras em um lindo terreno. Seis meses depois eu quero vendê-la, porque não está rendendo nenhum dinheiro. Mas eu tenho um problema: o cara que gerencia a plantação nunca está lá. Ele fica jogando golfe o dia inteiro. Mas ele não vai desistir do seu trabalho na plantação. E ele não vai deixar ninguém visitar o lugar porque não quer que ele seja vendido. Você pode me dizer: "O quê? Você está louco? Chame a polícia! Expulse esse cara!" Esse é o problema das empresas públicas: você não pode fazer esse tipo de coisa sem precisar lutar muito.

TR: As regras dificultam a expulsão do diretor executivo da sua propriedade.

CI: Esse é o problema: os acionistas das corporações têm muita dificuldade para serem ouvidos, mas na IEP nós lutamos e muitas vezes ganhamos. Quando chegamos ao poder, descobrimos que às vezes o diretor executivo não é tão ruim. Mas o ponto principal é: a forma como as empresas públicas são administradas é realmente ruim para este país. Há muitas regras, e isso o impede de ser um ativista. Há muitos obstáculos para obter o controle, mas, quando nós conseguimos, todos os acionistas geralmente têm um excelente desempenho, como indicam os registros históricos. Além disso, o que nós fazemos também é muito bom para a economia, porque torna essas empresas mais produtivas, e isso não apenas no curto prazo. Às vezes nós ficamos de 15 a 20 anos sem vender!

TR: Qual é a solução?

CI: Se livrar das táticas defensivas [que emitem mais ações com desconto se algum acionista comprar demais] e se livrar das eleições de forma escalonada dos membros do conselho, para que os acionistas possam decidir como querem que a empresa seja administrada. Devemos tornar essas empresas responsáveis e fazê-las ter eleições verdadeiras. Mesmo na política, por pior que seja, você pode se livrar do presidente, se quiser. Ele só está lá por quatro anos de cada vez. Mas nas nossas empresas é muito difícil se livrar de um diretor executivo, mesmo que ele esteja fazendo um trabalho horrível. Muitas vezes os diretores executivos conseguem esse cargo de comando porque são como aquele cara da faculdade que era o chefe da fraternidade. Ele não era o cara mais inteligente, mas era o cara mais bem relacionado e muito simpático, e assim foi subindo de posição na hierarquia.

DESTAQUES DOS INVESTIMENTOS

O desempenho das ações da IEP ultrapassou significativamente todos os seus pares

	Período de tempo	IEP	Berkshire	Leucadia	Loews	S&P 500	Dow Jones	Russell 2000
Retorno Bruto de Investimentos em Ações	3 anos concluídos em 31 de julho de 2014	164%	69%	-22%	8%	59%	47%	47%
	5 anos concluídos em 31 de julho de 2014	215%	94%	8%	45%	117%	106%	115%
	7 anos concluídos em 31 de julho de 2014	37%	71%	-29%	-7%	55%	52%	59%
	1º de abril de 2009(1) até 31 de julho de 2014	382%	117%	78%	97%	171%	151%	184%
	1º de janeiro de 2000 até 31 de julho de 2014	1.622%	235%	264%	372%	73%	104%	168%

Retorno Anualizado	1º de abril de 2009(1) até 31 de julho de 2014	34,3%	15,6%	11,5%	13,6%	20,5%	18,8%	21,6%
	1º de janeiro de 2000 até 31 de julho de 2014	21,5%	8,7%	9,3%	11,2%	3,8%	5,0%	7,0%

(1) 1º de abril de 2009 é o início aproximado da recuperação da economia.
Fonte: Bloomberg. Inclui o reinvestimento das distribuições. Baseado no preço das ações em 31 de julho de 2014.

TR: Às vezes você não precisa de uma guerra por procuração para mudar a direção de uma empresa. Você comprou um monte de ações da Netflix recentemente, quase 10%, e ganhou 2 bilhões de dólares em dois anos.

CI: Quem fez isso foi o meu filho, Brett, e o sócio dele. Eu não entendo muito de tecnologia, mas ele me mostrou em 20 minutos por que se tratava de um grande negócio. E eu disse: "Compre tudo o que puder!" Não foi realmente uma jogada ativista.

TR: O que você viu? O que ele lhe mostrou naqueles 20 minutos que fez você perceber que as ações estavam subestimadas?

CI: Simples: a maioria dos grandes especialistas estava preocupada com a coisa errada. Naquele momento, a Netflix tinha 2 bilhões de dólares em taxas que entravam todos os anos. Mas aquelas taxas não estavam no balancete dela. Assim, todos aqueles especialistas estavam dizendo: "Como eles vão conseguir dinheiro para pagar pelo conteúdo?" Bem, eles têm os 2 bilhões que estão entrando! E, de modo geral, os assinantes são leais por mais tempo do que você imagina! Levaria muito mais tempo colocar o enorme fluxo de caixa em perigo do que a maioria das pessoas poderia pensar, não importando o que acontecesse.

TR: Mas você nunca tentou assumir a Netflix?

CI: Eles pensaram que teriam uma guerra por procuração. Mas eu disse: "Reed [Hastings, cofundador e diretor executivo da Netflix], eu não vou fazer uma guerra por procuração com você. Você acabou de fazer um movimento que lhe valeu cem pontos!" Então perguntei se eles conheciam a regra de Icahn. Eles disseram: "O que é isso, Carl?" E eu respondi: "Não vou dar um soco na boca de alguém que me faz ganhar 800 milhões em três meses."

TR: [*Risos.*] Você se desfez de uma parte das ações no fim de 2013.

CI: Quando as ações chegaram a 350 dólares, decidi tirar um pouco da mesa. Mas não vendi tudo.

TR: Qual é o maior equívoco a seu respeito?

CI: Acho que as pessoas não entendem, ou talvez eu não entenda, as minhas motivações. Embora possa parecer estúpido, eu realmente acho que, neste momento da minha vida, estou tentando fazer alguma coisa para que o nosso país continue a ser grande. Eu quero que o meu legado seja a mudança na forma como os negócios são feitos. Me incomoda que muitas das nossas grandes empresas estejam sendo tão mal gerenciadas. Quero mudar as regras para que o diretor executivo e os conselhos sejam verdadeiramente responsáveis perante os acionistas.

TR: Você e sua esposa assinaram o Giving Pledge. Por quais outros tipos de filantropia vocês têm mais interesse?

CI: Eu faço muitas doações, mas gosto das coisas do meu jeito. Acabei de investir 30 milhões de dólares em escolas autônomas porque nelas o diretor e os professores são responsáveis. Como resultado, uma escola autônoma que funcione corretamente dá aos nossos filhos uma educação muito melhor do que eles geralmente recebem em escolas públicas. O nosso país é ótimo, mas, infelizmente, a maneira como nós administramos nossas empresas e o nosso sistema educacional, na maior parte das vezes, é disfuncional. Espero que a minha riqueza possa ser usada para me ajudar a ser uma força nessa mudança. Infelizmente, se não o fizermos, estaremos no caminho para nos tornarmos um país de segunda categoria ou coisa pior.

DESTAQUES DOS INVESTIMENTOS

- O Sr. Icahn acredita que nunca tenha havido um momento melhor do que hoje para o investimento ativista, se praticado corretamente

— Vários fatores são responsáveis por isso:

1. taxas de juros baixas, o que torna as aquisições muito menos dispendiosas e, portanto, muito mais atraentes,
2. abundância de empresas com muito dinheiro que se beneficiariam com aquisições sinérgicas e

3. a atual consciência de muitos investidores institucionais de que devemos lidar com a prevalência de gestões medíocres e de conselhos relapsos em muitas das empresas norte-americanas se quisermos acabar com os altos índices de desemprego e ser capazes de competir nos mercados mundiais

— **Mas um catalisador ativista é, muitas vezes, necessário para que uma aquisição aconteça**

— Nós, no IEP, passamos anos nos engajando no modelo ativista e acreditamos que ele seja o catalisador necessário para impulsionar atividades de fusão e consolidação bastante gradativas

— Como corolário, as baixas taxas de juros aumentarão muito a capacidade das empresas controladas pela IEP de fazer aquisições judiciosas, amigáveis ou não tão amigáveis, usando nossa experiência ativista

- Histórico comprovado de entregar retornos superiores

  - **Retorno total das ações da IEP de 1.622%[(1)] desde 1º de janeiro de 2000**

    — Os retornos dos índices S&P 500, Dow Jones Industrial e Russell 2000 foram de aproximadamente 73%, 104% e 168%, respectivamente, no mesmo período

  - **Desempenho dos Fundos de Investimento Icahn desde a sua criação, em novembro de 2004**

    — Retorno total de aproximadamente 293%[(2)] e retorno médio anual composto de aproximadamente 15%[(2)]

    — Retornos de 33,3%, 15,2%, 34,5%, 20,2%[(3)], 30,8% e 10,2% em 2009, 2010, 2011, 2012, 2013 e 2014[(4)], respectivamente

- Resultados Financeiros Recentes

  — Lucro Líquido Ajustado atribuível à Icahn Enterprises de 612 milhões de dólares[(5)] para o semestre findo em 30 de junho de 2014

  — Valor Patrimonial Líquido Indicativo de aproximadamente 10,2 bilhões de dólares em 30 de junho de 2014

— LTM [últimos 12 meses] 30 de junho de 2014 EBITDA ajustado atribuível à Icahn Enterprises de aproximadamente 2,2 bilhões de dólares

- Distribuição anual de 6 dólares (rendimento de 5,8% em 31 de julho de 2014)

(1) Fonte: Bloomberg. Inclui o reinvestimento das distribuições. Com base no preço da ação em 31 de julho de 2014.
(2) Retornos calculados em 30 de junho de 2014.
(3) O retorno pressupõe que as participações da IEP na CVR Energy permaneceram nos fundos de investimento durante todo o período. A IEP obteve uma participação majoritária na CVR Energy em maio de 2012. Os retornos dos fundos de investimento foram de aproximadamente 6,6%, excluídos os retornos sobre a CVR Energy, depois de ela ter se tornado uma entidade consolidada.
(4) Para o semestre findo em 30 de junho de 2014.

O VALOR DE PERTENCER AO CONSELHO ATIVISTA

A tabela seguinte foi preparada pela Icahn Enterprises e responde àqueles que questionam a eficácia de incluir os projetos dos ativistas nos conselhos diretores de empresas públicas.

De 1º de janeiro de 2009 a 30 de junho de 2014 (um período de cinco anos), os projetistas da Icahn se juntaram aos conselhos das 23 empresas listadas a seguir. Conformevocê pode ver na tabela, uma pessoa que investiu em cada empresa na data em que o projetista da Icahn se juntou ao conselho, e que vendeu na data em que o projetista da Icahn se desligou do conselho (ou que manteve as ações até 30 de junho de 2014, se o projetista não tivesse deixado o conselho), teria obtido um retorno anualizado de 27%.

	Nome da Empresa	Dia em que o projetista se juntou ao conselho	Dia em que o projetista se desligou do conselho (ou em 30/6/2014, se ele ainda estivesse no conselho)	Retorno anualizado hipotético do investidor durante o mandato do conselho
1	Amylin Pharmaceuticals, Inc.	9/6/2009	8/8/2012	38%
2	Biogen Idec., Inc.	10/6/2009	30/6/2014	43%
3	Chesapeake Energy Corp.	21/6/2012	30/6/2014	33%

4	CIT Group, Inc.	18/12/2009	10/5/2011	38%
5	Dynegy, Inc.	9/3/2011	1/10/2012	-81%
6	Ebay, Inc.	17/6/2014	30/6/2014	76%
7	Enzon Pharmaceuticals, Inc.	21/5/2009	30/6/2014	-10%
8	Forest Laboratories, Inc.	5/8/2012	30/6/2014	77%
9	Genzyme Corp.	16/6/2010	11/4/2011	61%
10	Herbalife International, Ltd.	25/4/2013	30/6/2014	60%
11	Hologic, Inc.	9/12/2013	30/6/2014	28%
12	Mentor Graphics Corp.	18/5/2011	30/6/2014	13%
13	MGM Studios	25/4/2012	15/8/2012	96%
14	Motorola Mobility, Inc.	3/1/2011	22/5/2012	22%
15	Motorola Solutions, Inc.	4/1/2011	1/3/2012	23%
16	Navistar International Corp.	8/10/2012	30/6/2014	33%
17	Nuance Communications, Inc.	7/10/2013	30/6/2014	2%
18	Talisman Energy, Inc.	1/12/2013	30/6/2014	-15%
19	Take-Two Interactive Software, Inc.	15/4/2010	26/11/2013	12%
20	The Hain Celestial Group, Inc.	7/7/2010	19/11/2013	52%
21	Transocean, Ltd.	17/5/2013	30/6/2014	-10%
22	Voltari Corp.	17/6/2010	30/6/2014	-62%
23	WebMD Health Corp.	24/7/2012	5/8/2013	124%

Os retornos assumem pesos equivalentes em cada investimento.

Fonte das informações sobre retornos = função Retorno Total Bloomberg, incluindo o reinvestimento de dividendos.

A tabela não reflete os resultados atuais do segmento de investimentos da IEP nem é necessariamente indicativa de resultados futuros do segmento de investimentos da IEP.

CAPÍTULO 6.2

DAVID SWENSEN: UM TRABALHO DE AMOR DE 23,9 BILHÕES DE DÓLARES

David Swensen é provavelmente o investidor mais conhecido de quem você já ouviu falar. Ele foi descrito como o Warren Buffett do investimento institucional. Ao longo de seu mandato como diretor de investimentos de Yale, transformou 1 bilhão de dólares em ativos em mais de 23,9 bilhões, apresentando retornos anuais de 13,9% ao longo do percurso — um recorde que não foi igualado por muitos dos ambiciosos fundos de cobertura que tentaram atraí-lo nos últimos 27 anos.

Assim que você conhece Swensen, percebe que ele não está nesse ramo em função do dinheiro — ele está nisso por amor e pelo desejo de prestar um serviço a uma grande universidade. E o salário dele pode comprovar: seu valor no setor privado seria exponencialmente maior do que ele ganha em Yale.

Essencialmente, Swensen é um inventor e um perturbador. Seu modelo de Yale, também conhecido como modelo de dotação, foi desenvolvido com o colega e ex-aluno Dean Takahashi, e é uma aplicação da teoria moderna do portfólio. A ideia é dividir um portfólio em cinco ou seis partes aproximadamente iguais e investir cada uma delas em uma classe de ativos diferente. O modelo de Yale é uma estratégia de longo prazo que favorece uma ampla diversificação e um viés em prol das participações, com menos ênfase em classes de ativos de menor rentabilidade, como títulos ou mercadorias. A posição de Swensen sobre a liquidez também tem sido considerada revolucionária — ele evita a liquidez em vez de persegui-la, argumentando que ela leva a uma menor rentabilidade dos ativos que, de outro modo, poderiam ser investidos de forma mais eficiente.

Antes de ser alçado a astro do investimento institucional, Swensen trabalhou em Wall Street para o poderoso banco de títulos Salomon Brothers. Muitos creditam a ele a estruturação da primeira troca cambial do mundo, uma negociação entre a IBM e o Banco Mundial, que, na verdade, levou à criação da taxa de juros e, em última instância, a mercados de swaps de risco de incumprimento de crédito, que hoje representam mais de 1 trilhão de dólares em ativos. Mas não o condene por causa disso!

Tive o privilégio de passar alguns momentos com Swensen em seu gabinete em Yale, e, antes de me aventurar até os salões sagrados daquela prestigiosa instituição, fiz o que qualquer bom aluno faria: passei a noite anterior estudando sem parar. Querendo me preparar verdadeiramente, absorvi as 400 páginas de *Unconventional Success*, o manifesto de Swensen sobre investimento pessoal e diversificação, antes do nosso encontro. O que vem a seguir é uma versão editada e abreviada da nossa entrevista de quase quatro horas.

TR: Você trabalha em uma das maiores instituições do país, mas tem um profundo interesse e comprometimento com o investidor individual. Fale um pouco sobre isso.

DS: Sou basicamente uma pessoa otimista, mas o mundo que os investidores individuais enfrentam é uma bagunça.

TR: Por que diz isso?

DS: A razão fundamental de os indivíduos não terem os tipos de escolhas que deveriam ter é que a indústria de fundos mútuos é orientada para o lucro. Não me interprete mal, sou um capitalista e acredito nos lucros. Mas há um conflito fundamental entre a motivação do lucro e a responsabilidade fiduciária — porque quanto maiores os lucros para o prestador de serviços, menores os retornos para o investidor.

TR: Quando falamos de responsabilidade fiduciária, nem todos os investidores sabem o que isso significa. Estamos, de fato, dizendo o seguinte: você precisa colocar os interesses dos investidores à frente dos seus interesses.

DS: O problema é que os gestores dos fundos mútuos ganham mais dinheiro quando agrupam grandes pilhas de ativos e cobram taxas elevadas. As taxas elevadas entram em conflito direto com o objetivo de produzir retornos elevados. Assim, o que acontece repetidamente é que os lucros ganham e o investidor que está em busca de retornos perde. Existem apenas duas organizações em que esse conflito não existe: o Vanguard e o TIAA-CREF. Ambos funcionam sem fins lucrativos — eles estão preocupados com os interesses dos investidores, e são excelentes fiduciários. E a responsabilidade fiduciária sempre ganha.

TR: Isso porque os fundos mútuos apresentam um desempenho espetacularmente inferior ao do mercado. Li que, entre 1984 e 1998, apenas cerca de 4% dos fundos [com mais de 100 milhões de dólares em ativos sob gestão (AUM, na sigla em inglês)] superaram o Vanguard 500. E esses 4% não são os mesmos a cada ano — uma forma mais simples de dizer isso é que 96% de todos os fundos mútuos não conseguem superar o mercado.

DS: Essas estatísticas são apenas a ponta do iceberg. A realidade é ainda pior. Quando se trata de observar o desempenho passado, só é possível analisar os fundos que continuam existindo até hoje.

TR: Os sobreviventes.

DS: Exatamente. Essas estatísticas padecem do viés da sobrevivência. Nos últimos dez anos, centenas de fundos mútuos abandonaram o mercado porque apresentaram um desempenho insatisfatório. Evidentemente, ninguém vai pegar os fundos com excelentes retornos e fundi-los com os fundos com péssimos retornos. O que se costuma fazer é pegar os fundos com péssimos retornos e fundi-los com os fundos com excelentes retornos.

TR: Então esses 96% não são precisos?

DS: É pior que isso.

TR: Uau.

DS: Há outra razão pela qual a realidade do investidor é pior que os números que você menciona, e isso se deve aos erros comportamentais que nós mesmos cometemos como investidores individuais. Os indivíduos tendem a comprar fundos que apresentam um bom desempenho. E eles buscam retorno. Então, quando os fundos não têm um bom desempenho, eles vendem. Dessa forma, acabam comprando alto e vendendo baixo. E essa é uma maneira ruim de ganhar dinheiro.

TR: Qual é a realidade da busca de retorno?

DS: Grande parte tem a ver com o marketing. Ninguém quer dizer: "Eu tenho vários fundos de uma e duas estrelas." Todo mundo quer ter fundos de quatro estrelas. E fundos de cinco estrelas. E se vangloriar disso no escritório.

TR: Claro.

DS: Mas os fundos quatro e cinco estrelas são os que *tiveram* um bom desempenho, e não os que *terão* um bom desempenho. Se você comprar sistematicamente os que tiveram um bom desempenho e vender os que tiveram um mau desempenho, vai acabar com um desempenho aquém do esperado. Portanto, adicione às suas estatísticas que mais de 90% dos fundos não conseguem acompanhar o mercado e, em seguida, adicione a forma como as pessoas se comportam — elas diminuem ainda mais seus retornos em relação aos números do mercado.

TR: Então, buscar retorno é uma maneira garantida de ter um retorno menor ou perder dinheiro?

DS: Os fatores aleatoriamente responsáveis por um bom desempenho têm as mesmas probabilidades de fazer o bom desempenho se converter em um mau desempenho da próxima vez — é o que se chama de reversão à média.

TR: Certo. Então, o que os investidores podem fazer para favorecer a própria causa?

DS: Existem apenas três ferramentas, ou alavancas, com as quais os investidores podem contar para [aumentar os] retornos. A primeira é a alocação de ativos: quais são os ativos que você vai manter no seu portfólio? Em que proporção você vai mantê-los? A segunda é prever o comportamento do mercado. Você vai tentar apostar que uma classe de ativos terá um desempenho melhor a curto prazo do que as outras classes de ativos que você possui?

TR: Optando entre títulos, ações ou imóveis, não é?

DS: Sim, essas apostas quanto ao comportamento do mercado a curto prazo. E a terceira ferramenta é a seleção de segurança. Como você vai estruturar seu portfólio de títulos ou seu portfólio de ações? E é isso. Essas são as três únicas ferramentas que temos. A mais importante [como você já percebeu] é, esmagadoramente, a alocação de ativos.

TR: Li isso no seu livro, e me surpreendi.

DS: Uma das coisas que eu adoro ensinar aos meus alunos de Yale é que **a alocação de ativos explica, na verdade, mais de 100% dos retornos em investimentos**! Como assim? A razão é que, quando você opta pela previsão do comportamento do mercado, isso lhe custa dinheiro; não é algo que se possa fazer a custo zero. Toda vez que você compra ou vende, você paga a um corretor. Portanto, existe um derrame em taxas e comissões pagas — o que reduz os retornos globais. E o mesmo é válido para a seleção de segurança.

TR: Então isso nos leva de volta aos fundos de índice e à abordagem passiva nos investimentos.

DS: Isso. Os gestores ativos cobram taxas mais altas, prometendo superar o mercado, mas vimos que, quase sempre, trata-se de uma promessa falsa. Pode-se adotar uma abordagem passiva e acabar possuindo todo o mercado. **E é possível comprar o mercado inteiro por uma taxa muito, muito baixa.**

TR: Quanto?

DS: Menos de 20 pontos-base. E isso pode ser feito por meio de um fundo mútuo oferecido pelo Vanguard. Então, se você conseguir implementar seu investimento com fundos indexados de baixo custo, passivamente gerenciados, será um vencedor.

TR: Não há cobrança de taxas, e não se está tentando superar o mercado.

DS: Além disso, há outro benefício: **seus impostos serão menores**. Isso é um grande feito. Um dos problemas mais graves na indústria de fundos mútuos, que está cheia de problemas graves, é que quase todos os gestores de fundos de investimento se comportam como se os impostos não tivessem importância. Mas os impostos são importantes. Os impostos são muito importantes.

TR: Existe alguma conta maior do que os impostos em nossas vidas?

DS: Não. **E isso remete à importância de aproveitar cada oportunidade de investimento com o benefício fiscal que você puder.** Você deve maximizar suas contribuições se tiver um 401 (k), ou um 403 (b), no caso de trabalhar para uma organização sem fins lucrativos. Você deve aproveitar todas as oportunidades de investimento com o recurso do diferimento de impostos.

TR: Como podemos configurar uma alocação de ativos mais eficiente?

DS: Qualquer novato no mundo da economia provavelmente já ouviu esta frase: "Não existe almoço grátis." Mas Harry Markowitz, que as pessoas chamam de pai da teoria moderna do portfólio, diz que "a diversificação é um almoço grátis".

TR: Por quê?

DS: Porque, seja qual for o nível de retorno, se você diversificar, poderá gerar esse retorno com um risco menor; ou, seja qual for o nível de risco, se você diversificar, poderá gerar um retorno maior. Então, é um almoço grátis. A diversificação aprimora seu portfólio.

TR: Qual é a diversificação mínima necessária?

DS: Existem dois níveis de diversificação. Um está relacionado com a seleção de segurança. Se você decidir comprar um fundo de índice, estará diversificando o máximo possível, porque possuirá todo o mercado. Essa é uma das maravilhas do fundo de índice, e é uma das coisas sensacionais que Jack Bogle propiciou aos investidores dos Estados Unidos. Ele lhes deu a oportunidade de comprar todo o mercado, a baixo custo. No entanto, pela perspectiva da alocação de ativos, quando falamos em diversificação, estamos falando em investir em várias classes de ativos. Existem seis que eu considero realmente importantes: ações dos Estados Unidos, obrigações do Tesouro norte-americano, obrigações do Tesouro norte-americano protegidas contra a inflação [TIPS], ações estrangeiras de mercados desenvolvidos, ações estrangeiras de mercados emergentes e fundos de investimentos imobiliários [REITs].

TR: Por que você escolhe essas seis e não outras? E qual é a alocação do seu portfólio?

DS: As ações são o núcleo dos portfólios com horizonte de longo prazo. Obviamente, as ações são mais arriscadas que os títulos. Se o mundo funcionar do jeito que deveria funcionar, as ações produzirão retornos superiores. Após períodos razoavelmente prolongados de tempo, e não exatamente dia após dia, ou semana após semana, ou, até mesmo, ano após ano, as ações deveriam gerar retornos mais elevados. Eu tenho um portfólio espantalho na minha contabilidade, e 70% dos seus ativos são ações [ou equivalentes a ações] e 30% são renda fixa.

TR: Vamos começar com a parte das ações do portfólio: os 70%. Uma das suas regras para a diversificação é nunca ter nada que ultrapasse os 30%, correto?

DS: Sim.

TR: E onde você coloca os primeiros 30%?

DS: Em ações dos Estados Unidos. Uma das coisas que eu acho realmente importante é que **nunca deveríamos subestimar a resiliência da economia norte-americana. Ela é extremamente poderosa.** Independentemente de quanto os políticos tentem estragar tudo, há uma força subjacente em nossa economia. E eu nunca vou querer apostar contra isso.

TR: Por esse motivo, você deu um peso maior, 70%, no sentido do crescimento. Não apenas na economia dos Estados Unidos, mas também em negócios globais ao redor do mundo.

DS: E aí, provavelmente, eu coloco 10% em mercados emergentes, 15% em mercados estrangeiros desenvolvidos e 15% em fundos de investimentos imobiliários.

TR: Fale sobre os 30% de títulos de renda fixa.

DS: Estão todos em obrigações do Tesouro. Metade são títulos tradicionais. A outra metade está em TIPS protegidas contra a inflação. Se você comprar obrigações comuns do Tesouro e a inflação disparar, vai acabar perdendo.

TR: As pessoas ficam confusas com isso, infelizmente.

DS: Quando comecei em Wall Street, lembro que, nas primeiras reuniões com clientes, eu sussurrava para mim mesmo de vez em quando: "As taxas de juros sobem, os preços caem." Eu não queria me confundir. Teria sido muito embaraçoso.

TR: Um investidor individual consegue ganhar dinheiro no mercado atual?

DS: Essa é a beleza de ter uma estratégia de longo prazo de comprar e manter. **É por isso que se promove a diversificação. Não sou suficientemente esperto para adivinhar o rumo dos mercados.** No fim dos anos 1990, as pessoas diziam: "Por que passar por todas essas dificuldades para diversificar seu portfólio? Bastaria ter comprado o S&P 500." E o que elas estavam fazendo? Buscando a melhor classe de ativos, que vinha a ser o nosso mercado acionário. E elas disseram: "Tudo o que você fez foi perda de tempo." Mas essa foi a experiência norte-americana. E não é a única experiência no mundo. Se, no início da década de 1990, você fosse um investidor japonês que tivesse colocado todo o seu dinheiro no mercado japonês, no fim dos anos 1990, você estaria na miséria. Você nunca terá um retorno equivalente ao melhor retorno da classe individual de ativos, e nunca poderá saber como aquela classe de ativos se comportará antes do fato consumado.

TR: O que você diria para os membros da geração do baby boom, aqueles que chegarão à aposentadoria em um futuro não muito distante?

DS: Infelizmente, acho que a maioria dos indivíduos não tem ideia de quanto dinheiro é necessário economizar para sua aposentadoria. Eu realmente me preocupo quando vejo inúmeras pessoas olhando para seu 401 (k) e dizendo: "Tenho 50 mil, ou 100 mil dólares — isso é muito dinheiro." Mas se estamos falando em financiar uma aposentadoria, não é tanto dinheiro assim.

TR: Muitas pessoas não conseguirão se aposentar quando tiverem vontade.

DS: A única maneira de as pessoas chegarem ao lugar certo é se informando. Fico sensibilizado por você estar tentando ajudar as pessoas a obter o conhecimento de que elas precisam para tomar decisões inteligentes.

TR: Sei que você passou por momentos difíceis de saúde. Qual é o seu próximo plano?

DS: Cerca de um ano atrás, fui diagnosticado com câncer. Eu nunca tive uma lista de desejos para realizar antes de morrer. Não queria abandonar tudo e sair viajando pelo mundo. Eu queria continuar fazendo o que pudesse para apoiar a universidade. Gerenciar o portfólio de Yale até onde eu pudesse fazê-lo. E é isso que estou fazendo. Eu amo meu trabalho.

TR: Isso é incrível.

DS: Para mim, Yale é uma das grandes instituições do mundo. Se eu puder fazer qualquer coisa para torná-la um lugar mais sólido e melhor, então talvez eu faça a diferença.

TR: David, obrigado. Foi extraordinário. Tenho a sensação de que estive em Yale assistindo a uma aula sobre elaboração de portfólio.

DS: É, você esteve.

CAPÍTULO 6.3

JOHN C. BOGLE: A VANGUARDA DO INVESTIMENTO

Se você não leu nenhum dos livros de Jack Bogle nem ouviu seus contundentes comentários na TV, está perdendo uma preciosidade. **A revista *Fortune* classificou Bogle como um dos quatro gigantes do investimento do século XX.** Por sua inventividade e espírito cívico, ele foi comparado a Benjamin Franklin. Alguns dizem que fez mais pelo investidor individual do que qualquer outra pessoa na história dos negócios.

Como ele conseguiu tudo isso? Em 1974, quando Jack Bogle fundou o Vanguard Group, os fundos de índice eram apenas uma teoria acadêmica. Mas Bogle estava disposto a fazer sua empresa apostar na ideia de que fundos mútuos de baixo custo e de baixas taxas que monitorassem o desempenho de todo o mercado de ações poderiam superar, ano após ano, a maioria dos fundos gerenciados. Por quê? **Porque os investidores, como grupo, não conseguem *superar* o mercado, porque eles *são* o mercado.** Pense em um indivíduo perturbador! No início, seus fundos de índice foram ridicularizados como "A loucura de Bogle". Um concorrente chegou a classificar a ideia como antiamericana.

Mas Bogle deixou seus críticos para trás e transformou a Vanguard na maior empresa de gestão de fundos mútuos do mundo, com 2,86 trilhões de dólares em ativos sob gestão. Qual é a dimensão disso? Se a Vanguard fosse um país, sua economia seria do mesmo tamanho que a da Grã-Bretanha! Atualmente, de acordo com a Morningstar, os fundos de índices dos Estados Unidos representam **mais de um terço** de todos os investimentos em fundos mútuos de ações.

Jack Bogle nasceu em Nova Jersey em 1929, logo no início da Grande Depressão. Sua família não era rica, mas Bogle foi inteligente o suficiente para conseguir uma bolsa de estudos em Princeton, onde servia refeições para outros estudantes a fim de ajudar a pagar seus estudos. Ele escreveu sua tese sênior em economia sobre o tema dos fundos mútuos, insinuando o caminho que, mais tarde, trilharia na indústria. E nunca esqueceu o que um amigo lhe disse em um emprego de verão como mensageiro na bolsa de valores: "**Bogle, vou te contar tudo o que você precisa saber sobre o mercado de ações: *ninguém sabe nada.***"

Depois de se formar com grau *magna cum laude*, ingressou, em 1951, na Wellington Management Company, na Filadélfia, de onde acabou se tornando presidente. Contudo, durante os anos especulativos de meados da década de 1960, Bogle se associou a um grupo de gestão, com a esperança de que a fusão fosse impulsionar seus negócios. "Foi o pior erro da minha vida", me disse ele. Os novos parceiros levaram os fundos mútuos ao chão e depois usaram suas cadeiras no conselho para demitir Bogle.

E o que ele fez, então? Em vez de aceitar a derrota, Bogle transformou aquele fracasso na sua maior vitória, mudando de vez a face dos investimentos. Por causa da estrutura jurídica dos fundos mútuos, ainda cabia a Bogle a responsabilidade sobre os *fundos* da Wellington, que eram independentes da empresa de gestão, com um conselho administrativo um tanto diferente. Ele foi mantido na presidência dos fundos, embora não estivesse autorizado a *administrá-los*. "Então, como faço para participar da gestão de investimentos sem ser um gestor de investimentos?", questionou ele, durante a nossa entrevista. "Você já descobriu a resposta. Crie um fundo não gerenciado. **Nós o chamávamos de fundo de índice; eu o batizei de Vanguard. No começo, todo mundo achou que fosse uma piada.**" Incrível! Se Jack Bogle não tivesse cometido aquele erro, nunca teria fundado a Vanguard, e milhões e milhões de investidores individuais poderiam nunca ter tido a chance de driblar as taxas excessivas e adicionar bilhões de dólares a seus retornos coletivos.

Eu me sentei diante dessa lenda viva no seu gabinete no *campus* Vanguard, em Malvern, na Pensilvânia, enquanto uma tempestade de inverno caía sobre a Costa Leste. Ele ainda continua dando expediente todos os dias no centro de pesquisa do Vanguard, que comanda desde que encerrou suas atividades como presidente sênior, em 2000. Jack apertou minha mão com a força de um homem com metade da sua idade. Talvez isso se explique por que um transplante de coração, em 1996, tenha lhe dado uma nova perspectiva na vida, para perpetuar o que ele chama de "uma cruzada para dar aos investidores um tratamento justo e igualitário".

O que segue é uma versão editada e abreviada da nossa conversa de quatro horas.

TR: Jack, de onde vem a sua motivação?

JB: **Desde as minhas primeiras lembranças da juventude, sempre fui obrigado a trabalhar.** Comecei a trabalhar aos 9 anos, entregando jornais no quarteirão. Eu adorava trabalhar. Sou um pouco introvertido, e, quando você trabalha o tempo todo, não precisa ficar de conversinha. E eu tenho uma característica competitiva. Daquele tipo que fica ansioso para entrar em uma boa briga — mesmo quando não é necessário —, e isso responde a muita coisa.

TR: Você começou sua carreira em uma empresa tradicional de gestão de fundos mútuos.

JB: Eu era jovem, não era sábio o suficiente para aprender as lições da história que já deveria conhecer, ou para colocá-las em prática. Achava que existia algum gerente de investimentos permanentemente bom; **mas isso não existe. Eles são muito instáveis.**

TR: Por quê?

JB: Há um grande componente de pura sorte associado às habilidades. Investir é 95% sorte e 5% habilidade. Talvez, se eu não estiver enganado, a proporção seja de 98% para 2%.

TR: Sem querer insultar nenhum gestor ativo!

JB: Veja: experimente colocar cerca de 1.024 pessoas jogando moedas para cima em uma sala. Você dá o sinal para que elas comecem a jogar as moedas, e uma dessas 1.024 pessoas vai tirar cara dez vezes seguidas. E você diria: "Que pessoa de sorte." Certo? No negócio dos fundos, você diria: "Que gênio." [*Risos.*] É possível colocar até gorilas fazendo isso, e o resultado será exatamente o mesmo!

TR: O que você quis dizer quando afirmou "Há uma grande diferença entre um cara esperto e um bom investidor"?

JB: Bem, em primeiro lugar, os investidores são médios. Vamos começar por aí. É muito simples. **E a maioria dos investidores individuais paga caro demais pelo privilégio de ser médio.**

TR: Como assim?

JB: A gestão ativa de um fundo médio vai lhe custar cerca de 2% ao todo (incluindo a média de 1,2% para relação de despesas, custos de transação, escoamento de dinheiro e encargos de vendas). Então, isso significa que, em um mercado de 7%, os investidores ficarão com 5%. [Um fundo de índice que custa 0,05% significa que o retorno é de 6,95%.] **A 6,95%, você leva 50 anos para transformar 1 dólar em aproximadamente 30 dólares. A 5%, porém, você ganha 10 dólares em vez de 30. E o que isso significa? Significa que você colocou 100% do capital, assumiu 100% dos riscos e obteve 30% de recompensa.** É o que acontece quando se analisa os retornos a longo prazo. As pessoas não sabem fazer isso, mas vão ter que aprender a fazer.

TR: Elas não levam em consideração os efeitos da composição sobre os custos e sobre as taxas.

JB: Na verdade, as pessoas deveriam entender por que estão comprando ações. É para o rendimento dos dividendos e é para o aumento dos lucros. **O fato é que, historicamente, metade do retorno no mercado de ações surgiu dos dividendos.** É daí que vêm todas as despesas do fundo. Então, pense nisso por um minuto, Tony: o rendimento bruto do fundo de ações médio é de 2%. O fundo de ações médio tem uma relação de despesas de 1,2%. Eles vão tirar essa diferença daquele rendimento. Com isso, você obtém um rendimento de 0,8%. **O gestor está ficando com metade dos seus dividendos para se autorremunerar!** E essa indústria está consumindo integralmente 60% dos dividendos. Às vezes 100%, às vezes mais de 100%. Dá para perceber por que eu sou uma dor de cabeça para essa indústria.

TR: Mesmo assim, ainda existem 100 milhões de pessoas que investem em fundos mútuos ativamente gerenciados. Como isso é humanamente possível?

JB: Ora, nunca subestime o poder do marketing. Em 2000, verificamos que o fundo médio que estava sendo anunciado na revista *Money* teve um retorno anual de 41%. Muitos daqueles fundos — talvez a maioria — não existem mais. **Os investidores esperam que o seu gerente esperto será esperto para sempre, mas não é isso o que acontece.** Eles esperam que, como ele já gerou 20% de retorno, vai continuar gerando 20%. E isso é ridículo; não pode acontecer, não vai acontecer.

TR: A Vanguard é administrada apenas para beneficiar os acionistas do fundo, que são, de fato, os proprietários da empresa. Você é defensor do padrão fiduciário universal?

JB: Sou um questionador, e posso ser um dos mais atuantes. O Investment Company Institute [organização de lobby da indústria de fundos mútuos] diz: "Não precisamos de um padrão federal de obrigação fiduciária. Nós somos um fiduciário." Número um: então por que eles se opõem a isso? É uma pergunta interessante.

Número dois: eles não entendem que temos um conflito de obrigações fiduciárias. O gerente de uma empresa de capital aberto, por exemplo, a BlackRock, tem dois conjuntos de obrigações fiduciárias. Uma delas é uma obrigação fiduciária para com os acionistas dos fundos mútuos BlackRock, a fim de maximizar seus retornos. E a outra é a obrigação fiduciária de ganhar o máximo de dinheiro possível para os proprietários públicos da BlackRock. Assim, o diretor-executivo da BlackRock, Laurence D. Fink, tem o dilema perfeito. Para maximizar o retorno aos acionistas dos fundos mútuos, ele deve abaixar as taxas. Contudo, para maximizar o retorno aos donos da BlackRock, ele deve aumentar as taxas. Portanto, eles estão tentando fazer as duas coisas. E a empresa está ganhando mais dinheiro do que nunca.

TR: É irônico.

JB: É ou não é um grande país?

TR: Na sua concepção, o que será atraente e/ou desafiador nos próximos dez anos?

JB: Eu vejo o mundo empresarial dos Estados Unidos em contínuo crescimento. E lembre-se: o mercado de ações é um derivativo. É um derivativo do valor criado pelas nossas corporações. Elas ganham dinheiro, e vão continuar ganhando dinheiro. Elas podem ganhar um pouco menos, mas ainda assim ficarão cada vez maiores e cada vez mais eficientes. E aí elas vão continuar crescendo, provavelmente a uma taxa mais lenta do que estamos acostumados, mas, de qualquer modo, será uma taxa saudável.

TR: E qual seria o motivo principal? Porque os gastos vão diminuir com base nos dados demográficos ou porque pegamos tanto dinheiro emprestado que ainda temos que colocar a casa em ordem?

JB: Nós ainda precisamos desalavancar. Há muitos empréstimos no país. Na verdade, no lado corporativo não existe muita alavancagem. Os balanços corporativos estão em situação aceitável. Mas os balanços do governo, incluindo as esferas federal, estadual e local, estão todos sobrecarregados. E precisamos fazer algo em relação a isso.

Um dos grandes riscos — um dos grandes problemas, aliás — é que o Federal Reserve tem, no momento, cerca de 4 trilhões de dólares em reservas. São 3 trilhões a mais do que o habitual, com aproximadamente 3 trilhões tendo sido adquiridos nos últimos cinco ou seis anos. E isso precisa ser desembaraçado. E não está claro para ninguém como vai acontecer exatamente. Mas todos sabem que vai precisar acontecer, mais cedo ou mais tarde.

TR: Deveríamos estar preocupados com outra crise financeira?

JB: Se você não estiver pensando como um investidor médio, mas como alguém interessado no panorama geral, nunca perca o sentido da história. Não pense que ela não se repetirá. Como disse Mark Twain: "A história pode não se repetir, mas ela rima." De fato, enfrentamos a possibilidade de uma grave crise financeira mundial. Até mesmo de uma depressão mundial. Quais são as probabilidades de uma depressão mundial? Eu diria, talvez, uma em dez. Mas não é uma em mil. Portanto, não vejo isso como uma probabilidade, mas qualquer um que diga "Não pode acontecer" está enganado...

TR: ... não está prestando atenção na história.

JB: Exato. Então, basicamente, é preciso usar o bom senso dado por Deus. Não se deixar levar pelos modismos e tendências do momento. E não se deixar levar pelos movimentos momentâneos nos mercados, ações ou títulos.

TR: Em seus 64 anos de atuação nesse ramo, você passou por todo tipo de mercado. Como você isola o elemento emocional humano do investimento?

JB: Nenhum de nós consegue fazer isso, nem eu. Eu estou tentando. As pessoas dizem: **"Como você se sente quando o mercado cai 50%?" Eu digo, honestamente, que me sinto péssimo.** Isso me dá um nó no estômago. E o que eu faço? Pego alguns dos meus livros que falam em "manter o prumo" e releio todos eles!

TR: Se você não pudesse deixar nenhum dinheiro para seus filhos ou netos, mas pudesse deixar alguns princípios, quais seriam eles?

JB: Para começar, eu diria: preste atenção em onde vai investir seus ativos. Defina sua alocação de ativos de acordo com sua tolerância ao risco e seus objetivos. Em segundo lugar: diversifique. E certifique-se de diversificar por meio dos fundos de índice de baixo custo. Há um monte de fundos de alto custo por aí. Não devemos nos esquecer disso. **E não negocie. Não caia na tentação de fazer alguma coisa — simplesmente fique parado!** Não importa o que aconteça! E você vai conseguir resistir a essa tentação mais facilmente se seus ativos estiverem alocados em títulos, em uma quantidade um pouco maior do que você acharia necessário.

TR: Que outros conselhos você daria aos investidores?

JB: Não abra o *Wall Street Journal*! Não assista à CNBC! Nós debochamos disso. Eu dou muitas entrevistas à CNBC, e continuo me perguntando por que eles continuam me chamando. Consigo aturar Jim Cramer por mais ou menos 40 ou 50 segundos. **Toda aquela gritaria e agitação, compre isso e venda aquilo. Trata-se de uma distração em relação ao negócio do investimento.** Nós gastamos muito tempo, focamos grande parte da nossa energia em todas essas coisas que devemos fazer com os investimentos, quando sabemos qual será o resultado. Vamos obter o retorno do mercado, mais ou menos. Geralmente, menos. Então, por que gastar todo esse tempo tentando negociar o Standard & Poor's 500 o dia inteiro, em tempo real, como sugeriu uma das primeiras campanhas de marketing para o primeiro ETF [fundo negociado em bolsa]?

Quem está fazendo isso deveria ir viver sua vida. Leve seus filhos ao parque. Leve sua esposa para jantar. Se nada mais der certo, leia um bom livro.

TR: O que o dinheiro significa para você?

JB: **Vejo o dinheiro não como um fim, mas como um meio para um fim.** Há uma história excelente sobre os escritores Kurt Vonnegut e Joe Heller. Eles se encontram em uma festa na ilha Shelter. Kurt olha para Joe e diz: "Aquele cara, o nosso anfitrião ali, fez 1 bilhão de dólares hoje. Ele ganhou mais dinheiro em um dia do que você ganhou com todas as cópias de *Ardil 22.*" Heller olha para Vonnegut e responde: "Tudo bem, porque eu tenho algo que ele, o nosso anfitrião, nunca terá: o suficiente."

Estou deixando o suficiente para que meus filhos possam fazer o que quiserem, mas não tanto que não precisem fazer nada. Eu costumo dizer a eles: "Às vezes eu gostaria que vocês tivessem crescido com todas as vantagens que eu tive." E a primeira reação deles foi: "Você não está querendo dizer desvantagens?" "Não, cara, não. Estou querendo dizer vantagens. Como se dar bem no mundo, construindo seu caminho, apesar de tudo."

TR: Demorou anos para o conceito de indexação se firmar, e, atualmente, os fundos de índice estão tomando conta da indústria. **Como é a sensação de estar certo?**

JB: Bem, as pessoas dizem: "Você deve estar muito orgulhoso. Olhe o que você construiu." E eu respondo: "Haverá tempo para isso, eu acho, algum dia. Mas ainda não é o momento." Acho que foi Sófocles quem disse: "É preciso esperar até a noite para desfrutar o esplendor do dia." E a minha noite ainda não chegou.

Sabe, preciso confessar: eu deveria ter morrido há muito, muito tempo. Tive oito ataques cardíacos antes de receber o coração [transplante]. **O meu coração parou. E eu não tenho o direito de estar aqui. Mas é absolutamente fabuloso estar vivo.** Não passo muito tempo pensando nisso. Mas percebo que estou testemunhando o que acredito ser o triunfo da indexação. E, realmente, uma revolução nas preferências dos investidores. Não há nenhuma dúvida quanto a isso. Wall Street vai mudar. Wall Street está ficando muito menor. Não tenho certeza se consigo compreender inteiramente as coisas, mas suponho que, se eu estivesse morto, não estaria vendo isso acontecer.

TR: Você vai se aposentar algum dia, a propósito?

JB: Provavelmente isso está mais nas mãos de Deus do que nas minhas. Estou me divertindo, e prosperando em minha missão de dar aos investidores um tratamento justo e igualitário.

Princípios básicos do portfólio de Jack Bogle

1. **Alocação de ativos de acordo com sua tolerância ao risco e seus objetivos.**
2. Diversificar por meio de fundos de índice de baixo custo.
3. Ter o mesmo valor da sua idade em fundos de títulos. Um parâmetro "grosseiro", diz ele.

Jack está com oitenta e poucos anos, e tem 40% de seu portfólio total investidos em títulos. Mas uma pessoa muito jovem poderia ter 100% em ações.

Assim, no meu portfólio total, incluindo tanto a minha conta pessoal quanto a da aposentadoria, cerca de 60% dos meus ativos estão em ações, principalmente nos fundos de índice de ações da Vanguard. O restante está dividido entre o Fundo de Índice do Mercado de Ações Total da Vanguard e fundos isentos de impostos [obrigações municipais]. As minhas obrigações municipais estão divididas em cerca de dois terços no Fundo de Médio Prazo Isento de Impostos da Vanguard e cerca de um terço no Fundo de Duração Limitada Isento de Impostos da Vanguard [duração limitada, sendo algo entre o curto e o médio prazos; um pouco mais extenso no caso dos rendimentos extras].

Não vou precisar me valer do dinheiro, espero, no meu portfólio tributável. E aqueles rendimentos isentos de impostos continuam sendo muito bons, cerca de 3% ou algo assim, que é o equivalente a 5% para alguém na minha faixa tributária. Não preciso de mais do que isso. Estou feliz em conseguir isso.

Eu me preocupo um pouco, claro, com a solidez do mercado de obrigações municipais, mas decidi que, com os excelentes analistas com os quais contamos aqui na Vanguard, elas devem estar indo bem. **No meu portfólio com impostos diferidos, que é o meu maior ativo, meus títulos estão, em sua maior parte, no Fundo de Índice do Mercado de Títulos Total da Vanguard.** Isso inclui títulos de longo, médio e curto prazos. Contém papéis do Tesouro, hipoteca e títulos corporativos.

Estou muito satisfeito com os retornos do meu portfólio total. Depois de um terrível declínio de 17% em 2008 [o S&P 500 caiu 37% naquele ano, mais que o dobro], meus retornos têm sido consistentemente positivos, com uma média de quase 10% ao ano. Estou feliz em, simplesmente, "manter o prumo" e resistir a tudo isso.

CAPÍTULO 6.4
WARREN BUFFETT: O ORÁCULO DE OMAHA

Eu estava nos bastidores do programa *Today*, esperando para entrar no ar, quando vi chegar *o homem* em pessoa: Warren Buffett, um dos maiores investidores do século XX, e, com 67,6 bilhões de dólares no seu nome, o terceiro homem mais rico do mundo. Nós havíamos sido convidados para participar (ao lado da fundadora da Spanx, Sara Blakely, e do futuro secretário de Habitação e Desenvolvimento Urbano, Julian Castro) de uma mesa-redonda com Matt Lauer, para falar sobre o sucesso econômico e dar nossas opiniões sobre os rumos da economia dos Estados Unidos. Sempre fui um grande fã de Buffett. Assim como milhões de investidores do mundo todo, me deixei seduzir pela história do humilde negociante de ações de Nebraska que fez um negócio têxtil prestes a falir na Nova Inglaterra, chamado Berkshire Hathaway, se transformar na quinta maior empresa de capital aberto do mundo, com ativos de quase meio trilhão de dólares e participações em todos os tipos de negócios, desde os seguros Geico até a See's Candies. O seu segredo nem tão oculto para o sucesso tem sido o "investimento em valor": um sistema que ele aprendeu com seu mentor, Ben Graham, e aperfeiçoou. Em linhas gerais, o conceito consiste em procurar empresas subavaliadas e comprar ações, com a expectativa de que elas subirão de preço a longo prazo. É uma das formas mais simples de risco/recompensa assimétricos, que exige uma quantidade enorme de pesquisa, habilidade e recursos — e essa foi uma das razões pelas quais Buffett focou em participações de seguros que produzem um grande fluxo de caixa e, portanto, oportunidades de investimento.

Buffett não apenas vem demonstrando um fenomenal sucesso nos negócios, como também se tornou um dos mais generosos filantropos da história, destinando 99% de sua enorme fortuna pessoal à caridade, por intermédio da Fundação Bill e Melinda Gates. Ele também é, provavelmente, o líder de negócios mais citável — e citado — de todos os tempos, e você já deparou com algumas inestimáveis pérolas de sua sabedoria espalhadas por estas páginas.

Quando finalmente dividimos o mesmo ambiente, não pude resistir à oportunidade de lhe contar sobre o projeto deste livro. E se nós pudéssemos nos encontrar para uma entrevista sobre como o investidor individual consegue ser bem-sucedido em meio a essa economia volátil?

Ele me encarou com brilho nos olhos. "Tony", respondeu, "eu adoraria ajudá-lo, mas acho que já disse tudo o que uma pessoa pode dizer sobre esse assunto."

Era difícil argumentar contra isso. Desde 1970, ele vem lançando uma carta anual ansiosamente aguardada pelos seus acionistas, cheia de conselhos e comentários sobre investimentos. Além disso, já foram quase 50 livros publicados com seu nome na sobrecapa — alguns deles foram até mesmo escritos pelo próprio Buffett!

Mesmo assim, eu insisti.

"Agora que anunciou que está deixando quase toda a sua riqueza para a caridade, que tipo de portfólio você recomendaria para que sua família protegesse os próprios investimentos e os fizesse render?"

Ele sorriu novamente e pegou no meu braço. "É muito simples", disse. "A indexação é o caminho. Invista em grandes empresas norte-americanas sem pagar todas aquelas taxas para um gestor de fundos mútuos e não se desvencilhe dessas empresas. A longo prazo, você vai sair ganhando!"

Uau! O selecionador de ações mais famoso do mundo adotou os fundos de índice como os melhores e mais rentáveis veículos de investimento.

Mais tarde, mesmo depois de Steve Forbes e Ray Dalio terem intercedido para incentivar Warren a me conceder uma entrevista mais detalhada, ele me fez saber que não havia necessidade. Warren afirmou que tudo o que tinha a dizer de importante sobre investimentos já estava publicado. Hoje, o que ele recomendaria a um investidor individual seria investir em fundos de índice que lhe dessem exposição ao amplo mercado das melhores empresas do mundo e manter esses fundos a longo prazo. Acredito que a repetição *seja* a mãe da habilidade. Eu entendi, Warren! Na carta deste ano aos acionistas, mais uma vez, Warren enfatizou o mesmo conselho a todos os investidores! Qual é a sua alocação de ativos? As instruções abaixo foram deixadas para a sua esposa e o seu fundo, devendo ser cumpridas depois de sua morte.

"Coloque 10% (...) em títulos públicos de curto prazo e 90% em um fundo de índice S&P 500 de baixíssimo custo. (Sugiro o Vanguard's.) Acredito que, com essa política, os resultados a longo prazo do fundo serão superiores aos alcançados pela maioria dos investidores — sejam fundos de pensão, instituições ou indivíduos — que empregam gestores de alta remuneração."

Jack Bogle ficou muito feliz com esse conselho! O investidor mais respeitado dos Estados Unidos endossa a estratégia que Jack vem promovendo há quase 40 anos!

Lembra que Buffett fez uma aposta de 1 milhão de dólares contra a Protégé Partners, com sede em Nova York, apostando que a Protégé *não* conseguiria escolher cinco dos melhores gestores de fundo de cobertura que conseguissem superar, coletivamente, o índice S&P 500 durante um período de dez anos? Novamente, em fevereiro de 2014, o S&P 500 subiu 43,8%, enquanto os cinco fundos de cobertura subiram 12,5%.

O Oráculo de Omaha tinha avisado!

CAPÍTULO 6.5

PAUL TUDOR JONES: UM ROBIN HOOD CONTEMPORÂNEO

Um dos operadores mais bem-sucedidos de todos os tempos, Paul Tudor Jones fundou sua empresa aos 26 anos de idade, depois de ganhar experiência negociando algodão nos "sumidouros" das mercadorias.

Paul desafiou a gravidade, produzindo 28 anos consecutivos de vitórias. Ele é famoso por ter previsto a segunda-feira negra, a crise do mercado de ações de 1987, que amargou uma queda de 22% em um único dia (a maior queda percentual no mercado de ações em qualquer momento da história). Em uma época em que o resto do mundo estava desmoronando, Paul e seus clientes obtiveram um retorno mensal de 60% e um retorno anual de quase 200%!

Paul é um dos meus amigos mais íntimos e um dos meus heróis pessoais. Tenho o privilégio de ser seu instrutor de desempenho máximo desde 1993 — 21 de seus 28 anos consecutivos de vitórias e a maior parte de sua carreira como operador. Além do impressionante sucesso financeiro de Paul, o que considero ainda mais surpreendente é sua obsessão sincera em encontrar constantemente maneiras de retribuir e fazer a diferença. Como fundador da icônica Robin Hood Foundation, Jones inspirou e convenceu alguns dos investidores mais inteligentes e mais ricos do mundo a combater a pobreza em Nova York. Paul e a equipe da Robin Hood fazem esse trabalho com o mesmo rigor analítico que os bilionários dos fundos de cobertura reservam, normalmente, aos investimentos financeiros. Desde 1988, a Robin Hood investiu mais de 1,45 bilhão de dólares em programas municipais. E, tal como a perseguição implacável aos retornos assimétricos em sua vida financeira (ele vai compartilhar sua regra de cinco para um daqui a pouco), o trabalho de Jones na fundação não é diferente. Os custos operacionais e administrativos da Robin Hood são 100% cobertos pela participação no conselho, de modo que os doadores conseguem um retorno de 15 para um sobre os investimentos realizados na sua comunidade! Como diz Eric Schmidt, presidente executivo do Google: "Não há, literalmente, nenhuma fundação, nenhuma atividade mais eficaz!"

Jones se define como um operador, e não como um investidor tradicional, mas, da mesma forma que seu ex-empregador, E.F. Hutton, quando Jones fala as pessoas ouvem. Como macro-operador, ele estuda o impacto particular dos fundamentos, da psicologia, da análise técnica, dos fluxos financeiros e dos eventos mundiais, e os respectivos impactos nos preços dos ativos. Em vez de se concentrar em ações individuais, ele aposta nas tendências que estão definindo o mundo — dos Estados Unidos à China; de moedas a mercadorias e taxas de juros. Ele é procurado por alguns dos líderes financeiros mais influentes do planeta: ministros de finanças, funcionários de bancos centrais e grupos de reflexão de todas as partes do mundo.

Encontrei Paul para essa entrevista no magnífico *campus* em Greenwich, Connecticut, sede da Tudor Investment. Durante a entrevista, nós nos aprofundamos nos princípios de investimento mais valiosos que ele tem para compartilhar e beneficiar você, o investidor individual. Como resultado, Paul está prestes a nos oferecer sua "capacitação empresarial de 100 mil dólares", que ele compartilha com o seu próprio grupo de operadores e alguns estudantes universitários suficientemente afortunados para ouvir sua mensagem a cada ano letivo. Toda essa sabedoria em tão poucas páginas.

TR: Paul, o que você conquistou nos investimentos, nos negócios, é extraordinário: 28 vitórias consecutivas — 28 anos sem perda. Como um mortal consegue fazer isso?

PTJ: Somos todos produtos do nosso ambiente. Comecei como negociador de mercadorias, em 1976. A grande coisa sobre ser um negociador de mercadorias — comercializar algodão, soja, suco de laranja — é que [esses] mercados são extremamente afetados pelo clima. Em um espaço de três ou quatro anos, teríamos gigantescos mercados em alta e gigantescos mercados em baixa. Rapidamente, aprendi a psicologia do mercado em alta *e* a do mercado em baixa, e a rapidez com que eles podiam mudar. As emoções envolvidas quando havia quedas. Acompanhei fortunas sendo conquistadas e perdidas. Assumi meu papel de espectador e, em 1980, testemunhei Bunker Hunt levando uma posição em prata de 400 milhões a 10 bilhões de dólares, o que o transformou no homem mais rico da Terra. Depois, em cinco semanas, ele saiu de 10 bilhões e voltou para 400 milhões.

TR: Uau!

PTJ: E, assim, aprendi a rapidez com que as coisas podem desaparecer; e quanto é precioso tê-las. Para mim, a defesa é dez vezes mais importante do que o ataque. A riqueza que possuímos pode ser muito efêmera; é preciso estar muito focado nos resultados negativos em todos os momentos.

TR: Certamente.

PTJ: Quando se tem uma boa posição em alguma coisa, não é preciso ficar prestando atenção nisso; ela cuidará de si mesma. O foco tem de estar nos locais em que estiver havendo perda de dinheiro, mas, de modo geral, é exatamente isso que as pessoas não querem ver: "A minha conta está diminuindo. Nem quero abrir." Por isso, ao **longo do tempo, criei um processo em que o controle de risco é o meu foco mais importante, e eu o verifico todos os dias.** Eu quero ter certeza de que não estou perdendo.

TR: Na sua opinião, quais são os maiores mitos que a população geral alimenta sobre os investimentos? O que as incomoda mais?

PTJ: Você pode investir a longo prazo, mas não será necessariamente rico no longo prazo — porque tudo tem um preço e um valor central ao longo do tempo. Mas é pedir muito, eu acho, que um investidor médio entenda as métricas de avaliação o tempo todo. A maneira de se defender disso — se defender do fato de que talvez você não seja a pessoa mais informada sobre todas as classes de ativos — é gerenciar um portfólio diversificado.

TR: Claro.

PTJ: Aqui está uma história que nunca vou esquecer. Estávamos em 1976 e eu trabalhava havia seis meses quando procurei meu patrão, o comerciante de algodão Eli Tullis, e disse: "Quero negociar, quero negociar." E ele respondeu: "Filho, você não vai negociar nada agora. Talvez dentro de mais seis meses eu deixe você fazer isso." Eu falei: "Não, não, não — eu quero negociar agora." E ele: "Escute aqui: os mercados vão continuar por aí daqui a trinta anos. A questão é: e você, vai continuar?"

TR: Isso é perfeito!

PTJ: É a tartaruga que vence a corrida, não é? Acho que a coisa mais importante que você pode fazer é diversificar seu portfólio. Diversificação é fundamental, jogar na defensiva é fundamental, e, mais uma vez, simplesmente permanecer no jogo pelo maior tempo que for possível.

TR: Continuando nesse tema da diversificação, qual a sua opinião sobre a alocação de ativos em termos de jogar na defensiva?

PTJ: Nunca haverá um momento em que você possa dizer com [absoluta] certeza que essa é a combinação ideal para os próximos cinco ou dez anos. O mundo muda muito rápido. Se você for observar agora, as avaliações de ações e títulos nos Estados Unidos estão ridiculamente sobrevalorizadas. E o caixa é inútil. Então, o que você faz com o seu dinheiro? Bem, há uma época de guardar e uma época de se desfazer. Nem sempre você estará, necessariamente, em uma situação propícia para fazer muito dinheiro, com oportunidades abundantes.

TR: Então o que você faz?

PTJ: Às vezes você precisa dizer simplesmente: "Caramba! Não existe valor aqui, não existe nada de atraente. Vou ficar na defensiva e executar um portfólio no qual eu não tenha grandes expectativas. Vou ficar em uma posição que não me prejudique e, se e quando os valores aumentarem, vou ter algum poder de fogo para fazer algo."

TR: Alguma estratégia específica para proteger seu portfólio?

PTJ: Sou responsável por uma disciplina de graduação na Universidade da Virgínia, e digo aos meus alunos: "Vou poupá-los de frequentar uma escola de negócios. Vocês estão recebendo uma aula de 100 mil dólares, e vou resumi-la em dois pensamentos, certo? Vocês não precisam frequentar uma escola de negócios; só precisam se lembrar de duas coisas. A primeira é que vocês sempre vão querer

estar do lado da tendência dominante. Vocês jamais vão querer ser investidores com uma atitude contestadora. Como foi que os dois caras mais ricos dos Estados Unidos — Warren Buffett e Bill Gates — fizeram suas fortunas? Bill Gates conseguiu o seu dinheiro porque era dono de uma matéria-prima, a Microsoft, que valorizou oitocentas vezes, e se manteve em sintonia com a tendência. E Warren Buffett disse: 'Tudo bem. Vou comprar grandes empresas. Vou manter essas empresas, e não vou vendê-las porque — correta e astutamente — os juros compostos ou a lei da composição funcionarão em meu favor se eu não vendê-las.'"

TR: Assim, ele fez seu dinheiro com o fluxo de caixa de todas as suas companhias de seguros.

PTJ: Ele acompanhou uma das maiores fases de expansão na história da civilização. Ele resistiu às dores do ganho.

TR: Incrível. Então, a minha próxima pergunta é: como se determina a tendência?

PTJ: **A métrica para as observações que realizo é a média móvel de 200 dias até o fechamento dos preços.** Vi muitas coisas caindo a zero, ações e mercadorias. O grande segredo dos investimentos é: "Como faço para não perder tudo?" Se usar a regra da média móvel de 200 dias, você escapa dessa possibilidade. Você joga na defensiva, e escapa. Eu executo esse exercício quando estou dando aula de análise técnica. Desenho um gráfico hipotético como o abaixo — ele percorre um trajeto ascendente em uma folha de papel, dentro de um quadro branco.

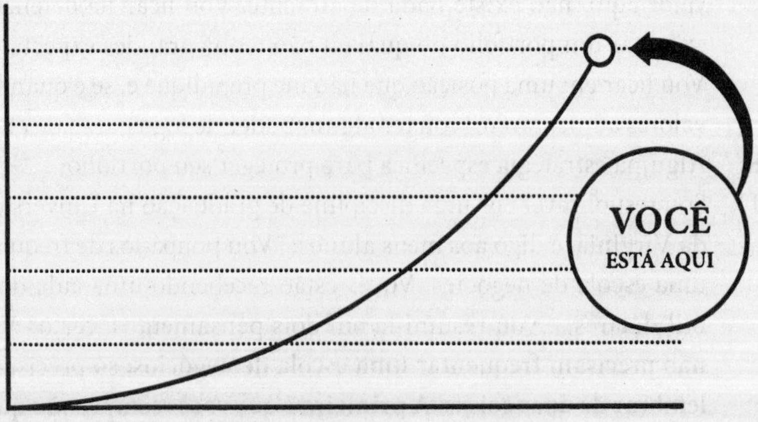

E aí eu pergunto: "Certo. Tudo o que vocês sabem é o que estão vendo aqui. Quantos de vocês querem durar muito e ficar muito tempo neste gráfico?" E cerca de 60% dos alunos levantam as mãos, sim. E quantos querem se desfazer desse investimento e vendê-lo? Então, 40% ou mais vão responder que querem sair. E eu digo: "Vocês **que fazem parte desses 40% nunca deveriam investir o próprio dinheiro em toda a sua vida! Porque vocês têm esse problema da contestação,** e essa é a melhor maneira de arruinar quaisquer possibilidades existentes. Significa que vocês vão comprar todas as marcas — comprar coisas que vão cair a zero e vender coisas que chegarão ao infinito, e um dia vocês vão morrer."

TR: Isso é ótimo. Faz todo o sentido. Na verdade, você diz que algumas das suas maiores vitórias foram momentos de virada, não é? Esse é o seu diferencial.

PTJ: Exatamente. A crise de 1987. Eu fiz meu dinheiro no dia da crise.

TR: Você precisa me falar sobre isso. **Essa é considerada uma das três melhores negociações de todos os tempos, em toda a história!** A maioria das pessoas se deliciaria com um retorno anual de 20%; você fez 60% apenas naquela única transação, naquele mês. Sua teoria sobre a média móvel de 200 dias o alertou para isso?

PTJ: É isso mesmo. Estávamos abaixo do alvo móvel de 200 dias. No auge da crise, eu estava zerado.

TR: Então você esperou até que tudo virasse?

PTJ: Sim, certamente.

TR: Incrível! Eu fico fascinado com isso. Então você não se considera uma pessoa que assume riscos, e foca na maneira de se proteger constantemente e de como estar em sintonia com a tendência. Qual é o segundo pensamento que você ensina aos alunos?

PTJ: Cinco para um.

TR: Risco/recompensa assimétricos?

PTJ: Exatamente. **Cinco para um significa que estou arriscando 1 dólar para ganhar 5.** Essa estratégia de cinco para um permite que você tenha uma taxa de sucesso de 20%. **Na verdade, eu posso ser um completo imbecil. Posso estar errado 80% do tempo, e, ainda assim, não vou perder** — supondo que meu controle de risco seja bom. Tudo o que você precisa fazer é estar certo uma vez em cinco. A parte difícil é que não costumamos investir dessa forma. A natureza humana não nos permite calcular com precisão nossos pontos de ingresso. Nunca refletimos de verdade sobre as coisas a que devemos renunciar e o que, de fato, estamos arriscando.

TR: Mas, Paul, você não está errado 80% do tempo! Uma vez que a alocação de ativos é tão importante, eu gostaria de perguntar: se você não pudesse deixar nenhum dinheiro para seus filhos, mas apenas um portfólio específico e um conjunto de princípios para orientá-los, quais seriam eles? Estou perguntando isso para que as pessoas tenham um modelo de como o cidadão comum poderia ver o mundo dos investimentos através dos seus olhos.

PTJ: Eu fico muito preocupado com o investidor de varejo, o investidor médio, porque é muito, muito difícil. Se fosse fácil, se houvesse uma fórmula, uma maneira de fazê-lo, todos seríamos zilionários. Um princípio, com certeza, seria fugir de qualquer coisa que fique abaixo da média móvel de 200 dias. Investir com um foco de cinco para um e com disciplina seria outro. Mas o que eu sei é o seguinte: você precisa entrevistar Ray Dalio. Ele sabe melhor do que ninguém. Se você estiver procurando alocação de ativos, ele é o único cara que faz isso melhor do que ninguém.

TR: Ele é o próximo na minha lista, obrigado! Bem, vamos mudar de assunto. Você teve esse sucesso fenomenal na sua vida, você é uma lenda, e você é muito humilde a respeito disso. Me fale um pouco sobre a retribuição: o que motivou todo o incrível trabalho filantrópico que você faz? O que continua a motivá-lo a fazer a diferença na vida de tantas pessoas?

PTJ: Quando criança, estive em um enorme mercado de vegetais ao ar livre em Memphis, e me lembro de olhar de repente para cima e perceber que minha mãe tinha sumido. E, quando você tem 4 anos de idade, sua mãe é tudo. E um homem negro extraordinariamente amável, bastante idoso, muito alto, se aproximou e disse: "Não se preocupe. Vamos encontrar sua mãe. Não chore, nós vamos encontrá-la. Você vai ficar feliz em um minuto." Ele pegou minha mão e me levou por aqueles corredores até que, finalmente, avistou minha mãe. Ela começou a rir porque percebeu que eu estava chorando.

TR: Uau.

PTJ: É impossível esquecer esse tipo de coisa. Cada ação de Deus, pequenas ações como essa se tornam muito maiores, e então começam a se multiplicar. **Esquecemos que a mais ínfima das ações pode ser muito importante. Para mim, acho que isso despertou um desejo eterno de retribuir aquela bondade.**

TR: Isso é tão bonito, Paul; eu vejo e sinto a profundidade do impacto desse momento na sua vida, inclusive agora. Você quase nos levou às lágrimas. Obrigado. Última pergunta: a maioria das pessoas tem a ilusão de que, se tiver dinheiro suficiente, o estresse desaparece. É verdade? O estresse financeiro vai embora?

PTJ: Esse dia ainda não chegou.

TR: Certo. Era o que eu queria ouvir.

PTJ: O problema é que, como qualquer outra coisa, nunca vai ser o suficiente. Para mim, o atual estresse financeiro é que existem muitas causas nas quais eu acredito. Meu estresse financeiro diz respeito a conseguir retribuir as coisas que me fazem feliz, que criam entusiasmo na minha vida, e que são realmente emocionantes. Há um enorme projeto de conservação que conheci há cerca de um mês, e que provavelmente não poderei acompanhar. O prazo de execução é de pelo menos 100 anos. E eu fico pensando: "Ah, meu Deus! E se eu comprasse essa operação madeireira, e deixasse aquela terra se recuperar, se a reconstituísse? Cem anos a partir dessa data — vai ser um dos lugares mais belos e deslumbrantes do mundo! Teria sido nesse lugar que Deus se dirigiu a Adão; é preciso transformá-lo no Jardim do Éden." E eu penso: **"Certo, não posso acompanhar, mas quero muito fazer isso. É melhor eu ir até lá e me matar de trabalhar, porque será a melhor contribuição que poderei fazer para alguém que viverá daqui a cem anos.** Eles não saberão quem fez isso, mas vão adorar esse lugar e ser muito felizes."

TR: Obrigado, Paul. Eu te amo, irmão.

CAPÍTULO 6.6

RAY DALIO: UM HOMEM PARA TODAS AS ESTAÇÕES

Ray Dalio faz parte do DNA deste livro desde o momento em que me sentei para entrevistá-lo em sua casa de Connecticut. O nosso encontro inicial durou quase três horas, trocando impressões sobre tudo, dos benefícios da meditação ("Isso me traz serenidade", disse Ray) ao funcionamento da economia ("É uma máquina simples"). Eu já conhecia o espantoso histórico de 160 bilhões de dólares do seu fundo de cobertura, o Bridgewater Associates, o maior do mundo. Eu sabia que Ray gerenciava riscos melhor do que qualquer outra pessoa no planeta, e que ele era uma referência para os líderes mundiais e as grandes instituições financeiras quando eles precisavam de um porto seguro no mercado volátil. Mas eu não tinha ideia de que, quando lhe fiz a mesma pergunta que formulei para cada superastro financeiro neste livro — que portfólio você deixaria aos seus filhos se não pudesse lhes deixar dinheiro? —, a resposta de Ray acabaria sendo o Santo Graal que eu vinha procurando desde que comecei essa busca. E qual foi a resposta? Nada menos do que um plano de investimentos, para que investidores individuais como você pudessem fazer render o seu pecúlio, e que funcionasse em qualquer estação, sem arriscar as economias feitas ao longo de toda a vida. Até agora, apenas os clientes de Ray Dalio tinham tido acesso à sua fórmula mágica para o investimento bem-sucedido em todas as estações. Sua generosidade em escolher este lugar e este momento para compartilhá-la com o mundo me deixa atônito e agradecido.

Não é necessário mencionar o histórico de Ray aqui. Ele esteve ao seu lado nessa jornada desde as primeiras páginas deste livro, e, se você chegou até aqui, é porque já leu os Capítulos 5.1 e 5.2, "Invencível, inabalável, inconquistável: a estratégia All Seasons" e "É hora de prosperar: Rendimentos à prova de tempestade e resultados inigualáveis", que contam a sua história e estabelecem as bases para todo o seu portfólio. Eu iria descrever o portfólio aqui, mas ele não é tão poderoso quando descontextualizado. Se você pulou algumas páginas, não trapaceie! Volte e leia esses capítulos. Eles vão surpreendê-lo e mudar sua vida! Se você já os leu, é hora de colocá-los em prática. Ray Dalio é o mestre da All Seasons.

CAPÍTULO 6.7

MARY CALLAHAN ERDOES: A MULHER DE TRILHÕES DE DÓLARES

Mary Callahan Erdoes pode ter apenas um metro e cinquenta e cinco de altura, mas faz uma enorme sombra como diretora-executiva de um dos maiores grupos de gestão de ativos do mundo, no maior banco dos Estados Unidos. A revista *Forbes* a chamou de "raro cometa feminino no firmamento majoritariamente masculino de Wall Street" e a classificou entre as 100 Mulheres Mais Poderosas do Mundo. Desde 2009, quando assumiu o comando do J.P. Morgan Asset Management Division, a instituição cresceu *mais de meio trilhão de dólares (com T maiúsculo)* — um aumento superior a 30%! Hoje, Erdoes supervisiona a administração de 2,5 trilhões investidos por fundações, bancos centrais, fundos de pensão e alguns dos indivíduos mais ricos do mundo. Frequentemente é apontada pela mídia como uma das prováveis sucessoras do diretor-executivo do J.P. Morgan Chase, Jamie Dimon.

Enquanto a maioria das vozes neste livro defende a gestão passiva do dinheiro, de baixo custo, como aquela que traz os melhores resultados para os investidores individuais ao longo do tempo, Erdoes sustenta que os fundos ativamente gerenciados pelas melhores mentes do setor valem as taxas que cobram. Ela diz que isso é comprovado pela lealdade de seus clientes satisfeitos, assim como por novos negócios, que continuam atraindo pessoas.

A gestão de dinheiro está no sangue de Erdoes. Ela foi a primogênita e a única menina em uma grande família católica irlandesa de Winnetka, Illinois. Seu pai, Patrick Callahan, era um banqueiro de investimentos, sócio de Lazard Freres, em Chicago. Mary se destacou em matemática na escola secundária — ao mesmo tempo em que também conquistava medalhas em competições equestres — e se tornou o único mestre de matemática do sexo feminino em sua turma na Universidade de Georgetown. Conheceu seu marido, Philip Erdoes, quando ambos estavam cursando o MBA na Harvard Business School.

Como executiva de serviços financeiros, Erdoes quebrou o paradigma em mais de um aspecto: em um negócio famoso pelo gerenciamento agressivo, os colegas descrevem seu estilo com palavras como "leal", "orientado para a equipe" e "cuidadoso". Em sua ascensão dentro do J.P. Morgan, ela ficou conhecida por ter viajado o país inteiro para se encontrar com clientes que precisavam de um auxílio extra na gestão de seus ativos. Agora, aos 47 anos, e representando o mais alto nível executivo em uma empresa com 260 mil funcionários, ela é saudada tanto pela liderança extraordinária quanto pelo brilhantismo financeiro.

O nosso encontro ocorreu na sede mundial do J.P. Morgan, no clássico Union Carbide Building, com vista para Park Avenue e os arranha-céus de Manhattan. Enquanto eu subia de elevador até a sala de conferências, o diretor de comunicação do J.P. Morgan Asset Management, Darin Oduyoye, me contou uma história que me tocou profundamente e ilustrou o tipo de pessoa que eu estava prestes a conhecer. Oduyoye sempre quis ser locutor, mas assumiu um emprego na divisão de fundos mútuos do J.P. Morgan antes de se transferir para o setor de relações públicas. Quando Erdoes pediu que ele organizasse uma reunião virtual todas as manhãs com os funcionários do setor de gestão patrimonial em todo o mundo, ele ficou desconcertado.

"Eu não entendo muito de investimentos!", ele respondeu.

"Bem, você me disse que sempre quis estar no ramo das transmissões", ela disse. "Agora você vai passar a ser produtor de um programa de entrevistas!"

"Ela acreditou mais em mim do que eu mesmo", Darin me contou.

Independentemente de suas atribuições na empresa, Erdoes se esforça para conhecer cada um dos seus funcionários. Mas, periodicamente, ainda encontra tempo para almoçar com suas três filhas e pegá-las na escola quase todos os dias. É assim que ela funciona, e isso faz dela a líder extraordinária — e humana — que é.

TR: Você lidera um dos maiores grupos de gestão do mundo. Fale um pouco sobre sua jornada, os desafios que enfrentou e os princípios que a norteiam.

ME: Não acredito que se possa traçar um caminho na vida para chegar exatamente aonde se quer. Muita coisa acontece por acidente ou circunstancialmente.

Lembro de quando ganhei minhas primeiras ações: Union Carbide. Foi um presente de aniversário da minha avó. Acho que eu tinha 7 ou 8 anos — velha o suficiente para lembrar e jovem o suficiente para não saber o que fazer com aquilo.

A primeira coisa que ela me disse foi: "Não venda." Não tenho certeza se eu concordo com essa afirmação agora! Mas ela disse: "Esse é o valor da composição. Se você mantiver isso, com sorte esse montante vai crescer ao longo do tempo, e você vai ter algo muito maior." Isso incutiu em mim, muito precocemente, a importância de poupar, e começou a me fazer pensar na gestão do dinheiro. Eu já sabia que tinha habilidade para números, portanto o conceito de poupança *versus* gastos era muito poderoso para mim.

O fato de o meu pai trabalhar nessa indústria contribuiu, e eu passei muitos fins de semana com ele no trabalho, brincando de "escritório". Eu me sentava à mesa dele e fazia meus irmãos se sentarem à mesa do seu assistente! Nós nos divertimos muito na infância, e acho que isso me mostrou quanto os serviços financeiros poderiam ser interessantes e empolgantes, e que eu não deveria temê-los. Isso foi muito útil, desde o início da minha vida.

TR: Você trabalha em um negócio dominado por homens. Quais foram alguns dos maiores desafios que você enfrentou ao longo do caminho?

ME: A gestão de dinheiro é uma indústria em que os resultados falam por si. É um ciclo virtuoso: se você consegue um bom desempenho para os seus clientes, eles vão investir mais dinheiro com você, e o dinheiro deles vai render dinheiro — novamente, a ideia de composição que eu aprendi com minha avó. Assim, por causa do foco no desempenho, a gestão de dinheiro é um negócio que promove a igualdade. Se apresentar um bom desempenho, você será bem-sucedido.

TR: O que é liderança? Como você a define?

ME: É importante não confundir gestão com liderança. Para mim, liderança significa não precisar pedir a ninguém para fazer algo que eu mesma não faria. É acordar todas as manhãs tentando fazer da sua organização um lugar melhor. Eu realmente acredito que trabalho para as pessoas do J.P. Morgan Asset Management, e não ao contrário, por isso tento ver além do que as pessoas costumam ver.

Tendo sido gerente de portfólio, consultora de clientes e líder de negócios, eu sei o que nós somos capazes de alcançar para os clientes. Então, considero que meu trabalho seja não apenas liderar nossas equipes, mas me colocar ao lado delas e me juntar à sua viagem.

Sob muitos aspectos, penso que a liderança é uma coisa inata, mas isso não significa que não devamos trabalhá-la constantemente, aprimorá-la e descobrir o que funciona e o que não funciona. O estilo de liderança muda com pessoas diferentes ou em situações diferentes, mas os princípios básicos da liderança são sólidos.

TR: Recentemente entrevistei o Dr. Robert Shiller, que ganhou o Prêmio Nobel de Economia, e ele falava sobre todo o bem que as instituições financeiras fazem ao mundo, e que as pessoas acabam naturalizando. Por que você acha que as reputações dessas instituições mudaram, e o que pode ser feito para reverter a situação?

ME: Após a crise financeira, é fácil entender por que algumas pessoas perderam a confiança na indústria. Analisando retrospectivamente, havia algumas coisas que precisavam mudar — produtos que eram muito complexos ou confusos. Mas, em geral, a indústria de serviços financeiros contribui bastante para o mundo. Oferecemos empresas com potencial de crescimento, o que, em última análise, alimenta o nível de emprego. Ajudamos os indivíduos a economizar e a investir seu suado dinheiro, de modo que possam fazer coisas como comprar uma casa, pagar a faculdade ou se aposentar com mais conforto.

Apoiamos as comunidades locais tanto financeiramente quanto por meio do capital intelectual e físico dos nossos profissionais.

Estou incrivelmente orgulhosa de fazer parte da indústria, e ainda mais orgulhosa de fazer parte do J.P. Morgan. Temos 260 mil pessoas que trabalham duro para os clientes todos os dias, e que sempre se esforçam para fazer a coisa certa. Há um provérbio que diz que, se você não deixaria sua avó comprar um produto, então provavelmente não deveria se dedicar a esse negócio. É uma maneira simplista, mas importante, de encarar as coisas.

TR: Tenho certeza de que essa é uma questão delicada, mas ouvindo Ray Dalio, ouvindo Jack Bogle, David Swensen, Warren Buffett... todos dizem que a gestão ativa não funciona a longo prazo. Que 96% dos gestores ativos não superam o índice. Eu gostaria de ter a sua opinião sobre isso, pois seu desempenho tem sido extraordinário.

ME: Um dos maiores desafios do investimento bem-sucedido é que não existe uma abordagem única. Mas se você analisar os gestores de portfólio mais bem-sucedidos do mundo, verá que muitos deles gerenciam ativamente o dinheiro, comprando e vendendo empresas sobre as quais acham que adquiriram alguma percepção. Eles comprovaram, por meio dos seus históricos, que a gestão ativa, valendo-se dos efeitos da composição em períodos prolongados de tempo, faz uma diferença muito grande em seu portfólio. O que um gestor ativo pode fazer é analisar duas empresas aparentemente semelhantes e emitir um julgamento, com base em pesquisas extensas, sobre qual é o melhor investimento de longo prazo. No J.P. Morgan Asset Management, nós nos cercamos de gerentes que fizeram isso com êxito por um longo tempo, e, por esse motivo, temos 2,5 trilhões de dólares em ativos pertencentes a pessoas que nos procuraram para ajudá-las a gerenciar seus recursos.

TR: Grandes investidores buscam, invariavelmente, uma relação assimétrica entre risco/recompensa, certo? E os ultrarricos sempre fizeram isso. Me explique como é que o investidor médio pode obter riqueza sem risco atualmente, ou pelo menos riqueza com pouco risco, se ele já não for ultrarrico.

ME: Não se trata do nível de riqueza, mas de estar bem amparado, bem assessorado e aderir a um plano. O que acontece, muitas vezes, é que as pessoas começam com um plano diversificado, mas, à medida que as condições se alteram, elas tentam prever o comportamento dos mercados, para que possam ter mais oportunidades de resultados positivos ou melhor proteção contra as condições desfavoráveis. Só que isso é uma coisa muito perigosa, porque é impossível prever todos os cenários.

O que um portfólio bem diversificado faz é ajudá-lo a capturar os riscos de cauda [riscos que podem trazer grandes recompensas], e, ao aderir a esse plano, você pode criar uma enorme quantidade de riqueza a longo prazo.

TR: Quais são algumas das maiores oportunidades atuais para os investidores e os maiores desafios para os quais eles precisam se preparar?

ME: Acho que, no futuro, analisaremos retrospectivamente o momento que estamos vivendo agora e diremos: "Foi um grande momento para ter investido." Temos liquidez suficiente no sistema para sanar um monte de coisas que deram errado. Mas as oportunidades de investimento ao longo dos próximos cinco anos — especialmente aqueles com perspectivas de crescimento de longo prazo — devem ser consideradas agora. Hoje em dia, a maioria dos investidores quer renda, volatilidade moderada e liquidez. Ainda há os efeitos da ressaca de 2008, em que muitos estão preocupados com: "Se eu precisar do meu dinheiro imediatamente, posso pegá-lo?" Se você não precisa dele imediatamente, mantenha-o investido. Ele vai atendê-lo muito bem ao longo dos próximos anos, e você vai olhar para trás e ser incrivelmente grato por ter feito isso.

Além disso, a indústria fez uma série de mudanças nas regras e regulamentações, na tentativa de garantir melhores condições para o futuro. Isso não quer dizer que não haverá anomalias no mercado, mas o sistema melhorou, portanto deve ser mais seguro.

TR: Perguntei isso a todos os multibilionários com quem conversei e que também começaram do nada: no seu caso, o estresse financeiro nunca desaparece?

ME: O estresse financeiro nunca desaparece para ninguém, independentemente do nível de riqueza ou de sucesso.

TR: Por que isso acontece?

ME: Porque, seja qual for o estágio em que se encontre, você quer ter a certeza de que está usando seu dinheiro da forma mais eficaz, seja pagando por cuidados de saúde e pelo bem-estar da sua família, seja assegurando que ele esteja sendo corretamente investido em gerações futuras ou para atender a metas filantrópicas.

TR: Existe um antídoto para esse estresse? Na sua opinião, qual seria ele?

ME: Para mim, tudo tem a ver com colocar as coisas em perspectiva e se concentrar nos aspectos que você pode controlar, assegurando que está fazendo o possível todos os dias e dando o melhor de si. Você nunca vai estar desequilibrado se cuidar de si mesmo como pessoa, cuidando do seu trabalho como profissional, cuidando da sua família, cuidando dos seus amigos, sua mente, seu corpo. Não há nenhum problema em deixar as coisas saírem do controle de vez em quando, mas elas não podem *ficar* fora de controle.

TR: Se tudo o que você pudesse deixar para suas filhas fosse um conjunto de regras e/ou uma estratégia de portfólio, ou uma estratégia de alocação de ativos, quais seriam eles?

ME: Investir a longo prazo e só retirar o dinheiro quando você realmente precisar dele. A montagem do portfólio específico será diferente para pessoas diferentes. Eu, por exemplo, tenho três filhas de idades diferentes. Seus conjuntos de habilidades são diferentes, e vão mudar ao longo do tempo. Uma delas pode gastar mais dinheiro do que a outra. Uma pode ser mais frugal. Uma pode querer trabalhar em um ambiente onde possa ganhar muito dinheiro. Outra pode ser mais filantrópica por natureza. Uma pode se casar; a outra não; uma pode ter filhos, a outra não — assim, elas vão ter condicionantes diferentes. Cada um dos arranjos vai mudar ao longo do tempo, razão pela qual, mesmo que eu tivesse começado essa elaboração no exato dia em que elas nasceram e definisse uma alocação de ativos, ela teria de ser alterada.

TR: Qual a idade das suas meninas?

ME: 11, 10 e 7 anos. Elas são muito divertidas.

TR: Pelo que eu li, você acredita na "integração trabalho-vida". Fale um pouco sobre isso.

ME: Tenho a grande sorte de trabalhar em uma empresa que apoia inteiramente as estruturas familiares e dá às pessoas muita flexibilidade para fazer o que funcione melhor para elas. Isso pode significar sair um pouco mais cedo do trabalho para assistir ao jogo de futebol do seu filho, mas reconectar-se mais tarde naquela noite para terminar um projeto, ou levar as crianças para o escritório nos fins de semana, como meu pai costumava fazer comigo. O fato é que você tem a opção de fazer o que for melhor para você e a sua família.

TR: Como você fazia no escritório do seu pai! E elas ficam sentadas do outro lado da sua mesa, se preparando para o futuro.

ME: Exatamente. A minha vida profissional e a familiar são uma coisa só, e eu estou sempre determinada a tirar o máximo proveito de ambas.

CAPÍTULO 6.8

T. BOONE PICKENS: FEITO PARA SER RICO, FEITO PARA DOAR

T. Boone Pickens, apelidado de "Oráculo do Petróleo" pela CNBC, sempre esteve à frente de seu tempo. No início dos anos 1980, ele foi o primeiro dos invasores corporativos — embora "acionista ativista" sempre tenha sido o seu termo preferido. Seu foco inicial em maximizar o valor para os acionistas, praticamente inédito na época, há muito se tornou um padrão da cultura corporativa norte-americana. Como sentenciou a revista *Fortune*, "as ideias revolucionárias de Boone estão tão completamente naturalizadas que se tornaram as bases da economia".

No início dos anos 2000, Pickens havia se tornado um gestor de fundos de cobertura, fazendo seu primeiro bilhão *depois* de completar 70 anos de idade — com uma carreira paralela como investidor em ativos de energia. Na década e meia seguinte, ele transformaria aquele bilhão em 4 bilhões de dólares — destes, ele perderia novamente 2 bilhões e doaria 1 bilhão.

Sempre otimista, Boone se casou recentemente pela quinta vez, e, aos 86 anos, tem uma forte presença nas mídias sociais, sem mostrar sinais de desaceleração. Depois de ser retirado da lista *Forbes* 400 no ano passado, ele postou um famoso tuíte declarando: "Não se preocupe. Com 950 milhões de dólares, estou indo bem. Engraçado. O meu bilhão em doações filantrópicas excede o meu patrimônio líquido." Quando conversei com ele a respeito do seu patrimônio líquido, ele disse: "Tony, você me conhece; vou conseguir os outros 2 bilhões de volta nos próximos dois anos."

Nascido na era da Depressão, Boone começou do nada. Aos 12 anos, ele entregava jornais, expandindo rapidamente sua rota de 28 para 156 exemplares. Mais tarde, citou seu trabalho infantil como uma introdução precoce ao "crescimento por aquisição". Em 1951, depois de se formar em geologia na Universidade do Estado de Oklahoma (então conhecida como Oklahoma A&M), Pickens construiu um império de energia no Texas. Em 1981, a Mesa Petroleum Corporation se tornou uma das maiores empresas independentes de petróleo do mundo. Suas aquisições corporativas da década de 1980 marcaram época, com a Gulf Oil, a Phillips Petroleum e a Unocal, sendo alguns de seus mais famosos objetos de aquisição.

Mas as fortunas (e a sorte) de Pickens sempre estiveram em constante oscilação. Em 1996, quando ele deixou a Mesa depois de uma espiral descendente nos lucros da empresa, muitos o desmereceram — ele logo perderia 90% do seu capital de investimento. Mas Pickens acabou protagonizando uma das maiores voltas por cima de sua indústria, **transformando os últimos 3 milhões de seus fundos de investimento em bilhões.**

Quase todas as pessoas que ouvimos ultimamente estão focadas principalmente em duas classes de ativos, ações e títulos, mas o fundo BP Capital de Boone é diferente: ele aposta na direção dos mercados de futuros de energia e de derivativos. Embora este livro se destine a ajudá-lo a alcançar a independência financeira, **Boone diz que a dependência dos Estados Unidos do petróleo estrangeiro é a única grande ameaça não apenas para a segurança nacional, mas também para o nosso bem-estar econômico.** Sempre à frente da curva, Boone está, atualmente, em uma cruzada para libertar os Estados Unidos da dependência do petróleo da OPEP e inaugurar uma nova política energética com seu Plano Pickens.

Sou um grande fã de Boone, e agora tenho o privilégio de chamá-lo de amigo. Ele tem sido gentil o suficiente para participar de muitos dos meus eventos sobre riqueza. O que você vai ler a seguir é um trecho das nossas últimas conversas sobre a construção da riqueza, a proteção do futuro energético dos Estados Unidos e suas origens humildes.

TR: Gostaria de começar com a incrível história do seu nascimento. Você costuma dizer que é o "cara mais sortudo do mundo", e diz isso a sério. Fale um pouco sobre isso.

TBP: Minha mãe ficou grávida em 1927 e eu nasci em maio de 1928, em uma pequena cidade na Oklahoma rural. O médico disse ao meu pai: "Tom, você precisa tomar uma decisão difícil agora — se é a sua esposa ou o seu filho quem vai sobreviver." E o meu pai respondeu: "Você não pode me pedir isso. Sem dúvida você vai descobrir uma forma de retirar o bebê sem perder nenhum dos dois." A sorte foi que, dos dois únicos médicos naquela pequena cidade, o da minha mãe era cirurgião. E ele disse: "Bem, Tom, o que você está pedindo que eu faça é uma cesariana. Eu nunca fiz isso. Eu já ouvi falar. Já li sobre isso, e vou lhe mostrar quanto eu li." Então, ele levou meu pai até o outro lado do consultório e lhe mostrou a página e meia sobre cesariana que tinha guardado. "Tom, isso é tudo o que tenho para seguir adiante", disse ele. Meu pai leu e olhou para ele. "Acho que você consegue." Eles se ajoelharam e oraram. **Então ele convenceu aquele médico a fazer o meu parto naquele dia, em 1928, por meio de uma cesariana.**

TR: Uau!

TBP: Isso aconteceu 30 anos antes de fazerem outra cesariana naquele hospital.

TR: **É incrível que seu pai tenha tido a coragem de não aceitar o que outras pessoas lhe disseram quando o que estava em jogo era a vida e a morte daqueles que ele amava.** Ele teve a coragem de dizer que havia outra maneira, e que não se dobraria. Isso certamente influenciou sua vida, não é, Boone? Você não aceita um não como resposta, certo?

TBP: Não, não aceito.

TR: Seu pai é o exemplo máximo de alguém que teve o poder de tomar uma decisão difícil. Você está aqui, e sua mãe também sobreviveu. Que bela história. Agora eu entendo a referência ao "cara mais sortudo do mundo".

TBP: Pois é.

TR: Você também foi profundamente afetado pelo conceito de honestidade, que, para muitas pessoas do setor financeiro, infelizmente não é um princípio fundamental. Fale sobre isso.

TBP: Tony, quando eu era menino, estava no meu itinerário entregando jornais quando olhei para baixo e algo chamou minha atenção. Era uma carteira na grama. Eu reconheci o dono: era um vizinho de alguém para quem eu entregava jornal. Aí, eu bati na porta da casa dele e disse: "Sr. White, encontrei sua carteira." E ele respondeu: "Ah, meu Deus, isso é tão importante para mim! Obrigado. Quero recompensá-lo." Ele me deu 1 dólar, e eu nem consegui acreditar. Quer dizer, 1 dólar era muito dinheiro na época.

TR: Lógico.

TBP: Estávamos em 1940. Eu tinha 11 anos de idade.

TR: Uau!

TBP: Então, voltei para casa, feliz da vida. Comecei a contar a história para minha mãe, minha tia e minha avó — que o Sr. White tinha me dado 1 dólar. E todas elas ficaram balançando a cabeça. Parecia que não tinham gostado da história, e eu falei: "Vocês não estão entendendo? Ele ficou feliz por eu ter encontrado a carteira e devolvido para ele." E minha avó olhou para mim e disse: "Filho, você não vai ser recompensado pela sua honestidade." Ficou decidido, então, que eu deveria devolver o dólar ao Sr. White.

TR: Isso é incrível! Ou seja, tomar decisões difíceis e a honestidade — esses dois valores realmente moldaram você. Eu me lembro de uma frase sua que me inspirou quando eu era criança. Sempre fui fascinado pelo que torna alguém um líder em vez de um discípulo, e você disse que sempre viveu sob as suas próprias condições. E acho que me lembro de você afirmando que o segredo da liderança estava em ser firme nas decisões.

TBP: Tentamos controlar a Gulf Oil em 1984, e eu achava que era uma equipe de gestão muito fraca. Eu disse: "Esses caras não conseguem nem puxar o gatilho. Eles só miram, miram, miram, mas não disparam nunca!"

TR: Fantástico. Então você é capaz de disparar mais rapidamente?

TBP: Muitas pessoas são colocadas em posições de liderança, e isso me deixa louco, porque elas não são capazes de tomar decisões. Elas não querem tomar decisões; gostariam que alguém fizesse isso por elas. Eu tenho a sensação de que as decisões que tomo vão ser benéficas e que eu vou obter bons resultados.

TR: E essa teoria certamente se provou. Você se tornou bilionário por compreender a energia e tirar proveito dela.

TBP: De cada 21 previsões em relação aos preços do petróleo, eu acertei 19.

TR: Uau, 19 em 21?

TBP: Na CNBC, sim.

TR: Isso é absolutamente incrível. E você previu que o galão de gasolina chegaria a 4 dólares, não é? Em 2011, ninguém acreditava que subiria tanto.

TBP: Em 2011, Tony, quando me apresentei no seu evento no Vale do Sol, me atrevi a dizer que chegaríamos a 120 dólares por barril no fim de semana de 4 de Julho, o que de fato aconteceu. Lembro de dizer que a demanda global atingiria 90 bilhões de barris por dia, e que o preço teria que subir para atender a esse nível de demanda.

TR: Vários dos meus Platinum Partners ganharam muito dinheiro apostando nesse prognóstico, Boone. Você lhes deu uma opção sintética para aproveitar esse momento de arrancada dos preços. Você acertou na mosca, obrigado. Portanto, considerando seu histórico, um dos temas recorrentes em muitos dos maiores investidores tem sido o foco na relação assimétrica entre risco/recompensa. O que você pensa sobre a redução do risco ou de se certificar de que a recompensa vale a pena? Qual é a sua filosofia sobre isso?

TBP: Você cursa um MBA, e eles te ensinam exatamente isto: reduza suas desvantagens e se permita ter mais vantagens, e as recompensas aparecerão. Eu nunca abordo os investimentos dessa maneira.

TR: Sério?

TBP: Veja: algumas transações são melhores que outras, e eu não desprezo o trabalho de análise de risco. Mas não consigo lhe dizer especificamente como chego a uma decisão. O que eu sei é que, se eu conseguir rebater essa bola, ela vai sair do campo. E, na mesma jogada, talvez eu erre algumas tacadas. Estou disposto a assumir grandes riscos para obter grandes recompensas.

TR: Certo, entendido. Então, eu gostaria de perguntar o seguinte: se você não conseguisse deixar nada do seu patrimônio financeiro, mas tudo o que pudesse deixar para seus filhos fosse uma filosofia de investimento ou uma estratégia de portfólio, quais seriam elas? Como você os incentivaria para que enriquecessem a longo prazo?

TBP: Eu realmente acredito que se você tiver uma boa ética profissional provavelmente vai passar isso adiante. Se você tiver uma boa formação para se alinhar à boa ética profissional, se estiver disposto a trabalhar duro, acredito que pode chegar lá. Acho que quem me presenteou com a boa ética profissional foi uma pequena cidade de Oklahoma. Vi minha avó, minha mãe e meu pai trabalhando duro; vi pessoas ao meu redor trabalhando duro. E vi aqueles que tiveram uma boa formação ganhando mais dinheiro.

TR: Parece que, em vez de lhes ensinar um portfólio ideal, você prefere lhes ensinar uma mentalidade, uma ética profissional.

TBP: Isso mesmo.

TR: Você ganhou e perdeu bilhões. O que é o dinheiro para você? O que é a riqueza?

TBP: Bem, eu posso lhe dizer quando percebi que estava rico.

TR: E quando foi isso?

TBP: Quando eu consegui ter 12 cães de caça.

TR: E quantos anos você tinha?

TBP: Eu tinha 50 anos.

TR: Sério?

TBP: Um dia, eu estava no meio de uma caçada. Sempre tive cães de caça, e sempre gostei de caçar codornas. Meu pai era caçador, e eu também. Mas eu tinha apenas um cão de caça no quintal, e, quando a situação melhorou, passei a ter dois. Quando consegui ter 12 cães de caça, adquiri um canil. E um dia eu disse: "Sabe de uma coisa? Eu sou um cara rico. Eu tenho 12 cães de caça!"

TR: E você usou essa riqueza para fazer um bem enorme aos Estados Unidos. Eu sei que você é um dos benfeitores universitários mais generosos de todos os tempos, tendo doado mais de 500 milhões de dólares para a sua *alma mater*, a Universidade do Estado de Oklahoma (OSU, na sigla em inglês), o que é absolutamente incrível.

TBP: Meu objetivo sempre foi tornar a OSU mais competitiva, tanto no atletismo quanto no aspecto acadêmico. Tenho o privilégio de doar à minha *alma mater*.

TR: Em 2005, sua contribuição para o atletismo da OSU foi a maior doação unitária na história da NCAA (National Collegiate Athletic Association, ou Associação Atlética Universitária Nacional, em tradução livre), não é?

TBP: Exatamente.

TR: Incrível. E eu sei que é apenas uma parte das suas colaborações e doações, que eu tanto admiro. Vamos mudar de assunto e falar sobre a independência energética. Você fez sua fortuna na indústria do petróleo. Você não é o candidato mais indicado para pregar a independência do petróleo neste país, e ainda assim essa tem sido sua missão nos últimos sete anos. Fale sobre o Plano Pickens.

TBP: O fato é o seguinte, Tony. **Os Estados Unidos são viciados em petróleo. E esse vício ameaça a nossa economia, o nosso meio ambiente e a nossa segurança nacional.** Está piorando a cada década. Em 1970, nós importávamos 24% do nosso petróleo. Hoje estamos perto de 70%, e continua aumentando.

TR: Uau. Então você está tentando nos livrar disso.

TBP: Acabamos colocando a nossa segurança nas mãos de países estrangeiros potencialmente hostis e instáveis. Ao depender de fontes estrangeiras para cerca de 70% do nosso petróleo, estamos em posição precária, em um mundo imprevisível. E, nos próximos dez anos, o custo será de 10 trilhões de dólares — **será a maior transferência de riqueza da história da humanidade.**

TR: Impressionante. Mas qual é a solução?

TBP: Podemos obter ganhos enormes nos aperfeiçoando para utilizar fontes renováveis de energia, mas isso não resolve o problema com a OPEP.[23] A OPEP não tem nada a ver com as energias renováveis; as energias eólica e solar não são combustíveis para os meios de transporte. É aí que entra o gás natural. Setenta por cento do petróleo usado todos os dias no mundo serve para o transporte. A única coisa que precisamos tirar da OPEP é o gás natural ou o nosso próprio petróleo.

TR: Então o que vamos fazer?

TBP: Importamos cerca de 12 milhões de barris por dia, dos quais 5 milhões provêm da OPEP. Precisamos produzir mais gás natural aqui nos Estados Unidos para nos livrarmos do petróleo da OPEP. E nós temos os recursos para fazer isso. **Tony, estamos sentados sobre uma fonte centenária de gás natural aqui nos Estados Unidos.**

[23] Organização dos Países Exportadores de Petróleo, que inclui Arábia Saudita, Irã, Iraque, Kuwait e outros.

Temos pelo menos 4 trilhões de barris de óleo equivalente (BOE). Isso é três vezes a quantidade de reservas de petróleo que a Arábia Saudita tem. Se não capitalizarmos sobre isso, acabaremos sendo considerados os indivíduos mais desprezíveis a terem pisado a face da Terra.

TR: Isso é incrível.

TBP: Neste exato momento, o gás natural está muito barato. Um barril de petróleo de 100 dólares equivale a [cerca de] 16 dólares de gás natural — nunca vimos gás natural a 16 dólares. Seja para o transporte por caminhão, seja para a geração de energia, qualquer pessoa que use energia hoje em dia tem que levar em consideração o gás natural.

TR: Eu sei que você gastou grande parte do seu tempo, da sua energia e do seu dinheiro no Plano Pickens. Você apresentou seus argumentos ao público norte-americano e financiou uma campanha nacional na mídia. O que você acha? Vai dar certo?

TBP: Lancei esse plano em Washington, em 2008, e gastei 100 milhões de dólares do meu próprio bolso. Sinto que fiz tudo o que pude em relação a isso, e, sim, vamos ter um plano energético para os Estados Unidos.

TR: Eu falo muito sobre alocação de ativos neste livro. Praticamente todos os seus ativos estão em energia; esse tem sido o foco principal na sua vida, não é?

TBP: É isso mesmo, mas há muitos setores diferentes no ramo energético. Nós investimos em todo o espectro da energia, mas não vamos além desse limite.

TR: Então essa é a sua versão da alocação de ativos. Se hoje você fosse um investidor individual e tivesse, digamos, 50 mil dólares para investir, onde você colocaria?

TBP: A favor da maré existem as empresas de prospecção, as refinarias e tudo o mais. A maior parte do meu tempo foi gasto contra a maré, no lado da equação responsável pela exploração e pela produção. Mas, neste exato momento, o gás natural está barato demais. É muito interessante; esse é o lugar onde devemos estar. Graças à tecnologia, acredito que, no geral, o futuro da indústria de petróleo e gás será fabuloso. Os avanços que fizemos em tecnologia foram inacreditáveis. Hoje, nosso país parece muito melhor do ponto de vista dos

recursos naturais do que há dez anos. Eu não me sentia assim dez anos atrás. Não me sentia tão confiante quanto me sinto hoje.

TR: O que o faz se sentir motivado, Boone?

TBP: Sabe, Tony, o que me motiva, neste momento, é gostar de ganhar dinheiro. Eu também gosto de doá-lo — não tanto quanto ganhá-lo, mas está quase lá. Acredito firmemente que uma das razões pelas quais fui colocado aqui na Terra foi ter sucesso, ganhar dinheiro e ser generoso com ele.

TR: Ser generoso?

TBP: Um dos meus objetivos é doar 1 bilhão de dólares antes de morrer. Você conhece o Giving Pledge, de Warren Buffett e Bill Gates? Eles me ligaram e me pediram que participasse. E eu disse: "Se vocês lerem a revista *Fortune* de 1983, **por que não se juntam ao *meu clube*, onde eu dizia que iria doar 90% dos meus ganhos?"**

TR: Isso é espetacular.

TBP: Vou ao escritório todos os dias, e fico ansioso para chegar lá. Essa é a maneira como as coisas têm acontecido ao longo da minha vida. Assim, meu trabalho é tudo para mim. Mas você diria: "Não, a minha família é tudo para mim. Você não pode dizer isso." Eu acho tudo muito divertido. Quando estou com a minha família, é divertido. Quando estou trabalhando, é divertido. Os resultados não são perfeitos, mas são bons o suficiente para fazer você pensar que, no dia seguinte, vamos conseguir concluir a jogada com perfeição. Pode acontecer de não conseguirmos, mas eu ainda acho que vamos conseguir, todos os dias.

TR: Você me inspira, como inspira inúmeras pessoas ao redor do mundo. Eu me sinto motivado com o seu entusiasmo e a sua intensidade. Aos 86 anos, Boone, com tantas realizações extraordinárias, você continua acumulando riqueza e fazendo doações.

TBP: Obrigado, Tony. Você também tem sido um homem de sucesso, e tem ajudado muitas pessoas — provavelmente, muito mais do que eu.

TR: Ah, não sei.

TBP: Mas nós dois somos vencedores, porque nós doamos.

TR: Sim, concordo. Eu te amo muito, meu amigo. Obrigado.

CAPÍTULO 6.9

KYLE BASS: O MESTRE DOS RISCOS

Acostumado às competições de salto ornamental, Kyle Bass entende a lei básica da física. Ele sabe bem que o que sobe deve descer. Foi por isso que, em 2005, ele começou a se questionar sobre a expansão do mercado imobiliário nos Estados Unidos — perguntas que ninguém mais pensou em fazer, como: "O que vai acontecer se os preços dos imóveis residenciais não continuarem subindo [para sempre]?" Essas perguntas o levaram a fazer uma das maiores apostas do mundo quanto à iminente crise habitacional de 2008 e à derrocada econômica que veio em seguida. Essa transação lhe renderia seu primeiro bilhão. Bass conseguiria um retorno de 600% sobre o seu dinheiro em apenas 18 meses, e garantiria seu lugar como um dos gestores de fundos de cobertura mais brilhantes e mais ponderados do seu tempo.

Kyle concede pouquíssimas entrevistas, mas, por coincidência, meu trabalho o inspirou enquanto ele ainda estava na faculdade, por isso tive o privilégio de voar até o Texas e me encontrar com ele em seu arranha--céu com vista para a grande cidade de Dallas. Bass é uma das poucas potências financeiras que considera sua distância da cidade de Nova York uma vantagem competitiva. "Não ficamos reféns dos ruídos", diz.

Bass é humilde e acessível. Quando perguntei sobre as indagações que o levaram a apostar contra o mercado imobiliário, ele respondeu: "Tony, não tem nada de transcendental. Era apenas algum idiota de Dallas fazendo perguntas."

Bass vive com a esposa e a família, e atua no conselho de curadores do Investment Management Co. da Universidade do Texas, ajudando a supervisionar uma das maiores dotações públicas nos Estados Unidos, com mais de 26 bilhões de dólares em ativos. Você já conheceu Bass e suas moedas: ele é o cara que ensinou a lição da relação assimétrica entre risco/recompensa aos filhos, comprando 2 milhões em moedas de 5 centavos e conseguindo um retorno de 25% no primeiro dia de investimento. Na verdade, Bass diz que colocaria todo o seu patrimônio líquido em moedas de níquel se conseguisse encontrar moedas suficientes no mercado para comprar!

Deixando as moedas de lado, o foco implacável de Bass em risco/recompensa assimétricos levou a duas das maiores apostas de retorno do século: não apenas no mercado imobiliário, mas também na crise da dívida europeia que começou em 2008. E ele tem uma terceira aposta em curso que diz ser ainda maior. O que segue é um trecho de nossa conversa de duas horas e meia em seu escritório, no centro da cidade.

TR: Fale um pouco sobre você.

KB: Eu era saltador de trampolim e de plataforma, o que as pessoas acreditam ser uma atividade intensamente física. Mas ela é 90% mental. É basicamente você contra si mesmo. Para mim, era muito gratificante. Me ensinou a ser disciplinado e a aprender com os meus erros. Na realidade, é o modo como você lida com o fracasso que o define como pessoa. Tenho pais amorosos, mas eles nunca economizaram. Jurei que nunca seria assim. Meus pais fumavam; jurei que nunca fumaria. Sempre me senti motivado pelas coisas negativas da minha vida diante das positivas — há muitos pontos de congruência entre a minha vida e as coisas que você ensina.

TR: Certamente. Considero que o denominador comum que faz alguém ser bem-sucedido, além da formação ou do talento, é a ambição.

KB: A ambição e o sofrimento.

TR: A ambição é fruto do sofrimento. Não se pode ter uma ambição verdadeira quando as coisas são muito fáceis.

KB: Isso mesmo.

TR: Então sua ambição o levou a lançar seu próprio fundo. Isso foi em 2006, certo?

KB: Sim.

TR: Para mim, o mais incrível é a velocidade com que você começou a gerar retornos.

KB: Foi sorte.

TR: Você teve 20% no primeiro ano e algo como 216% no ano seguinte, não é?

KB: Isso mesmo. Foi absolutamente providencial eu ter percebido, logo no início, o que estava acontecendo no mercado de hipotecas. Eu acredito no ditado "Sorte é uma encruzilhada onde preparação e oportunidade se encontram". Acho que devo ter lido isso em algum dos seus livros quando estava na faculdade. Bem, o fato é que eu estava preparado. Eu gosto de pensar que tive sorte, e que estava no lugar certo na hora certa, porque todos os meus recursos estavam dedicados a isso naquele momento.

TR: Muitas pessoas sabiam sobre o problema [habitacional] e não agiram a respeito. Qual era o seu diferencial? O que realmente fez você ter sucesso nessa área?

KB: Como você deve se lembrar, na época o dinheiro era basicamente "livre". Em 2005 e 2006, era possível conseguir um empréstimo a prazo com juros de Libor +250 [ou seja, um empréstimo muito barato], e você e eu podíamos comprar qualquer empresa que quiséssemos, com um pouco de capital e uma tonelada de dívidas. Liguei para o meu amigo Alan Fournier, e nós ficamos tentando descobrir como *não* perder dinheiro, apostando contra o setor imobiliário. E os especialistas continuavam dizendo: "O setor imobiliário é um produto da geração de empregos e do aumento de renda." Portanto, enquanto existisse aumento de renda e geração de empregos, os preços dos imóveis residenciais continuariam subindo. Isso, é claro, era um pensamento equivocado.

TR: Sim, como todos nós acabamos descobrindo.

KB: Tive uma reunião no Federal Reserve em setembro de 2006, e eles disseram: "Olhe, Kyle, você é novo nisso. Você precisa perceber que o aumento de renda impulsiona o setor imobiliário." E eu disse: "Mas esperem aí: o setor imobiliário funcionou muitíssimo bem com a renda mediana por cinquenta anos consecutivos. Contudo, nos últimos quatro anos, o setor imobiliário subiu 8% ao ano e a renda subiu apenas 1,5%, de modo que estamos a cinco ou seis desvios padrões[24] da média." Para fazer aquelas relações se realinharem novamente, a renda teria que subir quase 35%, ou o setor imobiliário teria que cair 30%. Aí, liguei para todos os escritórios de Wall Street e disse: "Quero consultar seu modelo. **Mostre o que vai acontecer se os preços dos imóveis subirem apenas 4% ao ano, 2% ao ano ou 0%." Em junho de 2006, não havia nenhuma empresa de Wall Street, nenhuma, com um modelo que contemplasse a estabilidade no setor imobiliário.**

TR: Você está falando sério?

KB: Nenhuma.

TR: Esses caras só confiavam neles mesmos.

KB: Então, em novembro de 2006, pedi à UBS que apresentasse um modelo com preços estáveis no setor imobiliário. E o modelo deles dizia que as perdas para o conjunto de hipotecas seria de 9%. [Um conjunto de hipotecas é um grupo de hipotecas com prazos de vencimento e taxas de juros semelhantes, agrupadas em um único pacote ou título, chamado de *títulos garantidos por crédito hipotecário*. Esses títulos recebiam uma alta notação de crédito, e em seguida, eram vendidos aos investidores — para atingir um retorno esperado. Supondo que os preços dos imóveis residenciais continuassem subindo, o conjunto propiciaria altos retornos.] Mas se os preços dos imóveis não subissem, se eles continuassem no mesmo patamar, aquilo tudo perderia 9%. Liguei para Alan Fournier, da Pennant Capital Management [ele havia trabalhado anteriormente para a Appaloosa Management, de David Tepper], e disse: "É isso aí." Quando formei a sociedade em comandita de meus fundos subprime, eu a batizei de AF GP —

---

[24] Em finanças, o desvio padrão é aplicado à taxa de retorno anual de um investimento para medir a volatilidade do investimento. O desvio padrão também é conhecido como volatilidade histórica, e é usado por investidores como um indicador para a quantidade de volatilidade esperada.

em homenagem a Alan Fournier, por causa daquele telefonema que havíamos trocado. Porque, para mim, aquele telefonema desencadeou todo o resto.

TR: Uau. E você pode me dizer qual era a relação entre risco/recompensa dessa aposta que você e Alan fizeram?

KB: Basicamente, eu poderia apostar contra o setor imobiliário e pagar apenas 3% ao ano. Se eu apostasse 1 dólar e os preços dos imóveis subisse, tudo o que eu poderia perder eram 3 centavos!

TR: Incrível. Assim, o risco — o preço pela aposta contra o setor imobiliário — estava totalmente desajustado.

KB: Sim. Só me custou 3%.

TR: Isso porque todos pensavam que o mercado subiria para sempre. E o lado positivo?

KB: Se o setor imobiliário ficasse estável ou caísse, eu ganharia o dólar inteiro.

TR: Portanto, haveria um resultado negativo de 3% se você estivesse errado e 100% de resultado positivo se estivesse certo.

KB: Isso. E foi uma boa coisa eu não ter dado ouvidos a todos os especialistas em hipoteca que conheci. Todos eles diziam: "Kyle, você não tem ideia do que está falando. Este não é o seu mercado. Isso não vai acontecer." Eu respondia: "Tudo bem. Mas essa não é uma razão suficientemente boa para mim, porque tenho trabalhado muito nisso, e talvez eu não entenda mesmo tudo o que vocês entendem." Mas eu conseguia ver a floresta para além das árvores. E as pessoas que vivem nesse mercado só conseguiam ver as árvores.

TR: Você entendeu a essência da relação entre risco/recompensa.

KB: Eu também ouvi muito isso: "Ah, isso não vai acontecer porque, se fosse assim, todo o sistema financeiro fracassaria." Isso também ainda não era suficientemente bom para mim. Esse viés, o viés positivo que todos nós temos, é constitutivo; é inerente à natureza humana. Você não sairia da cama se não adotasse uma atitude positiva na vida, não é verdade? Todos os seres humanos têm esse viés de otimismo.

TR: Funciona em todos os lugares, exceto no mundo financeiro.

KB: Você está certíssimo.

TR: Mais surpreendente ainda é que, além de apontar a falência do setor imobiliário, você também estava certo quanto à Europa e à Grécia. Como você fez isso? Mais uma vez estou tentando entender a psicologia do seu raciocínio.

KB: Em meados de 2008, pós-Bear Stearns, pouco antes da falência do Lehman, nós nos sentamos aqui com a minha equipe e dissemos: "Tudo bem. O que está acontecendo ao longo desta crise é que o risco mundial — que costumava aparecer nos balancetes privados — está passando para os balancetes públicos. Então, vamos pegar um quadro em branco e reconstruir os balancetes públicos [governamentais] das nações. Vamos analisar a Europa, vamos analisar o Japão, vamos analisar os Estados Unidos. Vamos analisar todos os lugares onde há muitas dívidas e vamos tentar entender." Aí eu pensei: "Se eu fosse Ben Bernanke [chefe do Federal Reserve na época] ou Jean-Claude Trichet, presidente do Banco Central Europeu, e pretendesse conhecer a fundo esse problema, o que eu faria? Como eu faria isso? Bem, eis aqui o que eu faria: eu analisaria, como país, as minhas próprias dívidas existentes no balancete. Nesse caso, é preciso saber o tamanho do meu sistema bancário em relação a duas coisas: o meu PIB [produto interno bruto] e as receitas do meu governo."

TR: Faz sentido.

KB: E, assim, basicamente nós analisamos um grupo de países diferentes e perguntamos: "Qual é o tamanho de seu sistema bancário? Quantos empréstimos contratados existem?" Então, tentamos descobrir quantos deles iriam ter problemas, e em seguida calculamos retroativamente quanto isso seria ruim para nós como país. Depois, pedi que minha equipe ligasse para algumas empresas a fim de descobrir o tamanho dos sistemas bancários daqueles países. Adivinhe quantas empresas sabiam lidar com isso em meados de 2008?

TR: Quantas?

KB: Zero. Nenhuma. E nós ligamos para todas.

TR: Uau!

KB: Então eu mergulhei em artigos técnicos sobre a dívida soberana [do país] e li todos eles. A maior parte deles está focada em economias emergentes, porque, historicamente, foram as nações emergentes que reestruturaram seus balanços soberanos.

TR: As nações desenvolvidas só se reestruturaram no pós-guerra.

KB: Isso. Dois países gastam uma fortuna para entrar em guerra; contraem dívidas. Para o vencedor vai o espólio e para o perdedor a conta, sempre. É assim que o mundo funciona. Nesse caso, tratava-se da maior acumulação de dívida em tempos de paz na história mundial.

TR: Incrível.

KB: Mas qual era o tamanho do sistema bancário? Reunimos os dados e usamos dois denominadores: o PIB e a receita fiscal do governo central. E foi um enorme processo de aprendizagem, porque nós nunca tínhamos feito isso antes.

TR: Parece que ninguém mais tinha feito.

KB: Isso não tem nada de transcendental, Tony. Era algum idiota em Dallas dizendo: "Como eu vou compreender esse problema?" E assim nós fizemos o trabalho, eu elaborei gráficos e disse: "Vamos classificá-los em uma lista, dos piores até os melhores." E quem ficou isolado na posição do pior da lista naquele balanço?

TR: A Islândia?

KB: Isso. A Islândia estava em primeiro lugar. Quem era o próximo? Não tinha nada de transcendental.

TR: A Grécia?!

[*Kyle acena afirmativamente.*]

TR: Uau.

KB: Fizemos todo aquele trabalho, e aí eu olhei para a análise e falei: "Isso não pode estar certo." Eu estava exagerando diante da minha equipe. Eu dizia: "Se isso estiver certo, vocês sabem o que vai acontecer a seguir."

TR: Exato.

KB: Então, perguntei: "Como estão os contratos de seguros negociados na Irlanda e na Grécia?" E minha equipe disse: "A Grécia tem 11 pontos-base". Onze pontos-base! Isso significava 11 centésimos de 1%. E eu bati o martelo: "Bem, precisamos comprar 1 bilhão disso aqui."

TR: Uau, isso é incrível.

KB: Lembre-se: estávamos no terceiro trimestre de 2008.

TR: Naquele estágio, os indícios já estavam todos lá.

KB: Liguei para o professor Kenneth Rogoff, da Universidade Harvard, que não me conhecia da Adam. E eu disse: "Passei vários meses construindo um balanço mundial e tentando entender isso." Eu falei: "Os resultados da nossa elaboração me parecem muito negativos." Eu disse, literalmente: "Acho que devo estar interpretando mal esses dados. Posso passar aí e compartilhar com vocês os resultados do meu trabalho?" E ele respondeu: "É claro que sim."

TR: Que ótimo.

KB: Então, em fevereiro de 2009, passei duas horas e meia com ele. E eu nunca vou esquecer: quando chegou à página do resumo, que continha um gráfico com todos os dados, ele se sentou na cadeira, levantou os óculos e disse: "Kyle, eu mal posso acreditar que a situação esteja tão ruim assim." E comecei a pensar imediatamente: "Que droga! Todos os meus medos estão sendo confirmados pelo pai da análise de balanços soberanos." Ora, se ele não estava pensando nisso, você acha que Bernanke e Trichet estavam? Ninguém estava pensando nisso; não havia nenhum plano integrado.

TR: Nenhum?

KB: Ele estava lidando com pistas falsas à medida que elas iam aparecendo.

TR: Isso é inacreditável. Nesse caso, preciso lhe perguntar sobre o Japão, porque sei que é o país em que você está focado agora.

KB: Nesse momento, a maior oportunidade do mundo está no Japão, e ela é muito melhor do que o subprime. A previsão de mercado é menos precisa, mas a recompensa equivale ao antigo mercado subprime elevado à enésima potência. Acredito que o ponto de tensão mundial esteja no Japão. E, nesse exato momento, está mais barato do que jamais esteve — o que significa [comprar] um tipo de apólice de seguro.

TR: E quanto isso está lhe custando?

KB: Bem, as duas coisas a levar em conta para o modelo de precificação de opções são (1) a taxa isenta de riscos e (2) a volatilidade do ativo subjacente. Então, imagine se o peru usasse essa teoria. Se ele estivesse avaliando seu risco [de ser morto] com base na volatilidade histórica da sua vida, seria um risco zero.

TR: Certo.

KB: Até o Dia de Ação de Graças.

TR: Até que fosse tarde demais.

KB: Quando paramos para pensar no Japão, houve dez anos de preços suprimidos e volatilidade moderada. A volatilidade está em algum lugar entre 1 e 9. **É tão baixo quanto qualquer classe de ativos no mundo. A taxa isenta de riscos é de um décimo de 1%.** Então, quando você pergunta o preço de uma opção, basicamente o que a fórmula lhe diz é que ele deveria ser gratuito.

TR: Certo.

KB: Logo, se os títulos japoneses subirem de 150 para 200 pontos-base [de 1,5% a 2%], acabou. O sistema inteiro entra em colapso, na minha opinião.

TR: Uau.

KB: Mas a minha teoria é o que eu sempre disse aos nossos investidores: "Se eles subirem para 200 pontos-base, vão movimentar 1.500."

TR: Certo.

KB: Ou vão ficar parados sem fazer nada ou vão se desintegrar.

TR: Isso tudo vai ao encontro da sua ideia de "risco de cauda". Explique o que é risco de cauda; não são muitos os investidores que focam nisso.

KB: Observe o que eu estou fazendo: estou gastando três ou quatro pontos-base por ano no Japão. Isso é quatro centésimos de 1%, certo? Se eu estiver certo sobre a natureza binária do resultado potencial da situação naquele país, esses títulos serão negociados com rendimentos de 20% ou mais. Portanto, estou pagando quatro décimos de 1% para uma opção que poderia valer 2.000%! **Tony, nunca houve uma opção mais mal precificada na história mundial.** Bem, essa é a minha opinião. Eu posso estar errado. Aliás, até agora eu ainda estou errado.

TR: Você está errado no momento certo.

KB: Vou lhe dizer uma coisa. Eu posso continuar errado por dez anos, e, se eu estiver certo daqui a dez anos, ainda assim terá havido 100% de probabilidades de o meu prognóstico fazer sentido. E as pessoas me perguntam: "Como você pode apostar nisso, já que nunca aconteceu antes?" E eu respondo: "Bem, como você pode ser um fiduciário criterioso se eu lhe mostrar o cenário que acabei de traçar e você não fizer nada? Esqueça o que você pensa sobre o fato de eu estar certo ou errado. Quando eu lhe mostrar os custos, como você vai conseguir ficar de braços cruzados? Se a sua casa estiver em uma área propensa a incêndios, e há 200 anos tiver havido um grande incêndio que destruiu tudo, como é que você não vai fazer um seguro residencial?"

TR: Entendi. Isso é impressionante. Preciso perguntar uma coisa: você se considera alguém que assume riscos expressivos?

KB: Não.

TR: Não era o que eu pensava, por isso perguntei. Por que você diz que não assume riscos?

KB: Eu gostaria de reformular essa frase. Assumir riscos expressivos significa que nós podemos perder todo o nosso dinheiro. Eu nunca me preparei para o nocaute.

TR: Me responda o seguinte: se você não pudesse deixar nenhum dinheiro para seus filhos, mas pudesse deixar um portfólio e um conjunto de regras, quais seriam eles?

KB: Eu lhes daria algumas centenas de milhões de dólares em moedas de 5 centavos, porque então eles não teriam que se preocupar com mais nada.

TR: Pronto! O portfólio de investimentos deles está pronto. Ah, meu Deus, isso é radical! O que lhe dá mais alegria na vida?

KB: O fato de ter os meus filhos.

TR: Incrível!

KB: Cem por cento.

TR. Kyle, obrigado. Gostei bastante, e aprendi muito!

CAPÍTULO 6.10

MARC FABER: O BILIONÁRIO CHAMADO DR. PESSIMISMO

O fato de o boletim de investimentos de Marc Faber ser denominado relatório *Gloom, Boom & Doom* [Desolação, Expansão e Pessimismo] já daria uma pista sobre a sua perspectiva em relação aos mercados! Mas esse bilionário suíço não é um parâmetro de comparações. Meu amigo há muitos anos, Marc é um vibrante e sincero contestador, que segue o conselho do Barão de Rothschild, investidor do século XVIII: "O melhor momento para comprar é quando há sangue nas ruas." Assim como Sir John Templeton, ele procura por negócios que todos ignoram ou evitam. É por isso que, enquanto tantos estão focados no mercado de ações dos Estados Unidos, Marc Faber mira quase exclusivamente na Ásia, em busca de investimentos com potencial de crescimento. Ele também é um crítico contumaz de todos os bancos centrais, particularmente o Federal Reserve dos Estados Unidos, a quem culpa por desestabilizar a economia mundial, inundando-a com trilhões de dólares, praticamente "impressos" do nada.

Marc ganhou o apelido de "Dr. Pessimismo", pelo fato de prever constantemente que os ativos mais populares são superfaturados e tendem ao colapso. Como escreveu o *Sunday Times* de Londres: "Marc Faber diz coisas que ninguém quer ouvir." Muitas vezes ele tem razão, especialmente em

1987, quando fez uma enorme fortuna antecipando a crise do mercado de ações norte-americano.

O pai de Faber era cirurgião ortopédico e sua mãe vinha de uma família de hoteleiros suíços. Ele fez doutorado em economia na Universidade de Zurique e começou sua carreira financeira com a empresa de investimento global White Weld & Company. Em 1973, transferiu-se para a Ásia e nunca mais regressou. A partir de seu escritório em Hong Kong e de sua casa em Chiang Mai, na Tailândia, Marc ocupou um lugar definitivo na incrível transformação da China, de atoleiro comunista ao motor de crescimento que comanda toda a região. Atualmente, ele é considerado um dos principais especialistas em mercados asiáticos.

Marc é conhecido pela excentricidade — ele admite, alegremente, sua reputação como "conhecedor da vida noturna do mundo" —, e é um orador popular em fóruns financeiros e em programas de notícias a cabo. **É membro da prestigiosa Barron's Roundtable, onde, de acordo com observadores independentes, suas recomendações tiveram os maiores retornos, quase 23% ao ano, por 12 anos consecutivos.** Marc também é autor de vários livros sobre a Ásia e diretor da Marc Faber Limited, um fundo de consultoria e investimento com sede em Hong Kong. Fala inglês com um áspero sotaque suíço e nunca se leva muito a sério. Eis aqui um trecho da minha entrevista presencial com ele, na conferência econômica que apresentei no Vale do Sol, em 2014.

TR: Quais seriam as três maiores mentiras sobre investimentos que ainda são propagadas no mundo de hoje?

MF: Bem, eu acho que tudo é uma mentira! Sempre é muito simples! Mas falando sério: conheci diversas pessoas muito honestas e tal, mas infelizmente, na sua vida, quase todos os consultores financeiros que você encontra são mais parecidos com vendedores. Realmente, deve haver pessoas que são muito honestas. Mas posso dizer por experiência própria: todo mundo sempre vai vender os investimentos dos seus sonhos, e a minha experiência, na condição de presidente de muitos fundos de investimento diferentes, me diz que, normalmente, os clientes ganham pouco dinheiro. Mas os gestores do fundo e os promotores, esses saem com muito dinheiro no bolso. Todos eles.

TR: A quem os investidores devem recorrer?

MF: Existem teorias diferentes no mundo dos investimentos. Essencialmente, existem os defensores da teoria da eficiência do mercado. Eles dizem que os mercados são eficientes. Em outras palavras, quando você investe, o melhor a fazer é apenas comprar um índice. E a seleção individual de títulos é, basicamente, inútil. Mas posso lhe assegurar: conheço muitos gestores de fundos que de fato têm superado significativamente o desempenho dos mercados ao longo do tempo. Acredito que algumas pessoas têm certas habilidades para analisar as empresas, seja por serem boas contadoras, seja por terem qualificações para isso.

TR: O que você acha dos mercados atuais?

MF: Acho que ainda há riscos no mundo emergente, e ainda é cedo demais para comprar suas moedas e ações — mas é tarde demais para comprar as dos Estados Unidos. Não pretendo comprar o índice S&P depois que ele chegar a 1.800. Não vejo nenhum valor nisso. Então, o melhor é sair para beber e dançar e não fazer nada! Você entende? Foi Jesse Livermore [um famoso operador do início do século XX] quem disse: "O dinheiro mais bem ganho provém de não fazer nada e esperar pacientemente." Esperar pacientemente significa que você tem dinheiro.

Na vida, o importante é não perder dinheiro. Se você não está enxergando oportunidades realmente boas, por que correr grandes riscos? Algumas grandes oportunidades vão ocorrer a cada três, quatro ou cinco anos, e nesses momentos você vai querer ter dinheiro. Houve uma grande oportunidade nos preços dos imóveis residenciais nos Estados Unidos no fim de 2011. Aliás, eu escrevi sobre isso. Fui a Atlanta visitar algumas casas, e depois a Phoenix. Eu não quero viver nesses lugares, mas havia uma oportunidade. Só que a oportunidade se fechou muito rapidamente, e os indivíduos ficaram em desvantagem, pois os fundos de cobertura entraram [com dinheiro] — os caras do capital privado acabaram comprando milhares de residências.

TR: Você prevê deflação ou inflação?

MF: Na minha opinião, o debate inflação-deflação está mal colocado, no sentido de que a inflação deveria ser definida como um aumento na quantidade de dinheiro. Se o dinheiro em circulação aumenta, o resultado disso é que o crédito aumenta, e nós temos uma inflação monetária. Este é o ponto importante: inflação monetária. E aí nós temos os sintomas dessa inflação monetária, e esses sintomas podem ser muito diversos. Pode ser um aumento nos preços ao consumidor, pode ser um aumento nos salários, mas, novamente, não é tão simples assim, pois nos últimos 20 ou 30 anos nós temos tido, em muitos setores dos Estados Unidos, um declínio nos salários em termos reais, com inflação ajustada. Mas e os salários do Vietnã e da China? Na China os salários têm subido à taxa de 20% ou 25% ao ano, e isso também tem ocorrido em outras economias emergentes.

Então, para responder a sua pergunta, dentro de um mesmo sistema nós podemos ter deflação em certas coisas e ativos, bens, preços e até mesmo serviços e inflação em outras. No mundo, é muito raro que todas as coisas subam de preço na mesma proporção, ou que o preço de todas as coisas desabe na mesma proporção. De modo geral, especialmente se estivermos em um sistema de moeda fiduciária, aqueles que podem imprimem dinheiro, e o que se observa é que o dinheiro, na verdade, não desaparece. Ele simplesmente é empregado em outra coisa. O que pode desaparecer é o crédito — é por isso que é possível ter um nível geral de preços em declínio.

Mas nós, os investidores, queremos saber quais são os preços que vão subir. Por exemplo: "O preço do petróleo vai subir ou vai cair?" Se ele subir, então talvez eu queira ter algumas ações de petróleo; se cair, talvez eu queira ter outra coisa.

TR: Qual seria a alocação de ativos que você sugeriria para aproveitar o ambiente em que nós nos encontramos agora e para se proteger?

MF: A minha alocação de ativos costumava ser 25% em participações [ações], 25% em ouro, 25% em caixa e títulos e 25% em imóveis. Nesse momento, já reduzi percentualmente minhas posições em ações em relação ao total de ativos. Tenho mais caixa do que normalmente teria. Aumentei o investimento imobiliário no Vietnã e o portfólio de ações no Vietnã.

TR: Então, por curiosidade, qual seria o aspecto disso hoje, em termos percentuais?

MF: Bem... É difícil dizer, porque é muito grande.

TR: Você está falando do portfólio ou de alguma outra coisa?

MF: [*Risos.*] Não, mas o problema é o seguinte: eu não sei! Isto é, eu não fico contando tudo todos os dias.

TR: Bem, mas como seria a distribuição aproximada?

MF: Aproximadamente, acho que os títulos e o caixa estariam, agora, em torno de 30%, 35%. Em seguida, as ações talvez alcancem 20%; e o investimento imobiliário, eu não sei, 30%; e ouro, 25%. É mais de 100%, mas quem se importa? Eu sou o Tesouro dos Estados Unidos!

TR: Nós sabemos por que você gosta de dinheiro. E quanto aos títulos, que tantas pessoas temem estar no nível mais baixo possível?

MF: Os títulos que eu mantenho tradicionalmente são títulos de mercados emergentes. Os títulos corporativos são principalmente em dólares e euros. Mas quero explicar isso muito claramente. Esses títulos de mercados emergentes têm um caráter patrimonial muito alto. Se os mercados de ações caírem, o valor desses títulos também entrará em declínio. Em 2008, por exemplo, eles desabaram como títulos podres. Assim, eles se comportam mais como ações do que como obrigações do Tesouro. Eu possuo alguns desses. É por isso que, quando digo que tenho uma baixa exposição a ações, de 20%, a minha exposição a ações por meio desses títulos é provavelmente superior a 20% — talvez 30%.

Acho que às vezes, como investidores, nós cometemos o erro de confiar demais na nossa opinião, pois a minha opinião individual é irrelevante para o mercado como um todo, você entende? O mercado se movimentará independentemente do meu ponto de vista. Então talvez eu não seja otimista em relação às obrigações do Tesouro, mas eu ainda conseguiria vislumbrar uma condição sob a qual as obrigações do Tesouro fossem, realmente, um bom investimento, inclusive por alguns anos. Você ganhará apenas uns 2,5% ou 3%. Mas esse retorno pode ser maior em um mundo em que os preços dos ativos comecem a cair. Entende? Se nos próximos três anos, por exemplo, o mercado de ações cair 5% ao ano ou 10% ao ano, e você tiver esse rendimento de 2,5% a 3%, então você será o rei.

TR: E quanto às outras classes de ativos?

MF: Há muita especulação sobre os empreendimentos imobiliários de alto padrão; os imóveis de luxo estão em um nível inacreditavelmente inflacionado. Acredito em todos esses níveis inflacionados — não estou dizendo que eles não possam subir mais, mas estou sugerindo que, um dia, eles cairão significativamente. E, nessas condições, você desejará ter algo como uma cobertura.

TR: Você tem um quarto de seus ativos em ouro. Por quê?

MF: Na verdade, o interessante é que, quando eu mencionava isso publicamente antes de 2011 [quando os preços começaram a cair], as pessoas diziam: "Marc, se você é tão positivo em relação ao ouro, por que só tem 25% do seu dinheiro em ouro?" Eu respondia: "Ora, talvez eu esteja errado, e quero diversificar porque o preço do ouro já teve uma grande oscilação e deve se consolidar." Em certo sentido, o ouro, provavelmente, é uma cobertura; porém, caso você o possua em forma física, ele não vai ser uma cobertura perfeita em um cenário de deflação de ativos. Mas é bem possível que seja um investimento melhor do que muitos outros ativos ilíquidos. Provavelmente seu preço também vai cair, embora menos do que as outras coisas. As obrigações do Tesouro, pelo menos durante alguns anos, devem apresentar um bom desempenho em um cenário de deflação dos preços dos ativos — pelo menos até que o governo vá à falência!

TR: Última pergunta. Se você não pudesse deixar dinheiro para seus filhos, mas apenas um conjunto de princípios para montar um portfólio, qual seria ele?

MF: Acho que a lição mais importante que eu daria a uma criança ou a qualquer pessoa é: o importante não é o que você compra; é o preço que você paga por alguma coisa. Você precisa ter muito cuidado na hora de comprar coisas a um preço elevado. Porque depois esses preços vão cair, e você vai ficar desmotivado. Você precisa manter a calma e ter dinheiro quando seus vizinhos e todos os demais estiverem enfraquecidos. Você não quer ter dinheiro quando todo mundo tiver dinheiro, porque aí todos os outros também estarão competindo por ativos, e os preços desses ativos vão subir.

Eu gostaria, também, de dizer uma coisa: pessoalmente, acho que não temos, de modo geral, nenhuma pista sobre o que vai acontecer dentro de cinco ou dez minutos, quanto mais dentro de um ou dez anos. Podemos fazer certas suposições, e às vezes elas parecem boas, às vezes são péssimas, e assim por diante, mas nós realmente não sabemos ao certo. É por isso que, como investidor, eu diria que é preciso diversificar.

Mas nem todos os investidores conseguem fazer isso, pois alguns deles investem em seus próprios negócios. Se eu tivesse um negócio como o de Bill Gates, colocaria todo o meu dinheiro na Microsoft — e por algum tempo esse foi, pelo menos, um investimento muito bom. Provavelmente, para a maioria das pessoas, o melhor seria ter um negócio próprio e investir em algo que apresente uma vantagem especial em comparação com o resto do mercado; em que se possa ter os conhecimentos de um iniciado. Isso é o que eu faria. Ou entregaria o dinheiro para um gestor de portfólio. Se você tiver muita sorte, ele não vai perder seu dinheiro. Mas você precisa ter muita sorte.

CAPÍTULO 6.11

CHARLES SCHWAB: CONVERSANDO COM CHUCK, O CORRETOR DO POVO

Você já viu os anúncios: um homem bonito e de cabelos grisalhos olha diretamente para você através da câmera e o encoraja a ser "dono do seu amanhã". Ou talvez você se lembre daqueles anúncios em que as pessoas, na forma de desenho animado, tiram dúvidas sobre seus investimentos, e um balão aparece aconselhando-as a "Falar com o Chuck". **Esse é o estilo de engajamento e abertura pessoal que manteve Charles Schwab no auge da indústria de corretagem promocional nos últimos 40 anos, ajudando-o a construir um império financeiro com 2,38 trilhões de dólares em ativos de clientes sob gestão,** 9,3 milhões de contas de corretagem, 1,4 milhões de empresas participantes do plano de aposentadoria, 956 mil contas bancárias e uma rede que atende 7 mil consultores de investimentos credenciados.

Antes de Chuck Schwab surgir, se alguém quisesse comprar ações, era preciso passar por um cartel de corretores tradicionais ou firmas de corretagem que cobravam taxas exorbitantes por cada transação efetuada. Em 1975, porém, quando a Comissão de Valores Mobiliários obrigou a indústria a promover a desregulamentação, Schwab criou uma das primeiras corretoras promocionais, sendo pioneiro em uma nova maneira de fazer negócios que abalou as estruturas de Wall Street. Ele liderou uma revolução entre os investidores, por meio da qual, de repente, os indivíduos poderiam participar plenamente dos mercados sem intermediários dispendiosos. Enquanto as corretoras restritas a certos círculos, como a Merrill Lynch, aumentavam suas comissões de negociação, Charles Schwab reduziu — ou até eliminou — suas taxas, oferecendo uma variedade de serviços sem superfluidades, que colocaram os interesses dos clientes em primeiro lugar e estabeleceram o modelo para uma nova indústria. Mais tarde, ele liderou a investida no comércio eletrônico, e até hoje continua a ser pioneiro em inovações que instruem e capacitam os investidores a tomar as próprias decisões.

Aos 76 anos, Chuck Schwab exibe uma humildade e uma integridade gigantescas. "As pessoas parecem confiar em nós", me disse ele. "Tentamos tratar a todos com esse sentido de sermos merecedores de confiança e de que precisamos cuidar dos ativos das pessoas de forma muito cautelosa."

É possível que a modéstia e a tranquilidade de Chuck resultem de uma vida em que ele teve de superar uma série de desafios, começando com a luta contra a dislexia — dificuldade de aprendizagem que ele compartilha com um número surpreendente de líderes empresariais extremamente bem-sucedidos, de Richard Branson, do Virgin Group, a John Chambers, da Cisco Systems. Apesar das dificuldades de leitura, Chuck se formou na Universidade de Stanford e obteve um MBA na Stanford Business School. Iniciou sua carreira em finanças em 1963, publicando um boletim informativo sobre investimentos. Chuck assumiu seu status de intruso em Wall Street e fincou bandeira em sua Califórnia natal, estabelecendo sua empresa de corretagem em San Francisco, em 1973. Desde então, a Charles Schwab Corporation tem atravessado os conturbados mercados em alta e em baixa das últimas quatro décadas, recuperando-se das crises de 1987, 2001 e 2008, que aniquilaram as firmas menores, e assumindo as inúmeras empresas imitadoras que foram perdendo suas participações de mercado, sempre encontrando maneiras de inovar e crescer em todos os ambientes.

Embora tenha abdicado do cargo de diretor-executivo em 2008, Chuck permanece ativo na empresa como presidente e maior acionista individual. De acordo com a *Forbes*, **Chuck Schwab tem uma fortuna pessoal de 6,4 bilhões de dólares.** Com sua esposa e sua filha, Carrie Schwab-Pomerantz, ele se mantém incrivelmente envolvido nas fundações particulares da família, que apoiam organizações empresariais em trabalhos com educação, prevenção da pobreza, serviços humanos e saúde. Ele também preside o Museu de Arte Moderna de San Francisco.

Chuck Schwab e eu temos horários malucos, mas finalmente conseguimos nos encontrar em seu prédio de escritórios, em San Francisco, exatamente quando este livro estava prestes a ser lançado. Aqui estão alguns trechos da conversa:

TR: Todos conhecem o nome **Charles Schwab**. Todos conhecem a instituição. Mas a maioria das pessoas não conhece, realmente, a sua história pessoal. Será que você gostaria de compartilhar algumas das coisas mais importantes? É verdade que você começou a se interessar por investimentos aos 13 anos de idade?

CS: É isso mesmo. Eu tinha 13 anos. Foi logo depois da Segunda Guerra Mundial, e o mundo não era muito rico. Meu pai era advogado em uma pequena cidade no Vale do Sacramento, Califórnia, e certamente a nossa família não tinha muitos recursos. Eu achava que minha vida iria melhorar se eu tivesse mais dinheiro. Por isso precisava descobrir como ganhar dinheiro. Falei com meu pai sobre isso, e ele me encorajou a ler biografias de pessoas famosas dos Estados Unidos. E todas elas pareciam mexer com investimentos. Aí eu disse: "Cara, isso tem a ver comigo!"

Então, quando eu tinha 13 anos, abri uma granja. Eu criava galinhas e tudo o mais. Depois disso, me dediquei a um monte de outros pequenos tipos de empreendimentos. De modo que eu conhecia muito sobre negócios, e comecei a pensar em como os negócios funcionam e operam.

TR: Qual era a sua visão inicial? E quais foram seus primeiros passos concretos? Fale sobre as coisas mais significativas, para que as pessoas possam compreender a sua jornada.

CS: Bem, eu tive muita sorte logo no início. Comecei como analista financeiro, e tive alguns altos e baixos ao longo do percurso. Eu estava com mais ou menos 35 anos, e já tinha muita experiência acumulada antes de abrir a empresa, em 1973. Como resultado, conhecia algumas das deficiências do ramo financeiro. Incluindo o motivo pelo qual eles não tratavam as pessoas suficientemente bem. Era porque, na verdade, eles estavam focados em ganhar dinheiro *para eles* — e não em dar um tratamento justo e igualitário ao investidor. Eles sempre pensavam primeiro na instituição deles e em ganhar dinheiro. Eu disse: "*Aha!* Deve haver uma maneira diferente!"

TR: Qual foi a **vantagem competitiva de Charles Schwab** ao longo dos anos? Quer dizer, se olharmos para o tamanho do mercado de investimentos norte-americano, ele deve estar estimado em cerca de 32 trilhões de dólares. E vocês devem representar uma parte considerável disso.

CS: Nós detemos, provavelmente, de 5% a 10% do mercado varejista. Algo em torno disso. Quando entrei no negócio, **minha intenção era olhar para cada produto e para cada serviço que oferecemos aos clientes *através dos olhos dos clientes*.** Nós decidimos lançar um produto que era um fundo mútuo sem encargos. Fizemos isso de maneira grandiosa. As pessoas comprariam fundos sem encargos por nosso intermédio, e isso de forma **gratuita**, anos atrás.

As pessoas me perguntavam: "Mas como você vai ganhar dinheiro com isso?" E aí nós descobrimos uma maneira de ganhar algum dinheiro. Entramos em contato com as empresas de fundos mútuos e as convencemos a nos pagar uma pequena comissão, extraída de suas taxas administrativas. Os nossos clientes se beneficiariam disso. E tudo floresceu. Com isso, o sujeito tinha uma grande vantagem, comprando uma infinidade de fundos mútuos sem encargos e sem taxa alguma. Nós procedemos ao mesmo tipo de análise em todas as outras coisas que fizemos. Sempre procurávamos ver primeiro através dos olhos dos clientes.

Mas **Wall Street fazia exatamente o contrário**. Eles tomavam sempre a mesma decisão: "Antes de mais nada, quanto dinheiro nós podemos ganhar? Ah, tá, vamos lá. Vamos vender, pessoal." Era assim que eles tomavam as decisões. Éramos totalmente opostos.

TR: Isso mudou? Ou ainda é a mesma coisa?

CS: Ainda é a mesma coisa. E é por isso que é um mercado muito interessante para nós. Sabe, acho que nós temos uma espécie de destino infinito de continuar tratando o cliente como rei. E nos certificar de que faremos tudo o que estiver no interesse *dele* primeiro. Sim, vamos ganhar um pouco de dinheiro. E ganhamos mesmo, é claro. Somos uma organização com fins lucrativos. Mas primeiro pensamos no cliente.

TR: Quais seriam os dois ou três mitos sobre os quais você tenta alertá-los, de modo que eles não se sintam vítimas de uma armadilha quando pensarem em investir?

CS: Bem, é muito fácil. Eu já vi esse filme em Wall Street várias vezes. Você observa os abusos que acontecem. Algum corretor muito elegante vem e diz: "Senhora, gostaria de ganhar algum dinheiro?" Evidentemente, todos nós respondemos: "*Sim!*" E aí você se deixa envolver pela conversa. "Esses caras têm os melhores dispositivos que você *já viu na vida*. Eles vão ser uma nova Apple." E todos nós, naturalmente, meio que ouvimos a história e dizemos: "Está bem, vou colocar algum dinheiro nisso."

Só que a probabilidade de isso funcionar é de cerca de 1 em 10 mil. Ou seja, é como se eu perguntasse: por que você não aposta logo em cavalos? Ou compra um bilhete de loteria? Isso vai satisfazer sua vocação especulativa. Coloque o dinheiro real que você tem em um fundo de índice, onde você sabe que o resultado vai ser altamente previsível, e os retornos serão realmente muito bons.

TR: Muitas pessoas sofrerão as consequências por desconhecerem as coisas e não fazerem perguntas. E você é um dos primeiros a dizer "Pergunte".

CS: Isso.

TR: Mas poucas pessoas sabem quais são as perguntas que devem ser feitas. Você sabe como funciona: elas olham um fundo mútuo, e olham o seu retorno. E acham que aquele é o retorno que vão receber. Como você e eu sabemos, isso não é verdade.

CS: Não é verdade. Nunca é. Nada do passado está garantido no futuro. Mas existem razões para divulgarmos um informativo, um artigo técnico sobre os fundos de índice. Neles, nós explicamos por que as ações são o melhor lugar, de fato, para ter investimentos de longo prazo. E a razão é que as empresas estão no negócio para crescer. Em todas as diretorias de que já participei — e já estive em seis ou sete conselhos consultivos diferentes da Fortune 500 —, as conversas na reunião do conselho giram em torno do crescimento. Como nós podemos fazer essa empresa crescer? Se ela não crescer, a gerência é despedida. Arrume *uma nova equipe de gestão.*

Ora, aquele prédio ali é um belo edifício. Mas volte daqui a 100 anos. Ele ainda estará do mesmo tamanho. Ou terá sido derrubado.

Mas não terá crescido. Apenas as empresas crescem. E é por isso que optar por ações é uma coisa fantástica. Naturalmente, no nosso caso, nós tentamos incentivar as pessoas a optar por fundos de índice, para que elas recebam uma ampla combinação de indústrias, ações, e assim por diante. E aí elas têm...

TR: ... os custos mais baixos.

CS: Os custos mais baixos e um alto grau de certeza de que terão um desempenho tão bom quanto o do índice. Se observarmos quaisquer indústrias nos últimos 100 anos, elas tiveram um desempenho extraordinariamente bom ao longo do tempo, trazendo grandes retornos aos clientes.

TR: Tanto Jack Bogle, do Vanguard, quanto David Swensen, de Yale, dizem que a gestão passiva é o caminho a ser adotado. Porque 96% de todos os fundos mútuos não acompanham o índice ao longo de um período de dez anos. Mas, no caso do investidor médio, como você encara essa questão: gestão passiva *versus* ativa?

CS: Bem, eu sou um investidor misto. Eu invisto em um monte de ações individuais. Mas eu tenho tempo. Eu tenho conhecimento. Eu tenho formação. No entanto, 98% das pessoas *não se concentram nisso.* Elas têm outras coisas na vida para fazer em vez de se preocupar com investimentos como eu fiz, ou como Warren Buffett fez. Elas são autônomas; elas são médicas. Ou advogadas. Seja lá o que for. Nós precisamos de todas essas pessoas para formar uma sociedade bem-sucedida. E talvez 2% de nós realmente saibamos alguma coisa sobre os investimentos. Assim, o restante das pessoas precisa de ajuda e aconselhamento. Isso foi o que eu aprendi desde o início, e é isso o que fazemos hoje. **Na minha opinião, os outros 98% devem, de fato, optar predominantemente pelos fundos de índice. Eles têm os resultados mais previsíveis.** Melhores do que eles jamais obteriam se tentassem escolher coisas diferentes, o que é muito difícil de fazer. E *depois* devem cuidar de suas outras atividades também. Não se pode fazer as duas coisas.

TR: Por outro lado, como assinala Jack Bogle, as pessoas simplesmente não percebem qual é o custo disso. Para cada 1% de sua vida como investidor, você está abrindo mão de 20% do seu dinheiro.

CS: Exatamente. É o fim.

TR: Pense em 2%, e isso significará 40%. Pense em 3%, e chegaremos a 60%.

CS: É muita coisa. Depois da incidência dos impostos, faz toda a diferença.

TR: Todos os grandes investidores com quem conversei se referem ao fato de que a **alocação de ativos é a decisão individual de investimento mais importante que uma pessoa pode tomar.** Você lida com muitos *tipos diferentes de investidores.* Que filosofia você incentiva sua equipe a usar para ajudar as pessoas a entender a alocação de ativos ideal?

CS: Na verdade, isso é muito fácil hoje em dia. Mas há 40 anos não era bem assim. Atualmente, nós temos os fundos de índice que mencionamos. E os ETFs. Assim, você pode conquistar diferentes fatias do mercado e garantir bastante diversificação. Você quer ações de energia? Você pode conseguir um ETF de energia. Quer dispositivos médicos? Pode fazer isso. E, claro, eu tendo a acreditar que se deve diversificar entre os maiores e entre os dez maiores agrupamentos industriais. E é isso o que normalmente acontece em um fundo de indice geral. Você pega tudo, porque nunca se sabe o que virá. Às vezes os equipamentos eletrônicos estarão em evidência, aumentando o interesse. O petróleo pode não estar indo tão bem. Mas e no próximo ano? A demanda do petróleo aumenta, e aí os preços sobem. Essa dinâmica funciona bem. E assim por diante. Você vai conseguindo atingir o equilíbrio entre os benefícios de cada um desses setores.

TR: Como você se sente entre investir nos Estados Unidos e no mercado internacional, quando se trata de criar essa alocação de ativos?

CS: Esse é outro nível de sofisticação, que eu acho que todos deveriam ter no portfólio. Alguma parte dedicada ao mercado internacional, porque o fato muito simples é que, agora, os Estados Unidos estão crescendo cerca de 2% a 3% ao ano. Há muitos outros países, da China até a Indonésia e o Japão, que estão começando a ter um crescimento maior que os Estados Unidos. Então, sendo bem franco, é aí que você vai obter seus retornos, onde houver maior crescimento.

Contudo, mesmo que a economia norte-americana só esteja crescendo 2%, existem alguns setores da nossa economia que estão crescendo com bastante rapidez. Então, obviamente, você também quer ser atraído por eles.

TR: Para onde você acha que o **mundo vai caminhar nos próximos dez anos?** Na sua opinião, quais serão as oportunidades e os desafios para os investidores?

CS: Acho que ainda existem enormes oportunidades pela frente. Mesmo com a atual lentidão no ritmo das coisas. Mas elas vão deslanchar assim que retomarmos as políticas que, no meu entender, acabarão sendo reimplementadas. Porque não há como subtrair esse componente de crescimento dos Estados Unidos. As inovações que estão em curso neste país são profundas. Eu moro na região de San Francisco, onde as coisas estão fervilhando, brotando por todos os lados. Está lá para quem quiser ver.

TR: Estamos, por acaso, em uma bolha de mercado, com o Federal Reserve controlando as taxas da maneira que está? Onde você precisaria assumir riscos expressivos para conseguir recompensas? O mercado parece ser o único lugar para se colocar o dinheiro. Quanto tempo isso vai durar?

CS: Bem, não sou um grande fã da atual política do Federal Reserve. Acho que a manipulação de taxas por tanto tempo, como tem sido feito, não é realmente a decisão correta. E acho que isso cria, sim, o potencial e a possibilidade de algum tipo de bolha. Não vai durar para sempre. Provavelmente nós vamos pagar um preço por isso. Mas não vai ser um problema permanente. E aí a inflação vai subir, ou os mercados vão cair. Haverá uma consequência para o que estamos fazendo agora. Mas vamos superar isso. Como sempre fazemos quando os formuladores de políticas tomam decisões ruins.

TR: Embora cada um deles dê um nome diferente para isso, todos os grandes investidores do mundo têm, como uma de suas vantagens competitivas, a relação assimétrica entre risco/recompensa. Eles assumem um pouco de risco para tentar obter uma grande recompensa. Como o investidor médio faz isso hoje em dia? Você pode lhes oferecer alguma percepção sobre isso?

CS: Acho que tudo nos faz voltar à mesma resposta: **onde é possível obter o melhor crescimento? Entender os fundamentos do crescimento é absolutamente fundamental para obter retornos a longo prazo.** No caso de Warren Buffett, ele aprendeu isso desde muito jovem. Ele apenas compra empresas, e nunca vende. Por quê? Porque as empresas continuam crescendo. Elas simplesmente continuam crescendo. E ele fica mais e mais rico.

TR: Ele não paga impostos.

CS: E ele não paga impostos. Se você não vende, não paga impostos!

TR: Isso é incrível.

CS: Esse é o mistério dele. O mito foi desvendado! *Ele não vende!*

TR: Você tem cinco filhos, não é?

CS: E 12 netos.

TR: Doze netos! Me diga uma coisa: se você não pudesse deixar nenhum dinheiro para seus filhos, mas apenas um conjunto de princípios de investimentos, e talvez um portfólio, qual seria seu conselho para eles?

CS: Bem, acho que tudo realmente começa quando se ganha o próprio dinheiro. Ser bem-sucedido nessa tarefa. E a noção de guardar algum dinheiro.

- Certifique-se de obter a formação certa. E torça para que ela se ajuste ao mercado, onde os postos de trabalho estão sendo criados.
- Você precisa ter um emprego com boa remuneração, o que hoje em dia não é tão abundante.
- Em seguida, guarde o dinheiro no seu 401 (k) ou IRA. É preciso renunciar a certas coisas. Não compre aquele carro. Abra mão daquelas férias. Guarde alguma coisa.
- E só então você poderia começar a fazer o investimento adequado. É uma fórmula bem simples. Muitas pessoas não percebem, mas espero que você possa ensinar as pessoas a fazer isso.

TR: [*Risos.*] Espero que eu possa!

CS: Sabe, eu acredito em deixar um legado. Me certificar de que as crianças recebam educação, sem que isso signifique somas consideráveis de dinheiro. Não privá-las de seu senso de oportunidade, do desenvolvimento de seu próprio ego. Das coisas que as deixarão satisfeitas. As pessoas têm que ser verdadeiramente curiosas. Certifique-se de que cada um dos seus filhos seja bastante curioso. E isso não tem a ver, necessariamente, com ganhar dinheiro.

Quando eu era criança, minha família não tinha dinheiro e não tinha patrimônio, então sei exatamente qual é a diferença. E, claro, nos últimos 20 anos tive o benefício do sucesso, o que me permite ter opções incríveis. Minha esposa e eu tiramos férias sem nos preocuparmos com os custos. Nós nos divertimos. Eu gosto de praticar esportes. Eu adoro meu jogo de golfe. E assim por diante. Por isso, nós queremos perpetuar esse sucesso. Queremos que nossas próximas gerações tenham o que tivemos e mais alguma coisa.

TR: Você lidou com muitas pessoas de sucesso. Você analisou empresas de sucesso e os indivíduos responsáveis pelo crescimento delas. Qual você acha que é o fator mais importante?

CS: Sabe, talvez a necessidade responda por 99%. Mas muitas pessoas, em vários lugares do mundo, realmente precisam de mais recursos. Mas elas não têm instrução. De alguma forma, elas não se sentem motivadas. Talvez não sintam a oportunidade diante de si. Como perceber a oportunidade que está bem ali? Você olha ao redor, vê outros caras que foram bem-sucedidos e pensa: "Eu posso fazer isso também." Mas como você percebe isso? Eu não sei.

TR: Você está com 76 anos agora, e só descobriu que era disléxico aos 40 anos, certo?

CS: Certo.

TR: Muitas pessoas pensam que essa condição é uma limitação nas suas vidas. Como é que isso nunca foi uma limitação para você?

CS: Talvez, graças a Deus, pelo fato de eu não saber disso quando era criança! Mas meu filho mal tinha começado a estudar quando nós o levamos para fazer o teste [e descobrimos que ele era disléxico]. Eu disse: "Ah, meu Deus. Todas as coisas com as quais eu tive que lidar com 7, 8 ou 9 anos ele está precisando lidar agora!" E ficou muito claro que eu também era disléxico, já que isso respondia a muitas questões minhas quando eu analisava retrospectivamente o início da minha formação escolar. O alfabeto era impossível para mim. Minha leitura... Até hoje não leio romances. Só leio não ficção.

TR: Uau. Então o que lhe permitiu ser bem-sucedido nas operações financeiras?

CS: Eu era muito bom em matemática. E eu era muito bom no trato com as pessoas. Eu não era um grande escritor, mas havia pessoas ao meu redor que eram grandes escritoras. De modo que você aprende muito rápido: *você não pode fazer tudo sozinho*. Você precisa ter pessoas ao seu redor que são melhores do que você em quase todas as outras coisas. Mas você precisa ser capaz de inspirar as pessoas ao seu redor e fazê-las trabalhar em conjunto, qualquer que seja o seu propósito comum. E isso é o que eu tenho conseguido fazer ao longo de todos esses anos.

TR: Qual é a sua paixão?

CS: Sou totalmente apaixonado pela necessidade de as pessoas ganharem dinheiro, economizarem e fazê-lo render, em função da responsabilidade que todos temos com relação às nossas aposentadorias. E, santo Deus, nós vamos viver, você sabe disso! Estou com 70 e poucos anos. Mas a probabilidade, agora, é viver até 90, 95. É *muito tempo* para viver como aposentado. Por isso, eu penso que é preciso guardar muitos ativos para poder viver confortavelmente.

TR: Pessoas com quem eu conversei que conhecem você há 20 anos dizem que seu entusiasmo está igual ou maior do que nunca.

CS: Provavelmente está maior. [*Risos.*]

TR: Uau. Por quê? Como você manteve isso? Como isso continuou se expandindo?

CS: Eu percebi, por exemplo, o que se pode fazer com a filantropia. E como é possível, realmente, ajudar as pessoas. Só pelo fato de ser bem-sucedido. Mas eu não poderia fazer tudo isso se eu *não fosse bem-sucedido*. Eu não teria os recursos para fazer o que faço. Mas posso realizar as coisas de maneiras diferentes. Talvez sejam questões relacionadas à dislexia. Posso ajudar as crianças. Ou também podemos ajudar as crianças em escolas autônomas. Ou em museus, colaborando com a construção de lugares melhores e maiores para que as pessoas venham, vejam e apreciem a arte.

Acho que uma das grandes realizações de fazer muito sucesso é poder, durante sua vida, retribuir o que recebemos; e isso, de fato, potencializa enormemente o que as pessoas são capazes de usufruir de verdade, além de aprimorar você mesmo.

TR: Se alguém estivesse pensando em lançar um negócio hoje, começando do nada, qual seria a vantagem que você tentaria lhe oferecer? Como a visão daquele jovem que você era, que dizia "Eu realmente quero ajudar as pessoas a cuidar do cliente", evoluiu até construir um negócio de vários trilhões de dólares? Você diria às pessoas para elas se concentrarem exatamente em quê?

CS: Em se instruir e adquirir experiência prática. E, depois, ter a paciência de fazer isso dia após dia. Todos os dias. Não é fácil, devo dizer. É como um *restauranteur* que serve uma comida excelente a cada refeição. Não é fácil. Mas é assim que você constrói um ótimo restaurante. É assim que você constrói uma ótima concessionária de carros. Prestando um bom serviço todos os dias. Você não pode deixar a bola cair. Precisa rebater a bola para fora do campo todos os dias. Prestando serviços. A mesma coisa acontece com a tecnologia. Nós vemos muitas empresas afundando porque não conseguiram inovar. Ou, na verdade, por não terem descoberto um produto ou serviço que realmente atendesse bem o cliente. Elas perderam seus clientes. *Nunca perca um cliente.* Aprenda bem essa lição.

TR: Última pergunta. Tenho certeza de que isso só vai acontecer daqui a 20 ou 30 anos, porque você está cuidando de si mesmo e da sua saúde, e está bastante entusiasmado, mas como você gostaria de ser lembrado? Na sua opinião, qual é o seu legado e o que você construiu ao longo desta vida?

CS: Bem, [eu tenho] muitos legados, é claro. Para a minha família, e assim por diante. No lado profissional, **fico muito orgulhoso pelo fato de realmente ter promovido uma grande mudança nas práticas de Wall Street.** É uma instituição que existe há algumas centenas de anos. E nós, essa pequena empresa da Costa Oeste, a enfrentamos de diferentes maneiras. Realmente provocamos uma mudança no estilo deles de tratar os clientes. E eles estão fazendo um trabalho muito melhor. Não tão bom quanto nós! [*Risos.*] Mas estão fazendo um trabalho muito melhor, e estão muito mais cuidadosos no trato com os clientes.

TR: Você deu o exemplo.

CS: Muito obrigado.

TR: Que Deus o abençoe. Obrigado pelo seu tempo.

CAPÍTULO 6.12

SIR JOHN TEMPLETON: O MAIOR INVESTIDOR DO SÉCULO XX?

Sir John Templeton não foi apenas um dos maiores mestres do dinheiro de todos os tempos; ele foi um dos maiores seres humanos que já esteve entre nós. Tive a honra de contar com ele como um dos meus mentores. Seu lema, "Quanto menos sabemos, mais queremos aprender", guiou sua longa e deslumbrante vida como pioneiro em investimentos, iconoclasta, investigador espiritual e filantropo. **Sir John era conhecido pela capacidade de olhar para as situações mais difíceis do mundo e encontrar uma maneira de revertê-las para o bem maior.**

John Templeton nem sempre foi conhecido como "Sir John". De origem humilde, nasceu em uma pequena cidade do Tennessee, onde foi criado para valorizar a parcimônia, a autossuficiência e a disciplina pessoal. Conseguiu ser admitido em Yale e Oxford e obteve o primeiro emprego em Wall Street em 1937, nas profundezas da Grande Depressão. Era um autêntico contestador, que acreditava na compra de ações no "ponto de máximo pessimismo". **Quando todos pensavam que o mundo iria acabar, John achava que era o momento certo para investir.** Quando todos pensavam: "Ah, meu Deus! Estávamos vivendo os melhores momentos da história!" — era aí que chegava a hora de vender.

Ele começou a testar sua teoria no outono de 1939. Com a Depressão ainda em plena atividade, e as tropas de Hitler invadindo a Polônia no início da Segunda Guerra Mundial, John Templeton decidiu pegar todo o dinheiro que tinha economizado, e mais algum adicional emprestado, para comprar o equivalente a 100 dólares de cada ação avaliada em 1 dólar, ou menos, nas bolsas de Nova York. Esse portfólio se tornou a base de uma imensa fortuna pessoal e um império na gestão de ativos. Ele também se tornou um pioneiro em investimentos internacionais. Enquanto o restante dos norte-americanos se recusava a olhar para além das fronteiras do país, John vasculhava o mundo em busca de oportunidades.

À medida que sua fortuna crescia, seu compromisso com a retribuição também aumentava. **Em 1972, ele criou o maior prêmio anual do mundo concedido a um indivíduo, maior que o Prêmio Nobel, para contemplar conquistas espirituais.** Madre Teresa foi a primeira destinatária do Prêmio Templeton. Sua fundação também financiou a pesquisa em ciência e tecnologia, e, em 1987, a rainha Elizabeth lhe concedeu o título de cavaleiro, por suas enormes contribuições à humanidade.

Sir John continuou a falar, escrever e inspirar milhões de pessoas com sua mensagem humilde de integridade, empreendedorismo e fé, até o momento de sua morte, em 2008, aos 95 anos. (Aliás, ele tinha previsto com exatidão o colapso da bolha imobiliária naquele ano.) O que você vai ler a seguir é o trecho de uma entrevista que realizei com ele poucos meses antes de sua morte. A bondade fica evidente em cada resposta, enquanto ele compartilha sua filosofia de que as mesmas qualidades que tornam um indivíduo um grande investidor também podem fazer dele um grande ser humano.

TR: Sir John, a maioria das pessoas parece estar orientada ou para o dinheiro ou para as questões espirituais — elas têm de ser uma coisa ou outra —, mas você parece ter encontrado uma maneira de integrar essas duas vertentes de uma forma verdadeiramente natural e genuína. As pessoas podem integrar ambas as coisas nas suas vidas?

JT: Definitivamente! Não existe disparidade. Você gostaria de lidar com um empresário em quem não pudesse confiar? Não! Se um homem tem uma reputação pouco confiável, as pessoas vão fugir dele. O negócio dele vai fracassar. Mas se um homem tiver elevados princípios éticos, elevados princípios espirituais, vai tentar dar aos seus clientes e funcionários mais do que eles esperam. Se assim for, ele vai ser popular. Vai ter mais clientes. Vai lucrar mais. Vai proporcionar mais bem ao mundo e, assim, prosperar, ter mais amigos e ser mais respeitado.

Portanto, comece sempre dando mais do que se espera de você, tratando a outra pessoa de forma mais do que adequada, e esse é o segredo do sucesso. Nunca tente tirar proveito ou deter o progresso de ninguém. **Quanto mais ajudar os outros, mais próspero você será pessoalmente.**

TR: Qual foi o seu primeiro investimento? O que o atraiu para isso, e como aconteceu?

JT: Eu tinha acabado de começar quando a Segunda Guerra Mundial foi declarada, em setembro de 1939. Estávamos saindo da maior depressão do mundo, e muitas empresas tinham falido. Mas uma guerra gera demanda por quase todos os produtos, por isso, durante uma guerra quase todas as empresas vão prosperar novamente. Então, pedi a um corretor que comprasse o equivalente a 100 dólares de cada ação que estivesse sendo vendida, nas duas bolsas, a 1 dólar ou menos. E havia 104 ações nessa situação. Dessas, lucrei em 100 e perdi dinheiro em apenas quatro.

Assim, três anos depois, quando minha esposa e eu tivemos a oportunidade de assumir um pequeno negócio de consultoria de investimentos para a aposentadoria, tínhamos as economias necessárias para tanto! Começamos sem cliente algum em Radio City, em Nova York, e trabalhamos lá por 25 anos, **continuando a economizar 50 centavos de cada dólar que ganhávamos, a fim de aumentar os ativos para nossa aposentadoria e para a caridade.**

TR: Uau! E você teve um excelente retorno economizando 50 centavos de cada dólar, Sir John. Hoje, a maioria das pessoas diria: "Isso é impossível! Não consigo economizar 50% do meu dinheiro e investir." Mas foi assim que você construiu sua riqueza, do nada, e isso durante a Depressão! **Eu também li que, se alguém tivesse investido 100 mil dólares com você [em 1940], sem nunca colocar nenhum outro centavo a mais, e se esquecesse desse dinheiro, em 1999, isso valeria 55 milhões! É esse o número exato?**

JT: Sim, desde que as suas distribuições fossem reinvestidas.

TR: Eu gostaria de perguntar sobre a sua filosofia de investimento. No passado, você me disse: "Você não apenas deve comprar no momento de máximo pessimismo, como também deve vender no auge do otimismo." É isso mesmo?

JT: Sim, está correto. Há um bom ditado sobre isso, Tony. **"Os mercados ascendentes nascem nos momentos de pessimismo. Eles crescem nos momentos de ceticismo. Eles amadurecem nos momentos de otimismo e morrem nos momentos de euforia!"** Isso sempre acontece em todos os mercados ascendentes, e ajuda a determinar a posição em que você se encontra. Se você conversar com um número suficiente de investidores para inferir sua psicologia, vai poder concluir se o mercado, mesmo em baixa, ainda está seguro, ou se o mercado em alta já chegou a um nível perigoso.

TR: Qual você considera o maior erro cometido pelos investidores?

JT: A grande maioria das pessoas não acumula nenhum patrimônio porque não pratica a autodisciplina de poupar parte da sua renda a cada mês. Além disso, depois de economizar esse dinheiro, você precisa investi-lo sabiamente em bons negócios, e isso não é fácil. É muito raro que alguma pessoa, especialmente alguém que se dedique a isso apenas no seu tempo livre, selecione os investimentos certos. **Da mesma forma que você não gostaria de ser médico de si mesmo ou o seu próprio advogado, não é sensato tentar ser seu próprio gestor de investimentos.** É melhor procurar os melhores profissionais; o mais sábio analista de títulos para ajudá-lo.

TR: Quando conversei com alguns de seus sócios nas Bahamas, perguntei: "Em que ele investe?" E eles responderam: "Em qualquer coisa! Ele vai comprar uma árvore se achar que isso pode lhe render um bom negócio." Eu quis saber, então: "Quanto tempo ele vai manter esse investimento?" E eles responderam: "Para sempre! Basicamente, até que ele valha mais!" Sir John, quanto tempo você mantém um investimento antes de se desfazer dele? Como você sabe que cometeu um erro? Como você sabe que é chegada a hora de liquidá-lo de verdade?

JT: Essas são algumas das perguntas mais importantes! Muitas pessoas vão dizer: "Eu sei quando comprar, mas não sei quando vender."

Contudo, ao longo desses 54 anos em que venho ajudando os investidores, acho que tenho a resposta, e é a seguinte: você só vende um ativo quando acredita ter encontrado um ativo diferente, que seja um negócio 50% melhor. Você procura o tempo todo por outro negócio, e então analisa o que possui agora. Se houver algo na sua lista atual que seja um negócio 50% pior que aquele que você encontrou, você vende o antigo e compra o novo. Mesmo assim, você não estará certo o tempo todo.

TR: Sir John, por que os norte-americanos deveriam se sentir bem investindo fora do próprio país?

JT: Pense nisso: se o nosso trabalho é encontrar as melhores oportunidades, certamente vamos encontrar mais oportunidades se não nos limitarmos a uma nação qualquer. Da mesma forma, talvez encontremos melhores oportunidades se pudermos olhar para todos os lados, e não apenas para uma nação. O mais importante é que isso reduz o risco, pois todas as nações têm mercados em baixa. **Geralmente, cerca de duas vezes a cada 12 anos, surge um mercado em queda brusca em uma grande nação, mas eles não ocorrem simultaneamente.** Então, se seu portfólio estiver diversificado e você contar com ativos em várias nações, um eventual mercado em baixa em determinada nação não o fará sofrer como sofreria aquela pessoa que colocou todos os ovos em uma única cesta.

Sempre aconselhamos nossos investidores a diversificar — diversificar não apenas em mais de uma empresa e em mais de uma indústria, mas diversificar também em mais de uma nação, a fim de que possam ter maior segurança e maior lucro potencial.

TR: Qual você acha que é o seu diferencial em relação a todos os outros investidores que estão por aí? O que o tornou um dos maiores investidores de todos os tempos?

JT: Obrigado. Não me vejo dessa forma. Nem sempre tivemos razão. Ninguém tem, mas tentamos ser um pouco melhores que os outros concorrentes e dar mais do que se espera de nós, sempre tentando melhorar nossos métodos, usando novos métodos para nos mantermos à frente da concorrência. Se há algum segredo nisso, é este: **não tente ser um lutador. Tente ser um doador!**

TR: Sir John, hoje em dia há muito medo em vários níveis da sociedade. Como lidar com o medo?

JT: Para superar o medo, a melhor coisa é ser extraordinariamente grato. Se você acordar todas as manhãs e pensar em cinco coisas novas pelas quais se sente extraordinariamente grato, você provavelmente não terá medo; você provavelmente vai irradiar seu otimismo, sua atitude de gratidão, vai fazer coisas de uma maneira melhor, atrair mais pessoas para o seu lado. **Resumindo, eu diria que uma atitude de gratidão evita uma vida de medo.**

TR: Eu adoraria ouvir isso através da sua própria percepção: quem é Sir John Templeton? Sua vida gira em torno de quê, exatamente? No fim, como você gostaria de ser lembrado?

JT: Sou um estudante, sempre tentando aprender. Sou um pecador. Todos nós somos. Eu tentei melhorar dia a dia, e, particularmente, tento continuar perguntando a mim mesmo: "Quais são os propósitos de Deus? Por que Deus criou o Universo? O que Deus espera dos seus filhos aqui?" E o mais próximo que você pode chegar, em poucas palavras, é: **ele espera que nós cresçamos espiritualmente.** Ele coloca provações e tribulações no nosso caminho, da mesma forma que passamos pelos exames na escola, porque isso pode nos ajudar a nos tornar almas melhores do que seríamos se não fosse assim. Então, a vida é um desafio. A vida é uma aventura. É uma aventura maravilhosa e emocionante. Todos nós devemos fazer o melhor que pudermos enquanto o Senhor nos permitir estar neste planeta.

SEÇÃO 7

SIMPLESMENTE AJA, APRECIE E COMPARTILHE!

CAPÍTULO 7.1

O FUTURO É MAIS BRILHANTE DO QUE VOCÊ PENSA

O mais importante na vida é acreditar que
o melhor ainda está por vir.

— PETER USTINOV

Por que a maioria das pessoas busca riqueza? Porque elas querem uma qualidade de vida maior. E uma coisa que eu sei, sem nenhuma sombra de dúvida, é que todos nós conseguimos lidar com um dia árduo hoje se estivermos certos de que amanhã será um dia mais promissor.

Todos nós precisamos de um futuro inspirador.

Portanto, se você estiver se perguntando por que gastaríamos tempo falando sobre o futuro e os avanços tecnológicos em um livro sobre finanças, é **porque a tecnologia é um *ativo oculto* que, a cada dia, aumenta exponencialmente a capacidade de enriquecer sua vida.**

Os avanços acontecem hoje e nos próximos meses e anos, e vão revolucionar a qualidade da sua vida e as vidas de todos os outros habitantes da Terra. Essa maré de tecnologia vai oferecer a oportunidade de todos os barcos flutuarem.

Em termos financeiros, sabe o que é mais fascinante? O custo da tecnologia está diminuindo, ao mesmo tempo em que sua capacidade está em expansão geométrica! O que isso significa para você? Significa que, mesmo que você comece a acumular riqueza tarde, provavelmente ainda terá uma grande qualidade de vida no futuro, por menos dinheiro ainda do que poderia imaginar.

Além disso, aprender sobre essas tendências em tecnologia pode despertá-lo para algumas das maiores oportunidades de investimento da sua vida. Essas tecnologias estão crescendo exponencialmente. O momento de prestar atenção nelas é agora.

Minha esperança é que este capítulo também o inspire a cuidar melhor de si mesmo e de sua família, não apenas financeiramente, mas, quem sabe, fisicamente também. Sem saúde física não há riqueza. Estar presente pelo tempo suficiente para tirar proveito de alguns desses enormes avanços da tecnologia deve ser uma prioridade — especialmente depois de ficar conhecendo algumas das mudanças que estão acontecendo enquanto nós conversamos.

Então, vamos fazer uma breve viagem juntos e explorar a vanguarda do nosso futuro tecnológico. Vou avisar com antecedência: este capítulo tem uma visão escancaradamente positiva. Contudo, ele não se baseia apenas no meu entusiasmo: reflete, antes, o trabalho de alguns dos maiores cientistas na face da Terra. E não são apenas aqueles que preveem, mas aqueles que apresentam o que preveem. Indivíduos que fizeram de tudo, como decodificar o genoma humano, projetar o primeiro sistema de reconhecimento de voz digital e desenvolver navios espaciais comerciais que levam e trazem as pessoas da Estação Espacial Internacional.

Reconheço, porém, que muitas pessoas têm uma visão diferente e mais cética da tecnologia. E talvez elas estejam certas. Algumas olham para o futuro e veem uma distopia no estilo *O exterminador do futuro* de robôs assassinos e Frankenfoods geneticamente modificados. Outras anseiam por um mundo de carros voadores, como havia em *Os Jetsons*; ou ajudantes de androides, como o C-3PO de *Star Wars*; ou carne e legumes que possam ser cultivados a partir de organismos unicelulares para saciar a fome mundial. Nenhum desses cenários extremos chegou a acontecer. Eu prefiro pensar em como a tecnologia vai ser usada para fazer uma diferença maciça na qualidade das nossas vidas. Também entendo que, muitas vezes, as pessoas temem novas tecnologias e se preocupam por estarmos indo rápido demais.

Afinal, sempre houve um "lado obscuro" nesses avanços — frequentemente porque essas tecnologias num primeiro momento expulsaram as pessoas das suas ocupações até que elas se adaptassem a novas formas de emprego. Como o influente financista e colunista Steven Rattner apontou no *New York Times*, até mesmo a rainha Elizabeth I da Inglaterra se recusou a patentear uma máquina de tricô do século XVI porque isso empurraria os seus "pobres súditos" para o desemprego. Mas, de acordo com Rattner, "o segredo não é proteger velhos empregos, (...) mas criar novos. E, desde a invenção da roda, é o que tem acontecido".

Na maioria das vezes, essas novas ferramentas têm sido usadas para melhorar a vida dos seres humanos. E, hoje, alguns dos maiores desafios do mundo, do excesso de dióxido de carbono no ar à falta de água doce, à escassez de terras cultiváveis, estão sendo resolvidos pelas novas tecnologias. Tudo isso parece estar acontecendo da noite para o dia. Mas, ao longo da história, também tem havido uma minoria que se aproveita de qualquer ferramenta ou tecnologia para usá-la como uma arma. A eletricidade pode iluminar uma cidade ou matar alguém. Mas existem mais postes de luz do que cadeiras elétricas, e aos milhões. Um avião da Boeing pode nos transportar através dos oceanos ou ser usado como uma bomba para assassinar milhares — mas existem mais voos do que sequestros, e aos milhões.

É natural que os seres humanos temam o novo e o desconhecido, e se concentrem nas piores hipóteses. O nosso cérebro está programado para a sobrevivência, e foi assim que obtivemos êxito como espécie. Mas a nossa imaginação também pode nos puxar para trás. A ficção científica fez muitos temerem as tecnologias futuristas, como a inteligência artificial. Mas os cientistas atuais e futuristas como Ray Kurzweil, Peter Diamandis e Juan Enriquez veem as tecnologias avançadas como uma oportunidade de a humanidade evoluir e se transformar em algo melhor.

Então, se você se irrita com a ideia de um futuro otimista, deve passar para o próximo capítulo! Se você for uma pessoa realmente interessada em saber como a tecnologia vem moldando nossas vidas, acho que isso vai ajudá-lo a entender o que está disponível e o que está por vir. Na minha opinião, você pode escolher entre ter medo do futuro ou aceitá-lo. Mas nada vai fazer com que ele mude.

Por quê? **Porque o futuro já está aqui.**

A melhor forma de prever o futuro é criá-lo.

— ALAN KAY

Nos Estados Unidos, a cada dez minutos alguém sofre queimaduras terríveis. Essas pessoas são levadas para hospitais, sentindo dores lancinantes — uma das dores mais intensas que um corpo humano pode sentir. As enfermeiras esfregam a carne repleta de bolhas e carbonizada e cobrem a ferida com pele morta para evitar que o paciente morra de infecção. Você pode imaginar a pele de um cadáver colocada sobre o seu corpo?! Se o paciente sobreviver, a cicatriz pode ficar horrorosa. Tenho certeza de que você já viu rostos, braços e pernas tão desfigurados que se tornaram irreconhecíveis. Às vezes são necessárias várias cirurgias, e a cicatrização pode levar anos.

Agora imagine que, em uma noite qualquer, Matt Uram, policial estadual de 40 anos, está prestes a se somar a essas sombrias estatísticas. Sua vida mudou para sempre.

Como? Ele está perto de uma fogueira quando alguém lança um recipiente com gasolina nas chamas, e as queimaduras cobrem-lhe o braço direito, o lado direito da cabeça e o rosto. Os médicos e as enfermeiras agem rapidamente, limpando a pele repleta de bolhas, desinfetando as feridas de Matt, aplicando pomadas. Normalmente ele ficaria na unidade de queimados por semanas ou meses, passando pelo mesmo processo angustiante duas vezes por dia. Em vez disso, uma equipe de especialistas experimenta uma nova técnica. Eles colhem uma camada de células saudáveis de partes da própria pele de Matt, que não foram afetadas pelas queimaduras. Nenhuma pele morta para ele! Essas células são cultivadas e, em pouco tempo, uma pistola de pulverização começa a pincelar gentilmente as feridas com uma solução de células-tronco do próprio Matt.

Três dias depois, seus braços e rosto estão completamente curados. (E esse milagre precisa ser visto para se acreditar nele! Acesse www.youtube.com/watch?v=eXO_ApjKPaI e veja a diferença). Há uma cicatriz quase invisível. Sei que parece uma cena de filme de ficção científica. Mas é uma história real, que aconteceu em Pittsburgh poucos anos atrás.

Enquanto a técnica que curou Matt Uram ainda está em testes clínicos nos Estados Unidos, um procedimento similar com células-tronco já foi usado em centenas de vítimas de queimaduras na Europa e na Austrália. Incrível, não é?! Hoje existe até mesmo uma "biocaneta", que permite aos cirurgiões extrair células saudáveis de camadas de osso e cartilagem. As células se multiplicam e crescem em nervos, músculos e ossos, curando a área danificada. A tecnologia permite que o cirurgião coloque as células onde ele quiser, em um instante. Essa é apenas mais uma das novas e incríveis terapias que têm surgido e se tornado mais acessíveis a todos.

Caso você ainda não tenha notado: **o mundo em que vivemos hoje é palco de milagres cotidianos, e as mudanças estão acontecendo tão rapidamente que às vezes nem nos damos conta disso.** Ou talvez nós apenas as naturalizemos.

Se você tivesse de descrever o mundo de 2015 para uma pessoa de 1980, há apenas 35 anos, ela teria achado que você estava fazendo mágica! Pulverização de células-tronco? Meu Deus, seria um milagre até mesmo falar com alguém ao telefone e, ao mesmo tempo, dirigir seu carro, não é?

Estamos acostumados à ideia de que podemos prever o futuro observando o que aconteceu hoje ou ontem. Mas já não se pode mais fazer isso. Até muito "recentemente", a mudança era tão rara e tão lenta que era medida em épocas: a Idade do Bronze, a Idade do Ferro, e assim por diante. Atualmente, a mudança é exponencial. Isso significa que ela vem acelerando, fazendo grandes avanços em períodos mais curtos de tempo. Significa que estamos construindo ferramentas que podem transformar a qualidade das nossas vidas de forma mais rápida e satisfatória, e essas ferramentas estão acessíveis a quase todos nós.

Hoje em dia, a pessoa média já tem opções que o faraó mais rico do Egito jamais sonhou em ter. Imagine o que ele teria dado para conseguir voar pelos céus, sentado em uma cadeira ou deitado em uma cama, até outra parte do mundo, em poucas horas, em vez de passar meses enfrentando os oceanos. Agora você pode fazer isso por 494 dólares na Virgin Atlantic Airways.

Nem mesmo um faraó poderia gastar 200 milhões de dólares para produzir um filme e se divertir por duas horas. No entanto, todas as semanas vários filmes novos são lançados, e podemos apreciá-los nas salas de cinema por 10 dólares (ou 9,99 por mês, na Netflix).

Vamos encarar os fatos: estamos vivendo um dos momentos mais extraordinários da Terra. Nos últimos cem anos, vimos a expectativa de vida dos seres humanos passar de 31 para 67 anos — mais que o dobro. Ao mesmo tempo, a renda média *per capita* (ajustada pela inflação) de cada pessoa no planeta triplicou. Cem anos atrás, 43% de cada dia de trabalho da maioria dos norte-americanos costumava ser usado apenas para obter comida. Agora, por causa dos avanços na agricultura e na distribuição, esse índice caiu para 7%.

CHEGOU A CORRESPONDÊNCIA!

A primeira vez que me encontrei com o presidente Bill Clinton, no início dos anos 1990, lembro vividamente de me sentar ao lado dele e dizer: “Sabe, Sr. presidente, talvez haja uma maneira de podermos nos comunicar eletronicamente.” Ele pareceu intrigado, e então eu disse: “Comecei a usar uma coisa nova chamada e-mail. Tenho uma conta no AOL. Você tem uma?” E o presidente respondeu: “Ah, eu já ouvi falar disso!” Na época, porém, não havia nenhuma conta de e-mail para o presidente dos Estados Unidos. Hoje em dia, o telefone que um membro de uma tribo amazônica leva consigo pela selva tem mais capacidade de processamento instantâneo do que Clinton tinha à sua disposição enquanto líder do mundo livre. Ele pode entrar na internet para comprar suprimentos para suas vacas ou pagar a mensalidade da escola do seu filho. Ele pode traduzir idiomas. Se quiser, pode acessar cursos gratuitos de economia em Yale e de matemática no MIT. Estamos vivendo em um universo completamente diferente agora, e só estamos no começo do começo.

“Isso evita que eu olhe para o meu celular a cada dois segundos.”

E as coisas estão ficando melhores, mais rápidas, a cada dia. "O futuro vai ser muito melhor do que você imagina", diz o meu querido amigo Peter Diamandis, criador da Fundação X Prize, engenheiro aeroespacial, médico, empresário e grande ser humano. "A humanidade está entrando agora em um período de transformação radical, em que a tecnologia tem o potencial de elevar significativamente os padrões básicos de vida de todos os homens, mulheres e crianças do planeta."

O que isso significa para você? Significa que, mesmo que você desista e não siga nenhuma das coisas que aprendeu nestas páginas, no futuro você ainda será capaz de desfrutar uma qualidade de vida melhor do que jamais imaginou, mesmo que não disponha de um rendimento elevado. Para aqueles que dispuserem desses rendimentos, as possibilidades serão ilimitadas.

A chave para a abundância é enfrentar
circunstâncias limitadas com
pensamentos ilimitados.

— MARIANNE WILLIAMSON

A tecnologia vai mudar aquilo que entendemos como escassez. É o denominador comum que nos faz ter medo. A ideia de que não haverá quantidade suficiente das coisas de que necessitamos e que valorizamos: água, comida, dinheiro, recursos, tempo, espaço, alegria e amor. Por que as pessoas querem ser ricas? Porque elas acreditam que, se forem ricas, sempre terão o suficiente, nunca vão ficar sem nada. É um medo que está arraigado no cérebro de cada um de nós.

Mas a escassez não precisa ser uma condição permanente. A tecnologia pode mudar isso. Você sabia que houve um tempo em que o metal mais raro e mais precioso na Terra era... o alumínio? É isso mesmo! Separar esse elemento do barro era incrivelmente difícil e dispendioso. O alumínio era o símbolo máximo de status na França do século XIX. Em um banquete imperial, Napoleão III serviu o rei do Sião com utensílios de alumínio em vez do ouro habitual. No fim do século, porém, os cientistas descobriram como processar o alumínio em grande escala, e o metal leve e barato, subitamente, inundou o mercado.

Peter Diamandis gosta de usar a história do alumínio para sinalizar que a escassez é uma função da nossa habilidade — ou falta de habilidade — para acessar os recursos. Ele escreveu um livro extraordinário, *Abundância: o futuro é melhor do que você imagina*, que abrange, em trezentas e poucas páginas, os conceitos que este capítulo está tentando capturar em apenas algumas. Eis aqui uma grande metáfora do livro sobre como a tecnologia pode superar a escassez: "Imagine uma laranjeira gigante cheia de frutas", escreve Peter. "Se eu colher todas as laranjas dos galhos inferiores, as frutas acessíveis acabam — as laranjas, agora, serão raras. Entretanto, uma vez que alguém invente uma tecnologia chamada escada, subitamente meu alcance aumenta. Problema resolvido. A tecnologia é um mecanismo liberador de recursos."

Considerando o modo como a nossa população mundial está crescendo, precisamos liberar esses recursos mais depressa do que nunca. Lembra da mudança exponencial da qual falávamos? Aqui está um exemplo:

- Levou um pouco mais de **200 mil anos** — ou até o ano **1804** — para que a população de seres humanos se multiplicasse, totalizando **1 bilhão de pessoas.**
- Demorou apenas **123 anos (até 1927)** para que a população humana dobrasse para **2 bilhões de pessoas.**
- Mas demorou apenas **33 anos (até 1960)** para haver **3 bilhões de pessoas** no planeta!
- Foram necessários apenas **14 anos (até 1974)** para acrescentar mais 1 bilhão, chegando a um total de **4 bilhões de pessoas.**

Esse crescimento não parou. Apesar da política de um filho por família para conter a população de 1,3 bilhão de pessoas na China, e de todos os outros esforços para deter o crescimento da população mundial, apenas nos últimos 40 anos acrescentamos mais de **3 bilhões de pessoas**! Isso significa 300% a mais nas quatro últimas décadas do que o número originalmente alcançado após 200 mil anos! Hoje existem **7,2 bilhões de habitantes no planeta**! Se continuarmos seguindo nosso atual ritmo de crescimento, os cientistas estimam que a população mundial chegará a **9,6 bilhões até 2050.**

Como a Terra vai conseguir sustentar tantas pessoas? Se continuarmos a consumir nossos recursos naturais à taxa atual, o que vai acontecer? De acordo com Jim Leape, do Fundo Mundial para a Natureza, conforme citado no *Wall Street Journal*, "estamos utilizando 50% a mais de recursos do que a Terra pode produzir de forma sustentável e, a menos que mudemos de rumo, esse número vai crescer rapidamente — até 2030, nem mesmo dois planetas serão suficientes".

Juntas, a criatividade humana e a tecnologia terão de encontrar uma forma de satisfazer às nossas necessidades.

Lembro de uma época em que nós acreditávamos que o petróleo estava acabando. No início dos anos 1970, quando eu estava entrando no ensino médio, houve uma crise do petróleo no Oriente Médio. Não sei se você se recorda, mas a gasolina era racionada nos dias ímpares ou pares. Eu me perguntava se ficaríamos sem combustível antes mesmo de eu tirar minha carteira de motorista! Então, um dia, na escola, meu professor de engenharia disse: "Eu gostaria de ler um artigo." Eu já tinha lido uma reportagem da revista *Time* sobre o Clube de Roma, apavorando a todos com previsões de que o nosso suprimento de petróleo duraria apenas mais alguns anos, e toda a economia entraria em colapso. Aquele artigo soava exatamente assim, usando a mesma linguagem da desolação e do pessimismo. Então, ele nos mostrou o que estava lendo: um artigo de jornal da década de 1850 sobre a crise do petróleo. E o petróleo sobre o qual eles estavam falando era... óleo de baleia!

No século XIX, a gordura de baleia era a principal fonte de óleo para iluminação. Era impossível iluminar uma casa sem ela. Mas as baleias estavam sofrendo com a sobrepesca, as pessoas estavam preocupadas com a escassez de petróleo e os preços estavam disparando. Mas o que aconteceu em 1859? Descobriu-se petróleo bruto na Pensilvânia. Toda uma nova fonte se tornou acessível. Em pouco tempo, tínhamos lâmpadas de querosene e, logo depois, motores de combustão interna. A crise do petróleo de 1973? A tecnologia já havia diminuído essa escassez. Novas técnicas de exploração e extração estavam disponibilizando grandes quantidades de combustíveis fósseis. Hoje em dia, com tecnologias de perfuração secundárias, temos mais gasolina do que a Arábia Saudita tem de petróleo! Essas tecnologias mudam não somente a economia, como também podem ter impacto no poder geopolítico. Em 2013, pela primeira vez em quase uma década, os Estados Unidos produziram mais petróleo internamente do que importaram do Oriente Médio.

O futuro está em alternativas como a energia eólica, os biocombustíveis e — a campeã absoluta — a energia solar. De acordo com o inventor e futurista Ray Kurzweil, todas as necessidades energéticas do mundo podem ser satisfeitas com 1/10 mil da luz solar que incide sobre a Terra a cada dia. O desafio tem sido capturar e armazenar essa energia a um custo competitivo. Ray prevê que o custo por watt de energia solar será menor que o do petróleo e o do carvão em apenas alguns anos.

> O que precisamos é de mais pessoas
> especializadas no impossível.
>
> — THEODORE ROETHKE

Vamos parar um momento e refletir: de onde virá toda essa nova tecnologia? Ela já está brotando dos lugares habituais: Vale do Silício, NASA, a Agência de Projetos de Pesquisa Avançada de Defesa (Darpa, na sigla em inglês) e as grandes universidades e laboratórios do mundo. Contudo, cada vez mais inventores do tipo faça você mesmo estão utilizando os vastos recursos da internet para encontrar meios de fazer as coisas de forma mais rápida, mais satisfatória e mais barata.

Preciso lhe contar sobre um adolescente que conheci e que está revolucionando o mundo das próteses dentro de um laboratório — no seu quarto! Aos 17 anos, Easton LaChappelle estava executando um programa de robótica para a NASA, e não precisou frequentar uma grande universidade para aprender engenharia — ele tinha a internet.

Easton cresceu em uma pequena cidade no sudoeste do Colorado, e, como não tinha muito o que fazer na infância, se distraía desmontando e remontando dispositivos domésticos. Quando tinha 14 anos, ele decidiu construir a sua própria mão robótica. Ei, por que não? Não havia nenhuma grande biblioteca na cidade, nenhuma universidade por perto, e então ele vasculhou sites como o Instructables e o Hack It! para aprender eletrônica, programação e mecânica. Em seguida, usou objetos que tinha ao seu redor — Lego, linha de pesca, fita isolante, pequenos motores utilizados em atividades de lazer e uma luva Nintendo Power — para construir um protótipo.

Aos 16 anos ele já tinha refinado seu projeto utilizando uma impressora 3-D para criar uma mão mecânica feita de camadas de plástico. Apresentou sua invenção na feira de ciência do estado, e foi lá que Easton teve o que chama de seu momento "eureca!". Ele conheceu uma menina de 7 anos cujo braço protético custara 80 mil dólares a seus pais. Ela precisaria de mais dois ao longo da vida. Easton pensou: "Quem pode bancar isso?" Além do mais, a mão mecânica presa ao braço tinha apenas um sensor e um movimento. Seu aparelho era muito mais sofisticado, com cinco dedos flexíveis. Naquele exato momento, o garoto decidiu criar uma prótese simples, funcional e acessível para ajudar amputados como aquela menina.

Easton voltou para o laboratório instalado no seu quarto e construiu um membro inteiramente robótico, que reproduzia o movimento e a força de um braço humano. De forma ainda mais surpreendente, ele criou fones de ouvido que convertem ondas cerebrais eletrônicas em sinais de Bluetooth, para a realização e o controle do exame de eletroencefalograma (EEG). (Sim, essas coisas não existem apenas em filmes de ficção científica.) O braço pesa um terço a menos que a versão de 80 mil dólares e é muito mais resistente. Na verdade, uma pessoa pode erguer mais de 136 quilos usando esse braço! Uma melhoria gigantesca em relação à tecnologia do passado. Então, quanto você acha que custa essa nova invenção de Easton em comparação com o membro de 80 mil? Vinte mil dólares? Cinco mil? Mil e quinhentos? Que tal *250 dólares*?!

Depois de conhecer o presidente Obama no verão anterior ao seu 18º aniversário, Easton foi fazer uma residência com a NASA, no Centro Espacial Johnson, de Houston, onde liderou uma equipe que trabalhava em robótica para a Estação Espacial Internacional. No fim de agosto, Easton já estava pensando: "Vou pular fora. Esses caras são muito lentos!" Ele estava sentindo falta de construir os dispositivos que ele mesmo havia projetado, e, lá, as coisas funcionavam de modo muito burocrático. Voltou para casa a fim de trabalhar na construção de um exoesqueleto robótico para um colega do ensino médio, que tinha ficado paralisado da cintura para baixo depois de um acidente. Easton queria que ele estivesse andando na formatura.

Quando li sobre o projeto do exoesqueleto de Easton, eu sabia que precisava entrar em contato com ele. Venho trabalhando com os sobreviventes de recentes tiroteios em massa, incluindo os massacres de Newtown, em Connecticut, e Aurora, no Colorado. Ajudei muitos deles a transformar suas vidas depois dessas perdas inconcebíveis, incluindo Ashley Moser uma mãe grávida que assistiu ao assassino ensandecido matar sua filha de 6 anos de idade antes de apontar a arma em sua direção. As duas balas que ele disparou no corpo de Ashley mataram seu bebê e a deixaram paralisada da cintura para baixo. Quando a conheci, ela estava alimentando pensamentos suicidas. Levei sua família e sua equipe médica até o nosso evento Desperte seu Poder Interior, e, juntos, trabalhamos para criar um ambiente onde essa notável jovem pudesse dar início à sua cura emocional.

Quero que Ashley volte a andar! Então, procurei Easton e me ofereci para financiar seu projeto. **Desde então, estabelecemos parcerias para criar dispositivos protéticos de baixo custo que possam ser usados em todo o mundo e fazer uma enorme diferença na vida das pessoas.** Não importa onde elas vivam, não importa quanto dinheiro tenham. Essa é a missão de Easton. (A propósito, seu amigo do ensino médio deve se formar em 2015, e Easton relata que está focado atualmente em assegurar que ele consiga ir andando até o pódio. A meta de Easton é fazer um exoesqueleto tão fino e flexível que possa ser usado embaixo da roupa! Talvez você nem note que alguém esteja usando um.)

A outra missão de Easton é informar aos jovens de todo o mundo que eles também podem se tornar produtores de tecnologia, em vez de apenas consumidores. "Todo mundo pode ser um criador", me disse Easton. "Com acesso à internet e à tecnologia 3-D, os jovens podem fazer o que quiserem. Eles não precisam se restringir pensando: 'Preciso fazer faculdade para ser bem-sucedido; não existe nenhuma outra maneira.' Na verdade, existem várias opções."

Não há dúvida de que Easton LaChappelle é uma pessoa extraordinária. Seria fácil chamá-lo de gênio. Mas quantos outros Eastons você acha que existem por aí — em lugares como Índia, Tanzânia, Austrália, Daguestão, Uruguai, Cingapura —, utilizando seus computadores e imaginando formas de melhorar o mundo em que vivemos? Easton usou a tecnologia de código aberto para compartilhar seu primeiro projeto de mão robótica, para que pessoas do mundo inteiro pudessem copiá-lo e melhorá-lo se quisessem. **Agora, todos nós podemos ser nossos próprios editores e criadores, e compartilhar nossas ideias com qualquer pessoa que tenha acesso à internet.**

As barreiras foram suspensas, inaugurando uma das maiores revoluções do nosso tempo — o que as pessoas chamam de Era MakerBot ou Revolução Maker. Easton LaChappelle é simplesmente uma das muitas pessoas na vanguarda da explosão das inovações do faça você mesmo (DIY, na sigla em inglês), alimentadas pelo rápido crescimento da tecnologia. Chris Anderson, diretor-executivo da 3-D Robotics, batizou-a de "Nova Revolução Industrial". Agora, todos podem aprender o que os alunos aprendem em Harvard, MIT e Stanford. Eles podem interagir com os melhores professores — e uns com os outros —, compartilhando ideias e técnicas, fabricando dispositivos e fornecendo por algumas centenas de dólares serviços que antes custavam milhões.

A cada ano, Feiras Maker são montadas em todos os lugares dos Estados Unidos, reunindo inventores, amadores, engenheiros, estudantes, professores, artistas e empreendedores naquele que é considerado "o Melhor Espetáculo (e Mostra) da Terra". Em 2013, mais de 540 mil pessoas compareceram a 100 Feiras Maker globalmente, e, em 2014, a Maker Media, criadora das feiras, espera que esse número aumente para 140. Recentemente, o presidente Obama organizou uma Feira Maker na Casa Branca, onde uma girafa robótica de 5,20 metros chamada Russell o cumprimentou. O presidente também visitou uma pequena casa portátil e tocou um teclado feito de bananas. **Foi ali que ele conheceu Marc Roth, de San Francisco, que estava morando em um abrigo para sem-teto quando começou a frequentar uma "TechShop" local para aprender a usar impressoras 3-D e cortadoras a laser. Dezesseis meses depois, ele lançou um negócio próprio de corte a laser e, hoje em dia, administra um programa para ensinar habilidades de alta tecnologia a outras pessoas que precisam de uma nova oportunidade.**

Obama também expressou publicamente sua gratidão a duas pré-adolescentes da Carolina do Norte que haviam lançado uma empresa de robótica em vez de optar por entregar jornais diariamente. Seu lema: "Se você é capaz de imaginar algo, então você é capaz de realizar — seja lá o que for."

"E esse é um lema muito bom para os Estados Unidos", disse Obama à plateia. "Este é um país que imaginou uma ferrovia conectando um continente, imaginou a eletricidade alimentando nossas cidades grandes e pequenas, imaginou arranha-céus chegando às nuvens e uma internet que nos aproxima uns dos outros." Ele desafiou todas as empresas, faculdades e comunidades a apoiar aquelas Feiras Makers. "Se fizermos isso, eu sei que conseguiremos criar mais bons empregos nos próximos anos. Vamos criar indústrias inteiramente novas, que ainda nem somos capazes de imaginar."

A Revolução Maker está se tornando possível pela explosão de novas tecnologias e expansão maciça da internet. **Dez anos atrás, a internet conectava 500 milhões de pessoas; hoje ela conecta 2 bilhões. Dentro de seis anos, especialistas estimam que outros 3 bilhões estarão se juntando à internet, totalizando 5 bilhões de pessoas. Imagine o poder dessa criatividade tão conectada e tão estimulada em todo o planeta!** A primeira internet era a das agências militares e das faculdades. Depois, veio a internet pontocom das empresas; em seguida, tivemos a internet das ideias; e, com as mídias sociais, chegamos à internet dos relacionamentos. Agora, é a internet das coisas, de todas as coisas. Computadores e sensores estão incorporados em objetos cotidianos, transmitindo mensagens alternadamente, de um lado a outro. As máquinas estão se conectando a outras máquinas, que, por sua vez, estão se conectando conosco e unindo tudo em uma poderosa rede global. E a impressão 3-D é o modo como essa internet será transformada e expandida para além de nossos sonhos mais loucos.

IMPRESSÃO 3-D: DA FICÇÃO CIENTÍFICA AO FATO CIENTÍFICO

Você se lembra dos "replicadores" usados em filmes como *Star Trek* para sintetizar, do nada, hambúrgueres e café quente na *Enterprise*? Bem, os cientistas dizem que não estamos tão longe de criar uma coisa igual! Já se falou bastante sobre a impressão 3-D, mas é difícil entender que ela pode se tornar uma tecnologia poderosa até vê-la em ação. A impressão 3-D, na verdade, é um termo genérico para a fabricação digital, e as "impressoras" são, efetivamente, minifábricas que usam arquivos de computador como modelos para criar objetos tridimensionais, camada por camada. **As impressoras podem usar pelo menos 200 materiais diferentes, liquefeitos ou em pó, incluindo plástico, vidro, cerâmica, titânio, nylon, chocolate — e até mesmo células vivas. O que você *pode* fazer com elas? Uma pergunta melhor: o que você *não pode* fazer com elas?!** Até agora, as impressoras 3-D foram usadas para criar tênis de corrida, pulseiras de ouro, peças de avião, utensílios de mesa, biquínis, violões e painéis solares — sem mencionar traqueias, orelhas e dentes humanos. Como você já sabe, existem impressoras 3-D pequenas o suficiente para caber no quarto de um adolescente, capazes de transformar camadas de gosma sintética em um membro protético em pleno funcionamento. E existem impressoras 3-D do tamanho de um hangar, na China, que podem imprimir dez casas por dia usando camadas de concreto misturado com resíduos de construção reciclados. O custo? Apenas 5 mil dólares por casa, e quase não se exige mão de obra!

E o que talvez seja o mais importante, é que a NASA tem uma parceria com a America Makes, uma rede de empresas de impressão tridimensional, para patrocinar uma competição mundial e enfrentar um dos maiores desafios da humanidade: a falta de abrigos, especialmente de abrigos de emergência, em tempos de desastres naturais, como furacões, tsunamis e terremotos. Imagine impressoras 3-D imprimindo casas nos próprios locais, usando materiais regionais, em questão de horas e não meses. O impacto dessa tecnologia, quando efetivamente utilizada, será ilimitado.

Algum dia, talvez você consiga imprimir seu jeans customizado sem sair de casa, **enquanto aldeias remotas no Himalaia conseguirão baixar padrões da nuvem e imprimir ferramentas, bombas-d'água, material escolar — qualquer coisa de que precisem.** Os viajantes espaciais também. Naturalmente, à medida que novas tecnologias, como a impressão 3-D, vão se tornando disponíveis, as antigas começarão a ser interrompidas, e algumas empresas tendem a desaparecer. Não haverá mais tanta necessidade de depósitos de peças sobressalentes, não é? E menos necessidade ainda de serviços de entrega. Ótimo para o planeta, mas não tão bom se você for motorista de caminhão. Especialistas acreditam que 3,5 milhões de motoristas de caminhão ficarão sem trabalho apenas nos Estados Unidos, pois haverá caminhões autoconduzidos por robôs que poderão operar 24 horas por dia, em oposição às oito horas que um ser humano é capaz de dirigir antes de fazer uma pausa. Além disso, não é preciso pagar nenhum salário após o investimento inicial no caminhão de condução autônoma.

Enquanto indústrias antigas vão sumir, novas surgirão. Precisamos apenas da formação, do treinamento e da mentalidade para acatar a mudança e atender às demandas da nova economia emergente.

Mas a impressão 3-D é apenas uma das tecnologias que fazem parte do crescimento extraordinário que vai mudar a qualidade da *sua* vida. Nanotecnologia, robótica e regeneração de tecidos são três outras áreas a serem observadas. Se você estiver se perguntando por que estamos falando de tudo isso — porque sabemos que os avanços tecnológicos que oferecem soluções para os nossos problemas mais prementes continuarão acontecendo, não importando qual seja a estação econômica, quer estejamos passando por inflação ou deflação, quer estejamos em guerra, quer em paz.

Já ouviu falar da onda demográfica? Os gastos de consumo de 77 milhões de membros da geração do baby boom vêm impulsionando a economia norte-americana há décadas. Mas, agora, 10 mil desses indivíduos estão completando 65 anos todos os dias. E isso se transforma em uma onda potencial de crise da aposentadoria, já que a maioria não poupou dinheiro e não possui pensão alguma.

Temos uma onda de dívida se formando neste país, maior do que qualquer outra coisa na história do mundo: 17 trilhões de dólares em dívidas e 100 trilhões de passivos descobertos, entre Medicare, Medicaid, Previdência Social e outros compromissos.

Há uma onda ambiental, mesmo que você não acredite em mudanças climáticas. E, claramente, estamos exaurindo nossa terra. **No entanto, por maiores que sejam essas ondas, a onda de tecnologia é ainda maior.** A onda de tecnologia promete fazer todos os barcos flutuarem, levando o mundo inteiro a um futuro mais abundante.

"Acho que essas tendências tecnológicas tendem a ser maiores do que qualquer crise", disse o futurista e capitalista de risco Juan Enriquez, em uma das minhas recentes conferências econômicas. "Enquanto todo mundo estava preocupado com a Guerra da Coreia e a Guerra Fria, as pessoas estavam construindo transistores. Enquanto todo mundo estava preocupado com a Segunda Guerra Mundial, as pessoas estavam fazendo antibióticos. A maioria desses avanços teve mais impacto sobre a sua vida e a minha vida do que as guerras ou os altos e baixos."

Nossos problemas vêm em ondas, mas as soluções também.

Estou surfando a onda gigante da vida.

— WILLIAM SHATNER

Ninguém entende essa ideia melhor do que o meu amigo Ray Kurzweil, inventor, autor e empresário. Uma das mentes mais brilhantes do planeta, ele tem sido chamado de Thomas Edison de nossa época. No entanto, provavelmente você nunca ouviu o nome dele, a menos que seja um viciado em Conferências TED ou tenha o hábito de analisar o expediente do Google, onde Ray é chefe de engenharia. Mas Ray Kurzweil afetou sua vida de várias maneiras, mais do que você possa imaginar. Se você ouve músicas no seu telefone, na internet — em qualquer lugar —, ele é o cara a quem você tem de agradecer. Ele criou a primeira música digital. Se, alguma vez, você já ditou um e-mail via Siri ou outros sistemas de conversão de voz para texto, isso se deve a Ray.

Conheço Ray Kurzweil há quase 20 anos, e lembro de tê-lo ouvido com espanto enquanto ele descrevia o futuro. Parecia mágica, mas hoje em dia é tudo real. Automóveis com condução autônoma. Um computador que poderia vencer o maior mestre de xadrez do mundo. Ele já havia inventado um sistema óptico de reconhecimento de caracteres para criar a primeira máquina de leitura para cegos — Stevie Wonder foi seu primeiro cliente. Em seguida, ele quis ajudar as pessoas cegas a ler as placas de rua e a se deslocar pelas cidades sem ajuda e a frequentar restaurantes e encomendar os pratos usando um pequeno dispositivo do tamanho de um maço de cigarros. Ele me disse o ano em que isso iria acontecer: 2005.

"Como você sabe, Ray?", perguntei.

"Você não entende, Tony? A tecnologia se alimenta de si mesma, e fica mais e mais rápida. Ela cresce exponencialmente."

Ele explicou que a lei de Moore — um princípio que mostra que o poder de processamento dos computadores duplica a cada dois anos, enquanto seu custo diminui na mesma proporção — não funciona apenas com microchips. Ela pode ser aplicada a todas as tecnologias de informação — e, por fim, a todos os aspectos de nossas vidas.

O que isso significa? Quando as coisas crescem exponencialmente, em vez de aumentar em um padrão linear ou aritmético (1, 2, 3, 4, 5, 6...), elas dobram continuamente: 1, 2, 4, 8, 16, 32, e assim por diante. Com isso, sua *taxa* de crescimento fica mais e mais rápida. Mas, conforme descobrimos, esse conceito é difícil de entender. Os seres humanos não foram programados para pensar dessa forma.

"Em primeiro lugar, o crescimento exponencial é radicalmente diferente do nosso instinto", diz Ray. "Temos um instinto sobre o futuro arraigado nos nossos cérebros. Há mil anos, quando caminhávamos pela savana e víamos, com o canto do olho, um animal vindo em nossa direção, fazíamos uma previsão linear de onde aquele animal estaria dali a vinte segundos, e de como agiríamos em função disso." Entretanto, com a progressão exponencial, o animal daria alguns passos lentos, aceleraria e, de repente, já estaria no próximo continente.

Peter Diamandis oferece outra metáfora: "Se eu disser a você: 'Dê trinta passos lineares,' normalmente você vai acabar a cerca de 30 metros de distância. Mas se eu disser 'Em vez de dar trinta passos lineares, dê trinta passos exponenciais', até onde você vai? Que tal **1 bilhão de metros**? São 26 voltas ao redor do planeta!"

Quando se compreende o crescimento exponencial, diz Ray, sua trajetória é previsível. **Ray sabe quando a tecnologia vai se emparelhar à sua visão.** Ele previu a data de lançamento do seu primeiro leitor de bolso para cegos e outros produtos. Normalmente, Ray se apresenta nos meus seminários, e nos contou recentemente como previu com exatidão uma das mais incríveis descobertas de nosso tempo: o mapeamento do genoma humano.

"Em 1990, quando o projeto genoma foi lançado, eu previ que ele seria concluído no prazo de 15 anos, porque percebi que o progresso seria exponencial", disse ele. Mas os céticos acreditavam que levaria um século para quebrar o complexo código humano. **Após sete anos e meio, apenas**

1% do projeto estava concluído. De acordo com Ray, "os céticos ainda se mantinham firmes, afirmando: 'Eu disse que isso não iria funcionar. Vocês estão no meio do projeto, e só concluíram 1% dele. Isso é um fracasso.'" Mas Ray salientou que não era um fracasso: estava dentro do programado! "No início, o crescimento exponencial não é drástico. Aqueles pequenos números vão dobrando. Parece que não está acontecendo nada. Mas quando você chega a 1%, são necessárias apenas mais sete duplicações para atingir os 100%." O genoma foi sequenciado com sucesso em 2003, antes do previsto.

Então, o que mais vai acontecer? Já vimos que as células-tronco podem regenerar a pele humana sem a dor e as cicatrizes dos enxertos de pele, e que as energias abundantes do sol e do vento podem ser aproveitadas para alimentar nosso futuro. Mas e quanto aos outros grandes desafios?

A falta de água potável é uma das maiores preocupações para as populações que crescem desenfreadamente em regiões secas do planeta, e a escassez está em toda parte, de Los Angeles, na Califórnia, a Lagos, na Nigéria. De acordo com a ONU, mais de 3,4 milhões de pessoas morrem anualmente por causa de doenças transmitidas pela água. Mas as novas tecnologias de dessalinização estão transformando a água do mar em água encanada, da Austrália até a Arábia Saudita. Uma empresa israelense chamada Water-Gen já está fabricando uma máquina que extrai água potável do ar e usa apenas o equivalente a 2 centavos de eletricidade para produzir cada litro de água. Em aldeias remotas que não dispõem de eletricidade, há um novo tipo de torre de água que, dentro de suas dimensões, usa apenas materiais naturais para retirar a umidade do ar e transformá-la em água potável.

O incrível inventor Dean Kamen (mais conhecido pelo diciclo Segway) firmou uma parceria com a Coca-Cola para trazer ao mundo uma máquina energeticamente eficiente, do tamanho de um refrigerador pequeno, que transforma a água suja em vapor, devolvendo-a limpa e segura. Ela se chama Slingshot — como se fosse uma solução do tamanho de Davi para um problema do tamanho de Golias. Com inovações como essas, em pouco tempo o problema da escassez de água estará resolvido, e ponto-final.

E quanto aos alimentos? Ray Kurzweil diz que estão surgindo novas tecnologias alimentares que superarão o duplo desafio das poucas terras aráveis *e* da poluição agrícola. Como? Com o cultivo vertical, em vez do horizontal. Nos próximos 15 anos, Ray prevê um mundo "em que cultivaremos as plantas verticalmente e também produziremos carne sem o abate de animais, usando a clonagem *in vitro* de tecido muscular em fábricas computadorizadas — tudo a custos muito baixos, com altas qualidades nutricionais e sem impacto ambiental". Nenhum inseticida. Nenhuma poluição de nitrogênio. Nenhuma necessidade de matar animais para obter proteína. Uau! Isso parece impossível, mas Ray diz que é real, e que está chegando.

Com essas necessidades básicas sob controle, os seres humanos terão a chance de viver uma vida mais satisfatória — especialmente se vencermos os outros desafios que Ray Kurzweil acredita que possamos solucionar: a saúde e o envelhecimento.

> A idade é uma questão da mente sobre a matéria.
> Se você não se importa, ela não importa.
>
> — MARK TWAIN

Todas essas mudanças de que falamos são revolucionárias, mas, de acordo com Juan Enriquez, as mudanças que a tecnologia trará para o futuro dos cuidados com a saúde vão deixá-lo mais impressionado do que qualquer outra coisa. A vida, afinal, é uma tecnologia da informação. Como assim? Bem, sabemos que nosso DNA é composto por uma sequência de bases químicas (caso você se lembre da sua lição de casa de ciências biológicas), rotuladas de A, C, T e G. Em outras palavras, os componentes essenciais da própria vida podem ser expressos na forma de código. E os códigos podem ser alterados. Ou criados. Exatamente como se faz na produção da vida artificial. E foi isso que Craig Venter, o pioneiro do genoma humano, conseguiu fazer em 2010. Juan Enriquez era membro da sua equipe.

Quando Juan participou de um dos meus recentes seminários, eu perguntei: "Como você e Craig Venter tiveram essa ideia de criar vida artificial?"

Ele riu e disse: "Alguns de nós estávamos tomando drinques em um bar na Virgínia, e, depois do quarto uísque, alguém disse: 'Não seria legal se pudéssemos programar uma célula do zero, da mesma forma que se programa um chip de computador do zero? O que aconteceria?'" Ele fez uma pausa. "Só precisamos de cinco anos e de 30 milhões de dólares para descobrir!" Primeiro eles extraíram todo o código genético de um micróbio. Depois, inseriram um novo código genético, e ele se tornou uma espécie diferente. Aliás, trata-se do primeiro organismo vivo com um site incorporado em seu código genético. Como disse Craig Venter quando anunciou a inovação: **"Essa é a primeira espécie autorreplicante do planeta cujo pai é um computador."**

Como Ray Kurzweil explica, nossos genes são como programas de software que podem ser alterados para ativar e desativar comportamentos. O que isso significa? Significa que podemos usar células como pequenas máquinas e programá-las para construir outras coisas — incluindo mais cópias de si mesmas. "Esse software fabrica seu próprio hardware. Independentemente de como eu programe um ThinkPad, amanhã de manhã só vou ter um ThinkPad, e não mil ThinkPads. Se eu programar uma bactéria, amanhã vou ter 1 bilhão de bactérias", afirmou Juan.

Parece insano, algo saído de um filme, mas — como eu continuo lembrando — não se trata de ficção científica. A técnica já está sendo usada para produzir roupas. "Todas as coisas que você usa hoje em dia — aqueles materiais permeáveis e elásticos, como os da Under Armour?", disse Juan. "Tudo isso está sendo fabricado a partir de bactérias, e não de petroquímicos." No Japão, as bactérias estão produzindo seda sintética, que é mais forte que o aço. E animais de criação geneticamente modificados já estão sendo usados como fábricas médicas. Na Nova Inglaterra, há um local em que as vacas produzem um leite que talvez seja capaz de tratar o câncer.

> Tudo o que a mente humana pode conceber e
> acreditar ela pode conquistar.
>
> — NAPOLEON HILL

Eu avisei: é um mundo totalmente novo, e vai ser uma grande aventura. Avanços em nanotecnologia e em impressões 3-D significam que dispositivos médicos do tamanho das células sanguíneas poderão, algum dia, viajar por dentro do seu corpo, combatendo problemas como o mal de Parkinson e a demência. Implantes computadorizados nanoscópicos vão substituir as células nervosas biológicas destruídas pela doença. E implantes cocleares microscópicos não apenas vão restaurar a audição, como também vão aprimorá-la, para que os seres humanos ouçam tantas notas quanto as baleias sejam capazes de cantar. **Segundo Ray, já estão sendo criados glóbulos vermelhos geneticamente aprimorados capazes de carregar oxigênio suficiente para permitir que, algum dia, um mergulhador consiga ficar 40 minutos debaixo d'água em uma única respiração — ou para salvar a vida de um soldado no campo de batalha.**

Os cientistas estão trabalhando para utilizar impressoras 3-D a fim de criar órgãos personalizados e outras partes do corpo quando se fizer necessário, eliminando a necessidade de perigosos e dispendiosos transplantes. O Dr. Anthony Atala, diretor do Instituto Wake Forest para Medicina Regenerativa, diz: "Em teoria, qualquer coisa que cresça dentro do corpo pode ser cultivada fora do corpo." O Dr. Atala já criou bexigas humanas plenamente funcionais em laboratório, e que complementaram os transplantes. **Nos últimos 15 anos, nenhum dos tecidos feitos a partir de células-tronco foi rejeitado pelo organismo.** Ele e outros pesquisadores já estão trabalhando em órgãos mais complexos, como corações, rins e fígados. Então, algum dia, se um ataque do coração ou um vírus danificarem suas válvulas cardíacas, os médicos poderão solicitar algumas novas para você. Ou talvez eles simplesmente construam um novo coração a partir de algumas de suas células epiteliais!

Se você dispuser de recursos, algumas dessas curas milagrosas já estão disponíveis. Há uma coisa chamada "matriz extracelular", ou ECM (na sigla em inglês), feita de células da bexiga do porco. Quando você a aplica sobre o tecido humano ferido, a matriz convence nossas células-tronco a reconstruir os músculos, tendões e até mesmo ossos. A técnica já foi usada para reconstituir as pontas dos dedos! Essa substância extraordinária já existe. Ainda não está disponível para todos, mas estará em breve.

O conceito por trás das terapias regenerativas é simples: nosso corpo já sabe como regenerar suas partes; nós só temos que aprender a acionar as células-tronco que vivem dentro de nós. Já sabemos que, quando perdemos nossos dentes de leite, outra dentição aparece. Mas você sabia que, como afirma o Dr. Stephen Badylak, da Universidade de Pittsburgh, se um recém-nascido perder um dedo, até os dois anos de idade outro dedo pode crescer no lugar? Essa capacidade vai sendo perdida à medida que envelhecemos. Então, a questão é: como fazer para estimulá-la? A cauda

das salamandras volta a crescer; e por que não os membros humanos ou as medulas espinhais? Quando aprendermos a aproveitar todo o potencial das células-tronco, as aplicações médicas e cosméticas serão ilimitadas.

Ray Kurzweil diz que, se pretendemos tirar proveito desses avanços médicos e estender nossa expectativa de vida, é melhor começar a cuidar de nós mesmos agora. A ideia é viver tempo suficiente para que a tecnologia nos alcance. Se você pertencer à Geração Y, talvez consiga vivenciar isso. Se for um membro da geração do baby boom, é hora de subir na máquina elíptica e começar a se alimentar direito. Ray chegou a se associar a um médico, para escrever um livro intitulado *Transcend: Nine Steps to Living Well Forever*, com estratégias para otimizar a saúde e se manter vivo por tempo suficiente para explorar a tecnologia que vai prolongar ainda mais a sua vida útil.

O objetivo imediato de Ray é sobreviver pelo tempo suficiente para testemunhar o dia em que os computadores se tornarão mais inteligentes do que os humanos. Esse dia se aproxima.

OS COMPUTADORES SOMOS NÓS

Precisamos de horas para absorver algumas coisas, enquanto os computadores conseguem fazer isso em segundos. Até 2020, diz Ray, um computador de 1.000 dólares terá todas as capacidades de uma mente humana. Em 2030, ele será capaz de processar o conhecimento de todas as mentes humanas *combinadas*.

A essa altura, já não conseguiremos mais reconhecer a diferença entre inteligência humana e artificial, diz ele, mas não teremos nada a temer. Por quê? Porque os computadores terão se tornado parte de nós, nos deixando mais inteligentes, mais poderosos, mais saudáveis e mais felizes. Você acha isso difícil de acontecer? Como você se sente quando seu smartphone não está por perto? Um pouco perdido? É porque **essa tecnologia e toda essa conectividade já se tornaram partes das nossas vidas.** O smartphone virou um "cérebro externo" — é o nosso centro de memória portátil, armazenando tantas informações pessoais nossas que se tornou praticamente indispensável. Ao longo dos próximos 20 anos, deixaremos de usar telefones celulares e adotaremos os telefones vestíveis e implantáveis.

Pense, agora, em um futuro um pouco mais distante. Imagine um mundo em que você não terá que ler este livro — você poderá, simplesmente, enviar o conteúdo para o seu cérebro. (Eu suspeito de que, neste momento, você esteja desejando que o futuro já tivesse chegado. Especialmente com este livro gigantesco!) Ou imagine um mundo em que você possa transferir sua mente, seus pensamentos e sua personalidade para a nuvem, de modo que sejam armazenados para sempre. Ray Kurzweil e outros grandes pensadores e futuristas acreditam que isso acontecerá mais ou menos na mesma época em que os seres humanos e as máquinas estarão se fundindo. Esse momento épico é chamado de "a Singularidade" (também conhecida como "nirvana nerd"). Quando é que isso vai acontecer? Se é que vai. Ray prevê que a Singularidade estará entre nós em 2045.

> Aquele que tem algo "por que" viver é capaz de suportar qualquer "como".
>
> — VICTOR FRANKL

Se a tecnologia resolver os problemas que limitam nossos recursos, vamos estar mais seguros, mais livres, mais felizes? Pode apostar que sim. A escassez desperta os instintos de sobrevivência nos seres humanos; ela ativa aquela parte profunda do cérebro reptiliano que faz você acreditar que *é você* ou *eu*. Esse mecanismo de lutar ou fugir pode nos ajudar a sobreviver, mas muitas vezes pode trazer à tona o lado mais sombrio das pessoas em uma sociedade "civilizada". Nosso cérebro tem 2 milhões de anos. Ele não evoluiu tanto assim. Portanto, a agressividade e a guerra serão sempre um grande desafio. Mas, com menos escassez, talvez haja menos estímulos para desencadear a violência.

Há evidências estatísticas comprovando que um acesso mais amplo à tecnologia pode tornar as pessoas mais felizes. O World Values Survey mostrou que, de 1981 a 2007, a felicidade aumentou em 45 dos 52 países estudados. E o que estava acontecendo naqueles anos? Isso mesmo. A revolução digital. A onda de tecnologia estava se espalhando por todo o mundo — o que o relatório chama de "transição das sociedades industriais para as sociedades do conhecimento". Os cientistas sociais interpretaram esse índice como um sinal de que "o desenvolvimento econômico, a democratização e a crescente tolerância social aumentaram o grau de percepção das pessoas a respeito de sua livre escolha, o que, por sua vez, levou a níveis mais elevados de felicidade em todo o mundo". A mesma pesquisa concluiu que mais dinheiro não torna os indivíduos mais felizes. Algumas das pessoas mais felizes viviam nos países mais pobres; os cidadãos das Filipinas se consideram mais felizes que as pessoas dos Estados Unidos. **A felicidade tem mais a ver com os valores do que com o PIB.**

Todos sabemos que o trabalho da sobrevivência rouba a nossa mercadoria mais preciosa: o tempo. Lembra quando eu mencionei que, não muito tempo atrás, a maioria dos norte-americanos se dedicava à agricultura, e passava 80% do tempo arando o solo para produzir alimento; e que, agora, nós usamos cerca de 7% de cada dia ganhando dinheiro para nos alimentar? Com mais tecnologia, sobrará mais tempo para nós, e isso significa que haverá mais oportunidade de aprender, crescer, conectar-se com outras pessoas e doar — todas as atividades que nos completam como seres humanos.

Mas há também um lado negro na dádiva do tempo.

A inteligência artificial e os dispositivos robóticos assumirão cada vez mais tarefas atualmente realizadas por seres humanos. Um estudo da Universidade de Oxford descobriu que 47% do atual mercado de trabalho dos Estados Unidos corre o risco de ser mecanizado no futuro. Essencialmente, os especialistas de Oxford estão afirmando que metade de todos os trabalhadores pode, algum dia, ser substituída por robôs! Isso significa que a sociedade vai ter que se reinventar para criar trabalhos significativos para todos, e todos nós precisaremos redobrar os esforços para aprender novas habilidades. Vai ser uma transição difícil, não há dúvida.

Mas o que vai acontecer no futuro se o próprio trabalho desaparecer e os computadores se encarregarem de todas as tarefas e da maior parte do pensamento reflexivo? Quando tudo o que houver para fazer será andar em automóveis com condução autônoma e esperar que os *drones* nos entreguem os mantimentos? Quando não houver nada a combater e, portanto, nada que nos fortaleça? Essa é uma pergunta interessante.

Mais de uma década atrás, discuti essa questão com Ray Kurzweil, e ele me contou a história de um episódio de *Twilight Zone* a que tinha assistido quando criança. Não sei se você tem idade suficiente para se lembrar de *Twilight Zone*, mas era uma série muito interessante, e os episódios sempre tinham uma reviravolta no fim. Nesse episódio, um sujeito que gostava de jogar morria, e, logo depois, despertava, tendo ao lado dele a presença de um simpático "guia", vestido com um terno branco. Esse guia, um anjo que mais parecia com um mordomo, o conduzia a um luxuoso cassino — a ideia que aquele jogador tinha do céu. Ele é acomodado em uma suíte incrível, e, ao abrir o armário, percebe que está repleto de ternos formidáveis e sapatos sofisticados. Todas as peças de roupa lhe caem muito bem. Seu guia abre uma gaveta, e ela está transbordando de dinheiro, uma quantia que ele jamais havia visto antes. Então, o jogador se veste, desce para as mesas de jogo, e todos sabem o seu nome. Todo mundo sorri para ele. Ele é rodeado por mulheres lindas. É o auge da fantasia! Ele joga vinte e um, e marca 21 pela primeira vez. Ele ganha. Isso é fantástico! Ele apanha as fichas. Na vez seguinte: 21. Da próxima: 21. Dez vezes seguidas. É extraordinário! Ele se vira para outra mesa, joga dados, e vence, vence, vence. Acumula pilhas e mais pilhas de fichas. Tudo o que ele precisa fazer é pedir bebidas, refeições, mulheres, e tudo isso aparece na frente dele. Tudo o que ele sempre quis. Ele vai dormir essa noite... digamos apenas que não vai sozinho, e muito feliz.

Isso prossegue, um dia após outro. Depois de alguns meses, ele está jogando à mesa de vinte e um, e o crupiê diz: "Vinte e um!"

O jogador grita: "Claro que é vinte e um!"

O crupiê diz: "Vinte e um! Você ganhou!"

"Claro! Eu sempre ganho! Estou farto disso! Eu ganho todas as vezes, não importa o que aconteça!" Ele olha para o guia vestido com o terno branco e pede para falar com o anjo superior.

Quando o anjo superior aparece, o homem lhe dá uma bronca: "Estou tão entediado que estou ficando confuso! Sabe o que mais? Deve haver algum engano. Eu não sou uma pessoa assim tão boa. Estou no lugar errado. Eu não mereço estar no céu!"

E, de repente, o sorriso do anjo se desmancha, quando ele diz: "O que o faz pensar que você está no céu...?"

Logo, o que acontece quando conseguimos tudo o que queremos com pouco esforço? Depois de algum tempo, seria o equivalente ao inferno, não é? E aí teríamos um novo problema: **onde encontraremos significado em um mundo de abundância?** Portanto, no futuro talvez o seu problema não seja a escassez. E a solução não estará apenas na abundância de coisas materiais. Como diz Peter Diamandis: "A abundância não consiste em proporcionar a todos no planeta uma vida de luxo — mas, sim, em proporcionar a todos uma vida de possibilidades."

Assim, nos nossos últimos capítulos juntos, vamos analisar a essência daquilo que vai dar um significado duradouro à sua vida. Algo que poderá lhe trazer alegria, quer você esteja enfrentando enormes desafios, quer esteja tendo oportunidades extraordinárias; uma fonte de força em períodos economicamente difíceis ou abundantes. Vamos descobrir a riqueza suprema da realização e do significado. Vamos aprender a explorar a riqueza da paixão.

CAPÍTULO 7.2
A RIQUEZA DA PAIXÃO

O homem só é grande quando age por paixão.

— BENJAMIN DISRAELI

Percorremos um longo caminho juntos, não é? Foi uma aventura incrível, e estou honrado e grato por você ter escolhido fazer essa viagem comigo.

Até agora, você conheceu os mitos do dinheiro que obstruem sua trajetória até a liberdade financeira; escalou a montanha da poupança e do investimento bem-sucedidos na direção da realização dos seus sonhos financeiros; e aprendeu novas maneiras para transitar com segurança até um futuro protegido, no qual você poderá trabalhar apenas se quiser, e não porque precisa.

Você conheceu alguns notáveis gênios financeiros e incríveis seres humanos, como Ray Dalio, Paul Tudor Jones, Mary Callahan Erdoes, Carl Icahn, David Swensen, Jack Bogle, Charles Schwab e dezenas de outros, para ajudá-lo a se orientar no seu caminho. Espero que você volte aos 7 Passos Simples que aprendeu neste livro repetidas vezes ao longo da vida, a fim de não se desviar dos seus objetivos. Além disso, no fim desta seção, ofereço uma lista de ações para auxiliá-lo a acompanhar e a manter seu progresso. Paralelamente, você encontrará um sistema de aviso simples, incorporado ao nosso aplicativo, para que permaneça focado. Use esses recursos como uma forma de reforçar seu compromisso com os princípios básicos que vão garantir sua liberdade. Pegar este livro e revisá-lo no futuro pode ser uma maneira útil de lembrar a si mesmo de que você não é fruto das circunstâncias, mas um criador da sua vida. Lembre-se: conhecimento não é poder — ação, sim! A execução supera o conhecimento todos os dias da semana!

Para mim, essa jornada tem sido o auge de décadas de aprendizagem e ensino, e este livro é, verdadeiramente, um trabalho de amor. É o meu afetuoso presente para você. Minha esperança é que você se saia tão bem que ainda consiga passar esse presente adiante. Porque a maior dádiva da vida é vivê-la em prol de algo que a supere: um legado que continua a crescer para além dos nossos anos.

Agora que começamos a concluir essa jornada juntos, quero ter a certeza de que não vou deixar você sem lembrá-lo de tudo o que realmente estivemos tratando aqui.

> A felicidade não é uma coisa pronta. Ela vem
> dos seus próprios atos.
>
> — DALAI LAMA XIV

Foi um grande privilégio trabalhar com pessoas de todas as áreas da vida: líderes na política, nas finanças, no entretenimento e nos esportes, mas também no mundo religioso e espiritual. Trabalhei no Oriente Médio, onde uni jovens israelenses e palestinos em um programa de liderança na Cisjordânia. A princípio, eles expressaram um ódio inflamado uns contra os outros — mas, em uma semana, já haviam se tornado grandes amigos (e, por nove anos, continuaram trabalhando em vários projetos de paz, apoiando-se mutuamente).

Como resultado, o Dalai Lama veio visitar a nossa casa no Vale do Sol, e, mais tarde, me convidou para uma conferência inter-religiosa de paz em San Francisco, em 2006. Ela aconteceu durante uma semana de abril, quando três grandes religiões celebravam um dos seus feriados mais importantes: a Páscoa, para os cristãos; a Páscoa judaica, para os judeus; e o Mawlid an-Nabi, o aniversário de Maomé, para os muçulmanos. O sincronismo foi significativo, pois a conferência tinha como objetivo promover a compaixão e a melhor compreensão entre todas as grandes religiões.

O Dalai Lama, envolto em vestes cor de açafrão e vermelho intenso, me cumprimentou no salão de baile do Hotel Mark Hopkins com um abraço caloroso e uma generosa gargalhada. Ele irradiava calor e alegria — como uma encarnação ambulante e viva da "arte da felicidade" que ensina. Havia cerca de mil pessoas na conferência, mas tive a honra de participar de uma reunião íntima com cerca de 25 dos maiores teólogos e líderes espirituais do mundo: hindus, budistas, episcopais, povos nativos dos Estados Unidos, católicos, judeus, sunitas e xiitas — a lista era extensa.

Foi uma experiência fascinante, porque começou como a maioria das conferências desse tipo, com os participantes todos sendo maravilhosos, gentis e elegantes. Mas, então, entramos nos pormenores da vida humana e de conflitos ancestrais — e a ideologia e os dogmas começaram a emergir. A conversa ficou um pouco acalorada, com todos falando ao mesmo tempo e ninguém se ouvindo de fato.

Finalmente, o Dalai Lama ergueu a mão, como se fosse um menino em uma sala de aula. Ele não se mostrou aborrecido, mas continuou agitando a mão com um sorriso sereno e divertido no rosto. Aos poucos, as pessoas foram prestando atenção nele, e pode-se dizer que ficaram um pouco constrangidas por estarem discutindo e ignorando seu anfitrião. Quando finalmente se calaram, ele baixou o braço.

"Senhoras e senhores, com uma coisa todos podemos concordar nesta sala", disse o Dalai Lama. "As grandes religiões do mundo estão aqui representadas, e muitos de nós somos considerados líderes dessas crenças. Todos nós temos grande orgulho das nossas tradições individuais. Mas acho que não devemos perder de vista o propósito das nossas religiões, e o que as pessoas que representamos realmente querem." Ele fez uma pausa de suspense e disse: "O que todas elas querem é ser felizes!" Qual é o denominador comum, perguntou ele, entre o pastor de cabras no Afeganistão e o comerciante financeiro em Nova York; o chefe tribal na África e a mãe de dez filhos na Argentina; o estilista em Paris e o tecelão no Peru? "*Todos eles querem ser felizes.*"

"Essa é a essência de tudo", disse Sua Santidade. "Se o que fazemos gera mais infelicidade, é porque fracassamos redondamente."

Mas o que é capaz de gerar a felicidade?

Eu sempre ensinei que o sucesso sem realização é o fracasso total.

É importante lembrar o que você está buscando verdadeiramente: aquele senso de alegria, liberdade, segurança ou amor — seja como for que você queira chamá-lo. Cada um de nós encontra um caminho que, acreditamos, conduzirá à felicidade, à realização ou ao significado. E há muitos caminhos. Alguns procuram a felicidade através da religião, da natureza ou dos relacionamentos. Outros pensam que um corpo perfeito, dinheiro, diplomas importantes, filhos ou conquistas profissionais os farão felizes. Mas a verdadeira riqueza, como você e eu sabemos do fundo das nossas almas, não pode ser medida apenas pelo tamanho da sua conta bancária ou pelo número de ativos que você adquiriu ou fez render.

Então, qual é o segredo definitivo, a chave para uma vida rica? Aprecie e compartilhe! Mas primeiro você deve agir. Como diz o ditado, se o que você aprende leva ao conhecimento, você se torna um tolo; mas se o que você aprende leva à ação, você pode se tornar rico. Lembre-se: as recompensas provêm da ação, e não da discussão.

Portanto, antes de colocar este livro de lado, dê uma olhada na lista de verificação final e se certifique de que acertou aqueles 7 passos simples e se está no caminho para construir a vida que deseja e merece.

Agora, respire fundo e não se esqueça daquilo que estamos tratando.

A riqueza é a capacidade de experimentar
a vida plenamente.

— HENRY DAVID THOREAU

Todos nós sabemos que existem muitos tipos de riqueza: riqueza emocional; riqueza nos relacionamentos; riqueza intelectual; riqueza física, sob a forma de energia, força e vitalidade; e, naturalmente, a riqueza espiritual: a sensação de que a nossa vida tem um significado mais profundo, um chamado mais elevado, para além de nós mesmos. Um dos maiores erros que os seres humanos cometem é se concentrar em dominar apenas uma forma de riqueza, à custa de todas as outras.

Na verdade, este livro nunca foi apenas sobre o dinheiro. No fundo, ele trata da criação de uma extraordinária qualidade de vida — a vida sob nossas condições. Até agora, temos nos concentrado em aprender a dominar o jogo do dinheiro e da independência financeira, pois o dinheiro pode ter um efeito significativo em todas as coisas, desde a nossa psicologia até a nossa saúde e os nossos relacionamentos íntimos. Mas é importante lembrar que é impossível viver uma vida extraordinária se também não dominarmos o jogo dos relacionamentos, o jogo da realização e o jogo da saúde.

Ser o homem mais rico no cemitério não é a meta.

Nunca vou esquecer do dia em que levei meus filhos para ver o Cirque du Soleil quando a trupe passou pela nossa cidade natal, em Del Mar, Califórnia, quase três décadas atrás. Tivemos a sorte de conseguir ingressos VIP, com assentos na plateia, bem perto do palco. Era praticamente possível estender a mão e tocar os artistas.

Pouco antes de o espetáculo começar, notei que três assentos excelentes ainda estavam vagos ao nosso lado e pensei: "Uau, alguém vai perder um espetáculo incrível." Mas um ou dois minutos depois, um homem gigante, apoiando-se em uma bengala e em dois ajudantes, desceu as escadas. Ele devia pesar pelo menos 180 quilos. Quando se sentou, ocupou os três assentos vazios, arquejando e suando por conta da curta caminhada até a primeira fileira. Eu me senti muito mal por aquele homem — e pela minha filha, que estava sendo esmagada pelo seu corpo, esparramado sobre o terceiro assento e, consequentemente, sobre ela! Ouvi uma pessoa atrás de mim sussurrando que ele era o homem mais rico do Canadá. Acontece que ele era *um* dos homens mais ricos do Canadá — financeiramente. Um bilionário, veja só! Naquele momento, porém, não pude deixar de pensar nos sofrimentos com os quais ele era obrigado a conviver — tudo por ter colocado grande parte do seu foco no dinheiro, negligenciando a saúde e a riqueza física do seu corpo. Ele estava literalmente se matando! Pelo fato de não dominar mais de um aspecto da sua vida, não conseguia desfrutar o que tinha — nem mesmo de uma noite simples e mágica no teatro.

> Só podemos dizer que estamos vivos naqueles momentos
> em que os nossos corações estão conscientes
> dos nossos tesouros.
>
> — THORNTON WILDER

Qual é o sentido da realização máxima se a sua vida não estiver equilibrada? E qual é o sentido de ganhar o jogo se você nunca reserva um tempo para comemorar e apreciar a vida que leva? Não há nada pior que uma pessoa rica cronicamente irritada ou infeliz. Não existe, realmente, nenhuma desculpa para isso, mas eu observo esse fenômeno com bastante frequência. É o resultado de uma vida extremamente desequilibrada — uma vida com muita expectativa e sem apreço suficiente pelo que está diante de nós. Sem gratidão e sem carinho pelo que já conquistamos, nunca conheceremos a realização verdadeira. Como disse Sir John Templeton: **"Se você tiver 1 bilhão de dólares e for ingrato, será um homem pobre. Se tiver muito pouco dinheiro, mas for grato pelo que tem, será verdadeiramente rico."**

Como cultivar a gratidão? Comece observando a força que controla sua mente e as suas emoções.

As nossas decisões, em última instância, controlam a qualidade das nossas vidas. Em todos esses anos em que venho trabalhando com pessoas, descobri que **há três decisões fundamentais que costumamos tomar a cada momento de nossas vidas.** Se tomarmos essas decisões inconscientemente, acabaremos levando vidas como quase todas as pessoas, que tendem a estar fisicamente fora de forma, emocionalmente exaustas e, muitas vezes, entediadas ou excessivamente confortáveis nos seus relacionamentos íntimos — sem mencionar o estresse financeiro.

Se você tomar essas decisões conscientemente, pode, literalmente, mudar sua vida em um instante! Quais são as três decisões que determinam a qualidade da sua vida? Que determinam se você vai se sentir rico ou pobre a cada momento? A primeira é:

DECISÃO 1: EM QUE VOCÊ VAI FOCAR?

Em cada momento das nossas vidas, há milhões de coisas em que podemos nos concentrar. Podemos nos concentrar nas coisas que estão acontecendo aqui e agora, ou no que queremos criar no futuro, ou podemos colocar o foco no passado. Podemos orientar nosso foco para solucionar um grande desafio ou para apreciar a beleza do momento atual, ou para sentir pena de nós mesmos em relação a uma experiência decepcionante. Se não direcionarmos esse foco conscientemente, o ambiente no qual vivemos tenderá a fazer demandas constantes para chamar nossa atenção.

Centenas de bilhões de dólares são gastos em propaganda, tentando obter essa preciosa mercadoria. O noticiário tenta conquistar o seu foco, contando a você a história mais assustadora: "Seu filho poderia *morrer* ingerindo suco de frutas! Documentário às onze!", ou alguma outra afirmação ridícula. Por quê? Porque, como se costuma dizer nos meios de comunicação, "se sangrar, é manchete". Se isso não fosse suficiente, vivemos no mundo das mídias sociais, e aquele sinal sonoro dentro do seu bolso fica convocando sua atenção intermitentemente. Mas eis aqui o segredo: **onde existe foco, a energia flui.** Aquilo em que você foca, e seu padrão de foco, moldam toda a sua vida.

Vejamos dois desses padrões que dominam seus níveis de alegria, felicidade, frustração, raiva, estresse ou realização, e podem mudá-los imediatamente.

A primeira pergunta é: **em que você tende a se concentrar mais — no que já conquistou ou no que está faltando na sua vida?** Tenho certeza de que você pensa em ambos os lados dessa equação, mas, se precisasse avaliar seus pensamentos habituais, onde você tende a gastar a maior parte do seu tempo?

Até mesmo aqueles que estão em situações difíceis podem ter muito o que apreciar nas suas vidas. **Se estiver enfrentando dificuldades financeiras, será que não vale a pena lembrar que, se você ganha uma renda de apenas 34 mil dólares por ano, está, na verdade, no 1% superior de todos os assalariados do mundo? Sim, a renda média anual no planeta é de 1.480 dólares por mês. De fato, quase metade do mundo, ou mais de 3 bilhões de pessoas, vive com menos de 2,50 dólares por dia, o que é um pouco mais de 900 dólares por ano. O preço médio de uma bebida no Starbucks é de 3,25 dólares. Se você pode pagar por ela, é porque está gastando mais comprando uma xícara de café do que a metade do planeta tem para sobreviver em um dia.**

Isso coloca as coisas em perspectiva, não é? Então, se você quiser ocupar Wall Street porque se ressente do assim chamado 1%, talvez queira parar para considerar que 99% do resto do mundo pode querer ocupar a *sua* "terrível" vida!

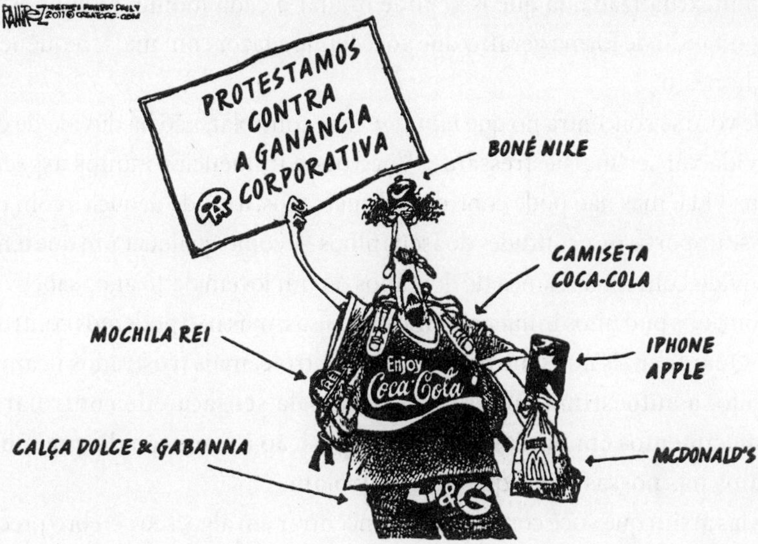

Mas, com toda a seriedade, em vez de nos concentrarmos no que não temos e de invejar aqueles que estão em melhores condições financeiras, talvez devêssemos reconhecer que há muito a agradecer em nossas vidas, e isso não tem nenhuma relação com o dinheiro. **Podemos ser gratos pela nossa saúde, pelos nossos amigos, pelas nossas oportunidades, pelas nossas mentes e pelo fato de podermos dirigir em estradas que não tivemos que construir, ler livros que não levamos anos para escrever e usar a internet que não tivemos que criar.**

Onde você tende a colocar seu foco? No que já conquistou ou no que está faltando?

Um padrão de apreciação do que você já conquistou vai criar um novo nível de bem-estar e riqueza emocionais. E o meu palpite é que, se você estiver lendo este livro, talvez seja uma daquelas pessoas que já têm noção do que possuem. Mas a verdadeira questão é: você reserva algum tempo para se *sentir* profundamente grato em sua mente, corpo, coração e alma? É aí que a alegria e as dádivas serão encontradas. E não apenas por meio da apreciação intelectual ou pela aquisição de mais 1 dólar ou mais 10 milhões de dólares.

Vamos considerar, agora, um segundo padrão de foco que afeta a qualidade da sua vida: **você tende a se concentrar mais no que *consegue controlar* ou no que *não consegue controlar*?** Eu sei que a resposta precisa ser contextualizada, já que isso pode mudar a cada momento, mas estou perguntando de forma geral: o que você tende a fazer com mais frequência? Seja honesto.

Se você se concentra no que *não consegue* controlar, não há dúvida de que sua vida vai ser mais estressante. Você pode influenciar muitos aspectos da sua vida, mas não pode controlar os mercados, a saúde daqueles com que você se importa, ou as atitudes dos seus filhos — como qualquer um que tenha convivido com uma criança de dois anos ou um jovem de 16 anos sabe!

Sim, nós podemos influenciar muitas coisas, mas não podemos controlá-las. Quanto mais nos sentimos fora do controle, mais frustrados ficamos. De fato, **a autoestima pode ser medida pela sensação de controlar os acontecimentos em nossas vidas, em oposição à sensação de que são os eventos nas nossas vidas que nos controlam.**

Mas assim que você começar a se concentrar em algo, seu cérebro precisa tomar uma segunda decisão.

DECISÃO 2:
O QUE ISSO SIGNIFICA?

O que isso significa? Essencialmente, o modo como nos sentimos em relação às nossas vidas não tem nada a ver com os acontecimentos de nossas vidas, ou com a nossa condição financeira, ou com o que aconteceu ou deixou de acontecer conosco. A qualidade das nossas vidas é controlada pelos significados que atribuímos a essas coisas. Na maioria das vezes, não nos conscientizamos do impacto dessas rápidas decisões de atribuição de significado que são tomadas com frequência na nossa mente inconsciente.

Quando acontece algo que perturba sua vida — um acidente de carro, um problema de saúde, um emprego perdido —, você tende a pensar que é o fim ou o começo? Se alguém o confronta, essa pessoa está "insultando" você, "treinando" você ou, verdadeiramente, "cuidando" de você? Esse problema "devastador" significa que Deus o está punindo, desafiando ou é possível que esse problema seja um presente de Deus? A sua vida adquire o significado que você decidir lhe atribuir. Porque com cada significado vem uma sensação ou emoção únicas, e a qualidade das nossas vidas é onde nós vivemos do ponto de vista emocional.

Os significados não afetam apenas a maneira como nos sentimos; eles afetam todos os nossos relacionamentos e interações. Algumas pessoas acreditam que os dez primeiros anos de um relacionamento são apenas o começo; que só a partir daí é que se começa a conhecer um ao outro, e isso é realmente emocionante. É uma oportunidade para se aprofundar. Outras pessoas podem estar no décimo dia de um relacionamento e, na primeira vez em que surge uma discussão, acham que é o fim.

Agora, me responda: se você acha que está no começo de um relacionamento, vai se comportar da mesma maneira como se estivesse no fim? Essa pequena alteração de percepção, de significado, pode mudar toda a sua vida em um momento. No início de um relacionamento, se você estiver totalmente apaixonado e seduzido, o que vai fazer pela outra pessoa? A resposta é: *qualquer coisa*! Se ela pedir que você leve o lixo para fora, é capaz de você pular da cadeira e dizer: "Qualquer coisa que a deixe feliz, querida!" Contudo, depois de sete dias, sete anos ou sete décadas, as pessoas dizem coisas como: "Quem diabos você pensa que eu sou? Seu empregado?!" E elas se perguntam onde foi parar a paixão em suas vidas. Em várias ocasiões, já afirmei a casais que estão tendo problemas em seus relacionamentos que, se eles fizerem o que costumavam fazer no começo do relacionamento, *não haverá* um fim! Porque, no início do relacionamento, todos nós somos doadores e não contadores. Não ficamos calculando indefinidamente o significado de quem está doando mais. Todo o nosso foco está apenas em deixar aquela pessoa feliz, e a felicidade dela faz você sentir que sua vida também está repleta de alegria.

Vejamos como essas duas primeiras decisões, foco e significado, muitas vezes se combinam para criar um dos maiores tormentos da sociedade moderna: a depressão. Tenho certeza de que você deve se perguntar como é possível que tantas pessoas "ricas" e famosas — com todos os recursos que você poderia desejar — possam, algum dia, ficar deprimidas. Como é que muitos daqueles que eram amados por milhões de pessoas, e que tinham dezenas de milhões de dólares ou mais, chegaram a ponto de tirar a própria vida? Temos visto isso acontecer eventualmente, com indivíduos extraordinariamente inteligentes, desde empresários até artistas e comediantes. Como isso é possível, especialmente com todos os modernos tratamentos e medicamentos disponíveis?

Nos meus seminários, sempre pergunto: "Quantos de vocês conhecem alguém que está tomando antidepressivos e continua deprimido?" Em todos os lugares do mundo, em salas com capacidade para 5 mil a 10 mil pessoas, vejo cerca de 85% a 90% da plateia levantando as mãos. Como isso é possível? Afinal, você está lhes dando uma droga que deveria fazê-las se sentir melhor.

Bem, esses antidepressivos, de fato, vêm com rótulos alertando que pensamentos suicidas são um possível efeito colateral. Mas, independentemente de quanto você se drogue, talvez o verdadeiro desafio seja este: se você se concentrar constantemente no que não consegue controlar na sua vida e no que está faltando, não vai ser difícil se desesperar. Se acrescentar a isso um significado como "não vale a pena viver esta vida", vai estar criando um coquetel emocional que nenhum antidepressivo será capaz de transpor sistematicamente.

Mas eu posso lhe dizer, sem sombra de dúvida, que, se essa mesma pessoa puder conceber um novo significado — uma razão para viver, ou a crença de que tudo isso estava mesmo destinado a acontecer —, então ela será mais forte do que qualquer coisa que jamais lhe tenha acontecido. Se ela puder se concentrar regularmente em quem precisa dela, em quem a deseja, em quem a ama, no que ela ainda pretende doar a este mundo, então qualquer pessoa também poderá ser mudada. Como eu sei disso? Porque, em 38 anos trabalhando com pessoas, nunca perdi nenhuma para o suicídio, dos milhares com as quais lidei. E, tomara, espero que nunca perca — embora não haja nenhuma garantia. Quando você consegue fazer com que as pessoas mudem o foco habitual e seus significados, não há mais limites para o que suas vidas podem se tornar.[25]

Uma mudança de foco e uma mudança de significado podem, literalmente, mudar sua bioquímica em questão de minutos. Aprender a controlar isso se torna um fator emocional decisivo. De que outra forma é possível explicar o poder e a beleza de pessoas como o grande terapeuta e pensador Victor Frankl, e de tantos outros que conseguiram superar os horrores de Auschwitz? Eles encontraram sentido inclusive no próprio

---

[25] Se você preferir, pode acessar o site www.tonyrobbins.com e verificar algumas dessas intervenções. Nós ainda fazemos contato com as pessoas depois de três e de cinco anos, para comprovar a durabilidade das mudanças. As intervenções lhe darão uma ideia de como você pode controlar o significado em sua própria vida.

sofrimento extremo. Foi um significado mais elevado, um significado mais profundo que os fez seguir em frente — não apenas sobreviver, mas também salvar muitas vidas no futuro, dizendo: "Isso nunca mais vai acontecer de novo." Todos nós podemos encontrar significado até mesmo na dor. Ao fazer isso, talvez ainda sintamos dor, mas o sofrimento terá ido embora.

Portanto, assuma o controle, e lembre-se sempre: **o significado equivale à emoção e a emoção equivale à vida.** Escolha conscientemente e com sabedoria. Encontre o significado empoderador em todas as coisas, e a riqueza, em seu sentido mais profundo, será sua hoje.

DECISÃO 3: O QUE EU VOU FAZER?

Quando criamos um significado em nossas mentes, esse significado gera uma emoção, e essa emoção leva a um estado no qual tomamos nossa terceira decisão: **o que eu vou fazer?** As ações que tomamos são poderosamente moldadas pelos estados emocionais em que nos encontramos. Se estivermos com raiva, vamos nos comportar de maneira bem diferente do que se estivermos propensos a brincadeiras ou ofendidos.

Se você quiser moldar suas ações, a maneira mais rápida é mudar o foco e os significados, buscando algo mais potente. Mas até mesmo duas pessoas irritadas se comportam de forma diferente. Algumas recuam quando estão com raiva; outras preferem o enfrentamento. Algumas pessoas expressam a raiva de forma silenciosa, ou em voz alta, ou violentamente. Algumas a reprimem apenas para procurar uma oportunidade passivo-agressiva de recuperar a posição de controle, ou até mesmo a revanche. Algumas pessoas lidam com a raiva indo à academia e se exercitando.

De onde vêm esses padrões? Tendemos a modelar nosso comportamento naqueles que respeitamos, apreciamos e amamos. E quanto às pessoas que nos frustraram ou nos irritaram? Frequentemente, rejeitamos suas abordagens, mas muitas vezes nos vemos caindo no mesmo padrão que testemunhamos repetidamente e com o qual ficamos tão indignados na juventude.

É muito útil tomar consciência de quais são seus padrões quando você se sente frustrado, irritado, triste ou solitário — pois você não vai conseguir mudar seu padrão se não estiver ciente dele. Além disso, agora que você está informado a respeito do poder dessas três decisões, talvez queira começar a procurar modelos que estejam vivenciando aquilo que você deseja para a sua vida. Posso lhe jurar uma coisa: quem alimenta relacionamentos intensos tem um foco totalmente diferente e chega a significados totalmente distintos para os desafios do relacionamento amoroso em relação às pessoas que vivem discutindo ou brigando. Ou àquelas que se julgam mutuamente o tempo todo. Não tem nada de transcendental. Se você se conscientizar das diferenças nesses três processos de tomada de decisão, abrirá um caminho que poderá ajudá-lo a criar uma mudança positiva e permanente em qualquer área da sua vida.

Aos 18 anos, tomei a decisão de nunca ter outro dia
ruim na minha vida. Mergulhei em um mar sem
fim de gratidão, do qual nunca mais emergi.

— DR. PATCH ADAMS

Como você pode usar essas três decisões para aprimorar a qualidade da sua vida? O fato é que aquilo em que focamos, os estados emocionais nos quais tendemos a viver e o que fazemos pode ser condicionado, ou "pré-ativado" nas nossas vidas com uma rotina simples. Afinal, você não quer ficar esperando que as emoções positivas simplesmente apareçam; você quer se condicionar a viver sob os efeitos dela. É como um atleta desenvolvendo um músculo. Você deve se exercitar se quiser ter uma qualidade extraordinária de satisfação, prazer, felicidade e realização na sua vida pessoal, profissional e íntima. Você deve se exercitar para focar, sentir e encontrar os significados mais potentes.

Essa prática está enraizada em um conceito da psicologia chamado **pré-ativação**, no qual palavras, ideias e experiências sensoriais matizam nossas percepções do mundo e afetam nossas emoções, motivações e ações.

E se você descobrisse que muitos dos pensamentos que acredita serem *seus* são, simplesmente, condicionados por gatilhos ambientais ou, em alguns casos, manipulados conscientemente por outras pessoas que perceberam o poder da pré-ativação? Vou dar um exemplo.

Dois psicólogos realizaram um estudo[26] em que um estranho entregava aos participantes uma caneca de café quente ou uma xícara de café gelado. Os sujeitos eram convidados a ler sobre um personagem hipotético e solicitados a descrever a verdadeira natureza do personagem. Os resultados foram surpreendentes! Os que receberam o café quente descreveram o personagem como "caloroso" e "generoso", enquanto os que ficaram com o café gelado o descreveram como "frio" e "egoísta".

Em outro estudo realizado na Universidade de Washington, mulheres de ascendência asiática receberam um teste de matemática. Antes do teste, elas responderam a um breve questionário. As mulheres que foram convidadas a identificar sua etnia obtiveram resultados 20% superiores no teste de matemática. Mas, para aquelas que foram convidadas a preencher o gênero em vez da etnia, o simples ato de escrever que eram mulheres produziu resultados significativamente mais modestos. Esse é o poder da pré-ativação sob a forma de condicionamento cultural. Ela afeta nossos padrões inconscientes — restringindo ou libertando nosso verdadeiro potencial.

Podemos fazer uso desse fenômeno desenvolvendo uma prática diária de dez minutos para pré-ativar nossa mente e nosso coração para a gratidão — a emoção que elimina a raiva e o medo. Lembre-se: quando se é grato, não se pode sentir raiva simultaneamente. Não se pode sentir medo e ser grato simultaneamente. É impossível!

Eu começo todos os dias com um mínimo de dez minutos. Paro, fecho os olhos e, durante aproximadamente três minutos, reflito sobre as coisas pelas quais sou grato: o vento no meu rosto, o amor na minha vida, as oportunidades e as bênçãos que experimento. Não me concentro apenas nas grandes coisas; faço questão não apenas de observar, mas também de sentir um profundo apreço pelas pequenas coisas que enriquecem a vida. Durante os três minutos seguintes, peço saúde e bênçãos para todos aqueles que amo, conheço e tenho o privilégio de sensibilizar: minha família, amigos, clientes e o estranho que poderei conhecer hoje. Envio amor, bênçãos, gratidão e desejos de fartura para todas as pessoas. Por mais piegas que pareça, esse é o verdadeiro ciclo da vida.

---

[26] O estudo foi financiado pelos Institutos Nacionais da Saúde, e conduzido por John A. Bargh (Yale) e Lawrence Williams (Universidade do Colorado).

Gasto o tempo restante com o que chamo de "Três para Prosperar": três coisas que eu gostaria de realizar. Imagino-as como se elas já tivessem sido alcançadas, e tenho uma sensação de comemoração e gratidão por isso. A pré-ativação é um presente importante para si mesmo — se você fizer isso por dez dias, ficará viciado. (Eis aqui um link para você começar: www.tonyrobbins.com.)

Essa prática simples é importante, porque muitas pessoas dizem que são gratas, mas não reservam um tempo para *serem* gratas. Na vida, é muito fácil perder de vista a beleza e a graça daquilo que já temos! Se não fizermos algo conscientemente todos os dias para plantar as sementes corretas em nossa mente, então as "ervas daninhas" — frustração, raiva, estresse, solidão — tendem a se infiltrar. Não é preciso plantar ervas daninhas; elas crescem espontaneamente. O meu professor Jim Rohn me ensinou um princípio simples: todos os dias, preste atenção na sua mente, e cabe apenas a você decidir quais pensamentos e crenças deixará entrar na sua vida. Pois eles determinarão se você se sentirá rico ou pobre, amaldiçoado ou abençoado.

No fim, se quisermos realmente ser felizes, temos que sair de nós mesmos.

A mente humana é uma coisa incrível. É um mecanismo de sobrevivência. Por isso, ela tende a procurar o que está errado, o que evitar, o que buscar. Você pode ter evoluído, mas seu cérebro ainda é uma estrutura de 2 milhões de anos, e, embora você queira se sentir realizado e feliz, essa não é a primeira prioridade dele. Você precisa dominá-lo. E a maneira mais rápida de fazer isso — além da pré-ativação — é acessar as mais importantes das 6 Necessidades Humanas, as duas necessidades espirituais que satisfazem os seres humanos: Crescimento e Contribuição.

A razão principal para eu acreditar que todos nós temos o desejo de crescer é porque, quando fazemos isso, temos algo a oferecer. É aí que a vida ganha seu significado mais profundo. "Receber" pode fazer você se sentir bem por um momento, mas nada supera o nirvana de ter algo para doar, pois isso vai tocar profundamente alguém ou alguma coisa para além de si mesmo.

Todas as pessoas podem ser grandes,
porque todas podem servir.
— DR. MARTIN LUTHER KING JR.

Se for realmente verdade que doar é o que nos faz sentir plenamente vivos, então talvez o teste final dessa teoria seja verificar como é a vida daqueles que se dispõem a doar suas vidas para algo em que acreditam. Um dos meus maiores heróis do século passado foi o líder dos direitos civis Martin Luther King Jr. Recentemente, seu filho mais velho e homônimo, Martin Luther King III, esteve em Fiji para o evento Encontro com o Destino, organizado por mim. Tive a oportunidade de lhe dizer quanto seu pai me inspirou, porque ele viveu a vida movido pela paixão — ele sabia qual era o seu destino. Quando criança, lembro de ter ouvido suas palavras: "Um homem que não morreria por algo não é digno de viver."

A verdadeira riqueza irrompe na sua vida no momento em que você encontra algo com que se importa tão profundamente que é capaz de dar tudo de si — até mesmo a própria vida, se necessário. Nesse momento, você terá escapado, finalmente, da tirania da sua mente, dos seus próprios medos, do seu próprio senso de limitação. Uma tarefa árdua, eu sei. Mas também sei que a maioria de nós daria a vida pelos nossos filhos, nossos pais ou nossos cônjuges. Quem encontra uma missão que o toma por inteiro descobre as incomparáveis riquezas da energia e do significado.

A RIQUEZA DA PAIXÃO

Provavelmente você já ouviu falar da adolescente paquistanesa Malala Yousafzai. Ela foi baleada na cabeça por terroristas talibãs porque teve a audácia de insistir que as meninas tinham o direito de ir à escola. Uma bala atravessou sua órbita e se instalou no crânio, quase a levando à morte. Milagrosamente, a bala não atingiu o cérebro. Malala sobreviveu aos terríveis ferimentos e se tornou uma ativista internacional para o empoderamento de meninas e mulheres. O homem que atirou nela permanece livre, e o Talibã ainda ameaça matá-la. Mas ela os desafia abertamente. Em um discurso perante as Nações Unidas no seu aniversário de 16 anos, Malala disse que não tem medo. "Eles pensavam que aquela bala nos silenciaria, mas fracassaram. E desse silêncio vieram milhares de vozes. Os terroristas pensavam que iriam mudar meus objetivos e deter minhas ambições, mas nada mudou na minha vida, exceto isso: **fraqueza, medo e desesperança morreram. Força, fervor e coragem nasceram.**"

Em uma entrevista com Malala, Christiane Amanpour, da CNN, perguntou à jovem se ela temia por sua vida. Malala respondeu: "O fato é o seguinte: eles podem me matar. Eles só podem matar Malala. Mas isso não significa que eles também possam matar a minha causa; a minha causa pela educação, a minha causa pela paz e a minha causa pelos direitos humanos. A minha causa pela igualdade ainda sobreviverá. (...) **Eles só conseguem atirar em um corpo, mas não conseguem atirar nos meus sonhos.**"

Essa jovem de 16 anos dominou aquelas três decisões. Ela está focada no que importa. Ela encontrou uma missão para além de si mesma, que dá sentido à sua vida. E as suas ações são destemidas.

Embora possamos não ser chamados a colocar nossas vidas em perigo assim como Malala, todos nós podemos escolher viver sem medo, apaixonadamente e com gratidão ilimitada. Então, vamos virar a página e concluir nossa jornada de construção de riqueza junto com a lição mais importante de todas: o segredo definitivo.

CAPÍTULO 7.3

O SEGREDO DEFINITIVO

Ganhamos a vida pelo que recebemos.
Fazemos uma vida pelo que damos.

— WINSTON CHURCHILL

À medida que damos os passos finais da nossa jornada juntos, quero convidá-lo a pensar **sobre o que o deixa mais entusiasmado neste mundo. Do que você mais gosta? O que o empolga? Que legado o deixaria feliz? O que você poderia fazer hoje que o deixaria orgulhoso?** Que ação você poderia empreender sinalizando para o seu espírito que a sua vida está sendo bem vivida? Se você estivesse verdadeiramente inspirado, o que gostaria de criar ou doar?

Todas essas perguntas nos aproximam do **segredo definitivo da verdadeira riqueza.** Mas — e aqui está a questão — parte desse segredo pode parecer contraintuitiva. Gastamos um bom tempo falando sobre como dominar o dinheiro, poupar, investir e construir um limiar crítico que, em última instância, pode gerar liberdade e aumentar a qualidade da sua vida. Ao mesmo tempo, **sempre nos ensinaram que o dinheiro não pode comprar felicidade.** Como demonstra um estudo, a maioria das pessoas acredita que, se a sua renda dobrar, a felicidade também dobrará. Mas os resultados do estudo provaram que, na realidade, as pessoas que saíram de uma renda anual de 25 mil dólares e passaram a ganhar 55 mil relataram um aumento de apenas 9% na felicidade. Além disso, um dos estudos mais citados sobre esse tema nos diz que, se a pessoa já recebe um sólido salário de classe média — cerca de 75 mil dólares por ano, nos Estados Unidos —, ganhar mais dinheiro não traz qualquer diferença mensurável ao seu nível de felicidade.

"Então, qual é o ponto?", você poderia perguntar.

A verdade é que **estudos mais recentes provaram que o dinheiro *pode* nos tornar mais felizes.** Os cientistas mostraram que "gastar 5 dólares por dia pode mudar significativamente a sua felicidade". Como assim? **Bem, não é a quantidade de dinheiro que você gasta, mas como você decide gastá-lo, que importa. "O ato de escolher os gastos diários desencadeia uma cascata de efeitos biológicos e emocionais que são detectáveis até mesmo na saliva"**, relatam Elizabeth Dunn e Michael Norton, da Harvard, no seu brilhante livro de 2013, *Dinheiro feliz: a arte de gastar com inteligência*. "Embora ter mais dinheiro possa proporcionar todos os tipos de coisas maravilhosas — de comida mais saborosa a bairros mais seguros —, o poder real não está na quantidade, mas em como nós o gastamos."

Eles provaram, cientificamente, que existem muitas maneiras diferentes de você gastar seu dinheiro que podem, de fato, aumentar significativamente sua felicidade. Não vou revelá-las todas aqui, e vou deixar que você compre o livro deles, mas três das mais importantes são:

1. **Investir em experiências** — Por exemplo, viajar, aprender uma nova habilidade ou fazer alguns cursos, em vez de adquirir mais bens.
2. **Comprar tempo para si mesmo** — "Sempre que for possível terceirizar as tarefas mais assustadoras (de esfregar vasos sanitários a limpar sarjetas), o dinheiro pode transformar o modo como usamos o nosso tempo, libertando-nos para ir em busca das nossas paixões!"

Mas você consegue adivinhar a melhor coisa que pode fazer com o seu dinheiro, que lhe trará uma felicidade incrivelmente maior?

3. **Investir nos outros — É isso mesmo. Distribuir nosso dinheiro realmente nos faz muito felizes!**

A pesquisa mostra que, quanto mais você doa aos outros, mais feliz você é. E quanto mais você tem, mais é capaz de doar. É um ciclo virtuoso. Dunn e Norton demonstram, por meio de estudos científicos, que **as pessoas ficam mais satisfeitas gastando dinheiro com os outros do que gastando consigo mesmas.** E os benefícios "se estendem não apenas ao bem-estar subjetivo, mas também à saúde objetiva".

Em outras palavras, doar faz você mais feliz e mais saudável.

Segundo os autores, esse fenômeno se estende por continentes e culturas, países ricos e pobres, pessoas com níveis de renda mais altos e mais baixos, jovens e velhos, "de um estudante universitário canadense comprando um lenço para sua mãe até uma mulher de Uganda comprando medicação contra a malária para tentar salvar a vida de uma amiga". Novamente, os dados mostram que o tamanho do presente, no fundo, não importa.

Em um dos seus estudos, os autores entregaram aos participantes 5 ou 20 dólares para serem gastos até o fim do dia. Metade do grupo recebeu instruções de comprar algo para si mesmo; a outra foi instruída a usar o dinheiro para ajudar alguém. "Naquela noite, os indivíduos que tinham recebido a tarefa de gastar o dinheiro com outra pessoa relataram estados de humor [significativamente] mais felizes ao longo do dia do que aqueles indivíduos cuja tarefa era gastar consigo mesmos", escreveram eles.

Colega dos autores, a psicóloga Lara Aknin, da Universidade Simon Fraser, realizou outro estudo, em que entregou aos seus participantes um vale de 10 dólares em compras no Starbucks.

- Alguns foram instruídos a entrar no Starbucks sozinhos e **usar o vale para si mesmos.**
- Alguns foram orientados a **usar o vale para convidar outra pessoa a tomar um café.**
- Alguns foram orientados a **entregar o vale a outra pessoa,** mas não lhes foi permitido ir ao Starbucks com aquela pessoa.
- Alguns foram orientados a **levar outra pessoa com eles até o Starbucks, mas usar o vale apenas para si mesmos,** sem favorecer a pessoa que os acompanhava.

No cômputo geral, quais participantes você acha que relataram maior grau de felicidade? Você está certo se escolheu os que estavam no Starbucks quando presentearam alguém com uma xícara de café. Segundo os autores, as pessoas ficam mais felizes quando se conectam com aqueles a quem ajudam, e "constatam quanto as suas ações generosas fizeram a diferença".

A felicidade que sentimos ao ajudar os outros não é apenas mais intensa, mas também mais duradoura. Quando falei sobre o tema do dinheiro e da felicidade na minha entrevista com o renomado especialista em economia comportamental Dan Ariely, ele me disse: "Se você perguntar às pessoas: 'O que faria você feliz: comprar algo para você ou comprar algo para alguém?', elas respondem: 'Ah, algo para mim.' Mas isso não é verdade. A pesquisa mostra que, quando as pessoas compram algo para si mesmas, ficam felizes por alguns minutos ou, geralmente, algumas horas. Mas se elas compram um presente para outra pessoa, por menor que ele seja, a felicidade dura, no mínimo, até o fim do dia. Muitas vezes, porém, a felicidade pode durar dias, ou até semanas contínuas."

Dan também me contou sobre um "**belo experimento**" **no qual os funcionários de determinada empresa receberam alguns bônus na faixa de 3 mil dólares. Algumas pessoas receberam os bônus para gastar elas mesmas. E algumas foram instruídas a doar o dinheiro. Adivinhe quem ficou mais feliz.**

"Seis meses mais tarde, as pessoas que doaram o dinheiro relataram estar muito mais felizes do que o grupo que o guardou para si", afirmou Dan. "Ou seja, é preciso refletir sobre o ato de doar, não é? É uma coisa incrível, que o conecta com outras pessoas, (...) e há um ciclo de benefícios proveniente disso."

Quando você doa dinheiro, especialmente se fizer algo por um estranho, em comparação com fazer algo por alguém que você ama, o nível de felicidade multiplicada é geométrico. É o equivalente a dobrar ou triplicar seu salário.

Na minha experiência, testemunhei muitas coisas incríveis que acontecem quando você doa. Quando você vai além dos seus mecanismos de sobrevivência e de sucesso e parte para um mundo em que vive mais do que apenas para si mesmo, de repente o medo, a frustração, o sofrimento e a infelicidade desaparecem. Eu realmente acredito que, quando doamos algo de nós mesmos, então a vida, Deus, a graça — seja lá como você queira chamá-lo — nos acompanha e nos guia. Lembre-se: *a vida ampara tudo o que ampara mais vida.*

Eu gostaria de dar um exemplo de como a vida de um rapaz recomeçou depois do seu corpo e sua alma terem sido praticamente destroçados no rescaldo de um terrível tiroteio escolar em Newtown, no estado de Connecticut. A história dele é a do encontro de um propósito e de uma inspiração, e da libertação do sofrimento por meio do ato de doar.

UM PODER ALÉM DO SOFRIMENTO

J.T. Lewis nunca mais vai se esquecer do dia 14 de dezembro de 2012. Naquela manhã, um atirador fora de controle invadiu a **Sandy Hook Elementary School** com um desejo de morte que vitimou a si mesmo e a outras 26 pessoas, incluindo 20 crianças com idades entre cinco e dez anos. Em determinado momento, durante o ataque de fúria, o irmão de J.T., Jesse, de 6 anos de idade, percebeu que a arma do atirador havia travado e gritou para que seus colegas corressem. Esse menino corajoso salvou muitas vidas naquela manhã, mas, infelizmente, não a dele. O pistoleiro se voltou para Jesse e o matou.

Imagine a devastação se Jesse fosse seu filho. Ou irmão. Tive o privilégio de conhecer J.T., de 13 anos de idade, e Scarlett, mãe dos dois meninos, quando voei para Newtown, no primeiro aniversário do massacre, para ajudar um grupo de sobreviventes a lidar com o contínuo impacto dessa aterradora tragédia. Como esperava, muitas daquelas famílias ainda estavam torturadas pelo sofrimento. Mas fiquei surpreso ao conversar com J.T. e observar que a sua dor e o seu sofrimento haviam sido transformados por meio de uma única interação com um grupo de extraordinários órfãos ruandeses. Aqueles meninos e meninas tinham ouvido falar da perda de J.T. e quiseram atravessar o mundo inteiro para se aproximar dele e lhe transmitir uma mensagem de restabelecimento.

Aqueles órfãos tinham sobrevivido a uma das piores tragédias da história. Em 1994, o genocídio em massa em Ruanda levou cerca de 1 milhão de tutsis à morte, assassinados por seus vizinhos hutus em aproximadamente 100 dias. Durante uma chamada do Skype, uma das meninas, Chantal, disse a J.T. quanto ela estava triste pela perda de seu irmão. Mas ela queria que ele soubesse que ninguém pode tirar a alegria e a felicidade da sua vida, só você; *o atirador não tem esse poder.*

Ela, então, começou a contar sua história: com apenas 8 anos de idade, tinha sido forçada a testemunhar a horrenda cena dos seus pais sendo golpeados até a morte por homens armados com facões. Em seguida, os assassinos se voltaram para ela, cortando seu pescoço e jogando seu minúsculo corpo em uma cova. Soterrada, sangrando muito e aterrorizada, mas cheia de vontade de sobreviver, Chantal se esforçou para sair daquela cova rasa e encontrou o caminho até a liberdade nas montanhas localizadas acima da sua aldeia. Escondida na floresta escura, ela podia avistar, ao longe, a comunidade que um dia tinha chamado de lar, ao mesmo tempo em que as chamas engoliam uma casa após outra e os gritos das pessoas que ela amava ecoavam pelo ar. Ela se alimentou de grama durante um mês, enquanto esperava a matança acabar.

Certamente você imaginaria que uma criança forçada a testemunhar o assassinato dos próprios pais ficaria emocionalmente marcada para o resto da vida. Seria de esperar que ela vivesse com raiva e medo, mas não foi esse o caso. Ela é mestra nas três decisões que moldam nossas vidas.

Como ela mesma disse para J.T.: "Eu sei que você não acredita agora, mas você pode se restabelecer imediatamente e viver uma vida feliz e bela. Basta, simplesmente, se treinar para isso, todos os dias, ser grato, indulgente e compassivo. Ser grato pelo que você de fato tem, em vez de se concentrar no que não tem. Você deve perdoar o atirador e a família dele e encontrar uma maneira de servir aos outros, e será libertado de seu sofrimento." **O rosto dela estava tomado por uma alegria maior do que J.T. jamais poderia imaginar. Por pior que fosse a sua própria vida, o horror que ela descrevera foi mais intenso do que qualquer coisa que ele pudesse conceber. Se ela havia podido se libertar da sua dor, então ele também poderia. E a hora era agora.**

Mas como ele faria isso? Ele decidiu que deveria encontrar uma maneira de recompensar aquela jovem alma que havia percorrido milhares de quilômetros para lhe dar amor no dia em que ele estava precisando. Chantal encontrou sua razão de viver, sua paixão e seu senso de propósito ao decidir proteger, amar e educar alguns dos outros órfãos mais jovens do genocídio. Essa se tornou sua missão, e isso a libertou do foco em si mesma ou em qualquer sentimento de perda.

Seu exemplo de servir aos outros emocionou profundamente J.T, e ele ficou obcecado pela ideia de doar. Ele decidiu que ajudar a criar um futuro melhor para aquela garota extraordinária era sua missão. Ele começou a trabalhar dia e noite para arrecadar dinheiro e fazer com que ela conseguisse entrar na faculdade. Depois de alguns meses, esse garoto de 13 anos retornou a ligação pelo Skype e anunciou que havia arrecadado 2.100 dólares — dinheiro suficiente para que Chantal frequentasse a faculdade por um ano! Ela ficou incrivelmente sensibilizada. Entretanto, assim como muitos jovens, em especial no Terceiro Mundo, a universidade não era, simplesmente, a opção mais viável, sobretudo porque ela já abrira sua pequena empresa como lojista. (E, como se poderia esperar de uma mulher com a sua atitude, ela é uma bem-sucedida empresária!) Assim, com o permanente espírito de generosidade, Chantal repassou esse incrível presente para sua melhor amiga, Betty, outra órfã que também havia sido convocada a incentivar J.T.

Fiquei tão comovido com o comprometimento de J.T. que, ali mesmo, decidi oferecer os três anos adicionais de faculdade para Betty e apoiar Chantal, fornecendo-lhe o financiamento para construir uma outra loja e uma residência permanente para o restante da família que a adotara.

Hoje estamos todos trabalhando juntos para expandir os recursos disponíveis para muito mais crianças do que as 75 mil órfãs que sobreviveram ao genocídio.[27]

A lição, aqui, é a seguinte: os seres humanos podem superar seu sofrimento quando escolhem ver a beleza da vida e encontrar uma maneira de dar um pouco de si mesmos. É daí que vem o dom da cura. A chave é encontrar algo que o inspirará a *querer* doar. Um senso de missão — esse é o poder supremo na vida. É aí que você realmente se torna rico — isto é, quando você passa de uma mera vida de prazeres para uma vida de alegria e significado.

DOAR É CURAR

Evidentemente, doar significa mais do que apenas dar dinheiro. É, também, doar seu tempo, é doar sua emoção, é doar sua presença aos seus filhos, à sua família, ao seu marido ou à sua esposa, aos seus amigos, aos seus

---

[27] Treinamos psicólogos e instrutores profissionais que aprendem habilidades práticas e psicológicas essenciais para fazer a diferença durante momentos críticos como esses. Se você for qualificado e gostaria de se voluntariar durante um período crítico, procure a Anthony Robbins Foundation (www.anthonyrobbinsfoundation.org).

sócios. O nosso trabalho também é o nosso dom. Esse dom pode ser uma canção, um poema, a construção de um empreendimento multinacional, servir como consultor, prestar cuidados de saúde ou ensinar; *todos nós temos algo a dar*. De fato, depois do amor, um dos dons mais sagrados que podemos ofertar é o nosso trabalho. E oferecer seu tempo, doar seu nível ímpar de afeto e compartilhar suas habilidades também lhe possibilitará "retornos" significativos.

No seu brilhante livro *Thrive*, minha amiga Arianna Huffington cita estudos que mostram como o ato de doar realmente melhora as saúdes física e mental. Um exemplo que eu adoro, particularmente, é o estudo de 2013 da Escola de Medicina da Universidade de Exeter, na Grã-Bretanha, o qual revela que o voluntariado está associado a taxas mais baixas de depressão, mais relatos de bem-estar e uma redução de 22% nas taxas de mortalidade! Ela também escreve: "Prestar serviço voluntário pelo menos uma vez por semana produz uma melhoria do bem-estar equivalente a ter seu salário aumentando de 20 mil para 75 mil dólares!"

Então, qual é o segredo definitivo da riqueza? **É que *doar*, sob quaisquer aspectos, constrói a riqueza de forma muito mais rápida do que *receber*.** Pouco importa o poder que qualquer um de nós conquiste como indivíduo, seja você um gigante dos negócios, um líder político, um magnata financeiro ou um ícone do entretenimento — o segredo para uma vida plena não é apenas se dar bem, mas, além disso, fazer o bem. Afinal, todos nós conhecemos a história de como a sociedade foi transformada por indivíduos extraordinariamente ricos que acordaram uma manhã e perceberam: "A vida vai muito além de mim."

> Ser o homem mais rico do cemitério não me interessa.
> Ir para a cama à noite dizendo que fiz alguma coisa
> maravilhosa é o que importa para mim.
>
> — STEVE JOBS

Antes do século XIX, a maior parte dos serviços de caridade era conduzida por organizações religiosas — até aparecer o magnata do aço Andrew Carnegie. Reis, nobres e as famílias mais abastadas não estavam interessados em retribuir às suas comunidades; na maior parte dos casos, eles só queriam preservar o dinheiro para si mesmos e seus herdeiros. Muitos empresários compartilhavam a mesma crença. Mas Carnegie liderou os outros "barões usurpadores" da sua época para a criação da filantropia tal como a conhecemos hoje.

Carnegie era um empresário implacável, mas fabricava o aço que construiu as ferrovias e os arranha-céus que transformaram os Estados Unidos. Ele precisava agregar valor para ser lucrativo, de modo que a sociedade se beneficiasse, e ele também. Durante a vida, ele se tornou o homem mais rico do mundo. Contudo, chegou um momento em que ele possuía todas as coisas que queria, e muito mais. Ele tinha tanto dinheiro que começou a perceber que isso não significava muita coisa — a menos que ele usasse para algo além de si mesmo. Assim, Carnegie passou a primeira metade da vida acumulando dinheiro e a segunda metade distribuindo-o. Ele descreveu a sua transformação pessoal em um ensaio (e, depois, um livro), que até hoje vale a pena ler, chamado *O evangelho da riqueza*. Meu amigo, o vencedor do Prêmio Nobel e professor de economia de Yale, Robert Shiller, insiste que todos os seus alunos o leiam, para perceberem que o capitalismo pode ser uma força para o bem. O ensaio de Carnegie transformou a sociedade, influenciou seus pares e desafiou até a inconcebível riqueza do seu maior rival, John D. Rockefeller. Inspirado por um feroz espírito competitivo, Rockefeller começou a depositar montanhas de dinheiro em algumas das maiores fundações do país. Carnegie criou um novo padrão: o padrão de medir seu significado não pelo que você tem, mas pelo que você doa. O seu foco era a educação. De fato, durante sua vida, as contribuições de Carnegie ajudaram a dobrar o número de bibliotecas nos Estados Unidos, e foram responsáveis por grande parte do crescimento e do capital intelectual da sociedade norte-americana antes do surgimento da internet.

Nosso amigo Chuck Feeney se tornou um Carnegie moderno, doando quase toda a sua fortuna de 7,5 bilhões de dólares — exceto pelo fato de, até recentemente, *ele* ter escolhido manter segredo a respeito disso!

Quando finalmente conheci Chuck, ele tinha 83 anos e estava na fase final da vida. Ele não conseguia falar por períodos prolongados de tempo, mas, na sua presença, vivencia-se uma experiência mais profunda do que as palavras. Na sua presença, sente-se o poder de uma vida bem vivida.

Pode-se constatar isso na alegria dos seus olhos, no sorriso que se abre tão facilmente no seu rosto, na bondade que emana do seu coração.

Chuck Feeney, por sua vez, inspirou outra geração. Muitos dizem que Ted Turner foi o próximo a relançar essa forma de filantropia em grande escala, com a promessa de doar 1 bilhão de dólares para as Nações Unidas. Desde então, Bill Gates e Warren Buffett juntaram forças para criar o Giving Pledge, inspirando os ricos do mundo todo a destinar pelo menos metade das suas fortunas para a caridade. Na última contagem, mais de 120 bilionários haviam se inscrito, incluindo alguns dos indivíduos ultrarricos que aparecem neste livro, como Ray Dalio, Boone Pickens, Sara Blakely, Carl Icahn e Paul Tudor Jones. (Veja o site, em http://givingpledge.org, para ler algumas das tocantes cartas que eles escreveram, acompanhando suas doações.)

T. Boone Pickens me disse que se sentiu arrebatado com as suas ações filantrópicas. Ele havia acabado de doar quase meio bilhão de dólares à sua *alma mater*, a Universidade do Estado de Oklahoma, fazendo seu total de doações à caridade ultrapassar 1 bilhão de dólares. Recentemente, porém, ele teve algumas perdas que reduziram seu patrimônio líquido para 950 milhões — um pouco menos daquele bilhão que ele doou! Mas Boone não está preocupado. Afinal, ele tem apenas 86 anos. "Não se preocupe, Tony", disse ele. "Estou planejando ganhar outros 2 bilhões nos próximos anos." Ele não tem sentimento algum de perda, porque a alegria que recebeu ao doar é inestimável.

Nos tempos que correm, os homens e as mulheres mais ricos e influentes do mundo vêm enfrentando os grandes problemas mundiais. Carnegie assumiu a educação. Bill e Melinda Gates cuidam das bolsas de estudo e das epidemias passíveis de prevenção. A paixão de Bono é perdoar as dívidas que escravizam os países do Terceiro Mundo. Mas você precisa ser um bilionário ou um astro do rock para resolver os problemas mais graves do mundo? No mundo interconectado de hoje, não. Se trabalharmos juntos usando a tecnologia, cada um pode fazer um pouquinho e, ainda assim, causar um enorme impacto.

ERRADICAR A FOME, ERRADICAR AS DOENÇAS, ERRADICAR A ESCRAVIDÃO

Não sei ao certo qual é a sua paixão, mas uma área pela qual eu, pessoalmente, sinto profunda empatia são as crianças e as famílias necessitadas. É preciso ter gelo nas veias para ficar indiferente a uma criança que está sofrendo. Por isso, vamos gastar um minuto para analisar três dos maiores problemas que afetam as crianças e suas famílias hoje em dia, e quais as medidas imediatas e concretas que poderíamos tomar para, facilmente, fazer a diferença.

O primeiro é a fome. **Quem você acha que vai para a cama todas as noites com fome, no país mais rico do mundo? De acordo com o US Census Bureau, por mais incrível que pareça, uma em cada quatro crianças norte-americanas menores de 5 anos vive na pobreza, e quase uma em cada dez vive na *extrema* pobreza (definida como uma renda anual abaixo de 11.746 dólares, ou 32 dólares por dia, para uma família de quatro pessoas se manter).**

Cinquenta milhões de norte-americanos, incluindo quase 17 milhões de crianças, vivem em casas que enfrentam uma situação de insegurança alimentar — ou, como Joel Berg, da Coalizão contra a Fome de Nova York, disse Theresa Riley, da *Moyers & Company*, casas que "não têm dinheiro suficiente para obter regularmente o alimento de que necessitam"; que "estão racionando alimentos e pulando refeições. Onde os pais estão sem comida para alimentar os filhos". Ao mesmo tempo, **o Congresso norte-americano cortou 8,7 bilhões de dólares em benefícios anuais do SNAP (Programa de Assistência de Nutrição Suplementar, na sigla em inglês) — o que costumava ser chamado de vale-alimentação —, eliminando *mais de uma semana de refeições por mês* para meio milhão de famílias norte-americanas.**

Eu morava em uma dessas casas; nossa família era uma dessas. É daí que vem o meu entusiasmo para fazer a diferença nessa área. Eu sei que não são apenas estatísticas; são seres humanos que estão sofrendo.

Já compartilhei com você que a minha vida se transformou em um Dia de Ação de Graças, quando eu tinha 11 anos de idade. Mais uma vez, não foi apenas o fato de receber comida que mudou minha vida; foi o fato de um estranho ter se importado comigo. Esse ato simples teve um efeito exponencial. Eu continuei passando esse presente adiante, tendo alimentado 42 milhões de pessoas nos últimos 38 anos. O segredo foi não ter esperado até poder lidar em larga escala com esse enorme problema. Não esperei até ficar rico. Comecei a atacar o problema onde eu estava, com o pouco que tinha.

No início, foi preciso fazer um contorcionismo financeiro para alimentar apenas duas famílias, mas depois me inspirei e dobrei meu objetivo — alimentar quatro. No ano seguinte, foram oito; em seguida, 16. Conforme minhas empresas e minha influência cresciam, o número passou para 1 milhão por ano, e depois 2 milhões. Assim como os investimentos financeiros sofrem os efeitos da composição, o mesmo acontece com os investimentos em doações — e eles propiciam uma recompensa ainda maior. O privilégio de estar, hoje, em uma posição em que posso doar 50 milhões de refeições e, em parceria com você e outras pessoas, fornecer mais de 100 milhões de refeições é impossível de descrever em palavras. Eu fui o cara que *precisou ser* alimentado, e, agora, por meio da graça e do comprometimento, me sinto honrado em alimentar outros e multiplicar o bem que foi feito a mim e à minha família.

Não há nada como o poder da alma humana entusiasmada. Ao longo do caminho, os afetos me comoveram, e os livros também. Eles me fizeram sair de um mundo de limitações e me transportaram para uma vida de possibilidades, quando penetrei a mente de autores que já haviam passado por transformações nas suas vidas. Com esse hábito, me aproximei da minha editora, a Simon & Schuster, e informei que gostaria de alimentar não apenas os corpos, mas também as mentes. Eles se juntaram a mim nessa missão, distribuindo gratuitamente meu livro motivacional *Mensagens de um amigo*, que escrevi para ajudar os que se encontram em uma situação difícil a transformar completamente suas vidas, com conselhos práticos, estratégias e histórias inspiradoras. Para fazer valer o investimento que você fez na compra *deste* livro, a editora se comprometeu a oferecer uma cópia de *Mensagens de um amigo* a uma pessoa necessitada, por intermédio dos meus parceiros na Feeding America. Trata-se da maior rede de bancos de alimentos do país, considerada a instituição de caridade mais eficaz nos Estados Unidos para alimentar os desabrigados.

Mas agora gostaria que você pensasse em estabelecer uma parceria comigo, para que eu possa continuar a fazer essas boas ações nos próximos anos. É uma estratégia simples, que pode fornecer 100 milhões de refeições não apenas este ano, mas todos os anos, para famílias famintas e necessitadas. Não se exige uma doação substancial. **O plano que estou propondo lhe dá a oportunidade de mudar e salvar vidas, sem esforço, doando aquilo que, para você, são trocados.** Como? Junte-se a mim na campanha para Erradicar a fome, Erradicar as doenças e Erradicar a escravidão!

USE SEUS TROCADOS PARA MUDAR O MUNDO

Então, eu tenho uma oferta para você. O meu objetivo neste livro foi ajudá-lo a entender os diferenciais, as percepções, as habilidades — e lhe oferecer um plano — que podem capacitá-lo, verdadeiramente, a criar segurança, independência ou liberdade financeiras duradouras para você e a sua família. Estou obcecado por encontrar maneiras de agregar mais valor a sua vida, mais até do que se pode imaginar com um simples livro (embora seja um livro grande, devo admitir). Quero que ele o inspire a ir além da escassez e a se tornar uma pessoa rica neste exato momento! E isso vai ocorrer no dia em que você começar a doar com alegria no coração — *onde quer que você esteja financeiramente* —, **não porque você seja obrigado a fazê-lo, não por culpa ou exigência externa, mas porque isso o deixará intimamente empolgado.**

De acordo com o Bureau of Labor Statistics [Serviço de Estatísticas do Trabalho, em tradução livre], do Departamento de Trabalho dos Estados Unidos, existem 124 milhões de lares neste país que gastam uma média de 2.604 dólares por ano em entretenimento — mais de 320 bilhões por ano apenas em entretenimento. Imagine se apenas uma parte desse dinheiro fosse destinada a resolver problemas de difícil solução até então, como fome, tráfico de seres humanos e acesso à água potável. Nos Estados Unidos, basta 1 dólar para fornecer dez refeições para indivíduos carentes. Imagine ajudar a fornecer 100 milhões de refeições por ano! Isso é um pouco mais de 10 milhões de dólares — apenas 0,0034% do que gastamos em entretenimento! São centavos de dólares — os trocados dos Estados Unidos! Assim, eu me associei a alguns grandes expoentes dos negócios e do marketing, incluindo Bob Caruso (capitalista social e ex-sócio gerente e ex-diretor de operações de um dos 100 melhores fundos de cobertura no mundo, o Highbridge Capital Management), e ao meu querido amigo Marc Benioff (filantropo, fundador e diretor-executivo da Salesforce.com) para construir a tecnologia que nos permite colocar, de modo fácil e sem sobressaltos, aqueles centavos em prática e salvar vidas.

Em menos de um minuto, você pode entrar na internet e optar pelo SwipeOut (www.swipeout.com). Com isso, sempre que você usar seus cartões de crédito em qualquer lugar do mundo, o preço da sua compra será automaticamente arredondado para o dólar mais próximo.[28] Esse valor será direcionado de imediato para uma instituição de caridade homologada e competente, que lhe fornecerá um relatório com as histórias das vidas que você modificou. Veja como funciona: se você pagou 3,75 dólares no Starbucks, 25 centavos seriam encaminhados a instituições de caridade pré-selecionadas. No caso de um consumidor médio, essa mudança totaliza pouco menos de 20 dólares por mês. Você pode estabelecer um teto para suas doações, mas pedimos que seja mantido um limite mínimo de 10 dólares.

Quer saber qual seria o seu impacto? Com cerca de 20 dólares por mês:

- **você poderia fornecer 200 refeições para norte-americanos que passam fome (isso corresponde a 2.400 refeições por ano!); ou**
- **você poderia fornecer uma fonte de água potável e sustentável para dez crianças na Índia todos os meses — isso equivale a 120 crianças por ano, pessoalmente protegidas por você de alguma doença transmitida pela água; ou**
- **você poderia fazer um adiantamento para resgatar e reabilitar uma jovem cambojana traficada para servir como escrava.**

Esses são os três grandes problemas enfrentados pelas crianças e pelas famílias. Nos Estados Unidos, a fome está em primeiro lugar. Por isso, nossa parceria com a Feeding America tem como foco a erradicação da fome.

Mas o maior desafio para as crianças do mundo todo é a doença. Você sabia que, de acordo com a Organização Mundial da Saúde (OMS), as doenças provocadas por água contaminada são a principal causa de mor-

---

[28] Usando tecnologia patenteada com nível de segurança bancária.

talidade no mundo, responsável por 3,4 milhões de óbitos por ano? De fato, a cada 20 segundos mais uma criança morre de uma doença transmitida pela água — e mais crianças pereceram por essa razão do que o número total de pessoas mortas em todos os conflitos armados desde a Segunda Guerra Mundial.

Por esse motivo, o segundo compromisso do SwipeOut é erradicar as doenças transmitidas pela água e fornecer água potável para o maior número possível de crianças em todo o mundo. Existem muitas organizações com soluções sustentáveis, e algumas pedem apenas 2 dólares por pessoa para oferecer a essas crianças e suas famílias uma fonte confiável de água potável.

QUAL O PREÇO DA LIBERDADE?

Ao longo deste livro, estivemos trabalhando para garantir que você possa alcançar a liberdade financeira. Que tal investir uma pequena fração do que você gasta todos os meses para ajudar a garantir a liberdade a uma das 8,4 milhões de crianças submetidas à escravidão no mundo inteiro? Em 2008, o correspondente da ABC News Dan Harris se disfarçou para descobrir quanto tempo demoraria e quanto custaria comprar uma criança escravizada. Ele deixou Nova York e, dez horas depois, estava no Haiti negociando a compra de uma criança por 150 dólares. Nas suas palavras, é mais barato comprar uma criança no mundo moderno do que comprar um iPod.

É praticamente inconcebível pensar que isso poderia acontecer com nossos filhos ou com alguém que amamos. Mas tente imaginar o impacto das suas ações libertando uma vida humana, uma alma que vem sendo escravizada há anos. Não existem palavras para descrever esse estado. E, mais uma vez, saiba que, enquanto você dorme, sua contribuição está empoderando aqueles que vencem essa luta todos os dias.

Ora, e como nós enfrentamos esses enormes desafios? Cada um de nós juntos, um pouco de cada vez. Este ano, você, eu e alguns dos nossos amigos vamos alimentar 100 milhões de pessoas. Mas não seria incrível alimentar 100 milhões de pessoas *todos os anos*, de forma sustentável? Eu forneço água potável para 100 mil pessoas por dia na Índia — é uma das minhas paixões. Não seria incrível se, juntos, nós fornecêssemos água potável para 3 milhões de pessoas por dia, e aumentássemos ainda mais esse volume? Ou que tal libertar, juntos, 5 mil crianças escravizadas, e apoiar a sua formação escolar e a sua trajetória para uma vida saudável?

Isso é o que a força de apenas 100 mil pessoas é capaz de realizar. Da mesma forma que construí minha fundação, essa missão poderia crescer geometricamente. Se, dentro de uma década ou um pouco mais, nós pudéssemos encontrar uma maneira de crescer para 1 milhão de membros, isso significaria 1 bilhão de refeições fornecidas a cada ano, 30 milhões de pessoas com água potável ou 50 mil crianças libertadas da escravidão. Os números seriam extraordinários, mas, na verdade, a vida de uma criança salva já valeria a pena todo o esforço.

Então, qual é a *sua* perspectiva? A maioria das pessoas superestima o que é capaz de fazer em um ano e, normalmente, subestima o que é capaz de fazer em uma década ou duas.

Eu posso dizer que, quando dei início à minha missão e alimentei duas famílias, fiquei animado. A minha meta era alimentar 100 famílias necessitadas. Depois, esse número cresceu para mil. Em seguida, 100 mil. Em seguida, 1 milhão. Quanto mais crescemos, mais conseguimos enxergar o que é possível fazer. Depende de nós. Quer se juntar a mim? Coloque em prática sua capacidade de mudança, e vamos mudar o mundo.

Eu descobri que, entre os seus outros benefícios,
a doação liberta a alma do doador.

— MAYA ANGELOU

Se você se inscrever no SwipeOut ou em outra organização, tome a decisão de reservar uma pequena parte do dinheiro que ganha, ou do seu tempo, e opte, sistematicamente, por investir em algo que não beneficie você diretamente, mas, sim, alguém que esteja precisando. Essa decisão não tem a ver com estar certo ou errado, não tem a ver com parecer louvável, mas com a verdadeira riqueza — sentir-se verdadeiramente mais vivo e genuinamente realizado.

Em *Dinheiro feliz*, Dunn e Norton observaram que, quando o ato de doar não apenas para nós mesmos é executado de forma correta, "quando parece uma escolha, quando nos conecta com os outros, e quando provoca um nítido impacto — até mesmo as pequenas ofertas podem aumentar a felicidade, desencadeando, potencialmente, um efeito dominó de generosidade."

Comovidos pela potência desses "gastos pró-sociais" (ou seja, ofertas para outras pessoas e doações para a caridade), Dan Ariely e sua esposa se sentiram motivados a colocar em prática um sistema simples, ao qual o casal e seus dois filhos pudessem aderir como família. Quando os meninos recebem suas mesadas, têm que dividir o dinheiro em três potes.

O pote 1 é para eles mesmos.

O pote 2 é para alguém que eles conhecem.

O pote 3 é para alguém que eles não conhecem.

Observe que dois terços desses potes são para gastos pró-sociais, porque é isso que deixa as crianças felizes. Todos três potes são ótimos, mas os Ariely tiveram o cuidado de separar uma parcela idêntica para as pessoas que eles não conheciam. Os gastos com amigos e familiares são maravilhosos, porque significam doar para as pessoas que eles amam, mas a filantropia é o terceiro pote, e essa pode ser a forma mais satisfatória e importante de doar.

Também posso lhe dizer que há extraordinárias consequências positivas para aqueles que doam quando a situação não é das mais fáceis. Isso pré-ativa nosso cérebro; nos treina e nos condiciona a reconhecer que já temos mais do que o suficiente. E quando nosso cérebro acredita, nós vivemos aquela experiência.

Sir John Templeton, não apenas o maior investidor do mundo, mas também um dos melhores seres humanos que conheci, compartilhou uma coisa comigo há quase 30 anos. Ele disse que nunca conhecera ninguém que pagasse o dízimo — doações de 8% ou 10% do que a pessoa ganhava para organizações religiosas ou beneficentes, por um período de dez anos — cujo patrimônio financeiro não tivesse crescido maciçamente. Mas o problema é que todo mundo diz: "Vou doar quando estiver em uma situação melhor." Eu pensava dessa maneira também. Mas vou dar meu depoimento: você deve começar ainda hoje, onde quer você esteja. Você precisa dar início ao hábito de doar, mesmo achando que não está preparado; mesmo achando que não dispõe de nenhum recurso excedente. Por quê? Porque, como eu disse no primeiro capítulo deste livro, se você não doa 1 centavo de dólar, também não doará 1 milhão de 10 milhões, ou 10 milhões de 100 milhões de dólares.

Como você vai *alimentar* seu legado de doações? Você vai doar o seu tempo e a sua energia? Uma parte dos seus ganhos vai ser transformada em dízimo? Ou você vai começar gastando alguns minutos para entrar na internet, se inscrever no SwipeOut e **fazer seus trocados serem investidos para mudar algumas vidas?** Se você estiver se sentindo inspirado, **faça isso agora, enquanto está ciente do impacto que isso pode lhe causar.** E lembre-se: o maior beneficiado com suas doações pode muito bem ser você mesmo. Uma vida de filantropia começa com apenas um pequeno passo. Vamos dar esse passo juntos.

Não penso em toda a miséria, mas na beleza
que ainda existe.

— ANNE FRANK

A propósito, nem sempre fui tão consciente do significado da gratidão e da doação. Eu vivia na escassez. Analisando retrospectivamente, minha vida nunca foi muito fácil, embora sempre tenha sido abençoada. Eu simplesmente não reconhecia isso naquela época. Pelo fato de ter convivido desde cedo com a pobreza financeira, sempre trabalhei para ter a certeza de que conseguiria alcançar o mais alto padrão. Mas não percebi que a realização vem aos borbotões.

É preciso muito tempo não apenas para aprender alguma coisa, mas também para dominá-la verdadeiramente — e aí ela fica tão arraigada que passa a ser parte da sua vida. Quando estava bem no começo, sofri uma série de reveses. E como eu reagi? Vamos dizer apenas que não foi com a graça de uma alma iluminada! Eu estava sempre irritado, frustrado — chateado! Porque nada acontecia do jeito que eu queria. E eu estava ficando sem dinheiro!

E, então, por volta da meia-noite, eu estava dirigindo na Freeway 57, perto do acesso da Temple Avenue, nos arredores de Pomona, Califórnia, pensando: "Qual o problema? Estou trabalhando demais. O que está faltando? Por que estou fracassando redondamente em conseguir o que quero? Por que não está funcionando?" De repente, as lágrimas começaram a tomar conta dos meus olhos, e eu parei o carro no acostamento. Desenterrei o diário que sempre carreguei comigo — ainda o tenho até hoje — e comecei a rabiscar a esmo, furiosamente, usando a luz do painel. Escrevi em letras gigantes, em uma página inteira, esta mensagem para mim mesmo: "O SEGREDO DE VIVER É DOAR."

Sim! Percebi que tinha esquecido que a vida é isso. Eu tinha esquecido que é aí que toda a alegria pode ser encontrada — que a vida não tem a ver somente comigo. Tem a ver *conosco*.

Quando retornei à autoestrada, estava inspirado, reorientado e reanimado, com um senso de missão renovado. Por algum tempo, voltei a me sair bem. Mas, infelizmente, o que escrevi naquela noite era, na verdade, apenas um conceito — uma percepção que eu ainda não havia internalizado inteiramente. Então, comecei a assumir mais desafios, e, seis meses depois, tinha perdido todos os meus investimentos financeiros. Não demorou muito para que eu me visse no ponto mais baixo da minha vida, dormindo no chão de uma quitinete de 37 metros quadrados em Venice, Califórnia, me consumindo de remorso. Eu tinha caído na armadilha de culpar as outras pessoas pelos obstáculos naturais que aparecem sempre que buscamos objetivos razoavelmente ambiciosos. Decidi que eu havia sido manipulado por uma série de pessoas que tinham se aproveitado de mim. "Se não fosse por causa delas", dizia o meu ego, "eu estaria em ótimo estado!" Ou seja, inventei uma história de autopiedade. E, quanto mais irritado e mais frustrado eu ficava, menos produtivo me tornava.

Então comecei a comer como uma maneira de escapar — todas aquelas comidas rápidas e industrializadas, desagradáveis e ridículas. Engordei mais de 17 quilos em apenas alguns meses; coisa que não é muito fácil de fazer. É preciso ingerir toneladas de comida e não se mexer muito para que isso aconteça! Me surpreendi fazendo coisas das quais eu debochava em outras pessoas — como assistir à televisão em pleno dia. Quando não estava comendo, estava assistindo a novelas. Me deixei envolver pela série *General Hospital* — se você tiver idade suficiente para se lembrar de quando Luke e Laura se casaram, eu vi esse episódio!

É cômico (e um pouco humilhante!) olhar para trás e perceber quanto me deixei afundar. Eu não tinha nada além dos meus últimos 19 dólares e alguns trocados, e nenhuma perspectiva. E estava particularmente chateado com um amigo que tinha pegado 1.200 dólares emprestados comigo quando eu estava em uma boa fase, mas nunca me pagara. Àquela altura, eu estava quebrado, mas, quando pedi o dinheiro de volta, ele virou as costas para mim. Ele não atendia meus telefonemas! Fiquei furioso, pensando: "Que diabos eu vou fazer? Como vou conseguir comer?"

Mas sempre fui muito pragmático. E pensei: "Tudo bem. Quando eu tinha 17 anos e não tinha onde morar, como eu conseguia sobreviver?" Eu ia até um bufê e enchia o prato com tudo o que pudesse comer em troca da menor quantidade de dinheiro possível. Aquilo me deu uma ideia.

O meu apartamento não ficava muito distante de um belo lugar chamado Marina del Rey, onde os moradores de Los Angeles guardam os seus iates. Havia um restaurante chamado El Torito, com um bufê fabuloso por aproximadamente 6 dólares. Eu não queria gastar nenhum dinheiro com gasolina nem com estacionamento, por isso resolvi percorrer a pé os 4,8 quilômetros até o restaurante, que ficava bem em frente à marina. Escolhi uma mesa perto da janela e enchi um prato após outro de comida, comendo como se não houvesse amanhã — e talvez não houvesse mesmo!

Enquanto comia, ia observando o ir e vir dos barcos, sonhando com a vida que poderia levar. Meu estado de ânimo começou a se alterar, e eu senti ondas de raiva emanando do meu corpo. Quando terminei a refeição, notei um menininho vestido com um terno — ele não deveria ter mais de 7 ou 8 anos — abrindo a porta do restaurante para a sua jovem mãe. Então, ele a conduziu orgulhosamente até a mesa e lhe puxou a cadeira. Ele tinha uma *presença* especial. Aquele garoto parecia muito puro e muito bom. Ele era um doador — podia-se afirmar isso pela forma respeitosa e amorosa como tratava a mãe. Fiquei profundamente comovido.

Depois de pagar minha conta, caminhei até a mesa deles e disse ao menino: "Com licença. Eu gostaria apenas de cumprimentá-lo por você ser um cavalheiro tão extraordinário. É incrível como você está tratando a sua senhora."

"Ela é minha mãe", confidenciou ele.

"Ah, meu Deus!", eu disse. "Isso é ainda mais legal! E é ótimo que você a convide para almoçar!"

Ele fez uma pausa e, com a voz serena, disse: "Bem, na verdade eu não posso fazer isso, porque só tenho 8 anos — e ainda não tenho um emprego."

"Você está convidando a sua mãe para almoçar, sim", eu disse. E, naquele momento, tateei o bolso, peguei todo o dinheiro que me restava — talvez um total de 13 dólares e alguns trocados — e coloquei na mesa. Ele olhou para mim e disse: "Não posso aceitar."

"Claro que pode", respondi.

"Por quê?"

Eu olhei para ele com um grande sorriso e disse: "Porque eu sou maior do que você."

Ele ficou olhando fixamente para mim, espantado, e logo depois começou a rir. Eu simplesmente me virei e fui embora.

Mas eu não saí apenas por aquela porta; eu *voei* para casa! Devia estar surtando, porque não tinha sequer 1 centavo furado, mesmo assim me senti totalmente livre!

Aquele foi o dia em que minha vida mudou para sempre.

Aquele foi o momento em que me tornei um homem rico.

Algo dentro de mim, finalmente, vencia a sensação de escassez. Finalmente estava livre dessa coisa chamada dinheiro, que eu tinha permitido que me aterrorizasse. Eu seria capaz de doar tudo, sem medo algum. Algo mais forte do que a minha mente, algo no fundo do meu espírito sabia que eu — como todos nós — estava sendo amparado. E aquele era um momento que estava destinado a acontecer. Da mesma forma que você estava destinado a ler estas palavras, exatamente agora.

Eu percebi que estava tão ocupado tentando *receber* que tinha esquecido de *doar*. Mas, agora, eu tinha me reencontrado; eu tinha reencontrado a minha alma.

Abri mão das minhas desculpas, que consistiam em responsabilizar os outros, e, de repente, não me senti mais irritado. Não me senti mais frustrado. Mas talvez você ache que eu não tenha sido muito inteligente! Porque eu não tinha a menor ideia de onde iria conseguir minha próxima refeição. Mas esse pensamento nem sequer passava pela minha cabeça. Ao contrário, eu tinha uma impressionante sensação de alegria, como se tivesse sido libertado de um pesadelo — o pesadelo de achar que minha vida estava condenada por causa do que outras pessoas tinham "feito" para mim.

Naquela noite, me comprometi com um contundente plano de ação. Decidi exatamente o que iria fazer, e como arrumaria um emprego. Eu tinha certeza de que aquilo acabaria acontecendo — mas ainda não sabia quando poderia contar com o meu próximo contracheque ou, de modo ainda mais urgente, quando seria a minha próxima refeição.

Então, um milagre aconteceu. Na manhã seguinte, recebi o antigo e tradicional correio e encontrei uma carta especial na minha caixa de correspondência. Dentro dela, havia um bilhete escrito a mão pelo meu amigo, dizendo que estava muito arrependido por ter fugido das minhas ligações. Eu o havia ajudado quando ele precisou de mim, e ele sabia que eu estava em apuros. Por isso ele estava me devolvendo tudo o que me devia. E um pouco mais.

Abri o envelope, e dentro dele havia um cheque de 1.300 dólares. Era o suficiente para um mês ou mais! Chorei, de tão aliviado que fiquei. *E então pensei: "O que isso significa?"*

Não sei se foi coincidência, mas escolhi acreditar que aqueles dois acontecimentos estavam conectados, e que eu havia sido recompensado não apenas porque tinha doado, mas também porque eu quis doar. Não por obrigação ou medo — era, tão somente, uma oferta de corpo e alma a outra jovem alma que havia aparecido no meu caminho.

Posso lhe dizer, honestamente: tive muitos dias difíceis na minha vida, econômica e emocionalmente — como todos nós temos —, mas nunca voltei a ter aquela sensação de escassez, e nunca vou voltar.

A mensagem final deste livro é muito simples. É a frase que escrevi no meu diário, no acostamento da autoestrada. O segredo definitivo da riqueza é: *o segredo de viver é doar.*

Doe livremente, abertamente, facilmente e agradavelmente. Doe até mesmo quando achar que não tem nada para doar, e descobrirá que há um oceano de abundância dentro de você e ao seu redor. A vida está sempre acontecendo para você, e não por você. Aprecie essa dádiva, e você será rico, agora e para sempre.

Compreender essa verdade me trouxe de volta àquilo para o que eu fui feito, para o que todos fomos feitos: ser uma força em prol do bem. Fui trazido de volta a uma vida de profundo significado, procurando, constantemente, atender às minhas preces — e isso quer dizer **ser uma bênção, a cada dia, na vida de todas aquelas pessoas que conheço e com as quais tenho o privilégio de me conectar.**

Mesmo que eu possa não ter conhecido você pessoalmente, escrevi este livro dentro desse mesmo espírito, pedindo e orando para que cada capítulo, cada página, cada conceito fosse um passo mais profundo para ajudá-lo a vivenciar ainda mais as bênçãos de quem você é, e as bênçãos que você é capaz de criar e doar nesta vida.

O meu desejo sincero, e o propósito deste livro, é propiciar a você mais uma maneira de expandir e aprofundar a qualidade da sua vida e as vidas de todos aqueles que *você* tem a bênção de amar e sensibilizar. Nesse sentido, foi um privilégio servi-lo.

Eu espero que, algum dia, se tudo der certo, nós atravessemos o caminho um do outro — seja conhecendo-o e servindo-o em um dos meus eventos em algum lugar do mundo, seja apenas me encontrando com você na rua. Vou ficar empolgado por saber que você usou esses princípios para melhorar sua vida.

Assim, ao nos despedirmos, quero lhe dar uma bênção, desejando que sua vida seja eternamente abundante. Desejo para você uma vida de alegria, paixão, desafio, oportunidade, crescimento e doação. Desejo para você uma vida extraordinária.

Com amor e bênçãos,
TONY ROBBINS

Viva a vida intensamente, enquanto estiver aqui. Experimente tudo. Cuide de si e dos seus amigos. Divirta-se, seja louco, seja ímpar. Saia por aí e faça uma besteira! Isso vai acontecer de qualquer maneira, então é melhor aproveitar logo o processo. Use as oportunidades para aprender com os seus erros: encontrar a causa do seu problema e eliminá-la. Não tente ser perfeito; seja apenas um excelente exemplo de ser humano.

— TONY ROBBINS

7 PASSOS SIMPLES:

SUA LISTA PARA O SUCESSO

Eis aqui um *checklist* rápido para você usar sempre que quiser determinar a posição em que se encontra e o que ainda precisa ser feito para cumprir todo o percurso até a liberdade financeira. Dê uma olhada nos 7 passos simples e se certifique de que não apenas os compreendeu, mas também os acionou.

Passo 1: Tome a decisão *financeira* mais importante da sua vida

1. Você tomou a decisão de se tornar um investidor, e não apenas um consumidor?
2. Você comprometeu uma porcentagem específica das suas economias para ser destinada ao seu fundo de liberdade?
3. Você automatizou essa poupança? Se não, faça isso agora: www.tdameritrade.com ou www.schwab.com [em inglês].
4. Se o valor que está sendo comprometido agora for pequeno, você autorizou seu empregador a usar o programa Poupe Mais Amanhã? Consulte http://befi.allianzgi.com/en/befi-tv/pages/save-more-tomorrow.aspx.

Passo 2: Seja um iniciado: conheça as regras antes de entrar no jogo

1. Você conhece os 9 mitos e já está protegido contra eles? Eis aqui um miniteste:

   a) Dentro de um período de dez anos, qual o percentual com que os fundos mútuos superam o mercado (ou o seu índice de referência)?
   b) As taxas são importantes? Qual é a taxa média de um fundo mútuo?
   c) Qual é a diferença sobre o seu pecúlio final se você pagar uma taxa de 1% ou pagar uma taxa de 3%?
   d) Você já colocou à prova o seu corretor? Já entrou na internet e analisou quais são seus custos atuais, qual o risco que está correndo com seus investimentos atuais e como a sua estratégia de investimento atual se comportou, nos últimos 15 anos, em relação a outras opções simples e econômicas?
   e) Você sabe a diferença entre os retornos anunciados e o que você efetivamente recebe?
   f) Você sabe a diferença entre um corretor e um fiduciário?
   g) Os fundos ciclo de vida são a melhor opção?
   h) Como você maximiza o seu 401 (k)? Você deveria optar por usar uma Roth 401 (k)?
   i) Você precisa correr grandes riscos para obter grandes recompensas? Quais são algumas das ferramentas que permitem que você obtenha os resultados positivos do mercado sem as perdas causadas pelos resultados negativos?
   j) Você reconheceu algumas das histórias ou emoções limitadoras que o detiveram ou sabotaram no passado? Você quebrou o padrão de controle que elas exercem na sua vida?

2. Neste momento, você tem um fiduciário para representá-lo e orientá-lo? Caso não tenha, entre na internet e encontre um em http://findanadvisor.napfa.org/home.aspx [em inglês] ou entre no Stronghold e analise sua abordagem de serviços (www.StrongholdFinancial.com).
3. Se você possui uma empresa, ou se é um empregado com um plano 401 (k), gastou pelo menos 30 segundos para verificar como as suas

taxas se comportam em relação ao resto do mercado? Acesse http://americasbest401k.com/401k-fee-checker.

4. Se você for um empresário, cumpriu a exigência legal de fazer a aferição de seu 401 (k) diante de outros planos comparáveis? Lembre-se: o Departamento de Trabalho informou que 75% dos 401 (k)s auditados resultaram em uma penalidade média de 600 mil dólares (www.americasbest401k.com).

Passo 3: Ganhe esse jogo

1. Você fez tudo para ganhar o jogo?
   a) Você já descobriu quais são seus números reais? Já descobriu o que realmente será necessário para alcançar a segurança, a vitalidade e a independência financeiras? Já fez os cálculos?
   b) Se não, volte e faça isso agora. Ou, se quiser revê-los, volte e faça as contas agora ou entre no seu aplicativo, onde você pode armazenar os números, e o cálculo será realizado rapidamente. Você pode fazer isso em apenas alguns minutos.
   c) Lembre-se: **clareza é poder.** Acesse www.tonyrobbins.com/masterthegame.
2. Com os números em mãos, você usou sua calculadora de riqueza e chegou a um planejamento que mostra quantos anos serão necessários, em um plano conservador, moderado ou agressivo, para alcançar a segurança ou a independência financeiras? Se não, dê a si mesmo esse presente. Entre no aplicativo e faça isso agora.
3. Você já analisou e tomou alguma decisão sobre os cinco elementos que podem acelerar seu plano e fazê-lo alcançar a segurança ou a independência financeiras ainda mais rapidamente?
   a) Poupe mais:
      - Você já analisou os lugares em que poderia poupar? Sua hipoteca? Compras diárias?
      - Você já implementou um plano Poupe Mais Amanhã, para que não precise desistir de nada hoje e, quando tiver uma renda extra no futuro, possa economizar mais? Acesse http://befi.allianzgi.com/en/befi-tv/pages/save-more-tomorrow.aspx.

- Você encontrou algo que poderia ser facilmente eliminado, e, assim, aumentou suas economias? É a pizza de 40 dólares? É a garrafa d'água? É o Starbucks? E você calculou quanto dinheiro a mais terá no seu fundo de liberdade, e quão rapidamente poderá alcançar seus objetivos fazendo isso? Lembre-se: 40 dólares por semana pode ser igual a 500 mil dólares ao longo de toda uma vida de investimentos. Você não precisa fazer nada disso se já estiver focado, mas, se ainda não estiver, essas são opções para alcançar suas metas financeiras.

b) Ganhe mais. Você encontrou meios de aumentar o valor agregado para outras pessoas? Você precisa se readaptar e mudar de setor? De que forma você pode agregar mais valor e crescer mais, para que possa doar mais?

c) Economize em taxas e impostos. Você descobriu uma maneira de aplicar o que nós ensinamos para reduzir suas taxas e/ou reduzir seus impostos?

d) Obtenha retornos melhores. Você encontrou uma maneira de investir obtendo retornos maiores, sem um grau indevido de riscos? Você já analisou os portfólios aqui apresentados, que podem melhorar seus ganhos e protegê-lo contra aquelas angustiantes retrações no mercado?

e) Mude sua vida — e melhore seu estilo de vida. Você já considerou viver em um novo local, com um estilo de vida ainda melhor? Você já considerou se mudar para um lugar onde possa reduzir ou eliminar os impostos estaduais e, então, aplicar todo esse dinheiro na construção do seu patrimônio e da segurança e liberdade financeiras da sua família?

Passo 4: Tome a decisão de *investimentos* mais importante da sua vida

1. Você decidiu pela alocação de ativos para não correr o risco de perder demais? (Você não colocou todos os ovos em uma única cesta, não é?)
2. Você decidiu qual porcentagem pertence à sua cesta de segurança e que tipos específicos de investimento usará para estar protegido e,

ainda assim, maximizar os retornos? Você está diversificando com diferentes tipos de investimento dentro da cesta de segurança? Você decidiu qual porcentagem das suas economias ou do seu capital de investimento irá para a cesta de segurança?

3. Você já decidiu qual porcentagem pertence à sua cesta de risco/crescimento e que tipos específicos de investimentos usará para maximizar os retornos e, ainda assim, limitar os resultados negativos ao máximo possível? A sua cesta de risco/crescimento está diversificada?
4. Você já avaliou eficazmente sua real tolerância ao risco? Você fez o teste desenvolvido pela Rutgers (http://njaes.rutgers.edu/money/riskquiz)?
5. Você já levou em consideração seu estágio de vida e se você deve ser mais ou menos agressivo com base no tempo de que dispõe para poupar e investir? (Se você for jovem, pode perder um pouco mais, porque terá mais tempo para se recuperar; se estiver mais perto da aposentadoria, terá menos tempo para se recuperar, e talvez precise de mais recursos na sua cesta de segurança.)
6. Você avaliou a quantidade e o tamanho do seu fluxo de caixa, e que papel isso vai desempenhar no seu nível de conservadorismo ou de agressividade na sua alocação de ativos?
7. Você equacionou a proporção entre segurança e risco/crescimento como uma porcentagem dos seus investimentos globais? 50/50? 60/40? 70/30? 30/70? 40/60? 80/20?
8. Você conseguiu fazer uma lista de metas empolgantes, de curto e longo prazos, na sua cesta dos sonhos? Você vai precisar esperar até algum dia no futuro ou existem algumas coisas que você vai conseguir realizar imediatamente?
9. Você definiu uma maneira de financiar sua cesta dos sonhos, seja com uma pequena quantidade das suas economias, seja com uma parcela dos lucros inesperados provenientes dos êxitos da sua cesta de risco/crescimento?
10. Rebalanceamento e média do custo do dólar:
    a) Você está comprometendo sistematicamente a mesma quantia para os investimentos, independentemente de o mercado estar em alta ou em baixa? Lembre-se: tentar prever o comportamento do mercado nunca funciona.

b) Você está rebalanceando continuamente seu portfólio ou há um fiduciário cuidando disso para você? De qualquer forma, isso é fundamental para otimizar os retornos e minimizar a volatilidade.

Passo 5: Crie um plano de renda vitalícia

1. O poder da All Seasons:

a) Você reservou um tempo para ler, compreender e colocar em prática as poderosas dicas que Ray Dalio nos deu com a sua abordagem All Seasons? Ele conseguiu bem-sucedidos retornos sobre os investimentos em 85% das vezes e perdeu dinheiro apenas quatro vezes em 30 anos, mas, até hoje, tais perdas nunca superaram os 3,93%!

b) Você entrou no Stronghold e levou cinco minutos para observar que tipo de retorno tem obtido nos seus investimentos atuais, em comparação com o All Seasons (e outros portfólios), ou para analisar o que seria necessário para criar um portfólio All Seasons em alguns minutos?

2. Seguro de renda:

a) Você fez a coisa mais importante de todas? Tem certeza de que não vai ficar sem renda até o fim da vida? Você montou um plano de renda vitalícia garantida?

b) Você sabe a diferença entre uma **pensão vitalícia imediata** e uma **pensão vitalícia diferida**, e selecionou qual pode ser a mais indicada para você, dependendo do seu estágio na vida?

c) Você já analisou e deu início a uma pensão vitalícia híbrida, ou aproveitou a estratégia das **vantagens sem as desvantagens**, atualmente disponível para qualquer pessoa, independentemente da idade e do pagamento de um montante fixo?

d) Você entrou na internet e descobriu quanta renda futura poderia ter por apenas 300 dólares por mês, ou mais? Se não, acesse www.lifetimeincome.com ou ligue para o Stronghold e fale com um especialista em pensões vitalícias.

3. Segredos dos ultrarricos:
   a) Você já investigou como reduzir drasticamente, entre 30% e 50%, o tempo que levará para alcançar a liberdade financeira, usando estratégias de seguro de vida fiscalmente eficientes? Lembre-se: o PPLI (seguro de vida de colocação privada) é ótimo para pessoas de alto poder aquisitivo, mas qualquer um pode utilizar as apólices oferecidas por intermédio do TIAA-CREF, com montantes mínimos de depósito. Se você ainda não explorou essas ferramentas, entre em contato ainda hoje com um fiduciário qualificado e experiente, ou procure o Stronghold para uma análise gratuita.
   b) Você já investiu os 250 dólares necessários para montar um fundo fiduciário em vida, para que a sua família esteja protegida e herde seus ativos sem precisar esperar um ano para a legitimação do testamento? Você protegeu seu patrimônio não apenas para a sua geração atual, mas também para os seus netos e bisnetos?

Passo 6: Invista como o 0,001%

1. Você reservou um tempo para assimilar algumas das entrevistas curtas com 12 das personalidades financeiras mais inteligentes do mundo, os maiores investidores da história?
2. Quem é o "Mestre do Universo" no mundo financeiro? Que tipo de retornos ele obteve em comparação com qualquer outra pessoa, incluindo Warren Buffett? E como você poderia investir com ele, se quisesse?
3. O que você aprendeu sobre a alocação de ativos com David Swensen, de Yale? Ou Mary Callahan Erdoes, do J.P. Morgan?
4. O que você aprendeu com o mestre da indexação Jack Bogle? Ou com o Dr. Pessimismo, Marc Faber?
5. Você captou a estratégia simples atualmente recomendada por Warren Buffett para todos, incluindo sua esposa e seu fundo de legado?
6. Você assimilou a importância de obter retornos assimétricos?

7. Você assimilou o MBA de 100 mil dólares que Paul Tudor Jones lhe ofereceu, de nunca fazer um investimento com uma proporção inferior a cinco para um e sempre acessar o poder das tendências?
8. Você consultou o vídeo de Ray Dalio, *Como funciona a máquina econômica — Em trinta minutos*? Se não, veja agora [em inglês] em www.economicprinciples.org.
9. Você mergulhou nos conceitos da solução de investimentos de Kyle Bass, segundo a qual não se pode perder dinheiro? Lembra do poder das moedas de 5 centavos? Esse investimento estará garantido para sempre pelo governo dos Estados Unidos, e você terá um potencial de resultados positivos situado entre 20% e 30%.
10. Você aprendeu as lições básicas de Charles Schwab e de Sir John Templeton, cujo trunfo continua rendendo frutos, ao constatar que o pior ambiente é sua maior oportunidade — sendo mais otimista quando o mundo está "acabando", como aconteceu na Segunda Guerra Mundial, na inflação na América do Sul, na Depressão e no Japão após a Segunda Guerra Mundial? Você assimilou sua verdadeira filosofia estratégica central, que fez dele o primeiro bilionário da história dos investimentos internacionais?
11. Que ações você pode adotar hoje para começar a investir como o 0,001%?

Passo 7: Simplesmente aja, aprecie e compartilhe!

1. Seu ativo oculto:
   a) Você se conectou à realidade de que o futuro é um lugar magnífico?
   b) Ele será preenchido com desafios emocionantes. Oportunidades e problemas sempre existirão, mas você está ciente de que há uma onda de tecnologia que vai continuar a produzir inovações e a nos empoderar como indivíduos, melhorando a qualidade de vida para os seres humanos em todo o mundo?

2. Você se permitiu usufruir a maior das dádivas — o compromisso de ser rico agora, e não em algum dia no futuro —, apreciando e desenvolvendo o hábito diário de pré-ativar o apreço pelo que você já tem, apoiando-se nesses êxitos?

3. Você trocaria a expectativa pelo apreço? Está comprometido com uma vida de progresso? **O progresso equivale à felicidade. A vida tem a ver com crescer e doar.**
4. Você já descobriu a quem ou a que você deve servir e qual é o propósito mais elevado da sua vida? Já começou a pensar no seu legado?
5. Você decidiu converter seus trocados em uma mudança significativa no mundo? Se assim for, **acesse www.swipeout.com agora, gaste apenas um minuto e inicie o processo de salvar outras vidas enquanto desfruta a sua.**
6. Você internalizou a verdade que o tornará rico neste momento: o segredo de viver é doar?

Este é um *checklist* genérico e rápido que tem a função de maximizar as páginas que você leu. Se houver algo que tenha perdido, permita-se voltar e assimilar, e também recordar, pois **a repetição é a mãe da habilidade. Na ação reside todo o seu poder.**

Então, meu querido amigo, aproxime-se e saiba que você não está sozinho. Você pode acessar seus recursos ou a infinidade de recursos de suporte que eu também disponibilizei aqui: o site, o aplicativo, o Stronghold, a Lifetime Income e a America's Best 401 k. Mas, seja lá o que você fizer, certifique-se de agir e se certifique de que as pessoas que o orientam estejam desejando o melhor para você. Encontrar o fiduciário correto é o ponto de partida. O fiduciário correto pode ajudá-lo a criar ou a aperfeiçoar seu plano.

Esta lista não é conclusiva; ela é apenas um ótimo meio de verificação para estimulá-lo a continuar crescendo e implementando. Lembre-se de que **conhecimento não é poder; execução, sim.** Faça um pequeno progresso a cada dia ou a cada semana, e, antes que você perceba, seu caminho até a liberdade financeira estará concluído.

Estou ansioso para conhecê-lo pessoalmente, e em breve. Até lá, acelere, continue avançando, domine o jogo e viva com paixão.

[illegible] com [illegible]

[illegible]

[illegible]

[illegible] páginas [illegible]

[illegible]

[illegible]

AGRADECIMENTOS

Quando me sentei para preparar a lista de todos os indivíduos a quem eu devo tanto, me senti totalmente arrebatado. Eu tinha acabado de escrever um livro de mais de 600 páginas! Mas agradecer a todos os que me ajudaram a chegar até aqui ainda seria uma tarefa assustadora. Por onde eu começaria? Sentado aqui, esse empreendimento se parece mais com aquela parte final de um filme: centenas de nomes subindo pela tela e as cenas principais aparecendo de relance, em homenagem aos superastros. Muitas pessoas desempenharam inúmeros papéis para me fazer chegar a este momento de absoluta plenitude.

Enquanto rememoro minha jornada de quatro anos — e, para ser franco, os 30 anos que me conduziram até aqui —, vejo os rostos e sinto o encanto de tantos indivíduos extraordinários. Não serei capaz de agradecer a todos eles, mas gostaria de começar perto de casa, com as pessoas que tocaram minha vida mais profundamente.

Primeiro, a minha família. Evidentemente, isso começa com o amor da minha vida, a minha magnífica esposa, Bonnie Pearl — minha Sage. "Minha menina." Ela é a fonte interminável de alegria e felicidade na minha vida. Sinto que ELA é a recompensa final pelo "bom carma", o resultado de servir dezenas de milhões de pessoas ao longo de décadas. Ela costuma dizer que nasceu para me amar, e tudo o que posso falar é que Deus realmente me abençoou com o amor dessa bela alma. Aos pais dela, Bill e Sharon — mamãe e papai —, obrigado por criar e cuidar dessa mulher incrível. Vocês me deram o maior presente da minha vida: sua filha, a maior fonte de amor que eu já conheci ou imaginava que existisse. Obrigado por todo o amor que derramaram sobre ela, e por me amarem como a um filho. A vida de vocês dois é uma genuína contribuição, e vocês me inspiram todos os dias. Meu querido cunhado Scotty (que é, realmente, meu irmão), por sua coragem de guerreiro e seu foco permanente em elevar os padrões e garantir que possamos estender a mão e servir mais almas. E a cada um dos meus quatro filhos, Jairek, Josh, Jolie e Tyler, que, em todas as fases da minha vida, me trouxeram inspiração, amor e uma razão para melhorar. Também agradeço a bondade do nosso Criador. E à minha mãe apaixonantemente enérgica, que me transmitiu valores extraordinários, e aos quatro pais que impactaram minha vida de modo único. Ao meu irmão e a minha irmã, Marcus e Tara, e a toda minha família estendida, eu amo vocês.

À minha equipe principal na Robbins Research International, que me permite, cada dia, o privilégio de explorar, integrar, criar, testar e retestar constantemente novas percepções, ferramentas, estratégias e caminhos para melhorar a qualidade de vida das pessoas em todo o mundo. A Sam Georges e Yogesh Babla — confidentes que cuidam de mim e de todas as nossas empresas enquanto viajo pelo mundo. Aos meus queridos amigos e protetores Mike Melio e "General Jay" Garrity. A Shari, Rich, Marc, Brook, Terri e ao restante de nossa incrível, leal e pragmática equipe executiva. À minha extraordinária equipe criativa — especialmente a notável gerente e parceira criativa Diane Adcock —, vocês são incríveis, e à nossa luz intensa, Katie Austin, eu amo vocês. A todos os funcionários da sede de San Diego e de outras unidades, que trabalham comigo todos os dias nos departamentos da RRI, e todos os nossos parceiros que compõem as empresas Anthony Robbins. Obrigado a cada um de vocês por contribuírem com a nossa busca e o nosso incessante trabalho de criar soluções inovadoras para as pessoas em seus negócios, finanças, saúde, emoções, gestão do tempo e relacionamentos pessoais. Estamos aqui juntos para mudar vidas. Somos convocados para mobilizar as pessoas. Nós impulsionamos as Elevações Financeira, Empresarial e, em última instância, Humana. Somos catalisadores do espírito — esse é o nosso dom, e fomos feitos para ele. Sinto-me muito afortunado em trabalhar com vocês, pois ajudamos a fazer a diferença na vida das pessoas em todo o mundo! Agradecimentos adicionais e especiais ao nosso pessoal voluntário e a toda a nossa equipe — especialmente aos nossos profissionais que se deslocam ininterruptamente, que viajam por terra fazendo tudo acontecer nos bastidores. Nossos eventos não poderiam acontecer sem vocês, e toda a nossa equipe é grata pelas dádivas que vocês nos proporcionam. Também agradeço a todas as esposas e maridos que nos emprestam as suas famílias enquanto percorremos o mundo, e a Joseph

McLendon III, Scott Harris, Joe Williams, Michael Burnett, Richard e Veronica Tan e Salim, por propiciarem a alavancagem para sensibilizar ainda mais pessoas no mundo inteiro.

Minha vida foi fortemente moldada por amizades profundas com quatro homens brilhantes. A meu caro amigo e irmão Paul Tudor Jones, agradeço por mais de 21 anos exemplificando como encontrar o caminho para a vitória, não importando o tamanho do desafio! A única coisa maior do que a lendária habilidade de negociação de Paul é a profundidade do seu amor e da sua generosidade. Ele é uma alma inteiramente motivada a fazer a diferença no mundo; e ele faz isso todos os dias. A Peter Guber, que tem sido um dos meus amigos mais queridos na vida, e uma força criativa da natureza, cuja generosidade também não conhece limites. Peter, você sempre me inspira a vislumbrar as possibilidades! Obrigado por todas as risadas, suas instruções, seu amor e o privilégio de ser seu amigo ao longo de décadas. A Marc Benioff, meu irmão nessa jornada. Sua mente incrível, seu coração invencível, sua constante inovação nos negócios e seus notáveis esforços filantrópicos animam a mim e a milhões de outras pessoas incumbidas de levar adiante o padrão que você definiu com tanto sucesso e que continua a defender na Salesforce.com. Tenho orgulho de ser seu parceiro e de, juntos, mudarmos vidas. Eu amo você, cara. A Steve Wynn, obrigado pelo seu amor e por ser um criador impecável e brilhante, que nada nesta Terra poderá deter! Você é realmente um gênio e, apesar disso, extremamente humilde. Está sempre cuidando daqueles que você ama. A forma como você adota uma perspectiva e a transforma em realidade empolga a todos ao seu redor. Ser seu amigo é um presente. Cada dia que passo com você é outro dia em que me sinto inspirado a subir para outro patamar.

Por meio dos meus eventos e apresentações públicas, tive oportunidade de conhecer centenas de milhares de pessoas todos os anos, que impactaram minha vida. Mas este livro, na sua essência, foi exclusivamente moldado por um grupo de pouco mais de 50 almas extraordinárias, cujas percepções e estratégias me sensibilizaram e sensibilizarão todos aqueles que lerão estas páginas. Àqueles que compartilharam seu tempo e o trabalho das suas vidas em nossas sessões de entrevista, sou eternamente grato. A Ray Dalio, pelo presente único que você concedeu neste livro, oferecendo ao investidor médio uma abordagem de investimento para "todas as estações", com base nas engenhosas ideias de sua famosa estratégia "All Weather". Ray nos deu de presente um sistema simplificado que vem criando, ao menos historicamente, a jornada mais tranquila possível para os investidores interessados em um caminho financeiro de longo prazo. O valor do "molho secreto" de Ray é incomensurável, sendo apenas um reflexo da sua inerente generosidade.

A Jack Bogle, por ter investido 64 anos da sua vida e pelo foco implacável no que é ideal para o investidor: seu compromisso de criar fundos de índice mudou os investimentos tais como os conhecemos, e para todas as pessoas do mundo. Obrigado por me conceder quatro horas naquela que provou ser uma das entrevistas mais diretas, honestas e perspicazes das que eu tive o privilégio de participar. A T. Boone Pickens, por ser o protótipo absoluto do honesto individualismo norte-americano e da valentia de um caubói. A Kyle Bass, por nos mostrar que as grandes recompensas não exigem grandes riscos. Sir John Templeton, abençoada seja a sua alma, pelas muitas décadas que me inspirou com suas ideias, segundo as quais é em tempos de "máximo pessimismo" que aparecem as maiores oportunidades. A Marc Faber, pela sua sempre inovadora consultoria de investimentos e, acima de tudo, pela sua exuberância. Ao destemido Carl Icahn, pela ousadia, coragem e paixão desenfreadas — por desafiar o *status quo* e trazer retornos extraordinários aos seus investidores. A Mary Callahan Erdoes, a mulher de 1 trilhão de dólares, do J.P. Morgan, por ser um exemplo tão extraordinário do poder da liderança servidora e por dar o exemplo de como todos nós podemos ser extraordinários nos negócios e, ainda assim, conectados ao que realmente importa.

A todos os extraordinários e perspicazes acadêmicos e empresários. De prêmios Nobel, como Robert Shiller e Harry Markowitz, a Dan Ariely (MIT), e à dupla Shlomo Benartzi e Richard Thaler, cujo Poupe Mais Amanhã permite que os indivíduos contornem as limitações cognitivas e emocionais nas quais a maioria dos seres humanos se deixa aprisionar. Ao Dr. David Babbel, seu foco na renda vitalícia e seu exemplo vivo ajudaram a dar forma a uma grande parte deste livro. Burton Malkiel, você é um tesouro para este país. Seu foco original na indexação abriu caminho para um mundo de escolhas financeiras, e sua conversa franca é um ponto luminoso em um mundo financeiro por vezes escuro e obscuro. A Alicia Munnell (Faculdade de Boston), Teresa Ghilarducci (New School), ao Dr. Jeffrey Brown e ao Dr. David Babbel (Wharton): obrigado pelas perspicazes percepções sobre o nosso sistema de aposentadoria — vocês são revolucionários. A Steve Forbes e ao professor de Harvard e ex-secretário do Tesouro Larry Summers, por nos proporcionar duas horas de extraordinário e empolgante debate — mostrando a todos nós um olhar "transversal" de como chegamos até aqui e o que os Estados Unidos precisam fazer para mudar o estado de coisas. A David Swensen — o astro dos investimentos institucionais —, por abrir as portas sagradas de Yale e permitir que eu compartilhe sua abordagem de investimento extraordinariamente eficaz, mas, sobretudo, por ser um brilhante exemplo de como nosso trabalho é um reflexo do nosso amor. Seu trabalho é um dom, e seu constante foco pessoal no que ele é capaz de doar me comove até hoje.

A Warren Buffett, por abrir o caminho para todos nós. Obrigado por ser uma pessoa tão honesta. Embora eu adorasse ter passado mais tempo com você, o breve encontro que compartilhamos no programa *Today* causou efeitos profundos em mim. Quando o Oráculo de Omaha diz que a indexação é o caminho, deixa muito pouco espaço para discussão!

A Elliot Weissbluth, pela disposição de assumir esse desafio muito antes de o assunto ser mencionado. Você trabalhou para trazer a verdadeira transparência e a consultoria livre de conflitos para os ricos, e agora lidera uma cruzada para democratizar as oportunidades para o investidor médio individual, independentemente dos seus recursos econômicos. Elliot é um exemplo real de integridade, coragem e compromisso intrínseco de fazer o que é correto. Obrigado pela parceria.

Obrigado a todos aqueles que concederam entrevistas ou emprestaram seu tempo para os meus Eventos de Riqueza da Parceria Platinum e àqueles que compartilharam suas percepções ao longo dos anos, servindo como exemplo do que é possível fazer — todos vocês me inspiram, e as suas sabedorias ecoam nestas páginas de várias maneiras diferentes.

Agradecimentos e gratidão ao meu caro amigo John Paul DeJoria (que, no passado, também morou no próprio carro!). Obrigado ao rebelde Marc Cuban, a Charles Schwab, Sara Blakely, Reid Hoffman, Sir Richard Branson, Chuck Feeney, Evan Williams, Peter Lynch, Ray Chambers, David Walker, Eddie Lampert, Tony Hsieh, Tony Tan, Michael Milken, Mark Hart, Mitch Kaplan, Luca Padulli, Harry Dent, Robert Prechter, Michael O'Higgins, James Rodgers, James Grant, Eric Sprout, Mike Novogratz, Stanley Druckenmiller, George Soros, Sir Roger Douglass, Domingo Cavallo, Daniel Cloud, Geoffrey Batt, Joshua Cobre Ramo, Russel Napier, Emad Mostaque, ao Dr. Donny Epstein, a Tom Zgainer e, claro, Ajay Gupta! Agradecimentos especiais a Adam Davidson, Alex Blumberg e Helen Olin pelas perspicazes visões das injustiças e o que pode ser feito com o louco, conectado e volátil mundo financeiro, que domina todas as nossas vidas atualmente.

Meus mais profundos agradecimentos aos meus parceiros na Simon & Schuster, que moveram céus e terra para dar conta desse cronograma insano. Eu estava muito empenhado em publicar este livro, e o tamanho dele crescia geometricamente à medida que entrevistava um número cada vez maior das principais mentes financeiras do mundo. Primeiro, a Jonathan Karp, presidente e editor, pelo olhar e pela vontade de me apoiar nesse esforço, e por liderar a equipe da Simon & Schuster que nos ajudou a editar e a publicar este monstro em tempo recorde — devemos ter quebrado algum tipo de recorde. E isso só poderia ter sido feito com a ajuda dos editores Ben Loehnen e Phil Bashe.

Obrigado a todos que nos ajudaram a divulgar este trabalho de amor. De Heidi Krupp a Jenifer Connelly, Jan Miller e Shannon Marven, Suzanne Donahue e Larry Hughes, Mark Thompson, Mat Miller, Frank Luntz e sua incrível equipe, David Bach e meu querido amigo Dean Graziosi, além de todos os meus parceiros de marketing, como Brendon Burchard, Jeff Walker, Frank Kern, Joe Polish, Brett Ratner, Mike Koenigs, Tim Ferriss, Gary Vaynerchuck, Eben Pagan, Russell Brunson, Dean Jackson, Marie Forleo, Chris Brogan, David Meerman Scott, Scott Klososky e tantos outros. Meus mais profundos agradecimentos a Praveen Narra, Cliff Wilson e a todos os parceiros no desenvolvimento de softwares, por construir o nosso incrível aplicativo para smartphone.

Para os ídolos da mídia que vêm ajudando tão amorosamente na divulgação, especialmente Oprah Winfrey, Ellen DeGeneres e o Dr. Oz. Aos meus queridos parceiros — que mais se parecem com a minha família — na Impact Republic, pelas maratonas noite adentro discutindo capas de livros e coisas do gênero; um agradecimento público especial para Kwaku e meus queridos irmãos "PMF" Chris Jennings e Bob Caruso. Obrigado, Jarrin Kirksey, Sybil Amuti e a toda a equipe da Impact Republic, não apenas pela dedicação a este livro, mas também por nos ajudar a refinar a capacidade de nos mobilizar e alcançar milhões de pessoas cada ano que passa. Eu amo e aprecio todos vocês!

Naturalmente, a missão deste livro é servir não apenas àqueles que vão lê-lo, mas também aos muitos que a sociedade esqueceu. Portanto, os meus mais profundos agradecimentos a todos na Anthony Robbins Foundation e aos nossos parceiros estratégicos — sobretudo Brian Berkopec e todos os nossos parceiros no SwipeOut e Dan Nesbit, na Feeding America, por nos ajudarem a coordenar essa abordagem nunca antes testada de fornecer 100 milhões de refeições: a distribuição da minha doação inicial de 50 milhões de refeições e os esforços de todos aqueles que trabalham incansavelmente para captar recursos equivalentes, permitindo que a entrega chegue a 50 milhões de refeições a mais. Agradeço profundamente ao meu parceiro Cody Foster e a toda a equipe da Advisors Excel, por ter sido um dos primeiros a se prontificar — não apenas para criar novas e diferenciadas soluções de renda para as pessoas, mas também pelo pioneiro comprometimento em fornecer 10 milhões de refeições, antes de todos os demais.

Pelas percepções acerca da tecnologia e do futuro, agradeço profundamente aos meus queridos amigos visionários Peter Diamandis e Ray Kurzweil. É sempre um privilégio passar algum tempo com qualquer um desses homens extraordinários. Eles nos abrem uma janela para uma realidade futura que muitos nem sequer conseguem imaginar, e trabalham todos os dias para que esse mundo se concretize. Ray e Peter, vocês me deixam muito impressionado, e foi um privilégio fazer uma parceria com vocês na Universidade da Singularidade e no novo Global Learning X Prize. Estou empolgado com o que vamos criar juntos. Obrigado novamente pelas ideias que pudemos compartilhar neste livro. Agradeço também a Easton LaChappelle, por sua transbordante ambição criativa em prol do bem maior, e a Juan Enriquez, por nos mostrar como até mesmo o que chamamos de "vida" está sendo redesenhado e remodelado em novas oportunidades à medida que falamos.

Àqueles que estão ao meu redor, encarregando-se de todas as pequenas coisas que fazem a maior diferença: os queridos Sra. Sarah, Steph e Stephanie. *Bula vinaka* para a minha família fijiana. E para Andrea, Maria e Tony, por ajudarem a preservar um santuário sagrado em meio a uma vida insana.

Finalmente, e acima de tudo, agradeço a minha equipe principal de pesquisa, sem a qual não haveria nenhuma possibilidade de este livro ter sido escrito.

Começando por meu filho Josh, cuja experiência no setor financeiro forneceu inestimáveis discernimentos. Eu me deliciei com as nossas sessões de reflexão intensiva no meio da noite, tentando descobrir como fazer para agregar mais valor para os investidores individuais. Nossa convivência me trouxe mais alegria e emoção do que eu jamais poderia ter imaginado — não apenas no que fomos capazes de criar juntos, mas também nos momentos maravilhosos que compartilhamos ao longo desse projeto.

E às outras quatro pessoas sem as quais este livro não poderia ter sido escrito: Jenn Dawes, cuja capacidade desumana de captar meus pensamentos, quase na velocidade em que os expresso, é o que mantém a estrutura organizada, conectada e comunicativa, impedindo-a de se desintegrar! Estou eternamente em dívida com você, e amo você.

Finalmente, a Maryanne Vollers e Jodi Glickman, por se importarem tão profundamente e pela disposição de trabalhar comigo durante muitas noites insones, refinando e editando este manuscrito.

A Mary Buckheit, cujos amor e dedicação me mantiveram motivado em alguns dos momentos mais exaustivos desse longo e árduo processo, dando à luz os "tesouros" que, ambos sabemos, sensibilizarão as vidas das pessoas por décadas. Eu amo você, e lhe dou o meu eterno apreço.

À graça que guiou todo esse processo, e a tudo o que Deus desencadeou dentro de mim em uma fase inicial da minha vida, me fazendo nunca estar satisfeito com o que existia e me deixando obcecar tão insanamente pelo apetite e pelo impulso de servir no mais alto grau possível. Àquele que está sempre me lembrando de que não são apenas as grandes coisas que importam, mas também as pequenas. E ao privilégio dos meus leitores e de todos aqueles que, em algum momento, depositaram sua crença em mim, fazendo um investimento em um produto ou serviço, ou dando aquele salto de confiança, vindo assistir a um evento no qual me deram o recurso mais valioso que possuem: sua fé, seu crédito e seu tempo. Às parcerias que fechei com eles, ajudando-os a retomar o controle das suas vidas; levando isso a qualquer nível que se fizesse necessário e a qualquer nível que precisássemos ir.

E a todos os amigos e professores ao longo da trajetória da minha vida — são muitos a serem mencionados, alguns famosos e alguns desconhecidos, cujas percepções, estratégias, exemplos, amor e carinho são os ombros sobre os quais tive a honra de me apoiar. Hoje eu agradeço a todos vocês, e continuo a minha interminável busca para cada dia ser uma bênção na vida de todos aqueles que tenho o privilégio de conhecer, amar e servir.

EMPRESAS ANTHONY ROBBINS

ANTHONY ROBBINS FOUNDATION [FUNDAÇÃO ANTHONY ROBBINS]

A Anthony Robbins Foundation é uma organização sem fins lucrativos criada para capacitar indivíduos e organizações a fazerem uma diferença significativa na qualidade de vida de pessoas muitas vezes esquecidas pela sociedade: nossos jovens, os desabrigados que passam fome, os prisioneiros e os idosos. Sua coalizão internacional de voluntários solidários fornece perspectiva, inspiração, recursos de ponta e estratégias específicas necessárias para capacitar esses importantes membros da sociedade.

O que começou há quase 40 anos como o esforço individual de um homem para alimentar duas famílias se transformou em um movimento. **A fundação foi construída tendo por base o sistema de crença na ideia de que, independentemente da sua estatura, somente aqueles que aprenderam o poder da contribuição sincera e altruísta experimentarão a mais profunda alegria da vida: a verdadeira realização.** Conectando, inspirando e demonstrando a verdadeira liderança em todo o mundo, o impacto global da fundação se dá por meio de uma coalizão internacional de afetuosos doadores e voluntários.

Todos os lucros do autor de *Dinheiro: domine esse jogo* foram doados antecipadamente ao Tony Robbins 100 Million Meal Challenge [Desafio de 100 Milhões de Refeições de Tony Robbins], em que indivíduos, corporações e filantropos são convidados a equiparar a doação de Tony Robbins de 50 milhões de refeições para alimentar famílias famintas e necessitadas. Há mais de 38 anos, Tony vem comprometendo seu tempo e seus recursos para alimentar 42 milhões de pessoas em todo o país e em todo o mundo. Inspirado pela generosidade de um estranho que alimentou sua própria família anos atrás, Tony se associou, agora, à **Feeding America**, além do **SwipeOut (www.swipeout.com)** e da Salesforce.com, para doar mais de 100 milhões de refeições no espaço de um ano. É o primeiro programa desse tipo.

www.moneymasterthegame.com

SWIPEOUT
[ERRADICAR]

Deixe que seus trocados mudem o mundo. E se, cada vez que fizéssemos uma compra, isso ajudasse alguém? E se nossas pequenas transações diárias comuns ajudassem a provocar um impacto extraordinário em todo o mundo? **E se o seu cartão de crédito fosse uma arma contra a injustiça global?** Em menos de um minuto, o aplicativo SwipeOut permite que os consumidores conectem seus cartões de crédito/débito ao sistema patenteado, que arredondará automaticamente cada compra do consumidor ao dólar mais próximo. Todos os trocados excedentes — 100% — serão canalizados para os problemas mais urgentes do mundo, que prejudicam as crianças e as pessoas afetadas pela extrema pobreza: fome, doenças e escravidão. Nossos parceiros incluem Tony Robbins e Marc Benioff, fundador da Salesforce.com.

www.swipeout.com

INTERNATIONAL BASKET BRIGADE
[BRIGADAS INTERNACIONAIS DA CESTA BÁSICA]

A International Basket Brigade é construída em torno de uma noção simples: "Um pequeno ato de generosidade por parte de uma pessoa solidária pode transformar a vida de centenas de indivíduos." O que começou como o esforço individual de Tony para alimentar famílias carentes se transformou, agora, na International Basket Brigade da Anthony Robbins Foundation, fornecendo cestas de alimentos e utensílios domésticos para mais de 2 milhões de pessoas anualmente, em países de todo o mundo.

GLOBAL YOUTH LEADERSHIP SUMMIT [CÚPULA GLOBAL DE LIDERANÇA JUVENIL]

A Global Youth Leadership Summit, da Anthony Robbins Foundation, é um programa de cinco dias que oferece aos participantes de 14 a 17 anos um ambiente projetado para impulsioná-los a assumir papéis de liderança que mudarão suas vidas e comunidades. O formato da Global Youth Leadership Summit inclui discussões em pequenos grupos, experiências de aprendizagem de participação ativa, jogos de simulação de liderança e exercícios projetados para permitir que os participantes da cúpula identifiquem suas capacidades de liderança.

O DESAFIO

A vida é um dom, e todos nós que temos essa capacidade devemos lembrar que nossa responsabilidade é retribuir. As contribuições podem, realmente, fazer a diferença. Por favor, junte-se a nós agora e se comprometa a ajudar os menos afortunados a desfrutar uma melhor qualidade de vida.

O estatuto da Anthony Robbins Foundation é cumprido por intermédio desses programas e de outros semelhantes. Interessados em mais informações podem ligar para 1-800-554-0619 ou visitar nosso site: www.anthonyrobbinsfoundation.org [em inglês].

[illegible] na International Basket Brigade da Anthony Robbins Foundation, fornecendo cestas de alimentos e itens [illegible] mais de 2 milhões de pessoas anualmente, em todo o mundo.

GLOBAL YOUTH LEADERSHIP SUMMIT (CÚPULA GLOBAL DE LIDERANÇA JOVEM)

A Global Youth Leadership Summit, da Anthony Robbins Foundation, é um programa de [illegible] que oferece aos participantes de [illegible] anos um ambiente projetado para impulsionar [illegible] papel de [illegible] em suas vidas e comunidades. [illegible] Leadership Summit [illegible] discussões em pequenos grupos, experiências de aprendizagem de participação ativa, jogos de simulação de [illegible] exercícios práticos [illegible] para permitir que os participantes [illegible] identifiquem suas capacidades de liderança.

DESAFIO

A [illegible] Foundation [illegible] capacidade [illegible] que [illegible] responsabilidade [illegible]. As contribuições podem [illegible] diferença. Por favor, [illegible] esse [illegible] importante [illegible] os [illegible] a [illegible] melhor qualidade de vida.

[illegible] Robbins Foundation [illegible] programas [illegible] de outros [illegible] ligar para 1-800-[illegible] ou visitar nosso site: www.anthonyrobbinsfoundation.org [illegible]

STRONGHOLD WEALTH MANAGEMENT [GESTÃO DA RIQUEZA STRONGHOLD]

O Stronghold Wealth Management LLC e o Stronghold Financial LLC são empresas de consultoria de investimentos registradas na Comissão de Valores Mobiliários (SEC, na sigla em inglês). Elas fornecem serviços de consultoria fiduciária, tendo a transparência total como princípio central de funcionamento. Elas não cobram comissões. Associado a um serviço extraordinário, um toque pessoal e soluções inigualáveis, o Stronghold procura ajudar as pessoas por meio de um amplo espectro de ativos investíveis, além de fornecer análises gratuitas de portfólio em sua plataforma exclusiva na internet. O Stronghold pode ser acessado em

www.StrongholdFinancial.com

SOBRE AS EMPRESAS ANTHONY ROBBINS

A Anthony Robbins Companies (ARC) é um conglomerado de organizações diversificadas "focadas no impacto", dedicadas a proporcionar eventos, programas, produtos e serviços extraordinários e de excelência que melhorem a qualidade de vida de indivíduos e organizações em todo o mundo. Fundada por Tony Robbins, estrategista da vida e de negócios número um dos Estados Unidos, a ARC é composta por mais de uma dúzia de empresas com receita combinada superior a 5 bilhões de dólares por ano. Embora sejam diversificadas em suas personalidades e linhas de negócios, todas as empresas ARC estão alinhadas na missão das elevações humana, empresarial e financeira

EMPRESAS DE ELEVAÇÃO HUMANA

ROBBINS RESEARCH INTERNATIONAL (RRI) [PESQUISAS INTERNACIONAIS]

Atuando em mais de 100 países, a RRI realiza seminários públicos e corporativos em todo o mundo sobre tópicos que vão desde o alto desempenho e a transformação da vida até o crescimento dos negócios e o domínio financeiro. Tony Robbins conduz seus eventos **Desperte seu Poder Interior** ao vivo, com tradução em sete línguas. Uma das experiências mais procuradas oferecidas pela RRI são os programas de Robbins **Mastery University, Business Mastery e Platinum Partner**, oferecidos durante o ano todo. Baseado em 38 anos usando como referência os indivíduos mais bem-sucedidos no mundo dos negócios e o alto desempenho, esses cursos oferecem estratégias de inovação específicas e um plano de trabalho que ajudam os indivíduos a transformar suas vidas e os empresários a promover o crescimento de suas empresas a uma taxa entre 30% e 130% dentro dos primeiros 12 meses. A RRI oferece uma variedade de experiências de treinamento individual e imersão total que auxiliam indivíduos e organizações a gerar resultados inovadores. A RRI teve a honra de se associar a algumas das pessoas mais extraordinárias do mundo em seus eventos, programas e treinamentos: o presidente Bill Clinton, Serena Williams, Hugh Jackman, Oprah Winfrey, Melissa Etheridge, Quincy Jones, Anthony Hopkins, Pat Riley, Pitbull, Mark Burnett, Brett Ratner, Derek Hough e Donna Karan. Muitas equipes esportivas profissionais, desde a NBA até a NFL, apreciaram o impacto do trabalho de Tony Robbins.

NAMALE RESORT E SPA

Esse exclusivo resort e spa no Pacífico Sul tem servido como escapada pessoal de Tony Robbins há mais de 25 anos. Cercado por um recife de coral natural e águas cristalinas azul-turquesa, o destino idílico promete relaxar e encantar seus convidados, provenientes de todas as partes do mundo. Em 2013, Oprah selecionou Namale como o lugar número um do mundo para conhecer. Os visitantes elegem esse paraíso de 200 hectares de ilha particular para descansar e desestressar, afagados pela combinação única de serenidade e agitação. Constantemente, Namale é classificado entre os dez melhores resorts e spas em todo o Pacífico Sul, e seu charme intimista o coloca entre os cinco melhores resorts do mundo para passar a lua de mel. Um paraíso tropical com 4,8 quilômetros de fachada oceânica, florestas tropicais, cachoeiras e extraordinários locais para os adeptos do mergulho e do snorkeling, o Namale Resort e Spa hospeda apenas 20 casais de cada vez, com mais de 125 funcionários para atendê-los. Não admira que alguns dos executivos e celebridades mais influentes tenham encontrado o bem-estar em Namale, incluindo os atores **Russell Crowe, Edward Norton, Anthony Hopkins** e **Meg Ryan**; o empresário **Jeff Bezos**; o produtor **Quincy Jones**; o ícone da moda **Donna Karan**; e o treinador da NBA **Pat Riley** — apenas para citar alguns. A excelente equipe do resort se empenha em proporcionar aos hóspedes uma autêntica experiência de férias em Fiji. Em Namale, todas as solicitações são atendidas, todos os desejos são antecipados e todas as expectativas são superadas. Para mais informações, os hóspedes podem ligar dos Estados Unidos (1-800-727-3454), de outros países (1-858-381-5177) ou visitar o site: www.namalefiji.com.

ROBBINS-MADANES: CENTER FOR STRATEGIC INTERVENTION [CENTRO PARA INTERVENÇÃO ESTRATÉGICA]

Anthony Robbins e Cloé Madanes uniram forças para treinar terapeutas e instrutores profissionais nas ferramentas mais eficazes e integradas para a criação de inovações pessoais, familiares e organizacionais. Juntos, eles capacitaram mais de 15 mil terapeutas e instrutores em todo o mundo. Os terapeutas são treinados na mesma metodologia das estratégias de intervenção de Tony Robbins, e sua eficácia é testada ao longo de um ano — ou, na orientação mais avançada, ao longo de três anos. A missão do centro é encontrar soluções para os conflitos interpessoais, prevenir a violência e contribuir para a criação de uma comunidade mais coesa e cortês. Um intervencionista estratégico transita em uma variedade de cenários, que vão desde problemas individuais até os familiares, o grupo de colegas, as organizações e o sistema social mais abrangente.

www.robbinsmadanes.com

FORTUNE PRACTICE MANAGEMENT [GESTÃO DE CLÍNICAS FORTUNE]

A Fortune Management é a empresa líder nacional em gestão de clínicas. Combinando a experiência de Tony Robbins com a experiência de negócios da Fortune Management, os clientes aprendem a aprimorar a reputação de suas clínicas, aumentar o negócio baseado em encaminhamento, ampliar o volume e a fidelização de pacientes e ficar à frente da concorrência. A Fortune oferece uma combinação inigualável de instrução, consultoria e treinamento, por meio de seminários personalizados, treinamento pessoal e sistemas de suporte projetados para enriquecer as vidas profissional, pessoal e financeira dos profissionais de saúde. Nossa missão é fornecer equipes de profissionais de saúde com conhecimentos de gestão, recursos e soluções que irão melhorar significativamente sua clínica.

www.fortunemgmt.com

UNLIMITED TOMORROW [AMANHÃ ILIMITADO]

A Unlimited Tomorrow, empresa de tecnologia e inovação fundada por Easton LaChappelle, fabrica produtos que permitem que os seres humanos façam o impossível. Atualmente, a empresa se concentra na construção de "exoternos" e "exoesqueletos" econômicos, leves e discretos (trajes robóticos com braços e pernas). Esses trajes permitirão que indivíduos paralisados andem novamente. Aos 14 anos, o fundador, Easton LaChappelle, fabricou sua primeira mão robótica, construída a partir de peças de Lego, fios de pesca e tubulação elétrica. Com seu gradual aprimoramento, a mão se transformou em um braço e, depois, evoluiu para um invento impresso em 3-D, sob operação mental. Após conhecer, em uma feira de ciências, uma menina de 7 anos cujo braço protético custara 80 mil dólares (e que precisaria ser substituído quando ela crescesse), LaChappelle se sentiu inspirado a transformar seu protótipo em um dispositivo prático e economicamente viável. Seus projetos não apenas foram incrivelmente eficazes, como também reduziram o custo para menos de mil dólares. O presidente Barack Obama convidou LaChappelle para visitar a Casa Branca, e o aperto de mãos foi selado com um de seus braços. Ele viajou pelo mundo divulgando o amanhã ilimitado que todos teremos à nossa disposição, inclusive em uma Conferência TED. Easton chegou a trabalhar na NASA, no projeto Robonaut, desenvolvendo uma nova interface telerrobótica.

www.unlimitedtomorrow.com

EMPRESAS DE ELEVAÇÃO EMPRESARIAL E FINANCEIRA

CLOUDCOACHING INTERNATIONAL [TREINAMENTO INTERNACIONAL NA NUVEM]

O CloudCoaching International é um serviço dinâmico e premiado de integração comportamental. Utilizamos a nuvem para impulsionar ao máximo o aumento de vendas pretendido por organizações de nível empresarial, com crescimento sustentável. Ao combinar as mais eficazes ferramentas de gestão de relacionamento com o cliente com vendas otimizadas e processos de gestão, asseguramos uma melhoria rápida e sustentável no desempenho das vendas. Em 2013, a CloudCoaching International foi a vencedora do prêmio "Best of Elearning! Award for Sales Training", da revista *Elearning!*. **Atendemos mais de 50% das empresas da Fortune 500 e temos mais de três décadas de experiência comprovada.**

www.CloudCoachingInternational.com

ADVISORS EXCEL

Na Advisors Excel, criada em 2005, nossa missão é agregar um infindável valor para os melhores consultores financeiros independentes que atendemos em todos os 50 estados norte-americanos. Com foco no planejamento de renda para a aposentadoria, a ARC se associou à Advisors Excel para construir e promover produtos e serviços adicionais que ajudarão a criar um plano de renda vitalícia garantida para os milhões de norte-americanos inseguros quanto ao futuro de sua renda para a aposentadoria. Hoje, a Advisors Excel ocupa o posto de maior atacadista nacional em pensões vitalícias.

www.AdvisorsExcel.com

LIFETIME INCOME [RENDA VITALÍCIA]

A Lifetime Income, outro empreendimento conjunto com a Advisors Excel, é uma fonte confiável para ajudar os indivíduos a criar e acessar um plano de renda personalizada garantida para toda a vida. Usando a força das pensões vitalícias de renda garantida — e as novas formas de seguro de longevidade —, o sistema on-line ajudará os indivíduos a montar um plano de "pensão pessoal" que melhor se adapte às suas metas e obtenha os maiores ganhos de renda disponíveis. A Lifetime Income tem uma rede de mais de 500 especialistas em renda para a aposentadoria em todos os 50 estados norte-americanos.

www.LifetimeIncome.com

AMERICA'S BEST 401 K

A America's Best 401k (AB 401k) é uma empresa revolucionária que está abalando o *status quo* dos planos 401 (k) de alto custo, que atormentam a grande maioria das empresas norte-americanas, seus funcionários e respectivas famílias. A America's Best 401k combina um valor excepcional, um serviço de alta qualidade, opções de investimento de custos ultrabaixos (fundos de índice) e uma estrutura de taxas simples e transparente. Nós também fornecemos proteção fiduciária ao empregador, estrategicamente combinada para criar uma solução sem precedentes e economicamente mais eficiente.

www.americasbest401k.com

MYPOWERCFO

Há mais de três décadas, Tony Robbins vem ajudando os empresários a maximizar o crescimento e a economizar nos custos. Recentemente, a ARC fechou uma parceria com algumas das empresas de contabilidade mais conceituadas do mundo para oferecer serviços de diretores financeiros virtuais em tempo integral, por uma fração do custo equivalente. A MyPowerCFO foi criada para ajudar as empresas a maximizar a lucratividade, identificar os "escoamentos" de dinheiro e revelar ineficiências, de modo a tomar as medidas imediatas para corrigir seus problemas (contando com a assistência de um profissional). A MyPowerCFO oferece uma análise gratuita da eficiência fiscal de empresas nos Estados Unidos, no Reino Unido e na Austrália.

www.MyPowerCFO.com

Entre os parceiros da MyPowerCFO estão

MARCUM LLP

Fundada em 1951, a Marcum LLP é uma das maiores empresas independentes de contabilidade pública e serviços de consultoria nos Estados Unidos. A Marcum LLP se associou a Tony Robbins para oferecer os recursos de 1.300 profissionais, incluindo mais de 160 parceiros em 23 escritórios nos Estados Unidos, na Grande Caimãs e na China. Sediada em Nova York, a empresa tem uma sólida presença, com escritórios de serviços integrais localizados estrategicamente nos principais mercados de negócios.

www.MarcumLLP.com

HW FISHER & COMPANY

A HW Fisher & Company, parceira britânica de Tony Robbins, é uma organização comercialmente hábil, sediada em Londres, com um serviço personalizado administrado por parceiros e voltado para pequenas e médias

empresas (PMEs), grandes corporações e indivíduos com alto poder aquisitivo. Fundado em 1933, o escritório é composto por 29 sócios e aproximadamente 260 funcionários, fornecendo uma gama de serviços que abrangem auditoria, tributação corporativa, serviços a clientes privados, IVA, recuperação de negócios e contabilidade forense.

www.hwfisher.co.uk

HALL CHADWICK

A Hall Chadwick é a parceira australiana de Tony Robbins e o quinto maior grupo contábil da Austrália, atendendo clientes em todas as grandes capitais. Desde 1886, a Hall Chadwick vem fornecendo soluções de ponta, construindo uma reputação invejável pelos serviços prestados. A Hall Chadwick também é membro do grupo de contabilidade AGN International, uma associação de firmas de contabilidade independentes de todas as partes do mundo. A rede AGN tem presença internacional, representada por mais de 500 escritórios em mais de 83 países, com um total de mais de 9.500 parceiros e funcionários em todo o mundo.

www.hallchadwick.com.au

OBSERVAÇÃO SOBRE AS FONTES

Considerando que este livro se expandiu para mais de 600 páginas, visando à eficiência em termos de espaço, disponibilizamos a bibliografia [em inglês] na internet. Para acessá-la, basta visitar a página: tonyrobbins.com/masterthegame.

LICENÇAS

Mesas de Ariely: Dan Ariely

Custos Reais dos Fundos Mútuos: Robbie Hiltonsmith, Dēmos

Desenho da Montanha de Dívidas: Sob permissão de Michael Ramirez e Creators Syndicate, Inc.

Gastos médios do consumidor norte-americano: US Census Bureau

Tive que fazer alguns ajustes: Gary Varvel Editorial Cartoon, usado sob permissão de Gary Varvel e Creators Syndicate. Todos os direitos reservados

Gráfico de David Bach: David Bach

Ovos na cesta com granada: Kurt Snibbe

TIPs de Raymond James: www.raymondjames.com

Gráfico de Volatilidade de Malkiel: Dr. Burton Malkiel

Destaques dos investimentos: Berkshire Hathaway: Icahn Enterprises L.P., agosto de 2014

Destaques dos investimentos: Icahn Enterprises L.P., agosto de 2014

Gráfico da Icahn: Icahn Enterprises L.P., agosto de 2014

Desenho do movimento Occupy, de Ramirez: Sob permissão de Michael Ramirez e Creators Syndicate, Inc.

Este livro foi composto na tipografia Minion
Pro Regular, em corpo 11/15, e impresso em
papel off-white no Sistema Cameron da
Divisão Gráfica da Distribuidora Record.